JN190394

逐条解説

建築基準法

改訂版

《上巻》

逐条解説建築基準法編集委員会
［編著］

ぎょうせい

凡　　例

1　法令名等の略語

本文中並びに本文（　）内の法令名は，次に掲げる略語を用いた。それ以外のものは，原則としてフルネームを用いた。

- 法　…　建築基準法
- 令　…　建築基準法施行令
- 則　…　建築基準法施行規則
- R（H，S）○国交（建）告第△号　…　令和（平成，昭和）○年国土交通（建設）省告示第△号
- R（H，S）○住指発第△号　…　令和（平成，昭和）○年国土交通（建設）省住指発第△号

2　内容現在

本書の内容は，原則として令和６年３月29日現在，令和６年４月１日施行の法令等によった。

総　目　次

〔上　巻〕

〔下　巻〕

<細　目　次>

第１章　総　　則

第１節　目的，用語の定義，適用除外

第２節　建築主事

第３節　建　築　士

第４節　建築基準適合判定資格者・構造計算適合判定資格者

第5節　建築確認

第6節　構造計算適合性判定

第7節　完了検査・中間検査

第８節　確認審査等指針

第９節　違反是正

第10節　既存建築物の維持保全・報告・検査等

第11節　国土交通大臣等の関与

第12節　国等の建築物に対する手続の特例

第13節　許可の条件・消防同意等

第2章　一般構造

第1節　総　　則

第2節　敷　　地

第3節　居室の採光

第4節　居室の換気

第5節　石　　綿

第6節　居室のシックハウス対策

第7節　階　段

第8節　居室の天井の高さ

第9節　居室の床の高さ及び防湿方法

第10節　遮　　音

第11節　便所及び屎尿浄化槽

第12節　条例に基づく基準

第３章　構造強度

第１節　構造耐力一般

第２節　木　　造

第３節　組 積 造

第4節　補強コンクリートブロック造

第5節　鉄 骨 造

第6節　鉄筋コンクリート造

第7節　鉄骨鉄筋コンクリート造

第8節　無筋コンクリート造

第9節　構造方法に関する補則

第10節　構造計算

第４章　防　　火

第３節　加害を防止するための主要構造部規制

第４節　避難安全性を確保するための主要構造部規制

第５節　市街地火災を防止するための主要構造部規制

第１項　屋根不燃化区域

第２項　防火地域・準防火地域

第６節　区画による安全確保

第７節　耐火性能検証

第8節　そ の 他

第5章　避難施設等

第1節　総　則

第2節　廊下，避難階段及び出入口

第３節　排煙設備

第４節　非常用の照明装置

第５節　非常用の進入口

第６節　敷地内の避難上及び消火上必要な通路等

第7節　地 下 街

第8節　内装制限

第9節　無窓居室に対する主要構造部規制

第10節　避難上の安全の検証

第6章　建築設備

第1節　手続の準用等

第2節　建築設備の構造強度

第3節　給水，排水その他の配管設備

第4節　換気設備

第5節　冷却塔設備

第6節　昇 降 機

第７節　非常用の昇降機

第８節　電気設備

第９節　避雷設備

第１章　総　　則

第１節　目的，用語の定義，適用除外

（目的）
法第１条　この法律は，建築物の敷地，構造，設備及び用途に関する最低の基準を定めて，国民の生命，健康及び財産の保護を図り，もつて公共の福祉の増進に資することを目的とする。

この法律の目的とするところは，直接には建築物の敷地，構造，設備及び用途に関する最低の基準を定めて，国民の生命，健康及び財産の保護を図ることにあるが，究極的な目的は公共の福祉の増進に資することである。

本法は，公共の福祉の見地から，構造耐力上，防火上，衛生上等の安全性及び好ましい集団的建築環境の確保のための最低基準を定めたものであるので，建築物の設計，施工，維持管理等に関係する当事者が本法に定められた最低基準に示された限界数値その他の定量的限界値そのものをよるべき画一的基準とすることは望ましいことでなく，本質的な建築物の質の向上を図ることが期待される。特に建築士法に基づく建築士については，より強くこのことが要請される（建築士法第１条参照）。

本法は，建築物に関する規定のほか，工作物に関する規定をも含んでいるが，本条において工作物に触れていないからといって，工作物に関する規定の効力に影響を及ぼすものではない。

（用語の定義）
法第２条　この法律において次の各号に掲げる用語の意義は，当該各号に定めるところによる。
一　建築物　土地に定着する工作物のうち，屋根及び柱若しくは壁を有するもの（これに類する構造のものを含む。），これに附属する門若しくは塀，観覧のための工作物又は地下若しくは高架の工作物内に設ける事務所，店舗，興行場，倉庫その他これらに類する施設（鉄道及び軌道の線路敷地内の運転保安に関する施設並びに跨（こ）線橋，プラットホームの上家，貯蔵槽そ

の他これらに類する施設を除く。）をいい，建築設備を含むものとする。

二　特殊建築物　学校（専修学校及び各種学校を含む。以下同様とする。），体育館，病院，劇場，観覧場，集会場，展示場，百貨店，市場，ダンスホール，遊技場，公衆浴場，旅館，共同住宅，寄宿舎，下宿，工場，倉庫，自動車車庫，危険物の貯蔵場，と畜場，火葬場，汚物処理場その他これらに類する用途に供する建築物をいう。

三　建築設備　建築物に設ける電気，ガス，給水，排水，換気，暖房，冷房，消火，排煙若しくは汚物処理の設備又は煙突，昇降機若しくは避雷針をいう。

四　居室　居住，執務，作業，集会，娯楽その他これらに類する目的のために継続的に使用する室をいう。

五　主要構造部　壁，柱，床，はり，屋根又は階段をいい，建築物の構造上重要でない間仕切壁，間柱，付け柱，揚げ床，最下階の床，回り舞台の床，小ばり，ひさし，局部的な小階段，屋外階段その他これらに類する建築物の部分を除くものとする。

六　延焼のおそれのある部分　隣地境界線，道路中心線又は同一敷地内の2以上の建築物（延べ面積の合計が500平方メートル以内の建築物は，一の建築物とみなす。）相互の外壁間の中心線（ロにおいて「隣地境界線等」という。）から，1階にあつては3メートル以下，2階以上にあつては5メートル以下の距離にある建築物の部分をいう。ただし，次のイ又はロのいずれかに該当する部分を除く。

イ　防火上有効な公園，広場，川その他の空地又は水面，耐火構造の壁その他これらに類するものに面する部分

ロ　建築物の外壁面と隣地境界線等との角度に応じて，当該建築物の周囲において発生する通常の火災時における火熱により燃焼するおそれのないものとして国土交通大臣が定める部分

七　耐火構造　壁，柱，床その他の建築物の部分の構造のうち，耐火性能（通常の火災が終了するまでの間当該火災による建築物の倒壊及び延焼を防止するために当該建築物の部分に必要とされる性能をいう。）に関して政令で定める技術的基準に適合する鉄筋コンクリート造，れんが造その他の構造で，国土交通大臣が定めた構造方法を用いるもの又は国土交通大臣の認定を受けたものをいう。

七の二　準耐火構造　壁，柱，床その他の建築物の部分の構造のうち，準耐火性能（通常の火災による延焼を抑制するために当該建築物の部分に必要とされる性能をいう。第９号の３ロ及び第26条第２項第２号において同じ。）に関して政令で定める技術的基準に適合するもので，国土交通大臣が定めた構造方法を用いるもの又は国土交通大臣の認定を受けたものをいう。

八　防火構造　建築物の外壁又は軒裏の構造のうち，防火性能（建築物の周囲において発生する通常の火災による延焼を抑制するために当該外壁又は軒裏に必要とされる性能をいう。）に関して政令で定める技術的基準に適合する鉄網モルタル塗，しつくい塗その他の構造で，国土交通大臣が定めた構造方法を用いるもの又は国土交通大臣の認定を受けたものをいう。

九　不燃材料　建築材料のうち，不燃性能（通常の火災時における火熱により燃焼しないことその他の政令で定める性能をいう。）に関して政令で定める技術的基準に適合するもので，国土交通大臣が定めたもの又は国土交通大臣の認定を受けたものをいう。

九の二　耐火建築物　次に掲げる基準に適合する建築物をいう。

イ　その主要構造部のうち，防火上及び避難上支障がないものとして政令で定める部分以外の部分（以下「特定主要構造部」という。）が，⑴又は⑵のいずれかに該当すること。

⑴　耐火構造であること。

⑵　次に掲げる性能（外壁以外の特定主要構造部にあつては，(i)に掲げる性能に限る。）に関して政令で定める技術的基準に適合するものであること。

(i)　当該建築物の構造，建築設備及び用途に応じて屋内において発生が予測される火災による火熱に当該火災が終了するまで耐えること。

(ii)　当該建築物の周囲において発生する通常の火災による火熱に当該火災が終了するまで耐えること。

ロ　その外壁の開口部で延焼のおそれのある部分に，防火戸その他の政令で定める防火設備（その構造が遮炎性能（通常の火災時における火炎を有効に遮るために防火設備に必要とされる性能をいう。第27条第１項において同じ。）に関して政令で定める技術的基準に適合するもので，国土交通大臣が定めた構造方法を用いるもの又は国土交通大臣の認定を受けたものに限る。）を有すること。

九の三　準耐火建築物　耐火建築物以外の建築物で，イ又はロのいずれかに該当し，外壁の開口部で延焼のおそれのある部分に前号ロに規定する防火設備を有するものをいう。

イ　主要構造部を準耐火構造としたもの

ロ　イに掲げる建築物以外の建築物であつて，イに掲げるものと同等の準耐火性能を有するものとして主要構造部の防火の措置その他の事項について政令で定める技術的基準に適合するもの

十　設計　建築士法（昭和25年法律第202号）第2条第6項に規定する設計をいう。

十一　工事監理者　建築士法第2条第8項に規定する工事監理をする者をいう。

十二　設計図書　建築物，その敷地又は第88条第1項から第3項までに規定する工作物に関する工事用の図面（現寸図その他これに類するものを除く。）及び仕様書をいう。

十三　建築　建築物を新築し，増築し，改築し，又は移転することをいう。

十四　大規模の修繕　建築物の主要構造部の一種以上について行う過半の修繕をいう。

十五　大規模の模様替　建築物の主要構造部の一種以上について行う過半の模様替をいう。

十六　建築主　建築物に関する工事の請負契約の注文者又は請負契約によらないで自らその工事をする者をいう。

十七　設計者　その者の責任において，設計図書を作成した者をいい，建築士法第20条の2第3項又は第20条の3第3項の規定により建築物が構造関係規定（同法第20条の2第2項に規定する構造関係規定をいう。第5条の6第2項及び第6条第3項第2号において同じ。）又は設備関係規定（同法第20条の3第2項に規定する設備関係規定をいう。第5条の6第3項及び第6条第3項第3号において同じ。）に適合することを確認した構造設計1級建築士（同法第10条の3第4項に規定する構造設計1級建築士をいう。第5条の6第2項及び第6条第3項第2号において同じ。）又は設備設計1級建築士（同法第10条の3第4項に規定する設備設計1級建築士を

いう。第5条の6第3項及び第6条第3項第3号において同じ。）を含むものとする。

十八　工事施工者　建築物，その敷地若しくは第88条第1項から第3項までに規定する工作物に関する工事の請負人又は請負契約によらないで自らこれらの工事をする者をいう。

十九　都市計画　都市計画法（昭和43年法律第100号）第4条第1項に規定する都市計画をいう。

二十　都市計画区域又は準都市計画区域　それぞれ，都市計画法第4条第2項に規定する都市計画区域又は準都市計画区域をいう。

二十一　第一種低層住居専用地域，第二種低層住居専用地域，第一種中高層住居専用地域，第二種中高層住居専用地域，第一種住居地域，第二種住居地域，準住居地域，田園住居地域，近隣商業地域，商業地域，準工業地域，工業地域，工業専用地域，特別用途地区，特定用途制限地域，特例容積率適用地区，高層住居誘導地区，高度地区，高度利用地区，特定街区，都市再生特別地区，居住環境向上用途誘導地区，特定用途誘導地区，防火地域，準防火地域，特定防災街区整備地区又は景観地区　それぞれ，都市計画法第8条第1項第1号から第6号までに掲げる第一種低層住居専用地域，第二種低層住居専用地域，第一種中高層住居専用地域，第二種中高層住居専用地域，第一種住居地域，第二種住居地域，準住居地域，田園住居地域，近隣商業地域，商業地域，準工業地域，工業地域，工業専用地域，特別用途地区，特定用途制限地域，特例容積率適用地区，高層住居誘導地区，高度地区，高度利用地区，特定街区，都市再生特別地区，居住環境向上用途誘導地区，特定用途誘導地区，防火地域，準防火地域，特定防災街区整備地区又は景観地区をいう。

二十二　地区計画　都市計画法第12条の4第1項第1号に掲げる地区計画をいう。

二十三　地区整備計画　都市計画法第12条の5第2項第1号に掲げる地区整備計画をいう。

二十四　防災街区整備地区計画　都市計画法第12条の4第1項第2号に掲げる防災街区整備地区計画をいう。

二十五　特定建築物地区整備計画　密集市街地における防災街区の整備の促進に関する法律（平成9年法律第49号。以下「密集市街地整備法」という。）第32条第2項第1号に規定する特定建築物地区整備計画をいう。

二十六　防災街区整備地区整備計画　密集市街地整備法第32条第2項第2号に規定する防災街区整備地区整備計画をいう。

二十七　歴史的風致維持向上地区計画　都市計画法第12条の4第1項第3号に掲げる歴史的風致維持向上地区計画をいう。

二十八　歴史的風致維持向上地区整備計画　地域における歴史的風致の維持及び向上に関する法律（平成20年法律第40号。以下「地域歴史的風致法」という。）第31条第2項第1号に規定する歴史的風致維持向上地区整備計画をいう。

二十九　沿道地区計画　都市計画法第12条の4第1項第4号に掲げる沿道地区計画をいう。

三十　沿道地区整備計画　幹線道路の沿道の整備に関する法律（昭和55年法律第34号。以下「沿道整備法」という。）第9条第2項第1号に掲げる沿道地区整備計画をいう。

三十一　集落地区計画　都市計画法第12条の4第1項第5号に掲げる集落地区計画をいう。

三十二　集落地区整備計画　集落地域整備法（昭和62年法律第63号）第5条第3項に規定する集落地区整備計画をいう。

三十三　地区計画等　都市計画法第4条第9項に規定する地区計画等をいう。

三十四　プログラム　電子計算機に対する指令であつて，一の結果を得ることができるように組み合わされたものをいう。

三十五　特定行政庁　この法律の規定により建築主事又は建築副主事を置く市町村の区域については当該市町村の長をいい，その他の市町村の区域については都道府県知事をいう。ただし，第97条の2第1項若しくは第2項又は第97条の3第1項若しくは第2項の規定により建築主事又は建築副主事を置く市町村の区域内の政令で定める建築物については，都道府県知事とする。

（昭26法195・昭28法114・昭31法148・昭34法156・昭39法169・昭43法101・昭44法38・昭45法109・昭49法67・昭50法59・昭55法34・昭55法35・昭58法44・昭62法63・昭63法49・平2法61・平4法82・平8法48・平9法50・平9法79・平10法100・平11法87・平11法160・平12法73・平14法22・平14法85・平

15法101・平16法67・平16法111・平18法92・平18法114・平20法40・平23法105・平26法39・平26法54・平26法92・平29法26・平30法67・令2法43・令3法44・令4法69・令5法58・一部改正）

（都道府県知事が特定行政庁となる建築物）

令第2条の2　法第2条第35号ただし書の政令で定める建築物のうち法第97条の2第1項又は第2項の規定により建築主事又は建築副主事を置く市町村の区域内のものは，第148条第1項に規定する建築物以外の建築物とする。

2　法第2条第35号ただし書の政令で定める建築物のうち法第97条の3第1項又は第2項の規定により建築主事又は建築副主事を置く特別区の区域内のものは，第149条第1項に規定する建築物とする。

（平19政49・追加，平20政338・令5政293・一部改正）

1　建築物

建築物とは，本法の定義上，土地に定着する工作物のうち，①屋根があり，それを支える柱若しくは壁があるもの（狭義の建築物），②狭義の建築物に附属する門若しくは塀，③観覧のための工作物，又は④地下若しくは高架の工作物内に設ける事務所等の施設をいい，これらに設けられる建築設備を含むとされている。以下では，便宜的に①から④までを総称して「広義の建築物」と呼称する。

「土地に定着する」のうち，「土地」とは，通常の陸地のみでなく，建築的利用が可能な水面，水底（海底）等を含み，「定着する」とは，必ずしも物理的に強固に土地に結合された様態のみでなく，本来の用法上，定常的に定着された様態，例えば桟橋による繋留，鎖その他の支持物による吊下げ，又はアンカーボルトによる固定のような様態をも含むものである。また，キャンピングカーのようなものであっても，長期間にわたって一定の場所に存置される場合は，土地に「定着する」ものと考えられる。

「屋根」に該当するかどうかは，その構造，機能等の実体及び建築物の構造等に関する最低限の基準を定めて，国民の生命，健康等の保護を図るという本法の趣旨，目的を総合的に勘案して，社会通念により判断すべきである。雨露，風雪，寒暑を防ぐ効用を果たすもので，屋内的空間を形成する役割を担うものであれば，その材料の材質には関係がなく「屋根」として扱うべきであり，その上で，屋根の構造・材料などに関して本法に規定する制限に適合させる必要がある。なお，天幕などで取りはずし自由なものである場合や，日覆用で雨覆としての効用を果たさないものである場合には，建築基準法上の「屋根」とみなさない（昭和37年９月25日付け住指発第86号）。

形式的に「狭義の建築物」たる要件，すなわち屋根及び柱等を具備している場合であっても，人の出入りの可能でないもの（例えば，通常の軽易な犬小屋等）は建築物として把握する必要はない。本法にいう建築物か否かの判断は，本法の実体規定の制定趣旨に基づき行うべきであることは，道路内の建築制限（法第44条），壁面線（法第46条及び第47条），第一種低層住居専用地域，第二種低層住居専用地域又は田園住居地域内の外壁の後退距離（法第54条），避難施設等（令第５章）の規定の実効性の確保からみても明らかである。

「附属する門・塀」とは，「狭義の建築物」のある敷地に築造された門・塀のことを指しており，本法においては「広義の建築物」のひとつとして扱う。

「観覧のための工作物」とは，屋根がない工作物であっても，安全の確保を図る必要があるため，多数の者を収容できる野球場の観覧スタンドや競技観覧場などの観覧施設については，本法において広義の建築物として扱う。

「地下若しくは高架の工作物内」とは，テレビ塔，電波塔，高架道路などの狭義の建築物以外の工作物の内のことを指しており，その内に設けられる事務所や展望室等の施設については，本法において広義の建築物として扱う。

「これに類する構造のもの」については，建築物の構法や形態が多様化し，開放性の高い自動車車庫，膜材料で造られたテニスコートの覆いなど，従来の本法が規制対象として想定していた建築物とは著しく様態の異なったものが出現し，建築物に該当するか否かの判断に困難を生じる場合があったことから，平成４年の法改正において追加されたものである。一方で，これらの建築物については，本法が規制対象として想定している建築物と同様に取り扱われることで，社会通念上，過度の規制が行われてしまうという問題があることも踏まえて，平成４年の法改正に当たっては「簡易な構造の建築物」に関する規定を設け，こうした建築物の特徴に応じて制限を緩和することにより，合理的な建築規制が講じられることとなっている。「簡易な構造の建築物」に関する解説については，第10章第２節を参照されたい。

また，本号の括弧内の工作物は，外形的には建築物に該当するものであるが，これらの施設は他の法令によって安全性の確保が図られているので，本法の適用上は建築物から除外されている。例えば，鉄道及び軌道の線路敷地内の運転保安に関する施設は，鉄道関係法による監督によって安全上支障がないものとして，この法律の適用から除外しているが，ここにいう「線路敷地」とは，通常の「構内」という広い概念ではなく，また「運転保安に関する施設」とは，信号所，転轍所，踏切番小屋等に限定され，一般の駅舎，待合所等を含むものではない。跨線橋，ガスタンク等の貯蔵槽についても，形式的要件，すなわち屋根及び柱等を有するものがあるが，建築物として全面的に規制する必要が少ないことから本法を適用しないことを明らかにしている。なお，一定の工作物については，本法においてもいわゆる「準用工作物」としての規制がある。こちらについては第10章第1節を参照されたい。

また，本法でいう建築物の概念は，他の法律，例えば民法，不動産登記法などでいう「建物」の概念とは，法の趣旨，目的の相異から必ずしも一致しないものである。

2　特殊建築物

ここにいう「特殊」とは，①不特定又は多数の者の利用に供する，②火災発生のおそれ又は火災荷重が大きい，③周囲に及ぼす公害その他の影響が大きい等の特性を有することをいう。これらの特性を有する建築物は，特段の規制の対象とする必要性が大きいことから，本法の規定上，「特殊建築物」という位置づけを与えている。なお，それぞれの関係規定においては，その立法趣旨に基づき，さらに限定列挙していることが多い。

また，特殊建築物に対して規制を課すに当たっては，対象となる建築物を明確にすることが必要となる場合がある。代表的な例としては，「耐火建築物等としなければならない特殊建築物（法第27条）」が挙げられ，その対象建築物を限定列挙したものとして，法別表第1が準備されている。法第27条の規定に限らず，同表に掲げられている特殊建築物を引用する規定が多いことから，本書においては，便宜的に，「法別表第1(い)欄に掲げる用途に供する特殊建築物」のことを「別表特殊建築物」と呼称する。

3　建築設備

建築物と一体となって，建築物の効用を全うするための設備とされる。必ずしも建築物の内部にあることを要しない。

本号にいう「電気の設備」及び「ガスの設備」とは，電気又はガスを利用する設備としてその動力に着目して把握しており，給水，排水，換気，暖房，冷房，消火，排煙及び汚物処理の各設備はその機能に着目して把握している。したがって，一の建築設備が二以上の区分に該当することがありうる。例えばモーターを有する給水設備は，同時に電気設備たる部分を有し，空気調和設備は，換気，暖房又は冷房の設備であり，電気設備でもあるのみならず，冷却水を用いるものにあっては給水及び排水の設備たる部分をも有する。

なお，屎尿浄化槽，焼却炉等は，いずれも汚物処理設備である。

昇降機その他の建築設備を一定の建築物に設ける場合においては，法第87条の4の規定により，建築確認等の手続が必要となっている。

4　居室

本号にいう「継続的に使用する」の意義は，特定の者が継続的に使用する場合のみならず，不特定の者が入れ替わり立ち替わり特定の室を継続的に使用する場合をも含むものである。

したがって，住宅の居間，寝室，事務所の事務室，会議室，守衛室，商店の売場，店員休憩室，工場の作業場，集会室，ホテルのロビー，映画館の客席ホール，喫茶店の客席，厨房，公衆浴場の脱衣室，浴室なども居室に該当する。

なお，往時は公衆浴場の脱衣室，浴室については，例外的に居室でないものとして取り扱われていたが，これは昭和45年の法改正前にあっては，広く居室全般について採光上有効な開口部の設置を義務づけていたため，覗き見を防止する趣旨から脱衣室，浴室については居室でないものとして取り扱われていたことによるものである。法改正によりこの特殊事情も解消した。一方，換気，防火，避難等に関する規定の整備に関連して，昭和45年の法改正後においては，本来の居室としての取扱いをすることとなっている。

5　主要構造部

本法では建築物の主要部位に対して，倒壊の防止，延焼，火災拡大等の防止等を目的とする防火上の制限を加える場合が多いので，これらの主要部位を一括して「主要構造部」と定義している。したがって，外壁及び主要な間仕切壁については，防火上の観点から，構造耐力上重要でないものも主要構造部とされている。本号における「構造上」とは，構造耐力，一般構造等構造工学的な観点を意味するものではない。したがって，居室と避難施設たる廊下等との区画，1棟の建築物内の異種用途の区画などを構成する間仕切壁は，「構造上」重要な間仕切壁に該当する。

防火上の制限を加える場合においては，建築物の主要構造部の全てについて一律に一定の性能に適合させることを原則としているが，部分的な木材利用などが困難となる場合があることを踏まえて，令和4年の法改正においては防火上・避難上の支障の有無に応じて主要構造部を区別することとし，制限を加える必要がある部分を「特定主要構造部」と再定義している。詳細は，当該定義が置かれている「耐火建築物」の解説（第4章第2節）を参照のこと。

なお，本法においては，「構造部材」を構造強度上等の観点から規制するうえで，「構造耐力上主要な部分」という定義（令第1条第3号）を用いている。

6～9の3

第4章第2節「用語の定義」参照。

10　設計

本法における「設計」とは，設計図書を，その者の責任において，作成することをいう（建築士法第2条第6項）。なお，製図作業，構造計算作業その他の実際の作業を補助者に担当せしめることは妨げないが，その作業内容は，責任者の判断，監督等に基づいていなければならず，かつ，作業の最終的責任が責任者に帰属するものでなければならない。

11　工事監理者

「工事監理者」とは，「工事監理」を行う者であり，「工事監理」とは，その者の責任において，工事を設計図書と照合し，それが設計図書のとおりに実施されているか否かを確認することをいう（建築士法第2条第8項）。なお，本法における工事監理者は，建築主の代理人的地位，施工者に対する指揮監督権などを有するものではないことに留意すべきである。

12　設計図書

本法における「設計図書」とは，建築物，その敷地又は準用工作物に関する工事用の図面（原寸図その他これに類するものを除く。）及び仕様書とされている。原寸図その他の施工図，加工図等が除外されているのは，それらが施工過程で作成されるものであり，かつ，設計図書そのものの具体的敷衍にすぎないからである。

なお，本号は建築士法第2条第6項の定義とおおむね同様の趣旨であるが，本法の規制の対象に建築物の敷地及び準用工作物があることから，敷地及び準用工作物についても本号に含有されていることに留意すべきである。

13　建築

「新築」とは，建築物の存しない土地の部分（更地）に建築物を造ることなど増築，改築及び移転のいずれにも該当しないものをいう。

「増築」とは，1の敷地内にある既存の建築物の延べ面積を増加させること（床面積を追加すること）をいう。別棟で造る場合は，単体規定に関しては新築，集団規定に関しては増築として扱われる。

「改築」とは，建築物の全部又は一部を除却し，又はこれらの部分が災害等によって滅失した後，引き続いて，これと用途，規模及び構造の著しく異ならないものを造ることをいう。従前のものと著しく異なるときは新築又は増築となる。また，後述する大規模の修繕・模様替に該当しないものをいう。この場合，使用材料の新旧は必ずしも問わない。

「移転」とは，建築物の上物には基本的に手を加えずに当該建築物を移動させる行為であり，同一敷地内での移動だけではなく，一の敷地から他の敷地へ移動させる場合も移転に含まれる。なお，土地区画整理事業による換地に伴う他の敷地への家屋移転を本号における移転として扱うことは妥当でない。

また，本法においては，本号に掲げる各行為や第14号の「大規模の修繕」や第15号の「大規模の模様替」について，いくつかの行為をグループ化して適用する場合がある。一方で，法律上においては，異なる条文において，異なる行為をまとめたグループを同じ用語で定義（「増築等」は，下図の表に示すとおり，条文によって異なる行為を示す用語となっている。）するなど，誤解を生じさせる向きもあることから，本書においては，次の図１－１に示すとおり，各グループの用語を用いることとする。

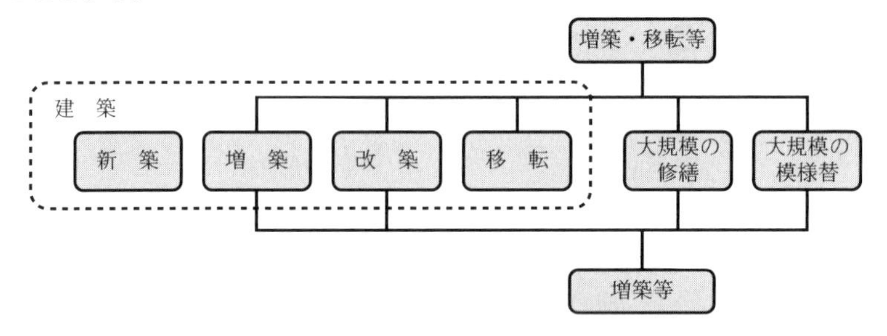

グループ化させる行為	法律上の用語	本書での用語
増築，改築，移転， 大規模の修繕，大規模の模様替	増築等 （法第86条の２）	増築・移転等
増築，改築， 大規模の修繕，大規模の模様替	増築等 （法第86条の７・法第86条の８）	増築等

図１－１　建築，大規模の修繕，大規模の模様替の用語整理

14　大規模の修繕

本号に該当するか否かの判定は，１棟の建築物全体の主要構造部の種類区分ごとに行う。例えば，柱と壁の２種にわたる修繕が行われても，いずれについても過半

に至らない場合は「大規模の修繕」に該当しない。なお「修繕」とは，既存の建築物の部分に対して，おおむね同様の形状，寸法，材料により行われる工事をいう。

15　大規模の模様替

大規模か否かの判定は，前号と同様の方法による。なお，「模様替」とは，おおむね同様の形状，寸法によるが，材料，構造種別等は異なるような既存の建築物の部分に対する工事をいう。例えば，木造の柱を鉄骨造の柱とし，土塗りの壁をコンクリートブロック造の壁とし，茅葺の屋根を亜鉛鉄板葺きの屋根とする等の工事は模様替に該当する。

16　建築主

本法における「建築主」とは，①建築物に関する工事の請負契約の注文者か，②自ら建築物に関する工事をする者として定義されている。建築主は，建築工事の実施者として，建築確認・完了検査・中間検査の申請義務（法第6条，第7条，第7条の3），工事監理者の設置義務（法第5条の6），着工の届出義務（法第15条）などの義務が課されているほか，違反建築物に対する命令等や罰則を受ける対象としても位置づけられている。

17　設計者

本法における「設計者」とは，自らの責任において設計図書を作成した者として定義されている。なお，「構造設計一級建築士」と「設備設計一級建築士」については，自ら設計図書を作成していない場合であっても，求めに応じて構造関係規定や設備関係規定について適合確認を行う場合がある（建築士法第20条の2第2項，第20条の3第2項）。この場合，適合確認を行った構造設計一級建築士や設備設計一級建築士については，本法においては設計者として扱われることとなる。

18　工事施工者

本法における「工事施工者」とは，①建築物・敷地・準用工作物（法第88条第1項から第3項までに規定されており，本法に規定する建築物に係る規定を準用する工作物のこと）に関する工事の請負人か，②自ら建築物・敷地・準用工作物に関する工事をする者として定義されている。実際の工事に携わる者として，建築主事や特定行政庁による報告徴収の対象として位置づけられている（法第12条第5項）のみならず，設計図書を用いないで工事を施工したり，設計図書に従わないで工事を施工したりした場合などには，罰則の適用対象としても想定されている。

19　都市計画

都市の健全な発展と秩序ある整備を図るための土地利用，都市施設の整備及び市街地開発事業に関する計画をいい（都市計画法第４条第１項），市街化区域・市街化調整区域，用途地域その他の地域地区，市街地再開発促進区域等の促進区域，道路・公園・水道・学校等の教育文化施設・病院等の医療社会福祉施設・一団地の住宅・官公庁施設などの都市施設，土地区画整理事業等の市街地開発事業等について定めている。

20　都市計画区域・準都市計画区域

都市計画区域とは，都道府県が，あらかじめ関係市町村及び都市計画審議会の意見を聴き，かつ，国土交通大臣の同意を得て指定する（２以上の都道府県にわたるものについては，国土交通大臣が，あらかじめ，関係都道府県の意見を聴いて指定する。）区域のことである。

また，準都市計画区域とは，都市計画区域外の区域において，都道府県が，あらかじめ関係市町村及び都市計画審議会の意見を聴いて指定する区域のことであり，モータリゼーションの進展等により，高速道路のインター周辺や幹線道路の沿道等を中心に大規模な開発，建設が拡大しており，無秩序な土地の利用や良好な景観の喪失が進んでいることから，用途地域・風致地区など土地の使われ方を決めるために必要な都市計画を定めるための区域である。

なお，都市計画区域・準都市計画区域は，必ずしも行政区域とは一致しない。

21　地域地区

本号における地域地区の目的，性格等は，次のとおりである。

⑴　用途地域（都市計画法第９条第１項〜第13項）

①　第一種低層住居専用地域――低層住宅に係る良好な住居の環境を保護するため定められた地域

②　第二種低層住居専用地域――主として低層住宅に係る良好な住居の環境を保護するため定められた地域

③　第一種中高層住居専用地域――中高層住宅に係る良好な住居の環境を保護するため定められた地域

④　第二種中高層住居専用地域――主として中高層住宅に係る良好な住居の環境を保護するため定められた地域

⑤　第一種住居地域――住居の環境を保護するため定められた地域

⑥　第二種住居地域――主として住居の環境を保護するため定められた地域

⑦　準住居地域――道路の沿道としての地域の特性にふさわしい業務の利便の増進を図りつつ，これと調和した住居の環境を保護するため定められた地域

⑧　田園住居地域――農業の利便の増進を図りつつ，これと調和した低層住宅に係る良好な住居の環境を保護するため定められた地域

⑨　近隣商業地域――近隣の住宅地の住民に対する日用品の供給を行うことを主たる内容とする商業その他の業務の利便を増進するため定められた地域

⑩　商業地域――主として商業その他の業務の利便を増進するため定められた地域

⑪　準工業地域――主として環境の悪化をもたらすおそれのない工業の利便を増進するため定められた地域

⑫　工業地域――主として工業の利便を増進するため定められた地域

⑬　工業専用地域――工業の利便を増進するため定められた地域

⑵　特別用途地区（都市計画法第９条第14項）

用途地域内の一定の地区において，当該地区の特性にふさわしい土地利用の増進，環境の保護等の特別の目的の実現を図るため，当該用途地域の指定を補完するものとして定められた地区

⑶　特定用途制限地域（都市計画法第９条第15項）

用途地域が定められていない土地の区域（市街化調整区域を除く。）内において，その良好な環境の形成又は保持のため，当該地域の特性に応じて合理的な土地利用が行われるよう，制限すべき特定の建築物等の用途の概要が定められた地域

⑷　特例容積率適用地区（都市計画法第９条第16項）

第一種中高層住居専用地域，商業地域，工業地域等の地域内の適正な配置及び規模の公共施設を備えた土地の区域において，建築物の容積率の限度からみて未利用となっている建築物の容積の活用を促進して土地の高度利用を図るため定められた地区

⑸　高層住居誘導地区（都市計画法第９条第17項）

住居と住居以外の用途とを適正に配分し，利便性の高い高層住宅の建設を誘導するため，第一種住居地域等の地域でこれらの地域に関する都市計画において容積率が10分の40又は10分の50と定められたものの内において，建築物の容積率の最高限度，建築物の建蔽率の最高限度及び建築物の敷地面積の最低限度が定められた地区

⑹　高度地区（都市計画法第９条第18項）

用途地域内において市街地の環境を維持し，又は土地利用の増進を図るため，

建築物の高さの最高限度又は最低限度が定められた地区

⑺　高度利用地区（都市計画法第９条第19項）

用途地域内の市街地における土地の合理的かつ健全な高度利用と都市機能の更新とを図るため，建築物の容積率の最高限度及び最低限度，建築物の建蔽率の最高限度，建築物の建築面積の最低限度並びに壁面の位置の制限が定められた地区

⑻　特定街区（都市計画法第９条第20項）

市街地の整備改善を図るため，街区の整備又は造成が行われる地区について，その街区内における建築物の容積率並びに建築物の高さの最高限度及び壁面の位置の制限が定められた街区

⑼　都市再生特別地区（都市再生特別措置法（平成14年法律第22号）第36条第１項）

「都市再生緊急整備地域（都市の再生の拠点として，都市開発事業等を通じて緊急かつ重点的に市街地の整備を推進すべき地域。都市再生特別措置法第２条第３項において規定。）」のうち，都市の再生に貢献し，土地の合理的かつ健全な高度利用を図る特別の用途，容積，高さ，配列等の建築物の建築を誘導する必要があると認められる区域として定められた地区

⑽　特定用途誘導地区（都市再生特別措置法第109条第１項）

「立地適正化計画（都市計画区域内の区域について，住宅及び都市機能増進施設（医療施設，福祉施設，商業施設その他の都市の居住者の共同の福祉又は利便のため必要な施設であって，都市機能の増進に著しく寄与するもの）の立地の適正化を図るための計画として市町村が作成したもの。都市再生特別措置法第81条第１項において規定。）」に記載された都市機能誘導区域のうち，当該都市機能誘導区域に係る誘導施設を有する建築物の建築を誘導する必要があると認められる区域（用途地域が定められている区域に限る。）として定められた地区

⑾　防火地域・準防火地域（都市計画法第９条第21項）

市街地における火災の危険を防除するため定められた地域（詳細については第４章「防火」の説明を参照されたい。）

⑿　特定防災街区整備地区（密集市街地における防災街区の整備の促進に関する法律（平成９年法律第49号。以下「密集市街地整備法」という。）第31条第１項）

密集市街地内の土地の区域のうち，当該区域及びその周辺の密集市街地における特定防災機能の確保並びに当該区域における土地の合理的かつ健全な利用を図

るため定められた地区

⒀　景観地区（景観法（平成16年法律第110号）第61条第１項）

都市計画区域・準都市計画区域内において，市街地の良好な景観の形成を図るため定められた地区（平成16年の都市計画法改正以前は，市街地の美観を維持するため定められた地区として，同法において「美観地区」が規定されていた。）。

22　地区計画（都市計画法第12条の５第１項）

建築物の建築形態，公共施設その他の施設の配置等からみて，一体としてそれぞれの区域の特性にふさわしい態様を備えた良好な環境の各街区を整備し，開発し，及び保全するための計画をいう。

23　地区整備計画（都市計画法第12条の５第２項第１号）

主として街区内の居住者等の利用に供される道路，公園等の施設及び建築物等の整備並びに地区の利用に関して地区計画の目的を達成するため必要な事項を定める計画をいう。

24　防災街区整備地区計画（密集市街地整備法第32条第１項）

密集市街地内の土地の区域で，当該区域における「特定防災機能」（火事又は地震が発生した場合において延焼防止上及び避難上確保されるべき機能）の確保と土地の合理的かつ健全な利用を図るため，当該区域の各街区を防災街区として一体的かつ総合的に整備することが適切であると認められるものについて定める計画をいう。

25　特定建築物地区整備計画（密集市街地整備法第32条第２項第１号）

密集市街地内の土地の区域で，建築物等と一体となって特定防災機能を確保するために整備されるべき主要な道路，公園などの公共施設である地区防災施設の区域及び当該建築物等の整備に関して定める計画をいう。

26　防災街区整備地区整備計画（密集市街地整備法第32条第２項第２号）

主として街区内の居住者等の利用に供される道路，公園等の施設及び建築物等の整備並びに土地の利用に関して，地区防災施設の区域以外の防災街区整備地区計画の区域について定める計画をいう。

27　歴史的風致維持向上地区計画（地域における歴史的風致の維持及び向上に関する法律（平成20年法律第40号）第31条第１項）

現に相当数の建築物等の建築又は用途の変更が行われつつある等の条件に該当する区域で，当該区域における歴史的風致の維持及び向上と土地の合理的かつ健全な利用を図るため，その歴史的風致にふさわしい建築物等の整備及び当該区域内の市街地の保全を総合的に行うことが必要であると認められるものについて定める計画をいう。

28　歴史的風致維持向上地区整備計画（地域における歴史的風致の維持及び向上に関する法律第31条第２項第１号）

主として街区内の居住者，滞在者その他の者の利用に供される道路，公園等の施設及び建築物等の整備や土地の利用に関して定める計画をいう。

29　沿道地区計画（幹線道路の沿道の整備に関する法律（昭和55年法律第34号）第９条第１項）

都市計画区域内における沿道整備道路に接続する土地の区域で，道路交通騒音により生ずる障害の防止と適正かつ合理的な土地利用の促進を図るため，一体的かつ総合的に市街地を整備することが適切であると認められるものについて定める計画をいう。

30　沿道地区整備計画（幹線道路の沿道の整備に関する法律第９条第２項第１号）

緑地その他の緩衝空地及び主として当該区域内の居住者等の利用に供される道路等の施設及び建築物等の整備並びに土地の利用その他の沿道の整備に関して，沿道地区計画の目的を達成するため必要な事項を定める計画をいう。

31　集落地区計画（集落地域整備法（昭和62年法律第63号）第５条第１項）

集落地域の土地の区域で，営農条件と調和のとれた良好な居住環境の確保と適正な土地利用を図るため，当該集落地域の特性にふさわしい整備及び保全を行うことが必要と認められるものについて定める計画をいう。

32　集落地区整備計画（集落地域整備法第５条第３項）

主として区域内の居住者等の利用に供される道路，公園等の施設及び建築物等の整備並びに土地の利用に関して，集落地区計画の目的を達成するため必要な事項を定める計画をいう。

33　地区計画等（都市計画法第４条第９項，第12条の４第１項）

地区計画，防災街区整備地区計画，歴史的風致維持向上地区計画，沿道地区計画及び集落地区計画をいう。

34　プログラム

本法においては，建築物が安全上必要な構造方法によるものであることを求めているが，その構造方法が安全性を有するものであることを確かめるための具体的な手段の一つとして，国土交通大臣による構造方法等の認定を受けたプログラムによる構造計算を定めている。本号は，このプログラムについて，データ入力完了後から計算結果出力の間の計算過程において，計算処理が中断することなく行われる一貫処理であるものとして，定義を与えるものである。

35　特定行政庁

独立の行政機関の性格を有している建築主事を置いている地方公共団体の長をいう。本法において「特定行政庁」の用語を用いた趣旨は，法令中で「建築主事を置く市町村においては当該市町村の長，その他の区域においては都道府県知事」と書くべきものを，便宜上，「特定行政庁」という用語を用いたものに過ぎない（昭和26年1月26日付け住発第43号）。一般に，「特定行政庁」という用語を，地方公共団体の長ではなく，地方公共団体そのものを指すものとして用いられる例も見られるが，本来の趣旨からすると，必ずしも正確な用法とは言えない。

建築主事の設置については法第4条において規定されているが，その設置の様態によって，特定行政庁を以下のように分類することができる。

①　人口25万人以上の市（義務設置市）の長（法第4条第1項）
②　任意で建築主事を置く市町村（任意設置市町村）の長（法第4条第2項）
③　限定的な権限を有する建築主事を置く市町村の長（法第97条の2）
④　特別区（東京都23区）の長（法第97条の3）
⑤　①～④以外の区域における都道府県知事（法第4条第5項）

なお，法第97条の2により限定的な権限を有する建築主事を置く市町村（その長は，一般に「限定特定行政庁」と呼ばれる。）及び第97条の3による特別区の区域では，建築主事の限定的権限に属する事務に関しては，当該市町村長及び特別区長が特定行政庁の権限を有することとなる。この場合，その他の権限に関しては関係の都道府県知事が特定行政庁としての権限を有することとなる（令第2条の2）。

（用語の定義）
令第1条　この政令において次の各号に掲げる用語の意義は，それぞれ当該各号に定めるところによる。
一　敷地　一の建築物又は用途上不可分の関係にある2以上の建築物のある一団の土地をいう。
二　地階　床が地盤面下にある階で，床面から地盤面までの高さがその階の天井の高さの3分の1以上のものをいう。
三　構造耐力上主要な部分　基礎，基礎ぐい，壁，柱，小屋組，土台，斜材（筋かい，方づえ，火打材その他これらに類するものをいう。），床版，屋根版又は横架材（はり，けたその他これらに類するものをいう。）で，建築物の自重若しくは積載荷重，積雪荷重，風圧，土圧若しくは水圧又は地震その他の震動若しくは衝撃を支えるものをいう。

四　耐水材料　れんが，石，人造石，コンクリート，アスファルト，陶磁器，ガラスその他これらに類する耐水性の建築材料をいう。

五　準不燃材料　建築材料のうち，通常の火災による火熱が加えられた場合に，加熱開始後10分間第108条の2各号（建築物の外部の仕上げに用いるものにあつては，同条第1号及び第2号）に掲げる要件を満たしているものとして，国土交通大臣が定めたもの又は国土交通大臣の認定を受けたものをいう。

六　難燃材料　建築材料のうち，通常の火災による火熱が加えられた場合に，加熱開始後5分間第108条の2各号（建築物の外部の仕上げに用いるものにあつては，同条第1号及び第2号）に掲げる要件を満たしているものとして，国土交通大臣が定めたもの又は国土交通大臣の認定を受けたものをいう。

（昭34政344・昭45政333・平12政211・平12政312・平19政49・一部改正）

第1号　敷地

集団規定と呼ばれる規制の多くは，「敷地」を単位としている。「敷地」は「建築物」と並んで本法の基本となる重要な概念である。

敷地は，「一の建築物」がある土地がその建築物の敷地であり，一建築物ごとに一敷地があることが原則である（「一建築物一敷地の原則」という。）。

しかし，例外的に「用途上不可分の関係」にある二以上の建築物のある土地は全体として一敷地とされる。したがって，用途上可分の関係にある二以上の建築物のある土地は，二以上の敷地となる。

二以上の建築物が「用途上不可分の関係」にある例としては，住宅に附置されている物置や自動車車庫，また，一団地内に校舎，体育館，実験室，食堂，売店などが別棟で存在している学校等がある。

住宅に附置されている物置や自動車車庫のように，住宅という本来の機能に密接に関連するものについてまで，一建築物一敷地の原則を適用し，物置等について別の敷地があるものとして，接道義務，建蔽率，用途規制等の制限を適用するのは，住宅の利用形態にも反し，厳格すぎることとなる。

これを，通常「附属用途」と呼び，住宅という主用途に附属する従用途として扱われることとなる。法別表第２においても，第一種低層住居専用地域・第二種低層住居専用地域・第一種中高層住居専用地域・田園住居地域において認められる用途を列挙したうえ，最後に「前各号の建築物に附属するもの」も認められることとしている。

学校の場合については，校舎，体育館，実験室，食堂，売店などの利用形態を考えると，それらが学校教育の必要のために設けられたものである限り（一般の音楽会等を開催することを目的とする講堂を設けた場合には，学校という用途の範囲外となる。），いずれも「学校」という総合的な用途の中に内包されているから，これらの個々の建築物もまた「用途上不可分の関係」にあるといえる。これを通常「総合用途」とよんでいる。

このように，「用途上不可分の関係」にある二以上の建築物とは，これらの個々の建築物を分離すると，住宅という主用途あるいは学校という総合用途を実現するのに支障をきたすものをいうのである。別棟の商店と住宅，工場と職員アパート等は原則として用途上可分であると解される。

一方で，一団地内に数棟のアパートがあり，これらの建築物が同一の管理に属するからといって，このことだけで用途上不可分であるとはいえない。用途上不可分であるかどうかは建築物の利用形態から客観的に決せられるものであり，管理が同一か，所有者が同一かは直接は関係ない。

また，敷地は「一団の土地」であり，道路，塀等により区画された連続した土地をいう。小さい水路等の場合には，橋等による相互の連絡状況からみて用途上不可分であるか，また，防火上，安全上支障がないかによって「一団の土地」と認められるか否かを具体的に判断すべきである（昭和38年８月５日付け住指発第100号）。

外形上，一団の土地をなしていればよく，所有権，賃借権等民事上の土地の使用権とは関係ない。たとえ自己の所有地であっても既に塀等で区画され他の建築物の敷地として利用されていれば，その土地は当該建築物の敷地としては扱いえない。また，逆に何ら使用権を有しない土地に建築物を建築しようとする場合でも，一団の土地と認められれば，本法上は当該建築物の敷地として取り扱われる。

また，本法上の諸制限（特に道路斜線制限）を逃れるために，土地を分割して他人名義の土地とした場合であっても，分割した部分が帯状で独立した用途が困難と認められる場合等，実態上連続した土地であれば，これらの土地は，一団の土地と解されよう。

第2号　地階

地階であることを判定するために必要な「地盤面」の判定について特段の規定が置かれていないが，傾斜した土地の場合にあっては，令第2条第2項の規定に準じ，原則として，建築物が周囲の地面と接する位置の平均の高さを地盤面として地階の判定が行われている。

ただし，大規模な建築物に関しては，防火上及び避難の安全性確保の観点から，次のように判定される。

①　建築物の接する周囲の地面の高さの差が，1の階高以下の場合にあっては，周囲の地面の平均の高さを地盤面とみなして，地階の判定を下す。ただし，異種用途，画然と区画された部分，独立した室その他の部分については，当該部分のみに関する周囲の地面の平均の高さを地盤面とみなすことができる。

②　建築物の接する周囲の地面の高さの差が1の階高を超える場合にあっては，まず周囲の地面のそれぞれについて，開口部，特に出入りの可能なものの有無に基づき避難階の判定を下し，当該階の上方又は下方に向かって地上1階又は地下2階と順次数える。したがって，2以上の避難階を有する場合にあっては，特定階について「階の判定」が重複する場合も生ずるが，関係規定ごとに厳しい規定を適用するものとする（ただし，令第122条の規定を除き下方に存する避難階の避難の用に供すべき出入口からの歩行距離が令第120条第1項及び第2項に規定する数値以下の地階で，防火上，避難上その他の支障がない部分については，有利な階の判定によることができる。）。

第3号　構造耐力上主要な部分

「主要構造部」と異なり，部材に対する構造耐力上の規制のための定義である。「構造耐力上主要な部分」に欠陥がある場合には建築物の倒壊，破損，変形などにより，関係者の生命，財産等に対して損害を与えるおそれがある。

第4号　耐水材料

水による変質，変形等の欠陥を生じない材料をいう。透水性の有無は問わない。

第5号・第6号　準不燃材料・難燃材料

第4章第2節「用語の定義」参照。

（面積，高さ及び階数の算定）

法第92条　建築物の敷地面積，建築面積，延べ面積，床面積及び高さ，建築物の軒，天井及び床の高さ，建築物の階数並びに工作物の築造面積の算定方法は，政令で定める。

（昭49法67・一部改正）

（面積，高さ等の算定方法）

令第２条　次の各号に掲げる面積，高さ及び階数の算定方法は，当該各号に定めるところによる。

一　敷地面積　敷地の水平投影面積による。ただし，建築基準法（以下「法」という。）第42条第２項，第３項又は第５項の規定によつて道路の境界線とみなされる線と道との間の部分の敷地は，算入しない。

二　建築面積　建築物（地階で地盤面上１メートル以下にある部分を除く。以下この号において同じ。）の外壁又はこれに代わる柱の中心線（軒，ひさし，はね出し縁その他これらに類するもの（以下この号において「軒等」という。）で当該中心線から水平距離１メートル以上突き出たもの（建築物の建蔽率の算定の基礎となる建築面積を算定する場合に限り，工場又は倉庫の用途に供する建築物において専ら貨物の積卸しその他これに類する業務のために設ける軒等でその端と敷地境界線との間の敷地の部分に有効な空地が確保されていることその他の理由により安全上，防火上及び衛生上支障がないものとして国土交通大臣が定める軒等（以下この号において「特例軒等」という。）のうち当該中心線から突き出た距離が水平距離１メートル以上５メートル未満のものであるものを除く。）がある場合においては，その端から水平距離１メートル後退した線（建築物の建蔽率の算定の基礎となる建築面積を算定する場合に限り，特例軒等のうち当該中心線から水平距離５メートル以上突き出たものにあつては，その端から水平距離５メートル以内で当該特例軒等の構造に応じて国土交通大臣が定める距離後退した線））で囲まれた部分の水平投影面積による。ただし，国土交通大臣が高い開放性を有すると認めて指定する構造の建築物又はその部分については，当該建築物又はその部分の端から水平距離１メートル以内の部分の水平投影面積は，当該建築物の建築面積に算入しない。

三　床面積　建築物の各階又はその一部で壁その他の区画の中心線で囲まれた部分の水平投影面積による。

四　延べ面積　建築物の各階の床面積の合計による。ただし，法第52条第１項に規定する延べ面積（建築物の容積率の最低限度に関する規制に係る当該容積率の算定の基礎となる延べ面積を除く。）には，次に掲げる建築物の部分の床面積を算入しない。

イ　自動車車庫その他の専ら自動車又は自転車の停留又は駐車のための施設（誘導車路，操車場所及び乗降場を含む。）の用途に供する部分（第３項第１号及び第137条の８において「自動車車庫等部分」という。）

ロ　専ら防災のために設ける備蓄倉庫の用途に供する部分（第３項第２号及び第137条の８において「備蓄倉庫部分」という。）

ハ　蓄電池（床に据え付けるものに限る。）を設ける部分（第３項第３号及び第137条の８において「蓄電池設置部分」という。）

ニ　自家発電設備を設ける部分（第３項第４号及び第137条の８において「自家発電設備設置部分」という。）

ホ　貯水槽を設ける部分（第３項第５号及び第137条の８において「貯水槽設置部分」という。）

ヘ　宅配ボックス（配達された物品（荷受人が不在その他の事由により受け取ることができないものに限る。）の一時保管のための荷受箱をいう。）を設ける部分（第３項第６号及び第137条の８において「宅配ボックス設置部分」という。）

五　築造面積　工作物の水平投影面積による。ただし，国土交通大臣が別に算定方法を定めた工作物については，その算定方法による。

六　建築物の高さ　地盤面からの高さによる。ただし，次のイ，ロ又はハのいずれかに該当する場合においては，それぞれイ，ロ又はハに定めるところによる。

イ　法第56条第１項第１号の規定並びに第130条の12及び第135条の19の規定による高さの算定については，前面道路の路面の中心からの高さによる。

ロ　法第33条及び法第56条第１項第３号に規定する高さ並びに法第57条の４第１項，法第58条第１項及び第２項，法第60条の２の２第３項並びに法第60条の３第２項に規定する高さ（北側の前面道路又は隣地との関係についての建築物の各部分の高さの最高限度が定められている場合におけるその高さに限る。）を算定する場合を除き，階段室，昇降機塔，装飾塔，物見塔，屋窓その他これらに類する建築物の屋上部分の水平投影面積の合計が当該建築物の建築面積の８分の１以内の場合においては，その部分の高さは，12メートル（法第55条第１項から第３項まで，法第56条の２第４項，法第59条の２第１項（法第55条第１項に係る部分に限る。）並びに法別表第4(ろ)欄2の項，3の項及び4の項ロの場合には，5メートル）までは，当該建築物の高さに算入しない。

ハ　棟飾，防火壁の屋上突出部その他これらに類する屋上突出物は，当該建築物の高さに算入しない。

七　軒の高さ　地盤面（第130条の12第1号イの場合には，前面道路の路面の中心）から建築物の小屋組又はこれに代わる横架材を支持する壁，敷桁又は柱の上端までの高さによる。

八　階数　昇降機塔，装飾塔，物見塔その他これらに類する建築物の屋上部分又は地階の倉庫，機械室その他これらに類する建築物の部分で，水平投影面積の合計がそれぞれ当該建築物の建築面積の8分の1以下のものは，当該建築物の階数に算入しない。また，建築物の一部が吹抜きとなつている場合，建築物の敷地が斜面又は段地である場合その他建築物の部分によつて階数を異にする場合においては，これらの階数のうち最大なものによる。

2　前項第2号，第6号又は第7号の「地盤面」とは，建築物が周囲の地面と接する位置の平均の高さにおける水平面をいい，その接する位置の高低差が3メートルを超える場合においては，その高低差3メートル以内ごとの平均の高さにおける水平面をいう。

3　第1項第4号ただし書の規定は，次の各号に掲げる建築物の部分の区分に応じ，当該敷地内の建築物の各階の床面積の合計（同一敷地内に2以上の建築物がある場合においては，それらの建築物の各階の床面積の合計の和）に当該各号に定める割合を乗じて得た面積を限度として適用するものとする。

一　自動車車庫等部分　5分の1

二　備蓄倉庫部分　50分の1

三　蓄電池設置部分　50分の1

四　自家発電設備設置部分　100分の1

五　貯水槽設置部分　100分の1

六　宅配ボックス設置部分　100分の1

4　第1項第6号ロ又は第8号の場合における水平投影面積の算定方法は，同項第2号の建築面積の算定方法によるものとする。

（昭34政344・昭36政396・昭39政4・昭44政158・昭44政232・昭45政333・昭50政2・昭50政304・昭52政266・昭62政348・平5政170・平6政193・平7政

214・平９政196・平９政274・平12政312・平13政98・平14政191・平14政331・平17政192・平24政239・平26政232・平26政239・平28政288・平30政255・令２政268・令４政351・令５政34・一部改正）

第１項

１　敷地面積

法第42条第２項及び第３項の規定によって，道路（特定行政庁の指定（既存）道路）内に存するとみなされる敷地の部分は，敷地面積に算入できない。なお，法第43条第２項の規定に基づく地方公共団体の条例における壁面等の後退，法第46条の規定による壁面線の指定等は，敷地面積の算定に影響を与えない。

２　建築面積

建築物が敷地をどの程度おおっているかを示すものである。建築物の地上の各階のそれぞれの水平投影面積によって形成された最大投影面積をいい，建築物の外壁又はこれらに代わる柱の中心線で囲まれた部分の水平投影面積によって表されるが，次の例外がある。

①　建築物の地階が地盤面上に出ている場合でも，その高さが地盤面上１m以下にある地階の部分は，地下にあるものとみなして，建築面積には算定しない。

②　軒，ひさし，はね出し縁その他これらに類するもので，建築物の外壁又はこれに代わる柱の中心線から水平距離１m以上突き出たものがある場合には，その軒，ひさし，はね出し縁その他これらに類するものの端から水平距離１m後退した線によって建築面積を算定する。

③　倉庫等の建築物においてトラックからの積卸し作業等を目的に設置された軒等で，高さと隣地境界線との距離の条件や不燃材料で作られているなど，所定の要件（令和５年国土交通省告示第143号）を満たす軒等の部分については，その端から水平距離５m以内の部分の水平投影面積は，建築物の建蔽率の算定の基礎となる建築面積を算定する場合に限り，建築面積に算入しない。

④　高い開放性を有する構造の建築物としての要件（平成５年建設省告示第1437号）を満たす建築物又はその部分については，その端から水平距離１m以内の部分の水平投影面積は，建築面積に算入しない。

３　床面積

単に床面積という抽象概念はない。ある階の床面積，居室の床面積，客席の床面積などのように，「特定の階」又は「特定の部分」に限定された概念である。したがって，壁その他の区画の判定も，その限定する内容に応じて，規制の実効を確保するように行わなければならない。例えば劇場等の場合，防火・避難規定における２階の客席の床面積であれば，前面については手すりの中心線によるのが妥当である。

本法における各規定の実効性を確保するためには，それぞれの規定の運用に際し，同一の建築物の部分の床面積についても，画一的に算定できない場合が存する。前述のように，防火・避難規定に関しては，非常時を前提として最大限を見込む必要があり，構造強度上の荷重算定等では，安全率も考え，平常時の使用実態に即して行うことができ，また，容積率制限のための延べ面積の基礎としての床面積については，割引される場合がある。

なお，床面積における床とは，建築物的空間における床を意味しており，１面以上が外気に開放された部分についても，床面積に算定される場合があることに留意すべきであろう。実際の床面積の算定にあたっては，「床面積の算定について（昭和61年４月30日付け住指発第115号）」を参照されたい。

４　延べ面積

１棟の建築物について，その各階の床面積の合計が延べ面積である。建築物の１棟の大きさ（面積的大きさ，容積的大きさ）を把握するためのものである。ただし，容積率の算定の基礎となる延べ面積には，以下の用途についてはそれぞれの理由から算定対象から除外されている。

① 自動車車庫等　一般的には床面積の算定対象とならない建築物の外部に設置されるもので，仮に内部に設けられても道路などの公共施設への負荷が増大しないため。

② 備蓄倉庫，蓄電池，自家発電設備，貯水槽　大規模災害の場合のみに使用されたり，単にエネルギー負荷の統制を目的に使用されたりする空間であり，屋内に設けても道路などの公共施設への負荷が増大しないため。

③ 宅配ボックス　通信販売の普及等によって宅配便の取扱い個数が増加することに伴い，道路などの公共施設の負荷を増大させる要因となる再配達の件数も増加しており，こうした負荷を軽減させる必要があるため。

なお，除外する床面積の上限値については，第３項において用途ごとに定められている。

５　築造面積

工作物の規模を表す概念で，建築物についての「各階の床面積の合計」に相当するものである。築造面積の算定方法は，原則として工作物の水平投影面積によるが，工作物によっては国土交通大臣が別に算定方法を定めることができることになっている。

なお，機械式駐車装置を用いる自動車車庫の築造面積の算定については，その収容可能台数に15㎡を乗じた値を当該自動車車庫の築造面積とする旨の告示（Ｓ50建告第644号）がなされている。

６　建築物の高さ

⑴　建築物の高さ

原則として地盤面からの高さによるが，法第56条第１項第１号（道路斜線制限），令第130条の12（道路斜線制限に係る建築物の後退距離の算定の特例）及び令第135条の18（容積率の算定に当たり建築物から除かれる部分）の高さについては，前面道路の路面の中心からの高さによる。

⑵　屋上部分の取扱い

階段室，昇降機塔等は，屋上に突出して設置されるのが通例であるが，これらを含めて高さを算定することは合理的でなく，かつ，本法による高さ制限の趣旨に大きく影響するものでもないので，これらの屋上部分の水平投影面積（いわば屋上面に対する建築面積的なものと考えてよい。）の合計が，当該建築物の建築面積の８分の１以下の場合に限って，その部分の高さは，12ｍ（①法第55条第１項及び第２項（第一種低層住居専用地域・第二種低層住居専用地域・田園住居地域内の高さ制限），②法第56条の２第４項並びに法別表第４㈹欄２の項，３の項及び４の項ロ（日影規制），③法第59条の２第１項（総合設計，法第55条第１項に係る部分に限る。）の場合には，５ｍ）までは，当該建築物の高さに算入しない。換言すれば，屋上部分がある場合には，その上端から12ｍ（又は５ｍ）を減じた位置に基づいて算定する。ただし，法第33条（避雷設備），法第56条第１項第３号（北側斜線制限），法第57条の４第１項（特例容積率適用地区），法第58条（高度地区）及び法第60条の３第１項（特定用途誘導地区）の規定の適用にあっては，北側斜線制限又は隣地斜線制限について高さの最高限度が定められている場合の高さの算定に限り，屋上部分の高さの軽減は行われない。

⑶　屋上突出物の取扱い

棟飾り，防火壁の屋上突出部，煙突，避雷針等は，高さに算入されない。パラペットについては，金網，柵その他見通しのきくものを除き，高さに算入される。

７　軒の高さ

軒先の高さではなく，小屋組等の横架材の支持位置（横架材に応力を垂直方向に伝える部分）に基づいて算定される。通常の木造にあっては，敷桁の上端までであるが，折置組などの張り間方向の小屋組を直接柱が支持する方式では，その柱の上端までである。また組積造では，耐力壁の上端までである。なお，令第130条の12でいう軒の高さについては，前面道路の路面の中心からの高さによる。

8　階数

本号でいう「階数」とは，序数ではない。例えば１階，地下１階などとは関係がない。１棟の建築物について，いくつの階を有しているかの表現が「階数」である。例えば地上10階，地下３階の建築物は，「階数13階の建築物」であり，地上３階（地階なし）の建築物及び地下３階のみの建築物はいずれも階数３の建築物である。

水平投影面積（屋上面におけるいわば建築面積）の合計が当該建築物の建築面積の８分の１以下の昇降機塔等の屋上突出物及び同じく水平投影面積が８分の１以下の地階の倉庫，機械室等は，階数に算入しないこととされている。また，建築物の一部が吹抜きとなっている場合等部分により階数を異にする建築物の場合は，これらのうち最大の階数をもって，当該建築物の階数とする。

第２項

本項は，令第２条第１項第２号（建築面積に算入しない地階の部分の判別），第６号（建築物の高さ）及び第７号（軒の高さ）における地盤面の定義であり，令第１条第２号（地階）における地盤面とは関係がない。すなわち，これらの規定の適用に当たっては，「地盤面」とは，建築物が周囲の地面と接する位置の平均の高さにおける水平面をいう（平均地盤面）。建築物が周囲の地面と接する位置の高低差が３ｍを超える場合，３ｍ以内ごとに平均の高さを算定するが，３ｍ以内ごとの区分の方法は任意である。ただし，それに応じて２以上の地盤面が存することとなり，それぞれの部分の建築物の高さ等に反映することに留意する必要がある。

第３項

延べ面積の算定にあたっては，特定の用途に供する部分の床面積を算入しない特例が規定されているが，本項では，不算入とする床面積の上限が規定されている。それぞれの用途に応じて，除外する床面積を必要最小限としつつ，実態を踏まえた上限値が定められている。

なお，延べ面積に不算入とする範囲に上限を設けている趣旨は，居室等への転用による脱法行為を最小限に抑えるためであり，それぞれの用途に応じて，実態を踏まえつつ，除外する床面積を必要最小限とする設定がなされている。例えば，オフィスビルを想定して，備蓄倉庫，自家発電設備及び貯水槽については従業員の3日分の食糧，水，電力の確保に必要な床面積を，蓄電池については15%の電力負荷平準化に必要な床面積を算出している。

第4項

建築物の高さ及び階数の算定にあたっては，建築物の一部が小規模な場合は当該部分の高さや階を算入しない特例が規定されているが，本項では，特例の対象規模の指標となる水平投影面積の算定方法について，建築面積の算定方法にならうことが規定されている。

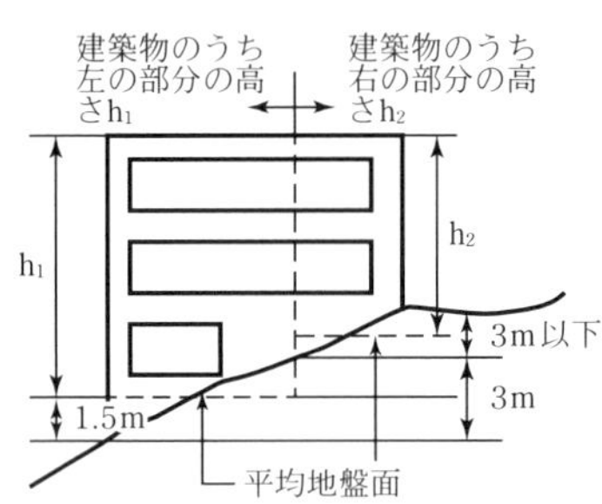

図1－2　平均地盤面

（適用の除外）

法第3条　この法律並びにこれに基づく命令及び条例の規定は，次の各号のいずれかに該当する建築物については，適用しない。

一　文化財保護法（昭和25年法律第214号）の規定によつて国宝，重要文化財，重要有形民俗文化財，特別史跡名勝天然記念物又は史跡名勝天然記念物として指定され，又は仮指定された建築物

二　旧重要美術品等の保存に関する法律（昭和8年法律第43号）の規定によつて重要美術品等として認定された建築物

三　文化財保護法第182条第2項の条例その他の条例の定めるところにより現状変更の規制及び保存のための措置が講じられている建築物（次号において「保存建築物」という。）であつて，特定行政庁が建築審査会の同意を得て指定したもの

四　第1号若しくは第2号に掲げる建築物又は保存建築物であつたものの原

形を再現する建築物で，特定行政庁が建築審査会の同意を得てその原形の再現がやむを得ないと認めたもの

２　この法律又はこれに基づく命令若しくは条例の規定の施行又は適用の際現に存する建築物若しくはその敷地又は現に建築，修繕若しくは模様替の工事中の建築物若しくはその敷地がこれらの規定に適合せず，又はこれらの規定に適合しない部分を有する場合においては，当該建築物，建築物の敷地又は建築物若しくはその敷地の部分に対しては，当該規定は，適用しない。

３　前項の規定は，次の各号のいずれかに該当する建築物，建築物の敷地又は建築物若しくはその敷地の部分に対しては，適用しない。

一　この法律又はこれに基づく命令若しくは条例を改正する法令による改正（この法律に基づく命令又は条例を廃止すると同時に新たにこれに相当する命令又は条例を制定することを含む。）後のこの法律又はこれに基づく命令若しくは条例の規定の適用の際当該規定に相当する従前の規定に違反している建築物，建築物の敷地又は建築物若しくはその敷地の部分

二　都市計画区域若しくは準都市計画区域の指定若しくは変更，第一種低層住居専用地域，第二種低層住居専用地域，第一種中高層住居専用地域，第二種中高層住居専用地域，第一種住居地域，第二種住居地域，準住居地域，田園住居地域，近隣商業地域，商業地域，準工業地域，工業地域若しくは工業専用地域若しくは防火地域若しくは準防火地域に関する都市計画の決定若しくは変更，第42条第１項，第52条第２項第２号若しくは第３号若しくは第８項，第56条第１項第２号イ若しくは別表第３備考３の号の区域の指定若しくはその取消し又は第52条第１項第８号，第２項第３号若しくは第８項，第53条第１項第６号，第56条第１項第２号ニ若しくは別表第３㈡欄の５の項に掲げる数値の決定若しくは変更により，第43条第１項，第48条第１項から第14項まで，第52条第１項，第２項，第７項若しくは第８項，第53条第１項から第３項まで，第54条第１項，第55条第１項，第56条第１項，第56条の２第１項若しくは第61条に規定する建築物，建築物の敷地若しくは建築物若しくはその敷地の部分に関する制限又は第43条第３項，第43条の２，第49条から第50条まで若しくは第68条の９の規定に基づく条例に規定する建築物，建築物の敷地若しくは建築物若しくはその敷地の部分に関する制限に変更があつた場合における当該変更後の制限に相当する従前の制限に違反している建築物，建築物の敷地又は建築物若しくは

その敷地の部分
三　工事の着手がこの法律又はこれに基づく命令若しくは条例の規定の施行又は適用の後である増築，改築，移転，大規模の修繕又は大規模の模様替に係る建築物又はその敷地
四　前号に該当する建築物又はその敷地の部分
五　この法律又はこれに基づく命令若しくは条例の規定に適合するに至つた建築物，建築物の敷地又は建築物若しくはその敷地の部分

（昭26法318・昭29法131・昭34法156・昭36法115・昭38法151・昭43法101・昭45法109・昭50法49・昭51法83・昭62法66・平4法82・平6法62・平9法79・平12法73・平14法85・平15法101・平16法61・平16法67・平18法46・平26法39・平26法54・平29法26・平30法67・令2法43・一部改正）

本法は，世に広く存在する工作物のうち一定の要件に該当するものを建築物と定義してその直接の規制対象とし，その他の工作物については一定のものを限定的にとりあげて規制対象としているが，これらを定義どおり解すれば，建築物又は工作物に該当するものであれば，これから建築又は築造するものはいうに及ばず，古くから存在するものも当然に規制を受けることになる。

しかし，本来は本法の規制の対象となる建築物又は工作物であっても，その属性いかんによっては本法を直接適用することが，かえって適切ではない場合があるため，本条は一定の要件を定めてそれに該当する建築物について特に本法の適用を除外することとしている。工作物についても本条が準用されているので（法第88条第1項，第2項，第3項），本条に関する解説は工作物にもそのまま当てはまる。

本条は，「第1項関係」と「第2項及び第3項関係」との二つに大別される。前者は建築物そのものの特殊性により，後者は建築物と法令等の改廃との関係により，それぞれ本法の規定の適用除外について定めている。

第1項

⑴　適用除外の基本的な考え方

本法の各規定は，建築物であればこれから建築するものはもちろん，既存のものであっても改築などを行う場合には適用されるが，古くから存在する建築物の構造は，その大半が現代の建築基準とは大きくかけ離れたものであるため，現状を保存しようとして改築，修繕などを施す場合に本法の基準を適用することとすれば，古い部分はほとんど改めなければならないこととなってしまうといってもよい。

また，古い建築物が火災などのために滅失した場合にも，これを復元することは，本法の基準に合うようにするという条件がある限りまず不可能である。したがって，このような古い建築物が国宝などに指定された貴重な文化遺産である場合にも本法をそのまま適用すべきかどうかは一考を要することである。

国宝などの文化財は先人が我々に伝えた貴重な財産であり，これを保存し，後世に伝え，あるいはその活用を図って，国民ひいては世界の文化に寄与することは我々の任務であるので，本法を文化財などの建築物に直接適用することは適切であるとはいえない。しかし，文化財といえども社会的な存在である以上は社会に与える影響を考え，安全上，防火上及び衛生上支障がない構造にする必要がある。

このような背反する要請を考慮して，本条は限定的に建築物を選び出し，それらに限り本法の適用を除外している。これらの建築物について本法の適用を除外したのは，もっぱら文化遺産の特殊性を考慮したためであり，建築物が安全上，防火上，衛生上その他の観点から支障がないと認めたためではないので，これらの管理者は建築物の社会的性格を考え，本法の趣旨に沿って管理をしていく必要があることはいうまでもない。

⑵　本法の適用が除外される建築物

①　国宝，重要文化財，重要有形民俗文化財，特別史跡名勝天然記念物又は史跡名勝天然記念物として指定された建築物（文化財保護法により，国宝等の指定は，文部科学大臣が行う（重要文化財：第27条第１項，国宝：第27条第２項，重要有形民俗文化財：第78条第１項，史跡名勝天然記念物：第109条第１項，特別史跡名勝天然記念物：第109条第２項）。）

②　史跡名勝天然記念物として仮指定された建築物（文化財保護法により，史跡名勝天然記念物の仮指定は，都道府県教育委員会が行う（第110条第１項）。）

③　旧重要美術品等の保存に関する法律に基づき重要美術品等として認定された建築物（同法は昭和25年に文化財保護法の制定に伴って廃止されたが，経過規定として，既に受けている重要美術品等の認定は，当分の間，なおその効力を有するものとされている。）

④　条例によって現状変更の規制と保存措置が講じられている保存建築物で，特定行政庁が建築審査会の同意を得て指定したもの

⑤　①から④の建築物の原形を再現する建築物で，特定行政庁が建築審査会の同意を得てその再現がやむをえないと認めたもの

⑶　第２項との違い

本項に規定する建築物に該当すれば，建築物の構造基準を定めた実体規定のみならず，確認，検査，違反是正などの手続を定めた手続規定も含め，本法の規定はすべて適用されないこととなる。この点で，本条第2項に規定する建築物が本法の規定中一部の関係する規定に限り適用されないことにとどまるのと異なる。

⑷　原形を再現する建築物

原形を再現する建築物は，原則として従来の建築物が存在した位置に建築しなければならない。しかしながら，建築物が老朽化したため，国宝などの指定を解除することなく現存する建築物を解体し，材料などを替えて改築する場合には，本項の趣旨から，原形を再現する建築物として特定行政庁が建築審査会の同意を得て再現がやむを得ないものと認めたものに限り，本法の適用を除外すべきである。

第2項

本法の各規定を，既存の建築物についても適用すると，既存の適法な建築物が法令の改廃又は都市計画の決定，変更により違反建築物となるという不合理な場合が生ずる。例えば，都市計画において建蔽率（建築面積の敷地面積に対する割合）が10分の6を超えてはならないものと定められた地域内に，建蔽率が10分の6の建築物があるとすると，現在は建蔽率に関する限り適法であるが（法第53条第1項），もし都市計画の変更により当該地域内の建蔽率が10分の5を超えてはならないものとされ，かつ，なんらの経過措置も規定されないとしたら，この建築物は改築，修繕などの工事を一切しない場合でも違反建築物となってしまい，法的安定性を害することとなる。

本項は，このような不合理を救うための規定であり，本法（これに基づく命令又は条例を含む。以下第3条の解説中同じ。）の規定の施行又は適用の時点で存在しているか，又はその時点で工事中である建築物又はその敷地が，新たに施行又は適用になった規定に全面的に適合していないかあるいは一部適合していない場合には，その適合していない規定に限り適用を除外することとしている。本書では，このような建築物を「既存不適格建築物」と，規定の適用を除外されている状態を「既存不適格状態」と呼ぶものとする。

①　「これに基づく命令若しくは条例」には，建築基準法に基づく政令，省令，条例のほか，政令に基づく条例，例えば令第128条の3第6項に規定する条例（地下街について，同条第1項から第5項までにおいて技術的基準を規定しているが，地方公共団体は，これらの規定と異なる規定を条例で定めることができる）などが含まれる。

② 「この法律又はこれに基づく命令若しくは条例の規定の施行又は適用の際」とは，(a)本法令が制定され初めて施行されたとき，(b)本法令の一部を改正する法令が施行されたとき，(c)都市計画法又は本法の規定による区域，地域又は地区内に限り適用される規定（例えば法第３章の各規定（集団規定），法第22条（屋根不燃区域），法第39条（災害危険区域）など）については，これらの規定によって指定される区域等に初めて指定されたとき，あるいは当該区域等について変更があったときを指す。

③ 「工事中」には，建築の計画中のものはいうに及ばず，確認を受けた建築物でも着工していないものは含まれない。

④ 既存又は工事中の建築物であっても，「これらの規定」に適合しない場合に，適合しない部分に限り，「これらの規定」の適用を除外されるにとどまり，「これらの規定」に適合する部分については，当然「これらの規定」は適用されることになる。例えば，都市計画区域内で用途地域の指定のない区域内（仮に，この区域内では，容積率は10分の40以下，建蔽率は10分の７以下としなければならないものとして特定行政庁が定めているとする（法第52条，第53条)。）に容積率10分の14，建蔽率10分の７の建築物があり，この地域が容積率10分の20以下，建蔽率10分の６以下と定められている第一種低層住居専用地域に変わったとすると，この建築物は建蔽率の規定には適合しないが，容積率の規定には適合することとなる。この場合には，建蔽率の規定は適用されないが，容積率の規定は適用されるわけである。

⑤ 「これらの規定」に適合する限りは，当然その規定の適用を受けるので，従前は違反建築物であったものも，制限の緩和により「これらの規定」に適合することとなった場合には，特別な経過規定を設けていない限り，その違反を問われない。例えば，第一種低層住居専用地域において建蔽率が10分の６と定められている地域において，そこに建蔽率10分の７の違反建築物があったとき，法律の改正や都市計画の変更により第一種低層住居専用地域の建蔽率が10分の６以下から10分の７以下に変わったとすれば，その建築物は違反建築物ではなくなる。しかし，違反建築をしたという行為に対する罰則の適用は別の問題であり，一般的には，このような場合の罰則の適用は従前の例によるという経過措置が設けられる。

⑥ 「建築物，建築物の敷地」と「建築物若しくは建築物の敷地の部分」との差異は，前者は「建築物又はその敷地」が全面的にある規定に適合しない場合の

ことを指し，後者は「建築物又はその敷地の一部」がある規定に適合しない場合のことを指すところにある。例えば，第二種住居地域内の映画館は全面的に用途制限（法第48条第6項）に適合しないので前者に当たり，天井の高さが2.1m未満の居室を含む建築物の場合にはその居室だけが制限（令第21条第1項）に適合しないので後者に当たる。建築物の用途，構造等により必ずしも一概には論じえない面もあるが，対象となる建築物と敷地が，全部又は一部のいずれに整理されるか，ということだけで，規定の適用上問題が生ずることはない。

なお，本項は，「適用の除外」という見出しの下に規定されているが，既存不適格状態を解除する第3項第3号及び第4号があることから，適用除外が無制限に継続されるものではないため，実質的には本法の改正や地域地区の変更などの場合の「経過措置」を定めたものとしての性格を持つものである。一般的な法令改正の場合には，通常は改正法令の附則で経過措置を規定するが，この法律では，本法の改正，地域地区の変更などの際に必要となる典型的な経過措置を一括して本則に規定したものである。

第3項本文

第2項の規定について例外を認めないと，二つの面で不適切な点がでてくる。第一は本法の規定の施行又は適用の際生ずるもので，法令改正を契機にして違反建築物であった建築物が合理的な理由なしに既存不適格建築物となることであり，第二は本法の規定の施行又は適用の後に生ずるもので，第2項の規定により，ひとたび既存不適格建築物の取扱いを受ければ，その後どんな大改築を行っても本法の規定の適用を除外されることになりかねないことである。

本項は，この点を考慮して，第2項の適用除外の規定を解除して本法の規定を適用することとするための規定であり，第一の点については第1号及び第2号，第二の点については第3号から第5号までにおいて，それぞれ必要な措置をしている。すなわち，もし第2項の規定により既存不適格建築物の取扱いを受け，本法に適合しないまま存続を許される建築物や敷地であっても，本項各号の1に該当するものであれば，第2項の規定を適用せずに本法の規定を適用して，違反建築物として取り扱うということにしている。

第3項第1号

本号は，本法の改正が行われ，建築物に関する制限に変動が生じた場合のことを規定したものである。本法が改正された場合に，既存の建築物で改正後の規定に適合しないものは，「①：従前の相当規定に適合していたもの」と「②：適合していなかったもの」に分けられ，後者はさらに，「②―１：従来から第２項の規定により従前の相当規定の適用を除外され既存不適格建築物として取り扱われていたもの」と，「②―２：従前の相当規定の適用を受けながら適合していなかったもの，すなわち違反建築物であったもの」とに分けられる。しかし，このうち，従前から違反建築物であったもの（②―２）で，改正後の規定にも適合していないものは，改正後の規定の適用を除外する理由はないので，本号では，第２項の規定の適用を除外して改正後の規定に関する違反建築物として取り扱うこととしたものである。

例えば，いま第一種低層住居専用地域内に建蔽率10分の７の建築物があり，仮にこの法律が改正され，第一種低層住居専用地域内の建蔽率の上限となる基準が，「10分の６以下」から「10分の５以下」に改められたとする。この建築物は改正後の建蔽率制限に適合しないこととなるが，違反建築物として取り扱われるかどうかは，二つの場合に分けて考える必要がある。この建築物が従前の制限「10分の６以下」に定められる前から存在するもので従前から第２項の規定の適用を受け既存不適格建築物として取り扱われていたものであれば，引き続き第２項の効果により，改正後の「10分の５以下」の制限の適用は除外されることとなる。一方，この建築物が従前の制限「10分の６以下」に違反して建築されたものであれば本号の適用を受け改正後の「10分の５以下」の制限に違反するものとして取り扱われることとなるわけである。

「相当する」規定かどうかは，１の条項中の数値が改正された場合，例えば建蔽率，容積率，高さ制限などの数値が改正になった場合は明白であるが，改正の内容いかんによっては，その判断が困難な場合も生ずる。今後本法改正を行う際は，この規定のみでは「相当」関係が明確ではないものについて，経過措置を特に設ける必要があろう。

本号のかっこ書は，この法律に基づく命令又は条例を全面的に改正する場合において，改正の形式をとる代わりに従前の命令又は条例を廃止し，これに代わる新しい命令又は条例を制定する形式をとるときは，「制定」を「改正」と同様に扱うという趣旨である。

第３項第２号

本号は，都市計画区域・準都市計画区域内に限り適用される第３章の規定について，都市計画の決定又は変更によりその規定に変動が生じた場合の取扱いを規定したものである。この場合も第１号関係で述べたことと全く同様のことである。例えば，旅館は第一種低層住居専用地域内でも第二種低層住居専用地域内でも禁止されているが，いま第一種低層住居専用地域内において，法第48条第1項に違反する旅館があり，この地域が都市計画の変更により第二種低層住居専用地域に変わった場合に，第2項の規定の適用を受けて違反ではなくなるのはいかにも不合理であるので，このような場合には，第2項の適用を除外し，法第48条第2項に違反する建築物として扱うこととなる。

都市計画区域・準都市計画区域内で用途地域の指定のない，いわゆる白地の地域内でも，建蔽率，容積率などの制限はかかっているので，都市計画の変更により白地の地域から工業地域などの地域に変わった場合には本号が適用される。例えば，白地の地域に建蔽率10分の8の違反建築物があり，この地域が都市計画の変更により工業地域に変わったとすれば，本号の適用を受け依然として違反を問われることとなる。

「都市計画の決定若しくは変更」には，①地域地区を変更することなく，都市計画で定めることとされている建蔽率，容積率などの数値を変更すること，②地域地区を変更すること，③新たに地域地区に指定すること，④地域地区の指定を解除することなどがある。

第3項第3号・第4号

第3号及び第4号は，第2項の規定により既存不適格状態となっている建築物であっても，「増築・移転等」を行う場合には，不適格な部分も含め，全面的に本法の規定の適用があるものとしたものである。これは，既存不適格建築物であっても，いやしくも「増築・移転等」をしようとする以上は，これを機会に全面的に本法の基準に適合させようとする趣旨のものである。

一方で，例えば，第一種低層住居専用地域に建蔽率10分の7で建蔽率制限（10分の6以下）に関して第2項の規定により既存不適格建築物の取扱いを受けている建築物（平屋とする）がある場合において，これを2階に増築しようとするときは，建蔽率を10分の6以下にしたうえで増築しなければならないこととなる。この場合には，建築物の一部を除却して2階の増築をすることになり，実際には増築がかなり困難になる。

「増築・移転等」によって既存不適格状態を解除するものとする原則を貫くと厳格に過ぎ，実際に改築などを行うことが困難な場合も生ずるので，他の規定において，これに関する例外として制限の緩和が定められている。法第86条の7がこれであり，一定の範囲内において「増築・移転等」を行う場合には，一定の条項に限り，なお適用を除外し，不適合のまま存続してもよいこととされている。

なお，大規模に至らない修繕又は模様替は，これらの号の対象とはならないので，適合しない部分を残したまま工事をして差し支えない。

第３号と第４号の差異は，第２項の説明⑥で述べたことと同じである。

第３項第５号

本法の規定に適合していなかった既存不適格建築物でも，小規模な修繕や模様替の積み重ねその他の理由により，適合していなかった規定に適合するに至ることがある。本号は，このような場合には，適合するに至ったとき以後は当該規定を適用するという趣旨である。例を挙げれば次のような場合が考えられる。

隣地境界線から１階にあっては３ｍ以下の距離にある建築物の部分を延焼のおそれのある部分（法第２条第６号）という。この部分は防火構造にしなければならない場合が多い（第25条など）。仮に防火構造としなければならない建築物であって，第２項の規定により木造のままで存続を許されているものについて，曳家移転をし，隣地境界線から５ｍの位置に移したとすれば，この部分はもはや延焼のおそれのある部分ではなくなるため，防火構造とする必要がなくなり現行基準に適合する建築物となる。この場合には，本号の規定により，この建築物は既存不適格建築物としての位置づけを失い，本法の規定の適用を受けることとなる。したがって，もしこの後でもう一度曳家移転をして元の位置に戻したとすれば，既存不適格建築物を対象とした特例である第２項の適用を受けることはできないため，違反建築物として取り扱われることとなる。

本法の改正又は都市計画の変更により，本法の規定に適合するに至る例は多いが，それは本号の対象となるものではない。そもそも第２項は，「本法の改正などの場合に改正後の規定に適合しない建築物」を対象とするものであり，第２項の例外を定めた本号は，そのような場合には適用される余地がないからである。

第2節　建築主事

（建築主事又は建築副主事）

法第4条　政令で指定する人口25万以上の市は，その長の指揮監督の下に，第6条第1項の規定による確認に関する事務その他のこの法律の規定により建築主事の権限に属するものとされている事務（以下この条において「確認等事務」という。）をつかさどらせるために，建築主事を置かなければならない。

2　市町村（前項の市を除く。）は，その長の指揮監督の下に，確認等事務をつかさどらせるために，建築主事を置くことができる。

3　市町村は，前項の規定により建築主事を置こうとする場合においては，あらかじめ，その設置について，都道府県知事に協議しなければならない。

4　市町村が前項の規定により協議して建築主事を置くときは，当該市町村の長は，建築主事が置かれる日の30日前までにその旨を公示し，かつ，これを都道府県知事に通知しなければならない。

5　都道府県は，都道府県知事の指揮監督の下に，第1項又は第2項の規定によつて建築主事を置いた市町村（第97条の2を除き，以下「建築主事を置く市町村」という。）の区域外における確認等事務をつかさどらせるために，建築主事を置かなければならない。

6　第1項，第2項及び前項の建築主事は，市町村又は都道府県の職員で第77条の58第1項の登録（同条第2項の1級建築基準適合判定資格者登録簿への登録に限る。）を受けている者のうちから，それぞれ市町村の長又は都道府県知事が命ずる。

7　第1項，第2項又は第5項の規定によつて建築主事を置いた市町村又は都道府県は，当該市町村又は都道府県における確認等事務の実施体制の確保又は充実を図るため必要があると認めるときは，建築主事のほか，当該市町村の長又は都道府県知事の指揮監督の下に，確認等事務のうち建築士法第3条第1項各号に掲げる建築物（以下「大規模建築物」という。）に係るもの以外のものをつかさどらせるために，建築副主事を置くことができる。

8　前項の建築副主事は，市町村又は都道府県の職員で第77条の58第1項の登録（同条第2項の2級建築基準適合判定資格者登録簿への登録に限る。）を受けている者のうちから，それぞれ市町村の長又は都道府県知事が命ずる。
9　特定行政庁は，その所轄区域を分けて，その区域を所管する建築主事（第7項の規定によつて建築副主事を置いた場合にあつては，建築主事及び建築副主事）を指定することができる。

（昭34法156・昭45法109・平10法100・平11法87・平18法53・平27法50・令5法58・一部改正）

○建築基準法第４条第１項の人口25万以上の市を指定する政令

（昭和45年９月24日
政　令　第　271　号）

最近改正　令和３年９月24日政令第262号

建築基準法第４条第１項の人口25万以上の市を指定する政令をここに公布する。

建築基準法第４条第１項の人口25万以上の市を指定する政令

内閣は，建築基準法（昭和25年法律第201号）第４条第１項の規定に基づき，この政令を制定する。

建築基準法第４条第１項の政令で指定する人口25万以上の市は，次の表の市の欄に掲げるとおりとする。

都道府県	市
北　海　道	札幌市　函館市　旭川市
青　森　県	青森市
岩　手　県	盛岡市
宮　城　県	仙台市
秋　田　県	秋田市
福　島　県	福島市　郡山市　いわき市
茨　城　県	水戸市
栃　木　県	宇都宮市
群　馬　県	前橋市　高崎市
埼　玉　県	川越市　川口市　所沢市　越谷市　さいたま市
千　葉　県	千葉市　市川市　船橋市　松戸市　柏市　市原市

東　京　都	八王子市　府中市　町田市
神奈川県	横浜市　川崎市　横須賀市　平塚市　藤沢市　相模原市
新　潟　県	新潟市　長岡市
富　山　県	富山市
石　川　県	金沢市
福　井　県	福井市
長　野　県	長野市
岐　阜　県	岐阜市
静　岡　県	静岡市　浜松市
愛　知　県	名古屋市　豊橋市　岡崎市　一宮市　春日井市　豊田市
三　重　県	津市　四日市市
滋　賀　県	大津市
京　都　府	京都市
大　阪　府	大阪市　堺市　豊中市　吹田市　高槻市　枚方市　茨木市　八尾市　東大阪市
兵　庫　県	神戸市　姫路市　尼崎市　明石市　西宮市　加古川市
奈　良　県	奈良市
和歌山県	和歌山市
岡　山　県	岡山市　倉敷市
広　島　県	広島市　福山市
山　口　県	下関市
徳　島　県	徳島市
香　川　県	高松市
愛　媛　県	松山市
高　知　県	高知市
福　岡　県	北九州市　福岡市　久留米市
長　崎　県	長崎市　佐世保市

熊　本　県	熊本市
大　分　県	大分市
宮　崎　県	宮崎市
鹿児島県	鹿児島市
沖　縄　県	那覇市

１　建築主事制度の概要

本法は，建築物の敷地，構造，建築設備及び用途に関する基準を定めるとともに，この基準の遵守を手続的に確保するため，建築物を建築しようとする場合には，あらかじめ，その計画が当該建築物の敷地，構造及び建築設備に関する制限を定めた法令の規定に適合するものであることについて確認を受け，当該確認に係る工事が完了した場合には，その建築物及び敷地がこれらの法令の規定に適合しているかどうかについて検査を受けなければならないこととしている。この確認及び検査を行う者が建築主事・建築副主事又は指定確認検査機関であり，本条は，このうちの建築主事・建築副主事の設置について規定するものである。

２　建築主事の種類

建築主事は，都道府県又は市町村に置かれ，建築物の建築等が行われる段階で，その適法性を確保するための機関として機能する。また，建築主事が置かれる地方公共団体においては，その長（特定行政庁）が違反建築物に関し必要な是正を命ずるなど建築等が行われた後も継続的に適法性が確保されるようにするために，本法の諸々の事務を執行しなければならない。したがって，本条は本法の執行体制の基礎を形成するものであるといえる。

建築基準行政は，その性格上非常にきめの細かい行政を要求するので，できうる限り建築物と密接する地元市町村単位で行うことが望ましく，本条もその趣旨に沿って，可能な限り市町村が主体となるよう規定されている。建築主事は都道府県又は市町村に置かれるが，その区分は次のとおりである。

⑴　義務により設置する市

政令（建築基準法第４条第１項の人口25万以上の市を指定する政令（昭和45年政令第271号））で指定する人口25万人以上の市は必ず建築主事を置かなければならない（第１項）。政令で指定する人口25万以上の市に建築主事の必置義務が課されているのは，この程度の市であれば，建築主事を置いて建築基準行政を執行する行政的財政的能力があるとみられるからである。

⑵　任意で設置する市町村

⑴以外の市及び町村は，任意に建築主事を置くことができる（第２項）。設置の場合の手続については後述する。

⑶　任意で設置する市町村（一部権限のみ）

市町村が建築主事を置けば，その区域内の建築物の確認に関する事務はすべてその市町村が置いた建築主事が行い，都道府県が置いた建築主事はその区域については全く事務を行わないこととなる。これには例外があり，一つは人口25万未満の市又は町村の場合であり，一つは特別区の場合である。これらの市町村又は特別区は，本法が建築主事に与えた「権限の一部」を行う建築主事を置くことができることとされており（法第97条の２，第97条の３），このような建築主事を置いた場合には，同一区域内における確認に関する事務について，市町村又は特別区の置いた建築主事が一部の事務を，都道府県の置いた建築主事がその他の事務を行うこととなる。この場合といえども，建築物の種類により管轄が分けられているので，同一の建築物について都道府県と市町村又は特別区の２人の建築主事が確認の権限を持つということはない。

⑷　都道府県

第１項及び第２項の規定により建築主事が置かれた市町村の区域以外の区域の建築物に関する確認の事務をつかさどらせるため，都道府県は建築主事を置かなければならない（第５項）。

また，今和６年に施行された第13次地方分権一括法により，建築副主事制度が創設されている。建築副主事は，大規模建築物以外の建築物（二級建築士の業務範囲の建築物）に係る確認又は検査を行う者である。建築副主事は，基本的には建築主事とともに置かれるものであるが，限定特定行政庁では建築副主事のみを置くことも可能である。

3　建築主事の設置に伴う手続

上記⑵で示した任意で建築主事を設置する市町村においては，あらかじめ，その設置について都道府県知事と協議しなければならず（第３項），建築主事を置くときは，市町村の長は建築主事の置かれる日の30日前までにその旨を公示し，かつ，これを都道府県知事に通知しなければならない（第４項）。上記⑶の市町村の場合も同様である（法第97条の２第２項）。これら一連の手続は，都道府県から市町村への事務の移管が円滑に行われることを確保するとともに，住民に事務移管を周知させ，いたずらに混乱を招くことを防ぐためにとられるものである。これと関連して，人口25万人以上の市の場合にはこれらの手続が要求されていないが，従来建築主事が置かれていない市は，都道府県知事との連絡，住民への周知を十分に行い，円滑な事務移管ができるよう努めるべきである。

また，建築主事の設置について知事と協議する場合には，議会の同意は必要ない（行政実例　昭和40年10月５日建設省回答）。しかしながら，市町村が建築主事を置くことになれば，その市町村において建築基準法上の必置の機関としての建築審査会を設ける必要があり（法第78条），同審査会の組織，議事等を条例で定める（法第83条）ことになっているから，この条例の制定を通じて建築主事の設置の是非について，議会の意思は反映されることになる。また，建築主事を置いて建築行政を行えばその執行に経費を要することになり，その執行に要する予算についての議決を通じても議会の意思は反映される。

なお，建築主事の設置に当たっては，以前は都道府県知事の同意が必要とされていたが，平成27年に施行された第５次地方分権一括法（平成27年法律第50号）により，都道府県知事への協議のみとする見直しがなされている。ただし，特別区については，従前どおり東京都知事の同意が必要である（法第97条の３第４項）。

建築主事の廃止については，特段の規定が準備されているものではないが，法第４条第３項及び第４項の例にならい，北海道建設部長からの照会「建築基準法第97条の２の規定により設置した建築主事の廃止について」（平成19年２月20日付け建指第2498号）に対して，国土交通省住宅局建築指導課長から，以下の手続を行う旨を回答している（平成19年２月22日付け国住指第3135号）。

①　市町村は，建築主事を廃止しようとする場合においては，あらかじめ，その廃止について都道府県知事に協議し，原則としてその同意を得る。

②　市町村が①による同意を得た場合において建築主事を廃止するときは，市町村の長は，建築主事を廃止する日の30日前までにその旨を公示し，かつ，これを都道府県知事へ通知する。

③　建築主事を廃止する。

４　建築主事に対する指揮監督

市町村の建築主事は市町村長の，都道府県の建築主事は都道府県知事の指揮監督に置かれる（第１項，第２項，第５項）。指揮監督権の内容としては，建築主事の所轄区域の指定（第７項），国土交通大臣又は都道府県知事が，都道府県又は市町村の建築主事の処分が法令の規定に違反し，又は法令の規定に基づく処分を怠るものがあり，国の利害に重大な関係があると認める場合などに，都道府県知事又は市町村の長の指示した必要な措置の命令（法第17条第１項，第２項及び第３項）等が法律上定められているが，後者は条理上，都道府県知事又は市町村の長が，その指揮下の建築主事の処分が法令の規定に違反し，又は法令の規定に基づく処分を怠るものがあると認める場合に必要な措置を命ずることができることを前提としているものである。ただし，特定行政庁である都道府県知事又は市町村長は，建築主事に代わってその権限を行うことや建築主事の処分を取り消すことはできない。

なお，特定行政庁は，その所轄区域を分けてその区域を所管する建築主事を指定することができる（第９項）。建築物をその規模，用途，構造等に応じて種別に分け，種別ごとに建築主事を指定することも可能である。

５　建築主事の任命

建築主事の権限は，技術的，専門的知識の裏付けがあって初めて適正に行使されうるものであるので，建築主事は，国土交通大臣が行う建築基準適合判定資格者検定に合格し，国土交通大臣の登録を受けた者のうちから，市町村長又は都道府県知事が任命する。この場合，市町村の建築主事はその市町村の，都道府県の建築主事はその都道府県の職員でなければならないので，職員でない者で資格検定に合格したものを建築主事に任命するときは，職員として採用したうえで任命する必要がある（第６項）。

（市町村の建築主事等の特例）

法第97条の２　第４条第１項の市以外の市又は町村においては，同条第２項の規定によるほか，当該市町村の長の指揮監督の下に，この法律中建築主事の権限に属するものとされている事務で政令で定めるものをつかさどらせるために，建築主事を置くことができる。この場合においては，この法律中建築主事に関する規定は，当該市町村が置く建築主事に適用があるものとする。

２　前項の市町村においては，第４条第７項の規定によるほか，当該市町村の長の指揮監督の下に，この法律中建築副主事の権限に属するものとされている事務で政令で定めるものをつかさどらせるために，建築副主事を置くことができる。この場合においては，この法律中建築副主事に関する規定は，当該市町村が置く建築副主事に適用があるものとする。

３　第４条第３項及び第４項の規定は，前２項の市町村がこれらの規定により建築主事等を置く場合に準用する。

４　第１項又は第２項の規定により建築主事等を置く市町村は，これらの規定により建築主事等が行うこととなる事務に関する限り，この法律の規定の適用については，第４条第５項に規定する建築主事を置く市町村とみなす。この場合において，第78条第１項中「置く」とあるのは，「置くことができる」とする。

５　この法律中都道府県知事たる特定行政庁の権限に属する事務で政令で定めるものは，政令で定めるところにより，第１項又は第２項の規定により建築主事等を置く市町村の長が行うものとする。この場合においては，この法律中都道府県知事たる特定行政庁に関する規定は，当該市町村の長に関する規定として当該市町村の長に適用があるものとする。

６　第１項若しくは第２項の規定により建築主事等を置く市町村の長たる特定行政庁，当該建築主事等又は当該特定行政庁が命じた建築監視員の建築基準法令の規定による処分又はその不作為についての審査請求は，当該市町村に建築審査会が置かれていないときは，当該市町村を包括する都道府県の建築審査会に対してするものとする。この場合において，不作為についての審査請求は，建築審査会に代えて，当該不作為に係る市町村の長に対してすることもできる。

（昭45法109・全改，平10法100・平11法87・平26法69・令５法58・一部改正）

（市町村の建築主事等の特例）

令第148条　法第97条の２第１項の政令で定める事務は，法の規定により建築主事の権限に属するものとされている事務のうち，次に掲げる建築物又は工作物（当該建築物又は工作物の新築，改築，増築，移転，築造又は用途の変更に関して，法律並びにこれに基づく命令及び条例の規定により都道府県知事の許可を必要とするものを除く。）に係る事務とする。

一　法第６条第１項第４号に掲げる建築物

二　第138条第１項に規定する工作物のうち同項第１号に掲げる煙突若しくは同項第３号に掲げる工作物で高さが10メートル以下のもの又は同項第５号に掲げる擁壁で高さが３メートル以下のもの（いずれも前号に規定する建築物以外の建築物の敷地内に築造するものを除く。）

２　前項の規定は，法第97条の２第２項の政令で定める事務について準用する。この場合において，前項中「建築主事」とあるのは，「建築副主事」と読み替えるものとする。

3　法第97条の2第5項の政令で定める事務は，次に掲げる事務（建築審査会が置かれていない市町村の長にあつては，第1号及び第3号に掲げる事務）とする。

一　法第6条の2第6項及び第7項（これらの規定を法第88条第1項において準用する場合を含む。），法第7条の2第7項（法第88条第1項において準用する場合を含む。），法第7条の4第7項（法第88条第1項において準用する場合を含む。），法第9条（法第88条第1項及び第3項並びに法第90条第3項において準用する場合を含む。），法第9条の2（法第88条第1項及び第3項並びに法第90条第3項において準用する場合を含む。），法第9条の3（法第88条第1項及び第3項並びに法第90条第3項において準用する場合を含む。），法第9条の4（法第88条第1項及び第3項において準用する場合を含む。），法第10条（法第88条第1項及び第3項において準用する場合を含む。），法第11条第1項（法第88条第1項及び第3項において準用する場合を含む。），法第12条（法第88条第1項及び第3項において準用する場合を含む。），法第18条第25項（法第88条第1項及び第3項並びに法第90条第3項において準用する場合を含む。），法第43条第2項第1号，法第85条第3項，第5項，第6項及び第8項（同条第5項の規定により許可の期間を延長する場合に係る部分に限る。），法第86条第1項，第2項及び第8項（同条第1項又は第2項の規定による認定に係る部分に限る。），法第86条の2第1項及び第6項（同条第1項の規定による認定に係る部分に限る。），法第86条の5第2項及び第4項（同条第2項の規定による認定の取消しに係る部分に限る。），法第86条の6，法第86条の8（第2項を除き，法第87条の2第2項において準用する場合を含む。），法第87条の2第1項，法第87条の3第3項，第5項，第6項及び第8項（同条第5項の規定により許可の期間を延長する場合に係る部分に限る。）並びに法第93条の2に規定する都道府県知事たる特定行政庁の権限に属する事務のうち，第1項各号に掲げる建築物又は工作物に係る事務

二　法第43条第2項第2号，法第44条第1項第2号，法第52条第14項（同項第2号に該当する場合に限る。以下この号において同じ。），同条第15項（同条第14項の規定による許可をする場合に係る部分に限る。）において準用する法第44条第2項，法第53条第6項第3号，同条第9項（同号の規

定による許可をする場合に係る部分に限る。）において準用する法第44条第２項，法第53条の２第１項第３号及び第４号，同条第４項において準用する法第44条第２項，法第67条第３項第２号，同条第10項（同号の規定による許可をする場合に係る部分に限る。）において準用する法第44条第２項，法第68条第３項第２号，同条第６項（同号の規定による許可をする場合に係る部分に限る。）において準用する法第44条第２項，法第68条の７第５項並びに同条第６項において準用する法第44条第２項に規定する都道府県知事たる特定行政庁の権限に属する事務のうち，第１項各号に掲げる建築物又は工作物に係る事務

三　法第42条第１項第５号，同条第２項（幅員1.8メートル未満の道の指定を除く。），同条第４項（幅員1.8メートル未満の道の指定を除く。），法第45条及び法第68条の７第１項（同項第１号に該当する場合に限る。）に規定する都道府県知事たる特定行政庁の権限に属する事務

四　法第42条第２項（幅員1.8メートル未満の道の指定に限る。），第３項，第４項（幅員1.8メートル未満の道の指定に限る。）及び第６項並びに法第68条の７第１項（同項第１号に該当する場合を除く。）及び第２項に規定する都道府県知事たる特定行政庁の権限に属する事務

4　法第97条の２第５項の規定により同項に規定する市町村の長が前項第１号に掲げる事務のうち法第12条第４項ただし書，法第85条第８項又は法第87条の３第８項の規定に係るものを行う場合におけるこれらの規定の適用については，これらの規定中「建築審査会」とあるのは，「建築審査会（建築審査会が置かれていない市町村にあつては，当該市町村を包括する都道府県の建築審査会）」とする。

5　法第97条の２第５項の場合においては，この政令中都道府県知事たる特定行政庁に関する規定は，同条第１項又は第２項の規定により建築主事又は建築副主事を置く市町村の長に関する規定として当該市町村の長に適用があるものとする。

（昭45政333・全　改，昭50政２・昭56政144・昭57政302・昭62政348・昭63政322・平２政323・平５政170・平６政278・平11政５・平11政352・平13政98・平14政331・平15政523・平17政182・平17政192・平19政49・平27政11・平30政255・令元政30・令４政203・令５政293・一部改正）

確認に関する事務の一部のみを執行する建築主事を特例によって設置する制度は，財政規模が小さい市町村においても建築行政の執行を容易にするため設けられたものである。

特例によって置かれる建築主事の事務は，「法第6条第1項第4号に規定する建築物」及び「小規模な準用工作物（高さ6m超〜10m以下の煙突，高さ4m超〜10m以下の広告塔等，高さ2m超〜3m以下の擁壁）」のうち，その新築，改築，用途変更等について都道府県知事の許可を必要としないものに係る事務（法第97条の2第1項。具体の規定は令第148条第1項）である。

また，特例によって建築主事が置かれる市町村の長（限定特定行政庁）が行う事務は，当該建築主事の権限に属する事務に係る建築物等に対する違反是正等の措置及び法第42条に規定する道路位置の指定等に関する事務（法第97条の2第4項。具体の規定は令第148条第2項）である。

通常の特定行政庁と異なり，これらの市町村には，建築審査会の設置が義務付けられておらず，任意で設置することとなるので，処分又は不作為についての審査請求は，これらの市町村に建築審査会が置かれていないときは，都道府県の建築審査会に対してすることとなる。また，不作為についての審査請求は，不作為に係る市町村長に対してすることもできる（法第97条の2第5項）。

（特別区の特例）

法第97条の3　特別区においては，第4条第2項の規定によるほか，特別区の長の指揮監督の下に，この法律中建築主事の権限に属するものとされている事務で政令で定めるものをつかさどらせるために，建築主事を置くことができる。この場合においては，この法律中建築主事に関する規定は，特別区が置く建築主事に適用があるものとする。

2　前項の規定により建築主事を置く特別区においては，当該特別区における同項に規定する事務の実施体制の確保又は充実を図るため必要があると認めるときは，当該特別区の長の指揮監督の下に，この法律中建築副主事の権限に属するものとされている事務で政令で定めるものをつかさどらせるために，建築副主事を置くことができる。この場合においては，この法律中建築副主事に関する規定は，当該特別区が置く建築副主事に適用があるものとする。

3　前2項の規定は，特別区に置かれる建築主事等の権限に属しない特別区の区域における事務をつかさどらせるために，都が都知事の指揮監督の下に建築主事等を置くことを妨げるものではない。

4　この法律中都道府県知事たる特定行政庁の権限に属する事務で政令で定めるものは，政令で定めるところにより，特別区の長が行うものとする。この場合においては，この法律中都道府県知事たる特定行政庁に関する規定は，特別区の長に関する規定として特別区の長に適用があるものとする。

5　特別区が第４条第２項の規定により建築主事を置こうとする場合における同条第３項及び第４項の規定の適用については，同条第３項中「協議しなければ」とあるのは「協議し，その同意を得なければ」と，同条第４項中「により協議して」とあるのは「による同意を得た場合において」とする。

（昭39法169・追加，昭45法109・平27法50・令５法58・一部改正）

（特別区の特例）

令第149条　法第97条の３第１項の政令で定める事務は，法の規定により建築主事の権限に属するものとされている事務のうち，次に掲げる建築物，工作物又は建築設備（第２号に掲げる建築物又は工作物にあつては，地方自治法第252条の17の２第１項の規定により同号に規定する処分に関する事務を特別区が処理することとされた場合における当該建築物又は工作物を除く。）に係る事務以外の事務とする。

一　延べ面積が１万平方メートルを超える建築物

二　その新築，改築，増築，移転，築造又は用途の変更に関して，法第51条（法第87条第２項及び第３項並びに法第88条第２項において準用する場合を含む。以下この条において同じ。）（市町村都市計画審議会が置かれている特別区の建築主事にあつては，卸売市場，と畜場及び産業廃棄物処理施設に係る部分に限る。）並びに法以外の法律並びにこれに基づく命令及び条例の規定により都知事の許可を必要とする建築物又は工作物

三　第138条第１項に規定する工作物で前２号に掲げる建築物に附置するもの及び同条第４項に規定する工作物のうち同項第２号ハからチまでに掲げる工作物で前２号に掲げる建築物に附属するもの

四　第146条第１項第１号に掲げる建築設備で第１号及び第２号に掲げる建築物に設けるもの

2　前項の規定は，法第97条の３第２項の政令で定める事務について準用する。この場合において，前項中「建築主事」とあるのは「建築副主事」と，

同項第1号中「建築物」とあるのは「建築物又は延べ面積が1万平方メートル以下の建築物のうち建築士法第3条第1項各号に掲げる建築物に該当するもの」と読み替えるものとする。

3　法第97条の3第4項の政令で定める事務は，第1項各号に掲げる建築物，工作物又は建築設備に係る事務以外の事務であつて法の規定により都知事たる特定行政庁の権限に属する事務のうち，次の各号に掲げる区分に応じ，当該各号に定める事務以外の事務とする。

一　市町村都市計画審議会が置かれていない特別区の長　法第7条の3（法第87条の4及び法第88条第1項において準用する場合を含む。次号において同じ。），法第22条，法第42条第1項（各号列記以外の部分に限る。），法第51条，法第52条第1項，第2項及び第8項，法第53条第1項，法第56条第1項，法第57条の2第3項及び第4項，法第57条の3第2項及び第3項，法第84条，法第85条第1項並びに法別表第3に規定する事務

二　市町村都市計画審議会が置かれている特別区の長　法第7条の3，法第51条（卸売市場，と畜場及び産業廃棄物処理施設に係る部分に限る。），法第52条第1項及び第8項，法第53条第1項，法第56条第1項第2号ニ，法第57条の2第3項及び第4項，法第57条の3第2項及び第3項，法第84条，法第85条第1項並びに法別表第3(に)欄5の項に規定する事務

4　法第97条の3第4項の場合においては，この政令中都道府県知事たる特定行政庁に関する規定（第130条の10第2項ただし書，第135条の12第4項及び第136条第3項ただし書の規定を除く。）は，特別区の長に関する規定として特別区の長に適用があるものとする。

（昭39政347・追　加，昭45政333・昭49政203・昭50政2・昭52政266・昭56政144・昭57政302・昭59政15・昭62政348・昭63政322・平　元　政309・平2政323・平5政170・平6政193・平6政278・平7政214・平9政196・平9政274・平11政5・平11政312・平11政352・平13政98・平14政331・平16政210・平17政192・平19政49・平30政255・令　元　政30・令5政280・令5政293・一　部　改正）

東京都と特別区との間の事務の配分を図ること等を目的として設けられた制度である。

特別区の建築主事は，「延べ面積が10,000㎡を超える建築物」，「新築，改築，用

途変更等について都知事の許可を必要とする建築物」以外の建築物に係る事務を行うこととされている（法第97条の3第1項。具体の規定は令第149条第1項)。これらの建築物に附置・附属する工作物や設置する建築設備であって，「令第138条第1項の準用工作物（大規模な煙突等)」，「令第138条第3項の準用工作物（自動車車庫)」，「エレベーター・エスカレーター」以外のものについても同様である。

特別区の長（特定行政庁）は，特別区の建築主事の権限に属する事務に係る建築物等に対する仮使用の承認，違反是正等の措置，道路の位置の指定，みなし道路の指定，道路内の建築許可，私道の変更又は廃止の禁止，壁面線による建築制限の許可，用途地域制限の許可，仮設建築物の許可等を行う（法第97条の3第3項。具体の規定は令第149条第2項)。また市町村都市計画審議会を特別区に置く場合には，これらの事務のほか，屋根不燃化区域の指定（法第22条第1項）等の事務についても特別区の長が行うこととなる。

第3節　建 築 士

（建築物の設計及び工事監理）

法第5条の6　建築士法第3条第1項（同条第2項の規定により適用される場合を含む。以下同じ。），第3条の2第1項（同条第2項において準用する同法第3条第2項の規定により適用される場合を含む。以下同じ。）若しくは第3条の3第1項（同条第2項において準用する同法第3条第2項の規定により適用される場合を含む。以下同じ。）に規定する建築物又は同法第3条の2第3項（同法第3条の3第2項において読み替えて準用する場合を含む。以下同じ。）の規定に基づく条例に規定する建築物の工事は，それぞれ当該各条に規定する建築士の設計によらなければ，することができない。

2　建築士法第2条第7項に規定する構造設計図書による同法第20条の2第1項の建築物の工事は，構造設計1級建築士の構造設計（同法第2条第7項に規定する構造設計をいう。以下この項及び次条第3項第2号において同じ。）又は当該建築物が構造関係規定に適合することを構造設計1級建築士が確認した構造設計によらなければ，することができない。

3　建築士法第2条第7項に規定する設備設計図書による同法第20条の3第1項の建築物の工事は，設備設計1級建築士の設備設計（同法第2条第7項に規定する設備設計をいう。以下この項及び次条第3項第3号において同じ。）又は当該建築物が設備関係規定に適合することを設備設計1級建築士が確認した設備設計によらなければ，することができない。

4　建築主は，第1項に規定する工事をする場合においては，それぞれ建築士法第3条第1項，第3条の2第1項若しくは第3条の3第1項に規定する建築士又は同法第3条の2第3項の規定に基づく条例に規定する建築士である工事監理者を定めなければならない。

5　前項の規定に違反した工事は，することができない。

（昭26法195・追加，昭58法44・一部改正，平10法100・旧第5条の2繰下，平18法92・平18法114・一部改正，平26法54・旧第5条の4繰下，平26法92・一部改正）

第1項，第4項，第5項

建築物の安全性を確保する上で，設計及び工事監理の果たす役割は非常に大きく，特に大規模建築物，特殊建築物などでは，綿密な設計，工事監理が必要であり，これに携わる者には高度の建築に関する知識と技能とが要求される。このような要請から，建築士法では，一級建築士，二級建築士及び木造建築士の資格を定めるとともに，建築物を規模，構造，用途の相違により区分し，その新築，増築，改築又は大規模の修繕・模様替をする場合には，一級建築士，二級建築士又は木造建築士でなければその設計又は工事監理をしてはならないこととされている（建築士法第３条から第３条の３まで)。

建築士法第３条から第３条の３までに掲げる建築物の工事は，それぞれ同法によって設計する資格を与えられた建築士の設計によらなければしてはならず（第１項)，また，建築主はそれらの工事に当たっては，それぞれ同法によって工事監理をする資格を与えられた建築士を工事監理者としなければならない（第４項)。この工事監理者を置かない工事は禁止される（第５項)。

第１項と第５項の規制対象は工事であって，その義務者は工事施工者であり，第４項の規制対象は工事監理者を定めることであって，その義務者は建築主である。これに対し，建築士法の場合は，規制対象は設計又は工事監理という行為であって，その義務者は設計者又は工事監理者である。また，これらの規定に違反した場合に罰則の適用を受ける者は，建築士法では定められた資格を持たずに建築物の設計又は工事監理をした者であり，本法では工事施工者である（法第101条第１項第１号)。

表１－１　建築士の資格とその業務内容の対応関係

建築士の資格	設計・工事監理が可能な建築物
一級建築士	①　学校，病院，劇場，映画館，観覧場，公会堂，集会場（オーデイトリアムを有しないものを除く。）又は百貨店の用途に供する建築物で，延べ面積が500㎡を超えるもの ②　木造の建築物又は建築物の部分で，高さが13ｍ又は軒の高さが９ｍを超えるもの ③　鉄筋コンクリート造，鉄骨造，石造，れん瓦造，コンクリートブロック造若しくは無筋コンクリート造の建築物又は建築物の部分で，延べ面積が300㎡，高さが13ｍ又は軒の高さが９ｍを超えるもの ④　延べ面積が1,000㎡を超え，かつ，階数が２以上の建築物
二級建築士	①　鉄筋コンクリート造，鉄骨造，石造，れん瓦造，コンクリートブロック造若しくは無筋コンクリート造の建築物又は建築物の部分で，延べ面積が30㎡を超えるもの ②　延べ面積が100㎡（木造の建築物にあつては，300㎡）を超え，又は階数が３以上の建築物

		木造建築士	○　木造の建築物で，延べ面積が300㎡以下で100㎡を超えるものであって，階数が2又は1のもの

第2項・第3項

建築物の大規模化や機能の高度化，建築技術の進展等に伴って，建築計画の設計においては専門分化が進み，それぞれの分野に応じて高度な専門能力が必要とされている。特に構造設計と設備設計については，この傾向が顕著であることから，平成18年改正により，一定の建築物については「構造設計一級建築士」「設備設計一級建築士」による法適合チェックを義務づけることとした。

本条においては，一定の規模を有する建築物の工事について，①構造設計一級建築士・設備設計一級建築士が自ら行った構造設計・設備設計によるものとすること，又は②構造設計一級建築士・設備設計一級建築士以外の建築士が行った設計については，構造設計一級建築士・設備設計一級建築士が関係規定への適合性を確認したものであることのいずれかを義務づけている。

また，これに加えて，構造設計一級建築士・設備設計一級建築士が建築物の構造関係規定・設備関係規定への適合性を確認したものでない建築計画については，建築主事は，建築確認の申請書を受理することができないものとしている（法第6条第3項）。

なお，構造設計一級建築士・設備設計一級建築士による法適合チェックが必要となる建築物は，下表のとおり整理される。

表1－2　構造・設備設計一級建築士の資格とその業務内容の対応関係

	対象となる建築物
構造設計一級建築士	【建築士法第20条の2第1項】 一級建築士でなければ設計できない建築物（建築士法第3条第1項各号に掲げられている用途・規模の建築物）で，以下に掲げるもの ・高さが60mを超える建築物（法第20条第1項第1号） ・木造：地階を除く階数4以上又は高さ16m超（法第20条第1項第2号） ・鉄骨造：地階を除く階数4以上（法第20条第1項第2号） ・鉄筋コンクリート造：高さ20m超（法第20条第1項第2号） ・鉄骨鉄筋コンクリート造：高さ20m超（法第20条第1項第2号） ・令第36条の2で定める建築物（法第20条第1項第2号）
設備設計一級建築士	【建築士法第20条の3第1項】 階数が3以上で床面積の合計が5,000㎡を超える建築物

第４節　建築基準適合判定資格者・構造計算適合判定資格者

（建築基準適合判定資格者検定）

法第５条　建築基準適合判定資格者検定は，建築士の設計に係る建築物が第６条第１項の建築基準関係規定に適合するかどうかを判定するために必要な知識について，国土交通大臣が行う。

2　前項の検定は，これを分けて１級建築基準適合判定資格者検定及び２級建築基準適合判定資格者検定とする。

3　１級建築基準適合判定資格者検定は，１級建築士の設計に係る建築物が第６条第１項の建築基準関係規定に適合するかどうかを判定するために必要な知識について行う。

4　２級建築基準適合判定資格者検定は，２級建築士の設計に係る建築物が第６条第１項の建築基準関係規定に適合するかどうかを判定するために必要な知識について行う。

5　１級建築基準適合判定資格者検定は，１級建築士試験に合格した者でなければ受けることができない。

6　２級建築基準適合判定資格者検定は，１級建築士試験又は２級建築士試験に合格した者でなければ受けることができない。

7　建築基準適合判定資格者検定に関する事務をつかさどらせるために，国土交通省に，建築基準適合判定資格者検定委員を置く。ただし，次条第１項の指定建築基準適合判定資格者検定機関が同項の建築基準適合判定資格者検定事務を行う場合においては，この限りでない。

8　建築基準適合判定資格者検定委員は，建築及び行政に関し学識経験のある者のうちから，国土交通大臣が命ずる。

9　国土交通大臣は，不正の手段によつて建築基準適合判定資格者検定を受け，又は受けようとした者に対しては，合格の決定を取り消し，又はその建築基準適合判定資格者検定を受けることを禁止することができる。

10　国土交通大臣は，前項又は次条第２項の規定による処分を受けた者に対し，情状により，２年以内の期間を定めて建築基準適合判定資格者検定を受けることができないものとすることができる。

11　前各項に定めるものを除くほか，建築基準適合判定資格者検定の手続及び基準その他建築基準適合判定資格者検定に関し必要な事項は，政令で定める。

（平10法100・平11法160・平26法54・令5法58・一部改正）

（建築基準適合判定資格者検定の基準）

令第3条　法第5条の規定による建築基準適合判定資格者検定は，法第6条第1項又は法第6条の2第1項の規定による確認をするために必要な知識について行う。

（昭45政333・平11政5・令5政293・一部改正）

（建築基準適合判定資格者検定の方法）

令第4条　建築基準適合判定資格者検定は，考査によつて行う。

2　前項の考査は，法第6条第1項の建築基準関係規定に関する知識について行う。

（昭34政344・昭44政158・昭45政333・平11政5・平19政49・令5政293・一部改正）

（建築基準適合判定資格者検定の施行）

令第5条　建築基準適合判定資格者検定は，1級建築基準適合判定資格者検定又は2級建築基準適合判定資格者検定のそれぞれにつき，毎年1回以上行う。

2　建築基準適合判定資格者検定の期日及び場所は，国土交通大臣が，あらかじめ，官報で公告する。

（昭45政333・平11政5・平12政312・令5政293・一部改正）

（合格公告及び通知）

令第6条　国土交通大臣（法第5条の2第1項の指定があつたときは，同項の指定建築基準適合判定資格者検定機関（以下「指定建築基準適合判定資格者検定機関」という。））は，建築基準適合判定資格者検定に合格した者の氏名を公告し，合格した者にその旨を通知する。

（平11政5・全改，平12政312・平27政11・一部改正）

（建築基準適合判定資格者検定委員の定員）

令第7条　建築基準適合判定資格者検定委員の数は，1級建築基準適合判定資格者検定又は2級建築基準適合判定資格者検定に関する事務のそれぞれにつき，10人以内とする。

（平11政5・令5政293・一部改正）

（建築基準適合判定資格者検定委員の勤務）

令第８条　建築基準適合判定資格者検定委員は，非常勤とする。

（平11政５・一部改正）

（受検の申込み）

令第８条の２　建築基準適合判定資格者検定（指定建築基準適合判定資格者検定機関が行うものを除く。）の受検の申込みは，住所地又は勤務地の都道府県知事を経由して行わなければならない。

２　前項の規定により都道府県が処理することとされている事務は，地方自治法（昭和22年法律第67号）第２条第９項第１号に規定する第１号法定受託事務とする。

（平11政５・追加，平11政352・平27政11・一部改正）

建築主事・建築副主事又は指定確認検査機関の確認検査員・副確認検査員（本書では，以下「建築主事等」という。）は，技術的専門知識を要するものであるゆえ，特定行政庁とともに，適正な建築行政を執行し，所轄区域の建築活動を適正な方向に導いていく重要な職責を負っていることから，建築主事等には相当の知識と経験が必要とされる。本条は，このような要請から適判資格者の資格検定を行うことを定めたものである。なお，本条第11項の規定により，検定の手続や基準など必要な事項については，政令に委任されている。

建築基準適合判定資格者検定については，令和６年に施行された第13次地方分権一括法により，受験機会の拡大を図るため，「確認検査等に関して２年以上の実務経験を有する者」との要件を受検要件から外し，資格登録までに実務経験を積んでいればよいこととする改正を行っている。また，我が国における建築確認・検査の多くが一級建築士以外の者でも設計等が可能な小規模な建築物であること等に鑑み，小規模建築物に係る建築確認事務に必要な人材確保を図るため，小規模な建築物が建築基準関係規定に適合するかを判定するための検定として，「二級建築基準適合判定資格者検定」を創設している。

第１項

資格検定は，建築物が建築基準関係規定に適合することを判定するために必要な知識について，考査によって行われる（令第３条，令第４条）。資格検定は，国土交通大臣が毎年１回以上行い，その期日と場所は，あらかじめ，国土交通大臣によって官報で公告される（令第５条）。建築主事を任命するのは都道府県知事又は市町村長であり，確認検査員を選任するのは指定確認検査機関であるが，その前提である資格検定を国土交通大臣が行うこととしたのは，建築行政の執行を全国的に一定の水準に確保する必要があることを考慮したものである。なお，国土交通大臣による検定の合格公告や合格者への通知に関する事項（令第6条）についても法令に定めがある。

第2項・第3項・第4項

資格検定は，一級建築士の設計に係る建築物を対象とした一級建築基準適合判定資格者検定と，二級建築士の設計に係る建築物を対象とした二級建築基準適合判定資格者検定を，それぞれ分けて実施することとしている。

第5項・第6項

受検資格は，一級建築基準適合判定資格者検定については一級建築士試験に合格した者であること，二級建築基準適合判定資格者検定については一級建築士試験又は二級建築士試験に合格した者であることとしている。

第7項・第8項

資格検定に関する事務をつかさどらせるために，建築及び行政に関する学識経験者のうちから，非常勤の建築基準適合判定資格者検定委員10人以内が，国土交通大臣により任命され，国土交通省に置かれる（令第7条，令第8条）。

資格検定を受けようとする者は，受検申込書を住所地又は勤務地の都道府県知事を経由して国土交通大臣に提出するものとされている（令第8条の2第1項）。なお，適判資格者の登録については，法第4章の3第1節において規定されている。建築主事又は指定確認検査機関の確認検査員は，適判資格者の登録を受けた者のうちから任命・選任されることとなっている（法第4条第6項，法第77条の24第2項）。

（構造計算適合判定資格者検定）

法第5条の4　構造計算適合判定資格者検定は，建築士の設計に係る建築物の計画について第6条の3第1項の構造計算適合性判定を行うために必要な知識及び経験について行う。

2　構造計算適合判定資格者検定は，国土交通大臣が行う。

3　構造計算適合判定資格者検定は，1級建築士試験に合格した者で，第6条の3第1項の構造計算適合性判定の業務その他これに類する業務で政令で定めるものに関して，5年以上の実務の経験を有するものでなければ受けることができない。

4　構造計算適合判定資格者検定に関する事務をつかさどらせるために，国土交通省に，構造計算適合判定資格者検定委員を置く。ただし，次条第１項の指定構造計算適合判定資格者検定機関が同項の構造計算適合判定資格者検定事務を行う場合においては，この限りでない。

5　第５条第８項の規定は構造計算適合判定資格者検定委員に，同条第９項から第11項までの規定は構造計算適合判定資格者検定について準用する。この場合において，同条第10項中「次条第２項」とあるのは，「第５条の５第２項において準用する第５条の２第２項」と読み替えるものとする。

（平26法54・追加，令５法58・一部改正）

平成18年改正で創設された手続である「構造計算適合性判定」は，建築確認手続の一部として位置づけられていたが，平成26年改正に際して，建築確認から独立した処分として新たに位置づけられることとなった（この経緯については，法第６条の３の解説を参照)。これに伴って，建築確認の実務を行う確認検査員が「建築基準適合判定資格者」として検定を受けることが求められるのと同様に，構造計算適合性判定員の質を厳密に確保するための検定制度が必要となったことから，「構造計算適合判定資格者（本書では，以下「構造適判資格者」という。)」の検定に関する規定を定めた本条と，同検定の実施に関する事務を指定機関に行わせることができる規定を定めた法第５条の５が規定された。これにより，構造計算適合性判定員は，検定に合格した者等であって，国土交通大臣の登録を受けた者から選任することとするとともに，欠格者については，国土交通大臣は，業務禁止や登録の消除ができることとされている（法第77条の66関係)。

第１項

資格検定は，構造計算適合性判定（法第６条の３第１項）を行うために必要な知識と経験について行われることとされているが，具体的には，法第６条の３第１項に規定する「特定構造計算基準」又は「特定増改築構造計算基準」に適合するかどうかの審査をするために必要な建築技術と法令に関する知識経験について，経歴審査と考査によって行われる。経歴審査は構造計算適合性判定の業務等に関する実務の経験について行われ，考査は特定構造計算基準及び特定増改築構造計算基準に関する必要な知識について行われる（令第８条の５によって準用される令第３条，令第４条)。

第２項

資格検定は，国土交通大臣が３年に１回以上行い，その期日と場所は，あらかじめ，国土交通大臣によって官報で公告される（令第８条の５によって準用される令

第5条）。

なお，国土交通大臣による検定の合格公告や合格者への通知に関する事項（令第8条の5によって準用される令第6条）についても法令に定めがある。

第3項

受検資格は，①一級建築士試験に合格した者であること，②構造計算適合性判定の業務，構造設計の業務，建築行政又は指定確認検査機関の確認検査業務（法第20条の構造に関する審査を含むものに限る）等（令第8条の4）について，5年以上の実務の経験を有していることの二つである。

第4項・第5項

資格検定に関する事務をつかさどらせるために，建築及び行政に関する学識経験者のうちから，構造計算適合判定資格者検定委員が国土交通大臣により任命され，国土交通省に置かれる。

資格検定を受けようとする者は，受検申込書を住所地又は勤務地の都道府県知事を経由して国土交通大臣に提出するものとされている（令第8条の5によって準用される令第8条の2第1項）。

なお，構造適判資格者の登録については，法第4章の3第2節において規定されている。指定構造計算適合性判定機関の構造計算適合性判定員は，構造適判資格者の登録を受けた者のうちから任命・選任されることとなっている（法第77条の35の9第2項）。

（建築基準適合判定資格者検定事務を行う者の指定）

法第5条の2　国土交通大臣は，第77条の2から第77条の5までの規定の定めるところにより指定する者（以下「指定建築基準適合判定資格者検定機関」という。）に，建築基準適合判定資格者検定の実施に関する事務（以下「建築基準適合判定資格者検定事務」という。）を行わせることができる。

2　指定建築基準適合判定資格者検定機関は，前条第9項に規定する国土交通大臣の職権を行うことができる。

3　国土交通大臣は，第1項の規定による指定をしたときは，建築基準適合判定資格者検定事務を行わないものとする。

（平10法100・追加，平11法160・平26法54・令5法58・一部改正）

（構造計算適合判定資格者検定事務を行う者の指定等）

法第5条の5　国土交通大臣は，第77条の17の2第1項及び同条第2項において準用する第77条の3から第77条の5までの規定の定めるところにより指定する者（以下「指定構造計算適合判定資格者検定機関」という。）に，構造計算適合判定資格者検定の実施に関する事務（以下「構造計算適合判定資格者検定事務」という。）を行わせることができる。

2　第５条の２第２項及び第５条の３第２項の規定は指定構造計算適合判定資格者検定機関に，第５条の２第３項の規定は構造計算適合判定資格者検定事務に，第５条の３第１項の規定は構造計算適合判定資格者検定について準用する。この場合において，第５条の２第２項中「前条第９項」とあるのは「第５条の４第５項において準用する第５条第９項」と，同条第３項中「第１項」とあるのは「第５条の５第１項」と，第５条の３第１項中「者（市町村又は都道府県の職員である者を除く。）」とあるのは「者」と読み替えるものとする。

（平26法54・追加，令５法58・一部改正）

適判資格者の検定に関する事務を行う「指定建築基準適合判定資格者検定機関（本書では，以下「適判検定機関」という。）」と，構造適判資格者の検定に関する事務を行う「指定構造計算適合性判定資格者検定機関（本書では，以下「構造適判検定機関」という。）」の指定根拠となる条文である。

適判検定機関・構造適判検定機関は，適判資格者・構造適判資格者の検定事務の実施（法第５条の２第１項，第５条の５第１項）のみならず，不正の手段によって資格者検定を受けた者等に対して，国土交通大臣の代わりに，合格決定の取消しや資格検定の受検を禁止することができる（法第５条の２第２項（法第５条の５第２項による準用））。

また，適判検定機関・構造適判検定機関の指定が行われた場合は，国土交通大臣は適判資格者・構造適判資格者の検定事務を行わないものとされている（第３項（法第５条の５第２項による準用））。令和６年３月現在，構造適判検定機関については１機関が指定を受けており，適判検定機関については指定の実績がない。

なお，適判検定機関・構造適判検定機関の指定等については，法第４章の２第１節及び第１節の２において規定されている。

（受検手数料）

法第５条の３　建築基準適合判定資格者検定を受けようとする者（市町村又は都道府県の職員である者を除く。）は，政令で定めるところにより，実費を勘案して政令で定める額の受検手数料を，国（指定建築基準適合判定資格者検定機関が行う建築基準適合判定資格者検定を受けようとする者にあつては，指定建築基準適合判定資格者検定機関）に納めなければならない。

2　前項の規定により指定建築基準適合判定資格者検定機関に納められた受検手数料は，当該指定建築基準適合判定資格者検定機関の収入とする。

（平10法100・追加，平18法53・平26法54・一部改正）

（構造計算適合判定資格者検定事務を行う者の指定等）

法第5条の5　（略）

2　第5条の2第2項及び第5条の3第2項の規定は指定構造計算適合判定資格者検定機関に，第5条の2第3項の規定は構造計算適合判定資格者検定事務に，第5条の3第1項の規定は構造計算適合判定資格者検定について準用する。この場合において，第5条の2第2項中「前条第9項」とあるのは「第5条の4第5項において準用する第5条第9項」と，同条第3項中「第1項」とあるのは「第5条の5第1項」と，第5条の3第1項中「者（市町村又は都道府県の職員である者を除く。）」とあるのは「者」と読み替えるものとする。

（平26法54・追加，令5法58・一部改正）

（受検手数料）

令第8条の3　法第5条の3第1項の受検手数料の額は，1級建築基準適合判定資格者検定又は2級建築基準適合判定資格者検定のそれぞれにつき，2万7,000円とする。

2　前項の受検手数料は，これを納付した者が検定を受けなかつた場合においても，返還しない。

3　建築基準適合判定資格者検定の受検手数料であつて指定建築基準適合判定資格者検定機関に納付するものの納付の方法は，法第77条の9第1項の建築基準適合判定資格者検定事務規程の定めるところによる。

（平11政5・追加，平27政11・令5政293・一部改正）

（受検手数料）

令第8条の6　法第5条の5第2項において準用する法第5条の3第1項の受検手数料の額は，3万5,000円とする。

2　第8条の3第2項及び第3項の規定は，前項の受検手数料について準用する。この場合において，同条第3項中「第77条の9第1項」とあるのは，「第77条の17の2第2項において準用する法第77条の9第1項」と読み替えるものとする。

（平27政11・追加，令元政181・一部改正）

（登録）

法第77条の58　建築基準適合判定資格者検定に合格した者で，建築行政又は確認検査の業務その他これに類する業務で国土交通省令で定めるものに関して２年以上の実務の経験を有するものは，国土交通大臣の登録を受けることができる。

２　前項の登録は，国土交通大臣が，１級建築基準適合判定資格者検定に合格して当該登録を受ける者にあつては１級建築基準適合判定資格者登録簿に，２級建築基準適合判定資格者検定に合格して当該登録を受ける者にあつては２級建築基準適合判定資格者登録簿に，それぞれ氏名，生年月日，住所その他の国土交通省令で定める事項を登載してするものとする。

（平10法100・追加・旧第77条の36繰下・一部改正，平11法160・令５法58・一部改正）

（欠格条項）

法第77条の59　次の各号のいずれかに該当する者は，前条第１項の登録を受けることができない。

一　未成年者

二　禁錮以上の刑に処せられ，又は建築基準法令の規定若しくは建築士法の規定により刑に処せられ，その執行を終わり，又は執行を受けることがなくなつた日から起算して５年を経過しない者

三　第77条の62第１項第４号又は第２項第３号から第５号までの規定により前条第１項の登録を消除され，その消除の日から起算して５年を経過しない者

四　第77条の62第２項第３号から第５号までの規定により確認検査の業務を行うことを禁止され，その禁止の期間中に同条第１項第１号の規定により前条第１項の登録を消除され，まだその期間が経過しない者

五　建築士法第７条第４号に該当する者

六　公務員で懲戒免職の処分を受け，その処分の日から起算して３年を経過しない者

（平10法100・追加・旧第77条の37繰下・一部改正，平11法151・平18法92・令元法37・一部改正）

法第77条の59の２　国土交通大臣は，心身の故障により確認検査の業務を適正に行うことができない者として国土交通省令で定めるものについては，第77条の58第１項の登録をしないことができる。

（令元法37・追加）

（変更の登録）

法第77条の60　第77条の58第１項の登録を受けている者（次条及び第77条の62第２項において「建築基準適合判定資格者」という。）は，当該登録を受けている事項で国土交通省令で定めるものに変更があつたときは，国土交通省令で定めるところにより，変更の登録を申請しなければならない。

（平10法100・追加・旧第77条の38繰下・一部改正，平11法160・一部改正）

（死亡等の届出）

法第77条の61　建築基準適合判定資格者が次の各号のいずれかに該当するときは，当該各号に定める者は，当該建築基準適合判定資格者が当該各号に該当するに至つた日（第１号の場合にあつては，その事実を知つた日）から30日以内に，国土交通大臣にその旨を届け出なければならない。

一　死亡したとき　相続人

二　第77条の59第２号，第５号又は第６号に該当するに至つたとき　本人

三　心身の故障により確認検査の業務を適正に行うことができない場合に該当するものとして国土交通省令で定める場合に該当するに至つたとき　本人又はその法定代理人若しくは同居の親族

（平10法100・追加・旧第77条の39繰下・一部改正，平11法151・平11法160・平18法92・令元法37・一部改正）

（登録の消除等）

法第77条の62　国土交通大臣は，次の各号のいずれかに掲げる場合は，第77条の58第１項の登録を消除しなければならない。

一　本人から登録の消除の申請があつたとき。

二　前条（第３号に係る部分を除く。次号において同じ。）の規定による届出があつたとき。

三　前条の規定による届出がなくて同条第１号又は第２号に該当する事実が判明したとき。

四　不正な手段により登録を受けたとき。

五　第５条第９項又は第５条の２第２項の規定により，建築基準適合判定資

格者検定の合格の決定を取り消されたとき。

2　国土交通大臣は，建築基準適合判定資格者が次の各号のいずれかに該当するときは，１年以内の期間を定めて確認検査の業務を行うことを禁止し，又はその登録を消除することができる。

一　前条（第３号に係る部分に限る。次号において同じ。）の規定による届出があつたとき。

二　前条の規定による届出がなくて同条第３号に該当する事実が判明したとき。

三　第18条の３第３項の規定に違反して，確認審査等を実施したとき。

四　第77条の27第１項の認可を受けた確認検査業務規程に違反したとき。

五　確認検査の業務に関し著しく不適当な行為をしたとき。

3　国土交通大臣は，前２項の規定による処分をしたときは，国土交通省令で定めるところにより，その旨を公告しなければならない。

（平10法100・追加・旧第77条の40繰下・一部改正，平11法160・平18法92・令元法37・令５法58・一部改正）

（都道府県知事の経由）

法第77条の63　第77条の58第１項の登録の申請，登録証の交付，訂正，再交付及び返納その他の同項の登録に関する国土交通大臣への書類の提出は，住所地又は勤務地の都道府県知事を経由して行わなければならない。

2　登録証の交付及び再交付その他の第77条の58第１項の登録に関する国土交通大臣の書類の交付は，住所地又は勤務地の都道府県知事を経由して行うものとする。

（平11法87・追加，平10法100（平11法87）・旧第77条の41繰下・一部改正，平11法160・一部改正）

（国土交通省令への委任）

法第77条の64　第77条の58から前条までに規定するもののほか，第77条の58第１項の登録の申請，登録証の交付，訂正，再交付及び返納その他の同項の登録に関する事項は，国土交通省令で定める。

（平10法100・追加，平11法87・旧第77条の41繰下，平10法100（平11法87）・旧第77条の42繰下・一部改正，平11法160・一部改正）

（手数料）

法第77条の65　第77条の58第１項の登録又は登録証の訂正若しくは再交付の申

請をしようとする者（市町村又は都道府県の職員である者を除く。）は，政令で定めるところにより，実費を勘案して政令で定める額の手数料を国に納めなければならない。

（平10法100・追加，平11法87・旧第77条の42繰下，平10法100（平11法87）・旧第77条の43繰下・一部改正，平18法53・一部改正）

法第77条の66　構造計算適合判定資格者検定に合格した者又はこれと同等以上の知識及び経験を有する者として国土交通省令で定める者は，国土交通大臣の登録を受けることができる。

2　第77条の58第2項，第77条の59，第77条の59の2，第77条の62第1項及び第3項（同条第1項に係る部分に限る。）並びに第77条の63から前条までの規定は前項の登録に，第77条の60，第77条の61並びに第77条の62第2項及び第3項（同条第2項に係る部分に限る。）の規定は前項の登録を受けている者について準用する。この場合において，第77条の59第4号，第77条の59の2，第77条の61第3号及び第77条の62第2項第5号中「確認検査」とあるのは「構造計算適合性判定」と，同条第1項第5号中「第5条第9項又は第5条の2第2項」とあるのは「第5条の4第5項において準用する第5条第9項又は第5条の5第2項において準用する第5条の2第2項」と，同条第2項中「定めて確認検査」とあるのは「定めて構造計算適合性判定」と，同項第4号中「第77条の27第1項」とあるのは「第77条の35の12第1項」と，「確認検査業務規程」とあるのは「構造計算適合性判定業務規程」と，前条中「者（市町村又は都道府県の職員である者を除く。）」とあるのは「者」と読み替えるものとする。

（平26法54・追加，令元法37・令5法58・一部改正）

〔手数料〕

令第136条の2の19　法第77条の65の政令で定める手数料の額は，1万5,000円とする。

2　法第77条の66第2項において準用する法第77条の65の政令で定める手数料の額は，1万2,000円とする。

（平11政5・追加，平11政352・一部改正，平12政211・旧第136条の2の8繰下・一部改正，平15政523・旧第136条の2の15繰下，平17政182・旧第136条の2の16繰下，平19政49・旧第136条の2の17繰下・一部改正，平27政11・令5政293・一部改正）

第４章の３第１節（法第77条の58から法第77条の65まで）は適判資格者の登録等に関する規定を掲げる節，第２節（法第77条の66）は構造適判資格者の登録等に関する規定を掲げる節である。構造適判資格者に関する規定は，適判資格者に関する規定を準用しており（法第77条の66第２項），基本的な内容は適判資格者に関する規定と同様であることから，以下の⑵及び⑶については適判資格者に関する解説のみとしている。

⑴　適判資格者・構造適判資格者の登録

建築主事・建築副主事又は指定確認検査機関の「確認検査員・副確認検査員」として確認検査業務を行うためには，まず，それぞれの資格者としての選任を受ける必要がある（建築主事・建築副主事：法第４条第１項等，確認検査員・副確認検査員：法第77条の24第１項）が，その前提として適判資格者の登録を受けていなければならない（建築主事・建築副主事：法第４条第６項・第８項，確認検査員・副確認検査員：法第77条の24第２項）。具体的には，法第５条に定める「建築基準適合判定資格者検定」に合格した場合に，資格者としての登録を受けることができる。なお，令和６年に施行された第13次地方分権一括法により，適判資格者については，これまで受検要件としていた確認検査等の実務経験を登録要件としたため，登録時に経歴審査を行うこととなる（法第77条の58第１項）。

また，指定構造計算適合性判定機関の「構造計算適合性判定員」として構造計算適合性判定を行うためには，資格者としての選任を受ける必要がある（法第77条の35の９第１項）が，その前提として構造適判資格者の登録を受けていなければならない（法第77条の35の９第２項）。具体的には，「構造計算適合判定資格者検定」に合格した場合に，資格者としての登録を受けることができる（法第77条の66第１項）。

⑵　登録の申請について

登録申請の際には，内容を記載した登録申請書に加え，「本籍の記載のある住民票の写し」が必要となり（施行規則第10条の７），更に登録手数料としての12,000円が必要となる（法第77条の65，令第136条の２の19）。

適判資格者の登録は，国土交通大臣が必要事項を登録簿に登載することで行われる（法第77条の58第２項）。しかしながら，登録申請や登録証の交付などの登録に関する書類の提出や，登録証の交付など国土交通大臣からの書類の交付については，建築基準適合判定資格者検定の受検の申込みと同様（令第８条の２第１項）に，住所地又は勤務地の都道府県知事を経由することとしているので留意する必要がある（法第77条の63）。

⑶　登録後の届出等について

法第77条の60から第78条の62まで，施行規則第10条の10から第10条の15の2までは，それぞれ登録事項の変更，登録証の再交付の申請や，登録者の死亡等の届出，登録の消除の申請等に関する規定である。

適判資格者の登録を受けた者は，例えば，以下のような場合について，それぞれに必要な書類を整えて，住所地又は勤務地の都道府県庁に届け出る必要がある。

①　変更の登録に係る申請　住所地・勤務地の変更があった場合

②　登録証の再交付に係る申請　登録証を汚損，又は遺失した場合

③　死亡等の届出　登録を受けた者が死亡した場合，建築基準法令の規定により刑に処せられた場合等

④　登録の消除に係る申請　本人の要望があった場合

第5節　建築確認

（建築物の建築等に関する申請及び確認）

法第6条　建築主は，第1号から第3号までに掲げる建築物を建築しようとする場合（増築しようとする場合においては，建築物が増築後において第1号から第3号までに掲げる規模のものとなる場合を含む。），これらの建築物の大規模の修繕若しくは大規模の模様替をしようとする場合又は第4号に掲げる建築物を建築しようとする場合においては，当該工事に着手する前に，その計画が建築基準関係規定（この法律並びにこれに基づく命令及び条例の規定（以下「建築基準法令の規定」という。）その他建築物の敷地，構造又は建築設備に関する法律並びにこれに基づく命令及び条例の規定で政令で定めるものをいう。以下同じ。）に適合するものであることについて，確認の申請書を提出して建築主事又は建築副主事（以下「建築主事等」という。）の確認（建築副主事の確認にあつては，大規模建築物以外の建築物に係るものに限る。以下この項において同じ。）を受け，確認済証の交付を受けなければならない。当該確認を受けた建築物の計画の変更（国土交通省令で定める軽微な変更を除く。）をして，第1号から第3号までに掲げる建築物を建築しようとする場合（増築しようとする場合においては，建築物が増築後において第1号から第3号までに掲げる規模のものとなる場合を含む。），これらの建築物の大規模の修繕若しくは大規模の模様替をしようとする場合又は第4号に掲げる建築物を建築しようとする場合も，同様とする。

一　別表第1(い)欄に掲げる用途に供する特殊建築物で，その用途に供する部分の床面積の合計が200平方メートルを超えるもの

二　木造の建築物で3以上の階数を有し，又は延べ面積が500平方メートル，高さが13メートル若しくは軒の高さが9メートルを超えるもの

三　木造以外の建築物で2以上の階数を有し，又は延べ面積が200平方メートルを超えるもの

四　前3号に掲げる建築物を除くほか，都市計画区域若しくは準都市計画区域（いずれも都道府県知事が都道府県都市計画審議会の意見を聴いて指定する区域を除く。）若しくは景観法（平成16年法律第110号）第74条第1項の準景観地区（市町村長が指定する区域を除く。）内又は都道府県知事が

関係市町村の意見を聴いてその区域の全部若しくは一部について指定する区域内における建築物

2　前項の規定は，防火地域及び準防火地域外において建築物を増築し，改築し，又は移転しようとする場合で，その増築，改築又は移転に係る部分の床面積の合計が10平方メートル以内であるときについては，適用しない。

3　建築主事等は，第１項の申請書が提出された場合において，その計画が次の各号のいずれかに該当するときは，当該申請書を受理することができない。

一　建築士法第３条第１項，第３条の２第１項，第３条の３第１項，第20条の２第１項若しくは第20条の３第１項の規定又は同法第３条の２第３項の規定に基づく条例の規定に違反するとき。

二　構造設計１級建築士以外の１級建築士が建築士法第20条の２第１項の建築物の構造設計を行つた場合において，当該建築物が構造関係規定に適合することを構造設計１級建築士が確認した構造設計によるものでないとき。

三　設備設計１級建築士以外の１級建築士が建築士法第20条の３第１項の建築物の設備設計を行つた場合において，当該建築物が設備関係規定に適合することを設備設計１級建築士が確認した設備設計によるものでないとき。

4　建築主事等は，第１項の申請書を受理した場合においては，同項第１号から第３号までに係るものにあつてはその受理した日から35日以内に，同項第４号に係るものにあつてはその受理した日から７日以内に，申請に係る建築物の計画が建築基準関係規定に適合するかどうかを審査し，審査の結果に基づいて建築基準関係規定に適合することを確認したときは，当該申請者に確認済証を交付しなければならない。

5　建築主事等は，前項の場合において，申請に係る建築物の計画が第６条の３第１項の構造計算適合性判定を要するものであるときは，建築主から同条第７項の適合判定通知書又はその写しの提出を受けた場合に限り，第１項の規定による確認をすることができる。

6　建築主事等は，第４項の場合（申請に係る建築物の計画が第６条の３第１項の特定構造計算基準（第20条第１項第２号イの政令で定める基準に従つた構造計算で同号イに規定する方法によるものによつて確かめられる安全性を有することに係る部分に限る。）に適合するかどうかを審査する場合その他国土交通省令で定める場合に限る。）において，第４項の期間内に当該申請者に第１項の確認済証を交付することができない合理的な理由があるときは，35日の範囲内において，第４項の期間を延長することができる。この場合においては，その旨及びその延長する期間並びにその期間を延長する理由を記載した通知書を同項の期間内に当該申請者に交付しなければならない。

7　建築主事等は，第４項の場合において，申請に係る建築物の計画が建築基準関係規定に適合しないことを認めたとき，又は建築基準関係規定に適合するかどうかを決定することができない正当な理由があるときは，その旨及びその理由を記載した通知書を同項の期間（前項の規定により第４項の期間を延長した場合にあつては，当該延長後の期間）内に当該申請者に交付しなければならない。

8　第１項の確認済証の交付を受けた後でなければ，同項の建築物の建築，大規模の修繕又は大規模の模様替の工事は，することができない。

9　第１項の規定による確認の申請書，同項の確認済証並びに第６項及び第７項の通知書の様式は，国土交通省令で定める。

（昭26法195・昭29法140・昭34法156・昭38法151・昭43法101・昭51法83・昭53法38・昭56法58・昭58法44・昭59法47・昭62法66・平10法100・平11法87・平11法160・平12法73・平16法111・平18法46・平18法92・平18法114・平26法54・平30法67・令５法58・一部改正）

令第９条　法第６条第１項（法第87条第１項，法第87条の４（法第88条第１項及び第２項において準用する場合を含む。）並びに法第88条第１項及び第２項において準用する場合を含む。）の政令で定める規定は，次に掲げる法律の規定並びにこれらの規定に基づく命令及び条例の規定で建築物の敷地，構造又は建築設備に係るものとする。

一　消防法（昭和23年法律第186号）第９条，第９条の２，第15条及び第17条

二　屋外広告物法（昭和24年法律第189号）第３条から第５条まで（広告物の表示及び広告物を掲出する物件の設置の禁止又は制限に係る部分に限る。）

三　港湾法（昭和25年法律第218号）第40条第１項（同法第50条の５第２項の規定により読み替えて適用する場合を含む。）

四　高圧ガス保安法（昭和26年法律第204号）第24条
五　ガス事業法（昭和29年法律第51号）第162条
六　駐車場法（昭和32年法律第106号）第20条（都市再生特別措置法（平成14年法律第22号）第19条の14，第62条の12及び第107条並びに都市の低炭素化の促進に関する法律（平成24年法律第84号）第20条の規定により読み替えて適用する場合を含む。）
七　水道法（昭和32年法律第177号）第16条
八　下水道法（昭和33年法律第79号）第10条第１項及び第３項，第25条の２並びに第30条第１項
九　宅地造成及び特定盛土等規制法（昭和36年法律第191号）第12条第１項，第16条第１項，第30条第１項及び第35条第１項
十　流通業務市街地の整備に関する法律（昭和41年法律第110号）第５条第１項
十一　液化石油ガスの保安の確保及び取引の適正化に関する法律（昭和42年法律第149号）第38条の２
十二　都市計画法（昭和43年法律第100号）第29条第１項及び第２項，第35条の２第１項，第41条第２項（同法第35条の２第４項において準用する場合を含む。），第42条，第43条第１項並びに第53条第１項（都市再生特別措置法第36条の４の規定により読み替えて適用する場合を含む。）並びに都市計画法第53条第２項において準用する同法第52条の２第２項
十三　特定空港周辺航空機騒音対策特別措置法（昭和53年法律第26号）第５条第１項から第３項まで（同条第５項において準用する場合を含む。）
十四　自転車の安全利用の促進及び自転車等の駐車対策の総合的推進に関する法律（昭和55年法律第87号）第５条第４項
十五　浄化槽法（昭和58年法律第43号）第３条の２第１項
十六　特定都市河川浸水被害対策法（平成15年法律第77号）第10条

（平11政５・全改，平11政352・平13政42・平13政98・平16政168・平16政325・平16政399・平18政310・平23政363・平27政273・平29政40・令元政30・令３政296・令４政381・令４政393・一部改正）

本法においては，個々の建築物が法令の定める基準に適合して建築されるよう担保するために，建築工事の着手前，特定の工程に係る工事の完了後，全体工事の完

了後のタイミングにおいて，建築主事が建築物又はその計画の適法性をチェックする制度を設けており，本条はこのうち工事着手前の手続を定めている。すなわち建築主は建築物を建築しようとする場合には，工事着手前に，その建築計画が建築基準関係規定に適合するものであることについて，建築主事の確認を受けなければならない。本条は，防火，安全，衛生等の面で支障がある建築物が出現しないようにする上で事後的な措置である違反是正命令（法第９条）と並んで，本法の重要な柱をなすものであり，本法が有効に機能するかどうかはこの確認の制度が効果的に運用されるかどうかにかかっているともいえる。

また，平成18年改正によって新たに創設された構造計算適合性判定については，制定当時は建築確認から独立して行われる行為ではなく，あくまでも建築確認の内部行為として位置づけられていたため，その根拠規定及び手続規定は本条に置かれていたが，平成26年改正によって建築確認から独立し，新たに法第６条の３に位置づけられた。

第１項

⑴　確認の考え方

「確認」とは，講学上の確認であり，建築計画が「建築基準関係規定」に適合するかどうかを判断する行為である。この建築主事の確認を受けると工事に着手できることになるが，これは「確認」という行為について法律が与えた効果であり，建築主事の確認は，建築禁止の解除を意図してなされる講学上の許可に当たるものではない。

また，建築主事は法律に従って建築計画の適法性を判断しなければならず，適法なものについて別途公益上の判断を加えて確認を拒むことはできない。

なお，制度上，確認について本法が与えた法的効果は，第８項に規定する建築又は大規模の修繕・模様替の禁止の解除である。

⑵　確認申請の主体

確認申請をすべき者は「建築主」であって，工事施工者や設計者ではない。ただし建築主が代理人に申請させることは差し支えない。代理人によって確認の申請を行う場合には，委任状を確認申請書に添付することとなっている。なお，建築主は，確認申請のほか建築工事届を都道府県知事に出さなければならない（法第15条）。

⑶　確認を受けなければならない場合と時期

確認申請をしなければならない場合は，二つに大別され，一つは建築物の用途，規模又は構造により，他の一つは建築物が建築される区域により，それぞれ定められている。

また，確認の申請は，建築工事に着手する前にする必要があり，かつ，確認を受ける前に着工してはならない。

⑶の参考：令和４年改正における確認の対象建築物の見直し

確認の対象建築物については，違反発生の重大性やその可能性が高いものについて，行政事務量の増加を勘案しつつ，本項各号に掲げる建築物を定めているところであるが，下記に示す近年の建築物を取り巻く環境の変化を踏まえて，令和４年の法改正においては，特に木造建築物について，具体的な範囲の見直しが行われた。

①　施工体制の弱体化

・職人の高齢化や若年入職者の不足による技術伝承の遅れ等を背景として，戸建て住宅などの小規模な木造建築物を設計・施工する工務店における施工体制が弱体化し，建築確認の対象外の建築物（都市計画区域外の小規模建築物など法第６条第１項各号のいずれにも該当しないもの）や，建築確認の対象ではあっても構造規定への適合性について建築確認において審査が行われていない小規模木造建築物（改正前の旧・４号建築物で，法第６条の４第１項第３号の特例の対象となるもの）において，耐震性能に直結する壁量不足など，構造の安全性に直結する著しい基準不適合事案が多発していたこと。

②　行政による構造審査の必要性

・改正前の旧・４号建築物を対象とした審査省略の特例制度（法第６条の４第１項第３号）を悪用して構造設計を適切に行わない事案が発生しており，行政側での確認の必要性が高まっていたこと。

③　頻発する大規模地震への対応

・熊本地震（平成28年），北海道胆振東部地震（平成30年）等においても，壁量不足の建築物が特に多く倒壊していることが確認されており，今後の地震により，建築物の倒壊によって人命被害が生じる蓋然性が高いと判断されたこと。

令和４年の法改正により，改正前の第２号，第３号及び第４号の一部が改正後には第２号，改正前の第４号のうち小規模なもの（平家から延べ面積200㎡以下）が改正後には第３号に見直される。すなわち，①建築される区域に関係なく，第１号（一定規模以上の別表特殊建築物），第２号（用途に関わらず，一定規模以上の建築物に掲げる建築物の建築（新築，増築，改築又は移転），大規模の修繕又は大規模の模様替をしようとする場合（増築の場合には，増築後において第1号又は第2号に掲げる規模のものになる場合を含む），②前記①のほか，都市計画区域・準都市計画区域（都道府県知事が都道府県都市計画審議会の意見を聴いて指定する区域を除く。）内，準景観地区（市町村長が指定する区域を除く。）内又は都道府県知事が関係市町村の意見を聴いて指定する区域（これらを「確認区域」と通称する。）内において，建築物の建築をしようとする場合は，確認を受ける必要がある（第3号。本書では，同号に規定する建築物を「3号建築物」と呼称する。）。

表1－3　確認の対象建築物

観点	要件	（参考：令和4年改正前）
用途	別表特殊建築物で，当該用途に供する部分の床面積が200㎡超のもの （第1号）	別表特殊建築物で，当該用途に供する部分の床面積が200㎡超のもの （旧第1号）
構造	階数2以上，又は延べ面積200㎡超のもの （第2号）	木造建築物で，階数3以上，又は延べ面積500㎡超，高さ13m超若しくは軒高9m超のもの （旧第2号）
		木造以外の建築物で，階数2以上，又は延べ面積200㎡超のもの （旧第3号）
市街地環境	都市計画区域等内における建築物 （第3号）	都市計画区域等内における建築物 （旧第4号）

第1号又は第2号の建築物は，たとえ山間僻地に建築しようとする場合でも，各号に定める用途，規模，構造に該当するものであれば確認が必要である。一方，3号建築物については，確認区域内の場合は確認が必要とされるが，確認区域外の場合は確認が不要であり，更に確認区域内であっても，建築をする場合のみ確認が必要とされ，大規模の修繕又は大規模の模様替をする場合には確認は不要である。なお，確認が不要であっても，これは単に確認申請という手続が不要なだけであって，建築計画を「建築基準関係規定」に適合させる必要があることは言うまでもない。

敷地が確認区域内外にわたっている場合には，敷地の過半が確認区域内にあるときに限り確認が必要と解する。敷地がこの区域の内外にわたる場合の措置は法第52条から第56条の2までの規定や法第22条の区域など個別に規定を置くもののほかは，法第91条に，敷地の過半の属する区域の制限を適用するという原則が規定されているが，それは建築物の敷地，構造，建築設備又は用途に関する禁止又は制限を定めた実体規定の適用に関する措置を定めたものであり，確認という手続を定めた本項の適用については直接には当てはまらないが，その趣旨は本項にも共通するものであるからである。

また，建築確認の対象建築物の見直し（法第6条第1項各号の区分の見直し）は，小規模な木造建築物を対象とした審査省略の特例制度（法第6条の4第1項第3号）とも連動しているが，令和4年の法改正によって，特例の対象となる建築物は以下のとおり見直されている。

表1－4　審査省略の対象となる木造建築物の範囲の見直し

	令和4年改正後	令和4年改正前
階数	1（平屋）	2以下
延べ面積	200㎡以下	500㎡以下
高さ	（制限なし）	13m以下
軒高	（制限なし）	9m以下
用途	（制限なし）※	別表特殊建築物で，その用途に供する部分の床面積の合計が200㎡を超えるもの以外のもの
立地	都市計画区域等内における建築物	都市計画区域等内における建築物

※正確には改正前と同様の取扱いであるが，「別表特殊建築物で，その用途に供する部分の床面積の合計が200㎡を超えるもの」以外のものは，結果として「延べ面積が200㎡以下のもの」に包含され，用途の観点では特例の対象となるかどうかを考慮する必要がないため，本表上は「制限なし」と記載している。

これは，階ごとに行うこととされている壁量，壁配置及び接合部の耐力に関する計算が容易である「平家」かつ「延べ面積が200㎡以下」の木造建築物については，引き続き，特例の対象として位置づけることとした結果である。こうした小規模な木造建築物は，倒壊したときの周囲への影響が必ずしも大きくないことや，基準不適合があった場合も是正が容易であることなども踏まえて，特例の対象外とする必要はないと考えられたものである。

⑷　建築基準関係規定

確認を受けるべき事項は，建築物の計画が「建築基準関係規定」に適合することである。ここでいう「建築基準関係規定」とは，以下の①及び②の総称である。

①　建築基準法とこれに基づく命令及び条例の規定（これらを「建築基準法令の

規定」という。）

② 建築基準法以外の法律で，建築物の敷地，構造又は建築設備に関する法律とこれに基づく命令及び条例の規定（令第9条で具体的に規定している。）

これにより，本法及びこれに基づく施行令，施行規則又は条例のみならずその他の法令でも建築物の敷地，構造及び建築設備に関するものであれば確認すべき対象となるが，本法の目的及び確認の性格から，その範囲には限りがあり，個々の建築物の具体的な技術基準を定めたもの及び市街地の良好な環境の形成のため建築物に対する具体的な基準を定めたものに限定しているのが令第9条の役割である。けだし，本法の目的は，個々の建築物を防火，安全，衛生等の上から支障のないものにするとともに，都市計画区域内・準都市計画区域内においては建築物を集団としてとらえ，それらの建築物を含む市街地の良好な環境の形成を図ることにあり，また，確認は講学上の確認であって，建築主事は法律に従って専門技術的な判断をするものであり，広範な裁量権をもつものではないからである。

令第9条の具体的な内容についてであるが，同条においては，建築基準法令の規定の他に，他法令の規定であって確認検査の対象となる規定を定めている。平成10年改正以前の制度においては，建築指導課長通達において「確認対象法令」と定められていたもので，現行制度においては施行令において正しく規定されているものである。

建築基準関係規定となるものは，本条各号の規定のうち「建築物の敷地，構造又は建築設備」に係るものであり，これに該当しない器具に関する基準や維持方法等は確認検査の対象とならない。

この他に，令第9条には掲げられていないが，都市緑地法（昭和48年法律第72号）第35条，第36条及び第39条第1項の規定と，高齢者，障害者等の移動等の円滑化の促進に関する法律（平成18年法律第91号）第14条第1項から第3項までの規定，建築物のエネルギー消費性能の向上等に関する法律（平成27年法律第53号）第10条第1項の規定は，それぞれの法律において建築基準関係規定とみなすこととしている。

なお，法第32条「電気設備」においては，「法律又はこれに基づく命令の規定」に従うことを求めているが，具体的には，電気事業法（昭和39年法律第170号）第39

条第１項及び第56条第１項の規定に基づく，「電気設備に関する技術基準を定める省令（平成９年通商産業省令第52号）」を指すものである（平成11年４月28日付け住指発第202号）。

また，建築基準関係規定ではないが，他の法令において，建築物に関する計画の認定を受けることにより，建築基準法に基づく確認済証の交付があったものとみなす場合がある。具体的には，下表のとおりである。

表１－５　確認済証の交付があったものとみなす計画の認定

対象となる法律	対象となる計画	みなし規定
建築物の耐震改修の促進に関する法律（平成７年法律第123号）	建築物の耐震改修の計画	法第17条第３項の規定に基づく認定（法第17条第10項）
密集市街地における防災街区の整備の促進に関する法律（平成９年法律第49号）	建築物の建替えに関する計画	法第５条第１項の規定に基づく認定（法第５条第５項）
高齢者，障害者等の移動等の円滑化の促進に関する法律（平成18年法律第91号）	特定建築物の建築等の計画	法第17条第３項の規定に基づく認定（法第17条第７項）
長期優良住宅の普及の促進に関する法律（平成20年法律第87号）	長期優良住宅建築等計画	法第６条第１項の規定に基づく認定（法第６条第５項）
都市の低炭素化の促進に関する法律（平成24年法律第84号）	集約都市開発事業計画 低炭素建築物新築等計画	法第10条第１項及び法第54条第１項の規定に基づく認定（法第10条第６項及び法第54条第５項）
建築物のエネルギー消費性能の向上等に関する法律（平成27年法律第53号）	建築物エネルギー消費性能向上計画	法第30条第１項の規定に基づく認定（法第30条第５項）

民法第234条は敷地の所有権の限界を定めて相隣敷地間の利用の調整を図る上から，河川法第26条は河川管理上の要請から，農地法第４条は農業生産力の増進の上から，文化財保護法第80条は文化財保存の上から，それぞれ規定されているものであり，本項の建築基準関係規定には含まれない。また，倉庫業法上の許可，旅館業法上の許等営業許可に関する規定も確認基準関係規定には含まれない。

なお，確認の特例として一定の建築物については建築基準関係規定の範囲が限定されている（法第６条の４）。

⑸　確認が効力を有する期間

建築主事から受けた確認は，時間の経過に関係なく，効力を有する。ただし，法令の改正，地域地区の変更等により，制限が改められた場合にあっては，これらの改正や変更の以前に確認を受けた建築物は違法ではないが，実体的には基準不適合（既存不適格建築物）になることがある。

また，確認を受けた後，工事着手前に計画を変更しようとする場合において，変更前の計画と変更後の計画との間に同一性が認められないときには，あらためて確認を受けなければならない（工事中に計画を変更しようとする場合には，変更前の計画と変更後の計画との間に同一性が認められないときはその建築物は無確認建築物となる）。

⑹　確認を受けた建築計画の変更

建築確認は，その計画が建築基準関係規定に適合するものであることを確認するものであることから，建築基準関係規定に関係するものを変更する場合には，あらためて変更後の計画について確認を受ける必要がある。しかしながら，明らかに変更後も建築基準関係規定を満たすもの，安全側に変更するもの（例えば，準不燃材料を上位の不燃材料に変更する場合）等については再度確認する必要がないことから，これらの変更を「軽微な変更」としている。

軽微な変更の内容については，施行規則第３条の２において具体的な項目が定められており，これらの項目に該当するものであって，変更後の建築物等の計画が建築基準関係規定に適合することが明らかなものであれば，軽微な変更として取り扱うことができることとしている。ここでいう建築基準関係規定に適合することが明らかなものとは，高度な計算や検討によらずに建築基準関係規定への適合が確認できるものをいう。

また，本項の計画変更の手続が必要となるのは確認申請書・添付図書において明示すべきとされている事項についてであり，そもそも確認時に明示する必要のない事項の変更については変更申請の手続を要さない。

⑺　建築物に関する手続と技術的基準の関係

本項は，建築物の工事着手前に確認を受けることと，その確認対象となる建築物の用途・規模・構造・区域を規定しているのみであるため，確認が必要とされない建築であっても本法の規定が適用されるのはいうまでもなく，その技術的基準等に違反する場合には，法第９条（違反建築物に対する措置）及び罰則の適用がある。

なお，本項に定める手続規定に違反した者にも，罰則が適用される（法第99条第１項第１号）。

⑻　確認の申請先

申請書の提出先である建築主事等は，建築主事等が置かれている市町村内にあってはその市町村の建築主事等，その他の市町村内にあってはその市町村を包括する都道府県の建築主事等である。ただし，法第97条の2及び法第97条の3の規定により一部の事務を行う建築主事等を置いた市町村（限定特定行政庁）及び特別区（東京都23区）内にあってはその建築物の用途・規模・構造・地区に応じて，都道府県又は限定特定行政庁・特別区の建築主事等に提出しなければならない。

⑼　建築を行う場合以外の場合に受けるべき確認

本項の規定は，建築物の用途変更，建築設備の設置及び工作物の築造の場合に準用されるので，これらの場合にも建築主事等の確認を受ける必要がある（法第87条第1項（用途の変更），第87条の2（建築整備），第88条第1項，第2項（工作物））。

また，災害時の応急仮設建築物等については本条の適用を除外している（法第85条第2項）。

第2項

前項においては，建築物を建築するに際して確認申請をしなければならない場合を提示しているが，本項においては，その例外として，行政事務量の増加と違反発生の可能性の比較衡量の上，防火地域又は準防火地域外において建築物の増築，改築又は移転をする場合で，その増築，改築又は移転に係る部分の床面積が10㎡以下のものについては確認を不要としている。

第3項

⑴　確認申請の不受理

建築士法では，建築物の用途，規模又は構造により，その設計又は工事監理は一級建築士，二級建築士又は木造建築士でなければできないこととしている（同法第3条，第3条の2及び第3条の3）が，本項は，確認申請があった場合において，その計画が建築士法の規定に違反しているものであるときは，建築主事等はその申請書を受理してはならないこととしている。

⑵　受理の考え方

「受理」とは，確認の申請を有効な行為として受領する行為をいう。したがって受理しないということは，確認の申請が有効に行われなかったことになり，受理の法律効果であるその計画の法令適合性の判断義務は建築主事等には発生せず，また，申請者の確認申請手数料の納付義務も生じない。

第４項

⑴　確認済証の交付と処理期間

建築主事等が申請書を受理した場合には，その法律効果として，本項（適合の確認後の確認済証交付）及び第７項（不適合等の確認後の通知書の交付）の建築主事等の義務が発生する。

建築主事等は，申請書を受理した場合には，その日から35日以内（第１項第１号から３号までの建築物）又は７日以内（第１項第４号の建築物）に，その計画が建築確認対法令の規定に適合するかどうかを審査し，適合することを確認したときは，申請者に「確認済証」を交付しなければならない。

平成18年改正において，第１号から第３号までの建築物に係る確認済証の交付期限が，従前の21日以内から35日以内に改められた。これは，同改正において，建築確認にあたっては「確認審査等指針」に基づく厳格な審査を行わなければならないこととした（法第18条の３第３項）とともに，一定の構造計算を行った建築物については都道府県知事（指定構造計算適合性判定機関）による構造計算適合性判定を義務づけることとした（法第６条第５項）ことに伴う措置である。

構造計算適合性判定の手続が加わった場合に想定される標準的な審査期間である「35日」の内訳は以下のとおりである。

①　構造計算の審査の前提となる建築物の用途・形態等に関する規定（集団規定，防火避難規定等）の審査：14日間

②　構造計算の審査：14日間

③　建築基準関係規定全体に適合することの審査：７日間

また，国，都道府県又は建築主事を置く市町村の建築物の計画に係る審査についても，手続上の取扱いは同様であることから，確認済証の交付期限を同様に設定している（法第18条第３項）。なお，指定確認検査機関が建築確認を行う場合の確認済証の交付の期限については，建築主と指定確認検査機関との間の契約の内容に委ねれば足りることから，法律では定めていない。

35日又は７日の期間は，法第93条第２項に定める消防長等の同意に要する期間も含む。建築主事等は，この期間内に審査と確認を行った上で確認済証を交付しなければならない。交付はこの期間内に発信することをもって足りる。期間の計算については，民法第１編第６章「期間の計算」の規定に準じて考えるべきである（昭和63年住指発第515号，住街発第129号参照）。

⑵　消防同意との関係

建築主事等は，申請された建築計画が建築基準関係規定に適合すると判断したときは，所定の期間内に確認を行って申請者に通知する法律上の拘束を受け，相手方が行政指導に任意に協力している場合は格別として，他の行政目的のために確認を留保したり，拒否したりすることは許されない。

一方で，建築主事等は，確認をしようとする場合には，確認に係る建築物が防火地域及び準防火地域以外の区域内における一定の住宅である場合を除き，その建築物の工事施工地は所在地を管轄する消防長又は消防署長の同意を得る必要がある（法第93条第１項）。この場合において，消防長又は消防署長は，当該建築物の計画が成文化された法令の規定で建築物の防火に関するものに抵触するという理由以外の理由で同意を拒むことはできない。仮に他の理由で同意を拒むときには，建築主事等は同意を得ずに確認して差し支えない。

第５項

平成26年改正以前においては建築確認の内部行為として位置づけられていた構造計算適合性判定が，同改正によって，建築確認から独立した処分として位置づけられたことから，本項の規定により，建築主事等が判定結果と自らの確認審査の両方の結果を基に，確認済証を交付する仕組みとしている。

なお，指定確認検査機関による建築確認の場合（法第６条の２第４項）や，国等の建築物の計画を対象とした建築確認の場合（法第18条第12項）も同様である。

第６項

建築主事等は，第４項で規定する35日以内に確認済証を交付できない合理的な理由がある場合には，35日の範囲内で期間を延長できることとする。この場合においては，延長する旨及び延長する期間並びにその期間を延長する理由を記載した通知書を35日以内に申請者に交付しなければならないこととする。

建築物について一定の構造計算を行った場合，都道府県知事（構造計算適合性判定機関）が行う構造計算適合性判定において，大学の研究者，設計実務者等の建築技術に関して優れた識見を有する者が，構造計算適合性判定員として，構造計算書の内容を逐一チェックすることとなる。この場合，確認の審査において更にこのための期間を要することとなるため，標準的な期間として定める35日以内には審査を終了できない可能性がある。したがって，35日以内に確認済証を交付できない合理的な理由がある場合には，建築主事等は必要に応じて期間を延長できることとする必要があるため，平成18年改正において，新たに本項を規定した。

ただし，建築主が知らないままに確認済証の交付が延期されたり，確認済証の交付が無制限に延期されたりすると，建築主に不測の損害が生じることとなる。したがって，建築主事等は，あらかじめ建築主に対して通知を行った上で期間を延長（35日の範囲内で延長）することとし，最大でも70日以内には確認済証を交付しなければならないこととしている。

また，確認審査期間を延長する合理的な理由については，施行規則第2条第2項各号において，構造計算適合性判定の通知書の提出がない場合などを定めている。

なお，国等の建築物の計画を対象とした確認済証の交付期限についても同じ期限を設定することとしている（法第18条第13項）。

第7項

建築主事等は，申請に係る計画が建築基準関係規定に適合するかどうか審査した結果，適合しないと認めたとき，又は申請書の記載によっては適合するかどうか決定することができない正当な理由があるときは，その理由をつけてその旨を通知書をもって第4項の期間内に申請者に交付しなければならない。

なお，この場合においても，既に納付されている確認申請手数料は返却されない。

第8項

第1項の規定による確認を受けない同項の建築物の建築，大規模の修繕又は大模の模様替の工事は禁止される。確認に対して本法が与えた効果がこの禁止の解除である。

本項の規定に違反した工事施工者には，罰則の規定が適用される（法第99条第1項第2号）。

第9項

確認申請書及び確認済証の様式は，施行規則第1条の3，第2条（建築物），第2条の2（建築設備）及び第3条（工作物）で定められている。

なお，指定確認検査機関が建築確認を行う場合（法第6条の2）におけるこれらの手続規定については，建築主と指定確認検査機関との間の契約の内容に委ねれば足りることから，法律では定めていない。ただし，同条第1項において「指定確認検査機関の交付した確認済証」を「建築主事の交付した確認済証（法第6条第1項の確認済証）」とみなすこととしていることから，防火地域等以外の地域における小規模な増築・改築・移転（法第6条第2項）や，確認済証の交付を受けていない場合の工事着工の禁止規定（法第6条第8項）については，審査主体にかかわらず，その適用を受けることとなる。

（工事現場における確認の表示等）

法第89条　第6条第1項の建築，大規模の修繕又は大規模の模様替の工事の施工者は，当該工事現場の見易い場所に，国土交通省令で定める様式によつて，建築主，設計者，工事施工者及び工事の現場管理者の氏名又は名称並びに当該工事に係る同項の確認があつた旨の表示をしなければならない。

2　第6条第1項の建築，大規模の修繕又は大規模の模様替の工事の施工者は，当該工事に係る設計図書を当該工事現場に備えておかなければならない。

（昭34法156・平11法160・一部改正）

確認を受けた工事の施工者は，当該工事現場の見やすい場所に国土交通省令で定める様式によって，①建築主，設計者，工事施工者及び工事の現場管理者の氏名又は名称と，②当該工事に係る確認があった旨の表示をするとともに，当該工事に係る設計図書を工事現場に備えておかなければならないことになっている。

（国土交通大臣等の指定を受けた者による確認）

法第6条の2　前条第1項各号に掲げる建築物の計画（前条第3項各号のいずれかに該当するものを除く。）が建築基準関係規定に適合するものであることについて，第77条の18から第77条の21までの規定の定めるところにより国土交通大臣又は都道府県知事が指定した者の確認を受け，国土交通省令で定めるところにより確認済証の交付を受けたときは，当該確認は前条第1項の規定による確認と，当該確認済証は同項の確認済証とみなす。

2　前項の規定による指定は，2以上の都道府県の区域において同項の規定による確認の業務を行おうとする者を指定する場合にあつては国土交通大臣が，一の都道府県の区域において同項の規定による確認の業務を行おうとする者を指定する場合にあつては都道府県知事がするものとする。

3　第1項の規定による指定を受けた者は，同項の規定による確認の申請を受けた場合において，申請に係る建築物の計画が次条第1項の構造計算適合性判定を要するものであるときは，建築主から同条第7項の適合判定通知書又はその写しの提出を受けた場合に限り，第1項の規定による確認をすることができる。

4　第1項の規定による指定を受けた者は，同項の規定による確認の申請を受けた場合において，申請に係る建築物の計画が建築基準関係規定に適合しないことを認めたとき，又は建築基準関係規定に適合するかどうかを決定することができない正当な理由があるときは，国土交通省令で定めるところにより，その旨及びその理由を記載した通知書を当該申請者に交付しなければならない。

5　第1項の規定による指定を受けた者は，同項の確認済証又は前項の通知書の交付をしたときは，国土交通省令で定める期間内に，国土交通省令で定めるところにより，確認審査報告書を作成し，当該確認済証又は当該通知書の交付に係る建築物の計画に関する国土交通省令で定める書類を添えて，これを特定行政庁に提出しなければならない。

6　特定行政庁は，前項の規定による確認審査報告書の提出を受けた場合において，第1項の確認済証の交付を受けた建築物の計画が建築基準関係規定に適合しないと認めるときは，当該建築物の建築主及び当該確認済証を交付した同項の規定による指定を受けた者にその旨を通知しなければならない。この場合において，当該確認済証は，その効力を失う。

7　前項の場合において，特定行政庁は，必要に応じ，第9条第1項又は第10項の命令その他の措置を講ずるものとする。

（平10法100・追加，平11法160・平18法92・平18法114・平26法54・一部改正）

建築物の安全性を守っていくためには，建築計画の内容をあらかじめ確認することや，建築物の検査を行うことの必要性は高い。これらの確認や検査を行う機関として，「建築主事」が地方公共団体に置かれているところであるが，平成10年の本法の見直しに際し，着工件数に比して，このような建築行政を執行するための体制が十分に確保できていない状況にあるものとされた。このことを受けて，官民の役割分担を見直し，適確で効率的な執行体制を創出するための措置として，従来は建築主事が行ってきた確認検査業務については，必要な審査能力を備える公正中立な民間機関が行うことができることとなった。

具体的には，建築確認については本条，完了検査については法第7条の2，中間検査については法第7条の4において，それぞれ民間機関が確認検査業務を行うことの根拠を定めている。

第1項

法第６条の２は国土交通大臣等の指定を受けた者（指定確認検査機関）による確認の規定である。本項の「前条第１項各号に掲げる建築物」とは，建築確認を受ける必要がある建築物である。また，法第６条第３項と同様の考え方により，建築士が設計しなければならないのに建築士が設計していないものや工事監理をしていないものは，指定確認検査機関による確認は受けられない。

本項の規定は，指定確認検査機関によって確認を受け，確認済証の交付を受ければ，建築主事が行った確認と同じようにみなされ，あらためて建築主事の確認は受けなくてもよいことを定めている。つまり，本項の規定により，建築確認についてはルートが二つ準備されたこととなるため，建築主事による確認と指定確認検査機関による確認のいずれを受けるかは建築主の判断による。

なお，指定確認検査機関は，建築確認だけでなく，完了検査（法第７条の２），中間検査（法第７条の４）を実施することもできるが，建築主はそれぞれの手続について，それぞれ別の機関を用いてもよい。

第２項

本項は，指定確認検査機関を指定する旨の規定である。二つ以上の都道府県で業務を行う場合には国土交通大臣が，一つの都道府県の中で業務を行う場合には都道府県知事が指定することとなっている。

なお，二つ以上の都道府県で業務を行う機関のうち，各地方整備局の管轄区域内における業務を行う機関については，機関省令第80条に基づき，各地方整備局長が指定することとしている。

第３項

第６条第５項と同じ趣旨から，指定確認検査機関においては，構造計算適合性判定と自らの確認審査の両方の結果を基に，確認済証を交付する仕組みとしている。

第４項

指定確認検査機関は，建築物の計画が建築基準関係規定に適合しないことを認めたとき，又は申請の内容によっては建築基準関係規定に適合するかどうかを決定することができない正当な理由があるときは，その旨及びその理由を記載した通知書を当該申請者に交付しなければならないこととしている。

平成18年改正以前は，指定確認検査機関が，申請に係る建築物の計画が建築基準関係規定に適合しないことを認めたとき等において，建築主に不適合通知を行ったり，特定行政庁にその旨を報告したりする等の規定は措置されていなかった。すなわち，建築主から法令に定める技術的基準に適合しない違法な建築物の計画が提出されたとしても，指定確認検査機関との間で内部的に処理されてしまうこととなり，特定行政庁の知るところとはならないため，指定確認検査機関に対しては，建築主に確認済証を不正に取得しようとする誘因（違法な計画を指定確認検査機関に対して試みに申請し，あわよくば確認済証を取得しようとする）が働いてしまうこととなる。このため，指定確認検査機関が，建築物の計画が建築基準関係規定に適合しないことを認めたとき等は，建築主に対して不適合通知を行わせるとともに，その旨を特定行政庁に報告させる（第５項）こととしている。

同様に，平成18年改正以前の完了検査・中間検査についても，指定確認検査機関は，その結果を特定行政庁に報告しなければならず，特定行政庁は指定確認検査機関が検査を行った建築物が関係法規に適合しない旨の報告を受けたときは，建築物の是正命令等の必要な措置を講じることとされていた。しかしながら，特定行政庁への報告内容は，検査の結果のみであるため，実態として技術的基準に適合しない建築物について指定確認検査機関が誤って適合であると判断した場合は，違反建築物が看過される可能性があった。これらを踏まえて，平成18年においては，指定確認検査機関が完了検査・中間検査を行った場合の特定行政庁への報告内容の充実化を図っている（法第７条の２第６項，法第７条の４第６項）。

第５項

本項においては，指定確認検査機関が確認済証又は第４項に規定する不適合の通知書を交付したときは，一定の期間内に，その旨を特定行政庁に報告することを規定している。報告に際しては，構造計算等についてどのように確認を行ったか等を示す確認審査報告書及び一定の書類を作成し，特定行政庁に提出しなければならないこととしている。

なお，具体的には，施行規則第３条の５において，特定行政庁への報告期限は確認済証等の交付日から７日以内とされ，確認審査報告書に添える書類については，①建築計画概要書，②「確認審査等指針」に従って確認を行ったことを証する書類，③構造計算適合性判定の結果を記載した通知書の写しを規定している。なお，この確認審査報告書の添付書類について，確認済証を交付したときだけに限定している。

第６項

本項は，特定行政庁が第５項の確認審査報告書の提出を受けた後，指定確認検査機関が確認を行った建築物について，周辺の住民の指摘などを契機に，建築基準関係規定に違反していることが明らかとなった場合には，その確認済証の効力を失効させる規定である。

特定行政庁は，指定確認検査機関からの種々の報告をもとに適合性を判断し，適合していないと判断すれば，その旨を建築主及び指定確認検査機関に通知することとなる。この通知をもって，指定確認検査機関が交付した確認済証は効力を失うこととなる。

第7項

本項においては，指定確認検査機関が確認を行った建築物の計画について，特定行政庁が建築基準関係規定に適合しないと認めた場合，その状況に応じて，法第9条等の規定を用いて，必要な命令（工事停止命令等）などの措置を講ずる旨を規定している。

（建築物の建築に関する確認の特例）

法第6条の4　第1号若しくは第2号に掲げる建築物の建築，大規模の修繕若しくは大規模の模様替又は第3号に掲げる建築物の建築に対する第6条及び第6条の2の規定の適用については，第6条第1項中「政令で定めるものをいう。以下同じ」とあるのは，「政令で定めるものをいい，建築基準法令の規定のうち政令で定める規定を除く。以下この条及び次条において同じ」とする。

一　第68条の10第1項の認定を受けた型式（次号において「認定型式」という。）に適合する建築材料を用いる建築物

二　認定型式に適合する建築物の部分を有する建築物

三　第6条第1項第4号に掲げる建築物で建築士の設計に係るもの

2　前項の規定により読み替えて適用される第6条第1項に規定する政令のうち建築基準法令の規定を定めるものにおいては，建築士の技術水準，建築物の敷地，構造及び用途その他の事情を勘案して，建築士及び建築物の区分に応じ，建築主事等の審査を要しないこととしても建築物の安全上，防火上及び衛生上支障がないと認められる規定を定めるものとする。

（昭58法44・追加，平10法100・旧第6条の2繰下・一部改正，平18法114・一部改正，平26法54・旧第6条の3繰下・一部改正，令5法58・一部改正）

令第10条　法第6条の4第1項の規定により読み替えて適用される法第6条第1項（法第87条第1項及び法第87条の4において準用する場合を含む。）の政令で定める規定は，次の各号（法第87条第1項において準用する場合にあ

つては第１号及び第２号，法第87条の４において準用する場合にあつては同号。以下この条において同じ。）に掲げる建築物の区分に応じ，それぞれ当該各号に定める規定とする。

一　法第６条の４第１項第２号に掲げる建築物のうち，その認定型式に適合する建築物の部分が第136条の２の11第１号に掲げるものであるもの　その認定型式が，同号イに掲げる全ての規定に適合するものであることの認定を受けたものである場合にあつては同号イに掲げる全ての規定，同号ロに掲げる全ての規定に適合するものであることの認定を受けたものである場合にあつては同号ロに掲げる全ての規定

二　法第６条の４第１項第２号に掲げる建築物のうち，その認定型式に適合する建築物の部分が第136条の２の11第２号の表の建築物の部分の欄の各項に掲げるものであるもの　同表の一連の規定の欄の当該各項に掲げる規定（これらの規定中建築物の部分の構造に係る部分が，当該認定型式に適合する建築物の部分に適用される場合に限る。）

三　法第６条の４第１項第３号に掲げる建築物のうち防火地域及び準防火地域以外の区域内における一戸建ての住宅（住宅の用途以外の用途に供する部分の床面積の合計が，延べ面積の２分の１以上であるもの又は50平方メートルを超えるものを除く。）　次に定める規定

イ　法第20条（第１項第４号イに係る部分に限る。），法第21条から法第25条まで，法第27条，法第28条，法第29条，法第31条第１項，法第32条，法第33条，法第35条から法第35条の３まで及び法第37条の規定

ロ　次章（第１節の３，第32条及び第35条を除く。），第３章（第８節を除き，第80条の２にあつては国土交通大臣が定めた安全上必要な技術的基準のうちその指定する基準に係る部分に限る。），第４章から第５章の２まで，第５章の４（第２節を除く。）及び第144条の３の規定

ハ　法第39条から法第41条までの規定に基づく条例の規定のうち特定行政庁が法第６条の４第２項の規定の趣旨により規則で定める規定

四　法第６条の４第１項第３号に掲げる建築物のうち前号の一戸建ての住宅以外の建築物　次に定める規定

イ　法第20条（第１項第４号イに係る部分に限る。），法第21条，法第28条第１項及び第２項，法第29条，法第30条，法第31条第１項，法第32条，法第33条並びに法第37条の規定

ロ　次章（第20条の3，第1節の3，第32条及び第35条を除く。），第3章（第8節を除き，第80条の2にあつては国土交通大臣が定めた安全上必要な技術的基準のうちその指定する基準に係る部分に限る。），第119条，第5章の4（第129条の2の4第1項第6号及び第7号並びに第2節を除く。）及び第144条の3の規定

ハ　法第39条から法第41条までの規定に基づく条例の規定のうち特定行政庁が法第6条の4第2項の規定の趣旨により規則で定める規定

（昭59政15・追加，昭62政348・平11政5・平12政211・平12政312・平13政42・平14政393・平15政523・平17政182・一部改正，平19政49・旧第13条の2繰上・一部改正，平27政11・平28政6・令元政30・一部改正）

法第6条の4は，確認の特例として，一定の建築物につき建築基準関係規定の範囲を限定するための規定である。

第1項第1号の建築物は，「認定型式に適合する建築材料」を用いた建築物とされているが，令和6年3月現在において，当該建築物については，確認の特例の対象となる規定を定める政令が制定されていない。

第1項第2号の建築物は，いわゆるプレハブ住宅を想定している。令第136条の2の11において規定されている建築物の部分について，あらかじめ型式適合認定を受けている場合にあっては，同条において掲げられている規定が，確認の特例の対象となる。なお，当然ながら，認定を受けた型式のとおりの建築計画でなければ，確認の特例は，認められない。

第1項第1号及び第2号の建築物に関係する型式適合認定の制度については，第10章第1節において詳しく解説しているので，そちらも参照されたい。ここでは単に，認定型式が，令第136条の2の11第1号のイ（建築設備を除いた建築物に関する一連の規定）又はロ（建築設備を含めた建築物に関する一連の規定）に適合するものであるものとして認定を受けたものである場合，認定型式の種類に応じて，イ又はロに掲げる規定の確認審査を省略できることが規定されている。

第1項第3号の建築物は，法第6条第1項第4号の建築物（令和4年の法改正後は「3号建築物」であって建築士の設計に係るものである。ここでいう建築士とは，一級建築士，二級建築士及び木造建築士であるが，当然，それぞれの建築士が設計できる範囲の設計でなければならない。

確認の特例が認められる建築物の工事は，第1項第1号及び第2号の建築物につ

いては「建築」及び「大規模の修繕・模様替」，第１項第３号の建築物については「建築」のみである。なお，用途変更は含まれない。

確認の際に特例として建築基準関係規定から除かれる規定は，以下に示す建築物の区分に応じて定められている（令第10条）。

① 第１項第２号の建築物（認定型式に適合する部分を有する建築物）のうち，構造や防火等の単体規定について型式適合認定を受けているもの

② 第１項第２号の建築物（認定型式に適合する部分を有する建築物）のうち，屎尿浄化槽やエレベータ等の建築設備の規定について型式適合認定を受けているもの

③ 第１項第３号の建築物（建築士が設計した「３号建築物」）のうち，防火地域及び準防火地域以外の区域内における一戸建ての住宅（住宅の用途以外の用途に供する部分の床面積の合計が，延べ面積の２分の１以上であるもの又は50㎡を超えるものを除く。）

・住宅の用途は，独立の住居の用の意味であり，下宿及び寄宿舎の用途は，独立の住居の用でないから，これに含まれない。自動車車庫の用途は，住宅に附属する自家用車の車庫の用途に供する場合においては，住宅の用途である。納屋及び物置は，農家において農器具の収納のような用に供される場合を除き，住宅の用途に供される部分である。

・兼用住宅における住宅の用途及び住宅の用途以外の用途の区分は，当該部分が専ら供される用途に基づき定めるべきである。同一の部分を住宅の用途及び住宅の用途以外の用途に供される割合に応じ按分しそれらの用途に供される割合を定めるべきでない。

④ 第１項第３号の建築物（建築士が設計した「３号建築物」）のうち，③に掲げる一戸建ての住宅以外の建築物

・令第10条第４号は，「前号の一戸建ての住宅以外の建築物」と定めているが，これは，第１項第３号に掲げる建築物のうち，次の㋐㋑㋒のいずれかに該当するものの意味である。

㋐ 防火地域又は準防火地域内における建築物

㋑ 防火地域及び準防火地域以外の区域内にあり，かつ，一戸建て住宅でない建築物

㋒ 防火地域及び準防火地域以外の区域内における一戸建て住宅であって，かつ，住宅の用途以外の用途に供する部分の床面積の合計が，延べ面積の２分

の1以上であるもの又は50㎡を超えるもの

建築基準関係規定から除かれる法令の規定は，表1－6のとおりである。

表における「○」は，認定型式建築物や「3号建築物」の特例を受ける場合であっても，確認検査の対象として建築主事等の審査が行われる部分であり，「×」はこの審査が行われない部分である。当然のことながら，「×」が付されている規定であっても，審査が行われないだけであって，規定の適用の対象から外れるわけではない。

なお，見かけ上は「○」となっている項目であっても，建築物の規模等により，そもそも規定の適用を受けないもの（「3号建築物」の場合における令第3章第8節の構造計算など）もある。

確認の申請に係る計画が建築基準関係規定から除かれた法令の規定に適合しない場合は，民法のような建築基準関係規定でない法令の規定に適合しない場合と同じく，確認をする。ただし，この場合は，確認と同時に，その旨を建築主及び設計者に通知すべきであろう。また，法第9条に定める違反是正命令の対象となることもある。

表1－6　建築確認の特例の対応関係

条文		事項	建築確認の要・不要		
			認定型式	3号建築物	
法律	政令		建築物	戸建	戸建以外
19		敷地の衛生及び安全	○	○	○
20①		構造耐力	○[※1]	○	○
20②		構造耐力	○[※2]	○	○
20③		構造耐力	○[※2]	○	○
20④		構造耐力	○	○[※3]	○[※3]
	第3章第1節	構造強度の総則	×	×	×
	第3章第2節	構造部材等	×	×	×
	第3章第3節	木造	×	×	×
	第3章第4節	組積造	×[※4]	×	×
	第3章第4節の2	補強コンクリートブロック造	×[※5]	×	×
	第3章第5節	鉄骨造	×	×	×
	第3章第6節	鉄筋コンクリート造	×[※6]	×	×

	第３章第６節の２	鉄骨鉄筋コンクリート	×	×	×
	第３章第７節	無筋コンクリート造	×	×	×
	80の２	補則	×※7	×※7	×※7
	80の３	特別警戒区域	×	×	×
	第３章第８節	構造計算	×	○	○
	129の２の４	建築設備の構造強度	×※8	×	×
21の１		一定高さの建築物	×	×	×
21の２		一定高さの建築物	×	×	×
22		屋根	×	×	○
23		外壁	×	×	○
24		木造建築物等	×	×	○
24の２		区域の調整	○	×	○
25		大規模木造建築物等	×	×	○
26		防火壁	×	○	○
27①		耐火建築物	×	×	○
27②		準耐火建築物	×	×	○
28①		居室の採光	○	×	×
28②		居室の換気	×	×	×
28③		火気使用室の換気	×	×	○
28の２①		石綿添加の禁止	×	○	○
28の２②		石綿建築材料の禁止	×	○	○
28の２③		シックハウス規制	×	○	○
29		地階の居室	×	×	×
30		界壁（遮音）	×	○	×
31①		便所	×	×	×
31②		屎尿浄化槽	○	○	○
32		電気設備	○	×	×
33		避雷設備	×	×	×
34①		昇降機	×	○	○
34②		非常用昇降機	×	○	○
35		避難・消火関係規定	○	×	○

	第5章第1節	総則	×	×	○
	第5章第2節	廊下，避難階段等	×	×	○※9
	第5章第3節	排煙設備	×	×	○
	第5章第4節	非常用の照明装置	×	×	○
	第5章第5節	非常用の進入口	×	×	○
	第5章第6節	敷地内通路等	○	×	○
35の2		特殊建築物等の内装	×	×	○
35の3		無窓居室	×	×	○
36		包括委任規定	○	○	○
	第2章第2節	居室の天井高・床高・防湿方法	×	×	×
	第2章第3節	階段	×	×	×
	28	便所の採光・換気	×	×	×
	29	くみ取便所の構造	×	×	×
	30	特殊建築物等の便所	×	×	×
	31	改良便槽	○	×	×
	33	漏水検査	○	×	×
	34	便所と井戸の距離	○	×	×
	35	合併処理浄化槽	○	○	○
	第4章	防火区画等	×	×	○
	129の2の5	配管設備	×※10	×	×※11
	129の2の6	換気設備	×	×	×
	129の2の7	冷却塔設備	×	×	×
	第5章の4第2節	昇降機	×	○	○
	第5章の4第3節	避雷設備	×	×	×
37		建築材料の品質	×	×	×
	144の3	重要である部分	×	×	×
39		災害危険区域	○	○※12	○※12
40		条例による制限附加	○	○※12	○※12
41		条例による制限緩和	○	○※12	○※12
61		防火地域	○	○	○
62		準防火地域	×※13	○	○

63		屋根	×	○	○
64		外壁の開口部	×	○	○
65		隣地境界線の外壁	×	○	○
66		看板等の防火措置			
67		防火・準防火地域の調整	○	○	○
67の２		特定防災街区整備地区	×[※14]	○	○
84の２		簡易建築物	×	○	○

※１：後段に係る部分のみ×　※２：イ後段に係る部分のみ×　※３：イに係る部分のみ×
※４：第52条第１項，第61条のみ○　※５：第62条の８のみ○
※６：第74条第２項，第75条，第76条のみ○　※７：大臣指定基準以外は○
※８：第２号のみ大臣指定構造方法以外は○　※９：第119条のみ×
※10：第２項⑥のみ大臣指定構造方法以外は○　※11：第１項⑥⑦のみ○
※12：条例の規定のみ×　※13：第２項の門・塀のみ○　※14：第１項のみ○

- 令第10条においては，法律・施行令の両方について確認検査の対象外となる規定を列挙しているが，上位基準である法律における適用関係が施行令にも反映されており，実質的には法律レベルでの整理で足りることから，上表においては，原則として，法律の条文について要・不要を明記している。
- しかしながら，法第20条（構造耐力），法第35条（特殊建築物等の避難及び消火に関する技術的基準），第36条（この章の規定を実施し，又は補足するため必要な技術的基準）については，包括的に施行令へ技術的基準を委任しているため，これらの規定に基づく施行令の基準については上表でも明記することとしている。

第6節　構造計算適合性判定

（構造計算適合性判定）

法第6条の3　建築主は，第6条第1項の場合において，申請に係る建築物の計画が第20条第1項第2号若しくは第3号に定める基準（同項第2号イ又は第3号イの政令で定める基準に従つた構造計算で，同項第2号イに規定する方法若しくはプログラムによるもの又は同項第3号イに規定するプログラムによるものによつて確かめられる安全性を有することに係る部分に限る。以下「特定構造計算基準」という。）又は第3条第2項（第86条の9第1項において準用する場合を含む。）の規定により第20条の規定の適用を受けない建築物について第86条の7第1項の政令で定める範囲内において増築若しくは改築をする場合における同項の政令で定める基準（特定構造計算基準に相当する基準として政令で定めるものに限る。以下「特定増改築構造計算基準」という。）に適合するかどうかの確認審査（第6条第4項に規定する審査又は前条第1項の規定による確認のための審査をいう。以下この項において同じ。）を要するものであるときは，構造計算適合性判定（当該建築物の計画が特定構造計算基準又は特定増改築構造計算基準に適合するかどうかの判定をいう。以下同じ。）の申請書を提出して都道府県知事の構造計算適合性判定を受けなければならない。ただし，当該建築物の計画が特定構造計算基準（第20条第1項第2号イの政令で定める基準に従つた構造計算で同号イに規定する方法によるものによつて確かめられる安全性を有することに係る部分のうち確認審査が比較的容易にできるものとして政令で定めるものに限る。）又は特定増改築構造計算基準（確認審査が比較的容易にできるものとして政令で定めるものに限る。）に適合するかどうかを，構造計算に関する高度の専門的知識及び技術を有する者として国土交通省令で定める要件を備える者である建築主事等が第6条第4項に規定する審査をする場合又は前条第1項の規定による指定を受けた者が当該国土交通省令で定める要件を備える者である第77条の24第1項の確認検査員若しくは副確認検査員に前条第1項の規定による確認のための審査をさせる場合は，この限りでない。

2　都道府県知事は，前項の申請書を受理した場合において，申請に係る建築物の計画が建築基準関係規定に適合するものであることについて当該都道府県に置かれた建築主事等が第6条第1項の規定による確認をするときは，当該建築主事等を当該申請に係る構造計算適合性判定に関する事務に従事させてはならない。

3　都道府県知事は，特別な構造方法の建築物の計画について第1項の構造計算適合性判定を行うに当たつて必要があると認めるときは，当該構造方法に係る構造計算に関して専門的な識見を有する者の意見を聴くものとする。

4　都道府県知事は，第1項の申請書を受理した場合においては，その受理した日から14日以内に，当該申請に係る構造計算適合性判定の結果を記載した通知書を当該申請者に交付しなければならない。

5　都道府県知事は，前項の場合（申請に係る建築物の計画が特定構造計算基準（第20条第1項第2号イの政令で定める基準に従つた構造計算で同号イに規定する方法によるものによつて確かめられる安全性を有することに係る部分に限る。）に適合するかどうかの判定の申請を受けた場合その他国土交通省令で定める場合に限る。）において，前項の期間内に当該申請者に同項の通知書を交付することができない合理的な理由があるときは，35日の範囲内において，同項の期間を延長することができる。この場合においては，その旨及びその延長する期間並びにその期間を延長する理由を記載した通知書を同項の期間内に当該申請者に交付しなければならない。

6　都道府県知事は，第4項の場合において，申請書の記載によつては当該建築物の計画が特定構造計算基準又は特定増改築構造計算基準に適合するかどうかを決定することができない正当な理由があるときは，その旨及びその理由を記載した通知書を同項の期間（前項の規定により第4項の期間を延長した場合にあつては，当該延長後の期間）内に当該申請者に交付しなければならない。

7　建築主は，第4項の規定により同項の通知書の交付を受けた場合において，当該通知書が適合判定通知書（当該建築物の計画が特定構造計算基準又は特定増改築構造計算基準に適合するものであると判定された旨が記載された通知書をいう。以下同じ。）であるときは，第6条第1項又は前条第1項の規定による確認をする建築主事等又は同項の規定による指定を受けた者に，当該適合判定通知書又はその写しを提出しなければならない。ただし，当該建築物の計画に係る第6条第7項又は前条第4項の通知書の交付を受けた場合は，この限りでない。
8　建築主は，前項の場合において，建築物の計画が第6条第1項の規定による建築主事等の確認に係るものであるときは，同条第4項の期間（同条第6項の規定により同条第4項の期間が延長された場合にあつては，当該延長後の期間）の末日の3日前までに，前項の適合判定通知書又はその写しを当該建築主事等に提出しなければならない。
9　第1項の規定による構造計算適合性判定の申請書及び第4項から第6項までの通知書の様式は，国土交通省令で定める。

（平26法54・追加，令5法58・一部改正）

平成18年改正において新たに定められた「構造計算適合性判定」は，建築確認申請に添付される構造計算が建築基準法等に適合しているかどうかを第三者が判定（ピアチェック）する制度として位置づけられたものである。

また，その手続としては，建築主の申請を受けた建築主事又は指定確認検査機関（本書では，以下「建築主事等」という。）が，都道府県知事又は指定構造計算適合性判定機関（本書では，以下「構造適判機関等」という。）に「構造計算適合性判定」を求め，構造計算適合性判定により適合判定がされた場合に限り，建築主事等は，他の部分の審査結果と併せ，確認済証を交付することができることとされていた。

一方で，構造計算の審査は，誤りが見つかれば，柱や壁の位置などを変える必要が生じ，大幅な設計変更を迫られるなど，構造計算以外の審査全体に大きな影響を与えるものであるため，早い段階で行うことが効率的であるものの，建築主事等による建築確認の内部行為として位置づけられる制度では，建築主事等がある程度チェックした後に，構造計算適合性判定を求める流れとなっており，構造計算の審査を初期段階で行うことができないために非効率であるとの指摘を踏まえて，平成26年改正においては，建築主が，建築確認の申請手続とは別に，構造適判機関等に直接，構造計算適合性判定を申請し，その判定結果の通知を受け取ることができるものとされた。

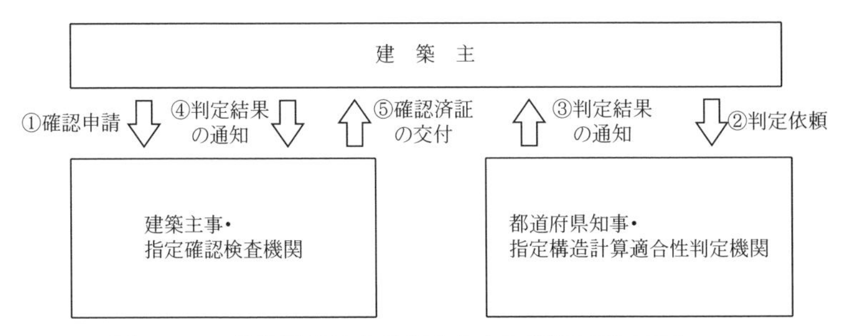

図１－３　構造計算適合性判定を含む建築確認の流れ

第１項本文

(1)　構造計算適合性判定の実施主体

建築主が，許容応力度等計算など一定の構造計算を行った建築物の計画の確認を受ける際には，申請書を提出して，都道府県知事（指定構造計算適合性判定機関）の構造計算適合性判定を求めなければならないこととする規定である。

構造計算適合性判定を行う主体を都道府県知事としている理由は，構造計算適合性判定が構造計算の過程等の詳細なチェック等を行うものであり，その実施には一定の技術力を要するものであるが，一方で，個別の建築物について関係基準への当てはめを行って法規適合性を判断するものに過ぎず，一般的な検証方法以外の方法で検証したものについて適法性を認定し，規範を創設するものとなる構造方法等の認定（法第68条の25）や，大量生産され，全国的に使用される一定の型式について適法性を認定する型式適合認定（法第68条の10）のように，極めて高度な技術力を要するものではないためである。

また，構造計算適合性判定は建築主事等以外の第三者が行うべきものとして位置づけることから，国土交通大臣，都道府県知事又は建築主事を置く市町村の長による実施が考えられるが，

①　上述のとおり構造計算適合性判定は新たな規範の創設等につながるものでないことから，国土交通大臣が行うほどの必要性は認められないこと

②　市町村長が行うこととした場合，多くの市町村では，人員・技術力が限られていることから，適確に判定事務を行うことができないこと（指定構造計算適合性判定機関に行わせることとしても，仮に指定構造計算適合性判定機関の指定を取り消した場合等には自ら行わなければならない。）

③　他方，都道府県知事は，

・市町村が建築主事を設置する際に同意する（第4条第3項）
・市町村の建築主事の処分が違反している場合等に市町村長に対して指示する（法第17条第3項）等の権限を有するとともに，建築主事を置く市町村に対して助言・援助できる（第14条第2項）こととされているように，技術力・判断力等について当該都道府県の区域内における建築行政を統括する立場にあること

にかんがみ，構造計算適合性判定を行うべき主体を都道府県知事とすることとしている。

⑵　構造計算適合性判定の内容

構造計算適合性判定は，本項本文において，「特定構造計算基準」又は「特定増改築構造計算基準」に適合するかどうかの判定を行うこととして定義されている。

特定構造計算基準とは，構造計算適合性判定を行うべき建築物の対象を規定するためにグループ化されたものである。対象の規定に当たっては，建築物の規模から指定するのではなく，どのような構造計算を行うのかによって定めることとしている。これにより，同規模の建築物であっても，時刻歴応答解析の実施によって大臣認定を受ける場合にあっては，構造計算適合性判定を受けることがない。具体的に対象となる構造計算としては，以下が定められている。

表1―7　特定構造計算基準の種類とその適合確認方法

	構造計算の種類	認定プログラム	告示で定める方法
法第20条第1項第2号イの政令で定める基準	保有水平耐力計算（同等計算を含む）【令第81条第2項第1号イ】	○	○
	限界耐力計算（同等計算を含む）【令第81条第2項第1号ロ】	○	○
	許容応力度等計算（同等計算を含む）【令第81条第2項第2号イ】	○	○
法第20条第1項第3号イの政令で定める基準	許容応力度計算（同等計算を含む）【令第81条第3項】	○	×

（特定増改築構造計算基準）

令第9条の2　法第6条の3第1項本文の政令で定める基準は，第81条第2項又は第3項に規定する基準に従つた構造計算で，法第20条第1項第2号イに

規定する方法若しくはプログラムによるもの又は同項第３号イに規定するプログラムによるものによつて確かめられる安全性を有することとする。

（平27政11・追加）

また，特定増改築構造計算基準とは，既存不適格建築物について増築又は改築を行う場合に実施する構造計算である。これは，法第86条の７第１項の規定により，一定の範囲内の増築等であれば，法第20条の規定が遡及適用されないものの，一定の構造計算を行って安全性を確かめる場合には，構造計算適合性判定を行うことが義務づけられていることを踏まえて，構造計算を行うべき建築物の対象を規定するためにグループ化されたものである。

具体的な構造計算は，令９条の２において規定されているが，内容は特定構造計算基準と同一である。

（確認審査が比較的容易にできる特定構造計算基準及び特定増改築構造計算基準）

令第９条の３　法第６条の３第１項ただし書の政令で定める特定構造計算基準及び特定増改築構造計算基準並びに法第18条第４項ただし書の政令で定める特定構造計算基準及び特定増改築構造計算基準は，第81条第２項第２号イに掲げる構造計算で，法第20条第１項第２号イに規定する方法によるものによつて確かめられる安全性を有することとする。

（平27政11・追加）

第１項ただし書

本項ただし書においては，「構造計算に関する高度の専門的知識及び技術を有する建築主事又は確認検査員（特定建築基準適合判定資格者。通称「ルート２主事」）」が確認審査を行う場合は，建築確認のみで構造計算適合性判定を不要とする特例を定めている。ルート２主事の要件については，施行規則第３条の13において，構造設計一級建築士，構造適判資格者，「登録特定建築基準適合判定資格者講習」を修了した者などが定められている。

また，ルート２主事が関わる場合であっても，全ての場合について本特例が適用されるわけではなく，特例対象となる確認審査を第１号及び第２号において規定している。

第１号においては，建築物の計画が「確認審査が比較的容易にできる特定構造計算基準又は特定増改築構造計算基準」に適合するかどうかをチェックする場合を定めている。特定構造計算基準には，表１－７のとおり，保有水平耐力計算などが含まれているが，このうち「確認審査が比較的容易にできる基準」として令第９条の３において規定されているのは，令第81条第２項第２号イに掲げる構造計算，すなわち「許容応力度等計算（ルート２）」のみである。

第２号においては，法第20条第１項第４号に掲げる小規模な建築物のうち，構造設計一級建築士が設計に関与したものについて，特定構造計算基準又は特定増改築構造計算基準に適合するかどうかの確認審査を定めている。これは，小規模な建築物の場合，同号イの仕様規定（令第３章第１節～第７節の２）に適合していれば構造計算を行うことは要しないものとされているが，古民家等で採用されている伝統的な構法を用いる住宅の新築等については，小規模であっても，その構法の特殊性により同号イの仕様規定に適合させることが困難であることから，同号ロの規定に該当するものとして同項第２号イの構造計算（高度な構造計算）によって安全性を確かめざるを得ないケースがあることを踏まえて，第１号のように「確認審査が比較的容易にできるもの」に該当しない場合であっても，本項の特例の適用対象として位置づけられたものである。

なお，構造設計一級建築士は，高度な構造計算が求められる建築物（法第20条第１項第１号又は第２号に掲げる建築物）の設計に関与することが義務付けられているところである一方で，高度な構造計算そのものについては，その実施が義務付けられた建築物以外の建築物についても行われると想定されている（法第20条第１項第３号ロ及び同項第４号ロ）ところであることから，第１号の規定の対象となる建築物には，構造設計一級建築士が設計に関与しないものも含まれることとなるため，同号においては，構造設計一級建築士が設計に関与する旨の規定を設けていないが，第２号の規定の対象は「高度な構造計算を実施する小規模な建築物」について構造計算適合性判定を不要とする趣旨に鑑み，構造設計一級建築士が設計に関与することを求めることとする必要があるため，第２号の対象建築物にのみ，その旨の規定が設けられている。

第２項

都道府県知事は，前項で説明した趣旨を踏まえて，当該都道府県に置かれた建築主事から構造計算適合性判定を求められた場合には，当該判定に関する事務に当該建築主事を従事させてはならないものとされている。

第３項

都道府県知事は，特別な構造方法の建築物の計画について，必要があると認めるときは，構造計算に関して専門的な識見を有する者の意見を聴くことができることとする規定である。

本項において有識者への意見聴取規定を設けている理由は，特殊な条件（がけ地など）下における建築物の計画などに関する構造計算適合性判定のように，構造計算に関する専門家の高度な判断を要するケースを想定していることによる。指定構造計算適合性判定機関において判定を実施する構造計算適合性判定員は建築に関する専門的知識及び技術を有する者から選任されることとなっている（法第77条の35の7第2項）が，法律上の要件としては必ずしも構造計算の専門家とは限られていない。また，都道府県においても必ずしも構造計算に識見を有する者が判断することが担保されていないことから，特別な構造方法の建築物の計画については，必要に応じ，当該構造方法に係る構造計算に関して専門的な識見を有する者の意見を聴かなければならないこととしている。

第4項

都道府県知事は，構造計算適合性判定の申請書を受理した日から14日以内にその結果を記載した通知書を申請者に交付しなければならない。

構造計算適合性判定の結果の通知の期限については，構造計算適合性判定を義務づけられる建築物のうち大部分を占める大臣認定プログラムを用いて構造計算を行った建築物について構造計算適合性判定を行う場合を標準的なケースと考え，この場合に要する期間（再計算の実施，構造計算適合性判定員による判定等に要する期間）として通常想定される14日間を法律で定めている。

第5項

都道府県知事は14日以内に第4項に規定する通知書を交付できない合理的な理由がある場合には，35日の範囲内で期間を延長することができる。この場合，延長する旨及び延長する期間並びにその期間を延長する理由を記載した通知書を14日以内に建築主事又は指定確認検査機関に交付しなければならないこととしている。

大臣認定プログラムを使用して構造計算が行われた場合，構造計算適合性判定を短期間で行うためには，入力データが電子データにより提出されることが望ましい。しかしながら，申請者に対する過度の負担となることを避ける観点から，電子データでの提出を義務づけることとはしないため，極めて稀ではあるが，入力データが紙により提出されることも想定されるところであり，このような場合には，再計算を行うためのデータ入力作業に相当の日数を要してしまうこととなる。このような場合を含み，構造計算適合性判定を短期間で行うことが困難であることが想定

される具体的なケースとして，施行規則第３条の９第２項において，

①　構造計算が大臣認定プログラムによるものでない場合

②　構造計算が大臣認定プログラムにより行われているが，当該構造計算に係る情報を記録した磁気ディスク等の提出がなかった場合

③　構造計算適合性判定員相互間で意見が異なる場合

を定めている。

第７項・第８項

第７項においては，建築主が構造計算適合性判定の結果，「適合判定通知書（当該建築物の計画が特定構造計算基準又は特定増改築構造計算基準に適合するものであると判定された旨が記載された通知書）」の交付を受けたときに，建築主事等に，当該適合判定通知書又はその写しを提出しなければならない旨を規定している。

さらに，第８項において，建築主事の確認を受ける場合には，建築主は，適合判定通知書を確認の法定審査期間の末日の３日前までに提出しなければならないことを規定している。

第９項

構造計算適合性判定に関する様式については，施行規則第３条の７（申請書），第３条の９（適合判定通知書，判定期間の延長に関する通知書，適合するかどうかを決定することができない旨の通知書）において規定している。

なお，第６項から第11項までの構造計算適合性判定に関する規定は，指定確認検査機関が建築確認を行う場合（法第６条の２第３項）及び建築主事が国，都道府県又は建築主事を置く市町村の建築物について建築確認を行う場合（法第18条）についても同様の規定が置かれている。法第６条，法第６条の２及び法第18条の対応関係は以下のとおりである。

表１－８　建築確認に関する規定の対応関係

	法第６条 （建築主事）	法第６条の２ （指定機関）	法第18条 （国等の建築物）
構造計算適合性判定の義務づけ	第５項	第３項	第４項
判定事務における建築主事の関与の禁止	第６項	—	第５項
構造計算に関する専門家からの意見聴取	第７項	第４項	第６項
判定期間及び判定通知書の交付	第８項	第５項	第７項

判定期間の延長	第９項	第６項	第８項
判定費用を負担する主体	第10項	第７項	第９項
適合判定がされた場合の手続	第11項	第８項	第10項

（指定構造計算適合性判定機関による構造計算適合性判定の実施）

法第18条の２　都道府県知事は，第77条の35の２から第77条の35の５までの規定の定めるところにより国土交通大臣又は都道府県知事が指定する者に，第６条の３第１項及び前条第４項の構造計算適合性判定の全部又は一部を行わせることができる。

２　前項の規定による指定は，２以上の都道府県の区域において同項の規定による構造計算適合性判定の業務を行おうとする者を指定する場合にあつては国土交通大臣が，一の都道府県の区域において同項の規定による構造計算適合性判定の業務を行おうとする者を指定する場合にあつては都道府県知事がするものとする。

３　都道府県知事は，第１項の規定による指定を受けた者に構造計算適合性判定の全部又は一部を行わせることとしたときは，当該構造計算適合性判定の全部又は一部を行わないものとする。

４　第１項の規定による指定を受けた者が構造計算適合性判定を行う場合における第６条の３第１項及び第３項から第６項まで並びに前条第４項及び第６項から第９項までの規定の適用については，これらの規定中「都道府県知事」とあるのは，「第18条の２第１項の規定による指定を受けた者」とする。

（平18法92・追加，平26法54・一部改正）

本条においては，都道府県知事は「指定構造計算適合性判定機関」に構造計算適合性判定を行わせることができることとする（第１項）とともに，指定したときは自ら行わない旨（第３項）及び構造計算適合性判定を行う主体としての都道府県知事に関する規定が指定構造計算適合性判定機関に適用される旨（第４項）を規定している。

また，「指定構造適合性判定機関」の業務区域と指定権者の関係についても規定されており，一の都道府県内で業務を行う機関に対しては都道府県知事が，二以上の都道府県にまたがって業務を行う機関に対しては国土交通大臣が，それぞれ指定を行う（第２項）。

第7節　完了検査・中間検査

（建築物に関する完了検査）

法第7条　建築主は，第6条第1項の規定による工事を完了したときは，国土交通省令で定めるところにより，建築主事等の検査（建築副主事の検査にあつては，大規模建築物以外の建築物に係るものに限る。第7条の3第1項において同じ。）を申請しなければならない。

2　前項の規定による申請は，第6条第1項の規定による工事が完了した日から4日以内に建築主事等に到達するように，しなければならない。ただし，申請をしなかつたことについて国土交通省令で定めるやむを得ない理由があるときは，この限りでない。

3　前項ただし書の場合における検査の申請は，その理由がやんだ日から4日以内に建築主事等に到達するように，しなければならない。

4　建築主事等が第1項の規定による申請を受理した場合においては，建築主事等又はその委任を受けた当該市町村若しくは都道府県の職員（以下この章において「検査実施者」という。）は，その申請を受理した日から7日以内に，当該工事に係る建築物及びその敷地が建築基準関係規定に適合しているかどうかを検査しなければならない。

5　検査実施者は，前項の規定による検査をした場合において，当該建築物及びその敷地が建築基準関係規定に適合していることを認めたときは，国土交通省令で定めるところにより，当該建築物の建築主に対して検査済証を交付しなければならない。

（昭34法156・昭51法83・昭58法44・平10法100・平11法87・平11法160・平18法53・令5法58・一部改正）

本法は，その遵守の確保を図るため，法第6条の確認と並んで，建築工事完了後の「完了検査」の制度を設けている。

第1項

工事が完了したときに建築主事の完了検査を申請しなければならないのは建築主であって，工事施工者ではない。建築主は，確認申請の場合と同様，代理人に届出をさせることができる。

第2項・第3項

工事が完了したときの検査の申請は，工事完了の日から4日以内に建築主事に到達するようにしなければならない。この期間の計算は，民法第1編第6章「期間の計算」の規定に準ずる（発信主義。昭和63年住指発第515号，住街発第129号参照）。

第2項に規定する「第6条第1項の規定による工事」とは，確認を受けた工事ではなく，確認を受けるべき工事を指し，確認を受けずに建築した建築物についても，本条の適用があると解する。けだし，本法に定められた手続を極力経させ，公の機関の審査を受けさせることは，違反建築物が出現し，使用させることを防ぐ本法の趣旨に合致するからである。

また，第2項に規定する「やむを得ない理由」とは，災害その他の事由と規定されている（施行規則第4条の3）。この場合であっても，その理由がなくなった日から，あらためて申請義務が発生する。

第4項

完了検査の申請は，建築主事に対してなされるが，この申請に係る建築物が適法なものであるかどうかを検査することは，確認とは異なり，建築主事のほか，その委任を受けた当該市町村又は都道府県の職員でもできる。

「7日以内」の期間の計算については，検査の申請と同様，民法の規定に準ずる。

完了検査は，建築物及びその敷地が建築基準関係規定（検査の特例が適用される場合は，一定の規定を除く。）に適合しているかどうかについて行われるものであり，確認を受けた計画どおりに工事が行われたかどうかについてなされるものではない。したがって，確認どおりの工事を行わなかった場合でも，完成した建築物とその敷地が建築基準関係規定に適合していれば検査に合格することとなる。しかし，この場合においても，その工事が確認を受けずに行われたものとみられ，第6条第1項（確認申請の義務）及び第8項（事前着工の禁止）の手続違反に問われることがあり得るのは別のことである。

本項における建築基準関係規定については，原則として検査時の規定を指すが，法令の改正があった場合には別に考える必要がある。例えば，工事中に建築基準関係規定の改正があり，完成した建築物が改正前の規定には適合するが改正後の規定には適合しない場合には，本法の改正については法第3条の定めるところによる。本法以外の法令で建築基準関係規定とされているもの（消防法，都市計画法等）については，別段の定めはないが，これも同条の趣旨にそって解釈するのが妥当である。

第5項

本項の規定により，建築主事又はその委任を受けた職員は，検査により建築物とその敷地が建築基準関係規定に適合すると認めたときは，建築主に対して検査済証を交付しなければならないが，適合しないと判断したときには，その旨を建築主に通知すべきである。この場合になんらの通知をしないとすれば，法第7条の6第1項第2号の規定により，建築主は第1項の届出をした日から7日を経過したときには，建築主及びその敷地が違法であるにもかかわらず，仮に使用を開始することができることになるからである。

建築基準関係規定に適合しない場合，その事由が本法の規定に違反するものであるときは，特定行政庁は，法第9条の規定に基づき是正を命ずることも可能であるが，その前に建築主事又はその委任を受けた者は不適合の旨の通知をし，建築主に手直しをすることを促すのが適切である。不適合の通知にもかかわらず，建築主が建築物の使用を開始したときには，法第7条の6違反を問われることがあることはいうに及ばず，法第9条に定める違反是正命令の対象となることもある。

（国土交通大臣等の指定を受けた者による完了検査）

法第7条の2　第77条の18から第77条の21までの規定の定めるところにより国土交通大臣又は都道府県知事が指定した者が，第6条第1項の規定による工事の完了の日から4日が経過する日までに，当該工事に係る建築物及びその敷地が建築基準関係規定に適合しているかどうかの検査を引き受けた場合において，当該検査の引受けに係る工事が完了したときについては，前条第1項から第3項までの規定は，適用しない。

2　前項の規定による指定は，2以上の都道府県の区域において同項の検査の業務を行おうとする者を指定する場合にあつては国土交通大臣が，一の都道府県の区域において同項の検査の業務を行おうとする者を指定する場合にあつては都道府県知事がするものとする。

3　第1項の規定による指定を受けた者は，同項の規定による検査の引受けを行つたときは，国土交通省令で定めるところにより，その旨を証する書面を建築主に交付するとともに，その旨を建築主事等（当該検査の引受けが大規模建築物に係るものである場合にあつては，建築主事。第7条の4第2項において同じ。）に通知しなければならない。

4　第1項の規定による指定を受けた者は，同項の規定による検査の引受けを行つたときは，当該検査の引受けを行つた第6条第1項の規定による工事が完了した日又は当該検査の引受けを行つた日のいずれか遅い日から7日以内に，第1項の検査をしなければならない。

5　第1項の規定による指定を受けた者は，同項の検査をした建築物及びその敷地が建築基準関係規定に適合していることを認めたときは，国土交通省令で定めるところにより，当該建築物の建築主に対して検査済証を交付しなければならない。この場合において，当該検査済証は，前条第5項の検査済証とみなす。

6　第1項の規定による指定を受けた者は，同項の検査をしたときは，国土交通省令で定める期間内に，国土交通省令で定めるところにより，完了検査報告書を作成し，同項の検査をした建築物及びその敷地に関する国土交通省令で定める書類を添えて，これを特定行政庁に提出しなければならない。

7　特定行政庁は，前項の規定による完了検査報告書の提出を受けた場合において，第1項の検査をした建築物及びその敷地が建築基準関係規定に適合しないと認めるときは，遅滞なく，第9条第1項又は第7項の規定による命令その他必要な措置を講ずるものとする。

（平10法100・追加，平11法160・平18法92・令5法58・一部改正）

法第7条の2は指定確認検査機関による完了検査の規定である。

第1項

指定確認検査機関が完了検査を行う場合には，引受けという行為が必要となる。通常，この引受けは契約という形で行われると考えられ，その契約が成立すると，法第7条第1項から第3項までの規定が適用除外となり，建築主事による検査を受けなくてもよいことになる。

ただし，引受けについては，工事が完了してから4日以内に行わなければならないこととなっている。これは，法第7条第2項の規定により，建築主は工事完了日から4日以内に検査を申請しなければならないため，それまでに引受けを行わないと，建築主事による検査を受けなければならないことになるからである。

第2項

法第6条第2項と同様に，指定確認検査機関の指定権者について規定している。

第3項

指定確認検査機関は，検査の引受けを行った場合には，その旨を書面（引受証）で建築主に交付すると同時に，建築主事にも通知しなければならない。なお，施行規則第4条の5の規定により，建築主事に対する通知は，検査の引受けを行った日から7日以内で，かつ，工事が完了した日から4日以内に建築主事に到達するように通知しなければならない。

第4項

本項は，指定確認検査機関が検査の引受けを行った場合には，工事完了日か検査引受け日のいずれか遅い日から7日以内に検査を行うことを義務づけている。

第5項

本項は，指定確認検査機関が検査を行い，検査をした建築物とその敷地が建築基準関係規定に適合していることを認めたときは，建築主に検査済証を交付する旨を規定している。この検査済証は，建築主事が交付する検査済証と同じものとみなされ，同等の効力が得られることとなっている。

第6項

本項は，完了検査を行った場合における特定行政庁への報告について規定している。具体的には，施行規則第4条の7において以下の内容が規定されている。

①　報告の期限日は，検査済証の交付日又は検査済証を交付できない旨の通知の交付日から7日以内

②　完了検査報告書に添える書類は，

・完了検査申請書の第2面から第4面（検査をした建築物の概要が記されている部分）

・「確認審査等指針」に従って完了検査を実施したことを証する書類

第7項

特定行政庁が完了検査報告書の提出を受けた場合において，法第6条の2第7項と同様，指定確認検査機関が検査を行った建築物について，特定行政庁が建築基準関係規定に適合しないと認めたとき，その状況に応じて，法第9条等の規定を用いて，必要な命令（使用禁止命令等）などの措置を講ずる旨を規定している。

（建築物に関する中間検査）

法第7条の3　建築主は，第6条第1項の規定による工事が次の各号のいずれかに該当する工程（以下「特定工程」という。）を含む場合において，当該特定工程に係る工事を終えたときは，その都度，国土交通省令で定めるとこ

ろにより，建築主事等の検査を申請しなければならない。

一　階数が３以上である共同住宅の床及びはりに鉄筋を配置する工事の工程のうち政令で定める工程

二　前号に掲げるもののほか，特定行政庁が，その地方の建築物の建築の動向又は工事に関する状況その他の事情を勘案して，区域，期間又は建築物の構造，用途若しくは規模を限つて指定する工程

2　前項の規定による申請は，特定工程に係る工事を終えた日から４日以内に建築主事等に到達するように，しなければならない。ただし，申請をしなかつたことについて国土交通省令で定めるやむを得ない理由があるときは，この限りでない。

3　前項ただし書の場合における検査の申請は，その理由がやんだ日から４日以内に建築主事等に到達するように，しなければならない。

4　建築主事等が第１項の規定による申請を受理した場合においては，検査実施者は，その申請を受理した日から４日以内に，当該申請に係る工事中の建築物等（建築，大規模の修繕又は大規模の模様替の工事中の建築物及びその敷地をいう。以下この章において同じ。）について，検査前に施工された工事に係る建築物の部分及びその敷地が建築基準関係規定に適合するかどうかを検査しなければならない。

5　検査実施者は，前項の規定による検査をした場合において，工事中の建築物等が建築基準関係規定に適合することを認めたときは，国土交通省令で定めるところにより，当該建築主に対して当該特定工程に係る中間検査合格証を交付しなければならない。

6　第１項第１号の政令で定める特定工程ごとに政令で定める当該特定工程後の工程及び特定行政庁が同項第２号の指定と併せて指定する特定工程後の工程（第18条第22項において「特定工程後の工程」と総称する。）に係る工事は，前項の規定による当該特定工程に係る中間検査合格証の交付を受けた後でなければ，これを施工してはならない。

7　検査実施者又は前条第１項の規定による指定を受けた者は，第４項の規定による検査において建築基準関係規定に適合することを認められた工事中の建築物等について，第７条第４項，前条第１項，第４項又は次条第１項の規定による検査をするときは，第４項の規定による検査において建築基準関係

規定に適合することを認められた建築物の部分及びその敷地については，これらの規定による検査をすることを要しない。

８　第１項第２号の規定による指定に関して公示その他の必要な事項は，国土交通省令で定める。

（平10法100・追　加，平11法87・平11法160・平18法92・平26法54・令５法58・一部改正）

中間検査は，手抜き工事等を発見し，当該建築物について事後の施工の適正を確保するため，完了検査では見ることのできない建築物の部分で当該建築物の安全上特に重要な部分について，施工段階で検査を行うものである。

これは，平成７年の阪神・淡路大震災により，建築物の安全性の確保の必要性があらためて認識されたこと（建築物の倒壊による死者が約８割）から，必要に応じて施工中の建築物を対象とした検査を実施するため，平成10年の建築基準法改正で新たに導入された制度である。

第１項

法第６条第１項に規定する工事において特定工程が含まれている場合，特定工程に係る工事が完了したとき，建築主は建築主事に対して中間検査を申請しなければならない。ここでいう「特定工程」とは以下の２種類が存在する。

①　階数が３以上の共同住宅について，２階の床とこの床を支持するはりに鉄筋を配置する工事（配筋工事）の工程

②　上記①のほか，特定行政庁が指定する工程

①の特定工程については，以下の点について注意する必要がある。

・床・はり以外の配筋工事を含まない。

・階数が３以上であって，共同住宅と他の用途が混在する１の建築物も中間検査の対象となる。

・検査対象部位は「２階の床及びこれを支持するはり」であるため，階数が同じ３の建築物であっても，地階が１で地上部分の階数が２の建築物は中間検査の対象となるが，地階が２で地上部分の階数が１の建築物は検査対象とならない。

・工区を複数に分けた場合であっても，すべての工区が中間検査の対象となる。

また，②の特定工程については，建築着工が景気の変動，地域における大規模宅地開発等の要因により大きく変化し，工事監理に関する問題の発生状況もその地方

の経済状況や建築物の建築活動の状況等に応じて経年的に変わるものであることによるものであるため，特定行政庁において柔軟に指定を行うことができるようにしているものである。

①の特定工程は平成18年の建築基準法改正で新たに定められたものであるが，特に共同住宅に中間検査を義務づけたのは，倒壊等の事態が生じた際の人的被害が甚大で社会的影響が大きい建築物については，安全性の確保が特に求められるところであり，その中で共同住宅については，後述する令第11条の解説に示すような特殊性を有しているため，地域によって中間検査に関する取扱いが異なることは適切でなく，全国一律に中間検査を実施することが必要であると考えられたためである。

第２項

中間検査の申請は，特定工程に係る工事が完了した日から４日以内で到達するようにしなければならない。ただし書における「やむを得ない理由」とは，法第７条の２第２項と同様，災害その他の事由と規定されている（施行規則第４条の３）。

第３項

第２項ただし書の規定における「やむを得ない理由」により，期限内に中間検査の申請をしなかった場合は，その理由がやんだ日から４日以内に中間検査の申請をしなければならない。

第４項

建築主事又はその委任を受けた都道府県等の職員は，中間検査申請書の受理日から４日以内に，検査前に施工された工事に係る建築物とその敷地について，建築基準関係規定に適合するかどうかを検査しなければならない。

第５項

建築主事又はその委任を受けた都道府県等の職員は，中間検査を実施した結果，検査した工事中の建築物とその敷地が建築基準関係規定に適合することを認めた場合，建築に対して中間検査合格証を交付しなければならない。

第６項

本項においては，「特定工程後の工程」については，中間検査合格証の交付を受けた後でなければ，当該工事に着工することができない旨を規定している。これは第１項で規定している「特定工程」と対応しており，具体的には表１―９のとおりである。

表1－9　特定工程と特定工程後の工程の対応関係

	特定工程	特定工程後の工程
①	2階の床・はりの配筋工事の工程	2階の床・はりの配筋をコンクリート等で覆う工事の工程
②	特定行政庁が指定する工程	特定行政庁が特定工程の指定と合わせて指定する工程

第7項

本項では，完了検査・中間検査の実施にあたって，それ以前に実施された中間検査によって建築基準関係規定への適合性が確かめられた部分については，再度の検査を行う必要はない旨を規定している。

第8項

特定行政庁が特定工程・特定工程後の工程を指定する場合は，指定をしようとしている特定工程を開始する日の30日前までに，以下の事項を公示しなければならない。

①　指定する特定工程

②　指定する特定工程後の工程

③　その他特定行政庁が必要と認める事項

なお，中間検査を行う区域，期間，建築物の構造・用途・規模を限定する場合は，これらについても合わせて公示する必要がある。

（工事を終えたときに中間検査を申請しなければならない工程）

令第11条　法第7条の3第1項第1号の政令で定める工程は，2階の床及びこれを支持するはりに鉄筋を配置する工事の工程とする。

（平19政49・追加）

（中間検査合格証の交付を受けるまで施工してはならない工程）

令第12条　法第7条の3第6項の政令で定める特定工程後の工程のうち前条に規定する工程に係るものは，2階の床及びこれを支持するはりに配置された鉄筋をコンクリートその他これに類するもので覆う工事の工程とする。

（平19政49・追加）

中間検査は，工事施工段階での基準不適合を発見するために有効なものであり，積極的な活用が望まれるところであるが，特にマンション等の共同住宅については，

・多数の者が生活の本拠とし，継続して居住する建築物であることから，倒壊等の

事態が生じた際の人的被害リスク及び社会的影響が甚大であること
・居住者は施工段階で自ら建築物の安全性を確保することが困難であることに加え，建築物に関する専門的知識がないことが通常であるため，行政による規制を通じて安全な建築物を供給する必要性が特に高いこと

等の特殊性を有するため，中間検査を実施するかどうかを地域の実情に委ねることは適切でない。したがって，平成18年改正を通じて，階数が３以上である共同住宅に係る床・はりの配筋工事の工程について，全国一律に中間検査を実施することとした。

なお，建築確認の段階では賃貸住宅か分譲住宅かの区分は決定していない場合があり，分譲共同住宅のみに中間検査を義務づけた場合には，賃貸住宅共同住宅で建築し，竣工時に分譲することにより脱法行為をなし得ることから，賃貸か分譲かの区分を問わず，共同住宅のすべてを検査の対象として加えたが，一方で，すべての建築物について全国一律に中間検査を義務づけることは，改正時点の特定行政庁及び指定確認検査機関の検査体制では困難であることも踏まえて，階数が３以上である共同住宅以外の建築物については，引き続き，特定行政庁が地域の実情に応じて対象となる建築物を指定することとした。

なお，本条の規定においては，以下の点に注意する必要がある。

・中間検査の対象となる「階数が３以上である共同住宅」には，階数が３以上であって，共同住宅と他の用途が混在する一の建築物も含まれる。
・本条の「２階」とは，地上部分の階を指している。したがって，地階の階数が１で地上部分の階数が２の建築物の場合は中間検査を受ける必要がある。一方，地階の階数が２で地上部分の階数が１の建築物については，階数は３であるものの，地上階での「２階」が存在しないため，中間検査の対象とならない。ただし，特定行政庁が自らこのような共同住宅に対して特定工程を定めることも可能である。
・本条で定める特定工程は「２階の床及びこれを支持するはりに鉄筋を配置する工事の工程」とされているため，工区を複数に分けたとしても，すべての工区が中間検査の対象となる。

（国土交通大臣等の指定を受けた者による中間検査）

法第７条の４　第６条第１項の規定による工事が特定工程を含む場合において，第７条の２第１項の規定による指定を受けた者が当該特定工程に係る工

事を終えた後の工事中の建築物等について，検査前に施工された工事に係る建築物の部分及びその敷地が建築基準関係規定に適合するかどうかの検査を当該工事を終えた日から4日が経過する日までに引き受けたときについては，前条第1項から第3項までの規定は，適用しない。

2　第7条の2第1項の規定による指定を受けた者は，前項の規定による検査の引受けを行つたときは，国土交通省令で定めるところにより，その旨を証する書面を建築主に交付するとともに，その旨を建築主事等に通知しなければならない。

3　第7条の2第1項の規定による指定を受けた者は，第1項の検査をした場合において，特定工程に係る工事中の建築物等が建築基準関係規定に適合することを認めたときは，国土交通省令で定めるところにより，当該建築主に対して当該特定工程に係る中間検査合格証を交付しなければならない。

4　前項の規定により交付された特定工程に係る中間検査合格証は，それぞれ，当該特定工程に係る前条第5項の中間検査合格証とみなす。

5　前条第7項の規定の適用については，第3項の規定により特定工程に係る中間検査合格証が交付された第1項の検査は，それぞれ，同条第5項の規定により当該特定工程に係る中間検査合格証が交付された同条第4項の規定による検査とみなす。

6　第7条の2第1項の規定による指定を受けた者は，第1項の検査をしたときは，国土交通省令で定める期間内に，国土交通省令で定めるところにより，中間検査報告書を作成し，同項の検査をした工事中の建築物等に関する国土交通省令で定める書類を添えて，これを特定行政庁に提出しなければならない。

7　特定行政庁は，前項の規定による中間検査報告書の提出を受けた場合において，第1項の検査をした工事中の建築物等が建築基準関係規定に適合しないと認めるときは，遅滞なく，第9条第1項又は第10項の規定による命令その他必要な措置を講ずるものとする。

（平10法100・追加，平11法160・平18法92・令5法58・一部改正）

法第7条の4は指定確認検査機関による中間検査の規定である。

第1項

指定確認検査機関が中間検査を行う場合には，完了検査の場合と同様，引受け行為が必要となる。引受けに関する契約の成立により，法第７条の３第１項から第３項までの規定が適用除外となり，建築主事による中間検査を受けなくてもよいことになる。引受けについては，特定工程の工事が完了してから４日以内に行わなければならないことも，完了検査の場合と同様である。

第２項

指定確認検査機関は，中間検査の引受けを行った場合には，その旨を書面（引受証）で建築主に交付すると同時に，建築主事にも通知しなければならない。なお，施行規則第４条の12の規定により，建築主事に対する通知は，中間検査の引受けを行った日から７日以内で，かつ，特定工程の工事が完了した日から４日以内に建築主事に到達するように通知しなければならない。

第３項

本項は，指定確認検査機関が中間検査を行い，中間検査をした建築物とその敷地が建築基準関係規定に適合していることを認めたときは，建築主に対して中間検査合格証を交付しなければならない旨を規定している。

第４項

指定確認検査機関が交付した中間検査合格証は，建築主事が交付する中間検査合格証と同じものとみなされ，同等の効力が得られることとなっている。

第５項

指定確認検査機関が行った中間検査について，法第７条の３第７項における適用関係を明確にするため，建築主事が行った中間検査と同じものとみなすこととしている。

第６項

本項は，中間検査を行った場合における特定行政庁への報告について規定している。具体的には，施行規則第４条の14において以下の内容が規定されている。

①　報告の期限日は，中間検査合格証の交付日又は中間検査合格証を交付できない旨の通知の交付日から７日以内

②　中間検査報告書に添える書類は，

・中間検査申請書の第２面から第４面（中間検査をした建築物の概要が記されている部分）

・「確認審査等指針」に従って中間検査を実施したことを証する書類

第７項

特定行政庁が中間検査報告書の提出を受けた場合において，法第６条の２第12

項，法第7条の2第7項と同様，指定確認検査機関が中間検査を行った工事中の建築物について，特定行政庁が建築基準関係規定に適合しないと認めたとき，その状況に応じて，法第9条等の規定を用いて，必要な命令（工事停止命令等）などの措置を講ずる旨を規定している。

（建築物に関する検査の特例）

法第7条の5　第6条の4第1項第1号若しくは第2号に掲げる建築物の建築，大規模の修繕若しくは大規模の模様替又は同項第3号に掲げる建築物の建築の工事（同号に掲げる建築物の建築の工事にあつては，国土交通省令で定めるところにより建築士である工事監理者によつて設計図書のとおりに実施されたことが確認されたものに限る。）に対する第7条から前条までの規定の適用については，第7条第4項及び第5項中「建築基準関係規定」とあるのは「前条第1項の規定により読み替えて適用される第6条第1項に規定する建築基準関係規定」と，第7条の2第1項，第5項及び第7項，第7条の3第4項，第5項及び第7項並びに前条第1項，第3項及び第7項中「建築基準関係規定」とあるのは「第6条の4第1項の規定により読み替えて適用される第6条第1項に規定する建築基準関係規定」とする。

（昭58法44・追加，平10法100・旧第7条の2繰下・一部改正，平11法160・平18法92・平26法54・一部改正）

本条は，確認の特例と合わせ，完了検査及び中間検査の特例として，一定の工事につき検査対象となる建築基準関係規定の範囲を限定するものである。

検査の特例が認められる工事は，確認の特例が認められる建築物の建築の工事で，建築士である工事監理者によって設計図書のとおりに実施されたことが確認されたものである。

検査対象となる建築基準関係規定から除かれる法令の規定は，確認の特例として建築基準関係規定から除かれる規定と同じである。

建築物が検査対象となる建築基準関係規定から除かれる法令の規定に適合しない場合は，手続上は検査済証の交付を行ったとしても，実態上は法令に規定する技術的基準に適合していないことになるため，同時にその旨を建築主に通知すべきである。また，当然ながら，このような建築物は法第9条による違反是正命令の対象となることもある。

法第6条の4と法第7条の5については，あくまでも，確認や完了検査・中間検査における手続上の特例であり，特例の対象となっている規定が適用されなくなるわけではないことを十分に留意する必要がある。

（検査済証の交付を受けるまでの建築物の使用制限）

法第７条の６　第６条第１項第１号から第３号までの建築物を新築する場合又はこれらの建築物（共同住宅以外の住宅及び居室を有しない建築物を除く。）の増築，改築，移転，大規模の修繕若しくは大規模の模様替の工事で，廊下，階段，出入口その他の避難施設，消火栓，スプリンクラーその他の消火設備，排煙設備，非常用の照明装置，非常用の昇降機若しくは防火区画で政令で定めるものに関する工事（政令で定める軽易な工事を除く。以下この項，第18条第24項及び第90条の３において「避難施設等に関する工事」という。）を含むものをする場合においては，当該建築物の建築主は，第７条第５項の検査済証の交付を受けた後でなければ，当該新築に係る建築物又は当該避難施設等に関する工事に係る建築物若しくは建築物の部分を使用し，又は使用させてはならない。ただし，次の各号のいずれかに該当する場合には，検査済証の交付を受ける前においても，仮に，当該建築物又は建築物の部分を使用し，又は使用させることができる。

一　特定行政庁が，安全上，防火上及び避難上支障がないと認めたとき。

二　建築主事等（当該建築物又は建築物の部分が大規模建築物又はその部分に該当する場合にあつては，建築主事）又は第７条の２第１項の規定による指定を受けた者が，安全上，防火上及び避難上支障がないものとして国土交通大臣が定める基準に適合していることを認めたとき。

三　第７条第１項の規定による申請が受理された日（第７条の２第１項の規定による指定を受けた者が同項の規定による検査の引受けを行つた場合にあつては，当該検査の引受けに係る工事が完了した日又は当該検査の引受けを行つた日のいずれか遅い日）から７日を経過したとき。

２　前項第１号及び第２号の規定による認定の申請の手続に関し必要な事項は，国土交通省令で定める。

３　第７条の２第１項の規定による指定を受けた者は，第１項第２号の規定による認定をしたときは，国土交通省令で定める期間内に，国土交通省令で定めるところにより，仮使用認定報告書を作成し，同号の規定による認定をした建築物に関する国土交通省令で定める書類を添えて，これを特定行政庁に提出しなければならない。

４　特定行政庁は，前項の規定による仮使用認定報告書の提出を受けた場合において，第１項第２号の規定による認定を受けた建築物が同号の国土交通大臣が定める基準に適合しないと認めるときは，当該建築物の建築主及び当該認定を行つた第７条の２第１項の規定による指定を受けた者にその旨を通知しなければならない。この場合において，当該認定は，その効力を失う。

（昭51法83・追加，昭58法44・旧第７条の２繰下・一部改正，平10法100・旧第７条の３繰下・一部改正，平11法160・平18法92・平26法54・令５法58・一部改正）

第１項

１　検査済証の交付前の使用禁止

工事中の建築物を使用する場合に予想される災害を未然に防止するため，まず本項本文では，令和４年の建築基準法改正後の法第６条第１項第１号又は第２号の建築物（別表特殊建築物又は一定規模以上の建築物）を新築する場合又は増築・移転等の工事で避難施設等に関する工事を含むものをする場合には，原則として検査済証の交付を受けるまでは使用してはならないとしている。

２　仮使用の認定

本項ただし書では，「特定行政庁」，「建築主事」又は「指定確認検査機関」が，安全上，防火上又は避難上支障がないと認めて仮使用の認定をしたときは，検査済証の交付を受けていなくても仮に使用することができるものとしている（ただし書第１号・第２号）。この際，「建築主事」又は「指定確認検査機関」による認定については，「安全上，防火上又は避難上支障がないものとして国土交通大臣が定める基準（H27国交告第247号の第１）」に適合していることを認めた場合に限られる。

また，適切に完了検査申請書が受理された場合，受理日（指定確認検査機関が完了検査の引受けを行った場合には，工事完了日又は検査引受け日のいずれか遅い日）から７日を経たときには，本項第３号の規定により自動的に仮使用することができるので仮使用の認定を求める必要はない（ただし書第３号）。なお，工事が客観的にみて完了していない状態で完了検査申請書が提出された場合には，まだ工事が完了していないのであるから当該申請は無効である。

３　仮使用認定期間中に工事が完了した場合

特定行政庁の仮使用認定期間中に工事が完了した場合は，完了検査の申請の後，あらためて建築主事の仮使用の認定を受ける必要はない。なぜなら，特定行政庁が行う工事中の仮使用の認定は，工事に伴う災害の発生等の危険性をも配慮しなければならないため，工事に伴う災害の発生等の危険性のない工事完了後の仮使用の認定に比べてより慎重な考慮のもとになされるものである。したがって，そのような慎重な判断を経た特定行政庁の仮使用認定を受けた建築物は，その仮使用期間が存続する限り工事が完了しても仮使用できると解すべきである。

４　使用制限の対象に関する考え方

第１項本文に「建築物若しくは建築物の部分を使用し，又は使用させてはならない」と規定されているが，これは増築・移転等の工事で避難施設等に関する工事を含むものをする場合において，その工事が建築物の全体に安全，防火又は避難の面で影響を与えるとすれば，建築物の全体を使用制限の対象とする必要があるが，その工事が建築物のある一定部分にしか安全，防火又は避難の面で影響を与えていないとすれば，影響を与えている部分のみを使用制限の対象とすればよいとの考え方によるものである。

例えば，５階建ての建築物の直通階段のうち３階部分を工事している場合の１階及び２階部分，工事をしている部分が耐火構造の壁又は床によって区画されている場合における建築物の区画外の部分等は，安全，防火又は避難の面で建築工事による影響を受けないので使用制限の対象とはならない。

５　指定確認検査機関による仮使用認定

仮使用の認定は，もともと明確な基準がなく，裁量性のある判断によるものとして，指定確認検査機関は行うことができないこととされていた。一方で，平成10年改正による確認検査事務の民間開放以降，指定確認検査機関による確認検査が増加し，平成23年度には建築確認の約82％を指定確認検査機関が担うまでに至っており，仮使用を行おうとする場合には，当該建築物について建築確認を行っていない特定行政庁に対して一から建築計画全体を説明し，理解を得なければならず，認定（当時は「承認」）を受けるまでに時間を要するケースが増えていた。

こうした状況を踏まえて，平成26年改正により，本項第２号において，指定確認検査機関を仮使用認定の主体として新たに位置づけられ，明確な仮使用の基準が「建築基準法第７条の６第１項第２号の国土交通大臣が定める基準等を定める件（H26国交告第247号。以下「仮使用関係告示」という。）」の第１で規定された。

第２項

仮使用認定の申請手続に必要な事項を，施行規則第４条の16国土交通省令において規定することとしたものである。申請に当たっては，仮使用認定申請書の正本・副本に，確認に要した図書及び書類，仮使用部分を明示した平面図・配置図，安全計画書などを添えて提出することとされている（施行規則第4条の16第1項・第2項）。この際，直前の確認を受けた建築主事（その建築主事の特定行政庁を含む。）又は指定確認検査機関に対して申請を行う場合は，確認に要した図書及び書類の添付は省略できる。また，特定行政庁ではなく，建築主事又は指定確認検査機関に申請を行う場合の図書については，仮使用関係告示の第2において詳細が規定されている。

なお，増築・移転等の工事で避難施設等に関する工事を含む場合，「完了検査の申請が受理される前」においては，申請先は特定行政庁に限られる（施行規則第4条の16第3項）。これは，避難施設等に関する工事を含む場合は複雑な計画となりやすく，また，既に使用されている既存建築物の場合は工事期間中において基準に不適合な状態で仮使用することになりやすいため，管理方法・使用方法なども含む代替措置を含めて裁量性のある判断をする必要があるためである。ただし，増築部分に避難施設等の工事を含まない場合や，全部改築の場合など，仮使用関係告示の第3に掲げている工事については，こうした裁量性のある判断が必要ないため，建築主事や指定確認検査機関への申請も可能である。

第3項

指定確認検査機関が仮使用認定を行ったときには，申請者に仮使用認定の通知を行った日から7日以内に，「仮使用認定報告書」を作成して特定行政庁に提出しなければならない旨を規定している。仮使用認定報告書の様式や添付書類などは施行規則第4条の16の2において規定されている。

第4項

指定確認検査機関が仮使用を認めたときは，仮使用認定報告書を特定行政庁に提出しなければならないこととし，特定行政庁は，当該建築物が基準に適合しないと認めるときは，建築主及び指定確認検査機関にその旨を通知し，当該認定を失効させることとする。

（避難施設等の範囲）

令第13条　法第7条の6第1項の政令で定める避難施設，消火設備，排煙設備，非常用の照明装置，非常用の昇降機又は防火区画（以下この条及び次条において「避難施設等」という。）は，次に掲げるもの（当該工事に係る避難施設等がないものとした場合に第112条，第５章第２節から第４節まで，第128条の３，第129条の13の３又は消防法施行令（昭和36年政令第37号）第12条から第15条までの規定による技術的基準に適合している建築物に係る当該避難施設等を除く。）とする。

一　避難階（直接地上へ通ずる出入口のある階をいう。以下同じ。）以外の階にあつては居室から第120条又は第121条の直通階段に，避難階にあつては階段又は居室から屋外への出口に通ずる出入口及び廊下その他の通路

二　第118条の客席からの出口の戸，第120条又は第121条の直通階段，同条第３項ただし書の避難上有効なバルコニー，屋外通路その他これらに類するもの，第125条の屋外への出口及び第126条第２項の屋上広場

三　第128条の３第１項の地下街の各構えが接する地下道及び同条第４項の地下道への出入口

四　スプリンクラー設備，水噴霧消火設備又は泡消火設備で自動式のもの

五　第126条の２第１項の排煙設備

六　第126条の４第１項の非常用の照明装置

七　第129条の13の３の非常用の昇降機

八　第112条（第128条の３第５項において準用する場合を含む。）又は第128条の３第２項若しくは第３項の防火区画

（昭52政266・追加，昭59政15・旧第13条の２繰下・一部改正，平11政５・一部改正，平19政49・旧第13条の３繰上・一部改正，令５政280・一部改正）

（避難施設等に関する工事に含まれない軽易な工事）

令第13条の２　法第７条の６第１項の政令で定める軽易な工事は，バルコニーの手すりの塗装の工事，出入口又は屋外への出口の戸に用いるガラスの取替えの工事，非常用の照明装置に用いる照明カバーの取替えの工事その他当該避難施設等の機能の確保に支障を及ぼさないことが明らかな工事とする。

（昭52政266・追加，昭59政15・旧第13条の３繰下・一部改正，平11政５・一部改正，平19政49・旧第13条の４繰上）

令第13条の規定は避難施設等の範囲として，建築物災害において利用者が安全に避難するため重要となる居室から屋外への避難経路にある避難施設，建築物と一体として設置される消火設備等を定めたものである。なお，本条柱書部分のかっこ書は，令等の規定により設置が義務づけられているものでなく，任意に設置される避

難施設等のみの工事の場合には，安全上，防火上又は避難上支障がないと考えられるので，対象から除くこととしたものである。

また，令第５章「避難施設等」の避難規定などにおいて頻出する基本用語である「避難階」については，本条が初出であることから，本条第１号において「直接地上に通ずる出入口のある階」として定義されている。

令第13条の２の規定は，避難施設等に関する工事中においても，当該避難施設等の機能に支障を及ぼさないことが明らかな工事を軽易な工事として定めたものである。

第８節　確認審査等指針

（確認審査等に関する指針等）

法第18条の３　国土交通大臣は，第６条第４項及び第18条第３項（これらの規定を第87条第１項，第87条の４並びに第88条第１項及び第２項において準用する場合を含む。）に規定する審査，第６条の２第１項（第87条第１項，第87条の４並びに第88条第１項及び第２項において準用する場合を含む。）の規定による確認のための審査，第６条の３第１項及び第18条第４項に規定する構造計算適合性判定，第７条第４項，第７条の２第１項及び第18条第17項（これらの規定を第87条の４並びに第88条第１項及び第２項において準用する場合を含む。）の規定による検査並びに第７条の３第４項，第７条の４第１項及び第18条第20項（これらの規定を第87条の４及び第88条第１項において準用する場合を含む。）の規定による検査（以下この条及び第77条の62第２項第３号において「確認審査等」という。）の公正かつ適確な実施を確保するため，確認審査等に関する指針を定めなければならない。

２　国土交通大臣は，前項の指針を定め，又はこれを変更したときは，遅滞なく，これを公表しなければならない。

３　確認審査等は，前項の規定により公表された第１項の指針に従つて行わなければならない。

（平18法92・追加，平26法54・平30法67・令元法37・一部改正）

平成17年に発覚した構造計算書偽装問題においては，建築主事，指定確認検査機関のいずれについても，建築確認の審査の過程で偽装が見過ごされ，中間検査や完了検査の過程でも偽装が発見されるには至らなかった。

こうした事件の再発や更なる不正事案の発生を未然に防止するための措置として，平成18年改正においては，建築主事及び指定確認検査機関が建築確認の審査や中間検査・完了検査を行うにあたり拠るべき指針を一律かつ厳密に定めるとともに，当該改正で併せて導入する構造計算適合性判定についても，同様に指針を定めることとした。

本条の規定により，国土交通大臣は，確認審査等（建築確認の審査，中間検査・完了検査，構造計算適合性判定）の公正かつ適確な実施を確保するため，確認審査等に関する指針を定め（第１項），これを公表しなければならないこととされている（第2項）。具体的には，H19国交告第835号において指針（以下「確認審査等指針」という。）を定めている。また，確認審査等は，当該指針に従って行わなければならない（第3項）。

なお，平成18年改正以前の制度では，「建築基準法に基づく指定資格検定機関等に関する省令」第23条において，指定確認検査機関に対してのみ，建築確認，中間検査及び完了検査の方法を定めていたが，当該改正によって新たに創設された法第18条の3の規定に基づく「確認審査等指針」の策定に従い，当該省令における規定は削除された。

「確認審査等指針」においては，「確認審査」，「構造計算適合性判定」，「完了検査」及び「中間検査」それぞれについて，申請受付時の審査，建築基準関係規定への適合性の審査・検査及び確認審査等の公正かつ適確な実施を確保するための措置を規定している。その概要は，表1―10のとおりである。

表1―10　「確認審査等指針」の概要

	申請受付時の審査：	建築基準関係規定への適合性の審査・検査	確認審査等の公正かつ適確な実施を確保するための措置
確認審査の指針【指針告示第1】	【第2項】 ○申請書類の記載事項の整合性を確認 ○設計者等の資格が適合していることを確認 ○記名の確認 ○認定書の写し等の有無を確認 ○構造計算が行われている場合は， ・「構造計算によつて建築物の安全性を確かめた旨の証明書」の写しが添付されていることを確認 ・証明書の写しと構造計算書に構造計算の種類が記載されていることを確認し，構造計算適合性判定の要否を判断	【第3項】 構造計算以外の確認審査 ○建築基準関係規定に適合しているかどうか，又は認定型式等への適合性を審査 【第4項】 構造計算の確認審査 ○構造計算の種類が法第20条に適合していること等を確認 ○別表に従い，構造計算書等について審査 ○構造計算適合性判定を要する構造計算である場合は，構造計算適合性判定における留意事項に対する回答を求める	【第5項】 ①適合することを確認したとき →「確認済証」を交付 ②適合しないことを認めたとき →「適合しない旨の通知書」を交付 ③適合するかどうかを決定できないとき →「適合するかどうかを決定できない旨の通知書」を交付 ・申請書等に不備がある場合は補正を，記載事項に不明確な点がある場合は追加説明書の提出を要求 ※確認審査の期間中の計画変更による申請書等の差替え・訂正は認めない

構造計算適合性判定の指針【指針告示第２】	【第２項】 ○申請書の副本１通と添付図書が提出されていることを確認	【第３項】 ○構造計算の種類に応じて，別表に従い，構造計算書等について審査 ○プログラムによる構造計算の場合は，以下による。 ・プログラムの使用条件への適合性確認 ・構造計算の電子データを用いて同一プログラムにより再計算 ・ウォーニングメッセージの表示がある場合は，当該表示に対する適切な検証がされていることを確認	【第４項】 ①構造計算が適正に行われたことを判定できたとき →「判定結果通知書」に，「指針に従って構造計算適合性判定を行った旨を証する書類」及び「構造計算適合性判定における所見を記載した書類」を添えて交付。 ②構造計算が適正に行われたものであるかどうか判定することができないとき →建築主事等に対してその旨・理由を通知
完了検査の指針【指針告示第３】	【第２項】 ○申請書類の記載事項の整合性を確認 ○設計者等の資格が適合していることを確認 ○軽微な変更説明書が添付されていることを確認	【第３項】 ○軽微な変更説明書の内容が，確認を要しない軽微な変更に該当するかどうかを確認 ○工事監理の状況報告等の書類による検査及び目視・簡易な計測機器等による計測・動作確認等により，確認に要した図書のとおり施工されたものであるかどうかを確認	【第４項】 ①適合することを認めたとき →「検査済証」を交付 ②適合しないことを認めたとき →「検査済証を交付できない旨の通知書」を交付 ③適合するかどうかを認めることができないとき →「検査済証を交付できない旨の通知書」を交付 ・相当の期限を定めて追加説明書の提出を要求
中間検査の指針【指針告示第４】	【第２項】 ○申請書類の記載事項の整合性を確認 ○設計者・工事監理者の資格と申請等に係る建築物を照合し，資格に適合していることを確認 ○軽微な変更説明書が添付されていることを確認	【第３項】 ○軽微な変更説明書の内容が，確認を要しない軽微な変更に該当するかどうかを確認 ○工事監理の状況報告等の書類による検査及び目視・簡易な計測機器等による計測・動作確認等により，確認に要した図書のとおり施工されたものであるかどうかを確認	【第４項】 ①適合することを認めたとき →「中間検査合格証」を交付 ②適合しないことを認めたとき →「中間検査合格証を交付できない旨の通知書」を交付 ③適合するかどうかを認めることができないとき

			→「中間検査合格証を交付できない旨の通知書」を交付 ・計画変更をして確認を受ける必要がある場合にはその旨を併せて通知

1 「確認審査等指針」に関する留意点

確認審査等を実施する建築主事や指定確認検査機関等において，特に注意すべき点は次のとおりである。

(1) 建築確認における留意点

従来，設計図書に関係法令に適合しない箇所や不整合な箇所がある場合で，申請等に係る建築物等の計画が建築基準関係規定に適合するかどうかを決定することができないときは，建築主事等が申請者にその旨を連絡し，補正させた上で確認するという慣行がみられたが，こうした慣行が構造計算書偽装問題等の一因となっていたことから，「確認審査等指針」において，申請等に係る建築物等の計画が建築基準関係規定に適合するかどうかを決定することができないときは，「適合するかどうかを決定できない旨の通知書」を交付することとし，「申請書等に軽微な不備がある場合」と「申請書等の記載事項に不明確な点がある場合」を例外として，確認審査を完了することとしている。また，これらの例外の場合においても，軽微な不備を補正するための期限や，追加説明書の提出期限を過ぎたときは，確認審査を完了することとしている（確認審査等指針第1第5項第3号）。

(2) 構造計算適合性判定における留意点

構造計算適合性判定のための審査を行う場合において，構造計算が適正に行われたものであるかどうかを判定することができないときは，建築主事等に対して，その旨及びその理由を通知することとしている（確認審査等指針第2第4項第4号）。

(3) 完了検査における留意点

完了検査において申請等に係る建築物等が建築基準関係規定に適合するかどうかを認めることができないときは，申請者等に「検査済証を交付できない旨の通知書」を交付し，追加説明書の提出を求めることとしている（確認審査等指針第3第4項第3号）。なお，申請者等は，追加説明書の作成にあたっては，当該申請等に係る建築物の構造計算が適正に行われているかどうかについて本来構造計算適合性判定が必要となる場合，指定構造計算適合性判定機関又はこれと同等の審査能力を有する第三者機関の評価を受けるなどの適確な対応が必要である。

⑷　中間検査における留意点

中間検査において申請等に係る建築物等が建築基準関係規定に適合するかどうかを認めることができないときは，申請者等に「中間検査合格証を交付できない旨の通知書」を交付し，当該通知書の備考欄に，計画変更確認の手続が必要であると認められる場合にあっては，その旨を記載することとしている（確認審査等指針第４第４項第３号）。

⑸　型式適合認定に係る建築確認の留意点

型式適合認定を受けている建築物等の部分については，認定の内容どおりの設計図書であれば，あらかじめ建築基準関係規定に適合していることが確かめられているため，申請された建築計画の内容が「認定書の写し」に記載されている認定型式の内容に適合していることを確かめればよい（確認審査等指針第１第２項第２号）。

また，認証型式部材等については，「認証型式部材等製造者」によって認定型式どおりに製造・新築されることまでが，本法の制度において保証されている（法第68条の20）ため，「認証書の写し」をもって「認証型式部材等製造者によって製造・新築されるものであること」のみを確かめればよい（確認審査等指針第１第２項第３号）。言い換えれば，建築主事等においては申請された建築計画の内容を確認する必要がない。

なお，認証型式部材等製造者においては，法第68条の18の規定により，認証を受けた型式部材等の製造・新築をするときは，型式に適合するようにしなければならない「型式適合義務」を負っている。これは，認証型式部材等については，建築基準関係規定に適合するものであることを建築主事等が確かめるのではなく，あらかじめ国土交通大臣が認証しておくことで，建築確認における建築主事等の業務を軽減するものであることから，製造者側において確実に適切な製造・新築を行うよう，制度上の義務を課しているものである。仮に，認証型式部材等製造者が，型式どおりの製造・新築を行わなかった場合には，認証の取消し（法第68条の22第２項）や，認証申請の欠格条項の適用（法第68条の12）を受けることが想定される。

⑹　構造方法等の認定に係る建築確認の留意点

申請等に係る計画について法第68条の25第１項の規定に基づく構造方法等の認

定を受けている場合においては，申請された建築計画の内容が「認定書の写し」に記載されている構造方法等の認定の内容に適合していることを確かめればよい。この場合，認定書の写しについては，鑑だけでなく，認定を受けた構造方法等の仕様を示した別添図書がなければ，建築計画の内容との同一性を確かめることができないため，留意が必要である。ただし，申請者の負担を軽減する観点から，建築主事等がデータベースや便覧等によって，当該認定の内容（仕様）を確かめることができる場合は，認定書の写しの提出を求める必要はない。なお，施行規則第1条の3第1項第1号ロ(3)の規定により，建築主事等が求める場合に限って認定書の写しが提出されることとなっている。

また，構造方法等の認定を受けた建築物等の計画を変更しようとするときは，当該計画の変更に係る工事に着手する前に，当該計画の変更に係る構造方法等の認定を受ける必要があることに留意する必要がある。

2　補正について

「確認審査等指針」第1第5項第3号イに掲げる「申請書等に不備（申請者等が記載しようとした事項が合理的に推測されるものに限る。）がある場合」とは，建築主事等の指摘による建築計画を建築基準関係規定に適合させるために必要な修正箇所のことである。申請者等の意思により建築計画の変更を行う場合は，補正の対象とは認められない。

3　確認申請書等に添付すべき図書等について（施行規則第1条の3）

「確認審査等指針」において審査対象となる図書等を規定することに対応して，施行規則第1条の3において，確認申請書等に添付すべき図書及び明示すべき事項等が整理されている。

(1)　申請書の体裁

申請書については，確認申請のための正本1通と，確認済証の交付を受ける際に添付される副本1通の提出を求めている。また，構造計算適合性判定を要する建築物の場合には，判定を行う都道府県知事・指定構造計算適合性判定機関に送付するため，更にもう1通の副本の提出を求めている（第1項第1号）。また，申請図書の設計者の責任を明確化するため，正本に添える図書については，当該図書の設計者の記名があるものに限ることとしている。

(2)　添付書類

申請書の添付書類としては，建築計画の内容に応じて，以下の書類を求めている。建築計画概要書以外の書類については，申請に係る建築計画が適切な資格者によって作成されたものであること，申請が適格なものであることを裏づけるものとして，特に提出を求めることとしているものである。
・建築計画概要書（第１項第２号）
・委任状（代理申請の場合のみ）（第１項第３号）
・設計者・工事監理者の建築士免許証の写し（第１項第４号）
・構造計算によって建築物の安全性を確かめた旨の証明書の写し（第１項第５号）
・構造設計一級建築士証の写し（第１項第６号）

⑶　添付図書・書類の構成

建築物に係る確認申請書の添付図書・書類の原則的な構成を表１―11のとおりとする（第１項第１号）。ただし，国土交通大臣があらかじめ安全であると認定した建築物の場合には，通常の構造計算書の代わりに国土交通大臣が指定した簡単な計算書を提出すれば，一定の図書・書類を省略することができる（第１号イ，同号ロ⑴及び⑵並びに表３の各項。いわゆる「図書省略認定」）。

また，申請に係る建築物に建築設備が含まれている場合は，第４項の規定に基づき，該当する建築整備の内容に応じて，「適用される建築基準関係規定に応じて必要となる図書（第４項の表１）」，「構造方法等の認定に係る認定書の写し（第４項の表２）」，「設備設計一級建築士証の写し」等が，追加の書類として必要となる。

なお，建築確認の特例の対象となる建築物（①認定型式に適合する建築物の部分を有する建築物，②令和４年の建築基準法改正後の３号建築物で建築士の設計に係るもの，③認証型式部材等を有する建築物）については，添付すべき図書や明示すべき事項が省略されることとなるため，第５条において省略することができる図書や事項を明記している。

表１―11　確認申請書等に添付する図書・書類の概要

	図書・書類の種類	図書・書類の概要
表１の図書	各階平面図等の基本的な図書	・すべての建築物について必要となる図書。法第19条（敷地の衛生及び安全）については，すべての建築物に共通する規定であるため，当該図書によって審査する。 ・本表に掲げられている「明示すべき事項」について，対応する図書に記載されている内容が建築基準関係規定に適合しているかどうか審査が行われる。
表２の図書	適用される建築基	・法第19条以外のすべての建築基準関係規定（消防法・都

	準関係規定に応じて必要となる図書	市計画法など他法令も含む。）について，確認審査において適合性を確認すべき規定ごとに必要となる図書。 ・本表に掲げられている「明示すべき事項」について，対応する図書に記載されている内容が建築基準関係規定に適合しているかどうか審査が行われる。
表３の書類	構造計算の書類に応じて必要となる構造計算書	・①保有水平耐力計算，②限界耐力計算，③許容応力度等計算，④許容応力度計算及び屋根ふき材等の構造計算の４種類について，これらの構造計算を行った場合に必要となる構造計算書。 ・このうち，構造計算概要書・応力図・基礎反力図・断面検定比図については，告示（H19国交告第817号）で様式を規定。 ・上記①～④以外の構造計算（いわゆる同等計算）を行った場合は，表３は適用されず，告示（H19国交告第823号～第831号）で定める構造計算書の提出が必要（第１号ロ(2)(ii)）。 ・大臣認定プログラムを用いて構造計算を行った場合は，構造計算のデータを記録した磁気ディスク等を提出すれば，表３の構造計算書の一部を省略することができる（第１号ロ(2)ただし書）。
表４の書類	構造方法等の認定に係る認定書の写し	・構造方法等の認定を受けている場合における認定書の写し。 ・申請された建築計画における構造方法等が，認定書の記載内容と整合しているかどうか審査が行われる。
表５の書類	省略可能となる計算書等	・構造計算書や，耐火性能検証法等の検証法に係る計算書。 ・本表に掲げる計算書等は，申請書に添付する図書として規定されているものではなく，本来は添付する必要がある場合であっても，図書省略認定を受けた場合に，添付を省略することができる図書として掲げられているもの。

第9節　違反是正

（違反建築物に対する措置）

法第9条　特定行政庁は，建築基準法令の規定又はこの法律の規定に基づく許可に付した条件に違反した建築物又は建築物の敷地については，当該建築物の建築主，当該建築物に関する工事の請負人（請負工事の下請人を含む。）若しくは現場管理者又は当該建築物若しくは建築物の敷地の所有者，管理者若しくは占有者に対して，当該工事の施工の停止を命じ，又は，相当の猶予期限を付けて，当該建築物の除却，移転，改築，増築，修繕，模様替，使用禁止，使用制限その他これらの規定又は条件に対する違反を是正するために必要な措置をとることを命ずることができる。

2　特定行政庁は，前項の措置を命じようとする場合においては，あらかじめ，その措置を命じようとする者に対して，その命じようとする措置及びその事由並びに意見書の提出先及び提出期限を記載した通知書を交付して，その措置を命じようとする者又はその代理人に意見書及び自己に有利な証拠を提出する機会を与えなければならない。

3　前項の通知書の交付を受けた者は，その交付を受けた日から3日以内に，特定行政庁に対して，意見書の提出に代えて公開による意見の聴取を行うことを請求することができる。

4　特定行政庁は，前項の規定による意見の聴取の請求があつた場合においては，第1項の措置を命じようとする者又はその代理人の出頭を求めて，公開による意見の聴取を行わなければならない。

5　特定行政庁は，前項の規定による意見の聴取を行う場合においては，第1項の規定によつて命じようとする措置並びに意見の聴取の期日及び場所を，期日の2日前までに，前項に規定する者に通知するとともに，これを公告しなければならない。

6　第4項に規定する者は，意見の聴取に際して，証人を出席させ，かつ，自己に有利な証拠を提出することができる。

7　特定行政庁は，緊急の必要がある場合においては，前5項の規定にかかわらず，これらに定める手続によらないで，仮に，使用禁止又は使用制限の命令をすることができる。

8　前項の命令を受けた者は，その命令を受けた日から3日以内に，特定行政庁に対して公開による意見の聴取を行うことを請求することができる。この場合においては，第4項から第6項までの規定を準用する。ただし，意見の聴取は，その請求があつた日から5日以内に行わなければならない。

9　特定行政庁は，前項の意見の聴取の結果に基づいて，第7項の規定によつて仮にした命令が不当でないと認めた場合においては，第1項の命令をすることができる。意見の聴取の結果，第7項の規定によつて仮にした命令が不当であると認めた場合においては，直ちに，その命令を取り消さなければならない。

10　特定行政庁は，建築基準法令の規定又はこの法律の規定に基づく許可に付した条件に違反することが明らかな建築，修繕又は模様替の工事中の建築物については，緊急の必要があつて第2項から第6項までに定める手続によることができない場合に限り，これらの手続によらないで，当該建築物の建築主又は当該工事の請負人（請負工事の下請人を含む。）若しくは現場管理者に対して，当該工事の施工の停止を命ずることができる。この場合において，これらの者が当該工事の現場にいないときは，当該工事に従事する者に対して，当該工事に係る作業の停止を命ずることができる。

11　第1項の規定により必要な措置を命じようとする場合において，過失がなくてその措置を命ぜられるべき者を確知することができず，かつ，その違反を放置することが著しく公益に反すると認められるときは，特定行政庁は，その者の負担において，その措置を自ら行い，又はその命じた者若しくは委任した者に行わせることができる。この場合においては，相当の期限を定めて，その措置を行うべき旨及びその期限までにその措置を行わないときは，特定行政庁又はその命じた者若しくは委任した者がその措置を行うべき旨をあらかじめ公告しなければならない。

12　特定行政庁は，第1項の規定により必要な措置を命じた場合において，その措置を命ぜられた者がその措置を履行しないとき，履行しても十分でないとき，又は履行しても同項の期限までに完了する見込みがないときは，行政代執行法（昭和23年法律第43号）の定めるところに従い，みずから義務者のなすべき行為をし，又は第三者をしてこれをさせることができる。

13　特定行政庁は，第1項又は第10項の規定による命令をした場合（建築監視員が第10項の規定による命令をした場合を含む。）においては，標識の設置その他国土交通省令で定める方法により，その旨を公示しなければならない。

14　前項の標識は，第１項又は第10項の規定による命令に係る建築物又は建築物の敷地内に設置することができる。この場合においては，第１項又は第10項の規定による命令に係る建築物又は建築物の敷地の所有者，管理者又は占有者は，当該標識の設置を拒み，又は妨げてはならない。

15　第１項，第７項又は第10項の規定による命令については，行政手続法（平成５年法律第88号）第３章（第12条及び第14条を除く。）の規定は，適用しない。

（昭34法156・昭36法115・昭45法109・平４法82・平５法89・平10法100・平11法160・一部改正）

（違反建築物の公告の方法）

則第４条の17　法第９条第13項（法第10条第２項，法第88条第１項から第３項まで又は法第90条の２第２項において準用する場合を含む。）の規定により国土交通省令で定める方法は，公報への掲載その他特定行政庁が定める方法とする。

（昭45建令27・追加，昭50建令３・一部改正，昭52建令９・旧第４条の２繰下・一部改正，昭59建令２・旧第４条の３繰下，平11建令14・旧第４条の４繰下，平12建令10・平12建令41・一部改正）

本条は，特定行政庁に違反建築物に関する是正命令の権限を賦与し，是正命令をしたときはこのことを一般に公表し，是正命令を受けたものがその命令を履行しないときには行政代執行を容易にすることができるように行政代執行の要件を緩和し，あわせて是正命令の適正を期するために命令をしようとする相手方に事前に弁明の機会を与える等，命令についての慎重な手続を規定したものである。

第１項

建築基準法令の規定や許可に違反した建築物又は建築物の敷地に対する違反是正のための措置命令について規定している。

本項の命令を出しうる場合は，建築物又は建築物の敷地が法第６条第１項に規定する建築基準法令の規定（建築基準法，施行令，施行規則，条例の規定）又は建築基準法の規定に基づく許可に付した条件に違反している場合に限られる。建築基準法令以外の法令の違反は，たとえその法令が建築物に関する技術的基準を定めたものであり，かつ，建築確認，中間検査及び完了検査の対象となるものであっても本項の規定による是正命令の対象とはならない。

命令をすることができる者は，特定行政庁である。特定行政庁は，この命令の権限を地方自治法第153条の規定によって当該地方公共団体の職員に委任することができる。委任の方法は別に制約がないから，個別に委任してもよいし，いわゆる官職指定，専決規定等によって一般的な委任であってもよい。また委任する権限の範囲は，特定行政庁の権限の全部でも一部でもよい。

命令の相手方は，

・「違反建築物」の建築主，所有者，管理者，占有者
・「違反建築物に関する工事」の請負人（工事の下請け人を含む。），現場管理者
・「違反建築物の敷地」の所有者，管理者，占有者

である。これらの者以外の者に対してなされた違反是正命令は，義務のない者に対してなされた行政命令として無効である。命令の相手方がこれらの者であっても，その命令を履行する権原を有しない者に対してなされた命令も，その権原を有しない範囲において同様である。

したがって，違反是正の措置を講ずるために必要な権限が２人以上の者に属し，それらのすべての者の行為に待たなければ目的を達することができないときは，この権原を有する者全員に対して命令しなければならないことになる。なお，工事の請負人には単なる作業に従事する者は含まず，また現場管理者とは，建築工事場において工事の請負人又は建築主の代理人として工事を総括する者のことで通常現場代理人といわれる者である。管理者とは，契約によって又は法律の規定によって当該建築物を管理し，又は管理することとなっている者である。アパートの留守番又は家賃取次人のように建築物の処分，使用等について権原を有しない者はその名称のいかんにかかわらずこれに該当しない。

命令の内容は，建築物に対しては工事の施工の停止，除却，移転，改築，増築，修繕，模様替，使用禁止，使用制限等その違反の是正のために必要な措置を講じさせることであり，建築物の敷地に対しては工事の施工の停止，使用制限，盛土の施工，排水施設の設置等その違反の是正のために必要な措置を講じさせることである。本項の命令権者は，違反の状況によってこれらの措置のどれを命じてもよいし，これらの２以上の重畳的に又は選択的に命じてもよい。

是正措置を重畳的に命じる場合とは，例えば修繕を命じ，この修繕がなされるまでの間は使用を禁止すること，また，是正措置を選択的に命じる場合とは，盛土を

しない場合は排水設備を設けること等である。ただし，両立しない２以上の措置を重畳的に命ずることができないことはいうまでもない。使用制限と使用禁止，修繕と除却等がこれにあたる。万一，これらの命令を同時になした場合は両方が無効であり，一方を後日になした場合は，既になされていた命令は，後日の命令の時をもって撤回されたと解すべきであろう。

命令は，内容が明確でなければならない。保安上の危険をなくすこと，衛生上支障がないようにすること等のように命令内容が抽象的である場合は，内容が不明確な命令として効力がないことになろう。ただ命令には，法令上特に理由の附記が要求されていないから命令の理由が抽象的で，建築物のいかなる部分がどの条例に違反しているかを具体的に記載しなくても必ずしも形式上の瑕疵があることとはならない。

また，命令は，法の規定に適合したものとするための最小限度の必要な範囲のものでなければならない。容易に修繕できるものについて除却命令を発すること，使用の制限で目的が達せられるものについて全面的な使用禁止命令を発すること等は許されない。相手方が修繕又は使用制限の命令を履行しないので危険等の予防又は監視上の必要のために，全面的な使用禁止をする等のことは差し支えないと解される。なお，これらの判断には相当程度の客観性が要求される。

工事の施工の停止以外の命令には必ず相当の猶予期限を設けなければならない。「相当の猶予期限」とは，社会通念上又は客観的にみて合理的な期間という意味であり，個々のケースによって異なるが，おおよそのところは，移転先を確保するのに要する期間，物件等を整理し移転するための期間，工事の施工に要する期間を合計したものが標準となろう。

命令の形式については，別段の制限はないが，命令の内容を正確に相手方に伝えること，相手方への命令の到達を明確にすること等処理の確実を期すため，書面によることが望ましいことはいうまでもない。

命令は，相手方に到達することによって効力を生ずる。到達とは，相手方が受領し得る状態に置かれることであるから相手方が現実に了知しなくとも相手方が了知し得べき場所に送達されたら到達したとみなされる。相手方が理由なく受領を拒んだためにその場に命令書を置いてきたときも同様である（この場合には，相手方が受領を拒んだという事実を立会人等により立証することが必要であろう。）。

命令は，本条第２項以下に定める手続に従わなければならない。これに違反した命令は違法である。

なお，本項は，違反建築物に対して特定行政庁がその是正命令をすることができることを規定したものであって，違反建築物があれば必ず本項の措置を講じなければならないことを規定したものではないから，特定行政庁が違反建築物に対して本項の措置を講じないとしても直ちに法律上の責任を負うものではない。

また，本項の規定に基づく違反是正命令は，建築物又は建築物の敷地そのものの違反に対しては，その所有者，管理者又は占有者のいかんによって左右されるものではないので，その建築物又は建築物の敷地に関する権利の承継者にも命令の効力は及ぶものと解される（いわゆる対物命令）（昭和42年12月25日東京高裁判決）。

第２項

特定行政庁は，第１項の命令をしようとするときは，あらかじめ，その命令をしようとする相手方に対して，①命じようとする措置，②是正措置を命ずるに至った事由，③意見書の提出先及び④意見書の提出期限を記載した通知書を交付しなければならない。従前の命令の内容を変更しようとする場合も同様である。ただし，本項は，命令をすることについて相手方に弁明の機会を与え，あわせて違反についての警告の性格を持った規定であるから，既に命令が出ているものについて従前と比べて相手方の負担の少ないものに命令を変更する場合にはこの通知を要しないと解してよいであろう。

第３項

第２項の通知書の交付を受けた者は，その交付を受けた日から３日以内に，意見書の提出の代わりに，特定行政庁に対して公開による意見の聴取を行うことを請求することができる。３日の期間の計算については，民法第140条以下の規定が適用される。本項の期間内に意見聴取の請求がない場合は，本項の期間経過後ただちに第１項の命令をすることができる。もちろんこの場合は公開による意見聴取を行う必要もない。

第４項

特定行政庁は，意見聴取の請求があった場合には，第１項の命令をしようとする相手方又はその代理人の出頭を求めて，公開による意見聴取を行わなければならない。出頭を求めるときは第５項の通知において出席を求めればよく，これ以外に特に出頭を求めなければならないことを意味するものではない。

また，これらの者が出頭しないからといって意見聴取が実施できないものではない。この場合は，意見聴取の請求がない場合と同様に取り扱ってさしつかえない。「公開による」とは意見聴取を傍聴しようとする者がある場合にこれを禁止してはならないというにとどまり，傍聴者が多数ある場合に場内整理のため一定数以上の者の入場を制限することまでを否定するものではない。

第５項

特定行政庁は，第４項の意見聴取を行う場合には，第１項の規定によって命じようとする措置並びに期日及び場所を，期日の２日前までに，相手方又はその代理人に通知し，併せてこれらを期日の２日前までに公告しなければならない。２日の期間の計算については民法第140条の定めるところによる。すなわち，意見の聴取の期日が８月10日であればその２日前までの日は８月７日である。

なお，通知は，意見聴取を実施する日の２日前までに相手方に到達しなければならない。到達については，第１項について述べたところを参照されたい。通知の方式については，別段の定めはないから口頭をもってしてもよい。この場合は，即時に到達したことになるが処理の確実を期すために書面によることが望ましい。公告の方式についても別に定められた方式はないので当該地方公共団体で行われている通常の公告方法でよい。

第６項

相手方又はその代理人は，意見聴取に際して，証人を出席させ，かつ，自己に有利な証拠を提出することができる。特定行政庁は，これを禁止することはできない。ただし，意見聴取の円滑な進行のために証人の数を制限し，証拠の選択をさせることは差し支えない。ただこの制限が過度にわたれば，公正な意見聴取といえないことになって違法の問題が生ずることになろう。

特定行政庁は，第１項の命令をするに当たって，意見聴取の際における相手方や証人の供述によって法律上の拘束を受けるものではない。聴取の結果，参酌すべきものがあればこれを参酌して，適正妥当と認める処置をとればよいのである。

第７項

本項は，緊急の必要があるために第２項から第６項までに定める手続を経ていては時宜を失してしまうおそれがある場合の措置について規定したものである。

特定行政庁は，緊急の必要がある場合には，措置内容等を記載した通知書の事前の交付，公開による意見聴取等の手続を経ないで第１項と同様の命令をすることができる。ただし，この場合の命令の内容は，使用禁止又は使用制限に限られ，かつ，緊急の必要を満たすための暫定的なものでなければならない。特定行政庁は，命令の権限を委任することができること，命令の相手方等は第１項について述べたとおりである。

本項は，第1項の特則であり，緊急の必要を満たすための規定であるから，猶予期限は置く必要がないと解される。緊急の必要がある場合は，個々のケースによって異なるが，建築物の全部又は一部が完成し，入居を待つばかりのような場合は一般的に該当するであろう。本項の命令は，第1項の命令をするために通常必要な期間に限るものと解される。したがって，本項の命令を無期限のものとすることは許されない。

なお，本項の命令は，特定行政庁及びその委任を受けた者のほか法第9条の2に規定する建築監視員も実施することができる。また，本項の命令に違反しても罰則の適用はない。

第8項

第7項の命令を受けた者は，その命令を受けた日から3日以内に，特定行政庁に対して公開による意見聴取の実施を請求することができる。建築監視員から命令を受けた場合も同様である。この場合は，特定行政庁は，請求を受けた日から5日以内に意見聴取を行わなければならない。5日以内に開かなければならないこととしたのは相手方の負担となる命令の当否についてすみやかに確定させるためである。

意見聴取については，相手方又はその代理人の出頭を求めること，意見聴取の期日及び場所を聴取の2日前に到達するように通知し，公告すること，意見聴取には証人を出席させることができること等第4項から第6項までの規定が準用される。

第9項

特定行政庁は，意見聴取の結果，第7項の規定によって仮にした命令が不当でないと認めた場合には第1項の命令をすることができ，不当であると認めた場合は，直ちに，その命令を取り消さなければならない。仮にした命令が不当であるかどうかは，特定行政庁が意見聴取に出頭した者，証人等の申述，提出された証拠等によって自由に判断してよいが，ここにいう不当には当然に違法の場合も含まれるから命令の相手方が命令の内容を履行する権限を有しない場合，一部の使用制限で十分目的が達せられるものを全面的な使用禁止としたような場合は不当であったことになろう。

仮に行った命令が不当でない場合は，特定行政庁は特別の措置を要せず，仮に行った命令はその命令の内容のとおり効力が継続することになる。さらに，仮の命令が不当でないことがはっきりした効果として第2項以下の手続をしないで第1項の命令をすることができることになる。

第1項の命令は，同項に定める措置内容のいずれでもよいが，第2項以下の手続を要しないで命令をすることができるのは第７項によって命じた使用禁止又は使用制限に限られると解される。したがって，この使用禁止又は使用制限以外の措置を命ずる場合には第２項以下の規定に従わなければならない。なお，第８項の規定による意見聴取の請求がなかった場合にも，聴取の結果，仮に行った命令が不当でなかった場合と同様に取り扱ってよい。

仮に行った命令が不当であると認めてその命令を取り消した場合は，仮命令を受けたことによって損失を受けた者があるときは，補償の問題が生ずることがある。

第10項

第１項の命令を出すためには，本来第２項以下の手続を踏まなければならないが，この手続を経ていたならば，この間に相当の日時を要するので工事が進んでしまうことになり，結果的に違反是正が困難になるばかりか，違反是正に伴う費用も大きいものになるところから本項が設けられている。本項による命令については，第２項以下の規定は適用されず，猶予期限も必要でない。

命令することができる者は，特定行政庁であるが，特定行政庁は地方自治法の定めるところによってその権限を当該地方公共団体の職員に委任することができることは第１項について述べたとおりである。また，法第９条の２の規定によって命ぜられた建築監視員もこの権限を行使することができる。

命令の相手方は，建築主又は工事の請負人（請負工事の下請人を含む。）若しくは現場管理者である。これらの者が工事現場にいないときは，建築工事に従事する者に対して作業の停止を命ずることができる。工事の請負人，現場管理者は，第１項について述べたとおりであり，「建築工事に従事する者」は，法第12条第５項～第７項の工事施工者と異なり監督者的立場にある者に限られない。

命令の内容は，建築物の工事の施工の停止である。その対象は，完成したならば違反建築物となるもので，かつ，そのことが公然明白なものに限られる。公然明白でないものについては第１項の規定（第２項から第６項までの手続が必要）によるか，法第12条第５項～第７項の規定によって必要な報告や書類を求め，建築現場に立ち入り，検査等をして違反建築物であることを確かめた後でなければ命令できない。

本項の命令ができる場合は，緊急の必要がある場合で，これは，第２項から第６項までに定める手続を経て工事の施工の停止を命じていたのでは，その実効性を確保できないほどに時間的余裕がない場合と解される。現に工事中の建築物について違反部分の是正が困難となるを防止することは，本項の規定の目的上，緊急の必要がある場合に該当するから，この場合は，常に本項の規定の適用があると解してよいであろう。

第11項

是正命令は，特定の相手方に出すべきものであることはいうまでもないが，その相手方が不明であるために違反是正命令が出せず，ひいては行政代執行を行うのに支障を生ずることが少なくないので，これに対処するため本項が設けられている。

本項の規定により行政代執行をなし得る場合は，第１項の規定により必要な措置を命じようとする場合において，過失がなくてその措置を命ぜられるべき相手方を確知することができず，かつ，その違反を放置することが著しく公益に反すると認められるときである。「過失がなくて」とは，特定行政庁の立場として普通に要求される注意をしても確知できないということである。

上の場合には，特定行政庁は，その措置を自ら行い，又はその命じた者若しくは委任した者に行わせることができる。したがってその措置は当然他人が代わってすることができる行為に限られる。義務者が後で判明したときは，その者から代執行に要した費用を徴収することができる。

代執行を行う場合は，相当の期限を定めて，その期限までにその措置を行うべき旨，及びその期限までにその措置を行わないときは，特定行政庁又はその命じた者若しくは委任した者がその措置を行うべき旨をあらかじめ公告しなければならない。

公告の方法としては，当該市町村又は都道府県の掲示板に掲示し，かつ，その掲示があったことを官報に少なくとも１回掲載することを原則とするが，相当と認められるときは，官報への掲載に代えて，市役所，区役所，町村役場又はこれに準ずる施設の掲示場に掲示することをもって足るものと解される（民法第98条）。

第12項

本項は，行政代執行法（昭和23年法律第43号）の特則を定めた規定である。行政代執行法第２条は，「法律（法律の委任に基く命令，規則及び条例を含む。以下同じ。）により直接に命ぜられ，又は法律に基き行政庁により命ぜられた行為（他人が代ってなすことのできる行為に限る。）について義務者がこれを履行しない場合，他の手段によってその履行を確保することが困難であり，且つその不履行を放置することが著しく公益に反すると認められるとき」は，行政代執行をすることができると規定しているが，本項は，第１項の規定により必要な措置を命じた場合において，これを命ぜられた者が，第１項の規定によって付された猶予期限内にその措置を履行しないとき，履行はしたが十分でないとき，又は履行に着手したが期限内に履行できる見込みがないときは代執行をすることができることとされている。

すなわち，建築基準法令の規定又はこれに基づく許可に付した条件に違反した建築物で，特定行政庁が除却等の措置を命じたものについては，これを命じられた者が猶予期限内に除却等をしない場合は，他の手段によってその履行を確保することが困難であるか，この不履行を放置することが著しく公益に反するかどうかの判断をあらためてすることなく代執行をすることができる。これは，違反是正命令によって命ぜられた措置を履行しないということは，それ自体公益に反する行為であるから，行政代執行法第２条の要件に十分該当していることになるからである。

本項の規定によって代執行をすることができるのは，代執行の性格上，除却，移転，修繕等他人が代わってなすことができる措置に限られることは行政代執行法の場合と同様である。代執行の手続その他についてはすべて行政代執行法の定めるところによる。

なお，特定行政庁が本項の規定に基づき代執行をするためには，行政代執行法第３条第１項に基づいてあらかじめ文書で戒告する必要がある。この場合，期限までに義務者が履行しないときは，同条第２項の規定に基づき代執行令書を通知することになる。この場合，戒告又は代執行令書の通知に対して審査請求をしようとする者は，本法第94条第１項の規定に基づき，市町村又は都道府県の建築審査会に対して行うことになる。

第13項

本項は，第三者に不測の損害を与えることを未然に防止するために設けられた規定である。

特定行政庁は，第１項又は第10項の命令をした場合は，必ず標識の設置をするとともに当該地方公共団体の公報に掲載して第１項又は第10項の規定による命令が出ている旨を公告しなければならない（施行規則第４条の17）。その他特定行政庁が定める適当な方法をもって公告することもできる。建築監視員が第10項の規定による命令をした場合も同様である（この命令が履行された場合においては，その旨を公告しなければならないかとの疑問があるが，法令上はその必要がない。）。

なお，第７項の場合は本項の適用がなく標識の設置及びその他の公告はできないが，これは命令そのものが暫定的なものであること及び第８項の意見聴取の結果によって取り消されることがあるためである。

第14項

第13項の標識は，第１項又は第10項の命令に係る建築物又は建築物の敷地内に設置することができる。特定行政庁は，標識をどこに設置してもよく，最もよくその目的を達するのに適当な場所を選定してよい。命令に係る建築物又は建築物の敷地内に設置することとした場合は，その所有者，管理者又は占有者はこれを受忍しなければならない。さらに建築物又は建築物の敷地に設置することができるとしたことは，この設置によって損失を被ったとしてもその賠償の必要がないことを意味する。もちろんこのことは社会常識上標識の設置のために必要と認められる範囲に限られることは当然で，必要以上に建築物等に損傷を与えてよいことを意味するものではない。

本項の規定に違反しても本法上罰則規定はないが，標識を毀棄した者は公用文書等毀棄罪（刑法第258条）に，暴行又は脅迫を加えて標識の設置を拒み又は妨げた者は公務執行妨害罪（刑法第95条）に該当する。

第15項

行政手続法第３章においては，不利益処分に係る規定として，処分をしようとする場合には聴聞や弁明の機会の付与の手続を執ることを行政庁に義務づけているが，本条の規定に基づく工事の施工停止等の措置については，意見聴取等の手続をあわせて定めているため，本項によって同法の規定を適用しないものとしている。

（建築監視員）

法第９条の２　特定行政庁は，政令で定めるところにより，当該市町村又は都道府県の職員のうちから建築監視員を命じ，前条第７項及び第10項に規定する特定行政庁の権限を行なわせることができる。

（昭45法109・追加，平18法53・一部改正）

令第14条　建築監視員は、次の各号のいずれかに該当する者でなければならない。

一　３年以上の建築行政に関する実務の経験を有する者

二　建築士で１年以上の建築行政に関する実務の経験を有するもの

三　建築の実務に関し技術上の責任のある地位にあつた建築士で国土交通大臣が前２号のいずれかに該当する者と同等以上の建築行政に関する知識及び能力を有すると認めたもの

（昭45政333・全改、平12政312・令元政30・一部改正）

法第９条の２は，違反建築物に対する是正措置の迅速化を図るために設けられた規定で，特定行政庁は建築監視員を命じた上，法第９条第７項及び第10項の命令の権限をこの建築監視員に行わせることができることとしたものである。

特定行政庁は，建築監視員を命ずるかどうかは自由であるが，命ずる場合には，建築監視員とすべきものは，当該市町村又は都道府県の職員で，かつ，①３年以上の建築行政に関する実務の経験がある者（事務関係，技術関係を問わないが，建築の統計の作成等の事務は含まない。），②一級建築士，二級建築士若しくは木造建築士で１年以上の建築行政に関する実務の経験がある者又は③設計業務等建築の実務に関して技術上の責任のある地位（主任，班長，係長等）にあった建築士で国土交通大臣が前述の者と同等以上の建築行政に関する知識及び能力があると認めた者でなければならない（令第14条)。ここでいう国土交通大臣が認めた者とは，具体的には，「建築基準法施行令第14条第１号又は第２号に該当する者と同等以上の建築行政に関する知識及び能力を有すると認めたもの（H13国交告第361号)」の規定により，平成13年度以降において「国土交通大学校」が行う建築指導科研修（専門課程）の課程を修了した者とされている。

建築監視員は，特定行政庁から権限を特別に授権されなくとも法第９条第７項（緊急の必要がある場合の仮の使用禁止又は使用制限）及び第10項（緊急の必要がある場合の建築工事の施工の停止）に規定する特定行政庁の権限を行使することができる。これについては，本条の法文は「特定行政庁は……建築監視員を命じ……特定行政庁の権限を行わせることができる。」としているので，建築監視員がこの権限を行使するためには，建築監視員に任命されただけでは足らず，別にその権限の賦与を受ける必要があるとの見方もあるが，特にこれを受けない場合においても建築監視員の制度の目的から考えて建築監視員を任命することの中には当然にこの権限の賦与が含まれているとみるのが妥当である。

また，同制度の目的から考えて，特定行政庁は，建築監視員の有する法第９条第７項又は第10項の権限の全部又一部の行使を制限することもできないと解される。なお，建築監視員の任命によって特定行政庁の権限の一部が建築監視員に賦与された結果，特定行政庁は，この賦与に係る権限はもはや行使することができないのではないかとの疑問もあるが，法の趣旨及び本条の立法の経過を考えれば本条はそれほど強い内容をもった規定とみることはできない。

なお，建築監視員が同項の権限を行使する場合には，法第９条の２及び第９条第10項（又は第７項）の規定に基づき工事の施工の停止（又は使用禁止若しくは使用制限）を命ずることになる。

（違反建築物の設計者等に対する措置）

法第9条の3　特定行政庁は，第9条第1項又は第10項の規定による命令をした場合（建築監視員が同条第10項の規定による命令をした場合を含む。）においては，国土交通省令で定めるところにより，当該命令に係る建築物の設計者，工事監理者若しくは工事の請負人（請負工事の下請人を含む。次項において同じ。）若しくは当該建築物について宅地建物取引業に係る取引をした宅地建物取引業者又は当該命令に係る浄化槽の製造業者の氏名又は名称及び住所その他国土交通省令で定める事項を，建築士法，建設業法（昭和24年法律第100号），浄化槽法（昭和58年法律第43号）又は宅地建物取引業法（昭和27年法律第176号）の定めるところによりこれらの者を監督する国土交通大臣又は都道府県知事に通知しなければならない。

2　国土交通大臣又は都道府県知事は，前項の規定による通知を受けた場合においては，遅滞なく，当該通知に係る者について，建築士法，建設業法，浄化槽法又は宅地建物取引業法による免許又は許可の取消し，業務の停止の処分その他必要な措置を講ずるものとし，その結果を同項の規定による通知をした特定行政庁に通知しなければならない。

（昭45法109・追加，昭51法83・昭58法43・平11法160・一部改正）

違反建築物をなくすためには建築主の自覚が必要であるのはもとよりであるが，建築物の大部分は建築士の手によって設計され，建設業者によって建築され，宅地建物取引業者の手を介して取引されている実態からみれば，これらの建築関係者の建築に与える影響は絶大であり，その適正な設計，建築又は取引の確保なくしては法の目的の達成は期しがたい。ところで本条は，これら建築士等が違反建築に関与した場合には，その者を監督する行政庁が監督権を適正に行使するものとし，あわせて，そのための情報提供の制度を定めたものである。

第1項

本項は，通知の要件，通知を受ける者，通知事項等について定めた規定である。通知は，特定行政庁が法第9条第1項の規定に基づき建築物又は建築物の敷地の除却，移転，使用禁止，工事の施工の停止等を命じた場合又は法第9条第10項の規定に基づき工事の施工の停止を命じた場合（建築監視員が同条第10項の規定による命令をした場合を含む。）に行う。命令の相手方は当該命令に係る建築物の設計者，工事の請負人，宅地建物取引業者等本項に掲げられた者である場合に限らず，建築主，建築物の所有者，管理者，占有者等を含むことはいうまでもない。

通知は，特定行政庁が行う。建築監視員が工事の施工の停止を命じた場合も同様である。通知先は，建築士法，建設業法，浄化槽法又は宅地建物取引業法の定めるところにより通知の対象となる者を監督する国土交通大臣又は都道府県知事である。

通知の対象となる者は，法第９条第１項又は第10項の命令を受けた建築物（建築物の敷地を含む。）についてその命令を受けることになったことについて責任を有する設計者，工事監理者，工事の請負人（下請負人を含む。），浄化槽製造業者又は宅地建物取引業者である。

例えば，設計者が建築基準法令の規定に違反した設計をしたためにこの命令を受けたときはその設計者であるし，設計が適法であったとして施工が適正でない場合は元請負人と下請負人の双方である。工事監理者が適正な工事監理をしなかった場合には工事監理者であり，これらのものがそれぞれに適正でない場合はその全員である。

宅地建物取引業者が違反建築物であることを知っていながらこれを適法な建築物と偽って取引をした場合，取引に際してしなければならない重要事項の説明（宅地建物取引業法第35条）をしなかった場合等はこの宅地建物取引業者が通知されることになる。なお，本条は，建築士法，建設業法，浄化槽法又は宅地建物取引業法の免許又は許可を受けている者に対する監督権の発動を適正にしようとするものであるから，この命令を受けた建築物（建築物の敷地を含む。）に係る設計者等が建築士等の免許又は許可を受けていない場合には通知をすることはできない。この場合，特定行政庁は，これらの者が本法又は建築士法等のそれぞれの法令に違反している場合は，これを理由として刑事訴訟法の定めるところにより当該設計者を告発できることはいうまでもない。

通知事項は，国土交通大臣又は都道府県知事がこれらの者の免許又は許可の取消し，業務の停止その他必要な措置を講ずるために必要な事項で，被通知者の氏名（又は名称），住所，違反事実の概要，命令に係る建築物又は工作物の概要，命令をするまでの経過，命令後に特定行政庁が講じた措置その他の参考となる事項である（施行規則第４条の19）。

通知には，命令の具体的な内容を伝えるために命令書の写しを添付しなければならない。事前の交渉がなく，いきなり命令したような場合で，命令後ただちに是正されたような場合（法第９条第１項の猶予期間内であることはもちろんである）でも，法の趣旨から考えて通知しなければならない。

第２項

第１項の通知を受けた国土交通大臣又は都道府県知事は，遅滞なく，建築士法，建設業法，浄化槽法又は宅地建物取引業法に定めるところにより被通知書者の免許又は許可の取消し，業務の停止の処分その他必要な措置を講じなければならない。どのような措置を講ずるかは，それぞれの法律により国土交通大臣又は都道府県知事が定める。必要な措置には法律上の根拠に基づかない処分，いわゆる注意等も含まれる。

国土交通大臣又は都道府県知事は，これらの処分をしたときは，当該通知をした行政庁にその結果を通知しなければならない。国土交通大臣又は都道府県知事が，被通知者について調査した結果，なんら処分の理由がなく処分を行わなかった場合も同様である。

（保安上危険な建築物等の所有者等に対する指導及び助言）

法第９条の４　特定行政庁は，建築物の敷地，構造又は建築設備（いずれも第３条第２項の規定により次章の規定又はこれに基づく命令若しくは条例の規定の適用を受けないものに限る。）について，損傷，腐食その他の劣化が生じ，そのまま放置すれば保安上危険となり，又は衛生上有害となるおそれがあると認める場合においては，当該建築物又はその敷地の所有者，管理者又は占有者に対して，修繕，防腐措置その他当該建築物又はその敷地の維持保全に関し必要な指導及び助言をすることができる。

（平30法67・追加）

本条は，保安上又は衛生上の問題がある既存不適格建築物について，特定行政庁が当該建築物の所有者等に対して，修繕や防腐措置など建築物やその敷地の維持保全に関して指導・助言を行うことができるものとする規定である。法第10条による既存不適格建築物に関する勧告・命令の前段階として，早期の段階での対応を求めるために，平成30年改正で新たに追加された。

本条が制定される以前においては，第10条の勧告・命令は，

・その要件として「著しく保安上危険となり，又は著しく衛生上有害となるおそれがある」ことが定められており，特定行政庁によるその判断には裁量の余地が大きいこと

・是正命令に従わない場合には罰則が適用されること（第99条第４号）

等から，その発動に慎重となる特定行政庁が多く，実績も極めて少ない状況にあり，保安上又は衛生上問題のある既存不適格建築物について，十分な手当てがされないまま存置されている場合があったことから，既存不適格建築物について劣化が生じた段階であっても，指導や助言といったより緩やかな措置を建築基準法上位置付けることにより，特定行政庁の指導・助言を通じて当該建築物の所有者等による是正を促進することとされた。

本条と法第10条の違いを比較すると，下表のとおりとなる。

表１―12　既存不適格建築物に対する対応の比較

		法第９条の４	法第10条第１項・第２項
対象建築物	状態	既存不適格建築物	既存不適格建築物
	規模	すべて（制限なし）	①別表特殊建築物（延べ面積200㎡超のもの） ②別表特殊建築物（階数３以上かつ延べ面積100㎡超のもの） ③事務所等（階数５以上かつ延べ面積1000㎡超のもの）
	条件	損傷，腐食その他の劣化が生じ，そのまま放置すれば保安上危険となり，又は衛生上有害となるおそれがあると認める場合	損傷，腐食その他の劣化が進み，そのまま放置すれば「著しく」保安上危険となり，又は「著しく」衛生上有害となるおそれがあると認める場合
対象者		所有者，管理者，占有者	所有者，管理者，占有者
処分		指導，助言	勧告（第１項），命令（第２項）
行うべき措置		修繕，防腐措置，建築物又はその敷地の維持保全	除却，移転，改築，増築，修繕，模様替，使用中止，使用制限，保安上又は衛生上必要な措置

（著しく保安上危険な建築物等の所有者等に対する勧告及び命令）

法第10条　特定行政庁は，第６条第１項第１号に掲げる建築物その他政令で定める建築物の敷地，構造又は建築設備（いずれも第３条第２項の規定により次章の規定又はこれに基づく命令若しくは条例の規定の適用を受けないものに限る。）について，損傷，腐食その他の劣化が進み，そのまま放置すれば著しく保安上危険となり，又は著しく衛生上有害となるおそれがあると認める場合においては，当該建築物又はその敷地の所有者，管理者又は占有者に対して，相当の猶予期限を付けて，当該建築物の除却，移転，改築，増築，修繕，模様替，使用中止，使用制限その他保安上又は衛生上必要な措置をとることを勧告することができる。

2　特定行政庁は，前項の勧告を受けた者が正当な理由がなくてその勧告に係る措置をとらなかつた場合において，特に必要があると認めるときは，その者に対し，相当の猶予期限を付けて，その勧告に係る措置をとることを命ずることができる。

3　前項の規定による場合のほか，特定行政庁は，建築物の敷地，構造又は建築設備（いずれも第3条第2項の規定により次章の規定又はこれに基づく命令若しくは条例の規定の適用を受けないものに限る。）が著しく保安上危険であり，又は著しく衛生上有害であると認める場合においては，当該建築物又はその敷地の所有者，管理者又は占有者に対して，相当の猶予期限を付けて，当該建築物の除却，移転，改築，増築，修繕，模様替，使用禁止，使用制限その他保安上又は衛生上必要な措置をとることを命ずることができる。

4　第9条第2項から第9項まで及び第11項から第15項までの規定は，前2項の場合に準用する。

（昭34法156・昭45法109・平5法89・平16法67・平30法67・一部改正）

令第14条の2　法第10条第1項の政令で定める建築物は，次に掲げるものとする。

一　法別表第1(い)欄に掲げる用途に供する特殊建築物のうち階数が3以上でその用途に供する部分の床面積の合計が100平方メートルを超え200平方メートル以下のもの

二　事務所その他これに類する用途に供する建築物（法第6条第1項第1号に掲げる建築物を除く。）のうち階数が3以上で延べ面積が200平方メートルを超えるもの

（令元政30・追加，令5政34・一部改正）

本条は，法第9条と同じく建築物又は建築物の敷地に対する行政措置について定めた規定である。法第9条は，建築基準法令の規定や許可に違反した建築物又は建築物の敷地に対してその違反を是正させるために必要な措置を講ずることができることを定めたものであるのに対し，本条は，建築物の敷地，構造又は建築設備が，法第3条第2項の規定により本法の規定中「第2章の規定又は同章の規定に基づく命令若しくは条例の規定（これらの規定を通称〔単体規定〕と呼ぶ。）」の適用を受

けないもの（いわゆる既存不適格建築物）として扱われている建築物のうち，①そのまま放置すれば将来的に著しく保安上危険又は衛生上有害となるおそれがあるもの（第１項・第２項）や，②既に著しく保安上危険又は衛生上有害であるもの（第３項）について，これらの危険性や有害性を排除するために必要な措置を講ずることができることを定めたものである。

なお，既存不適格建築物に対する勧告・命令（法第10条）や指導・助言（法第９条の４）については，令和元年に発出された国土交通省住宅局建築指導課長・市街地建築課長による技術的助言「建築基準法の一部を改正する法律等の施行について」（令和元年６月24日付け国住指第654号・国住街第41号）の別紙５「既存不適格建築物に係る指導・助言・勧告・是正命令制度に関するガイドライン」が参考となる。

第１項・第２項

「著しい」とは，現実に危険若しくは害があり又はそのおそれが現実にある場合で，かつ，その危険又は害が現実化した場合には，その危険又は害が軽微なものにとどまらないと認められることを意味する。

著しい場合であるかどうかは，命令権を有する者が判断するが，この命令は，本法の規定の適用を受けない建築物又は敷地を対象とするもので，これらの建築物又は敷地は，本来的に財産上の権利としてその所有者，管理者又は占有者が自由に処分管理してよいものを行政機関が公益上の必要性を理由にこの権利をはく奪し，制限するものであるから，その判断は相当厳密なものでなければならない。また，保安上の危険又は衛生上の害についても相当高度な客観性が要求されているものと解される。これらの判断は，その建築物又は敷地を直接に利用する人はもちろん付近の住民，一般通行者等を基準として決定される。

一方で，具体の建築物について，「著しく」保安上・衛生上の危険や害のある状態に陥っているかどうかを判断する場合，法令への適合性の観点から違反建築物かどうかを判断する場合よりも裁量の余地が大きく，かえって判断が困難になることも想定される。このような場合，実体上は法令が定める技術的基準に適合しておらず危険や害の程度が高い既存不適格建築物がそのまま放置されるおそれがある。こうした事態を防ぐために，第３項が既に「著しく」危険や害のある状態に陥っている建築物を対象とした命令規定であるのに対し，第１項は，潜在的に危険や害の程度が高い既存不適格建築物について，それらの危険や害の程度が「著しく」なる前に特定行政庁が予防的に措置を行うための勧告規定として位置づけられている。なお，単なる予想段階での改善命令は財産権との関係で困難であるため，第1項については命令ではなく勧告を行うこととなっているが，勧告を受けた建築物の所有者等がなんらの措置もとらなかった場合は，第2項の規定により，特定行政庁はあらためて是正のための命令を行うことができる。

また，第1項の勧告の対象となる建築物は，既存不適格建築物で，別表特殊建築物（延べ面積200㎡超のもの，又は階数3以上で延べ面積100㎡超のもの）又は階数が3以上で延べ面積が200㎡を超える事務所その他これに類する用途に供する建築物である。これらの建築物は，それ以外の建築物と比較して，いったん地震や火災等の災害が起こった場合の人的被害が格段に大きくなる可能性があり，著しく保安上危険又は衛生上有害となるに至ってからの命令では手遅れとなる場合が多いことが予想されるため，特に勧告対象として規定されているところである。

命令することができる者は，法第9条第1項の命令の場合と同じ，特定行政庁又は特定行政庁の委任を受けた当該市町村若しくは都道府県の職員である。

命令の相手方は，建築物又は敷地の所有者，管理者又は占有者である。命ずる措置もこれらの者が有する権原内の行為に限られる。

措置の内容は，建築物に対しては除却，移転，改築，増築，修繕，模様替，使用禁止，使用制限その他保安上又は衛生上必要な措置を講ずることであり，敷地に対しては使用禁止又は使用制限を含む保安上又は衛生上必要な措置を講ずることである。具体的にどの内容の措置を講ずるかは建築物又は敷地の状況によって決定することになるが，本条の規定の性質上，保安上の危険又は衛生上の害を排除できる範囲内で命令を受けた相手方の負担がなるべく少ないものとしなければならない。

第3項

第1項・第2項が「そのまま放置すれば著しく保安上・衛生上危険となるおそれがある場合」を想定しているのに対して，本項では「既に著しく保安上・衛生上である場合」についても，特定行政庁が必要な措置を命令することができるものとした規定である。

既存不適格建築物の場合は，建築基準法令への違反がなければ，法第9条による命令の対象とはならないが，本項により，特定行政庁が認める場合には対応が可能となっている。ただし，火災による事故の危険性に係る劣化の状況については，防火戸が錆び付いて閉まらない（令第112条第19項），避難階段の一部が欠損している（令第122条第1項），防火区画の壁に大きな穴が開いている（令第112条第1項など）など，既に建築基準法令への「違反」に該当する可能性があるため，その場合は法第９条に基づき，適切に対処する必要がある。

なお，本項については，第１項・第２項とは違って，対象建築物の規模について制限がない。

第４項

法第９条第２項から第９項まで及び第11項から第15項までの規定は，本条の規定により措置を命じようとする場合に準用される。本条の命令をしようとする場合には，特定行政庁の命令を受けた職員は，法第12条第６項の規定により，立入り，検査又は試験をすることができる。

本条の規定に基づく命令に違反する者に対しては，行政代執行法の定めるところによって代執行を行うことができるし，また，罰則の適用がある（法第99条第１項第４号）。なお，被処分者が本条の規定による命令に基づく措置によって損害を受けることがあっても，法第11条の場合と異なり，補償する必要はない。

（第３章の規定に適合しない建築物に対する措置）

法第11条　特定行政庁は，建築物の敷地，構造，建築設備又は用途（いずれも第３条第２項（第86条の９第１項において準用する場合を含む。）の規定により第３章の規定又はこれに基づく命令若しくは条例の規定の適用を受けないものに限る。）が公益上著しく支障があると認める場合においては，当該建築物の所在地の市町村の議会の同意を得た場合に限り，当該建築物の所有者，管理者又は占有者に対して，相当の猶予期限を付けて，当該建築物の除却，移転，修繕，模様替，使用禁止又は使用制限を命ずることができる。この場合においては，当該建築物の所在地の市町村は，当該命令に基づく措置によつて通常生ずべき損害を時価によつて補償しなければならない。

２　前項の規定によつて補償を受けることができる者は，その補償金額に不服がある場合においては，政令の定める手続によつて，その決定の通知を受けた日から１月以内に土地収用法（昭和26年法律第219号）第94条第２項の規定による収用委員会の裁決を求めることができる。

（昭26法220・昭34法156・昭39法169・平16法67・一部改正）

（収用委員会の裁決の申請手続）

令第15条　補償金額について不服がある者が，法第11条第２項（法第88条第１項から第３項までにおいて準用する場合を含む。）の規定によつて収用委員会の裁決を求めようとする場合においては，土地収用法（昭和26年法律第219

号）第94条第３項の規定による裁決申請書には，同項各号の規定にかかわらず，次の各号に掲げる事項を記載しなければならない。

一　申請者の住所及び氏名

二　当該建築物又は工作物の所在地

三　当該建築物又は工作物について申請者の有する権利

四　当該建築物又は工作物の用途及び構造の概要，附近見取図，配置図並びに各階平面図。ただし，命ぜられた措置に関係がない部分は，省略することができる。

五　法第11条第１項（法第88条第１項から第３項までにおいて準用する場合を含む。）の規定によつて特定行政庁が命じた措置

六　通知を受けた補償金額及びその通知を受領した年月日

七　通知を受けた補償金額を不服とする理由並びに申請者が求める補償金額及びその内訳

八　前各号に掲げるものを除くほか，申請者が必要と認める事項

（昭26政342・昭34政344・昭45政333・昭50政２・平11政352・一部改正）

法第10条が単体規定の適用が除外されている既存不適格建築物に対する是正措置を定めたものであるのに対し，本条は，都市計画関係の規定の適用が除外されている既存不適格建築物に対する是正措置を定めたものである。

第１項

本項の命令を行うことができる場合は，建築物の敷地，構造，建築設備又は用途が，法第３条第２項の規定により法第３章の規定又は同章の規定に基づく命令若しくは条例の規定（いわゆる「集団規定」）の適用を受けないが，法令上はこれらの規定に違反するとはいえないものの，特定行政庁が公益上著しく支障があると認める場合で，かつ，当該建築物の所在地の市町村の議会の同意を得た場合である。

特定行政庁が都道府県知事である場合でも，市町村議会の同意が要件となっている。市町村議会の同意を要件としたのは，市町村に損失補償の義務が生ずるからである。

命令の相手方は，建築物の所有者，管理者又は占有者である。

命令の内容は，建築物の除却，移転，修繕，模様替，使用禁止又は使用制限である。すべて相当の猶予期間をつける必要がある。

本項の命令は，公益上の必要に基づいて財産権に制限を加えるものであるから，

本項の命令をした場合には，当該建築物の所在地の市町村は，当該命令に基づく措置によって通常生ずる損失を時価によって補償しなければならないものとされる。補償主体を市町村としたのは，本項の命令による最大の受益者が市町村であると考えられたからであろう。

本項の命令をしようとする場合には，特定行政庁の命令を受けた職員は，法第12条第７項の規定により，立入り，検査又は試験をすることができる。

第２項

第１項の規定によって補償を受けることのできる者は，その補償金額に不服があるときは，補償金額の決定の通知を受けた日から１月以内に，都道府県に設置されている収用委員会に対し土地収用法第94条第２項の規定による収用委員会の裁決を求めることができる。裁決申請の手続は，令第15条の定めるところによる。裁決申請があった場合には，収用委員会が審理を行った上で，損失補償額について裁決することとなる。

なお，本条の規定による命令に違反した者に対しても，行政代執行を行うことができ，さらに罰則の規定が適用される。

第10節　既存建築物の維持保全・報告・検査等

（維持保全）

法第８条　建築物の所有者，管理者又は占有者は，その建築物の敷地，構造及び建築設備を常時適法な状態に維持するように努めなければならない。

２　次の各号のいずれかに該当する建築物の所有者又は管理者は，その建築物の敷地，構造及び建築設備を常時適法な状態に維持するため，必要に応じ，その建築物の維持保全に関する準則又は計画を作成し，その他適切な措置を講じなければならない。ただし，国，都道府県又は建築主事を置く市町村が所有し，又は管理する建築物については，この限りでない。

一　特殊建築物で安全上，防火上又は衛生上特に重要であるものとして政令で定めるもの

二　前号の特殊建築物以外の特殊建築物その他政令で定める建築物で，特定行政庁が指定するもの

３　国土交通大臣は，前項各号のいずれかに該当する建築物の所有者又は管理者による同項の準則又は計画の適確な作成に資するため，必要な指針を定めることができる。

（昭58法44・平11法160・平30法67・一部改正）

令第13条の３　法第８条第２項第１号の政令で定める特殊建築物は，次に掲げるものとする。

一　法別表第１(い)欄(1)項から(4)項までに掲げる用途に供する特殊建築物でその用途に供する部分の床面積の合計が100平方メートルを超えるもの（当該床面積の合計が200平方メートル以下のものにあつては，階数が３以上のものに限る。）

二　法別表第１(い)欄(5)項又は(6)項に掲げる用途に供する特殊建築物でその用途に供する部分の床面積の合計が3,000平方メートルを超えるもの

２　法第８条第２項第２号の政令で定める建築物は，事務所その他これに類する用途に供する建築物（特殊建築物を除く。）のうち階数が３以上で延べ面積が200平方メートルを超えるものとする。

（令元政30・追加，令５政34・一部改正）

第１項

建築物を建築する場合には建築主事の確認を受け，建築工事が完了した場合に

は，完了検査を受けなければならないこととして適法な建築物の建築のために二重のチェック制度（中間検査の対象となる建築物の場合は三重のチェック）を採用しているが，その後の維持保全が不十分であれば建築の際に確保された建築物の適法な状態の継続は期待できず，ひいては法の目的を達することができないことになる。

そこで本項は，このような維持保全の不十分さによる不都合が生じないようにするため，建築物の所有者，管理者又は占有者に対して，その建築物の敷地，構造及び建築設備を常時適法な状態に維持保全すべき努力義務を課したのである。この努力義務に違反したからといって，それだけでは，何らかの法的な効果が生じるということはない。ただ，この努力義務を怠った結果として建築物又は敷地が建築基準法令の規定に違反するに至れば，これらの規定に違反したことを理由として法第９条の規定の適用を受けることになるのである。

所有者，管理者又は占有者のうち，誰が具体的にどのような維持保全義務を負うかは，それぞれの者が当該建築物又は敷地についていかなる権原を有するかによって定まり，各々その権原の範囲内において本条の維持保全の義務を負うのである。

第２項

特殊建築物等は，特に適正な維持保全を確保する必要性が高いので，本項では，特殊建築物等の所有者又は管理者に対し，必要に応じ，その建築物の維持保全に関する準則又は計画（以下「維持保全計画」という。）の作成その他適切な措置を講ずる義務を課している。

これは，①建築物の不適正な維持保全による外装材の落下等の事故の発生，②定期的な点検を必要とする排煙設備等の建築設備の増加，③複雑な管理システムを要する大規模な建築物の増加，④建築物の平均築後年数の増加等による建築物の適正な維持保全の確保の必要の増加に対する措置である。

維持保全計画の作成その他必要な措置を講ずる義務の主体は，本項各号において定めており，委任を受けている政令の内容を反映すると，具体的には次の図・表の通りである。

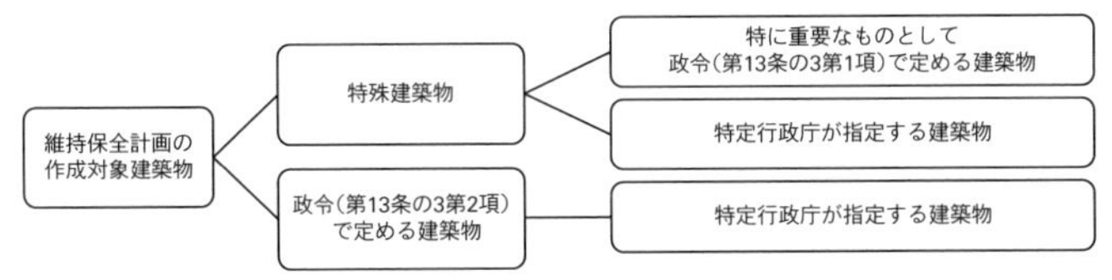

図１－４　維持保全計画の作成対象建築物（法令上の整理）

表1―13　維持保全計画の作成対象建築物（具体的な用途・規模等）

<table>
<tr><th></th><th colspan="2">用途</th><th>規模</th><th>その他</th></tr>
<tr><td rowspan="6">特殊建築物</td><td rowspan="5">別表特殊建築物</td><td rowspan="3">㈠項から㈣項までに掲げる用途に供するもの</td><td>階数が３以上で，当該用途の床面積が100㎡超・200㎡以下のもの</td><td>―</td></tr>
<tr><td>当該用途の床面積が200㎡を超えるもの</td><td>―</td></tr>
<tr><td>上記以外</td><td>特定行政庁の指定がある場合のみ</td></tr>
<tr><td rowspan="2">㈤項又は㈥項に掲げる用途に供するもの</td><td>当該用途の床面積が3,000㎡を超えるもの</td><td>―</td></tr>
<tr><td>上記以外</td><td>特定行政庁の指定がある場合のみ</td></tr>
<tr><td colspan="2">別表特殊建築物以外の特殊建築物</td><td>（制限なし）</td><td>特定行政庁の指定がある場合のみ</td></tr>
<tr><td>令第13条の３第２項で定める建築物</td><td colspan="2">事務所その他これに類する用途に供する建築物</td><td>階数が３以上で，延べ面積が200㎡を超えるもの</td><td>特定行政庁の指定がある場合のみ</td></tr>
</table>

平成30年改正以前は，「定期報告が義務づけられる建築物」のみが維持保全計画の策定等が義務付けられており，特殊建築物であっても別表第１(い)欄に掲げられていない工場等については義務付けの対象外となっていたが，これらの定期報告対象外の建築物についても，その利用特性や火災発生のおそれがある（平成29年２月に発生した埼玉県三芳町倉庫火災など）ことから，所有者等による維持管理の徹底を促すため，平成30年改正によって，維持保全計画を作成すべき建築物の範囲が拡大されている。ただし，国等の建築物については対象から除かれている。

建築物の維持保全に関する準則又は計画の作成その他適切な措置を講ずる義務は，建築物を適正に維持するために必要がある場合に課せられるが，条文上は「必要に応じ」とされており，その必要の有無の判断は，当該建築物の所有者又は管理者に委ねられている。必要の有無の判断の基準は，建築物の敷地，構造及び建築設備を常時適法な状態に維持するために必要か否かによる。

準則は，建築物について計画を作成する権限を有する者が複数ある場合において，計画相互の整合性を確保する必要があると認められるときに，それらの者の合意により当該建築物について作成するものとする。

計画は，建築物の維持保全を行う上でとるべき措置を定める必要があると認められる場合において，当該建築物の所有者又は管理者が当該建築物又はその部分について作成するものとする。

なお，準則，計画とも複数の建築物が一団地を形成している場合は，当該一団地について作成することができる。

第３項

国土交通大臣に対し，建築物の所有者・管理者による維持保全計画の作成に関して必要な指針を定める権限を与えている規定である。具体的には，「建築物に関する準則又は計画の作成に関し必要な指針（Ｓ60建告第606号）」が該当する。

建築物の所有者又は管理者は，維持保全に関する計画又は準則の作成のほかに，適切な措置を採る必要がある。例えば，管理体制の整備，賞罰等である。

建築物の所有者又は管理者が法第８条第２項の規定に違反して建築物の維持保全に関する準則又は計画の作成その他適正な措置を講じなかった場合，これに対する罰則は定められていないが，特定行政庁は，法第９条第１項に基づく命令を発することができる。また，維持保全に関する準則又は計画の届出の義務は定められていないが，法第12条第５項の規定に基づき当該準則又は計画について報告を求め，法第12条第７項の規定に基づき法第９条第１項の規定による命令を発しようとする場合に，当該準則又は計画について質問することができる。

（報告，検査等）

法第12条　第６条第１項第１号に掲げる建築物で安全上，防火上又は衛生上特に重要であるものとして政令で定めるもの（国，都道府県及び建築主事を置く市町村が所有し，又は管理する建築物（以下この項及び第３項において「国等の建築物」という。）を除く。）及び当該政令で定めるもの以外の特定建築物（同号に掲げる建築物その他政令で定める建築物をいう。以下この条において同じ。）で特定行政庁が指定するもの（国等の建築物を除く。）の所有者（所有者と管理者が異なる場合においては，管理者。第３項において同じ。）は，これらの建築物の敷地，構造及び建築設備について，国土交通省令で定めるところにより，定期に，１級建築士若しくは２級建築士又は建築物調査員資格者証の交付を受けている者（次項及び次条第３項において「建築物調査員」という。）にその状況の調査（これらの建築物の敷地及び構造についての損傷，腐食その他の劣化の状況の点検を含み，これらの建築物の建築設備及び防火戸その他の政令で定める防火設備（以下「建築設備等」という。）についての第３項の検査を除く。）をさせて，その結果を特定行政庁に報告しなければならない。

2　国，都道府県又は建築主事を置く市町村が所有し，又は管理する特定建築物の管理者である国，都道府県若しくは市町村の機関の長又はその委任を受けた者（以下この章において「国の機関の長等」という。）は，当該特定建築物の敷地及び構造について，国土交通省令で定めるところにより，定期に，1級建築士若しくは2級建築士又は建築物調査員に，損傷，腐食その他の劣化の状況の点検（当該特定建築物の防火戸その他の前項の政令で定める防火設備についての第4項の点検を除く。）をさせなければならない。ただし，当該特定建築物（第6条第1項第1号に掲げる建築物で安全上，防火上又は衛生上特に重要であるものとして前項の政令で定めるもの及び同項の規定により特定行政庁が指定するものを除く。）のうち特定行政庁が安全上，防火上及び衛生上支障がないと認めて建築審査会の同意を得て指定したものについては，この限りでない。

3　特定建築設備等（昇降機及び特定建築物の昇降機以外の建築設備等をいう。以下この項及び次項において同じ。）で安全上，防火上又は衛生上特に重要であるものとして政令で定めるもの（国等の建築物に設けるものを除く。）及び当該政令で定めるもの以外の特定建築設備等で特定行政庁が指定するもの（国等の建築物に設けるものを除く。）の所有者は，これらの特定建築設備等について，国土交通省令で定めるところにより，定期に，1級建築士若しくは2級建築士又は建築設備等検査員資格者証の交付を受けている者（次項及び第12条の3第2項において「建築設備等検査員」という。）に検査（これらの特定建築設備等についての損傷，腐食その他の劣化の状況の点検を含む。）をさせて，その結果を特定行政庁に報告しなければならない。

4　国の機関の長等は，国，都道府県又は建築主事を置く市町村が所有し，又は管理する建築物の特定建築設備等について，国土交通省令で定めるところにより，定期に，1級建築士若しくは2級建築士又は建築設備等検査員に，損傷，腐食その他の劣化の状況の点検をさせなければならない。ただし，当該特定建築設備等（前項の政令で定めるもの及び同項の規定により特定行政庁が指定するものを除く。）のうち特定行政庁が安全上，防火上及び衛生上支障がないと認めて建築審査会の同意を得て指定したものについては，この限りでない。

5　特定行政庁，建築主事等又は建築監視員は，次に掲げる者に対して，建築物の敷地，構造，建築設備若しくは用途，建築材料若しくは建築設備その他の建築物の部分（以下「建築材料等」という。）の受取若しくは引渡しの状況，建築物に関する工事の計画若しくは施工の状況又は建築物の敷地，構造若しくは建築設備に関する調査（以下「建築物に関する調査」という。）の状況に関する報告を求めることができる。

一　建築物若しくは建築物の敷地の所有者，管理者若しくは占有者，建築主，設計者，建築材料等を製造した者，工事監理者，工事施工者又は建築物に関する調査をした者

二　第77条の21第１項の指定確認検査機関

三　第77条の35の５第１項の指定構造計算適合性判定機関

6　特定行政庁又は建築主事等にあつては第６条第４項，第６条の２第６項，第７条第４項，第７条の３第４項，第９条第１項，第10項若しくは第13項，第10条第１項から第３項まで，前条第１項又は第90条の２第１項の規定の施行に必要な限度において，建築監視員にあつては第９条第10項の規定の施行に必要な限度において，当該建築物若しくは建築物の敷地の所有者，管理者若しくは占有者，建築主，設計者，建築材料等を製造した者，工事監理者，工事施工者又は建築物に関する調査をした者に対し，帳簿，書類その他の物件の提出を求めることができる。

7　建築主事等又は特定行政庁の命令若しくは建築主事等の委任を受けた当該市町村若しくは都道府県の職員にあつては第６条第４項，第６条の２第６項，第７条第４項，第７条の３第４項，第９条第１項，第10項若しくは第13項，第10条第１項から第３項まで，前条第１項又は第90条の２第１項の規定の施行に必要な限度において，建築監視員にあつては第９条第10項の規定の施行に必要な限度において，当該建築物，建築物の敷地，建築材料等を製造した者の工場，営業所，事務所，倉庫その他の事業場，建築工事場又は建築物に関する調査をした者の営業所，事務所その他の事業場に立ち入り，建築物，建築物の敷地，建築設備，建築材料，建築材料等の製造に関係がある物件，設計図書その他建築物に関する工事に関係がある物件若しくは建築物に関する調査に関係がある物件を検査し，若しくは試験し，又は建築物若しくは建築物の敷地の所有者，管理者若しくは占有者，建築主，設計者，建築材

料等を製造した者，工事監理者，工事施工者若しくは建築物に関する調査をした者に対し必要な事項について質問することができる。ただし，住居に立ち入る場合においては，あらかじめ，その居住者の承諾を得なければならない。

8　特定行政庁は，確認その他の建築基準法令の規定による処分並びに第1項及び第3項の規定による報告に係る建築物の敷地，構造，建築設備又は用途に関する台帳を整備し，かつ，当該台帳（当該処分及び当該報告に関する書類で国土交通省令で定めるものを含む。）を保存しなければならない。

9　前項の台帳の記載事項その他その整備に関し必要な事項及び当該台帳（同項の国土交通省令で定める書類を含む。）の保存期間その他その保存に関し必要な事項は，国土交通省令で定める。

（昭26法195・昭34法156・昭45法109・昭51法83・昭58法44・平4法82・平10法100・平11法160・平16法67・平18法53・平18法92・平26法54・平28法47・平30法67・令5法58・一部改正）

令第16条　法第12条第1項の安全上，防火上又は衛生上特に重要であるものとして政令で定める建築物は，次に掲げるもの（避難階以外の階を法別表第1(い)欄(1)項から(4)項までに掲げる用途に供しないことその他の理由により通常の火災時において避難上著しい支障が生ずるおそれの少ないものとして国土交通大臣が定めるものを除く。）とする。

一　地階又は3階以上の階を法別表第1(い)欄(1)項に掲げる用途に供する建築物及び当該用途に供する部分（客席の部分に限る。）の床面積の合計が100平方メートル以上の建築物

二　劇場，映画館又は演芸場の用途に供する建築物で，主階が1階にないもの

三　法別表第1(い)欄(2)項又は(4)項に掲げる用途に供する建築物

四　3階以上の階を法別表第1(い)欄(3)項に掲げる用途に供する建築物及び当該用途に供する部分の床面積の合計が2,000平方メートル以上の建築物

2　法第12条第1項の政令で定める建築物は，第14条の2に規定する建築物とする。

3　法第12条第3項の政令で定める特定建築設備等は，次に掲げるものとする。

一　第129条の３第１項各号に掲げる昇降機（使用頻度が低く劣化が生じにくいことその他の理由により人が危害を受けるおそれのある事故が発生するおそれの少ないものとして国土交通大臣が定めるものを除く。）
二　防火設備のうち，法第６条第１項第１号に掲げる建築物で第１項各号に掲げるものに設けるもの（常時閉鎖をした状態にあることその他の理由により通常の火災時において避難上著しい支障が生ずるおそれの少ないものとして国土交通大臣が定めるものを除く。）

（昭59政15・全改，平17政192・平28政６・令元政30・一部改正）

およそ建築物の構造強度上の安全性，防火避難上の安全性，衛生環境上の安全，快適性などは，造り方（物的条件）と使い方（維持保全条件）により定まってくるものである。建築物がいかに適切に造られていても，使い方が適切でないとき，また，逆に建築物の造り方が適切でないときは，使い方でいかに補完しようとも，いずれも期待される性能は確保しがたい。

本法の技術的基準のほとんどが「状態規定」と称されているが，これらは設計，施工の基準であると同時に，維持，保全すべき状態を示す物的基準でもある。

本法においては，建築物を造る段階においては，工事前の建築確認制度（法第６条），工事中の中間検査制度（法第７条の３），そして工事後の完了検査制度（法第７条），仮使用承認の制度（法第７条の６）を置いて，使用前における適法性の確保を図り，更に，使用開始後に適法性の確保を図るために本条による定期的な調査や報告等の制度を置いているのである。調査等の実施に当たっては，損傷や腐食などの劣化の状況の点検が基本となるが，民間建築物の場合は，不適切な改変行為等によって法不適合な状態を生じていないかどうかのチェックも併せて求められる。

なお，本条第１項から第４項までの規定における調査，検査及び点検に関しては建築士又は国土交通大臣の定める資格者を関与せしめることにより，調査，検査及び点検の実効性の確保を図るとともに，民間技術者の活用をも図っている。

第１項から第４項は，建築後の建築物の法適合性を継続的に担保するための定期的なチェック制度について規定している。このチェック制度については，チェック対象や所有者によって，それぞれ取扱いが異なっているが，整理すると表１―14のようになる。なお，下表における「国等」とは，国，都道府県又は建築主事を置く市町村のことであり，「民間」とは，「国等」以外の者のことである。

表１―14　建築物・建築設備の定期調査等に係る規定の構成と概要

対象	チェック内容	チェック方法	所有者	
			民間	国等
・建築物の状況 ・建築設備の設置に関する状況	・損傷，腐食等の劣化状況 （例：コンクリートのひび割れ，鉄骨の腐食，外装材の浮き上がり等）	・目視 ・打診　等	「調査」 （第１項）	「点検」 （第２項）
	・不適切な改変行為等による法不適合状況 （例：防火区画を形成する間仕切壁の位置変更，通路の閉塞による避難階段の利用障害，非常用進入口の撤去　等）	・目視　等		―
・建築設備の構造に関する状況	・損傷，腐食等の劣化状況 （例：エレベーターの作動不良，給水タンク内部の腐食，非常用照明装置の点灯不良　等）	・目視 ・作動確認 ・機器測定　等	「検査」 （第３項）	「点検」 （第４項）
	・不適切な改変行為等による法不適合状況 （例：内装の変更による換気口閉鎖，空調ダクト交換時の接続ミス等）	・目視　等		―

第１項（建築物の定期調査・報告）・第２項（国の機関の長等による建築物の定期点検）

１　定期調査・定期点検の対象建築物

定期調査（民間建築物を対象とするもの）・定期点検（国等の建築物を対象とするもの）の対象となる建築物を理解するためには，まず，「特定建築物」の概念を整理して理解しておくことが前提となる。条文上は，「特定建築物（同号に掲げる建築物その他政令で定める建築物をいう）」と定義されており，ここでいう「同号に掲げる建築物」とは「法第６条第１項第１号に掲げる建築物」であり，「政令で定める建築物」とは「令第16条第２項で定める建築物（＝令第14条の２に規定する建築物）」である。したがって，特定建築物を具体的に書き下すと，次のとおりとなる。

・法別表第１(い)欄に掲げる用途に供する特殊建築物で，その用途に供する部分の床面積の合計が200㎡を超えるもの（←法第６条第１項第１号）
・法別表第１(い)欄に掲げる用途に供する特殊建築物のうち階数が３以上でその用途に供する部分の床面積の合計が100㎡を超え200㎡以下のもの（←令第14条の２第１号）
・事務所その他これに類する用途に供する建築物（法第６条第１項第１号に掲げる建築物を除く。）のうち階数が３以上で延べ面積が200㎡を超えるもの（←令第14

条の２第２号）

また，第１項における「第６条第１項第１号に掲げる建築物で安全上，防火上又は衛生上特に重要であるものとして政令で定めるもの（以下，便宜的に「重要建築物」と呼称する。）」における「政令で定めるもの」とは「令第16条第１項で定める建築物」である。同項においては，「避難階以外の階を法別表第１(い)欄(一)項から(四)項までに掲げる用途に供しないことその他の理由により通常の火災時において避難上著しい支障が生ずるおそれの少ないものとして国土交通大臣が定めるもの」を重要建築物の範囲から除くものとしており，具体的には「定期報告を要しない通常の火災時において避難上著しい支障が生ずるおそれの少ない建築物等を定める件（H28国交告第240号。以下「報告不要告示」という。）」の第１において規定されている。

その上で，定期調査・定期点検の対象建築物を整理すると，次の表のとおりとなる。なお，「建築物」には，定義上，「建築設備及び防火設備（法令上は「建築設備等」と定義されている。）」が含まれているが，これらについては別途の専門的な知識による点検が必要であるため，第１項の調査・第２項の点検の対象からは除かれている。

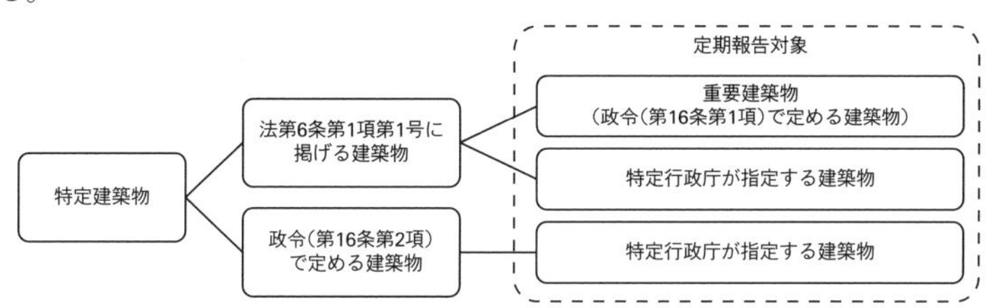

図１－５　特定建築物と定期報告対象の関係

表1―15　定期調査・定期点検の対象建築物

		対象建築物		
		対象用途	対象用途（100㎡超）の位置	その他
定期調査（第1項）	重要建築物※1	劇場，映画館，演芸場	①3階以上の階にあるもの　②客席の床面積が200㎡以上のもの　③主階が1階にないもの　④地階にあるもの	すべて
		観覧場（屋外観覧場を除く），公会堂，集会場	①3階以上の階にあるもの　②客席の床面積が200㎡以上のもの　③地階にあるもの	
		病院，有床診療所，旅館，ホテル，就寝型福祉施設※2	①3階以上の階にあるもの　②2階の床面積が300㎡以上のもの　③地階にあるもの	
		体育館，博物館，美術館，図書館，ボーリング場，スキー場，スケート場，水泳場，スポーツの練習場※3	①3階以上の階にあるもの　②床面積が2,000㎡以上のもの	
		百貨店，マーケット，展示場，キャバレー，カフェー，ナイトクラブ，バー，ダンスホール，遊技場，公衆浴場，待合，料理店，飲食店，物品販売業を営む店舗	①3階以上の階にあるもの　②2階の床面積が500㎡以上のもの　③床面積が3,000㎡以上のもの　④地階にあるもの	
	特定建築物（重要建築物以外）	別表特殊建築物（上記以外）	いずれの場所であっても対象※4	特定行政庁が指定するもの
		事務所等	階3以上で延べ面積200㎡超のもの	
定期点検（第2項）	特定建築物	別表特殊建築物	いずれの場所であっても対象※4	すべて
		事務所等	階3以上で延べ面積200㎡超のもの	

※1　該当する用途部分が避難階のみにあるものは対象外。
※2　サービス付き高齢者向け住宅，認知症高齢者グループホーム，障害者グループホーム，助産施設，乳児院，障害児入所施設，助産所，盲導犬訓練施設，救護施設，更生施設，老人短期入所施設，小規模多機能型居宅介護・看護小規模多機能型居宅介護の事業所，老人デイサービスセンター（宿泊サービスを提供するものに限る。），養護老人ホーム，特別養護老人ホーム，軽費老人ホーム，有料老人ホーム，母子保健施設，障害者支援施設，福祉ホーム
※3　いずれも学校に附属するものを除く。
※4　床面積の合計が100～200㎡以下の場合は階数が3以上のものに限る。

2　定期調査・定期点検の実施時期

定期調査報告義務者は，対象建築物の所有者（所有者と管理者が異なるときは，管理者）であり（第１項），報告を怠り又は虚偽の報告をした義務者に対しては罰則が課される（法第101条第２号）。なお，国等の建築物については，所有者自身が建築行政を執行する機関であることに鑑み，定期点検時の特定行政庁への報告義務は課されていない（第２項）。

民間建築物の定期調査の報告の時期は，建築物の用途，構造，延べ面積等に応じて，おおむね６月から３年までの間隔をおいて特定行政庁が定める時期（検査済証の交付を受けた場合においてその直後の時期を除く。）とされている（施行規則第５条第１項）。国等の建築物の定期点検については，特定行政庁への報告の義務はないが，３年以内ごとに点検を行い，かつ，最初の点検に限っては検査済証の交付を受けた日から６年以内に行うこととしている（施行規則第５条の２）。

3　定期調査・定期点検の実施者

定期調査・定期点検の実施は，一級建築士，二級建築士（木造建築士は該当しない。）又は「建築物調査員」に依頼して行うこととされている。「建築物調査員」とは，法第12条の２において規定する「建築物調査員資格者証」の交付を受けている者として規定されている。

特定行政庁は，本項の報告に基づいて台帳を作成・保存しなければならないこととされており（第８項），平常の指導監督に最大限の活用を図ることが要請される。

第３項（建築設備等の定期検査・報告）・第４項（国の機関の長等による建築設備等の定期点検）

定期検査（民間建築物の建築設備が対象）・定期点検（国等の建築物の建築設備が対象）の対象となる建築設備等についても，建築物の場合と同様，「特定建築設備等」の概念を整理して理解しておくことが前提となる。条文上は，「特定建築設備等（昇降機及び特定建築物の昇降機以外の建築設備等をいう。）」と定義されており，具体的には「建築物の用途・規模にかかわらず，すべての建築物に設けられた昇降機」と「特定建築物に設けられた建築設備等」を合わせた内容である。

また，第３項における「特定建築設備等で安全上，防火上又は衛生上特に重要であるものとして政令で定めるもの」を，本書では便宜的に「重要建築設備等」と呼称するが，ここでいう「政令で定めるもの」とは「令第16条第３項で定める特定建築設備等」である。同項においては，「使用頻度が低く劣化が生じにくいことその他の理由により人が危害を受けるおそれのある事故が発生するおそれの少ない昇降機」と「常時閉鎖をした状態にあることその他の理由により通常の火災時において避難上著しい支障が生ずるおそれの少ない防火設備」を特定建築設備等の範囲から除くものとしており，具体的には，それぞれ報告不要告示の第2及び第3において規定されている。特に，報告不要告示第3において規定している「重要建築設備等に該当しない防火設備」については，法律・政令・告示の委任の過程において二重否定的な要素を含んでおり，条文上は読みにくい構成であるが，結果的には，「①200㎡超の重要建築物に設ける常時閉鎖式の防火設備」，「②対象用途が200㎡以上の病院・診療所・就寝型福祉施設に設ける常時閉鎖式の防火設備」，「③防火ダンパー」が相当する。ただし，これらはあくまでも「重要建築設備等」に該当しないだけであって，必ずしも調査・検査の対象にならないわけではなく，規模等に応じて，①については閉鎖機構が明快であることから「建築物調査員」による重要建築物としての調査対象に含まれ，③については従前から建築設備としての検査対象であったことを踏まえて引き続き「建築設備検査員」による検査対象に含まれる。

その上で，定期検査・定期点検の対象建築設備等を整理すると，次の表1―16のとおりとなる。なお，法第88条第1項において「昇降機等については，・・・第十二条第一項から第四項まで，・・・の規定を準用する。」とされており，昇降機等は「昇降機，ウォーターシュート，飛行塔その他これらに類する工作物で政令で指定するもの」と定義され，令第138条第2項で具体の指定がなされていることから，定期点検等の対象となる準用工作物についても，合わせて表1―17に示す。

なお，特定建築物と重要建築物の関係性や，特定建築設備等と重要建築設備等の関係性について整理したものを，図1―6に示す。

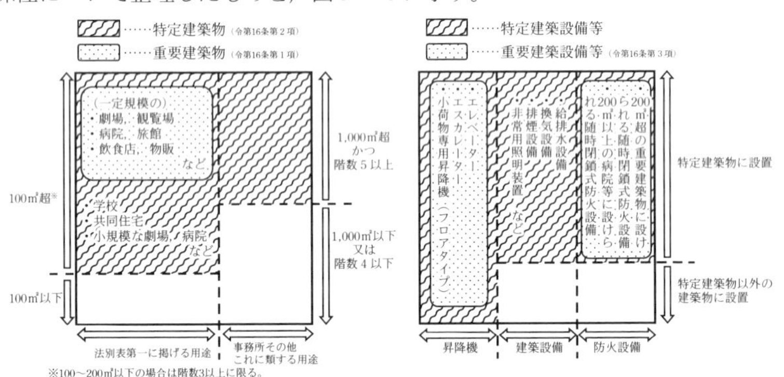

図1―6　特定建築物と重要建築物，特定建築設備等と重要建築設備等の整理

表１—16　定期検査・定期点検の対象建築設備等

			対象建築設備等	
定期検査（第３項）	重要建築設備等	建築設備（昇降機以外）	なし	すべて
		昇降機	○エレベーター　○エスカレーター　○小荷物専用昇降機（フロアタイプ） （例外　・住戸内のみを昇降する昇降機 ・工場等に設置されている専用エレベーター（労働安全衛生法施行令第12条第１項第６号））	
		防火設備	○重要建築物の防火設備 ○病院，有床診療所又は就寝用福祉施設※の防火設備 （例外　・常時閉鎖式の防火設備　・防火ダンパー ・外壁開口部の防火設備）	
	特定建築設備等（重要建築物以外）		「重要建築設備等」として掲げたもの以外の建築設備等	特定行政庁が指定するもの
定期点検（第４項）	特定建築設備等	建築設備（昇降機以外）	特定建築物の建築設備（昇降機以外）	すべて
		昇降機	○エレベーター　○エスカレーター　○小荷物専用昇降機	
		防火設備	特定建築設備の防火設備	

※　該当する用途部分の床面積の合計が200㎡以上のもの

表１—17　定期点検等の対象準用工作物

		対象準用工作物	
法第88条による 法第12条第１項～第４項の準用	準用工作物	○観光用エレベーター・エスカレーター ○コースター等の高架の遊戯施設 ○観覧車等の原動機により回転運動をする遊戯施設	すべて

定期検査報告義務者は，対象の所有者（所有者と管理者が異なるときは，管理者）であり，報告を怠り又は虚偽の報告をした義務者に対しては罰則が課される（法第101条第2号）。なお，建築物の定期点検と同様，国等の建築物における建築設備の定期点検については，特定行政庁への報告義務が課されていない。

民間建築物における建築設備の定期検査の報告の時期は，建築設備等の種類，用途，構造等に応じて，おおむね6月から1年（国土交通大臣が定める検査の項目については1年から3年）までの間隔をおいて特定行政庁が定める時期（検査済証の交付を受けている場合においては，その直後の時期を除く。）とされている（施行規則第6条第1項）。国等の建築物における建築設備の定期点検については，特定行政庁への報告の義務はないが，1年以内（国土交通大臣が定める点検の項目については3年）ごとに点検を行い，かつ，最初の点検に限っては検査済証の交付を受けた日から2年以内に行うこととしている（施行規則第6条の2）。

定期検査・定期点検の実施は，一級建築士，二級建築士（木造建築士は該当しない。）又は「建築設備等検査員」に依頼して行うこととされている。「建築設備等検査員」とは，法第12条の3において規定する「建築設備等検査員資格者証」の交付を受けている者として規定されている。

特定行政庁は，本項の報告に基づいて，台帳を作成・保存しなければならないこととされており（法第12条第8項），平常の指導監督に最大限の活用を図ることが要請される。第3項及び第4項における検査・点検の対象である建築設備は，同時に第1項及び第2項の調査・点検と重複する場合が存する。調査・点検は概観的，外形的，一般的な技術的判断（技術的知識を前提とした通常の五感に基づく判断といってもよい。）によるチェック調査であるのに対し，建築設備の検査・点検は詳細な部位，機器の点検による機能の判定を内容としており，場合により機器の分解点検，部分的材質・機能等の試験チェック等を行う必要もあり，建築物の調査に比して，著しく精密的かつ専門的であることに留意する必要がある。

したがって，建築物の設計，工事監理等を主たる業務とする資格者である一級建築士若しくは二級建築士は，建築物の定期調査・点検業務の実施に当たっても知識経験の蓄積が要求されるところであるが，建築設備の定期検査・点検業務の実施にあたっては，さらに一層高度の知識経験の不断の蓄積が要求される。

第5項（報告徴収）

本項は，法施行の万全を期するために，特定行政庁，建築主事及び建築監視員に報告徴収権を付与したものである。特定行政庁，建築主事又は建築監視員は，必要のつど，本項の規定により報告を求めることができる。報告を求める相手方は，報告を求める事項に応じて，以下の者が予定されている。

① 建築物・敷地の所有者，管理者若しくは占有者，建築主，建築物の設計者，工事監理者又は工事施工者

② 定期調査・定期検査・定期点検を行った建築士又は調査・検査資格者（特殊建築物等調査資格者・昇降機検査資格者・建築設備検査資格者）

③ 指定確認検査機関

④ 指定構造計算適合性判定機関

報告を求めることのできる事項は，建築物の敷地，構造，建築設備若しくは用途に関する事項，又は建築物に関する工事の計画若しくは施工の状況である。

本項の規定は，法第85条第２項及び第５項の仮設建築物に対しても適用され，法第88条の規定により工作物に対しても準用される。

本項の報告を怠り又は虚偽の報告をした者に対しては，罰則の適用がある（法第102条第４号）。

第６項

本項は，第５項の規定に基づく「報告徴収」に加えて，特定行政庁から建築物の所有者に対して，「帳簿，書類その他の物件の提出」を求めることができる旨を規定している。

平成26年改正以前においては，特定行政庁が設計図・施工図などを必要とする場合には，通常，建築主，設計者，工事施工者等に対して第５項の報告を求める際に，任意で図面などの提出を求めることなどにより対応することとされていたが，拒否される事例が多数発生していた状況を踏まえて，実効性を確保し，迅速に違反是正をできるようにするため，本項が新たに創設された。

第７項（立入りによる検査等）

本項は，一定の職員に，一定の場合における立入り，検査，試験及び質問の権限を認めたものである。「建築主事」又は特定行政庁の命令若しくは建築主事の委任を受けた「当該市町村・都道府県の職員」については，以下の場合において立入り等が認められている。

① 建築主事による建築確認（法第６条第４項）

② 特定行政庁による確認済証（指定確認検査機関によって交付されたもの）の失効（法第６条の２第６項）

③ 建築主事又はその委任を受けた職員による完了検査（法第７条第４項）

④　建築主事又はその委任を受けた職員による中間検査（法第7条の3第4項）
⑤　違反建築物に対する命令（法第9条第1項，第10項）
⑥　命令時の公示（法第9条第13項）
⑦　著しく保安上危険・衛生上有害な建築物（放置することで危険・有害となるおそれがある建築物を含む。）に対する勧告・命令（法第10条第1項から第3項まで）
⑧　集団規定に適合しない建築物に対する命令（法第11条第1項）
⑨　工事中の特殊建築物等に対する命令（法第90条の2第1項）

なお，⑤から⑨までの命令等を行う主体は特定行政庁である。

「建築監視員」については，法第9条第10項の規定による工事停止命令をしようとする場合である。立入り権等の行使の結果が，必ずしも法第9条から第11条まで又は法第90条の2の規定による命令に結びつかなくとも，少なくとも違反又は不適合の事実が濃厚であり立入り権等の行使によってその事実を確かめようとする場合も，法意上許容されると解する。けだし，検査，試験，測定等により事実を確定せざるを得ない場合も存するからである。

なお，この立入り権等は，本来の権限に関して認められているものであるから，建築主事又はその委任を受けた職員は，①，③及び④の確認・検査をしようとする場合に限り，また，特定行政庁の命令を受けた職員は，②の規定による確認済証の失効，⑤，⑦，⑧若しくは⑨の規定による命令又は⑥の公示をしようとする場合に関して，それぞれ行使できるものと解する。

立ち入ることのできる場所は，「建築物」，「敷地」，「建築材料等を製造した者の工場等の事業場」，「建築工事場」又は「建築物に関する調査をした者の営業所等の事業場」である。ただし，住居に立ち入る場合には，あらかじめ，居住者の承諾を得なければならない。この場合における「住居」とは現に居住の用に供している建築物のみならず，常識的な範囲においてその敷地をも含めたものである。

検査又は試験の対象にできる物件は，建築物，敷地，建築設備，建築材料，建築材料等の製造に関係がある物件，設計図書等であり，建築物に関する工事に関係がある物件や建築物に関する調査に関係がある物件であれば対象となる。

検査又は試験に要する費用は，相手方が自発的に提供する場合を除き，当該市町村又は都道府県が負担すべきものである。

本項の規定による検査若しくは試験を拒み，妨げ若しくは忌避した者，又は本項の規定による質問に対して答弁せず若しくは虚偽の答弁をした者に対しては，罰則が課される（法第102条）。

なお，本項の規定は，法第88条の規定により工作物に準用される。また，本項において市町村若しくは都道府県の「職員」とは，地方公務員の職名若しくは職階上の身分，すなわち，主事，技師等に限定されるものでなく，常勤の一般職の職員，すなわち，主事補，技師補等を含むものである。しかしながら，私人の権利に重大な影響をもたらす権限の行使にたずさわることから，十分な資質を有する職員であるべきことは論をまたない。

第８項・第９項（台帳の整備・保存）

特定行政庁は，建築確認や完了検査等の処分や第１項及び第３項に規定する定期報告に関する書類を，求めに応じて閲覧させることが義務づけられている（法第93条の２）。本項は，処分を行った建築物や報告の対象となった建築物の台帳整備を義務化し，この台帳の中から必要な事項について閲覧ができるような体制の構築を特定行政庁に義務づけるものである。台帳の記載事項や台帳に含まれる書類は，施行規則第６条の３において具体的に規定されている。

また，当該台帳は建築主事及び特定行政庁が行った処分内容のみならず，指定確認検査機関によって行われた建築確認や完了検査等の処分内容も記載する必要があるため，特定行政庁は機関からの報告に基づいて速やかに台帳を更新しなければならない。

（建築物調査員資格者証）

法第12条の２　国土交通大臣は，次の各号のいずれかに該当する者に対し，建築物調査員資格者証を交付する。

一　前条第１項の調査及び同条第２項の点検（次項第４号及び第３項第３号において「調査等」という。）に関する講習で国土交通省令で定めるものの課程を修了した者

二　前号に掲げる者と同等以上の専門的知識及び能力を有すると国土交通大臣が認定した者

２　国土交通大臣は，前項の規定にかかわらず，次の各号のいずれかに該当する者に対しては，建築物調査員資格者証の交付を行わないことができる。

一　未成年者

二　建築基準法令の規定により刑に処せられ，その執行を終わり，又はその執行を受けることがなくなつた日から起算して２年を経過しない者

三　次項（第2号を除く。）の規定により建築物調査員資格者証の返納を命ぜられ，その日から起算して1年を経過しない者
四　心身の故障により調査等の業務を適正に行うことができない者として国土交通省令で定めるもの
3　国土交通大臣は，建築物調査員が次の各号のいずれかに該当すると認めるときは，その建築物調査員資格者証の返納を命ずることができる。
一　この法律又はこれに基づく命令の規定に違反したとき。
二　前項第3号又は第4号のいずれかに該当するに至つたとき。
三　調査等に関して不誠実な行為をしたとき。
四　偽りその他不正の手段により建築物調査員資格者証の交付を受けたとき。
4　建築物調査員資格者証の交付の手続その他建築物調査員資格者証に関し必要な事項は，国土交通省令で定める。

（平26法54・追加，令元法37・一部改正）

定期調査を行う者は，建築士以外については「建築物調査員」に限られており，これは「建築物調査員資格者証」の交付を受けている者として定義されている（法第12条第1項・第2項）。本条は，交付を受ける要件（第1項），欠格事由（第2項），資格者証の返納命令（第3項）について規定したものである。平成26年改正以前は資格者証に関する規定が未整備であったが，重大な事故の発生を防ぐために，定期調査・検査に関して不誠実な行為（粗雑な調査・検査の実施，虚偽の報告書の作成など）をした者や不正な手段によって資格を取得した者を確実に排除できるよう，同改正において資格者制度を法定化し，処分に従わない者には罰則を科して，定期調査・検査精度の実効性を確保することとしたものである。

種類は，「特定建築物調査員資格者証」及び「昇降機等検査員資格者証」とされている（施行規則第6条の5第1項）。建築物調査員資格者証の枠組みの中に，「昇降機等検査員資格者証」が含まれているのは，法第88条第1項の規定により，令第138条第2項第2号・第3号の準用工作物（高架の遊戯施設・回転運動をする遊戯施設）については，法第12条第1項・第2項の規定が準用されることとされている一方で，施行規則の規定上，遊戯施設については「昇降機等検査員資格者証」の交付を受けた者が調査・点検を行うものとして定義されているため，法制的に整合性を図る観点から措置されたものである。

また，資格者証の交付を受ける要件としては，「登録特定建築物調査員講習」の課程を修了することが要件となっている（第１項第１号，施行規則第６条の６）。

（建築設備等検査員資格者証）

法第12条の３　建築設備等検査員資格者証の種類は，国土交通省令で定める。

２　建築設備等検査員が第12条第３項の検査及び同条第４項の点検（次項第１号において「検査等」という。）を行うことができる建築設備等の種類は，前項の建築設備等検査員資格者証の種類に応じて国土交通省令で定める。

３　国土交通大臣は，次の各号のいずれかに該当する者に対し，建築設備等検査員資格者証を交付する。

一　検査等に関する講習で建築設備等検査員資格者証の種類ごとに国土交通省令で定めるものの課程を修了した者

二　前号に掲げる者と同等以上の専門的知識及び能力を有すると国土交通大臣が認定した者

４　前条第２項から第４項までの規定は，建築設備等検査員資格者証について準用する。この場合において，同条第２項中「前項」とあるのは「次条第３項」と，同項第４号及び同条第３項第３号中「調査等」とあるのは「次条第２項に規定する検査等」と読み替えるものとする。

（平26法54・追加，令元法37・一部改正）

定期検査を行う者は，建築士以外については「建築設備等検査員」に限られており，これは「建築設備等検査員資格者証」の交付を受けている者として定義されている（法第12条第３項・第４項）。本条は，法第12条の２と同様の趣旨で定められたものであり，内容も同様である（第４項）。ただし，「建築設備等」については，運用上，「建築設備（昇降機以外）」「昇降機」「防火設備」の３つに区分されているため，それぞれについて資格者証を設定し，対応する建築設備等についてのみ検査を行うことができるものとしている（第２項・第３項）。

建築設備等検査員資格者証の種類は，「建築設備検査員資格者証」，「防火設備検査員資格者証」及び「昇降機等検査員資格者証」とされている（施行規則第６条の５第２項）。

また，資格者証の交付を受ける要件としては，それぞれの資格者証に応じて「登録建築設備検査員講習」，「登録防火設備検査員講習」又は「登録昇降機等検査員講習」の課程を修了することが要件となっている（第３項第１号，施行規則第６条の

６）。

なお，平成26年改正以前においては，「建築設備」「昇降機」のみが検査対象であり，防火設備については「建築物」の部分として調査対象とされていたが，近年の防火設備は火災感知やシステム制御など機構が高度化・複雑化していることを踏まえて，防火設備の専門家による詳細な検査を行うため，同改正により「建築設備等検査員」の一種である「防火設備検査員」として独立させることとなった。

（身分証明書の携帯）

法第13条　建築主事等，建築監視員若しくは特定行政庁の命令若しくは建築主事等の委任を受けた当該市町村若しくは都道府県の職員が第12条第７項の規定によつて建築物，建築物の敷地若しくは建築工事場に立ち入る場合又は建築監視員が第９条の２（第90条第３項において準用する場合を含む。）の規定による権限を行使する場合においては，その身分を示す証明書を携帯し，関係者に提示しなければならない。

２　第12条第７項の規定による権限は，犯罪捜査のために認められたものと解釈してはならない。

（昭34法156・昭45法109・平10法100・平16法67・平18法53・平26法54・令５法58・一部改正）

公務員の職務は，常に法令上の根拠に基づいて適法に行使されなければならない。本条は，本法の規定に基づき権限を行使する建築主事等の行為が正当なものでもあることを示すために設けられた規定で，「建築主事」，「建築監視員」，「特定行政庁の命令を受けた職員」，「建築主事の委任を受けた職員」が建築現場に立ち入る場合等には身分証明書を携帯し，関係者に提示させることとしている。

関係者に身分証明書を提示しなければならないのは，これらの者が，第12条第７項の説明において掲げた①から⑨までの場合において，確認，検査，命令，確認済証の失効又は公示をするために建築物，建築物の敷地又は建築工事場に立ち入る場合か，建築監視員が法第９条第７項又は第10項に規定する特定行政庁の権限を行使する場合である。身分証明書の提示は，その目的上，数人の者が同一の目的をもって立ち入る等の場合にはそのうちの１人がすればよいと解される。

身分証明書の提示の対象となる関係者の範囲は，確認，検査，命令又は公示の別に応じてそれぞれ異なり常識的に決定することになるが，身分証明書の提示の制度の趣旨から考えて相当広範囲にわたるものと解さなければならない。

身分証明書の様式は，施行規則第７条に定められている。

なお，関係者に身分証明書を提示しないでした処分等は，建築主事等の正当な権限の行使とはみなされないこととなる場合もあろう。身分証明書が施行規則第７条に定められた様式によっていない場合も同様である。

（書類の閲覧）

法第93条の２　特定行政庁は，確認その他の建築基準法令の規定による処分並びに第12条第１項及び第３項の規定による報告に関する書類のうち，当該処分若しくは報告に係る建築物若しくは建築物の敷地の所有者，管理者若しくは占有者又は第三者の権利利益を不当に侵害するおそれがないものとして国土交通省令で定めるものについては，国土交通省令で定めるところにより，閲覧の請求があつた場合には，これを閲覧させなければならない。

（平10法100・全改，平11法160・平16法67・一部改正）

本条は，特定行政庁において，本法に基づく処分や報告に関する書類について，閲覧の請求があった場合には，これを閲覧させなければならないものとする規定である。この規定は，周辺住民に，その近隣に建築される建築物が違反建築物であるか否か，その建築物によって自らの敷地や建築物等がどのような影響を受けるかなどを知らせるとともに，消費者が住宅を購入したり賃借したりしようとするときに，その建築物が確認や検査等の処分を適切に受けているかどうかを確かめるための機会を付与することで善意の買主や借主を保護するために設けられた制度である。したがって，営業活動等明らかに他の目的で閲覧の請求をする者にまで閲覧させる必要はない。

本条において「特定行政庁」が行為の主体として位置づけられているのは，民間の機関ではなく，あくまでも特定行政庁が情報公開し，閲覧の請求があった場合にはこれを閲覧させなければならないということである。

閲覧の対象となる書類は，施行規則第11条の３において規定されており，具体的には，以下のとおりである。

- 建築計画概要書（工作物の場合は築造計画概要書）
- 定期調査報告概要書（建築設備の場合は定期検査報告概要書）
- 処分等概要書
- 全体計画概要書
- 指定道路図

・指定道路調書

ここでは，「建築確認」「中間検査」「完了検査」など建築物のフロー段階の手続のみならず，建築物のストック管理の情報に当たる「定期調査」「定期検査」に関する報告内容についても閲覧対象とし，建築物の利用者等に対する適切な情報公開を行うための環境を確保している。

なお，閲覧の場所や閲覧時間等の閲覧に関する規程については，特定行政庁で定めることとなっている（施行規則第11条の３第３項）。

第11節　国土交通大臣等の関与

（都道府県知事又は国土交通大臣の勧告，助言又は援助）

法第14条　建築主事を置く市町村の長は，都道府県知事又は国土交通大臣に，都道府県知事は，国土交通大臣に，この法律の施行に関し必要な助言又は援助を求めることができる。

2　国土交通大臣は，特定行政庁に対して，都道府県知事は，建築主事を置く市町村の長に対して，この法律の施行に関し必要な勧告，助言若しくは援助をし，又は必要な参考資料を提供することができる。

（平11法160・一部改正）

建築基準法は全国一律に適用され，その執行は原則自治事務として都道府県知事または建築主事を置く市町村の長とその指揮監督の下に置かれる建築主事がすることになっている。同法は建築物の敷地，構造，設備及び用途に関する基準法として建築物の建築及びその維持管理に関して国民に一定の制限を課すものであるから同法を執行する者によって解釈適用がまちまちであるようなことは許されない。このため，同法の解釈適用については全国を通じて同一の立場から統一する者がなければならないことになる。さらに，このことは法文の解釈適用ばかりでなく建築行政の進め方，重点の置き方，関係諸団体等との連絡調整等に関しても同様である。本条は，このような建築基準法の施行ないしはもっと広く建築行政の中心を国土交通大臣とし，各都道府県内における建設行政の中心は知事として建築行政が各執行者によって区々にわたることのないように統一することとして，建築主事を置く市町村の長等は国土交通大臣又は都道府県知事に，都道府県知事は国土交通大臣に対して必要な助言等を求めることができ（第１項），また，国土交通大臣等はこれらの特定行政庁に対して必要な資料等を提供できる（第２項）こととしたのである。

なお，本条が建築基準法の一部を執行する建築主事について助言，勧告等の規定を置かなかったのは，建築主事は特定行政庁たる都道府県知事又は市町村長の指揮監督の下にその職務を行うことになっているため，これらの都道府県知事又は市町村長に助言等の規定を置けば十分であると考えられたからである。

（報告，検査等）

法第15条の２　国土交通大臣は，第１条の目的を達成するため特に必要があると認めるときは，建築物若しくは建築物の敷地の所有者，管理者若しくは占有者，建築主，設計者，建築材料等を製造した者，工事監理者，工事施工者，建築物に関する調査をした者若しくは第68条の10第1項の型式適合認定，第68条の25第1項の構造方法等の認定若しくは第68条の26の特殊構造方法等認定（以下この項において「型式適合認定等」という。）を受けた者に対し，建築物の敷地，構造，建築設備若しくは用途，建築材料等の受取若しくは引渡しの状況，建築物に関する工事の計画若しくは施工の状況若しくは建築物に関する調査の状況に関する報告若しくは帳簿，書類その他の物件の提出を求め，又はその職員に，建築物，建築物の敷地，建築材料等を製造した者の工場，営業所，事務所，倉庫その他の事業場，建築工事場，建築物に関する調査をした者の営業所，事務所その他の事業場若しくは型式適合認定等を受けた者の事務所その他の事業場に立ち入り，建築物，建築物の敷地，建築設備，建築材料，建築材料等の製造に関係がある物件，設計図書その他建築物に関する工事に関係がある物件，建築物に関する調査に関係がある物件若しくは型式適合認定等に関係がある物件を検査させ，若しくは試験させ，若しくは建築物若しくは建築物の敷地の所有者，管理者若しくは占有者，建築主，設計者，建築材料等を製造した者，工事監理者，工事施工者，建築物に関する調査をした者若しくは型式適合認定等を受けた者に対し必要な事項について質問させることができる。ただし，住居に立ち入る場合においては，あらかじめ，その居住者の承諾を得なければならない。

2　前項の規定により立入検査をする職員は，その身分を示す証明書を携帯し，関係者に提示しなければならない。

3　第1項の規定による権限は，犯罪捜査のために認められたものと解釈してはならない。

（平26法54・追加）

近年，エレベーター等の事故，大規模な地震による被害の発生等により，建築物の安全性確保の要請が高まっているとともに，建築技術の発達に伴い，昇降機等をはじめとした建築物の構造の高度化・複雑化が進んでいる。このため，高度な技術的専門性を有する国が，建築物の事故や違反の実態を確実・迅速に把握する必要性が，これまで以上に高まっている。しかしながら，国が調査を実施するに当たって，以下の事案が発生している。

①　事故関係者に，事故原因究明のために報告を求めたが，報告を拒否された。

②　広域に存在する違反建築物に使用されている建築材料・機器等の製造者に，出荷先の報告を求めたが，出荷リストの提供が拒否された。

③　違反の疑いのある建築物に関与した設計者に対して，報告聴取等による違反事実の調査を行うよう特定行政庁に求めたが，当該特定行政庁が建築確認を行った当事者であったため，調査を行うことを拒否された。

このため，国が自ら必要な調査を迅速・確実に実施できるよう，平成26年改正による本条の創設により，報告徴収，立入検査等の権限が与えられることとなった。

（国土交通大臣又は都道府県知事への報告）

法第16条　国土交通大臣は，特定行政庁に対して，都道府県知事は，建築主事を置く市町村の長に対して，この法律の施行に関して必要な報告又は統計の資料の提出を求めることができる。

（昭31法148・昭45法109・平11法160・一部改正）

本条は，本法の主管官庁たる国土交通大臣及び都道府県知事の報告要求権を規定したものである。

その趣旨は，「建築行政の最終的な責任者としての国土交通大臣」又は「都道府県内における建築行政の責任者としての都道府県知事」は，それぞれの立場において建築基準法の施行に関して報告を求めることによって建築行政の実態を的確に把握し，必要がある場合には法第14条によって勧告，助言等を行い，又は法第17条によって必要な指示等を行うことにより本法の施行の一体性を図るところにある。

このため，国土交通大臣は，「特定行政庁たる都道府県知事又は市町村長」に対して，都道府県知事は，「特定行政庁たる市町村長」に対して，必要に応じて，随時，本法の施行に関して必要な報告又は統計の資料の提出を求めることができることとされている。

本条によって国土交通大臣が特定行政庁に対して報告を求めている事項には随時的なものと定例的なものがあり，随時的なものには，具体的な事例の内容等に関すること，建築行政組織，人員，予算，執行方針等があり，定例的なものには次のようなものがある。

①　法令に基づく条例，規則の制定，改廃の状況

②　建築確認件数，建築許可件数，完成検査件数，確認手数料額等

③　違反建築物及び既存不適格建築物の措置状況

④　定期調査又は定期検査の報告件数
⑤　建築物災害の状況
⑥　建築行政に関する訴訟，行政不服の申立て，告発等

なお，本条に建築主事に報告を求めることができる旨の規定を置かなかったのも法第14条同様，建築主事を指揮監督する特定行政庁たる都道府県知事又は市町村長に報告を求めることができれば十分であると考えられたからである。

（特定行政庁等に対する指示等）

法第17条　国土交通大臣は，都道府県若しくは市町村の建築主事等の処分がこの法律若しくはこれに基づく命令の規定に違反し，又は都道府県若しくは市町村の建築主事等がこれらの規定に基づく処分を怠つている場合において，国の利害に重大な関係がある建築物に関し必要があると認めるときは，当該都道府県知事又は市町村の長に対して，期限を定めて，都道府県又は市町村の建築主事等に対し必要な措置を命ずべきことを指示することができる。

2　国土交通大臣は，都道府県の建築主事等の処分がこの法律若しくはこれに基づく命令の規定に違反し，又は都道府県の建築主事等がこれらの規定に基づく処分を怠つている場合において，これらにより多数の者の生命又は身体に重大な危害が発生するおそれがあると認めるときは，当該都道府県知事に対して，期限を定めて，都道府県の建築主事等に対し必要な措置を命ずべきことを指示することができる。

3　都道府県知事は，市町村の建築主事等の処分がこの法律若しくはこれに基づく命令の規定に違反し，又は市町村の建築主事等がこれらの規定に基づく処分を怠つている場合において，これらにより多数の者の生命又は身体に重大な危害が発生するおそれがあると認めるときは，当該市町村の長に対して，期限を定めて，市町村の建築主事等に対し必要な措置を命ずべきことを指示することができる。

4　国土交通大臣は，前項の場合において都道府県知事がそのすべき指示をしないときは，自ら同項の指示をすることができる。

5　都道府県知事又は市町村の長は，正当な理由がない限り，前各項の規定により国土交通大臣又は都道府県知事が行つた指示に従わなければならない。

6　都道府県又は市町村の建築主事等は，正当な理由がない限り，第1項から第4項までの規定による指示に基づく都道府県知事又は市町村の長の命令に

従わなければならない。

7　国土交通大臣は，都道府県知事若しくは市町村の長が正当な理由がなく，所定の期限までに，第1項の規定による指示に従わない場合又は都道府県若しくは市町村の建築主事等が正当な理由がなく，所定の期限までに，同項の規定による国土交通大臣の指示に基づく都道府県知事若しくは市町村の長の命令に従わない場合においては，正当な理由がないことについて社会資本整備審議会の確認を得た上で，自ら当該指示に係る必要な措置をとることができる。

8　国土交通大臣は，都道府県知事若しくは市町村の長がこの法律若しくはこれに基づく命令の規定に違反し，又はこれらの規定に基づく処分を怠つている場合において，国の利害に重大な関係がある建築物に関し必要があると認めるときは，当該都道府県知事又は市町村の長に対して，期限を定めて，必要な措置をとるべきことを指示することができる。

9　国土交通大臣は，都道府県知事がこの法律若しくはこれに基づく命令の規定に違反し，又はこれらの規定に基づく処分を怠つている場合において，これらにより多数の者の生命又は身体に重大な危害が発生するおそれがあると認めるときは，当該都道府県知事に対して，期限を定めて，必要な措置をとるべきことを指示することができる。

10　都道府県知事は，市町村の長がこの法律若しくはこれに基づく命令の規定に違反し，又はこれらの規定に基づく処分を怠つている場合において，これらにより多数の者の生命又は身体に重大な危害が発生するおそれがあると認めるときは，当該市町村の長に対して，期限を定めて，必要な措置をとるべきことを指示することができる。

11　第4項及び第5項の規定は，前3項の場合について準用する。この場合において，第5項中「前各項」とあるのは，「第8項から第10項まで又は第11項において準用する第4項」と読み替えるものとする。

12　国土交通大臣は，都道府県知事又は市町村の長が正当な理由がなく，所定の期限までに，第8項の規定による指示に従わない場合においては，正当な理由がないことについて社会資本整備審議会の確認を得た上で，自ら当該指示に係る必要な措置をとることができる。

（平11法87・全改，平11法160・令5法58・一部改正）

従来，建築基準法令に基づく処分について建築主事等が処分を怠る等の場合には，地方自治法の規定に基づき最終的には建設大臣（当時）が当該措置の代執行を行うことができることとされていた。

しかし，平成12年４月１日に施行された地方分権一括法（平成11年法律第87号）により機関委任事務制度が廃止され，建築確認事務等が自治事務化されたことから，地元地方公共団体の利益と必ずしも一致しないような施設について，その建築計画が適法であるにもかかわらず，建築主事等が違法に事務を怠るケースが想定される。このような場合，これらの施設の円滑な整備ができず，国の利害等に大きな影響を与えるおそれがある。

このため，建築主事等が違法に事務を怠る場合などの要件に加え，「国の利害に重大な関係がある」「多数の者の生命又は身体に重大な危害が発生するおそれがある」建築物に限定して，直接執行等の措置を講じることができる制度を設けたものである。

「国の利害に重大な関係がある」場合としては，防衛施設等の建築について建築主事が適合通知をしない場合や核燃料サイクル施設等の建築について建築主事が確認通知をしないようなケースが，「多数の者の生命又は身体に重大な危害が発生するおそれがある」場合としては，劇場，デパート等の建築物に構造上の欠陥があり崩壊の危険性があるにもかかわらず，建築主事等が事務を怠るようなケースが，それぞれ考えられる。

【建築主事による処分に対する指示等】

第１項・第２項

国土交通大臣は，建築主事の処分が法令の規定に違反等している場合に，①国の利害に重大な関係がある建築物に関し必要があると認めるとき又は②多数の者の生命又は身体に重大な危害が発生するおそれがあると認めるときは，都道府県知事又は市町村の長に対して，建築主事に対し必要な措置を命ずるべきことを指示することができる。

第３項・第４項

都道府県知事は，市町村の建築主事の処分が法令の規定に違反等している場合に，これらにより多数の者の生命又は身体に重大な危害が発生するおそれがあると認めるときは，当該市町村の長に対して，建築主事に対し必要な措置を命ずべきことを指示することができる。この場合に都道府県知事がそのすべき指示をしないときは，国土交通大臣が自らその指示をすることができる。

第５項・第６項

都道府県知事又は市町村の長は，正当な理由がない限り，国土交通大臣又は都道府県知事が行った指示に従わなければならず，同様に，建築主事は，正当な理由がない限り，これらの指示に基づく都道府県知事又は市町村の長の命令に従わなければならない。

第７項

国土交通大臣は，国の利害に重大な関係がある建築物に関して，正当な理由がなく所定の期限までに，都道府県知事若しくは市町村の長が指示に従わない場合又は建築主事が当該指示に基づく都道府県知事若しくは市町村の長の命令に従わない場合には，正当な理由がないことについて社会資本整備審議会の確認を得た上で，自ら当該指示に係る必要な措置をとることができる。

本項の趣旨は，建築主事の監督権者である都道府県知事や市町村長が国土交通大臣の指示に従わない場合には，建築主事も監督権者である都道府県知事や市町村長の意向に従っている状態にあるのが一般的であると考えられるため，国土交通大臣から建築主事に対して命令を発したとしても，建築主事が板挟みになる状態を生み出すだけであることから，監督権者である都道府県知事や市町村長が国土交通大臣の指示に従わない場合には，建築主事に対して命令することなく，国土交通大臣が直接必要な措置をとることとしているところにある。

なお，多数の者の生命又は身体に重大な危害が発生する場合には，国が指示したにもかかわらず，当該地方公共団体が指示に従わないという事態は考えにくく，また，地方分権の趣旨からはできるだけ国の関与を少なくすることが重要であることから，直接執行を行わないこととしている。

【都道府県知事・市町村長による処分に対する指示等】

第８項

国土交通大臣は，都道府県知事若しくは市町村の長が法令の規定に違反等している場合に，国の利害に重大な関係がある建築物等に関し必要があると認めるときは，当該都道府県知事又は市町村の長に対して，必要な措置をとるべきことを指示することができる。

第９項・第10項

国土交通大臣又は都道府県知事は，都道府県知事又は市町村の長が法令の規定に違反等している場合に，これらにより多数の者の生命又は身体に重大な危害が発生するおそれがあると認めるときは，当該都道府県知事又は市町村長に対して，必要な措置をとるべきことを指示することができる。

第11項

第８項から第10項までの場合において，都道府県知事がそのすべき指示をしないときは，国土交通大臣が自らその指示をすることができる。

また，都道府県知事又は市町村の長は，正当な理由がない限り，国土交通大臣又は都道府県知事が行った指示に従わなければならない。

第12項

国土交通大臣は，国の利害に重大な関係がある建築物に関して，正当な理由がなく，所定の期限までに，都道府県知事又は市町村の長が指示に従わない場合には，正当な理由がないことについて社会資本整備審議会の確認を得た上で，自ら当該指示に係る必要な措置をとることができる。

（届出及び統計）

法第15条　建築主が建築物を建築しようとする場合又は建築物の除却の工事を施工する者が建築物を除却しようとする場合においては，これらの者は，建築主事等（大規模建築物を建築し，又は除却しようとする場合にあつては，建築主事）を経由して，その旨を都道府県知事に届け出なければならない。ただし，当該建築物又は当該工事に係る部分の床面積の合計が10平方メートル以内である場合においては，この限りでない。

２　前項の規定にかかわらず，同項の建築物の建築又は除却が第１号の耐震改修又は第２号の建替えに該当する場合における同項の届出は，それぞれ，当該各号に規定する所管行政庁が都道府県知事であるときは直接当該都道府県知事に対し，市町村の長であるときは当該市町村の長を経由して行わなければならない。

一　建築物の耐震改修の促進に関する法律（平成７年法律第123号）第17条第１項の規定により建築物の耐震改修（増築又は改築に限る。）の計画の認定を同法第２条第３項の所管行政庁に申請する場合の当該耐震改修

二　密集市街地整備法第４条第１項の規定により建替計画の認定を同項の所管行政庁に申請する場合の当該建替え

３　市町村の長は，当該市町村の区域内における建築物が火災，震災，水災，風災その他の災害により滅失し，又は損壊した場合においては，都道府県知事に報告しなければならない。ただし，当該滅失した建築物又は損壊した建

築物の損壊した部分の床面積の合計が10平方メートル以内である場合においては，この限りでない。

4　都道府県知事は，前3項の規定による届出及び報告に基づき，建築統計を作成し，これを国土交通大臣に送付し，かつ，関係書類を国土交通省令で定める期間保存しなければならない。

5　前各項の規定による届出，報告並びに建築統計の作成及び送付の手続は，国土交通省令で定める。

（昭29法140・昭34法156・平11法87・平11法160・平14法85・平17法120・平18法92・平25法20・令5法58・一部改正）

（建築工事届及び建築物除却届）

則第8条　法第15条第1項の規定による建築物を建築しようとする旨の届出及び同項の規定による建築物を除却しようとする旨の届出は，それぞれ別記第40号様式及び別記第41号様式による。

2　既存の建築物を除却し，引き続き，当該敷地内において建築物を建築しようとする場合においては，建築物を建築しようとする旨の届出及び建築物を除却しようとする旨の届出は，前項の規定にかかわらず，合わせて別記第40号様式による。

3　前2項の届出は，当該建築物の計画について法第6条第1項の規定により建築主事等の確認を受け，又は法第18条第2項の規定により建築主事等に工事の計画を通知しなければならない場合においては，当該確認申請又は通知と同時に（法第6条の2第1項の確認済証の交付を受けた場合においては，遅滞なく）行わなければならない。

4　法第15条第2項の届出は，同項各号に規定する申請と同時に行わなければならないものとする。

（昭30建令11・全改，昭34建令34・旧第6条繰下・一部改正，昭56建令19・平7建令28・平9建令16・平11建令14・平12建令10・平12建令26・令6国交令18・一部改正）

建築活動の動態を把握することは，建築行政はもとよりその他の行政においても極めて重要であり，一般の経済活動の資料としても欠かすことはできないものである。そこで，本法は建築行政を所管する国土交通大臣に建築物及び建築活動の動態を把握させることとし，都道府県知事に対して，建築統計の作成及びその国土交通大臣へ送付の義務を課している。

なお，本条の規定によって作成させた建築統計は，統計法（平成19年法律第53号）の定めるところによって一般に公表されている。

第１項

本項は，建築統計の基礎となる建築物の新築等及び除却の届出について規定したものである。

届出をしなければならない者は，建築物の新築等の場合は建築主（国，地方公共団体等を含む。）であり，建築物の除却の場合は当該除却工事を施工する者である。

届出をすべき場合は，建築物を新築し，増築し，改築し，又は移転しようとする場合及び既存の建築物の全部又は一部を除却しようとする場合で，その建築物の延べ面積又は増築，除却等に係る部分の床面積の合計が10㎡を超える場合である。建築物の延べ面積及び床面積の算定は，敷地単位によらず棟単位に行う。建築物の新築等の届出は建築工事届として，除却の届出は建築物除却届として施行規則第８条第１項に定める様式によって，それらの工事に着工する前にしなければならない。

届出先は都道府県知事であるが，届出は建築主事を経由して行わなければならないことになっているので，実際に届け出るのは，建築主事に対してである。したがって，建築物を新築したり除却したりする地域を管轄する市町村に建築主事が置かれていないときは都道府県の建築主事に届け出ることになる。なお，この届出は，その新築等の計画について法第６条第１項の規定により建築主事の確認を受ける場合，又は法第18条第２項の規定により建築主事に通知をしなければならない場合には，その確認の申請又は計画の通知と同時に行い，法第６条の２第１項の規定により指定確認検査機関の確認を受けた場合にあっては遅滞なく建築主事に届出を行わなければならないとされている（施行規則第８条第３項）。

法第６条第１項の規定による確認（法第６条の２第１項の規定による確認を含む。）又は法第18条第２項の規定による計画の通知を要するものと，本項の規定により届け出なければならない建築物の範囲とは必ずしも一致しないので，確認又は計画の通知を要するもの以外の建築工事届又は建築物除却届は工事の着工前に適宜すればよい。

なお，本項の届出をせず，又は虚偽の届出をした者に対しては，罰則の適用がある（法第102条第２号）。

第２項

建築物の耐震改修の促進に関する法律の規定に基づく耐震改修又は密集市街地整備法に基づく建替えに伴う建築物の建築・除却に際しては，それぞれの法律において規定する所管行政庁が都道府県知事の場合は直接都道府県知事に届出を行い，所管行政庁が市町村の長である場合は，当該市町村の長を経由して都道府県知事に届け出なければならないとする規定である。また，この場合の届出は，耐震改修計画や建替計画の認定申請と同時に行わなければならない（施行規則第８条第４項）。

第３項

本項は，建築統計の基礎となる災害報告に関する規定である。

市町村長及び特別区の区長は，当該市区町村の区域内における建築物が火災，震災，水災，風災その他の災害により滅失し，又は損壊（一部損壊を含む。）した場合には都道府県知事に報告しなければならない。ただし，当該滅失した建築物の延べ面積又は損壊した部分の床面積の合計が10㎡以内である場合には報告を要しない。この場合の床面積の合計も，建築物の棟単位に算定する。

第４項

都道府県知事は，第１項及び第２項の規定による建築工事届及び建築物除却届並びに第３項の規定による災害報告に基づいて建築統計を作成し，これを国土交通大臣に送付しなければならない。また，保存期間は，建築動態統計調査規則（昭和25年建設省令第44号）の定めるところによる。

第５項

本項の規定に基づく国土交通省令は，施行規則第８条及び建築動態統計調査規則である。

なお，同規則においては，建築動態統計調査を「建築着工統計調査」と「建築物滅失統計調査」に区分しており，特に前者については，統計法における基幹統計に位置づけられている。

第12節　国等の建築物に対する手続の特例

（国，都道府県又は建築主事を置く市町村の建築物に対する確認，検査又は是正措置に関する手続の特例）

法第18条　国，都道府県又は建築主事を置く市町村の建築物及び建築物の敷地については，第6条から第7条の6まで，第9条から第9条の3まで，第10条及び第90条の2の規定は，適用しない。この場合においては，次項から第25項までの規定に定めるところによる。

2　第6条第1項の規定によつて建築し，又は大規模の修繕若しくは大規模の模様替をしようとする建築物の建築主が国，都道府県又は建築主事を置く市町村である場合においては，当該国の機関の長等は，当該工事に着手する前に，その計画を建築主事等（当該計画が大規模建築物に係るものである場合にあつては，建築主事）に通知しなければならない。ただし，防火地域及び準防火地域外において建築物を増築し，改築し，又は移転しようとする場合（当該増築，改築又は移転に係る部分の床面積の合計が10平方メートル以内である場合に限る。）においては，この限りでない。

3　建築主事等は，前項の通知を受けた場合においては，第6条第4項に定める期間内に，当該通知に係る建築物の計画が建築基準関係規定（第6条の4第1項第1号若しくは第2号に掲げる建築物の建築，大規模の修繕若しくは大規模の模様替又は同項第3号に掲げる建築物の建築について通知を受けた場合にあつては，同項の規定により読み替えて適用される第6条第1項に規定する建築基準関係規定。以下この項及び第14項において同じ。）に適合するかどうかを審査し，審査の結果に基づいて，建築基準関係規定に適合することを認めたときは，当該通知をした国の機関の長等に対して確認済証を交付しなければならない。

4　国の機関の長等は，第2項の場合において，同項の通知に係る建築物の計画が特定構造計算基準又は特定増改築構造計算基準に適合するかどうかの前項に規定する審査を要するものであるときは，当該建築物の計画を都道府県知事に通知し，構造計算適合性判定を求めなければならない。ただし，当該建築物の計画が特定構造計算基準（第20条第1項第2号イの政令で定める基準に従つた構造計算で同号イに規定する方法によるものによつて確かめられる安全性を有することに係る部分のうち前項に規定する審査が比較的容易にできるものとして政令で定めるものに限る。）又は特定増改築構造計算基準（同項に規定する審査が比較的容易にできるものとして政令で定めるものに限る。）に適合するかどうかを第6条の3第1項ただし書の国土交通省令で定める要件を備える者である建築主事等が前項に規定する審査をする場合は，この限りでない。

5　都道府県知事は，前項の通知を受けた場合において，当該通知に係る建築物の計画が建築基準関係規定に適合するものであることについて当該都道府県に置かれた建築主事等が第3項に規定する審査をするときは，当該建築主事等を当該通知に係る構造計算適合性判定に関する事務に従事させてはならない。

6　都道府県知事は，特別な構造方法の建築物の計画について第4項の構造計算適合性判定を行うに当たつて必要があると認めるときは，当該構造方法に係る構造計算に関して専門的な識見を有する者の意見を聴くものとする。

7　都道府県知事は，第4項の通知を受けた場合においては，その通知を受けた日から14日以内に，当該通知に係る構造計算適合性判定の結果を記載した通知書を当該通知をした国の機関の長等に交付しなければならない。

8　都道府県知事は，前項の場合（第4項の通知に係る建築物の計画が特定構造計算基準（第20条第1項第2号イの政令で定める基準に従つた構造計算で同号イに規定する方法によるものによつて確かめられる安全性を有することに係る部分に限る。）に適合するかどうかの判定を求められた場合その他国土交通省令で定める場合に限る。）において，前項の期間内に当該通知をした国の機関の長等に同項の通知書を交付することができない合理的な理由があるときは，35日の範囲内において，同項の期間を延長することができる。この場合においては，その旨及びその延長する期間並びにその期間を延長する理由を記載した通知書を同項の期間内に当該通知をした国の機関の長等に交付しなければならない。

9　都道府県知事は，第7項の場合において，第4項の通知の記載によつては当該建築物の計画が特定構造計算基準又は特定増改築構造計算基準に適合するかどうかを決定することができない正当な理由があるときは，その旨及びその理由を記載した通知書を第7項の期間（前項の規定により第7項の期間を延長した場合にあつては，当該延長後の期間）内に当該通知をした国の機関の長等に交付しなければならない。

10　国の機関の長等は，第7項の規定により同項の通知書の交付を受けた場合において，当該通知書が適合判定通知書であるときは，第3項の規定による審査をする建築主事等に，当該適合判定通知書又はその写しを提出しなければならない。ただし，当該建築物の計画に係る第14項の通知書の交付を受けた場合は，この限りでない。

11　国の機関の長等は，前項の場合において，第3項の期間（第13項の規定により第3項の期間が延長された場合にあつては，当該延長後の期間）の末日の3日前までに，前項の適合判定通知書又はその写しを当該建築主事等に提出しなければならない。

12　建築主事等は，第3項の場合において，第2項の通知に係る建築物の計画が第4項の構造計算適合性判定を要するものであるときは，当該通知をした国の機関の長等から第10項の適合判定通知書又はその写しの提出を受けた場合に限り，第3項の確認済証を交付することができる。

13　建築主事等は，第3項の場合（第2項の通知に係る建築物の計画が特定構造計算基準（第20条第1項第2号イの政令で定める基準に従つた構造計算で同号イに規定する方法によるものによつて確かめられる安全性を有することに係る部分に限る。）に適合するかどうかを審査する場合その他国土交通省令で定める場合に限る。）において，第3項の期間内に当該通知をした国の機関の長等に同項の確認済証を交付することができない合理的な理由があるときは，35日の範囲内において，同項の期間を延長することができる。この場合においては，その旨及びその延長する期間並びにその期間を延長する理由を記載した通知書を同項の期間内に当該通知をした国の機関の長等に交付しなければならない。

14　建築主事等は，第3項の場合において，第2項の通知に係る建築物の計画が建築基準関係規定に適合しないことを認めたとき，又は建築基準関係規定に適合するかどうかを決定することができない正当な理由があるときは，その旨及びその理由を記載した通知書を第3項の期間（前項の規定により第3項の期間を延長した場合にあつては，当該延長後の期間）内に当該通知をした国の機関の長等に交付しなければならない。

15　第2項の通知に係る建築物の建築，大規模の修繕又は大規模の模様替の工事は，第3項の確認済証の交付を受けた後でなければすることができない。

16　国の機関の長等は，当該工事を完了した場合においては，その旨を，工事が完了した日から4日以内に到達するように，建築主事等（当該工事が大規模建築物に係るものである場合にあつては，建築主事。第19項において同じ。）に通知しなければならない。

17　建築主事等が前項の規定による通知を受けた場合においては，検査実施者は，その通知を受けた日から7日以内に，その通知に係る建築物及びその敷地が建築基準関係規定（第7条の5に規定する建築物の建築，大規模の修繕又は大規模の模様替の工事について通知を受けた場合にあつては，第6条の4第1項の規定により読み替えて適用される第6条第1項に規定する建築基準関係規定。以下この条において同じ。）に適合しているかどうかを検査しなければならない。

18　検査実施者は，前項の規定による検査をした場合において，当該建築物及びその敷地が建築基準関係規定に適合していることを認めたときは，国の機関の長等に対して検査済証を交付しなければならない。

19　国の機関の長等は，当該工事が特定工程を含む場合において，当該特定工程に係る工事を終えたときは，その都度，その旨を，その日から4日以内に到達するように，建築主事等に通知しなければならない。

20　建築主事等が前項の規定による通知を受けた場合においては，検査実施者は，その通知を受けた日から4日以内に，当該通知に係る工事中の建築物等について，検査前に施工された工事に係る建築物の部分及びその敷地が建築基準関係規定に適合するかどうかを検査しなければならない。

21　検査実施者は，前項の規定による検査をした場合において，工事中の建築物等が建築基準関係規定に適合することを認めたときは，国土交通省令で定めるところにより，国の機関の長等に対して当該特定工程に係る中間検査合格証を交付しなければならない。

22　特定工程後の工程に係る工事は，前項の規定による当該特定工程に係る中間検査合格証の交付を受けた後でなければ，これを施工してはならない。

23　検査実施者は，第20項の規定による検査において建築基準関係規定に適合することを認められた工事中の建築物等について，第17項又は第20項の規定による検査をするときは，同項の規定による検査において建築基準関係規定に適合することを認められた建築物の部分及びその敷地については，これらの規定による検査をすることを要しない。

24　第6条第1項第1号から第3号までの建築物を新築する場合又はこれらの建築物（共同住宅以外の住宅及び居室を有しない建築物を除く。）の増築，改築，移転，大規模の修繕若しくは大規模の模様替の工事で避難施設等に関する工事を含むものをする場合においては，第18項の検査済証の交付を受けた後でなければ，当該新築に係る建築物又は当該避難施設等に関する工事に係る建築物若しくは建築物の部分を使用し，又は使用させてはならない。ただし，次の各号のいずれかに該当する場合には，検査済証の交付を受ける前においても，仮に，当該建築物又は建築物の部分を使用し，又は使用させることができる。

一　特定行政庁が，安全上，防火上又は避難上支障がないと認めたとき。

二　建築主事等（当該建築物又は建築物の部分が大規模建築物又はその部分に該当する場合にあつては，建築主事）が，安全上，防火上及び避難上支障がないものとして国土交通大臣が定める基準に適合していることを認めたとき。

三　第16項の規定による通知をした日から7日を経過したとき。

25　特定行政庁は，国，都道府県又は建築主事を置く市町村の建築物又は建築物の敷地が第9条第1項，第10条第1項若しくは第3項又は第90条の2第1項の規定に該当すると認める場合においては，直ちに，その旨を当該建築物又は建築物の敷地を管理する国の機関の長等に通知し，これらの規定に掲げる必要な措置をとるべきことを要請しなければならない。

（昭26法195・昭34法156・昭45法109・昭51法83・昭58法44・平10法100・平11法160・平16法67・平18法92・平26法54・平30法67・令5法58・一部改正）

国，都道府県又は建築主事を置く市町村が所有し，管理し，又は占有する建築物についても建築基準関係規定が適用されることはいうまでもないが，これらの機関は，国の機関であること又は建築行政を執行する機関であることの特殊性から，すべての関係において一般並みに取り扱うことは実情にそぐわない面もあるので，本条は，これらの機関の建築物については，建築の場合に手続等一定の事項に限って，別個の取扱いを定めているのである。

第1項

国，都道府県又は建築主事が置かれる市町村が所有し，管理し，又は占有する建築物及び敷地については，以下の規定が適用されないこととなる。

① 法第６条（建築主事による建築確認）
② 法第６条の２（指定確認検査機関による建築確認）
③ 法第６条の３（構造計算適合性判定）
④ 法第６条の４（建築確認の特例）
⑤ 法第７条（建築主事による完了検査）
⑥ 法第７条の２（指定確認検査機関による完了検査）
⑦ 法第７条の３（建築主事による中間検査）
⑧ 法第７条の４（指定確認検査機関による中間検査）
⑨ 法第７条の５（検査の特例）
⑩ 法第７条の６（検査済証の交付を受けるまでの建築物の使用制限）
⑪ 法第９条（違反建築物に対する措置）
⑫ 法第９条の２（建築監視員）
⑬ 法第９条の３（違反建築物の設計者等に対する措置）
⑭ 法第10条（著しく保安上危険・著しく衛生上有害な建築物に関する勧告・命令）
⑮ 法第90条の２（工事中の特殊建築物等に対する措置）

これらの条項に該当する事項については，本条第２項から第25項までに定めるところによるものとされる。

なお，法文上は，「国，都道府県又は建築主事を置く市町村の建築物及び建築物の敷地」と規定しているので，これらの機関が所有している建築物についてのみ第２項から第25項までの規定が適用され，これらの機関が管理し又は占有していても所有権を有しない建築物については本条の規定は適用されないようにもみえるが，本条の立法の趣旨から考えて権原に基づき建築等をする者又は是正の措置を講ずることとなる者がこれらの機関の長又はその委任を受けた者である場合には同項の適用があると解される。

一部事務組合等の地方公共団体の組合についても，地方自治法第292条によって，地方公共団体の規定が準用されることから，通常は本条が準用される。

第２項，第３項，第12項～第15項

これらの項は，法第６条の建築確認の総則に相当する規定であるため，法第６条に関する解説も参照されたい。

法第６条第１項第１号から第３号までに掲げる建築物の建築，大規模の修繕若しくは大規模の模様替をしようとする場合又は同項第４号に掲げる建築物を建築しようとする場合の当該建築物の建築主が本条第1項に規定する国等の機関である場合には，当該国等の機関の長又はその委任を受けた者（「国の機関の長等」。法第12条第2項の定義と同じ。）は，当該工事に着手する前に，その計画を建築主事に通知しなければならない（第2項。いわゆる「計画通知」）。この場合，建築主事は，その通知を受けた日からその建築物の用途，規模等に応じ35日以内又は7日以内に，当該通知に係る建築物の計画が建築基準関係規定に適合するかどうかを審査し，その結果に基づき，当該通知をした者に対し，建築基準関係規定に適合すると認めたときは確認済証を交付（第3項）しなければならず，建築基準関係規定に適合しないとき又は適合するかどうかを決定できない正当な理由があるときはその旨及び理由を記載した通知書を交付しなければならない（第14項）。さらに，計画通知をした国の機関の長等は，対象である建築物が構造計算適合性判定を必要とするものであるときは，「適合判定通知書（又は写し）」を建築主事に提出しなければ，確認済証の交付が受けられない（第12項）。

本項の規定の対象となる建築物の建築，大規模の修繕又は大規模の模様替の工事は，建築主事から確認済証の交付を受けた後でなければしてはならない（第15項）。

また，第2項は，建築主が国，都道府県又は建築主事を置く市町村である場合としているが，この建築主は，本条の立法の趣旨から考えて相当広く解してよい。すなわち，これらの機関がこれらの機関以外から委託を受けて建築物を建築する場合等は本条の適用を受けると解してよい。これらの機関以外の機関がこれらの機関に委託する前に既に法第6条第1項の確認済証の交付を受けている場合はその確認は有効であって，あらためて本条の手続を要するものでないことはいうまでもない。

第4項～第11項

これらの項については，第4節における構造計算適合性判定に係る規定（法第6条の3）の説明において，法第6条の3第1項から第8項までに相当する項であるとして説明しているので，そちらを参照されたい。この場合，法第6条の3における「建築主」が，本条では「国の機関の長等」に当たり，構造計算適合性判定を求める主体となる。

第16項～第18項，第24項

これらの項は，法第7条の完了検査及び第7条の6の検査済証を受ける前の使用制限に相当する規定である。

国等の機関の長等は，第２項の規定により通知をしなければならない建築物の工事を完了した場合には，その旨を，工事完了の日から４日以内に到達するように建築主事に通知しなければならず（第16項），建築主事又はその委任を受けた職員は，その通知を受けた日から７日以内に，その通知に係る建築物及びその敷地が建築基準関係規定に適合しているかどうかを検査しなければならない（第17項）。

この場合，建築主事又はその委任を受けた職員は，当該建築物及びその敷地がこれらの規定に適合していることを認めたときは，完了の通知をした者に対して検査済証を交付するものとし（第16項），法第６条第１項第１号から第３号までの建築物については，関係の機関の長又はその委任を受けた者は，検査済証の交付を受けた後でなければ当該建築物を自ら使用し，又は他の者に使用させてはならない（第24項）。ただし，完了した旨の通知をした日から７日を経過した場合又は特定行政庁（完了した旨の通知の提出後は建築主事）が仮使用の承認をした場合においては，検査済証の交付を受ける前でも，仮に当該建築物を使用し，又は使用させてもよい。

第19項～第23項

これらの項は，法第７条の３の中間検査に相当する規定である。同条について述べたところを参照されたい。

第25項

本項は，法第９条，第10条及び第90条の２に相当する規定である。特定行政庁は，国等が所有し，管理し若しくは占有する建築物又は敷地が，法令に適合していない場合や著しく保安上・衛生上危険であると認められる場合等には，ただちに，その旨を当該建築物を管理する機関の長に通知し，法第９条第１項，第10条第１項又は第90条の２第１項に規定する必要な措置（国等が有している権原内の行為に限られる。）をとるべきことを要請しなければならない。法第９条等とは異なり，命令・勧告の類の規定は用意されていないが，建築行政の主体である国等の建築物が法令に不適合であったり，危険・有害な状態のまま放置されたりすることは社会通念上も許容されがたいところであるため，この要請を受けた機関の長は，ただちに要請された必要な措置をとることが望まれる。

なお，国等の機関の長等が建築主事に対して行う建築確認，完了検査，中間検査の通知等については，施行規則第８条の２の規定により，民間建築物の確認申請書等を準用することとなっている。

表1―18　通常の建築物と国等の建築物に適用される規定の比較

通常の建築物	国等の建築物
①　法第6条（建築主事による建築確認） ②　法第6条の2（指定確認検査機関による建築確認）	第2項（計画通知） 第3項（確認済証の交付） 第12項（構造計算適合性判定が必要な場合の確認済証の交付） 第13項（確認の期間延長） 第14項（基準不適合の通知書の交付） 第15項（確認済証の交付を受けるまでの工事禁止）
③　法第6条の3（構造計算適合性判定）	第4項（構造計算適合性判定） 第5項（確認と判定の同業禁止） 第6項（構造計算適合性判定に係る意見聴取） 第7項（構造計算適合性判定の結果通知書の交付） 第8項（構造計算適合性判定の期間延長等） 第9項（構造計算適合性判定の決定ができない通知） 第10項（適合判定通知書の建築主事への提出） 第11項（適合判定通知書の提出期限）
④　法第6条の4（建築確認の特例）	―
⑤　法第7条（建築主事による完了検査） ⑥　法第7条の2（指定確認検査機関による完了検査）	第16項（工事完了後の通知） 第17項（検査） 第18項（検査済証の交付）
⑦　法第7条の3（建築主事による中間検査） ⑧　法第7条の4（指定確認検査機関による中間検査）	第19項（特定工程の工事完了後の通知） 第20項（検査） 第21項（中間検査合格証の交付） 第22項（中間検査合格証の交付を受けるまでの工事禁止） 第23条（検査済み部分の検査省略）
⑨　法第7条の5（検査の特例）	―
⑩　法第7条の6（検査済証の交付を受けるまでの建築物の使用制限）	第24項（検査済証の交付を受けるまでの建築物の使用制限）
⑪　法第9条（違反建築物に対する措置）	第25項（違反建築物等への措置）

⑫　法第９条の２（建築監視員）	―
⑬　法第９条の３（違反建築物の設計者等に対する措置）	―
⑭　法第10条（著しく保安上危険・著しく衛生上有害な建築物に関する勧告・命令）	第25項（違反建築物等への措置）
⑮　法第90条の２（工事中の特殊建築物等に対する措置）	第25項（違反建築物等への措置）

第13節　許可の条件・消防同意等

（許可の条件）

法第92条の2　この法律の規定による許可には，建築物又は建築物の敷地を交通上，安全上，防火上又は衛生上支障がないものとするための条件その他必要な条件を付することができる。この場合において，その条件は，当該許可を受けた者に不当な義務を課するものであつてはならない。

（平4法82・追加）

本条は，特定行政庁が行う許可の根拠規定である。特に法第3章においては，用途地域等の建築制限において，特定行政庁による許可をした場合については規制を解除する規定が多く置かれているが，本条の効果により，このような場合の許可に際して付帯条件を課すことが可能となっている。ただし，規定中にも明記されているとおり，不当な義務を課すような条件を設定することは許されない。

平成4年改正以前の本法において，特定行政庁の許可については，許可を行うに当たって必要となる条件についての根拠規定が置かれていないほか，建築物やその敷地が許可に付された条件に違反した場合の是正措置についても規定が置かれていなかった。このため，建築物や敷地が許可に付された条件に違反した場合には，特定行政庁は直接，法第9条に基づく違反是正命令を行うことができないと解されていた。

しかしながら，条件違反を原因とする建築物の安全性の低下，市街地環境の悪化等が生じている場合において，迅速かつ適切な是正措置を命ずることは極めて重要であることに鑑み，平成4年改正において本条を新たに設け，法律上，本法の規定による許可には条件を付することができることを明確化した。また，この際，法第9条を合わせて改正し，「この法律の規定に基づく許可に付した条件」に違反した建築物についても，直ちに是正措置命令を行うことができることとし，法第92条の2が創設された趣旨を踏まえて，許可条件が適切に履行されるように措置している。

（許可又は確認に関する消防長等の同意等）

法第93条　特定行政庁，建築主事等又は指定確認検査機関は，この法律の規定による許可又は確認をする場合においては，当該許可又は確認に係る建築物の工事施工地又は所在地を管轄する消防長（消防本部を置かない市町村にあつては，市町村長。以下同じ。）又は消防署長の同意を得なければ，当該許可又は確認をすることができない。ただし，確認に係る建築物が防火地域及び準防火地域以外の区域内における住宅（長屋，共同住宅その他政令で定める住宅を除く。）である場合又は建築主事等若しくは指定確認検査機関が第87条の４において準用する第６条第１項若しくは第６条の２第１項の規定による確認をする場合においては，この限りでない。

2　消防長又は消防署長は，前項の規定によつて同意を求められた場合においては，当該建築物の計画が法律又はこれに基づく命令若しくは条例の規定（建築主事等又は指定確認検査機関が第６条の４第１項第１号若しくは第２号に掲げる建築物の建築，大規模の修繕，大規模の模様替若しくは用途の変更又は同項第３号に掲げる建築物の建築について確認する場合において同意を求められたときは，同項の規定により読み替えて適用される第６条第１項の政令で定める建築基準法令の規定を除く。）で建築物の防火に関するものに違反しないものであるときは，同項第４号に係る場合にあつては，同意を求められた日から３日以内に，その他の場合にあつては，同意を求められた日から７日以内に同意を与えてその旨を当該特定行政庁，建築主事等又は指定確認検査機関に通知しなければならない。この場合において，消防長又は消防署長は，同意することができない事由があると認めるときは，これらの期限内に，その事由を当該特定行政庁，建築主事等又は指定確認検査機関に通知しなければならない。

3　第68条の20第１項（第68条の22第２項において準用する場合を含む。）の規定は，消防長又は消防署長が第１項の規定によつて同意を求められた場合に行う審査について準用する。

4　建築主事等又は指定確認検査機関は，第１項ただし書の場合において第６条第１項（第87条の４において準用する場合を含む。）の規定による確認申請書を受理したとき若しくは第６条の２第１項（第87条の４において準用する場合を含む。）の規定による確認の申請を受けたとき又は第18条第２項（第87条第１項又は第87条の４において準用する場合を含む。）の規定による通知を受けた場合においては，遅滞なく，これを当該申請又は通知に係る建築物の工事施工地又は所在地を管轄する消防長又は消防署長に通知しなければならない。

5　建築主事等又は指定確認検査機関は，第31条第２項に規定する屎尿浄化槽又は建築物における衛生的環境の確保に関する法律（昭和45年法律第20号）第２条第１項に規定する特定建築物に該当する建築物に関して，第６条第１項（第87条第１項において準用する場合を含む。）の規定による確認の申請書を受理した場合，第６条の２第１項（第87条第１項において準用する場合を含む。）の規定による確認の申請を受けた場合又は第18条第２項（第87条第１項において準用する場合を含む。）の規定による通知を受けた場合においては，遅滞なく，これを当該申請又は通知に係る建築物の工事施工地又は所在地を管轄する保健所長に通知しなければならない。

6　保健所長は，必要があると認める場合においては，この法律の規定による許可又は確認について，特定行政庁，建築主事等又は指定確認検査機関に対して意見を述べることができる。

（昭29法72・昭34法156・昭45法20・昭58法44・平10法100・平11法87・平26法54・平30法67・令５法58・一部改正）

（消防長等の同意を要する住宅）

令第147条の３　法第93条第１項ただし書の政令で定める住宅は，一戸建ての住宅で住宅の用途以外の用途に供する部分の床面積の合計が延べ面積の２分の１以上であるもの又は50平方メートルを超えるものとする。

（平11政５・全改）

第１項

法第93条第１項の規定は，特定行政庁，建築主事又は指定確認検査機関が法の規定による許可又は確認をするに当たり，建築物の消防上の点について専門的知識を有する消防長（消防本部の長。消防本部を置かない市町村にあっては，市町村長）又は消防署長の同意（消防同意）を得させること又はこれに通知することにより，建築物の防火上の安全性を確認しようという趣旨である。消防法（昭和23年法律第186号）第７条第１項においても，これと同趣旨の規定が置かれている。

これは，消防機関が，防火の専門家の立場から，建築物の新築等の段階で防火上の観点から審査し，火災予防行政の完璧を図らんとするものであり，本来ならば，消防機関が消防行政独自の見地から，建築物について許可等の行政処分を行うべきものであるが，建築行政上行われる許可等の行政処分と一部対象が競合するため，国民の立場から，ワンストップサービスのために，できるだけ簡素でしかも効率的な運用を図るべく消防同意という制度がとられているものである。

また，消防同意を得ないでした許可等の効力についてであるが，法第93条第１項及び消防法第７条第１項は，その規定の仕方からも明らかなように強制的な規定であり，ワンストップサービスのために消防同意の制度が置かれているのであるから，単に消防機関が諮問機関的な立場から意見を述べることのみを許容したものではないと解される。したがって，消防同意なくしてなされた許可又は確認は，一般的には無効であるといえよう。

第２項

消防同意については，本項の規定によれば，消防長等は，建築物の計画が「法律又はこれに基づく命令若しくは条例の規定で建築物の防火に関するものに違反しないものであるときは」，同意を求められた日から３日又は７日以内に同意を与えなければならないとされている。ただし，法第６条の４第１項第１号若しくは第２号に掲げる建築物の建築，大規模の修繕，大規模の模様替若しくは用途の変更又は同項第３号に掲げる建築物の建築については，消防同意対象法令の範囲が限定される。

ここにいう「法律又はこれに基づく命令もしくは条例の規定」には，おおよそ防火上の目的を有するものであれば，いかなるものでも含まれる。具体的には，建築基準法令，消防法令，都市計画法令，火薬取締法令，高圧ガス取締法令，労働安全衛生法令，火災予防条例，建築物安全条例等のうち，防火に関する規定であれば，消防同意に係る審査の対象となる。このため，一般的には，消防同意の通知が決定期限内にない場合であっても，建築基準関係規定についてのみ審査を行う建築主事・指定確認検査機関の判断で，防火上違反がないことが明らかであるとして許可等をすることは許されないものと解される。

また，本項は，消防長等の判断の基準を定めたものであり，消防長等は建築物の計画が具体的に法律，命令又は条例に成文化されている防火に関する規定に抵触する場合のほかは必ず同意を与えるべきことを定めたものであるので，消防長等は，同意又は不同意の判断をするに当たっては，成文化された法令の規定のみを基準とすべきであり，他のいかなる事情をも考慮すべきではない。したがって，消防長等の不同意が建築物の防火に関する法令に根拠のないものであり，かつ，建築物の計画が建築物の敷地，構造及び建築設備に関する法令に適合するものであるときは，本条第１項及び消防法第７条第１項の規定にかかわらず，建築主事はこれを確認すべきである（昭和39年2月24日付け住指発第24号）。また，同意は，受動的な行為であり，積極的な内容を形成することはないので，条件付同意ということは趣旨に反する。

防火地域及び準防火地域以外の区域内における住宅（長屋，共同住宅その他政令で定める住宅を除く。）並びに法第87条の4に基づく昇降機等の建築設備については，消防長等への通知のみで足りる（第4項参照）。この「政令で定める住宅」は，令第147条の3により一戸建ての住宅で住宅の用途以外の用途に供する部分の床面積の合計が延べ面積の2分の1以上であるもの又は50㎡を超えるものとされている。

通知の方法は，具体的には消防長等と協議して定められるが，通常建築主の住所，敷地の位置等を明記した通知書に必要に応じて確認申請書及び添付図書の写しを添えて行われることになろう。

また，消防通知で足りるものは，一定の住宅であって，その工事の種類を問わない。したがって，例えば法第6条の4第1項第3号の規定による確認の特例が適用されない工事についても，消防通知で足りるものがあることになる。

なお，本条は，建築物に関する規定であるので，建築物の一部である建築設備には適用があるが，第1項ただし書及び第4項の規定により，法第87条の4に基づく昇降機等の建築設備の確認に際しては消防通知で足りることとされている。また，建築物以外の工作物については本条の適用がないため，建築設備でない昇降機については，そもそも本条は無関係である。

第3項

本項の規定により，認証型式部材等製造者によって製造される型式部材等（認証型式部材等）については，消防同意のための審査に際して，建築確認の審査と同様の特例を受けることができる。すなわち，認証型式部材等によるプレハブ住宅等の建築計画であれば，消防同意の審査においても，認定型式に適合するものとして取り扱われることとなる。

第4項

確認に係る建築物が，①防火地域及び準防火地域以外の区域内における住宅（長屋，共同住宅等を除く。）である場合，②法第87条の4に基づく昇降機等の建築設備である場合又は③国や都道府県等の建築物である場合には，消防長等の同意は不要であるが，建築主事・指定確認検査機関は消防長等に通知することになっている。

第5項

建築主事又は指定確認検査機関は，建築物の衛生上の安全性を確保する観点から，屎尿浄化槽又は特定建築物に係る確認申請又は計画通知を受けた場合は，申請・通知の対象となる建築物の工事施工地を管轄する保健所長に通知することとなっている。屎尿浄化槽及び特定建築物については，それぞれ以下のとおり規定されている。

⑴　屎尿浄化槽

浄化槽法（昭和58年法律第43号）第５条第１項の規定によれば，屎尿浄化槽を設置する場合には，工事着手前に都道府県知事（保健所を設置する市又は特別区にあっては，市長又は区長）及び当該都道府県知事を経由して特定行政庁に届け出ることが必要であるが，当該屎尿浄化槽に関して確認申請又は計画通知をすべき場合には，この届出は必要ないこととされている。

通知事項としては，①屎尿浄化槽を設置する建築物の用途，場所及び建築申請者名，②屎尿浄化槽の構造形式の種類である（昭和29年7月17日付け住発第635号）。

⑵　特定建築物

「建築物における衛生的環境の確保に関する法律（昭和45年法律第20号）」第２条第１項に規定する特定建築物について，建築主事から保健所長に通知すべき事項は，①建築主の住所及び氏名又は名称，②建築物の用途及び建築場所，③当該用途に供する部分の床面積の合計である（昭和45年住指発第450号）。

第６項

本項の規定により，特定行政庁の許可や建築主事又は指定確認検査機関の確認について，建築物における衛生的な環境の確保を図る観点から，保健所長は意見を述べることができる。ただし，保健所長の意見に法律上の拘束力を認めていることを裏づける趣旨の規定は置かれていない。

（国土交通省令への委任）

法第93条の３　この法律に定めるもののほか，この法律の規定に基づく許可その他の処分に関する手続その他この法律の実施のため必要な事項は，国土交通省令で定める。

（平10法100・追加，平11法160・一部改正）

本法においては，規定の細則等を定めるために，国土交通大臣が自ら定める命令（国土交通省令）の根拠を法律の各条文に置く場合があるが，本条の効果により，このように個別に委任を受けた省令以外であっても，本法の実施のために必要な事項を省令で定めることが可能となっている。

（権限の委任）

法第97条　この法律に規定する国土交通大臣の権限は，国土交通省令で定めるところにより，その一部を地方整備局長又は北海道開発局長に委任することができる。

（平11法160・追加，平23法35・旧第96条の2繰下）

（権限の委任）

令第147条の5　この政令に規定する国土交通大臣の権限は，国土交通省令で定めるところにより，その一部を地方整備局長又は北海道開発局長に委任することができる。

（平12政312・追加，平27政392・旧第147条の4繰下）

地方整備局への権限等の委任については，中央省庁等改革基本法（平成10年法律第103号）において「地方支分部局が関与する許可，認可，補助金等の交付の決定その他の処分に係る手続について，できる限り，当該処分に係る府省の長の権限を当該地方支分部局の長に委任し，これらの手続が当該地方支分部局において完結するようにすること」（第45条第6号）とされたことから，中央省庁等改革関係法施行法（平成11年法律第160号）により，新たに設けられた規定である。

具体的には，国土交通省の地方支分部局である地方整備局と北海道開発局の長に対して，国土交通大臣の権限を委任することができるものとしている。

（手数料）

法第97条の4　国土交通大臣が行う次に掲げる処分の申請をしようとする者は，国土交通省令で定めるところにより，実費を勘案して国土交通省令で定める額の手数料を国に納めなければならない。

一　構造方法等の認定

二　特殊構造方法等認定

三　型式適合認定

四　第68条の11第1項の認証又はその更新

五　第68条の22第1項の認証又はその更新

2　指定認定機関，承認認定機関，指定性能評価機関又は承認性能評価機関が行う前項第3号から第5号までに掲げる処分又は性能評価の申請をしようとする者は，国土交通省令で定めるところにより，実費を勘案して国土交通省令で定める額の手数料を当該指定認定機関，承認認定機関，指定性能評価機関又は承認性能評価機関に納めなければならない。

3　前項の規定により指定認定機関，承認認定機関，指定性能評価機関又は承認性能評価機関に納められた手数料は，当該指定認定機関，承認認定機関，指定性能評価機関又は承認性能評価機関の収入とする。

（平10法100・追加，平11法160・平26法54・一部改正）

本条は，型式適合認定等の手続に伴う申請手数料を規定しているものである。第１項は国土交通大臣が処分を行う場合の手数料，第２項及び第３項は指定認定機関等が処分又は性能評価を行う場合の手数料の根拠を規定しているものであり，具体的な納付方法及び手数料の額については施行規則（第11条の２の２及び第11条の２の３）において規定している。

なお，構造方法等の認定及び特殊構造方法等認定については，型式適合認定や製造者認証とは異なり，民間機関では実施することができない行為であることから，必ず国土交通大臣に申請を行うこととなる。

（事務の区分）

法第97条の５　第15条第４項，第16条及び第77条の63の規定により都道府県が処理することとされている事務並びに第15条第１項から第３項までの規定により市町村が処理することとされている事務は，地方自治法（昭和22年法律第67号）第２条第９項第１号に規定する第１号法定受託事務とする。

2　第70条第４項（第74条第２項（第76条の３第６項において準用する場合を含む。以下この項において同じ。）及び第76条の３第４項において準用する場合を含む。），第71条（第74条第２項及び第76条の３第４項において準用する場合を含む。），第72条（同条第２項の規定により建築協定書に意見を付する事務に係る部分を除き，第74条第２項及び第76条の３第４項において準用する場合を含む。）及び第73条第３項（第74条第２項，第75条の２第４項及び第76条の３第４項において準用する場合を含む。）の規定により市町村（建築主事等を置かない市町村に限る。）が処理することとされている事務は，地方自治法第２条第９項第２号に規定する第２号法定受託事務とする。

（平11法87・追加，平10法100（平11法87）・旧第97条の４繰下・一部改正，平25法44・令５法58・一部改正）

平成11年に成立した「地方分権の推進を図るための関係法律の整備等に関する法律（平成11年法律第87号）」により，地方分権を推進し，国と地方の新しい関係を確立するため，国と地方公共団体の役割が見直された。改正された地方自治法（昭和22年法律第67号）においては，地方公共団体の執行機関（都道府県知事及び市町村長）を国の機関とし，これに国の事務を委任して執行させる「機関委任事務」を廃止し，地方公共団体の処理する事務を「自治事務」と「法定受託事務」に再構成している。

建築基準法に関していえば，機関委任事務とされていたそれぞれの事務を，原則，都道府県及び建築主事を置く市町村の「自治事務」として取り扱うこととなった。しかしながら，本来は国が果たすべき役割に係るもので，国において適正に処理すべき事務ではあるものの，実務上は都道府県において処理することが合理的であると考えられる事務については，本条の規定によって地方自治法における「法定受託事務」としての位置づけを与えている。

同様の理由により，本来は都道府県が処理すべき事務のうち，建築主事を置いていない市町村において処理することが適当な事務についても，本条において措置されている。

第1号法定受託事務とは，国が本来果たすべき役割に係るものであるが，都道府県・市町村・特別区において処理することとされる事務のことである。本法の場合，建築工事届・建築物除却届や建築物の滅失・損壊に係る報告に基づく建築統計の作成等（法第15条）や，建築基準適合判定資格者の登録に係る書類の経由事務（法第77条の63）などについては，都道府県知事が実施することとされている。

第2号法定受託事務とは，都道府県が本来果たすべき役割に係るものであるが，市町村・特別区において処理することとされる事務のことである。本法の場合，特定行政庁に該当しない市町村における建築協定に係る事務が該当し，具体的には，建築協定書の経由事務（法第70条第4項）や公告に係る事務（法第71条）などが規定されている。

なお，機関委任事務の廃止以前に地方公共団体に発出された通達は，機関委任事務の処理に関し拘束力のあるものとしての根拠を失っているが，その取扱いに関しては，地方自治法第245条の4第1項の規定に基づく技術的な助言とみなす方針が示されている（平成13年2月19日付け国住総第15号「地方分権に伴う住宅・建築行政に関する通達の取扱いについて」）。ただし，従前の通達の内容に，法令に基づかない関与又は事務の義務付け等の規定があるものについては，当然にして，当該部分の効力は失効していることとなるため，地方公共団体を拘束するものではない。

（経過措置）

法第97条の６　この法律の規定に基づき命令を制定し，又は改廃する場合においては，その命令で，その制定又は改廃に伴い合理的に必要と判断される範囲内において，所要の経過措置（罰則に関する経過措置を含む。）を定めることができる。

（昭55法35・追加，平11法87・旧第97条の４繰下，平10法100（平11法87）・旧第97条の５繰下）

本法の規制の対象となる建築物や工作物はきわめて広範であり，命令（政令・省令・告示）の内容に変更があった場合には社会的に大きな影響を与えることもあることから，段階的に施行させるための手続として，「経過措置」を置くことがある。例えば，施行前の規定に適合しているものを施行後の規定にも適合しているものとして取り扱うこととする所謂「みなし規定」に係る措置や，施行前の行為に対する罰則の適用を従前の例によることとする措置などがこれに当たる。

本条は，こうした経過措置を定めることの根拠となるものである。

第2章　一般構造

第1節　総　　則

（この章の規定を実施し，又は補足するため必要な技術的基準）

法第36条　居室の採光面積，天井及び床の高さ，床の防湿方法，階段の構造，便所，防火壁，防火床，防火区画，消火設備，避雷設備及び給水，排水その他の配管設備の設置及び構造並びに浄化槽，煙突及び昇降機の構造に関して，この章の規定を実施し，又は補足するために安全上，防火上及び衛生上必要な技術的基準は，政令で定める。

（昭34法156・平10法100・平12法106・平30法67・一部改正）

本条は，建築物の敷地，構造及び設備のうち，列挙された事項に関して，安全上，防火上及び衛生上要求される技術的基準を施行令に委任する根拠規定である。本条にいう「この章の規定を実施し，又は補足するため」の趣旨は，第2章「建築物の敷地，構造及び建築設備」の目的とするところ，すなわち単体規定本来の最低限の安全，防火，衛生等の性能の確保のための意であり，その限りにおいて，施行令委任の内容は，網羅的かつ広範である。

本条の委任に基づき規定されている施行令は，令第2章「一般構造」，第4章「耐火構造，準耐火構造，防火構造，防火区画等」及び第5章の4「建築設備等」の規定である。この各章の規定のうち，特に法律から委任を受けている施行令については，本条の委任対象からは除外される。

なお，本条にいう「給水，排水その他の配管設備」とは，給排水設備のみならず，配管・配線，ダクト，処理管などを用いる電気設備，空調・換気設備，冷暖房設備，防災設備（排煙設備，非常用照明設備等），汚物処理設備等，建築設備全般を指称するものであり，単に建築設備の機能の確保のみならず，安全上，防火上及び衛生上の要件を課し得るものとしたものである。

以下に，本条において掲げられている事項が，具体的に施行令のどの規定に該当するのかを示す。

表２－１　法第36条に基づく施行令への委任関係

法第36条に掲げる事項	政令の規定	備考
居室の採光面積	なし	令第19条及び令第20条は，法第28条第１項に基づく規定
天井及び床の高さ	・令第21条 ・令第22条第１号	
床の防湿装置	・令第22条第２号	令第22条の２は，法第29条に基づく規定
階段の構造	・令第23条～第27条	
便所の設置及び構造	・令第28条～第31条 ・令第33条（改良便槽） ・令第34条	
防火壁の設置及び構造	・令第113条 ・令第114条	令第115条の２は，法第26条第２号ロに基づく規定
防火区画の設置及び構造	・令第112条	
消火設備の設置及び構造	なし	
避雷設備の設置及び構造	・令第129条の14 ・令第129条の15	
給水，排水その他の配管設備の設置及び構造	・令第129条の２の４ ・令第129条の２の５ ・令第129条の２の６	
浄化槽の構造	・令第32条（合併処理浄化槽） ・令第33条（屎尿浄化槽・合併処理浄化槽） ・令第35条	令第32条（屎尿浄化槽）は，法第31条第２項に基づく規定
煙突の構造	・令第115条	
昇降機の構造	・令第129条の３～第129条の13 ・令第129条の13の３	令第129条の13の２は，法第34条に基づく規定

（建築材料の品質）

法第37条　建築物の基礎，主要構造部その他安全上，防火上又は衛生上重要である政令で定める部分に使用する木材，鋼材，コンクリートその他の建築材料として国土交通大臣が定めるもの（以下この条において「指定建築材料」という。）は，次の各号のいずれかに該当するものでなければならない。

一　その品質が，指定建築材料ごとに国土交通大臣の指定する日本産業規格又は日本農林規格に適合するもの

二　前号に掲げるもののほか，指定建築材料ごとに国土交通大臣が定める安

全上，防火上又は衛生上必要な品質に関する技術的基準に適合するものであることについて国土交通大臣の認定を受けたもの

（昭45法109・平10法100・平11法160・平30法33・一部改正）

（安全上，防火上又は衛生上重要である建築物の部分）

令第144条の３　法第37条の規定により政令で定める安全上，防火上又は衛生上重要である建築物の部分は，次に掲げるものとする。

一　構造耐力上主要な部分で基礎及び主要構造部以外のもの

二　耐火構造，準耐火構造又は防火構造の構造部分で主要構造部以外のもの

三　第109条に定める防火設備又はこれらの部分

四　建築物の内装又は外装の部分で安全上又は防火上重要であるものとして国土交通大臣が定めるもの

五　主要構造部以外の間仕切壁，揚げ床，最下階の床，小ばり，ひさし，局部的な小階段，屋外階段，バルコニーその他これらに類する部分で防火上重要であるものとして国土交通大臣が定めるもの

六　建築設備又はその部分（消防法第21条の２第１項に規定する検定対象機械器具等及び同法第21条の16の２に規定する自主表示対象機械器具等，ガス事業法第２条第13項に規定するガス工作物及び同法第137条第１項に規定するガス用品，電気用品安全法（昭和36年法律第234号）第２条第１項に規定する電気用品，液化石油ガスの保安の確保及び取引の適正化に関する法律第２条第７項に規定する液化石油ガス器具等並びに安全上，防火上又は衛生上支障がないものとして国土交通大臣が定めるものを除く。）

（昭45政333・追加，昭50政２・旧第144条の２繰下，昭55政196・昭56政144・昭61政17・昭61政274・平５政170・平６政411・平11政371・平12政211・平12政312・平12政434・平15政476・平29政40・一部改正）

本条は，建築物の主要部分に使用する建築材料の品質の確保に関する規定である。具体的には，建築物の「基礎」，「主要構造部」，「安全上，防火上又は衛生上重要として令第144条の３に定められている部分」に使用する材料であって，国土交通大臣が「建築物の基礎，主要構造部等に使用する建築材料並びにこれらの建築材料が適合すべき日本産業規格又は日本農林規格及び品質に関する技術的基準を定める件（H12建告第1446号。以下「材料告示」という。）」の本文において指定した建築材料については，材料告示の別表１に定める日本産業規格（JIS）又は日本農林

規格（JAS）に適合するものか，材料告示の別表２に定める技術的基準に適合するものとして大臣認定を受けたものを使用しなければならない。

材料告示の本文において大臣が定めている材料は「指定建築材料」といい，次の23種類が規定されているところである。

① 構造用鋼材及び鋳鋼
② 高力ボルト及びボルト
③ 構造用ケーブル
④ 鉄筋
⑤ 溶接材料（炭素鋼，ステンレス鋼及びアルミニウム合金材の溶接）
⑥ ターンバックル
⑦ コンクリート
⑧ コンクリートブロック
⑨ 免震材料
⑩ 木質接着成形軸材料
⑪ 木質複合軸材料
⑫ 木質断熱複合パネル
⑬ 木質接着複合パネル
⑭ タッピンねじその他これに類するもの
⑮ 打込み鋲
⑯ アルミニウム合金材
⑰ トラス用機械式継手
⑱ 膜材料，テント倉庫用膜材料及び膜構造用フィルム
⑲ セラミックメーソンリーユニット
⑳ 石綿飛散防止剤
㉑ 緊張材
㉒ 軽量気泡コンクリートパネル
㉓ 直交集成板（CLT）

法第37条の規定は，「基礎」「主要構造部」「令第144条の３に規定された部分」に適用されるものであり，これらの部分以外の部分に使用される材料については適用されない。さらに，そのような部分に使用されていても，指定建築材料として告示に規定された場合に初めて適用を受けるものである。

また，ここでは「材料」と称して規定しているが，建築材料の中には，免震材料

やトラス用機械式継手のように，個々の部品ではなくそれらを組み合わせた製品としての品質を確保すべきものがあるため，部材あるいは装置に相当するものの全体を「指定建築材料」として扱う場合がある。

なお，令第144条の3第4号（内装・外装）に規定する「安全上又は防火上重要なもの」，第5号（間仕切壁，ひさし，屋外階段等）に規定する「防火上重要なもの」，第6号（建築設備）に規定する「安全上，防火上又は衛生上支障がないもの」については，それぞれ「安全上又は防火上重要である建築物の部分等を定める件（H12建告第1444号）」において規定されている。

第２節　敷　　地

（敷地の衛生及び安全）

法第19条　建築物の敷地は，これに接する道の境より高くなければならず，建築物の地盤面は，これに接する周囲の土地より高くなければならない。ただし，敷地内の排水に支障がない場合又は建築物の用途により防湿の必要がない場合においては，この限りでない。

２　湿潤な土地，出水のおそれの多い土地又はごみその他これに類する物で埋め立てられた土地に建築物を建築する場合においては，盛土，地盤の改良その他衛生上又は安全上必要な措置を講じなければならない。

３　建築物の敷地には，雨水及び汚水を排出し，又は処理するための適当な下水管，下水溝又はためますその他これらに類する施設をしなければならない。

４　建築物ががけ崩れ等による被害を受けるおそれのある場合においては，擁壁の設置その他安全上適当な措置を講じなければならない。

（昭34法156・一部改正）

建築物の敷地は，建築物が衛生上良好な状態を保持し，かつ，建築物の構造耐力上の安全性が確保されるように造成されていなければならない。敷地の状況は，その地域の気候，地形，地質等の自然的条件や市街化の進展状況，下水道等の排水施設の設置状況，埋立て，盛土，切土等の人為的条件により千差万別であり，一律に具体的基準を定めるのは困難な面もあるが，国民の生命，健康及び財産の保護を図るという本法の目的から，建築物の敷地に関しても最低限の一般的基準を定めている。

第１項は，雨水等の流入や地下水の湧出によって建築物の敷地が不衛生な状態となることを防ぐための規定であり，具体的には，建築物の敷地はその接する道の境界部より高くすることを原則としている。路面の中央部より高くする必要はない。ここでいう「道」は一般通念でいう道であり，法第42条でいう道路よりその範囲は広い。また，例外として，排水のための措置が行われている場合や，防湿の必要がない用途の建築物である場合については，敷地内における水の滞留に対して配慮する必要がないため，本文の規定は適用されない。

第２項は，湿気・出水やごみの埋立てなど悪条件の敷地について，当該敷地が衛生的に好ましくない状態となることや不同沈下を生じることを防止するための性能を規定したものである。具体的には，①盛土を行うこと又は②地盤を改良することが求められている。

第３項は，敷地内に蓄積された雨水や，敷地内において発生した汚水を適切に排出することで，敷地の衛生を確保するための性能を規定したものである。具体的には，下水管，下水溝又はためますを設けなければならない。これらの技術的基準としては，令第129条の２の４第１項に規定する配管設備の一般構造基準のほか，同条第３項の排水設備の基準がある。また，地下街については，別途，非常用の排水設備に関する基準が令第128条の３第１項第６号の規定に基づいて定められている（Ｓ44建告第1730号）。

第４項は，敷地の周辺におけるがけ崩れ・地滑り等に起因する土砂等について，その被害を最小限に抑えるための性能を規定したものであり，具体的な措置としては，擁壁の設置が求められている。また，本項における「がけ崩れ等に対する安全上適当な措置」のうちには，がけの勾配の緩和，擁壁の設置等の措置のほか，危険な建築物の使用中止，移転等の措置も含まれる。なお，がけ崩れ等のうちには，部分的な地すべりも含まれる。本項に関しては，法第40条に基づく条例により，地方の実情により制限が付加されている例が多い。

第3節　居室の採光

（居室の採光及び換気）

法第28条　住宅，学校，病院，診療所，寄宿舎，下宿その他これらに類する建築物で政令で定めるものの居室（居住のための居室，学校の教室，病院の病室その他これらに類するものとして政令で定めるものに限る。）には，採光のための窓その他の開口部を設け，その採光に有効な部分の面積は，その居室の床面積に対して，５分の１から10分の１までの間において居室の種類に応じ政令で定める割合以上としなければならない。ただし，地階若しくは地下工作物内に設ける居室その他これらに類する居室又は温湿度調整を必要とする作業を行う作業室その他用途上やむを得ない居室については，この限りでない。

２～４　（略）

（昭34法156・昭45法109・平10法100・令４法69・一部改正）

（居室の採光）

令第19条　法第28条第１項（法第87条第３項において準用する場合を含む。以下この条及び次条において同じ。）の政令で定める建築物は，児童福祉施設（幼保連携型認定こども園を除く。），助産所，身体障害者社会参加支援施設（補装具製作施設及び視聴覚障害者情報提供施設を除く。），保護施設（医療保護施設を除く。），女性自立支援施設，老人福祉施設，有料老人ホーム，母子保健施設，障害者支援施設，地域活動支援センター，福祉ホーム又は障害福祉サービス事業（生活介護，自立訓練，就労移行支援又は就労継続支援を行う事業に限る。）の用に供する施設（以下「児童福祉施設等」という。）とする。

２　法第28条第１項の政令で定める居室は，次に掲げるものとする。

一　保育所及び幼保連携型認定こども園の保育室

二　診療所の病室

三　児童福祉施設等の寝室（入所する者の使用するものに限る。）

四　児童福祉施設等（保育所を除く。）の居室のうちこれらに入所し，又は通う者に対する保育，訓練，日常生活に必要な便宜の供与その他これらに類する目的のために使用されるもの

五　病院，診療所及び児童福祉施設等の居室のうち入院患者又は入所する者の談話，娯楽その他これらに類する目的のために使用されるもの

3　法第28条第1項の政令で定める割合は，次の表の上欄に掲げる居室の種類の区分に応じ，それぞれ同表の下欄に掲げる割合とする。ただし，同表の(1)の項から(6)の項までの上欄に掲げる居室のうち，国土交通大臣が定める基準に従い，照明設備の設置，有効な採光方法の確保その他これらに準ずる措置が講じられているものにあつては，それぞれ同表の下欄に掲げる割合から10分の1までの範囲内において国土交通大臣が別に定める割合とする。

居室の種類		割合
(1)	幼稚園，小学校，中学校，義務教育学校，高等学校，中等教育学校又は幼保連携型認定こども園の教室	5分の1
(2)	前項第1号に掲げる居室	
(3)	住宅の居住のための居室	7分の1
(4)	病院又は診療所の病室	
(5)	寄宿舎の寝室又は下宿の宿泊室	
(6)	前項第3号及び第4号に掲げる居室	
(7)	(1)の項に掲げる学校以外の学校の教室	10分の1
(8)	前項第5号に掲げる居室	

（昭45政333・全　改，昭55政196・昭63政89・平2政347・平10政351・平10政372・平12政211・平12政312・平18政320・平26政412・平27政421・令4政351・令5政163・一部改正）

1　採光規定の概要

採光規定については，昭和45年改正以前は，採光の確保を通じて，同時に確保されるであろう採光以外の望ましい建築物環境についても実質的に期待されていた。すなわち，一定の採光条件を満足している建築物であれば，他の一定の条件についてもある程度の水準は確保できるという考え方に立っていたことから，原則として，すべての居室の開口部について一定の開口面積を求めることとしていた。

一方で，採光上要求される開口部が通常具備する諸機能については，人工照明等の設備の開発普及に伴い，一定の範囲において代替できることが明らかになったこ

とから，昭和45年改正によって規定の合理化が図られた。この際，自然採光が人体にもたらす諸効果については必ずしも明らかにされておらず，このような未知の諸効果（人間の情緒に対する影響，視覚上の問題等）にも配慮して，一定の建築物における採光のための開口部の要求は，当該改正においても存置されることとなった。現行規定においても，この考え方は踏襲されており，機械的な方法で照明効果が確保される場合であっても，一定の建築物・居室については，採光のための開口部の設置を義務づけることとしている。

２　採光が必要な建築物・居室

⑴　考え方

自然採光を必要とする建築物は，住宅，学校，病院，診療所，寄宿舎，下宿及び令第19条第１項に規定する児童福祉施設等に限定されている。かつては，自然光の健康に与える影響が大きいと考えられる発育過程の児童や高齢者等が利用する，これらの建築物について，すべての居室を規制の対象としていたところであるが，建築物の複雑化・大規模化に伴い，必ずしも採光上の規制の必要のない居室についても規制対象となってしまうことの不合理を解消するため，平成10年改正に際しては，建築物単位で規制する方式から，居室単位で規制する方式に変更された。これにより，採光規定の目的である児童や高齢者等の衛生上の配慮を必要とする者が長時間継続的に利用する可能性が高いものへと適用範囲が限定されることとなった。

また，法第28条第１項ただし書においては，規制対象の居室のうち，例外的に採光規定の適用を受けないものとして，「①　地階又は地下工作物内に設ける居室」，「②　前記①に類する居室」，「③　温湿度調整を必要とする作業を行う作業室」，「④　用途上やむを得ない居室」が定められている。

①及び②に関しては，地階，地下工作物内の居室等で採光上有効な開口部を設けることが不可能な居室をいう。また，③に関しては，大学や病院等の実験室や研究室，手術室，Ｘ線撮影室，新生児室等を，④に関しては，音楽練習室や放送室のように音響上・防音上の理由から開口部を設けることが望ましくない居室や，暗室やプラネタリウムのように現像や映写などの作業上の観点から自然光を防ぐ必要のある居室，診察室や検査室のように医療行為等を行うに当たって自然光が障害となる機器を使用したりする居室などを，それぞれ想定している。

本条の規定は採光条件としての規定であるため，開放はできなくても採光が可能であれば採光に有効な部分として導入し得る。

なお，法第28条第４項では，随時開放できるもので仕切られた２室を１室とみなす旨の規定をおいているが，いうまでもなく３室以上にわたることは許容しない。

⑵　採光規定の対象となる建築物

住宅，学校，病院等に類するものとして採光規定の対象となる建築物については，令第19条第１項において「児童福祉施設等」を定めているところであるが，その定義は，それぞれ次の関係法による。同項の条文上は関係法を明示していないが，適宜，対象を選別している（例えば，「保護施設」と明記した上で「医療保護施設」を除くなど）ことからも，各法における各施設の定義規定の内容を踏まえていることは明らかである。また，この対象施設の選別に当たっては，「補装具製作施設」や「視聴覚障害者情報提供施設」等の専ら健常者が作業するための施設や，障害者等がごくたまに又は短時間しか利用しない施設については，採光規定の対象建築物とされていない。

一方で，「児童福祉施設」から「幼保連携型認定こども園」が除かれているのは，当該用途が「教育基本法（平成18年法律第120号）」上の「学校」及び「児童福祉法（昭和22年法律第164号）」上の「児童福祉施設」の双方に位置付けられており，採光規定については，既に法第28条第１項で「学校」を対象に含めていることを踏まえて，重複を避けるための措置に過ぎない。したがって，本項において「幼保連携型認定こども園を除く」としているのは，当該用途を採光規定の対象外とする趣旨ではない点に注意する必要がある。なお，「幼保連携型認定こども園」は，「就学前の子どもに関する教育，保育等の総合的な提供の推進に関する法律（平成18年法律第77号）」において，「学校としての教育」及び「児童福祉施設としての保育」を一体的に行うものとして定義されている（同法第２条第７項～第９項，第９条）。

また，「児童福祉施設等」については，採光上の配慮が必要な用途として本条第１項において定義されているグループであるが，避難上の配慮が必要な高齢者や障害者等がもっぱら利用する用途でもあることから，見かけ上は採光規定とは関係のない避難関係規定などでも引用されることの多い定義であることにも留意する必要がある。なお，「幼保連携型認定こども園」については，上述の通り，採光規定のように「学校」といわゆる「福祉施設」が同様の扱いとなっている規定においては，両者の重複を避ける観点で「児童福祉施設等」の定義から除かれることで適切な内容となっているが，「学校」と「福祉施設」を区別して扱っている避難関係規定においては，むしろ「児童福祉施設等」の定義から「幼保連携型認定こども園」が除かれていると，かえって不便なこととなる。したがって，避難関係規定で最初に「児童福祉施設等」を引用している条文である令第115条の３において，「児童福祉施設等（幼保連携型認定こども園を含む。以下同じ。）」と再定義することで，以降の条文における冗長性を排除している。

表２－２　採光規定の対象となる建築物（児童福祉施設等の一覧表）

対象建築物		根　拠　法
①児童福祉施設（以下の11施設のみ）		・児童福祉法（昭和22年法律第164号）第７条第１項
	助産施設	・児童福祉法第36条
	乳児院	・児童福祉法第37条
	母子生活支援施設	・児童福祉法第38条
	保育所	・児童福祉法第39条第１項
	児童厚生施設	・児童福祉法第40条
	児童養護施設	・児童福祉法第41条
	障害児入所施設	・児童福祉法第42条
	児童発達支援センター	・児童福祉法第43条
	児童心理治療施設（旧情緒障害児短期治療施設）	・児童福祉法第43条の２
	児童自立支援施設	・児童福祉法第44条
	児童家庭支援センター	・児童福祉法第44条の２第１項
②助産所		・医療法（昭和23年法律第205号）第２条第１項
③身体障害者社会参加支援施設（以下の２施設のみ）		・身体障害者福祉法（昭和24年法律第283号）第５条
	身体障害者福祉センター	・身体障害者福祉法第31条
	盲導犬訓練施設	・身体障害者福祉法第33条
④保護施設		・生活保護法（昭和25年法律第144号）第38条第１項
	救護施設	・生活保護法第38条第２項
	更生施設	・生活保護法第38条第３項
	授産施設	・生活保護法第38条第５項
	宿所提供施設	・生活保護法第38条第６項
⑤女性自立支援施設（旧婦人保護施設【売春防止法】※令和６年３月31日まで）		・困難な問題を抱える女性への支援に関する法律（令和４年法律第52号）第12条第１項
⑥老人福祉施設		・老人福祉法（昭和38年法律第133号）第５条の３
	老人デイサービスセンター	・老人福祉法第20条の２の２
	老人短期入所施設	・老人福祉法第20条の３
	養護老人ホーム	・老人福祉法第20条の４
	特別養護老人ホーム	・老人福祉法第20条の５

軽費老人ホーム	・老人福祉法第20条の６
老人福祉センター	・老人福祉法第20条の７
老人介護支援センター	・老人福祉法第20条の７の２第１項
⑦有料老人ホーム	・老人福祉法第29条第１項
⑧母子保健施設	・母子保健法（昭和40年法律第141号）第22条第２項
⑨障害者支援施設	・障害者の日常生活及び社会生活を総合的に支援するための法律（平成17年法律第123号。以下「障害者総合支援法」という。）第５条第11項
⑩地域活動支援センター	・障害者総合支援法第５条第27項
⑪福祉ホーム	・障害者総合支援法第５条第28項
⑫障害福祉サービス事業の用に供する施設（以下の４つのサービスのみ）	・障害者総合支援法第５条第１項
生活介護	・障害者総合支援法第５条第７項
自立訓練	・障害者総合支援法第５条第12項
就労移行支援	・障害者総合支援法第５条第13項
就労継続支援	・障害者総合支援法第５条第14項

⑶　採光規定の対象となる居室

採光規定が適用される建築物に設けられる居室のうち，規制の対象となるのは，人が継続的に一日の多くの時間を使用する居室であり，次のような居室が対象となる。

- 居住する場所や入院する場所のように，就寝，休息等日常生活の基本となる場である居室
- 児童，高齢者，障害者等といった健康上の配慮を要する者が継続的に通い，日中の大部分を過ごす居室

特に児童福祉施設等について考えると，「日常生活の基本となる場である居室」を有する入所型の施設は，住宅と同様にその住まい方，過ごし方により居室は様々な用途に使用されるものであることから，明らかに入所者が長時間過ごすことのない事務室等を除き，入所者が利用する居室全体が適用対象となる。

一方，「継続的に通い，日中の大部分を過ごす居室」を有する通所型施設は，作業室，訓練室等の日中の大部分の時間を過ごす居室が明確であることから，事務室，看護師室等の専ら児童や高齢者以外の者が利用する居室や，分娩室のように突発的な事情により利用することとなる居室については，採光規定の対象となってい

ない。

なお，児童福祉施設等の居室は，それぞれの施設の目的・対象者の別に応じて多種多様な名称が付されることもあるが，個別の施設における名称のいかんに関わらず，日中の大部分を過ごす居室として，①乳幼児や児童を保護し育てる「保育」，②独立生活に必要な知識技能の付与や指導を行う「訓練」，③食事や各種福祉サービスの提供等の「日常生活に必要な便宜の供与」といった目的に使用される居室が対象となる。また，入所型施設では，施設の主目的の居室ではないものの，住宅の居間と同様に，談話や娯楽の目的のために使用される居室も対象となる。

近年，児童福祉施設等の運営方法が多様化しており，その実態に応じて採光規定を適用することが適当と考えられる。

⑷　「採光に有効な部分の面積」のその床面積に対する割合

居室の用途に応じて必要とされる開口部の割合については，法第28条第１項と令第19条第３項において定められており，採光規定の対象となる居室と合わせてまとめると，表２－３のとおりとなる。

表２－３　居室に必要な採光面積

居室の種類	根拠条文	採光有効面積の必要割合（令第19条第３項）
・教室（幼稚園，小学校，中学校，義務教育学校，高等学校，中等教育学校，幼保連携型認定こども園）	法第28条第１項	床面積の１／５
・保育室（保育所，幼保連携型認定こども園）	令第19条第２項	
・住宅 ・病院又は診療所の病室 ・寄宿舎の寝室 ・下宿の宿泊室	法第28条第１項	床面積の１／７
・児童福祉施設等の寝室（入所する者の使用するものに限る。） ・児童福祉施設等（保育所を除く。）の居室のうちこれらに入所し，又は通う者に対する保育，訓練，日常生活に必要な便宜の供与その他これらに類する目的のために使用されるもの	令第19条第２項	
・教室（特別支援学校，大学，高等専門学校）	法第28条第１項	床面積の１／10
・病院，診療所及び児童福祉施設等の居室のうち入院患者又は入所する者の談話，娯楽その他これらに類する目的のために使用されるもの	令第19条第２項	

上記のとおり，「採光に有効な部分の面積（ここでは「採光有効面積」と呼ぶこ

ととする。)」の割合は居室の種類ごとに定められているが，国土交通大臣の定める基準に従い，照明設備の設置等の適当な措置を講ずることにより，必要面積を緩和することができる。具体的には，次の表2－4の3つの類型について，照明設備の設置や開口部の高さなどについて基準を満たした場合に，必要面積を減じて次に掲げる数値を基準とすることができる規定を置いている（S55建告第1800号）。この際，照度の確保を判定する位置や，「採光有効面積」として算入できる部分の高さとして，小学校・中学校・義務教育学校・高等学校・中等教育学校の教室において「床面から50cmの高さ」を設定しているのは，勉強机等の高さを想定しているものである。

表2－4　居室に必要な採光有効面積（特例）

居室の種類	照明設備の設置等の措置	採光有効面積の必要割合
幼稚園，保育所，幼保連携型認定こども園の教室・保育室	・床面で200lxが確保できる照明設備	床面積の1／7
小学校，中学校，義務教育学校，高等学校，中等教育学校の教室	・床面から50cmの水平面で200lxが確保できる照明設備	床面積の1／7 （床面から50cm以上の部分の面積に限る）
小学校，中学校，義務教育学校，高等学校，中等教育学校の音楽教室・視聴覚教室	・床面から50cmの水平面で200lxが確保できる照明設備 ・令第20条の2に規定する技術的基準に適合する換気設備	床面積の1／10

また，採光有効面積の基準値については，本法制定当時（昭和25年）の考え方として，窓を設けることで湿気やカビに対処可能であるという衛生面の観点と，建築物の用途に応じて適した明るさを確保するという観点を考慮して設定されてきた。特に住宅については，当時の住宅において一般的に寝室・居間として使われた8畳間の標準的な腰窓による開口部の大きさを基準として，床面積の1／7（約14%）以上の開口面積が「法律において」義務づけられていた。これは，他の用途の基準値の決定が「政令に委任」され，照明設備の状況に応じて1／10（約10%）まで基準値を緩和することができることとされているものに比べると，厳しい規定であった。

一方で，建築物の質が年々向上し，省エネ化に伴う断熱・防湿仕様の向上を通じて室内衛生環境の改善が図られていることや，照明設備の発展により明るさ確保が容易となっている状況に鑑みれば，開口部に期待する役割は相対的に低下していることも背景として，令和4年の建築物省エネ法の改正に伴って，住宅における熱損失の相当割合が開口部から発生している現状に鑑み，採光規定の保護法益を毀損しない範囲において，より小さい窓を許容する改正がなされた。

具体的には，採光有効面積の取扱いについては，住宅についても他の用途の建築物と同様に基準値を政令に委任することとし，その範囲も１／５から１／10までの間において定めることとされている。委任を受けた令第19条第３項においても，規定の対象に「住宅」を追加したうえで，原則はこれまでと同じ基準値である１／７としつつも，一定の条件の下で１／10まで緩和できるように改正されている。

（有効面積の算定方法）

令第20条　法第28条第１項に規定する居室の窓その他の開口部（以下この条において「開口部」という。）で採光に有効な部分の面積は，当該居室の開口部ごとの面積に，それぞれ採光補正係数を乗じて得た面積を合計して算定するものとする。ただし，国土交通大臣が別に算定方法を定めた建築物の開口部については，その算定方法によることができる。

２　前項の採光補正係数は，次の各号に掲げる地域又は区域の区分に応じ，それぞれ当該各号に定めるところにより計算した数値（天窓にあつては当該数値に3.0を乗じて得た数値，その外側に幅90センチメートル以上の縁側（ぬれ縁を除く。）その他これに類するものがある開口部にあつては当該数値に0.7を乗じて得た数値）とする。ただし，採光補正係数が3.0を超えるときは，3.0を限度とする。

一　第一種低層住居専用地域，第二種低層住居専用地域，第一種中高層住居専用地域，第二種中高層住居専用地域，第一種住居地域，第二種住居地域，準住居地域又は田園住居地域　隣地境界線（法第86条第10項に規定する公告対象区域（以下「公告対象区域」という。）内の建築物にあつては，当該公告対象区域内の他の法第86条の２第１項に規定する一敷地内認定建築物（同条第９項の規定により一敷地内認定建築物とみなされるものを含む。以下この号において「一敷地内認定建築物」という。）又は同条第３項に規定する一敷地内許可建築物（同条第11項又は第12項の規定により一敷地内許可建築物とみなされるものを含む。以下この号において「一敷地内許可建築物」という。）との隣地境界線を除く。以下この号において同じ。）又は同一敷地内の他の建築物（公告対象区域内の建築物にあつては，当該公告対象区域内の他の一敷地内認定建築物又は一敷地内許可建築物を含む。以下この号において同じ。）若しくは当該建築物の他の部分に面する開口部の部分で，その開口部の直上にある建築物の各部分（開口部の直上垂直面から後退し，又は突出する部分がある場合においては，その部分を含み，半透明のひさしその他採光上支障のないひさしがある場合においては，これを除くものとする。）からその部分の面する隣地境界線（開口部が，道（都市計画区域又は準都市計画区域内においては，法第42条に規定する道路をいう。第144条の4を除き，以下同じ。）に面する場合にあつては当該道の反対側の境界線とし，公園，広場，川その他これらに類する空地又は水面に面する場合にあつては当該公園，広場，川その他これらに類する空地又は水面の幅の2分の1だけ隣地境界線の外側にある線とする。）又は同一敷地内の他の建築物若しくは当該建築物の他の部分の対向部までの水平距離（以下この項において「水平距離」という。）を，その部分から開口部の中心までの垂直距離で除した数値のうちの最も小さい数値（以下「採光関係比率」という。）に6.0を乗じた数値から1.4を減じて得た算定値（次のイからハまでに掲げる場合にあつては，それぞれイからハまでに定める数値）

イ　開口部が道に面する場合であつて，当該算定値が1.0未満となる場合　1.0

ロ　開口部が道に面しない場合であつて，水平距離が7メートル以上であり，かつ，当該算定値が1.0未満となる場合　1.0

ハ　開口部が道に面しない場合であつて，水平距離が7メートル未満であり，かつ，当該算定値が負数となる場合　零

二　準工業地域，工業地域又は工業専用地域　採光関係比率に8.0を乗じた数値から1.0を減じて得た算定値（次のイからハまでに掲げる場合にあつては，それぞれイからハまでに定める数値）

イ　開口部が道に面する場合であつて，当該算定値が1.0未満となる場合　1.0

ロ　開口部が道に面しない場合であつて，水平距離が5メートル以上であり，かつ，当該算定値が1.0未満となる場合　1.0

ハ　開口部が道に面しない場合であつて，水平距離が5メートル未満であり，かつ，当該算定値が負数となる場合　零

三　近隣商業地域，商業地域又は用途地域の指定のない区域　採光関係比率に10を乗じた数値から1.0を減じて得た算定値（次のイからハまでに掲げる場合にあつては，それぞれイからハまでに定める数値）

イ　開口部が道に面する場合であつて，当該算定値が1.0未満となる場合　1.0

ロ　開口部が道に面しない場合であつて，水平距離が４メートル以上であり，かつ，当該算定値が1.0未満となる場合　1.0

ハ　開口部が道に面しない場合であつて，水平距離が４メートル未満であり，かつ，当該算定値が負数となる場合　零

（平12政211・全　改，平12政312・平13政98・平14政331・平17政192・平29政156・一部改正）

法第28条第１項では，開口部の「採光有効面積」を，その居室の床面積に対し一定以上の割合とすることを求めており，本条ではこれを受けて，その算定方法を規定している。

従来，採光有効面積の算定に当たっては「隣地境界線までの距離」と「開口部から上部の部分の高さ」の比の勾配（ここでは「採光斜線」と呼ぶこととする。）を規定し，それより上にある部分を有効，下にある部分を有効でない，とする取扱いとしていたが，平成10年の改正において，より採光の実態に合わせた形で算定方法が合理化された。

⑴　「採光有効面積」の算定方法

①　算定方法の概要

平成10年改正以前の規定では，開口部が採光斜線より上にあるか下にあるかで，一律に採光上の有効性の有無が判定されていたが，本来，開口部に入射する単位面積当たりの光量は，その位置に応じて上から下へ連続的に減少する。

居室に入ってくる光の量は，その部分に入射する単位面積当たりの光量に開口部面積を乗じることで求めることができるため，平成10年改正以前の制度において「採光上有効」とされている位置よりも低い位置であっても，その分だけ開口部を大きく確保すれば，同じ光の量が室内に入ると考えられる。

このため，従来の規定で採光上有効とされていた位置の明るさを基準として，その明るさに対してどの程度明るくなっているかを，隣地境界線までの距離と建築物の高さの比（採光関係比率）に応じて算定する「採光補正係数」を定義し，これを開口部面積に乗じることで「採光有効面積」を算定することとしている。

②　採光関係比率

採光補正係数の算定のために必要となる「採光関係比率」は，従来の採光斜線

の勾配を求める場合の方法と原則として同様である。ただし，後述のように採光補正係数は採光斜線と異なり，一次直線の連続的なものであるため，開口部の直上にある建築物の各部分からの距離（垂直距離）の算定は，当該各部分から開口部の中心高さまでの距離をもって算出することとしている。

また，水平距離を算定するに当たっては，隣地境界線までの距離が一律でない場合が多い。しかしながら，採光関係比率及び採光補正係数は，開口部につき一つずつ定まるものであることから，このような場合は，開口部の中心の鉛直断面上にある建築物の各部分から，その部分が面する隣地境界線までの水平距離をもって算出すればよいものとしている。

したがって，採光関係比率については，図２－１のように，「開口部の直上にある建築物の各部分」について，それぞれ水平距離を垂直距離で除した数値のうち，最も小さい値として扱うこととなる。この場合，単純な形状の建築物であれば，頂部でこの算定値が最小となることが多い（図２－１のd_n/h_n）。

この採光関係比率は，用途地域とは関係なく，開口部の位置と建築物の高さによって決定される。

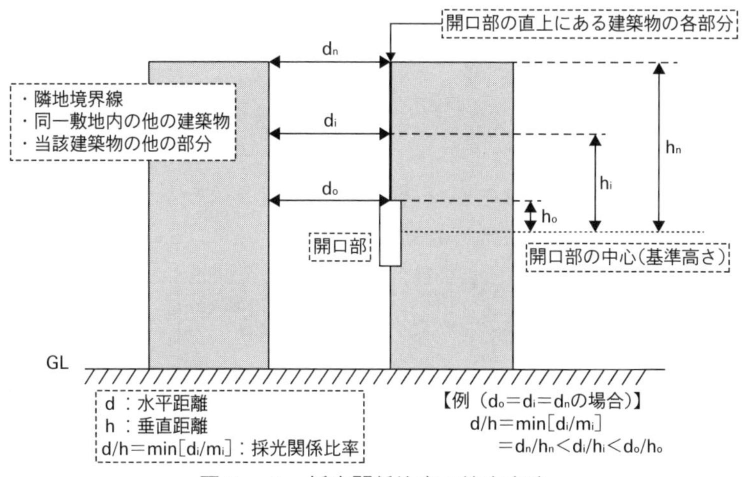

図２－１　採光関係比率の算定方法

③　採光補正係数

採光補正係数は，平成10年改正以前の規定において，それぞれの用途地域ごとに採光上有効とされている位置における明るさを基準として，その上下の位置で得られる明るさの関係を求めるものである。具体的には，この関係を近似した次の式によって算出することとしている。

表２－５　採光補正係数の算定式

	採光補正係数の算定式
住居系地域（第２項第１号）	６×d／h－1.4
工業系地域（第２項第２号）	８×d／h－1.0
商業系地域（第２項第３号）	10×d／h－1.0

d：水平距離，h：垂直距離，d／h：採光関係比率

よって，採光補正係数が大きい開口部にあっては，開口部面積をその分だけ大きいものとして算定（例えば，採光補正係数が基準値の12倍であれば，開口部面積は実際の面積の12倍として算定する。）し，逆に，基準以下の明るさしか得ることのできない開口部にあっては，開口部面積をその分だけ小さいものとして算定する。

採光補正係数の算定式によれば，隣地境界線等からの水平距離が同じ開口部を比較すると，建築物の上部にある開口部ほど採光性が高く，下部にある開口部ほど採光性が低く判定される。例えば，下の図２－２のように，住宅系地域において採光補正係数が１となる場合として，水平距離が４ｍで垂直距離が10ｍの位置にある開口部を基準として考えると，表２－６に示すとおり，この基準開口部よりも高い位置にある開口部（パターンＡ：垂直距離が８ｍの場合）の採光補正係数は1.6，基準開口部よりも低い位置にある開口部（パターンＢ：垂直距離が12ｍの場合）の採光補正係数は0.6となる。

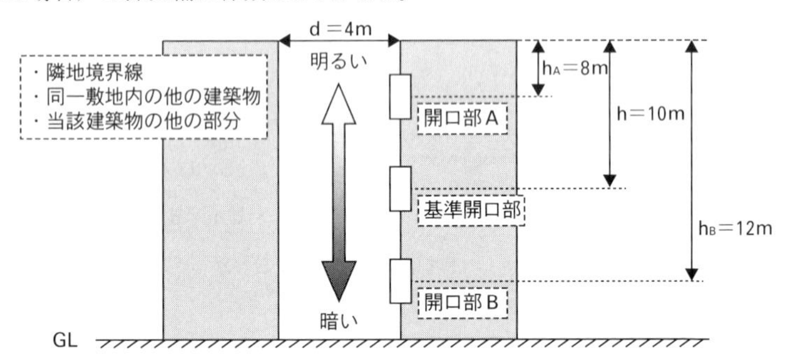

図２－２　採光補正係数の算定方法①

表２―６　採光補正係数の算定方法②

	垂直距離 h	水平距離 d	採光関係比率 d/h	採光補正係数 $6 \times d/h - 1.4$
開口部A	8 m	4 m	4／8	1.6
基準開口部	10m	4 m	4／10	1.0
開口部B	12m	4 m	4／12	0.6

また，天窓については採光性が極めて高いことから，通常の計算で得られた採光補正係数に３を乗じることとしている。一方で，外側に幅90cm以上の縁側がある開口部については採光性が阻害されることを勘案し，通常の計算で得られた採光補正係数に0.7を乗じることとしている。なお，縁側がある場合であっても，ぬれ縁については，通常の場合と同様の採光性が期待できることから，0.7を乗じる必要はない（第２項本文）。

このように，採光補正係数は計算式で得られるものであるが，その値は３を上限とすることとしている。これは，極端に開口部が小さくなると，計算上は一定の光の量が得られるとしても，実際には室内に入射する光が居室内に十分に拡散せず，法の趣旨を満足しないおそれがあることを考慮したものである（第２項ただし書）。

なお，上記の式による算定値が負の値をとった場合は，採光補正係数の値をゼロとして扱う。したがって，計算の対象となった開口部については，採光上は存在しないものとして扱われるため，法第28条第１項の規定に適合するためには，他の開口部において採光を確保する必要がある（第２項各号ハ）。ただし，この場合であっても，開口部が道に面していたり，後述する後退距離が所要の距離分だけ確保されていたりすれば，採光上の有効性が認められる（第２項各号イ・ロ）。

④　採光補正係数による算定

採光補正係数を乗じた採光有効面積の算定は，必ずしもすべての開口部において行う必要はない。例えば，マンションなどの中高層の建築物で各階とも同じ設計を行うようなものの場合には，ある階で基準に適合する開口部面積を有していれば，それより上の階については採光上有効であることが明らかであるため，各階の開口部について一つひとつ算出する必要はない。

具体的には，次のような場合には，各開口部について採光補正係数を算出することを要しないことができる。

（例：住居系地域内にある住宅の場合）

・すべての開口部が居室の床面積に対して７分の１以上の大きさがあり，かつ，対向する隣地境界線から７ｍ以上離れている場合

・すべての開口部が居室の床面積に対して７分の１以上の大きさがあり，かつ，対向する隣地境界線からｄ／ｈ＝（４／10）以上である場合

・開口部面積の居室の床面積に対する割合が同じ居室が複数ある場合で，最も条件が厳しい居室について，有効面積が７分の１以上であることが検証された場合

⑵　採光補正係数の算定の特例

採光補正係数の算定は，⑴のとおり，第２項各号本文に基づいてなされるものであるが，特定の条件に該当する場合についての特例が，第２項各号のイ・ロ及び第１項ただし書において準備されている。

①　道に面する場合の採光補正係数（第２項各号イ）

平成10年改正以前の制度においては，道，公園，広場，川等に面する開口部については，隣地境界線からの距離や建築物の高さにかかわらず，一律的に採光上有効として扱ってきた。これは，公園等の空間がある程度の幅をもったものであることを前提としたものであった。しかしながら，これらの空間のうち「道」を除く公園等については，どんなに狭い空間に面している場合であっても採光上有効とされるのは合理的でないことから，平成10年改正において，これらの空間に関する取扱いを見直し，いずれも採光補正係数の算定式に従って算定することとしている。

ただし，「道」に面する場合に限っては，道路斜線制限が適用される空間であることなど，一般に採光上有利となるため，採光補正係数の算定式の結果が１未満の場合であっても１（すなわち，採光上有効）として扱うものとする。

②　高さにかかわらず採光上有効とすることができる後退距離（第２項各号ロ）

一般に隣地境界線から後退すれば，地盤面から反射して開口部に入射する光の影響が大きくなり，それだけ建築物の下方部分でも必要な明るさが得られる。そこで，最下点（地盤面）で必要な明るさが確保され，これより後退すればすべての開口部が採光上有効となる距離を規定している。

具体的には，採光斜線上の位置にある開口部において倍率が１となる採光補正係数の算定式について，隣地境界線から一定距離（住居系地域７ｍ，工業系地域５ｍ，商業系地域４ｍ）以上離れれば，採光補正係数の算定式で得られた値が１未満となる場合であっても，１として扱うこととしている。

③　土地利用の現況に応じた採光補正係数（第１項ただし書，H15国交告第303号の第１号）

採光補正係数の算定式は，前述の⑴③のとおり，住居系・工業系・商業系などの用途地域の区分に応じて異なっているが，同じ用途地域の区分であっても，都市部と郊外では，隣地境界線等との距離に大きく差があり，例えば以下のようなケースがある。

・都市部の住居系地域と，郊外の商業系地域では，土地利用の現況が類似していること

・特に都市部の住居系地域では，隣地境界線等との距離が小さく，現行基準に適合した採光上有効な開口部の確保が困難な事例が多いこと

こうした個々の地域の状況に対応するため，第１項ただし書に基づく「建築物の開口部で採光に有効な部分の面積の算定方法で別に定めるものを定める件（H15国交告第303号）」の第１号により，土地利用の現況（建て詰まり度合い等）に応じて，特定行政庁が特定の区域を規則で指定した場合については，令第20条第２項に掲げる算定方法である「６×ｄ／ｈ－1.4」「８×ｄ／ｈ－1.0」「10×ｄ／ｈ－1.0」のいずれかから，緩和側になる方法を特定行政庁が規則で指定することで，緩和した算定方法を使用することが可能とする措置が定められている。なお，長屋や共同住宅に本特例を適用する場合は，同一の住戸内の居室に限られている。

④　一体利用される複数居室の採光有効面積（第１項ただし書，H15国交告第303号の第２号）

採光規定の適用に当たっては，居室ごとに開口部の採光有効面積を算定することが原則であるが，一体的な利用に供される２以上の居室の場合，各居室の開口部の採光有効面積は，それぞれ規定割合を満たす面積であるものとみなされる。すなわち，図２－３の例で示すと，以下の式によって適合性を判定することとなる。

$$\frac{K_{a1}\cdot W_{a1}+K_{a2}\cdot W_{a2}+K_b\cdot W_b+K_c\cdot W_c}{S_a+S_b+S_c}\geq(\text{採光有効面積の必要割合})$$

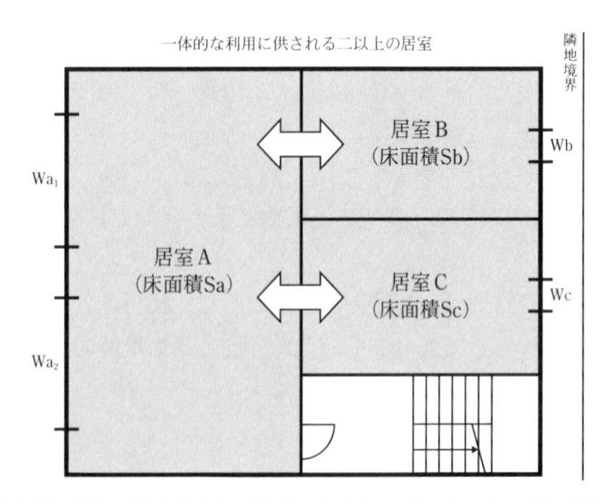

K_i：各開口部の採光補正係数（特定行政庁が規則で指定する区域内では，当該規則で定める補正係数を用いることができる。）

図２－３　複数居室の採光有効面積の算定

なお，この複数居室のみなし規定を適用できる居室は，衛生上の支障がないものとして特定行政庁の規則で定める基準に適合すると特定行政庁が認めるものに限られる。また，避難関係規定である令第111条第１項第１号及び令第116条の２第１項第１号（いずれも非常時採光上の無窓居室の判定）における採光有効面積の計算に当たっては，安全上への配慮から，本特例は適用できない。

⑤　近隣商業地域・商業地域内の住宅の採光有効面積（第１項ただし書，H15国交告第303号の第３号）

近隣商業地域や商業地域などの市街地における住宅の場合，間口が狭く，建て詰まっている立地環境であることを踏まえた特例である。採光規定については，法第28条第４項の特例により，「ふすま，障子その他随時開放することができるもので仕切られた２室」であれば１室として取り扱われるが，ふすま等ではない壁で仕切られている場合は当該特例が適用できない。

本告示第３号による特例の場合，壁によって区画されている２室であっても，その区画壁に開口部があり，一方の室（窓を確保できる室）において２室の床面積の合計に対して１／７以上の採光有効面積を確保できている場合は，他方の室（窓を確保できない室）においては，区画壁の開口部をもって採光有効面積の算定を行うことができるものとしている。

なお，長屋や共同住宅に本特例を適用する場合は，同一の住戸内の居室に限られている。

⑶　道，公園・広場等に面する場合の隣地境界線の取扱い

①　道に面する場合

道路斜線の制限を受けることにより，当該建築物・対向建築物ともに高さが抑えられ，採光を妨げる要素が除外されるため，隣地境界線は，その道の反対側の境界線にあるものとみなして扱う（図２－４）。

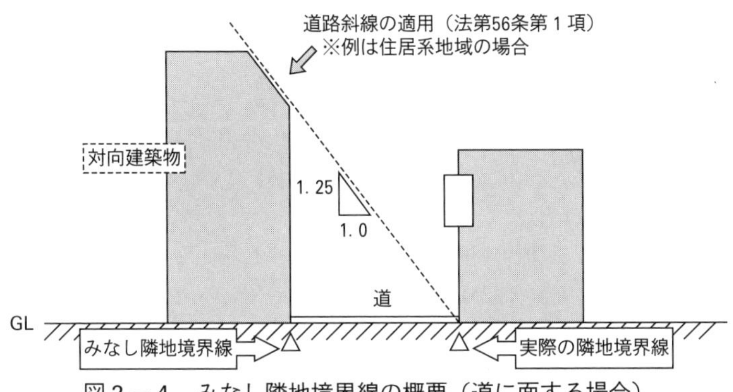

図２－４　みなし隣地境界線の概要（道に面する場合）

②　公園，広場，川その他これらに類する空地又は水面に面する場合

公園等の向こう側に建築される建築物については，この公園等の幅の２分の１だけ外側に隣地境界線があるものとみなして隣地斜線制限の適用を受けることから，採光の計算を行う場合にあっても同様に扱う（図２－５）。

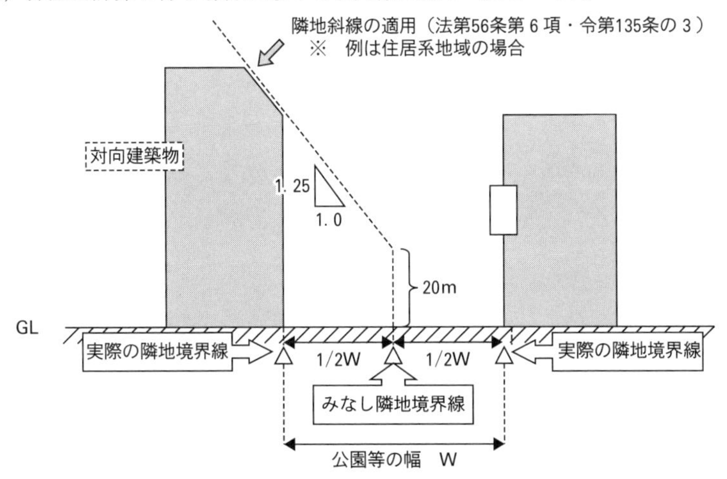

図２－５　みなし隣地境界線の概要（空地・水面に面する場合）

③　道の反対側に公園等がある場合等（①・②が複合した場合）

㋐　道の反対側に更に公園等がある場合→当該公園等に面するものとして公園等の幅の２分の１の位置でだけ外側に隣地境界線があるものとみなす

㋑　公園等の反対側に更に道がある場合→当該道に面するものとして道の反対側の境界線を隣地境界線とみなす

なお，㋑の場合でも対向建築物は高さが抑えられるため，道に面する場合と同様に，採光補正係数の算定結果が１未満の場合であっても１として扱うものとする。

【参考：旧・法第29条】

（住宅の居室の日照）

法第29条　住宅は，敷地の周囲の状況によつてやむを得ない場合を除く外，その一以上の居室の開口部が日照を受けることができるものでなければならない。

本条については，住宅の居住性能や住環境水準等の向上により，一律に住宅の一以上の居室に日照を受けることを義務づける必要はないという判断のもと，平成10年改正に際して廃止された。

第４節　居室の換気

（居室の採光及び換気）

法第28条

１　（略）

２　居室には換気のための窓その他の開口部を設け，その換気に有効な部分の面積は，その居室の床面積に対して，20分の１以上としなければならない。ただし，政令で定める技術的基準に従つて換気設備を設けた場合においては，この限りでない。

３・４　（略）

（昭34法156・昭45法109・平10法100・令４法69・一部改正）

本項は，居室における室内空気の汚染（呼気中の二酸化炭素，喫煙による粉じん，体臭等，居住者が主な汚染源となるものによる。）によってもたらされる室内環境の悪化を防止するために規定されたものであり，居室以外の室には本項は適用されない。

「換気のための窓その他の開口部」とは，窓，扉，ガラリ，らんま等の開口部を指し，「換気に有効な部分」は，外気又は外気と同等の新鮮度を有する空間に開放することのできる実面積をいう。したがって，はめごろし窓等のように常時閉鎖状態にあるものについては，「換気に有効な部分」ではないものとして扱われる。また，引違い窓では窓面積の約半分が，押出窓では原則として全窓面積が有効部分とみなされる。

床面積に対して20分の１以上の有効開口部を確保するためには，例えば，住宅の６畳間（約10㎡）に引違い窓を設ける場合，約１㎡（有効0.5㎡）の窓面積が必要となる。

換気に有効な部分の面積が20分の１未満のときは，令第20条の２の規定に適合する換気設備を設けなければならない。

（換気設備の技術的基準）

令第20条の２　法第28条第２項ただし書の政令で定める技術的基準及び同条第３項（法第87条第３項において準用する場合を含む。以下この条及び次条第１項において同じ。）の政令で定める法第28条第３項に規定する特殊建築物（第１号において「特殊建築物」という。）の居室に設ける換気設備の技術的基準は，次に掲げるものとする。

一　換気設備の構造は，次のイからニまで（特殊建築物の居室に設ける換気設備にあつては，ロからニまで）のいずれかに適合するものであること。

イ　自然換気設備にあつては，第129条の２の５第１項の規定によるほか，次に掲げる構造とすること。

⑴　排気筒の有効断面積（平方メートルで表した面積とする。）が，次の式によつて計算した必要有効断面積以上であること。

$A_v = A_f / (250\sqrt{h})$

（この式において，A_v，A_f及びｈは，それぞれ次の数値を表すものとする。

A_v　必要有効断面積（単位　平方メートル）

A_f　居室の床面積（当該居室が換気上有効な窓その他の開口部を有する場合においては，当該開口部の換気上有効な面積に20を乗じて得た面積を当該居室の床面積から減じた面積）（単位　平方メートル）

ｈ　給気口の中心から排気筒の頂部の外気に開放された部分の中心までの高さ（単位　メートル））

⑵　給気口及び排気口の有効開口面積（平方メートルで表した面積とする。）が，⑴の式によつて計算した必要有効断面積以上であること。

⑶　⑴及び⑵に掲げるもののほか，衛生上有効な換気を確保することができるものとして国土交通大臣が定めた構造方法を用いるものであること。

ロ　機械換気設備（中央管理方式の空気調和設備（空気を浄化し，その温度，湿度及び流量を調節して供給（排出を含む。）をすることができる設備をいう。以下同じ。）を除く。以下同じ。）にあつては，第129条の２の５第２項の規定によるほか，次に掲げる構造とすること。

⑴　有効換気量（立方メートル毎時で表した量とする。⑵において同じ。）が，次の式によつて計算した必要有効換気量以上であること。

$V = 20A_f / N$

（この式において，Ｖ，A_f及びＮは，それぞれ次の数値を表すものとする。

Ｖ　必要有効換気量（単位　１時間につき立方メートル）

A_f　居室の床面積（特殊建築物の居室以外の居室が換気上有効な窓その他の開口部を有する場合においては，当該開口部の換気上有効な面積に20を乗じて得た面積を当該居室の床面積から減じた面積）（単位　平方メートル）

N　実況に応じた１人当たりの占有面積（特殊建築物の居室にあつては，３を超えるときは３と，その他の居室にあつては，10を超えるときは10とする。）（単位　平方メートル））

⑵　一の機械換気設備が２以上の居室に係る場合にあつては，当該換気設備の有効換気量が，当該２以上の居室のそれぞれの必要有効換気量の合計以上であること。

⑶　⑴及び⑵に掲げるもののほか，衛生上有効な換気を確保することができるものとして国土交通大臣が定めた構造方法を用いるものであること。

ハ　中央管理方式の空気調和設備にあつては，第129条の２の５第３項の規定によるほか，衛生上有効な換気を確保することができるものとして国土交通大臣が定めた構造方法を用いるものとすること。

ニ　イからハまでに掲げる構造とした換気設備以外の換気設備にあつては，次に掲げる基準に適合するものとして，国土交通大臣の認定を受けたものとすること。

⑴　当該居室で想定される通常の使用状態において，当該居室内の人が通常活動することが想定される空間の炭酸ガスの含有率をおおむね100万分の1,000以下に，当該空間の一酸化炭素の含有率をおおむね100万分の６以下に保つ換気ができるものであること。

⑵　給気口及び排気口には，雨水の浸入又はねずみ，ほこりその他衛生上有害なものの侵入を防ぐための設備を設けること。

⑶　風道から発散する物質及びその表面に付着する物質によつて居室の内部の空気が汚染されないものであること。

⑷　中央管理方式の空気調和設備にあつては，第129条の２の５第３項の表の⑴の項及び⑷の項から⑹の項までの中欄に掲げる事項がそれぞれ同表の下欄に掲げる基準に適合するものであること。

二　法第34条第２項に規定する建築物又は各構えの床面積の合計が1,000平方メートルを超える地下街に設ける機械換気設備（一の居室のみに係るものを除く。）又は中央管理方式の空気調和設備にあつては，これらの制御及び作動状態の監視を中央管理室（当該建築物，同一敷地内の他の建築物又は一団地内の他の建築物の内にある管理事務所，守衛所その他常時当該建築物を管理する者が勤務する場所で避難階又はその直上階若しくは直下階に設けたものをいう。以下同じ。）において行うことができるものであること。

（平12政211・全改，平12政312・令元政30・令５政34・一部改正）

本条は，窓その他の開口部の換気に有効な部分の面積が当該居室の床面積の20分の１未満である居室に設けなければならない換気設備として，第１号イに自然換気設備，同ロに機械換気設備，同ハに中央管理方式の空気調和設備，同ニに国土交通大臣の設定を受けた設備の４種類を規定している。

なお，特殊建築物の居室については，自然換気設備は許容されない。居室の状態と換気設備の設置義務の関係は表２－７のとおりである。

表２―７　換気設備の適用関係

換気設備の設置が義務付けられる室	法令上の根拠	必要な換気設備		
		設備の種類	構造基準	
換気上の無窓居室 （開口部面積／床面積＜１／20）	法第28条第２項ただし書	・自然換気設備	換気能力	令第20条の２第１号イ
			他の構造	令第129条の２の５第１項
		・機械換気設備	換気能力	令第20条の２第１号ロ
			他の構造	令第129条の２の５第２項
		・中央管理方式の空調設備	換気能力	令第20条の２第１号ハ
			他の構造	令第129条の２の５第３項
		・大臣認定を受けた換気設備	令第20条の２第１号ニ	
不特定多数の者が集まる特殊建築物（劇場，映画館，演芸場，観覧場，公会堂，集会場）の居室	法第28条第３項	・機械換気設備	換気能力	令第20条の２第１号ロ
			他の構造	令第129条の２の５第２項
		・中央管理方式の空調設備	換気能力	令第20条の２第１号ハ
			他の構造	令第129条の２の５第３項
		・大臣認定を受けた換気設備	令第20条の２第１号ニ	
火気使用室（下記の室を除く） ・密閉式燃焼器具等のみの室 ・小規模住宅の調理室 ・６kW以下の燃焼器具等のみの室		・自然換気設備 ・機械換気設備	令第20条の３第２項第１号イ	
		・大臣認定を受けた換気設備	令第20条の３第２項第１号ロ	

第１号イ（自然換気設備）

ここでは，法第28条第２項ただし書の規定によって，居室の床面積に対して20分の１以上の換気に有効な開口面積が得られない居室に設けなければならない換気設備のうち，自然換気設備に関する技術的基準が規定されており，令第129条の２の５第１項に規定する建築物に設ける自然換気設備の基準（第６章第４節参照）を適用するほか，必要な換気量を確保するため，排気筒の有効断面積等を定めている。

自然換気設備については，風力換気は考慮せず，温度差換気（重力換気）を前提としており，ここで規定する算定式も，温度差換気の一般式から求められたものである。温度差換気の性格上，次のような場合には，期待された換気量が得られないことに注意する必要がある。

①　室内外の温度差が小さい場合。特に室内より室外の温度が高い場合。

②　在室者の密度が著しく大きい場合（換気量には変わりないが，１人当たりの換気量は不足する。）。

③　換気経路の抵抗が著しく大きい場合。特に曲りの数が多かったり，換気口に金網等を取り付けたりした場合。

④　換気経路の仮定（給気口→室→排気筒）が誤っている場合。

なお，ここでいう換気上の無窓の居室とは，床面積の20分の１以上の開口部を有しない居室であるが，換気上有効な開口部があれば，その面積の20倍を床面積から低減したものをA_fとして排気筒の有効断面積を算出することができるとされている。

また，第１号イ(3)は，これらの技術的基準のほか，衛生上有効な換気を確保するために必要な構造について国土交通大臣が定めることができる旨を定めたものであり，具体的基準は「換気設備の構造方法を定める件（Ｓ45建告第1826号。以下「換気設備告示」という。）」の第１に規定されている。

第１号イの規定（前述の告示を含む。）と令第129条の２の５第１項の規定による自然換気設備の基準を図解すると，以下のとおりとなる（図２－６）。なお，排気筒における「排気口」とは，排気筒の居室に面する開口部をいう。

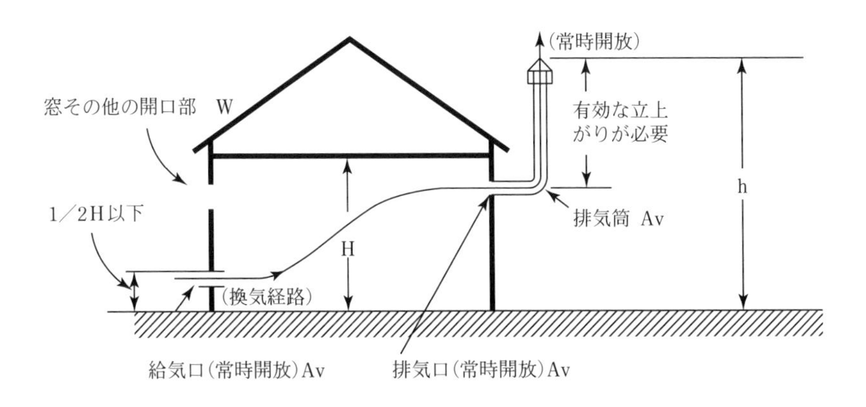

○　**給気口・排気口・排気筒の有効面積の算定式**

$$Av \geqq \frac{A_f}{250\sqrt{h}} \quad 〔m^2〕$$

かつ

$$Av \geqq 0.00785 \quad 〔m^2〕$$

A_f＝S－20W〔m^2〕
S：居室の床面積〔m^2〕
W：開口部の有効換気面積〔m^2〕

（備考）　⑴　共同住宅等の排気シャフト内に排気筒の頂部を開放する場合は，2m以上の立上りを有すること。この場合，外気に開放されているとみなされる。
⑵　換気経路は，室の一部分のみで短絡しないものとし，一様に，人間の居住域（床上1.5m程度）に新鮮空気を供給しうるものであること。
⑶　排気筒の断面の形状及び給気口の形状は矩形，だ円形，円形等とし，短辺（短径）／長辺（長径）≧1／2とすること。

図2－6　自然換気設備の構造

第1号ロ（機械換気設備）

ここでは，機械換気設備に関する技術的基準として，有効換気量等を規定している。なお，機械換気設備については，任意に設置された場合も含めて令第129条の2の5第2項の基準が適用される。

第1号ロ⑴では，機械換気設備の有効換気量を算出するための式を規定している。ここでいう「有効換気量」とは，当然のことながら衛生上有効な最低の換気量であり，清浄な外気の導入量のことで，室内設置型の空気濾過装置により室内の空気中の塵埃等を除去して室内に再供給する場合の供給風量等は，ここにいう「有効換気量」には含まれない。

清浄な外気の導入は，法第28条第２項本文の趣旨からもわかるように，「窓その他の開口部」によることもできることとされており，たとえ当該開口部の面積が居室の床面積の20分の１に満たない場合であってもその開口面積に相応する外気の導入を図ることができるので，その趣旨を居室の床面積のかっこ書きで示している。つまり，換気用の開口部がＡ㎡であって，その居室の実際の床面積Ｓ㎡が20Ａ㎡より大きい場合であっても，有効換気量の計算上は，居室の床面積A_f＝Ｓ－20Ａとしてよい。

一方，映画館，集会場等の特殊建築物等の居室に設ける換気設備については，極めて多くの人が集まり，空気の汚染度が大きいことから自然換気設備は認められておらず，用途上，窓の開放が期待できないこと等により，窓その他の開口部があるとしてもその換気効果は期待できないものとして，完全な無窓空間であるとして換気量を算定することとされている。

また「実況に応じた１人当たりの占有面積」というのは，居室の用途，性格によってかなりの差異がみられる。人の在室状況をより的確に把握し，実際に近い状況で有効換気量の計算を行うべきであることを定めたものである。具体的数値としては，今日までに各種の調査報告書等のデータが発表されており，それらを参考にすることになろう。なお，それに続くかっこ書きは，占有面積の最大値を制限し，逆にいえば，人員密度の最小値を押さえることにより有効換気量の最小値を確保するためのものである。

この専有面積の最大値についても，居室等の換気設備についてはＮ値が10㎡であるのに対して，特殊建築物の換気設備についてはＮ値が３㎡と，用途上高密度な利用が想定されることから，厳しい値が設定されている。

また，有効換気量Ｖ＝20A_f／Ｎ式中の「20」という数値の意味であるが，「１／Ｎ」が人員密度を表し，これにA_fを乗ずれば在室人員が算出される。他方，有効換気量が時間当たりの風量（㎥／h）として求められるので，「20」の単位は「㎥／（h・人）」ということになり，「１人の在室者に対して１時間当たりに供給されるべき外気量」を表している。

第１号ロ⑵では，一つの機械換気設備が２以上の居室等に係る場合は，それぞれの部分における有効換気量の和をもって，当該設備の有効換気量としている。なお，算定に当たっては，換気経路における圧力損失を十分に考慮しなければならないことはいうまでもない。

第１号ロ(3)は，これらの技術的基準の他，衛生上有効な換気を確保するために必要な構造について国土交通大臣が定めることができる旨を定めたものであり，具体的基準は換気設備告示の第２に規定されている。

第１号ハ（中央管理方式の空気調和設備）

中央管理方式の空気調和設備の法的定義は，令第20条の２第１号ロにおいて，機械換気設備との関係性を明らかにする形でなされており，「空気を浄化し，その温度，湿度及び流量を調節して供給（排出を含む。）することができる設備」とされている。すなわち，「中央管理方式の空気調和設備」とは，本質的には機械換気設備の一つとして把握されるものであって，冷凍機，ボイラー等の熱源機器，冷却水ポンプ，冷温水ポンプ等の搬送機器，空気調和機，空気浄化装置，給気及び排気用の送風機並びに制御機器等，空気調和を行うために必要な設備全てを含むシステムをいう。「中央管理方式」とは，空調監視室，空調機械室等の中央管理室で，空調用各種機器を集中制御する方式である。この場合，第２項の規定により，中央管理室において「中央管理」できるものであることは必須であるが，それに加えて，中央管理室以外の室でも「中央管理」することを妨げるものではない。

令第129条の２の５第３項の規定は，任意に設置された場合も含めて建築物に設けられる中央管理方式の空気調和設備についてこの構造を定めたものであり法第28条第２項ただし書又は第３項の規定により，設置義務のある場合についても適用されることは，機械換気設備と同様である。

「衛生上有効な換気を確保することができるものとして国土交通大臣が定めた構造方法」の趣旨は，中央管理方式の空気調和設備の構造に関し，更に補足追加すべき必要が生じたら，適宜制定しうるとの根拠を定めたものである。これを根拠とする補足基準は，令和６年３月現在は未制定である。

第１号ニ（国土交通大臣の認定を受けた換気設備）

本条第１号イ，ロ，ハにおいてそれぞれ規定された自然換気設備，機械換気設備，中央管理方式の空気調和設備のほか，これらの換気設備に対する基準に抵触するものであっても，本規定の(1)，(2)，(3)及び(4)に掲げる性能基準に適合するものとして，国土交通大臣が認定した換気設備については，本法に適合するものとして取り扱うことができる旨を規定したものである。

第２号

本規定は，相当の規模を有する建築物や地下街に設ける機械換気設備や中央管理方式の空気調和設備について，衛生上及び防火避難上の観点から，集中制御や監視を行わせることを定めたものである。

「法第34条第２項に規定する建築物」とは，「非常用の昇降機」を設けるべき高さ31ｍを超える建築物をいう。ただし，法第34条第２項の例外として，令第129条の13の２において，非常用の昇降機を設けなくてよい建築物が定められているため，これらについては，本号は適用されない。

「（１の居室その他の建築物の部分のみに係るものを除く。）」とは，居室１室又は一構え専用に設置される機械換気設備のほか，倉庫，便所，浴室等の建築物（又は地下街）の部分で１室とみなしうるような空間に，各々専用に設けられるものを除くとの意であり，２以上の居室，倉庫その他の空間に，共用の形で設けられるものは除外されない。

「制御及び作動状態の監視」のうち，「制御」とは，給気用送風機又は排気用送風機の起動及び停止，空気濾過器の濾材の自動交換（自動巻取り）等があり，「作動状態の監視」には，送風機関係の運転状態，空気濾過器の濾過状態，さらには，防火ダンパーの閉鎖確認等が含まれることとなる。

なお，「避難階」の定義は，令第13条第１号になされており，「直接地上へ通ずる出入口のある階」とされている。一般的には，地上階がそれに該当する。

（居室の採光及び換気）

法第28条

１・２　（略）

３　別表第１(い)欄(1)項に掲げる用途に供する特殊建築物の居室又は建築物の調理室，浴室その他の室でかまど，こんろその他火を使用する設備若しくは器具を設けたもの（政令で定めるものを除く。）には，政令で定める技術的基準に従つて，換気設備を設けなければならない。

４　（略）

（昭34法156・昭45法109・平10法100・令４法69・一部改正）

本項は，前項が一般の居室について室内環境の確保のために設けられているのに対し，換気の観点から特段の規定を設けるべき室について定めたものである。

別表第１(い)欄(1)項に掲げる用途に供する特殊建築物とは，不特定多数の人が集合又は集会する劇場，映画館，演芸場，観覧場，公会堂及び集会場のことである。これらの居室にあっては，多数の者が呼気等により一般の居室に比較して室内空気の汚染が激しく，また，これらの用途では窓等の開閉による換気を期待することが困難であるところから，換気設備の設置が義務づけられたものである。技術的基準は令第20条の２に，一般の居室の場合に対する基準の適用範囲や条件を制限する形で定められており，原則として機械換気設備又は中央管理方式の空気調和設備でなければならないとされている。

調理室等の火気使用室においては，燃焼器具等の使用による廃ガスの発生，酸素の欠乏・不完全燃焼による一酸化炭素の発生等が予想されるため，廃ガスの排除と燃焼に必要な空気の供給を確保するための換気設備の設置を義務づけたものであり，令第20条の３第２項に火気使用室の換気設備に関する技術的基準が述べられている。

火気使用室にあって，換気設備の設置を免除する室については，令第20条の３第１項に定められている。

本項の条文中の「建築物の調理室，浴室その他の室でかまど，こんろその他火を使用する設備若しくは器具を設けたもの」という表現については，法第35条の２（特殊建築物の内装）の条文中にも同一の表現が用いられているが，対象となる室は，それぞれの規定の趣旨に従い施行令で具体的に定められており，その範囲は異なっている。法第35条の２の規定に基づく内装制限を受ける調理室等（令第128条の４第４項）は，調理室，浴室，乾燥室，ボイラー室，作業室等であり，季節的にストーブ等の器具を持ち込んで使用する室は含まれないが，本項の調理室等の中には，季節的にストーブ等の器具を持ち込むこととなる室も含まれる。

なお，本項の規定は，換気の観点から特段の規定を設けるべき室について定めたものであるが，本項の対象となる室が「居室」である場合（劇場等の場合はすべてそうであるが）には，当然，第２項の規定の適用があるので注意が必要である。

（火を使用する室に設けなければならない換気設備等）

令第20条の３　法第28条第３項の規定により政令で定める室は，次に掲げるものとする。

一　火を使用する設備又は器具で直接屋外から空気を取り入れ，かつ，廃ガスその他の生成物を直接屋外に排出する構造を有するものその他室内の空気を汚染するおそれがないもの（以下この項及び次項において「密閉式燃焼器具等」という。）以外の火を使用する設備又は器具を設けていない室

二　床面積の合計が100平方メートル以内の住宅又は住戸に設けられた調理室（発熱量の合計（密閉式燃焼器具等又は煙突を設けた設備若しくは器具に係るものを除く。次号において同じ。）が12キロワット以下の火を使用する設備又は器具を設けたものに限る。）で，当該調理室の床面積の10分の１（0.8平方メートル未満のときは，0.8平方メートルとする。）以上の有効開口面積を有する窓その他の開口部を換気上有効に設けたもの

三　発熱量の合計が６キロワット以下の火を使用する設備又は器具を設けた室（調理室を除く。）で換気上有効な開口部を設けたもの

２　（略）

（昭45政333・追加，昭52政266・昭55政196・昭62政348・一部改正，平12政211・旧第20条の４繰上・一部改正，平12政312・平17政192・令元政30・一部改正）

第１項（換気設備の設置を要しない火気使用室）

本項は，法第28条第３項の規定に基づき，火気使用室に係る換気設備の設置を要しない室を定めたものである。

第１号（密閉式燃焼器具等のみを用いる火気使用室）

第１号では，バランス型風呂釜（「自然給排気（balanced flue）式のガス風呂釜」）に代表される「密閉式燃焼器具等」は，換気設備設置の目的である廃ガスの排除と燃焼用空気の供給が火気使用室を介さずに行われるため，これらを設けた室は火気使用室に係る換気設備の設置を要しない旨を規定している。

調理室等において密閉式燃焼器具等とこんろ等の「開放式燃焼器具（室内から燃焼用の空気を取り入れ，燃焼によって発生した廃ガスを室内に排出する構造の器具）」が併設されることがあるが，このような密閉式燃焼器具等以外の火を使用する器具等を設けた場合は，本号に定める室としては扱わない。

第２号（小規模な住宅・住戸の調理室）

第２号では，床面積の合計が100㎡以内の小規模な住宅又は住戸の調理室で，室内に設けられた燃焼器具等（以下，火を使用する設備又は器具を「燃焼器具等」という。）の発熱量の合計が小さく，かつ，一定の有効開口面積を有する室は，火気使用室に係る換気設備の設置を要しない旨を規定している。

本号の対象となる室は，住宅又は住戸の調理室であり，住宅以外の用途に供される建築物に設けられた調理室や100㎡を超える住宅及び住戸の調理室は，燃焼器具

等の発熱量の合計が12kw以下であっても本号の対象とはならない。このとき，燃焼器具等の発熱量を合計する場合において，密閉式燃焼器具等又は煙突を設けた半密閉式燃焼器具等については，燃焼によって発生した廃ガスが室内に排出されず，室内の空気を汚染するおそれがないので，発熱量の合計の算定対象から除かれる。したがって，開放式燃焼器具等の発熱量についてのみ，合計すればよい。なお，本号の発熱量の合計の算定に当たっては，使用可能な燃焼器具等の定格（表示）発熱量の合計によることとしており，同時使用率は考慮されない。

また，調理室の床面積が小さい場合には開口部の面積が非常に小さいものも許容されてしまうということを避けるため，床面積が8㎡未満の調理室についても0.8㎡以上の有効開口面積を要求している。これは，調理室に設けられるこんろ等の開放式燃焼器具等は，一定の発熱量を有しており，調理室の床面積が小さくなったとしても，一定の開口面積は必要となるためである。なお，0.8㎡の開口面積を確保するためには，約90㎝四方の開口部が必要であり，引き違い窓では有効開口面積が実際の開口面積の2分の1となるため，約1.8m×0.9mの開口部分を有する窓がこれに該当する。

なお，窓その他の開口部をこの規定に適合するように設けない場合においては，当該調理室には，本条第2項及び換気設備告示第3の規定に基づく換気設備を設けなければならない。

第3号（出力の小さい燃焼器具等のみを用いる火気使用室）

第3号では，比較的出力の小さなストーブ等を使用する一般住宅の居間等の居室についても換気扇や排気上有効な立上り部分を有する排気筒を設けなければならなくなることを避けるため，ストーブ等しか使用しない室については，一定の条件を満足した場合に火気使用室に係る換気設備の設置を要しないとしたものである。

一般に使用されているストーブの発熱量を示すと，6畳用－2kw程度，8畳用－3kw程度，10畳用－3.5kw程度であることから，ストーブ等しか使用しない場合には，いずれも本号で定める基準値である6kw以下となる。

調理室が本号の対象から除かれているのは，一般の家庭で使用されている3口のガスこんろの発熱量が8kw程度であり，ストーブと比べ発熱量が大であること，また，小規模住宅の調理室については前号の適用によって換気設備の設置が除外されることによるものである。

本号は，以上述べたように一般住宅の居間等の居室を想定した規定であるが，調理室を除き燃焼器具を設けたすべての室に適用されることはいうまでもない。

なお，本号における「換気上有効な開口部」とは，サッシに設けられた換気用の小窓又は住宅の外壁に設けられた小孔等の換気専用に設けられた開口部で容易に開閉できる構造のものであり，一般の窓開口はこれに該当しない。したがって，居室であって換気扇等の換気設備を設けない場合は，原則として，法第28条第２項の規定により床面積の20分の１以上の面積を有する窓等の開口部を設けるとともに，本号に規定する「換気上有効な開口部」を設けなければならない。

（火を使用する室に設けなければならない換気設備等）

令第20条の３

１　（略）

２　建築物の調理室，浴室，その他の室でかまど，こんろその他火を使用する設備又は器具を設けたもの（前項に規定するものを除く。第１号イ及び第129条の２の５第１項において「換気設備を設けるべき調理室等」という。）に設ける換気設備は，次に定める構造としなければならない。

一　換気設備の構造は，次のイ又はロのいずれかに適合するものとすること。

イ　次に掲げる基準に適合すること。

⑴　給気口は，換気設備を設けるべき調理室等の天井の高さの２分の１以下の高さの位置（煙突を設ける場合又は換気上有効な排気のための換気扇その他これに類するもの（以下このイにおいて「換気扇等」という。）を設ける場合には，適当な位置）に設けること。

⑵　排気口は，換気設備を設けるべき調理室等の天井又は天井から下方80センチメートル以内の高さの位置（煙突又は排気フードを有する排気筒を設ける場合には，適当な位置）に設け，かつ，換気扇等を設けて，直接外気に開放し，若しくは排気筒に直結し，又は排気上有効な立上り部分を有する排気筒に直結すること。

⑶　給気口の有効開口面積又は給気筒の有効断面積は，国土交通大臣が定める数値以上とすること。

⑷　排気口又は排気筒に換気扇等を設ける場合にあつては，その有効換気量は国土交通大臣が定める数値以上とし，換気扇等を設けない場合にあつては，排気口の有効開口面積又は排気筒の有効断面積は国土交通大臣が定める数値以上とすること。

⑸　風呂釜又は発熱量が12キロワットを超える火を使用する設備若しく

は器具（密閉式燃焼器具等を除く。）を設けた換気設備を設けるべき調理室等には，当該風呂釜又は設備若しくは器具に接続して煙突を設けること。ただし，用途上，構造上その他の理由によりこれによることが著しく困難である場合において，排気フードを有する排気筒を設けたときは，この限りでない。

⑹　火を使用する設備又は器具に煙突（第115条第１項第７号の規定が適用される煙突を除く。）を設ける場合において，煙突に換気扇等を設ける場合にあつてはその有効換気量は国土交通大臣が定める数値以上とし，換気扇等を設けない場合にあつては煙突の有効断面積は国土交通大臣が定める数値以上とすること。

⑺　火を使用する設備又は器具の近くに排気フードを有する排気筒を設ける場合において，排気筒に換気扇等を設ける場合にあつてはその有効換気量は国土交通大臣が定める数値以上とし，換気扇等を設けない場合にあつては排気筒の有効断面積は国土交通大臣が定める数値以上とすること。

⑻　直接外気に開放された排気口又は排気筒の頂部は，外気の流れによつて排気が妨げられない構造とすること。

ロ　火を使用する設備又は器具の通常の使用状態において，異常な燃焼が生じないよう当該室内の酸素の含有率をおおむね20.5パーセント以上に保つ換気ができるものとして，国土交通大臣の認定を受けたものとすること。

二　給気口は，火を使用する設備又は器具の燃焼を妨げないように設けること。

三　排気口及びこれに接続する排気筒並びに煙突の構造は，当該室に廃ガスその他の生成物を逆流させず，かつ，他の室に廃ガスその他の生成物を漏らさないものとして国土交通大臣が定めた構造方法を用いるものとすること。

四　火を使用する設備又は器具の近くに排気フードを有する排気筒を設ける場合においては，排気フードは，不燃材料で造ること。

（昭45政333・追加，昭52政266・昭55政196・昭62政348・一部改正，平12政211・旧第20条の４繰上・一部改正，平12政312・平17政192・令元政30・一部改正）

第２項（換気設備の構造基準）

燃焼器具を使用する場合に換気が適切に行われず，室内の酸素濃度が低下するような場合には，不完全燃焼によって有毒な一酸化炭素が発生し，居住者にとって非常に危険な状態となるおそれがある。こうした事態を未然に防ぐために，火気使用室における換気設備には必要な換気量を確保するための基準のほか，換気によって起きる風が火を使用する設備又は器具の燃焼を妨げないこと，排気の逆流等を防止すること，火を使用する設備又は器具の近くに設ける排気フードを不燃材料とすること等の規定を定めている。

本項は，法第28条第３項の規定に基づき，火気使用室のうち，換気設備を設けるべき調理室等に設けるべき換気設備の構造基準を定めたものである。前項で換気設備の設置を免除されている火気使用室については，本項の規定による換気設備を設ける必要はない。中央管理方式の空気調和設備の風道は，「火を使用する設備又は器具を設けた室の換気設備の風道その他これに類するものに連結しない」旨が，S45建告第1832号において定められている。

本項の規定に基づく換気設備については，第１号において仕様基準と性能基準を定めており，仕様規定に適合しない設備の場合は，国土交通大臣の認定を受けることで本法の規定に適合する設備とすることが可能であるが，第２号から第４号までの基準のみは，仕様どおりに適合させる必要がある。

なお，換気扇の有効換気量や排気口の有効開口面積等の算出に当たって理論廃ガス量を用いることがあるが，この場合の数値については，表２－８に掲げる値（換気設備告示の別表）によることができる。

表２－８　理論廃ガス量の値

燃料の種類			理論廃ガス量
燃料の名称		発熱量	
(1)	都市ガス		0.93㎥／kWh
(2)	ＬＰガス（プロパン主体）	50.2MJ／kg	0.93㎥／kWh
(3)	灯油	43.1MJ／kg	12.1㎥／kg

第１号イ(1)（給気口の位置）

本規定は，換気設備を設けるべき調理室等に設ける給気口について，その位置を定めたものである。

給気口を設けるべき位置は，天井の高さの２分の１以下の高さの位置であるが，煙突又は換気扇等を設ける場合はこの限りでない。これは，以下の考え方による。

煙突を設ける場合は，燃焼に必要な空気の他にバフラーから吸い込まれて排出される空気を給気口から取り入れることができればよく，給気口の位置により影響を受けることは少ないと判断される。また，換気扇等を設ける場合についても，強制的に排気を行うので，給気口の位置を天井の高さの２分の１以下として浮力による換気力を期待することは必ずしも必要ではない。このような理由から，これらの場合には適当な位置に給気口を設ければよいとしているが，ここでいう「適当な位置」とは，高さに係る規制は受けないとの意であって，換気の目的を達成するために「適当な位置」に設けなければならず，どこに設けてもかまわないという意ではない。

また，「換気上有効な排気のための換気扇その他これに類するもの（換気扇等）」の有効換気量については，一定の性能が必要であることをイ(4)及びイ(6)において明記している。

なお，本かっこ書の規定は排気口，排気筒，煙突又は排気フードを有する排気筒のいずれに換気扇等を設けた場合にも適用される。

第１号イ(2)（排気口の位置・排気方法）

本規定は，排気口の位置及び排気口における排気方法について定めたものである。排気口の位置に応じて排気口における排気方法を分類すると，以下のようになる。

表２－９　排気口の位置と排気方法

排気口の位置	排気口における排気方法
・天井 ・天井から80cm以内の高さの位置 ・適当な位置	①換気扇等を設けて直接外気に開放する
	②換気扇等を設けて排気筒に直結する
	③排気上有効な立上り部分を有する排気筒に直結する
	④煙突を設ける
	⑤排気フードを有する排気筒を設ける

本規定は，排気口には何らかの排気装置を設ける必要があることを定めたものである。直接外気に開放された開口部といえども，単なる開口部のみでは本規定の排気口として取り扱うことはできない。

排気口の位置を天井又は天井から80cm以内の高さの位置とするのは，燃焼器具等から室内に排出される廃ガスは一般に天井付近に滞留しやすく，確実な排気を期待するには天井近辺に開口部を設けることが不可欠だからである。しかし，排気フードや煙突を設けた場合にあっては，燃焼器具等から排出される廃ガスを直接捕捉することができるので，排気口の位置を必ずしも天井付近に限定する必要はないことから，「適当な位置」に設ければよいこととされている。

表中②は，排気口を天井又は壁に設け，これに排気筒を取り付けて換気扇等を設けたものであり，例えば，調理室が外壁に面したところに設けられていない場合に，天井扇等を設けて排気をする場合などが，これに該当する。

③は，換気扇等を用いず，室内外の温度差による換気力を用いて換気を行うもの（自然換気）であるので，排気筒に排気上有効な立上り部分を有することを義務づけ，換気力の確保を図っている。

表の①，②及び③の場合，排気口は室内に面して設けられ，廃ガスを吸引する開口部を意味するが，④及び⑤の場合には，排気口は煙突又は排気筒が貫通する外壁等の部分を意味していると解されたい。

なお，換気扇等を設けた場合の有効換気量についてはイ(4)及びイ(6)において，排気フードの構造についてはイ(7)において，それぞれ基準が定められている。

第1号イ(3)（給気口の構造）

本規定は給気口の有効開口面積及び給気筒の有効断面積について，その数値の基準を定めたものである。具体的な数値の算出方法については国土交通大臣が定めるものとし，換気設備告示第3第1号に示されている。

第1号イ(4)（排気口・排気筒の構造）

本規定は，排気口・排気筒について，換気扇等を設ける場合の有効換気量V，換気扇等を設けない場合の排気口の有効開口面積又は排気筒の有効断面積A_vについて定めたものである。具体的な数値の算出方法については国土交通大臣が定めるものとし，換気設備告示第3第2号イ及びロに示されている。

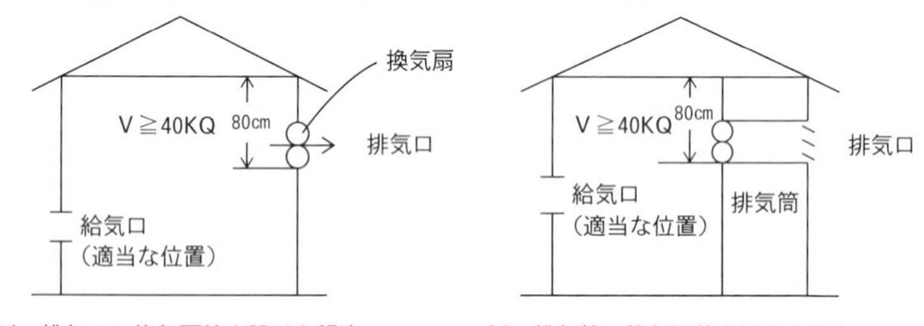

(イ)　排気口に換気扇等を設けた場合　　(ロ)　排気筒に換気扇等を設けた場合

V:有効換気量（m³／h）
K:燃料の単位燃焼量当たりの理論廃ガス量（m³／kW･h又はm³／kg）
Q:単位時間当たりの燃料消費量（kW又はkg／h）

図2－7　排気口・排気筒に換気扇等を設けた場合

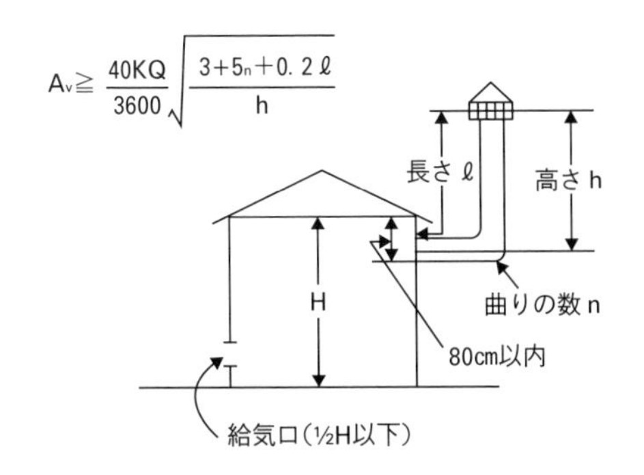

図２－８　排気口・排気筒に換気扇等を設けない場合

第１号イ(5)（開放式燃焼器具等に対する煙突設置義務）

本規定は，煙突を設けなければならない燃焼器具等を規定するとともに，煙突を設けることが著しく困難である場合の救済措置を定めたものである。

煙突を設けなければならない燃焼器具等は，①ふろがま，②発熱量が12kWを超える燃焼器具等であり，いずれも密閉式燃焼器具等は除かれている。また本規定は，燃焼器具等一つひとつに着目したものであり，火気使用室における燃焼器具等の発熱量の合計が12kWを超えても，個々の燃焼器具等が12kWを超えていなければ，②には該当しない。

ふろがまについて，密閉式（バランス釜等）以外は煙突を設けて半密閉式とすることを義務づけ，開放式燃焼器具等とすることを禁止したのは，①浴室は一般的に小空間であり，このような場所でふろがまのような大容量の燃焼器具等を開放式として長時間使用することは危険であること，②開放式とした場合には大面積の給気口及び排気口等が必要となり，使用時のコールドドラフトの影響を考えると浴室の機能から適当でないこと等の理由による。

発熱量が12kWを超える燃焼器具等を本規定の規制対象としたのは，発熱量の大きな燃焼器具等の廃ガスは，当該器具自体で対処すべきであり，廃ガスを室内に排出させて室全体で換気を行うことは，確実な換気の確保等の面から好ましくないため，大発熱量の燃焼器具等は原則として開放式（室内に廃ガスを排出する構造）としてはならないとしたものである。

例えば，瞬間湯沸器についてみると，発熱量が12kWを超えるものは先止め式（湯沸器の給湯口に配管を接続したもの。これに対して，元止め式は湯沸器に設けられた給湯口により直接給湯を行うもの）になっており，浴槽への給湯等をはじめとして長時間使用される可能性も高く，廃ガスを室内に排出することは危険であるといえる。

煙突を設けることが著しく困難である場合の救済措置（排気フードを有する排気筒の設置に替えることができる。）のただし書規定の適用については，かなり限定されたものと解釈すべきである。すなわち，本ただし書規定が適用されるのは「用途上，構造上その他の理由によりこれによることが著しく困難である場合」であり，①大型のレンジ等器具に煙突を設けることが器具本来の使用目的から不都合である場合，②燃焼器具等自体が煙突を設ける構造とはなっていない場合，③機械換気を行うために煙突を設けるとかえって火が消えてしまう等の不都合がある場合等に限定されている。

また，このただし書の規定は，上述の事由からもわかるように，主として業務用厨房等に設けられる大型厨房器具等を対象とするものであって，一般住宅等に設けられる大型の燃焼器具等を対象としたものではないことに留意すべきである。

第１号イ(6)（煙突の構造）

本規定は，燃焼器具等に設けられた煙突について，換気扇等を設ける場合の有効換気量Vと，換気扇等を設けない場合の煙突の有効断面積A_vの基準を定めたものである。具体的な数値の算出方法については国土交通大臣が定めることとし，換気設備告示第３第３号イ及びロに示されている。

かっこ書で令第115条第１項第７号の規定が適用される煙突（ボイラーの煙突が対象となる。）を除いているのは，これについては同号で別に最小断面積等に関する規定が設けられているからである。

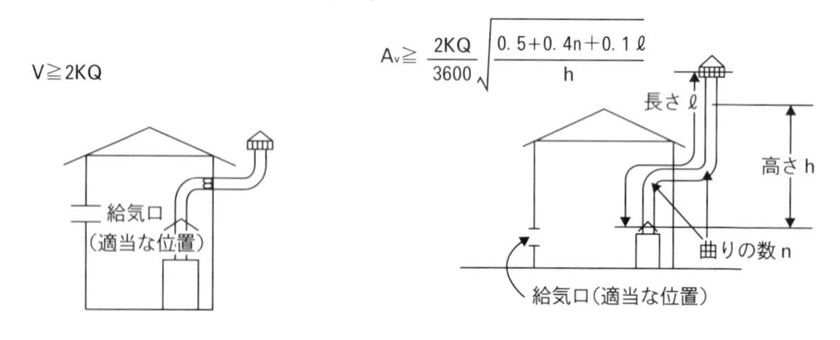

図２―９　煙突に換気扇等を設ける場合

図２―10　煙突に換気扇等を設けない場合

第１号イ(7)（排気フードを有する排気筒の構造）

本規定は，排気フードを有する排気筒について，換気扇等を設ける場合の有効換気量Vと，換気扇等を設けない場合の排気筒の有効断面積A_vの基準を定めたものである。

具体的な数値の算出方法については国土交通大臣が定めることとし，換気設備告示第３第４号イ又はロに示されている。また，排気フードの燃焼器具等に対する位置や形状等についても，換気設備告示第３第４号に示されている。

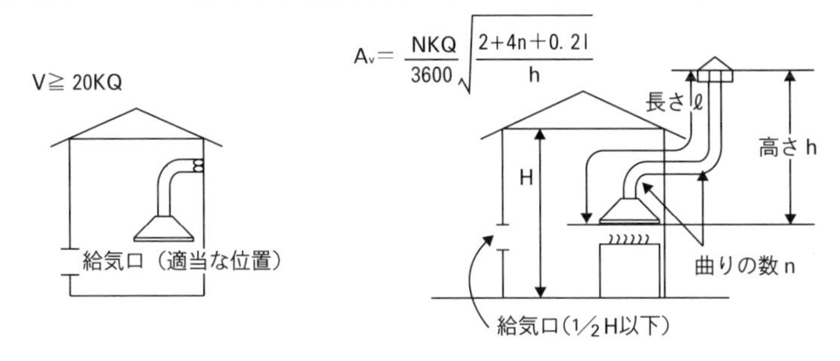

図２—11　排気フードを有する排気筒に換気扇等を設ける場合

図２—12　排気フードを有する排気筒に換気扇等を設けない場合

第１号イ(8)（外気による影響の防止）

排気口又は排気筒の頂部は，排気ガスを有効に屋外へ排出できるようにするため，特に外気の流れによって，その排気能力の低下を起こさないような構造としなければならない。火気使用室においても，換気経路が室の一部分のみで短絡しないものとすべきことはもちろん，ドラフトによって火炎が消え，ガスが充満することがないよう，燃焼が妨げられないものとしなければならない。

また，建築物周囲の状況によって異なるが，気流の影響によって気圧差が生じ，室内の気圧が室外の気圧より小さくなる場合があるので，廃ガス等の逆流がないよう十分注意する必要があり，特に，近隣に高層建築物がある場合などは肝要である。

このような要求を踏まえて，本規定は，直接外壁に設けられた排気口又は外気に開放された排気筒の頂部について，外気の流れによって排気が妨げられない構造としなければならないことを定めたものである。

また，外壁に設けられた排気口に換気扇を取り付ける場合，その位置を十分考慮しないと，外風圧による換気風量の低下が起こる可能性がある。これを防ぐために，ウェザーカバー等を排気口の屋外側に設けて，外風圧の影響を少なくする方法が一般的にとられている。

第１号ロ

ガス等が燃焼した場合には様々な物質が排出されるが，このうち非常に毒性が高く最も危険なものは，酸素供給が適切に行われずに室内の酸素濃度が低下して不完全燃焼を起こした場合に発生する一酸化炭素である。

本規定においては，不完全燃焼による一酸化炭素中毒を防ぐために火気使用室の換気量に関する基準として，室内の酸素濃度を通常の酸素濃度より0.5%のみ低減させた値である20.5%以上に保つことができる換気量を確保することを求めることとしている。

廃ガスが室内に一様に拡散する場合，居室内の酸素濃度を20.5%以上に保つためには，燃料の種類に応じた理論廃ガス量の40倍の換気量が必要となる。この数字は，排気フードを設けた場合や煙突を設けた場合にあっては，室外に排出する排気のうち廃ガスの占める割合（排気捕集率）が高くなるため，より少ない換気量で，上記と同等の室内酸素濃度を担保することができる。この割合を試験等によって求めれば，火気使用室における必要換気量を少なくすることが可能となる。

本規定は，火気使用室の室内環境基準として酸素濃度が20.5%以上必要であることを示すとともに，試験により排気捕集率が明らかとなる排気フードを利用する等の構造方法について国土交通大臣による認定を行い，火気使用室に設けるべき換気設備として取り扱うことを可能とするものである。

第２項第２号

本号は，給気口を設けるときに，高さ以外に留意しなければならないことを定めたものである。換気経路上に燃焼器具等が置かれると，気流によって炎が煽られ，正常な燃焼を維持できなくなるおそれがあるため，注意する必要がある。

第２項第３号

いったん居室外に排出した廃ガスその他の生成物が，室内に逆流したり，他の室に漏れたりすると，室内の空気を著しく汚染し，危険である。このような状態を防ぐため，本号において「当該室への逆流防止」と「他室への侵入防止」という性能を明らかにした上で，以下のとおり，具体の構造方法を換気設備告示第４において定めることとしている。

①　火気使用室の排気筒・煙突は，他の換気設備の排気筒，風道等に連結しないこと。

②　排気筒・煙突の頂部が排気シャフトに開放されている場合は，逆流防止ダンパーを設置するなど，排気上有効な逆流防止措置を講ずること。

③　煙突には，高温になると閉鎖する防火ダンパーのように，温度の上昇により排気を妨げるおそれのあるものを設けないこと。

④　防火ダンパー等を設けた排気筒に煙突を連結し，廃ガスを排除する場合は，排気筒に設けられた防火ダンパーの作動による換気不良を防止するための基準に適合すること。

第２項第４号

排気フードは，防火上の観点から不燃材料で造ることとしており，亜鉛鉄板，ステンレス鋼板等で造られる場合が多い。

（居室の採光及び換気）

法第28条

１～３　（略）

４　ふすま，障子その他随時開放することができるもので仕切られた２室は，前３項の規定の適用については，１室とみなす。

（昭34法156・昭45法109・平10法100・令４法69・一部改正）

ふすま，障子等で随時開放可能なもので仕切られた２室は，１室とみなす旨を規定したものであるが，３室以上にわたるときまで，この趣旨を拡大することはできないことはもちろん，火気使用室と一般の居室を前述のように仕切ることによって，一般の居室の開口部により火気使用室の換気を行いうると解することはできない。

第５節　石　　綿

（石綿その他の物質の飛散又は発散に対する衛生上の措置）

法第28条の２　建築物は，石綿その他の物質の建築材料からの飛散又は発散による衛生上の支障がないよう，次に掲げる基準に適合するものとしなければならない。

一　建築材料に石綿その他の著しく衛生上有害なものとして政令で定める物質（次号及び第３号において「石綿等」という。）を添加しないこと。

二　石綿等をあらかじめ添加した建築材料（石綿等を飛散又は発散させるおそれがないものとして国土交通大臣が定めたもの又は国土交通大臣の認定を受けたものを除く。）を使用しないこと。

三　（略）

（平18法５・全改）

（著しく衛生上有害な物質）

令第20条の４　法第28条の２第１号（法第88条第１項において準用する場合を含む。）の政令で定める物質は，石綿とする。

（平18政308・全改）

○平成18年国土交通省告示第1172号

石綿等をあらかじめ添加した建築材料で石綿等を飛散又は発散させるおそれがないものを定める件

建築基準法（昭和25年法律第201号）第28条の２第２号の規定に基づき，石綿等を飛散又は発散させるおそれがないものとして国土交通大臣が定める石綿等をあらかじめ添加した建築材料を次のように定める。

石綿等をあらかじめ添加した建築材料で石綿等を飛散又は発散させるおそれがないものを定める件

建築基準法（昭和25年法律第201号）第28条の２第２号に規定する石綿等を飛散又は発散させるおそれがないものとして国土交通大臣が定める石綿等をあらかじめ添加した建築材料は，次に掲げるもの以外の石綿をあらかじめ添加した建築材料とする。

一　吹付け石綿

二　吹付けロックウールでその含有する石綿の重量が当該建築材料の重量の0.1パーセントを超えるもの

法第28条第2項が居住者による室内空気汚染に対する対策を，同第3項が特殊建築物の居室及び火気使用室における換気対策について規定しているのに対して，石綿等に起因する衛生被害を防止するため，本条第1号では石綿等の建築材料への添加の禁止，第2号では石綿等をあらかじめ添加した建築材料の使用禁止を規定している。

石綿を飛散させる危険性がある建築材料については，当該建築材料を使用している建築物の利用者において肺がんや中皮腫等の健康被害を生ずるおそれがあることが明らかとなったことから，今後の石綿による健康被害を防止するため，平成18年の建築基準法改正において，建築物における石綿の使用を規制することとなった。

なお，法律上は「石綿その他の著しく衛生上有害なものとして政令で定める物質」と記述されており，石綿を例示とした「著しく衛生上有害な物質」を規制の対象として位置づけている。具体の物質については施行令に委任されているが，現行制度においては，これを令第20条の4において「石綿」として定義しているため，結果的には石綿のみが法第28条の2第1号・第2号の規制対象となっている。

1　規制の概要

石綿の飛散のおそれのある建築材料として，①吹付け石綿及び②石綿をその重量の0.1%を超えて含有する吹付けロックウール（以下「吹付け石綿等」という。）を定め，建築物において，これらの建築材料を使用しないこととされており，吹付け石綿等の使用の規制に関し，特定行政庁による勧告・命令（法第10条），定期調査・報告及び定期点検（法第12条第1項及び第2項），特定行政庁による報告徴収・立入検査（同条第5項～第7項），定期報告概要書の閲覧（法第93条の2）が適用され，法に基づき，吹付け石綿等に関する飛散防止措置の推進を図ることが可能となっている。

また，石綿については，建材等から発散するホルムアルデヒド等の揮発性有機化合物とは異なり，外気に開放されている部分の鉄骨の柱・はり等において使用されている吹付け石綿等から繊維が飛散する可能性が想定されるため，規制の対象を居室に限定していない。同様に，工作物についても，石綿に関する規制の適用対象となっている。

2　規制対象

法第28条の2第1号は，建築の現場において建築材料に石綿を純粋な状態で添加しないことを定めている。しかし，実際には，石綿は他の材料と混合されて使用されることから，当該規定により規制される建築物は想定されない。したがって，実質的には，吹付け石綿等の規制は，同条第2号によって行われることとなる。同号に基づくH18国交告第1172号により，規制の対象として規定されているのは，「吹付け石綿」及び「吹付けロックウール（含有する石綿の重量が当該建築材料の重量の0.1%を超えるもの）」のみであり，その他の石綿含有建築材料（吹付けパーライト，吹付けバーミキュライト，成型品等）は規制対象とはなっていない。

3　著しく衛生上有害となるおそれのある場合の対応

石綿の飛散により著しく衛生上有害となるおそれがあると判断される場合には，法第10条に基づく勧告，命令の適用を受けることが想定される。勧告，命令に当たっては，次の事項を総合的に勘案して行うこととしている。

① 吹付け石綿等の劣化（表面の毛羽立ち，繊維のくずれ，たれ下がり，下地との間の浮き・はがれなど）の進行が著しいこと

② 劣化の著しい吹付け石綿等が露出している空間（空調経路を含む。）で恒常的に人が活動していること。特に，規模，用途により，多数の者への影響が懸念されること

③ 劣化の著しい吹付け石綿等が大量に認められること

なお，石綿の飛散防止措置として除去，囲い込み，封じ込めの工事を行うに際しては，労働安全衛生法，大気汚染防止法，廃棄物の処理及び清掃に関する法律，建設工事に係る資材の再資源化等に関する法律等の関係法令を遵守する必要がある。

（石綿関係）

令第137条の4の2　法第3条第2項の規定により法第28条の2（同条第1号及び第2号に掲げる基準に係る部分に限る。）の規定の適用を受けない建築物についての法第86条の7第1項の政令で定める範囲は，増築及び改築については，次の各号のいずれにも該当する増築又は改築に係る部分とする。

一　増築又は改築に係る部分の床面積の合計が基準時における延べ面積の2分の1を超えないものであること。

二　増築又は改築に係る部分が法第28条の2第1号及び第2号に掲げる基準に適合するものであること。

三　増築又は改築に係る部分以外の部分が，建築材料から石綿を飛散させるおそれがないものとして石綿が添加された建築材料を被覆し又は添加され

た石綿を建築材料に固着する措置について国土交通大臣が定める基準に適合するものであること。

（平18政308・追加，令5政280・旧第137条の4の3繰上・一部改正）

（大規模の修繕又は大規模の模様替）

令第137条の12

1・2　（略）

3　法第3条第2項の規定により法第28条の2（同条第1号及び第2号に掲げる基準に係る部分に限る。）の規定の適用を受けない建築物についての法第86条の7第1項の政令で定める範囲は，大規模の修繕及び大規模の模様替については，当該建築物における次の各号のいずれにも該当する大規模の修繕及び大規模の模様替とする。

一　大規模の修繕又は大規模の模様替に係る部分が法第28条の2第1号及び第2号に掲げる基準に適合するものであること。

二　大規模の修繕又は大規模の模様替に係る部分以外の部分が第137条の4の2第3号の国土交通大臣が定める基準に適合するものであること。

4～9　（略）

（平17政192・追　加，平18政308・平18政350・平26政239・平27政11・平28政288・平29政156・令元政30・令2政268・令4政351・令5政280・一部改正）

4　既存建築物の増改築，大規模修繕・模様替の取扱い

既存建築物の増改築等についての総則的な取扱いは，第9章「既存建築物の取扱い」の法第86条の7の解説において，詳細な説明があるため，そちらも併せて参照されたい。

令第137条の4の2及び令第137条の12第3項は，増改築又は大規模修繕・模様替を行う場合の基準を示したものである。令第137条の4の2は，既存建築物の制限緩和の適用を受けることができる対象を限定化するための条文である。法第28条の2は建築物における衛生上の措置に係る条文であるが，第1号・第2号は石綿対策の規定であり，第3号はいわゆるシックハウス対策の規定であるため，規制の対象が全く異なっているため，本条によって区別する必要がある。吹付け石綿等のある既存建築物については，増改築，大規模修繕・模様替の際に，原則として，吹付け石綿等を除去する必要があるが，従前の床面積の2分の1を超えない増改築及び大規模修繕・模様替については，法第86条の7の規定の適用を受けることにより，当

該部分以外の部分についてのみ，封じ込め・囲い込みの措置が許容される。

封じ込め・囲い込みの措置に係る技術的基準については，H18国交告第1173号に規定されており，その概要は以下のとおりである。

①　封じ込めの措置の基準

・法第37条により認定された石綿飛散防止剤を用いて，石綿が添加された建築材料を被覆し，又は添加された石綿を建築材料に固着させること。

・石綿が添加された建築材料に著しい劣化，損傷がある場合に当該部分から石綿が飛散しないようにする措置を行うこと等。

②　囲い込みの措置の基準

・石綿が添加された建築材料を板等の石綿を透過しない材料で囲い込むこと。

・石綿が添加された建築材料に著しい劣化，損傷がある場合に当該部分から石綿が飛散しないようにする措置を行うこと等。

この基準は，吹付け石綿等であって，人が活動することが想定される空間に露出しているものについて適用される。人が活動することが想定される空間には，恒常的に人の活動が想定される居室だけでなく，作業，点検のために一時的に立ち入る機械室，エレベーターシャフトなども含まれる。また，空調経路などの連続する空間も含まれることとなる。

また，増改築等の際に，すでに封じ込め，囲い込みの措置が行われている部分については，措置の内容や現状に照らして，当該基準に準じた措置がなされている場合には露出していないものと取り扱うことができる。

なお，封じ込めの措置の基準では，石綿飛散防止剤について法第37条第２号に基づく国土交通大臣の認定を求めているため，認定を受けていない石綿飛散防止剤を用いて封じ込めを行ったとしても，建築基準法上は適切に封じ込めが行われたものとして扱われないことに留意されたい。

第6節　居室のシックハウス対策

（石綿その他の物質の飛散又は発散に対する衛生上の措置）

法第28条の2　建築物は，石綿その他の物質の建築材料からの飛散又は発散による衛生上の支障がないよう，次に掲げる基準に適合するものとしなければならない。

一・二　（略）

三　居室を有する建築物にあつては，前2号に定めるもののほか，石綿等以外の物質でその居室内において衛生上の支障を生ずるおそれがあるものとして政令で定める物質の区分に応じ，建築材料及び換気設備について政令で定める技術的基準に適合すること。

（平18法5・全改）

法第28条の2第3号では，石綿等に加えて，居室内において衛生上の支障を生ずるおそれがある物質による室内汚染を防止するため，建築材料及び換気設備に関する規制を行うことを定めている（いわゆるシックハウス対策）。

本条は，建築基準法においてシックハウス対策を義務づける根拠を与えるものとして重要である。シックハウス問題は，新築，増改築直後の住宅居住者を中心に，頭痛，吐き気，倦怠感，発疹，アレルギー反応などの風邪症状に類似した体調の不良を訴えるケースが増えはじめ，省エネルギーや温熱環境上の快適性を狙った，住宅の急速な高気密化と木質建材から発散される化学物質との関連が指摘されはじめた。住宅を中心に発生したシックハウス問題の深刻化に対処するため，欧米の経験を生かして原因物質を発生することが懸念される建築材料に対する量的規制と，主たる対策と考えられる換気設備の導入の両面について，平成17年から規制が行われている。

（居室内において衛生上の支障を生ずるおそれがある物質）

令第20条の5　法第28条の2第3号の政令で定める物質は，クロルピリホス及びホルムアルデヒドとする。

（平18政308・追加）

本条は，シックハウス対策に関する規制対象となる物質を具体的に定めたものである。

クロルピリホスは，防蟻剤として建築物の土台部分に塗布・散布されるものであり，厚生労働省の濃度指針値が0.07ppbと低く（小児の場合，その10分の１），通常の使用で室内における濃度超過が避けられないことが明らかとなっている。

一方，ホルムアルデヒドは，合板等の木質系建材，接着剤などから発散するシックハウス症候群の有力な原因物質の一つであり，室内濃度基準がWHO（世界保健機関）をはじめ各国で定められており，厚生労働省の濃度指針値も平成９年に他の化学物質に先駆けて定められている（30分平均値で0.1mg／㎥）。また，平成12年に国土交通省が実施した住宅を対象とした化学物質濃度の実態調査の結果より，全体の３割程度で濃度超過が認められていた。

シックハウス症候群にかかわる健康被害の原因物質としては，ほかにも様々なものが想定されているが，建築基準法が最低限の基準であることの性格上，守るべき濃度指針値が相当の根拠を持って定められていること，実際に濃度超過の実態のあること，化学物質の発生源と室内濃度の因果関係が科学的根拠に基づいて説明可能であることが必要となるため，これら二つの物質が指定されている。

（居室を有する建築物の建築材料についてのクロルピリホスに関する技術的基準）

令第20条の６　建築材料についてのクロルピリホスに関する法第28条の２第３号の政令で定める技術的基準は，次のとおりとする。

一　建築材料にクロルピリホスを添加しないこと。

二　クロルピリホスをあらかじめ添加した建築材料（添加したときから長期間経過していることその他の理由によりクロルピリホスを発散させるおそれがないものとして国土交通大臣が定めたものを除く。）を使用しないこと。

（平18政308・追加）

本条は，規制対象物質の中でクロルピリホスに対する対策を定めたものである。クロルピリホスを建築物の土台に塗布，散布した建物について，様々な建物状況，換気状況を想定したシミュレーションを実施したところ，厚生労働省の濃度指針値を大幅に超過することが避けられないことが明らかとなったため，使用を禁止することとした。

ただし，竣工後十分時間が経過した建物については，その間の大気への発散によって無害化していることから，H14国交告第1112号の規定により，建築物に用いられた状態で，その添加から５年以上経過した建築材料については，使用禁止の対象から除外することとしている。

（居室を有する建築物の建築材料についてのホルムアルデヒドに関する技術的基準）

令第20条の７　建築材料についてのホルムアルデヒドに関する法第28条の２第３号の政令で定める技術的基準は，次のとおりとする。

一　居室（常時開放された開口部を通じてこれと相互に通気が確保される廊下その他の建築物の部分を含む。以下この節において同じ。）の壁，床及び天井（天井のない場合においては，屋根）並びにこれらの開口部に設ける戸その他の建具の室内に面する部分（回り縁，窓台その他これらに類する部分を除く。以下この条，第108条の４第１項第１号及び第109条の８第２号において「内装」という。）の仕上げには，夏季においてその表面積１平方メートルにつき毎時0.12ミリグラムを超える量のホルムアルデヒドを発散させるものとして国土交通大臣が定める建築材料（以下この条において「第一種ホルムアルデヒド発散建築材料」という。）を使用しないこと。

二　居室の内装の仕上げに，夏季においてその表面積１平方メートルにつき毎時0.02ミリグラムを超え0.12ミリグラム以下の量のホルムアルデヒドを発散させるものとして国土交通大臣が定める建築材料（以下この条において「第二種ホルムアルデヒド発散建築材料」という。）又は夏季においてその表面積１平方メートルにつき毎時0.005ミリグラムを超え0.02ミリグラム以下の量のホルムアルデヒドを発散させるものとして国土交通大臣が定める建築材料（以下この条において「第三種ホルムアルデヒド発散建築材料」という。）を使用するときは，それぞれ，第二種ホルムアルデヒド発散建築材料を使用する内装の仕上げの部分の面積に次の表⑴の項に定める数値を乗じて得た面積又は第三種ホルムアルデヒド発散建築材料を使用する内装の仕上げの部分の面積に同表⑵の項に定める数値を乗じて得た面積（居室の内装の仕上げに第二種ホルムアルデヒド発散建築材料及び第三種ホルムアルデヒド発散建築材料を使用するときは，これらの面積の合計）が，当該居室の床面積を超えないこと。

	住宅等の居室		住宅等の居室以外の居室		
	換気回数が0.7以上の機械換気設備を設け，又はこれに相当する換気が確保されるものとして，国土交通大臣が定めた構造方法を用い，若しくは国土交通大臣の認定を受けた居室	その他の居室	換気回数が0.7以上の機械換気設備を設け，又はこれに相当する換気が確保されるものとして，国土交通大臣が定めた構造方法を用い，若しくは国土交通大臣の認定を受けた居室	換気回数が0.5以上0.7未満の機械換気設備を設け，又はこれに相当する換気が確保されるものとして，国土交通大臣が定めた構造方法を用い，若しくは国土交通大臣の認定を受けた居室	その他の居室
(1)	1.2	2.8	0.88	1.4	3.0
(2)	0.20	0.50	0.15	0.25	0.50

備考

一　この表において，住宅等の居室とは，住宅の居室並びに下宿の宿泊室，寄宿舎の寝室及び家具その他これに類する物品の販売業を営む店舗の売場（常時開放された開口部を通じてこれらと相互に通気が確保される廊下その他の建築物の部分を含む。）をいうものとする。

二　この表において，換気回数とは，次の式によつて計算した数値をいうものとする。

$n = V / Ah$

（この式において，n，V，A及びhは，それぞれ次の数値を表すものとする。

n　１時間当たりの換気回数

V　機械換気設備の有効換気量（次条第１項第１号ロに規定する方式を用いる機械換気設備で同号ロ(1)から(3)までに掲

げる構造とするものにあつては，同号ロ(1)に規定する有効換気換算量）（単位　1時間につき立方メートル）
A　居室の床面積（単位　平方メートル）
h　居室の天井の高さ（単位　メートル））

2　第一種ホルムアルデヒド発散建築材料のうち，夏季においてその表面積1平方メートルにつき毎時0.12ミリグラムを超える量のホルムアルデヒドを発散させないものとして国土交通大臣の認定を受けたもの（次項及び第4項の規定により国土交通大臣の認定を受けたものを除く。）については，第二種ホルムアルデヒド発散建築材料に該当するものとみなす。

3　第一種ホルムアルデヒド発散建築材料又は第二種ホルムアルデヒド発散建築材料のうち，夏季においてその表面積1平方メートルにつき毎時0.02ミリグラムを超える量のホルムアルデヒドを発散させないものとして国土交通大臣の認定を受けたもの（次項の規定により国土交通大臣の認定を受けたものを除く。）については，第三種ホルムアルデヒド発散建築材料に該当するものとみなす。

4　第一種ホルムアルデヒド発散建築材料，第二種ホルムアルデヒド発散建築材料又は第三種ホルムアルデヒド発散建築材料のうち，夏季においてその表面積1平方メートルにつき毎時0.005ミリグラムを超える量のホルムアルデヒドを発散させないものとして国土交通大臣の認定を受けたものについては，これらの建築材料に該当しないものとみなす。

5　次条第1項第1号ハに掲げる基準に適合する中央管理方式の空気調和設備を設ける建築物の居室については，第1項の規定は，適用しない。

（平14政393・追加，平18政308・旧第20条の5繰下・一部改正，平28政6・令5政280・一部改正）

居室におけるホルムアルデヒド対策は，以下の3点に係る規制に集約される。室内空気汚染による健康への影響については，特定の用途の建築物に限定されるものではなく，建築物を利用する者が継続的に居住，執務，作業等を行うすべての室において発生しうるものであることから，すべての建築物の居室において，これらの規制に係る基準に適合させる必要がある。なお，ホルムアルデヒド対策における居室の取扱いについては，常時開放された開口部となるアンダーカットや換気ガラリを通じて相互に通気が確保される廊下等についても一体のものとして扱われる。

①　居室における内装材の使用制限（令第20条の７第１項）

内装材からのホルムアルデヒドの発散を考慮し，内装の仕上げに用いる建築材料の種別等に応じて，当該建築材料の使用面積（居室内の壁・床・天井等の表面積）を制限

②　機械換気設備の設置義務（令第20条の８第１項第１号）

内装材からのホルムアルデヒドの発散のみならず，他の要因（家具等からの発散など）によるホルムアルデヒドの発生を考慮し，換気回数や建築材料の種別等に応じて，給排気に関する機器の設置を義務づけ

③　天井裏等における措置（令第20条の８第１項第１号，H15国交告第274号）

天井裏，小屋裏，床裏，収納など，居室に該当しない部分において発生するホルムアルデヒドや，これらの部分を介してホルムアルデヒドが居室に流入することを考慮し，天井裏等を区画する気密層・通気止めの設置や機械換気設備の設置等を義務づけ

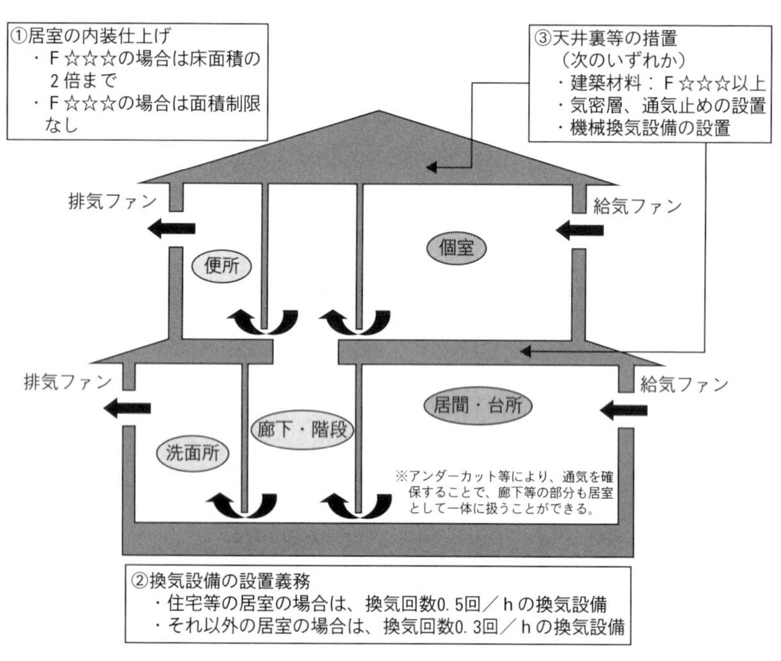

図２―13　ホルムアルデヒド対策のイメージ

本条第1項では，ホルムアルデヒドを発散するおそれのある建築材料（以下「ホルムアルデヒド発散建築材料」という。）を，内装仕上げに用いる際に課せられる制約条件について規定している。

居室の定義は法第2条第4号に定められており，住宅では居間，寝室，子供室，台所，書斎等の継続的な活動に使用される室がこれにあたり，居室以外の部分には，廊下，トイレ，浴室，収納などが該当する。一方，本法においてシックハウス対策が要求される居室は，「常時開放された開口部を通じてこれと相互に通気が確保される廊下その他の建築物の部分を含む」としている。つまり，廊下など居室に該当しない建築物の部分が，居室と建具などで仕切られている場合においても，建具にアンダーカットなどの通気措置が講じられており，かつ換気経路になっている場合は，非居室部分も居室と一体のものとして扱う。このため，同一の建築物であっても換気の方式や換気経路の想定によって，対策を要する建築物の部分が変化する。

また，規制対象となる内装の仕上げの範囲は，「壁，床及び天井（天井のない場合においては，屋根）」「これらの開口部に設ける戸その他の建具の室内に面する部分」であり，居室を面的に覆う部分であって，柱などの軸材，回り縁や窓台，巾木，手すり，鴨居，敷居，長押等の造作部分などは対象外となる。ただし，軸材等であっても，居室に面する面積の10分の1を超える場合は，運用上，規制対象とされる。

ホルムアルデヒド発散建築材料については，H14国交告第1113号，第1114号，第1115号に規定されるホルムアルデヒド発散のおそれのあるものであり，①合板，②木質系フローリング，③構造用パネル，④集成材，⑤単板積層材（LVL），⑥ミディアムデンシティファイバーボード（MDF），⑦パーティクルボード，⑧その他の木質建材，⑨ユリア樹脂板，⑩壁紙，⑪接着剤（現場施工と工場二次加工），⑫保温材，⑬緩衝材，⑭断熱材，⑮塗料（現場施工），⑯仕上げ塗材（現場施工），⑰接着剤（現場施工）が規制対象となっており，これ以外のものは規制を受けない。

ホルムアルデヒド発散建築材料は，次の表に示すとおり，その発散速度によって区分がなされている。

表2―10　ホルムアルデヒド発散建築材料の区分

ホルムアルデヒド発散速度	告示で定める建築材料		大臣認定の根拠規定	規制措置
	名　称	対応規格		
0.12mg／㎥・h超	第一種ホルムアルデヒド発散建築材料	JIS，JASの無等級		使用禁止

0.02mg／㎥・h超 0.12mg／㎥・h以下	第二種ホルムアルデヒド発散建築材料	JIS，JASのF☆☆	令第20条の7第２項	使用面積の制限
0.005mg／㎥・h超 0.02mg／㎥・h以下	第三種ホルムアルデヒド発散建築材料	JIS，JASのF☆☆☆	令第20条の7第３項	
0.005mg／㎥・h以下	（なし）	JIS，JASのF☆☆☆☆	令第20条の7第４項	制限なし

ホルムアルデヒド発散速度は，室内の温度，湿度，空気中のホルムアルデヒド濃度，建材表面付近の気流速度などの影響で変化するが，一般には，温度や湿度が高いほど，室内ホルムアルデヒド濃度が低くなるほど発散速度が高くなる。建築基準法でいうホルムアルデヒド発散速度は，夏季の条件，すなわち室温28℃，相対湿度50％で，空気中のホルムアルデヒド濃度が0.1mg／㎥のときの値であり，これは，夏に窓を閉め切ってエアコンをかけて寝ている状況を想定したものである。JIS（日本産業規格），JAS（日本農林規格）の試験はこの条件での値，若しくはこの条件での値に換算したものとなっている。

本条第１項第１号では，第一種ホルムアルデヒド発散建築材料を内装の仕上げとして使用することを禁止している。これは，第一種ホルムアルデヒド発散建築材料は発散速度の上限が設定されていないので，空気中の濃度を基準濃度以下とするための上限面積が算出不可能なためである。

本条第１項第２号では，第二種，第三種ホルムアルデヒド発散建築材料を内装の仕上げに使用する場合の，具体的な面積制限値を下表のとおり規定している。

$$N_2S_2+N_3S_3 \leq A$$

A：居室の床面積
S_2：第二種ホルムアルデヒド発散建築材料による内装仕上げの面積
S_3：第三種ホルムアルデヒド発散建築材料による内装仕上げの面積
N_2，N_3：下表に掲げる係数

	換気回数	N_2	N_3
住宅等の居室	0.5回／h以上0.7回／h未満	2.8	0.5
	0.7回／h以上	1.2	0.2
住宅等の居室以外の居室	0.3回／h以上0.5回／h未満	3.0	0.5
	0.5回／h以上0.7回／h未満	1.4	0.25
	0.7回／h以上	0.88	0.15

住宅等の居室と住宅等の居室以外の居室について異なる係数を想定し，建築材料の面積と係数の積が，床面積を超えない範囲で使用が制限される。ここでいう「住

宅等の居室」とは，用途や居住者の滞在時間の観点で住宅の居室に類似した室という意味ではなく，ホルムアルデヒド発散のおそれのある木質建材で作られた家具の設置量の観点から，住宅と同等の室という意味である。したがって，住宅等の居室には住宅の居室，下宿の宿泊室，寄宿舎の寝室及び家具等の販売業を営む店舗の売場が含まれるが，ホテルの宿泊室，事務所，学校の教室などは含まれない。住宅等の居室にあっては，家具を構成するホルムアルデヒド発散のおそれのある建材（第三種ホルムアルデヒド発散建築材料とみなす。）が床面積の3倍，住宅等の居室以外の居室にあっては，床面積と同じ面積だけ内装の仕上げと別にあるものとして，使用面積制限を定めている。

面積制限は換気回数（＝機械換気設備の有効換気量／室容積）によって変化するとし，住宅等の居室では「0.5回／h以上0.7回／h未満」と「0.7回／h以上」の2段階，住宅等の居室以外の居室では，「0.3回／h以上0.5回／h未満」，「0.5回／h以上0.7回／h未満」，「0.7回／h以上」の3段階について規定している。想定換気回数として0.7回／hを上限としているのは，これを超える容量の換気設備が設けられても，温熱環境上への悪影響，騒音その他の不都合により，連続的な使用は困難との判断によるものである。

一定以上の換気回数が確保される居室の構造方法は，「ホルムアルデヒドの発散による衛生上の支障がないようにするために必要な換気を確保することができる居室の構造方法を定める件（H15国交告第273号。以下「居室告示」という。）」の第1及び第2において具体的に規定されており，天井の高さ・床面積に応じた有効換気量の確保などが定められている。なお，必要な換気回数を確保できるものとして国土交通大臣の認定を受けた居室とすることも可能である。

第2項，第3項及び第4項の規定は，H14国交告第1113号，第1114号，第1115号によって規定されるホルムアルデヒド発散建築材料以外の材料について，大臣認定によってホルムアルデヒド発散建築材料の分類を行うことの根拠を与えるものであり，第2項，第3項，第4項はそれぞれ，第二種ホルムアルデヒド発散建築材料，第三種ホルムアルデヒド発散建築材料，規制対象外の建築材料に対応するものである。

第5項は，令第20条の8第1項第1号ハに掲げる基準に適合する中央管理方式の空気調和設備を設ける建築物の居室については，令第20条の7第1項の規定（第一種ホルムアルデヒド発散建築材料の使用禁止，第二種及び第三種ホルムアルデヒド発散建築材料の使用面積制限）は，適用しない旨，規定したものである。

ホルムアルデヒド発散建築材料の使用面積制限では，換気量の想定上限値を0.7回／ｈに制限しているが，これは温熱感覚上の不快などの不都合によって換気設備が停止されるおそれがあることを考慮したものである。これは，中央管理方式の空気調和設備にあっては，令129条の２の５第３項に規定された環境基準を満たす能力のあることが求められること，中央管理方式の空気調和設備では換気設備の発停が一元的に行われることから換気設備が停止されるおそれが少ないことから，設定された換気量に対し，室内のホルムアルデヒド濃度が厚生労働省の濃度指針値を超えることのないようホルムアルデヒドを発散するおそれのある建築材料の使用量を別途に定めることができる余地を残しておくことが合理的との判断によるものである。

（居室を有する建築物の換気設備についてのホルムアルデヒドに関する技術的基準）

令第20条の８　換気設備についてのホルムアルデヒドに関する法第28条の２第３号の政令で定める技術的基準は，次のとおりとする。

一　居室には，次のいずれかに適合する構造の換気設備を設けること。

イ　機械換気設備（ロに規定する方式を用いるものでロ⑴から⑶までに掲げる構造とするものを除く。）にあつては，第129条の２の５第２項の規定によるほか，次に掲げる構造とすること。

⑴　有効換気量（立方メートル毎時で表した量とする。⑵において同じ。）が，次の式によつて計算した必要有効換気量以上であること。

Ｖｒ＝ｎＡｈ

（この式において，Ｖｒ，ｎ，Ａ及びｈは，それぞれ次の数値を表すものとする。

Ｖｒ　必要有効換気量（単位　１時間につき立方メートル）

ｎ　前条第１項第２号の表備考１の号に規定する住宅等の居室（次項において単に「住宅等の居室」という。）にあつては0.5，その他の居室にあつては0.3

Ａ　居室の床面積（単位　平方メートル）

ｈ　居室の天井の高さ（単位　メートル））

⑵　一の機械換気設備が２以上の居室に係る場合にあつては，当該換気

設備の有効換気量が，当該２以上の居室のそれぞれの必要有効換気量の合計以上であること。

⑶　⑴及び⑵に掲げるもののほか，ホルムアルデヒドの発散による衛生上の支障がないようにするために必要な換気を確保することができるものとして，国土交通大臣が定めた構造方法を用いるものであること。

ロ　居室内の空気を浄化して供給する方式を用いる機械換気設備にあつては，第129条の２の５第２項の規定によるほか，次に掲げる構造とすること。

⑴　次の式によつて計算した有効換気換算量がイ⑴の式によつて計算した必要有効換気量以上であるものとして，国土交通大臣が定めた構造方法を用いるもの又は国土交通大臣の認定を受けたものであること。

$$Vq = Q\left(\left(C - Cp\right) / C\right) + V$$

（この式において，Ｖｑ，Ｑ，Ｃ，Ｃｐ及びＶは，それぞれ次の数値を表すものとする。

Ｖｑ　有効換気換算量（単位　１時間につき立方メートル）

Ｑ　浄化して供給する空気の量（単位　１時間につき立方メートル）

Ｃ　浄化前の空気に含まれるホルムアルデヒドの量（単位　１立方メートルにつきミリグラム）

Ｃｐ　浄化して供給する空気に含まれるホルムアルデヒドの量（単位　１立方メートルにつきミリグラム）

Ｖ　有効換気量（単位　１時間につき立方メートル））

⑵　一の機械換気設備が２以上の居室に係る場合にあつては，当該換気設備の有効換気換算量が，当該２以上の居室のそれぞれの必要有効換気量の合計以上であること。

⑶　⑴及び⑵に掲げるもののほか，ホルムアルデヒドの発散による衛生上の支障がないようにするために必要な換気を確保することができるものとして，国土交通大臣が定めた構造方法を用いるものであること。

ハ　中央管理方式の空気調和設備にあつては，第129条の２の５第３項の規定によるほか，ホルムアルデヒドの発散による衛生上の支障がないようにするために必要な換気を確保することができるものとして，国土交通大臣が定めた構造方法を用いる構造又は国土交通大臣の認定を受けた構造とすること。

二　法第34条第２項に規定する建築物又は各構えの床面積の合計が1,000平方メートルを超える地下街に設ける機械換気設備（一の居室のみに係るものを除く。）又は中央管理方式の空気調和設備にあつては，これらの制御及び作動状態の監視を中央管理室において行うことができるものとすること。

２　前項の規定は，同項に規定する基準に適合する換気設備を設ける住宅等の居室又はその他の居室とそれぞれ同等以上にホルムアルデヒドの発散による衛生上の支障がないようにするために必要な換気を確保することができるものとして，国土交通大臣が定めた構造方法を用いる住宅等の居室若しくはその他の居室又は国土交通大臣の認定を受けた住宅等の居室若しくはその他の居室については，適用しない。

（平14政393・追加，平18政308・旧第20条の６繰下・一部改正，令元政30・一部改正）

内装仕上げ等にホルムアルデヒドを発散するおそれのある建築材料を使用しないときでも，家具等からのホルムアルデヒドの発散を考慮して，原則として機械換気設備又は中央管理方式の空気調和設備（以下「機械換気設備等」という。）の設置を義務づけている。

具体的な機械換気設備等の構造方法については，表２―11の３種類に区分し，それぞれ適合すべき規定を整理している。同表にも示しているとおり，本法では機械換気設備等を設ける場合の一般的な基準として令第129条の２の５（換気設備の構造）の規定があり，ホルムアルデヒド対策の機械換気設備等についても，当該基準への適合が求められることに留意する必要がある。

また，ホルムアルデヒド対策の機械換気設備等を，令第20条の２（一般居室の換気設備の技術的基準）又は令第20条の３（火気使用室の換気設備の技術的基準）に規定する機械換気設備等と同一の機器で兼ねることも可能であるが，その場合は，それぞれの規定に適合する機器とすることが必要であるとともに，それぞれの目的を達成するために適切な換気が確保されるものとする必要がある。

表２―11　機械換気設備等の概要

<table>
<tr><th colspan="2"></th><th>機械換気設備</th><th>空気を浄化して供給する方式の機械換気設備</th><th>中央管理方式の空気調和設備</th></tr>
<tr><td colspan="2">根拠規定</td><td>第１号イ</td><td>第１号ロ</td><td>第１号ハ</td></tr>
<tr><td rowspan="5">機械換気設備等として適合すべき基準</td><td>構造基準</td><td>機械換気設備の一般的な基準（令第129条の２の５第２項）</td><td colspan="2">中央管理方式の空気調和設備の一般的な基準（令第129条の２の５第３項）</td></tr>
<tr><td>換気能力</td><td>必要有効換気量が確保できる「有効換気量」を有すること</td><td>必要有効換気量が確保できる「有効換気換算量」を有するものとして，告示仕様か，大臣認定仕様に適合すること</td><td>ホルムアルデヒドの発散による衛生上の支障がないようにするために必要な換気を確保することができるものとして，告示仕様か，大臣認定仕様に適合すること</td></tr>
<tr><td>圧力損失</td><td colspan="3">給機器又は排気機は，原則として，換気経路の全圧力損失を考慮して計算により確かめられた能力を有するものとすること</td></tr>
<tr><td>継続使用</td><td colspan="3">継続して作動させる場合において，気流・温度・騒音等により居室の使用に支障が生じないものとすること</td></tr>
<tr><td>天井裏等</td><td colspan="3">天井裏等からのホルムアルデヒドの流入を抑制するための措置を行うこと</td></tr>
</table>

第１項第１号イ（一般的な機械換気設備）

⑴　有効換気量

一般的な機械換気設備によって居室の換気を行う場合にあっては，有効換気量が基準値を超えていることをもって，換気が適切に行われる居室であるかどうかを判断することとなる。ここでいう「有効換気量」とは，「環境衛生上支障のない状態で，かつ，有効に室内に供給される新鮮空気量」を指しており，これが基準値である「必要有効換気量」以上であることが求められる。

必要有効換気量は，具体的には，換気回数ｎに室容積Ａｈ（Ａ：床面積，ｈ：天井の高さ）を乗じて求める。このとき，住宅等の居室では換気回数ｎ＝0.5回／ｈ，その他の居室では換気回数ｎ＝0.3回／ｈとしている。これは，夏季の室内外の温度差が少ないときには，いわゆる自然換気（漏気を含む。）による換気では必要な換気量が確保できないため，設備の有すべき能力として規定しているものである。

ここでいう「住宅等の居室」とは，第20条の７第１項第２号の表の備考欄に定義が置かれており，「住宅の居室」「下宿の宿泊室」「寄宿舎の寝室」「家具等の販売業を営む店舗の売場」のことである。

また，「居室の天井の高さ」は，居室の床面から測り，一室で天井の高さが異なる部分がある場合においては，その平均の高さによるものとなる。したがって，令

第20条の７第１項第２号の規定により，常時開放された開口部を通じて相互に通気が確保される廊下その他の建築物の部分が一つの居室として扱われる場合は，居室を含むこれらの空間の平均の高さが，居室の天井の高さとなる。

⑵　複数居室の有効換気量

一つ以上の居室が間仕切りを伴わず隣接している場合，アンダーカット等による通気措置のある扉等を隔てて廊下等が換気経路となっている場合，ふすまや障子など随時開放することができる仕切りで隣接している場合において，全体を一体の居室として換気対象室とする場合における有効換気量の算出方法を示したものである。この場合，居室以外の室も居室扱いとなるので，換気対象室全体の室容積に対して必要換気回数を乗じることで，基準値となる必要有効換気量を求めることとなる。

⑶　その他の構造方法

ホルムアルデヒドの発散による衛生上の支障がないようにするために必要な換気を確保することができる構造方法については，有効換気量以外の基準については，H15国交告第274号において定められており，その概要は次のとおりである。

①　給気機又は排気機の構造は，換気経路の全圧力損失を考慮して計算により確かめられた給気能力又は排気能力を有するものとすること。

②　機械換気設備を継続して作動させる場合において，その給気口及び排気口並びに給気機及び排気機の位置及び構造は，気流，温度，騒音等により居室の使用に支障が生じないものとすること。

③　天井裏等からの居室へのホルムアルデヒドの流入を抑制するための措置として，次の(a)(b)(c)のいずれかの方法を採ること。なお，ここで規制対象の範囲となっている「天井裏等」とは，「天井裏，小屋裏，床裏，壁，物置その他これらに類する建築物の部分」であり，居室に設けられる収納スペース（押入，小屋裏・床下収納，ウォークインクローゼット等）などの部分も対象に含まれる。ただし，収納スペースであっても，扉にアンダーカット等を設け，換気計画上は居室と一体的に換気を行う場合については，令第20条の７第１項第１号の規定により，天井裏等ではなく居室として取り扱うこととなる。

(a)　下地材，断熱材等の面材について，第一種ホルムアルデヒド発散建築材料，第二種ホルムアルデヒド発散建築材料（第２項認定を含む。）を使用しないこととして，天井裏等におけるホルムアルデヒドの発散を抑制する方法

(b)　気密層又は通気止めにより，居室へのホルムアルデヒドの流入を抑制する

方法

(c)　居室の空気圧が当該天井裏等の部分の空気圧以上となるよう，居室とは別の機械換気設備による措置を講じるなど，空気圧により居室へのホルムアルデヒドの流入を抑制する方法

第1項第1号ロ（居室内の空気を浄化して供給する方式を用いる機械換気設備）

ここでいう「居室内の空気を浄化」とは，「居室内の空気について，その中に含まれるホルムアルデヒドを，吸着剤等を用いて除去する等により浄化する」ことを指している。

(1)　有効換気量

一般的な機械換気設備の場合は，上記の同号イにおいて定めた「有効換気量」が基準値を上回ることをもって性能を確かめることとしているが，「有効換気量」が「室内に供給される新鮮空気量」を基礎としていることから，このような浄化型の機械換気設備の場合は，その換気能力を適切に評価できない。したがって，浄化型機械換気設備の換気能力を表す指標として「有効換気換算量」の算定式を定義し，一般的な機械換気設備とは別に基準を定めることとした。

しかし，このような機能を有する機械換気設備については，現在，国土交通省では一般的な仕様基準を定めるための技術的知見の蓄積が十分に得られていないことから，条文上は予定されている「国土交通大臣が定める構造方法（告示仕様）」については当面制定せず，国土交通大臣の認定による構造方法のみを認めることとしている。

(2)　複数居室の有効換気量

一般的な機械換気設備の場合と同様の取扱いである。

(3)　その他の構造方法

浄化型機械換気設備の場合も，一般的な機械換気設備と同様に，H15国交告第274号において定められている構造方法に適合させる必要がある。

なお，前述のイに適合する一般的な機械換気設備に対して，付加的にホルムアルデヒドを浄化する機能を追加したものを設ける場合は，通常の機能のみで本法が求める換気能力を有していることとなるため，国土交通大臣による認定は不要である。

第1項第1号ハ（中央管理方式の空気調和設備）

シックハウス対策として用いられる中央管理方式の空気調和設備については，令第129条の2の6第3項に定める換気設備の一般基準に適合させた上で，本規定に

基づく基準にも適合させる必要がある。ここでは，国土交通大臣が定めた構造方法（告示仕様）と国土交通大臣の認定を受けた構造を予定している。

特に，告示仕様については，H15国交告第274号において基準が定められており，居室に用いられるホルムアルデヒド発散量の総量を建築材料の規格等に基づいて推定し，その条件下での必要換気量を算出することを求めている。具体的には，有効換気量が，必要有効換気量$V_r = 10(E + 0.02nA)$以上であることが必要である。

V_r：必要有効換気量（㎥／ｈ）

E：居室の壁，床及び天井等や，建具の室内に面する部分の仕上げに用いる建築材料から発散するホルムアルデヒドの量（㎎／㎡・ｈ）

n：住宅等の居室にあっては３，その他の居室にあっては１

A：居室の床面積（㎥）

なお，中央管理方式の空気調和設備の場合も，機械換気設備の場合と同様，天井裏等の通気止め等の措置が必要となる。

第１項第２号（中央管理室による制御・監視）

令第20条の２で定める一般の換気設備と同様の主旨で，機械換気設備か中央管理方式の空気調和設備による場合は，中央管理室における設備の制御・監視が行えるようにすることを定めた規定である。

第２項（特例の対象となる居室）

本項においては，「ホルムアルデヒドの発散による衛生上の支障がないようにするために必要な換気を確保することができる居室」として，機械換気設備等の設置が不要となる居室や機械換気設備の有効換気量を低減してもよい居室を規定している。具体的には，居室告示に適合する居室と，国土交通大臣の認定を受けた居室の２種類が予定されているが，このうち，告示仕様に基づく居室の構造方法は表２―12のとおりである。

本条第１項第１号イ(1)では，一般的な機械換気設備を設けた居室の有効換気量を定めているが，天井の高さが高い居室については，本条第２項の規定に基づく居室告示の規定により，換気回数を緩和することが可能となる。なお，これらの規定の適用を受けた居室については，令第20条の７第１項第４号の適用にあたり，それぞれに相当する換気回数の区分の機械換気設備が設けられた居室として扱われる。

なお，表２―12に掲げるそれぞれの居室が実際に特例の適用を受けるには，有効換気量・換算量が必要有効換気量以上あることや，床面積に対する換気上有効な面積の割合が一定以上であることなど，居室告示において定めている条件を満たす必要がある。

また，機械換気設備の能力が一般的な仕様基準に適合しないもので，いわゆる自然換気と組み合わせて必要な換気を確保しようとする場合等については，本項の規定に基づく国土交通大臣の認定を受ける必要がある。

表２―12　機械換気設備等の設置等に係る特例の対象となる居室

特例の対象となる居室		居室告示での根拠
住宅等の居室	天井の高さが高い居室において，有効換気量を低減した機械換気設備を設ける居室【天井高2.7m以上】	第３第１号（＝第１）
	天井の高さが高い居室において，有効換気量を低減した機械換気設備を設ける居室【天井高2.9m以上】	第３第２号（＝第２第１号）
	外気に常時開放された開口部等を有する居室（屋根付きのスポーツ練習場等）	第３第２号（＝第２第２号）
	家具等の物品販売業を営む店舗の売場（自動車修理工場の作業場，個人商店の店先）	第３第２号（＝第２第３号）
	真壁造の建築物で，木製サッシ等の基準を満たす居室（伝統的家屋等）	第３第２号（＝第２第４号）
住宅等以外の居室	天井の高さが高い居室において，有効換気量を低減した機械換気設備を設ける居室【天井高2.7m以上】	第４第１号（＝第１）
	天井の高さが高い居室において，有効換気量を低減した機械換気設備を設ける居室【天井高2.9m以上】	第４第１号（＝第２第１号）
	天井の高さが高い居室において，有効換気量を低減した機械換気設備を設ける居室【天井高3.5m以上】	第４第３号
	外気に常時開放された開口部等を有する居室（屋根付きのスポーツ練習場等）	第４第２号（＝第２第２号）
	ホテル又は旅館の宿泊室等以外の居室（自動車修理工場の作業場，個人商店の店先）	第４第２号（＝第２第３号）
	真壁造の建築物で，木製サッシ等の基準を満たす居室（伝統的家屋等）	第４第２号（＝第２第４号）

（居室を有する建築物のホルムアルデヒドに関する技術的基準の特例）

令第20条の９　前２条の規定は，１年を通じて，当該居室内の人が通常活動することが想定される空間のホルムアルデヒドの量を空気１立方メートルにつきおおむね0.1ミリグラム以下に保つことができるものとして，国土交通大臣の認定を受けた居室については，適用しない。

（平14政393・追加，平18政308・旧第20条の７繰下・一部改正）

本条は，性能規定の考え方に基づき，ここまで述べてきた内装材の制限によるホルムアルデヒドの発散の抑制と換気設備によるホルムアルデヒドの排出という方法によらず，居室全体でホルムアルデヒド濃度を低く抑えるための技術的な措置がとられている場合に，国土交通大臣による構造方法等の認定を受けることを可能とする規定である。

具体的には室内で発生したホルムアルデヒドを物理的・化学的に内装材料に吸着させる方法や特殊な換気設備によって室内空気を清浄に維持する方法などが想定される。

第７節　階　　段

令第23条から第27条までの規定は，建築物における階段の総則規定である。階段の昇降に際して，転倒や転落を防ぎ，移動時の安全性を確保する観点から，これらの規定が置かれている。

なお，これらの施行令の規定が，法第36条から委任を受けた一般的な技術的基準であるのに対し，令第120条から第124条までの規定は法第35条から委任を受けた専ら避難時の利用を想定した技術的基準である，という点に違いがある。法第35条による委任を受けた避難に関する階段の規定については，第５章で解説する。

（階段及びその踊場の幅並びに階段の蹴上げ及び踏面の寸法）

令第23条　階段及びその踊場の幅並びに階段の蹴上げ及び踏面の寸法は，次の表によらなければならない。ただし，屋外階段の幅は，第120条又は第121条の規定による直通階段にあつては90センチメートル以上，その他のものにあつては60センチメートル以上，住宅の階段（共同住宅の共用の階段を除く。）の蹴上げは23センチメートル以下，踏面は15センチメートル以上とすることができる。

階段の種別		階段及びその踊場の幅 （単位　センチメートル）	蹴上げの寸法 （単位　センチメートル）	踏面の寸法 （単位　センチメートル）
⑴	小学校（義務教育学校の前期課程を含む。）における児童用のもの	140以上	16以下	26以上
⑵	中学校（義務教育学校の後期課程を含む。），高等学校若しくは中等教育学校における生徒用のもの又は物品販売業（物品加工修理業を含む。第130条の５の３を除き，以下同じ。）を営む店舗で床面積	140以上	18以下	26以上

	の合計が1,500平方メートルを超えるもの，劇場，映画館，演芸場，観覧場，公会堂若しくは集会場における客用のもの			
⑶	直上階の居室の床面積の合計が200平方メートルを超える地上階又は居室の床面積の合計が100平方メートルを超える地階若しくは地下工作物内におけるもの	120以上	20以下	24以上
⑷	⑴から⑶までに掲げる階段以外のもの	75以上	22以下	21以上

2　回り階段の部分における踏面の寸法は，踏面の狭い方の端から30センチメートルの位置において測るものとする。

3　階段及びその踊場に手すり及び階段の昇降を安全に行うための設備でその高さが50センチメートル以下のもの（以下この項において「手すり等」という。）が設けられた場合における第１項の階段及びその踊場の幅は，手すり等の幅が10センチメートルを限度として，ないものとみなして算定する。

4　第１項の規定は，同項の規定に適合する階段と同等以上に昇降を安全に行うことができるものとして国土交通大臣が定めた構造方法を用いる階段については，適用しない。

（昭34政344・昭45政333・平５政170・平10政351・平12政211・平26政232・平27政421・一部改正）

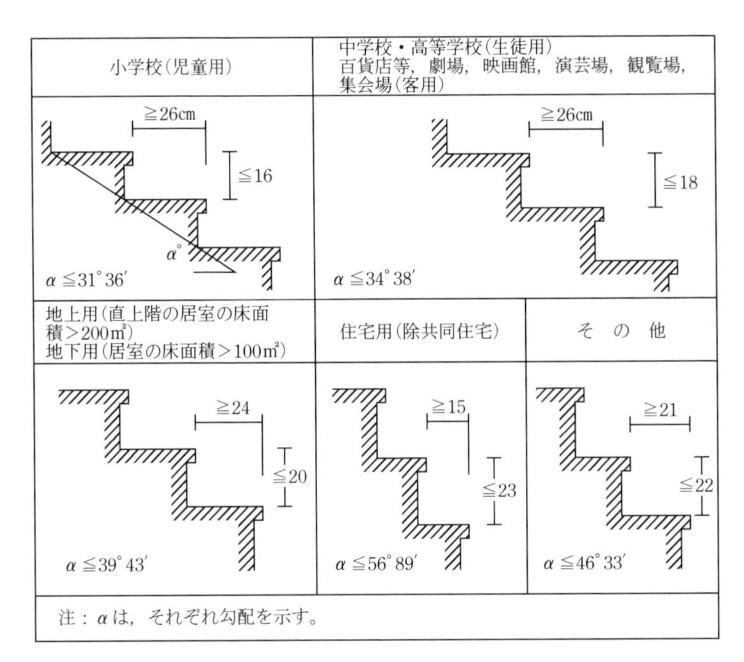

図２―14　階段の蹴上げ及び踏面の寸法並びに階段の角度

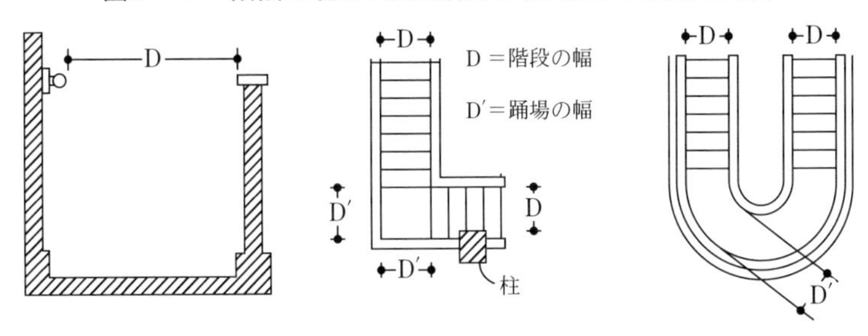

図２―15　階段及び踊場の幅

階段及び踊場の幅は，通行上，避難上，当然内法幅と解される。

階段については，小学校（義務教育学校の前期課程を含む）の階段の安全性を最も強く要求し，次に中学校（義務教育学校の後期課程を含む），高校，劇場その他の特殊建築物のものの安全性が要求されている。また，地上と地下の場合は，地下のものの安全性を強く要求している。

ただし書は，屋外階段の幅員と，住宅の階段の蹴上げ・踏面について緩和したものであるが，特に屋外階段については，特殊建築物等において避難上要求される直通階段の場合は，その幅員を90㎝以上にするよう制限を強化している。

なお，階段及び踊場の幅，階段の蹴上げ・踏面の寸法のとり方は，図2―14，2―15のとおりである。

第2項は回り階段における踏面の寸法の測定位置を，第3項は手すり等を設けた場合の階段・踊場の幅の測定法法を，それぞれ定めたものである。

第4項は，階段・踊場の寸法に関する基準の例外規定である。階段の寸法基準は，建築物の用途や規模ごとに定められている（第1項）ところであるが，近年，既存の中学校を小学校に転用したり，既存の住宅をグループホームやシェアハウス，旅館等に用途変更したりするニーズが増加しており，変更後の用途に対して緩傾斜等の階段の寸法が適用されることにより，大規模な改修が必要となるケースがある。このような実情を踏まえ，既存建築ストックの有効活用の促進を図ることを目的として，階段昇降の安全性を確保する代替措置を施した場合については第1項の寸法基準を緩和できることとしている。

具体的な基準は「建築基準法施行令第23条第1項の規定に適合する階段と同等以上に昇降を安全に行うことができる階段の構造方法を定める件（H26国交告第709号）」において規定されている（表2―13）。代替措置は，「両側手すり」と「滑り止め」の設置を基本としており，特に「階数2以下・延べ面積200㎡未満」の小規模建築物については，更に「昇降注意の表示」を追加で行うことにより，住宅と同等の寸法基準とすることも可能である。

表2―13　階段の寸法基準に関する代替措置

	通常仕様	代替仕様① （規模の制限なし）	代替仕様② （階数2以下・延べ面積200㎡未満のみ）
必要な措置 対象となる部分	（なし）	両側手すり＋滑り止め	両側手すり＋滑り止め＋昇降注意の表示
①住宅（戸建て住宅，共同住宅の住戸内階段）	・幅75㎝以上 ・蹴上げ23㎝以下 ・踏面15㎝以上 約57°	―	・幅**75㎝**以上 ・蹴上げ**23㎝**以下 ・踏面**15㎝**以上
②ホテル，飲食店，事務所等の一般用途（③～⑤以外）	・幅75㎝以上 ・蹴上げ22㎝以下 ・踏面21㎝以上 約46°	・幅75㎝以上 ・蹴上げ**23㎝**以下 ・踏面**19㎝**以上	
③直上階が200㎡超の地上階，100㎡超の地階（④・⑤以外）	・幅120㎝以上 ・蹴上げ20㎝以下 ・踏面24㎝以上 約40°	―	
④中学校・高校，劇場・集会所等，物販店舗（1,500㎡超）	・幅140㎝以上 ・蹴上げ18㎝以下 ・踏面26㎝以上 約35°	・幅140㎝以上 ・蹴上げ**20㎝**以下 ・踏面**24㎝**以上	
⑤小学校	・幅140㎝以上 ・蹴上げ16㎝以下 ・踏面26㎝以上 約32°	・幅140㎝以上 ・蹴上げ**18㎝**以下 ・踏面26㎝以上	

※太字は「通常仕様」の寸法よりも緩和されている基準

（踊場の位置及び踏幅）

令第24条　前条第1項の表の(1)又は(2)に該当する階段でその高さが3メートルをこえるものにあつては高さ3メートル以内ごとに，その他の階段でその高さが4メートルをこえるものにあつては高さ4メートル以内ごとに踊場を設けなければならない。

2　前項の規定によつて設ける直階段の踊場の踏幅は，1.2メートル以上としなければならない。

高い階段における転倒や転落の危険を防止し，また避難時における群集の流れの一時的緩衝地帯として，踊場の設置は重要である。本条においては，その意味において一定の高さ以内に踊場の設置を義務づけている。

第2項の規定は，直階段における踊場の踏幅の規定で，図2―16のような場合を示す。

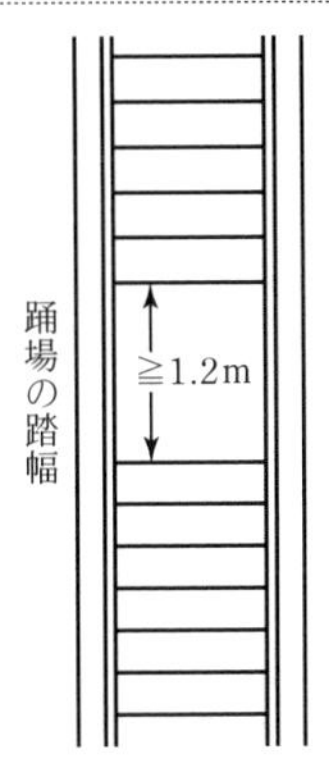

図2―16　踊場の踏幅

（階段等の手すり等）

令第25条　階段には，手すりを設けなければならない。

2　階段及びその踊場の両側（手すりが設けられた側を除く。）には，側壁又はこれに代わるものを設けなければならない。

3　階段の幅が3メートルをこえる場合においては，中間に手すりを設けなければならない。ただし，けあげが15センチメートル以下で，かつ，踏面が30センチメートル以上のものにあつては，この限りでない。

4　前3項の規定は，高さ1メートル以下の階段の部分には，適用しない。

（昭34政344・昭45政333・平12政211・一部改正）

第1項及び第2項の規定は，階段における側方への転落防止のための手すりの設置を定めたものである。以前は，側壁がない場合には手すりを設けなければならない，という規定であったが，平成12年の政令改正によって，階段には原則として手すりを設けなければならないものとし，手すりが設けられていない側には側壁等を設けなければならないものとした。

第3項の規定は，幅広の階段における危険防止のための手すりの設置を定めたものであり，緩勾配の階段を除き，特に中間に手すりを設けるよう規定したものである。

第4項の規定により，高さが1ｍを超える階段でも，下方1ｍの部分は緩和される。

（階段に代わる傾斜路）

令第26条　階段に代わる傾斜路は，次の各号に定めるところによらなければならない。

一　勾（こう）配は，8分の1をこえないこと。

二　表面は，粗面とし，又はすべりにくい材料で仕上げること。

2　前3条の規定（けあげ及び踏面に関する部分を除く。）は，前項の傾斜路に準用する。

（昭34政344・昭45政333・一部改正）

階段に代わる傾斜路についての規定である。

第1項では傾斜路の最大の勾配とその材質を定めている。

第2項の規定によって，傾斜路の幅員，踊場の位置及び踏幅，手すり等は，階段の規定が準用されることとなる。

（特殊の用途に専用する階段）

令第27条　第23条から第25条までの規定は，昇降機機械室用階段，物見塔用階段その他特殊の用途に専用する階段には，適用しない。

特殊用途の階段について，これらの規定をすべて適用させる必要もない場合もあるので，特に本条において除外規定を設けたものである。図書館の書庫内の階段，避難ばしごもこの対象となる。

なお，昇降機機械室用階段の構造については，令第129条の9第5号に別途規定（蹴上げ23cm以下・踏面15cm以上，両側手すりの設置）がある。

第８節　居室の天井の高さ

（居室の天井の高さ）
令第21条　居室の天井の高さは，2.1メートル以上でなければならない。
２　前項の天井の高さは，室の床面から測り，一室で天井の高さの異なる部分がある場合においては，その平均の高さによるものとする。
（昭34政344・昭45政333・昭50政381・平15政423・平17政334・一部改正）

第１項

建築物の各部分は，その利用目的に合わせて一定の天井高さが必要とされることは当然であるが，建築基準法では，特に居室は居住，執務，作業，集会，娯楽その他これらに類する目的のため継続的に使用される室であるので，作業動作の便・不便だけではなく，健康上，衛生上の見地から，最低限を決めるべきものとして，居室の天井の高さを，従来からの７尺をほぼ継承して，2.1m以上とするように定められている。

なお，往時は，劇場，映画館等の集会用途に供する居室については，室内空気が汚染されやすいことから，居室の気積を一定量以上にするため，機械換気装置を設ける場合以外は天井の高さを４m以上とすることが定められていたが，昭和45年の令第20条の３の制定により集会用途の居室に対する機械換気設備が義務づけられることになったため，天井の高さに対する特例は削られることになった（集会場等に設けなければならない換気設備の規定については，性能としては令第20条の２で定められているものと同一であるため，平成10年の性能規定化に伴って，令第20条の３からは削除されている。）。

また，学校教育法による学校のうち，専修学校，各種学校及び幼稚園以外の学校の教室については，その床面積が50㎡を超える場合には，室内の空気汚染を緩和及び視覚的な環境の保持の観点から，その天井の高さを３m以上としなければならなかったが，平成17年の政令改正によって，同様に天井高さの特例は削除された。

第２項

一室の天井の高さが室内の部分によって異なるときの天井の高さの算定方法はその平均の高さ，すなわち，室の容積を室の床面積で割った数値である。しかしながら一室の中で，極端に天井の高さを変化させた場合には（図２―17⑴のＣ参照），一室の中に２以上の天井の高さが存在すると扱うべき場合も存する。なお，天井面の位置は，図2―17(2)のような格子天井等の場合は格子の下端を結んだ位置とするが，図2―17(3)のような場合には表面の位置とする。

なお，令第126条の2第1項に規定する天井面については，令第21条の天井面と必ずしも同一ではなく，格子天井の場合には，その格子の位置にかかわらず，通常煙の到達できる位置である。

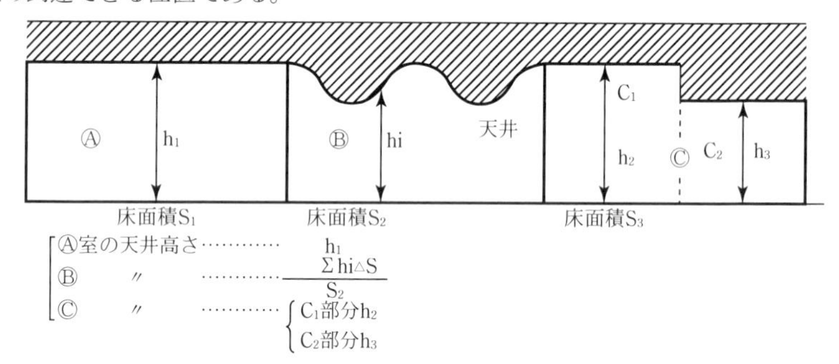

(1)　一室の中で天井の高さが異なる場合

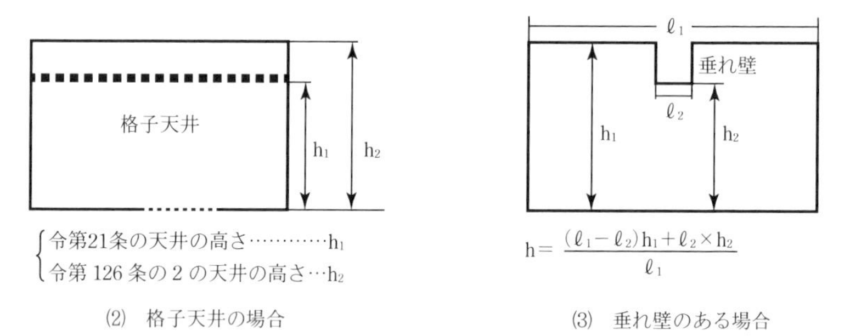

(2)　格子天井の場合

(3)　垂れ壁のある場合

図2―17　居室の天井の高さ

第９節　居室の床の高さ及び防湿方法

（居室の床の高さ及び防湿方法）

令第22条　最下階の居室の床が木造である場合における床の高さ及び防湿方法は，次の各号に定めるところによらなければならない。ただし，床下をコンクリート，たたきその他これらに類する材料で覆う場合及び当該最下階の居室の床の構造が，地面から発生する水蒸気によつて腐食しないものとして，国土交通大臣の認定を受けたものである場合においては，この限りでない。

一　床の高さは，直下の地面からその床の上面まで45センチメートル以上とすること。

二　外壁の床下部分には，壁の長さ５メートル以下ごとに，面積300平方センチメートル以上の換気孔を設け，これにねずみの侵入を防ぐための設備をすること。

（昭34政344・平12政211・平12政312・一部改正）

最下階の床が木造である場合，地面から蒸発する湿気によって床，根太，大引等が腐蝕されることを防止するための規定である。そのため，床下についてコンクリートたたきその他によって，地面からの湿気が上らない方法等で，十分な換気上の措置が講じられていない場合には，１号及び２号に定める構造を満足させなければならない。なお，地面からの湿気は，各土地の状況によって差異が激しいので，ただし書にいう防湿上有効な措置の取扱いは土地の条件を十分考慮して行うことになる。

第１号中の45㎝は，従来よりの１尺５寸を標準として定めたものである。

第２号中の換気孔の面積は有効換気面積をいい，ねずみ防止のための格子，パンチングメタル等を設けた場合には，その換気上有効とされる面積は，空間の貫通している実有効面積とするものとする。

また，性能規定の考え方から，本条においても，国土交通大臣による構造方法等の認定を受けた構造の採用を可能としている。

（地階における住宅等の居室）

法第29条　住宅の居室，学校の教室，病院の病室又は寄宿舎の寝室で地階に設けるものは，壁及び床の防湿の措置その他の事項について衛生上必要な政令で定める技術的基準に適合するものとしなければならない。

（平10法100・全改）

（地階における住宅等の居室の技術的基準）

令第22条の2　法第29条（法第87条第3項において準用する場合を含む。）の政令で定める技術的基準は，次に掲げるものとする。

一　居室が，次のイからハまでのいずれかに該当すること。

イ　国土交通大臣が定めるところにより，からぼりその他の空地に面する開口部が設けられていること。

ロ　第20条の2に規定する技術的基準に適合する換気設備が設けられていること。

ハ　居室内の湿度を調節する設備が設けられていること。

二　直接土に接する外壁，床及び屋根又はこれらの部分（以下この号において「外壁等」という。）の構造が，次のイ又はロのいずれかに適合するものであること。

イ　外壁等の構造が，次の(1)又は(2)のいずれか（屋根又は屋根の部分にあつては，(1)）に適合するものであること。ただし，外壁等のうち常水面以上の部分にあつては，耐水材料で造り，かつ，材料の接合部及びコンクリートの打継ぎをする部分に防水の措置を講ずる場合においては，この限りでない。

(1)　外壁等にあつては，国土交通大臣が定めるところにより，直接土に接する部分に，水の浸透を防止するための防水層を設けること。

(2)　外壁又は床にあつては，直接土に接する部分を耐水材料で造り，かつ，直接土に接する部分と居室に面する部分の間に居室内への水の浸透を防止するための空隙（げき）（当該空隙（げき）に浸透した水を有効に排出するための設備が設けられているものに限る。）を設けること。

ロ　外壁等の構造が，外壁等の直接土に接する部分から居室内に水が浸透しないものとして，国土交通大臣の認定を受けたものであること。

（平12政211・全改，平12政312・一部改正）

地階では地下水や雨水が浸透したり，構造上開口部の位置等に制約が生じたりすることから，居室内の空気が湿潤な状態になりやすい。このため，地階における住宅等の居室については，防湿・防水上の観点から衛生上必要な措置をとることが求められることとなっている。

平成10年以前の制度においては，原則として地階に住宅の居室，学校の教室，病院の病室又は寄宿舎の寝室を設置することは禁止されており，からぼりがある場合その他衛生上支障がないと認められる場合に限り，例外的に措置が認められてきたところである（旧・法第30条）が，平成10年改正では，除湿・防湿等の技術の発展などを受け，地階における住宅等の居室についても，原則設置禁止という規定を廃止し，一定の技術的基準に適合するものであれば設置できることとした。具体的には，令第22条の２において，地階という特殊性に鑑みて，防湿・防水上の観点から，衛生上必要な技術的基準を定めている。

第１号（居室の湿気排出に関する技術的基準）

地階では，土中から水が染み込まないように措置を行ったとしても，湿気として居室内に入ってくる水蒸気を完全に遮断することは困難である。このため，居室内に入ってきた水蒸気を適切に室外に排出する措置を講じることが必要である。本号は，具体的な方法として，十分な開口部や設備を設けて換気することにより湿気を排出する方法と，機械設備により除湿するという方法をそれぞれ定めている。

①　からぼり等に面した開口部の設置（第１号イ）

開口部を設けて適切な換気を行うためには，屋外で十分に空気が流れている場所に面して開口部を設けることが必要であることから，「からぼり」を設けた場合や斜面地等で外壁が露出している場合などについては，居室の設置を可能としている。この場合，晴天時など外気の状態が良い時を選んで換気を行うことにより，適切に居室の湿度を下げることを可能とするため，からぼり等の形状やこれに面する開口部の大きさに関する基準を定めている（H12建告第1430号）。

②　換気設備の設置（第１号ロ）

換気上の基準（令第20条の２）に適合する換気設備を設けた場合にあっては，からぼり等の設置を要しない。なお，令第20条の２において定める自然換気設備は，単に開口部を設けただけのものではなく，排気筒等を適切に設けることが必要であることに留意する必要がある。

③　除湿設備の設置（第１号ハ）

除湿設備を設けた場合には，開口部等を介した換気が十分に行われない場合にあっても，居室内の水蒸気を確実に除去することが可能であることから，除湿設備の設置を基準の一つに位置づけている。なお，ここでいう除湿設備とは，建築設備として少なくとも配管等と接続される除湿設備であり，建築確認や完了検査で審査できないような機器（いわゆる除湿器の類）のことではない。

第２号（居室内への水の浸透を防止するための外壁等の構造）

地階の居室の土に接する壁，床又は屋根は，地上にある部分と比較して地下水や雨水などの浸透水に直接触れる場合が多い。このため，居室内への水の浸透を防止するための外壁等の構造について，本号において特に基準を定めている。

地階においては，地下水面（常水面）との関係を把握することが重要であり，特に，常水面より低い部分にある外壁等はそれだけ居室内に水が浸透する可能性が高いため，十分な措置を講ずる必要がある。したがって，必要な技術的基準についても，当該居室の外壁等の部分が，常水面より高い位置にある場合と低い位置にある場合に分けて，それぞれの場合に応じた仕様を定めている（第２号イ）。

なお，防水の措置については，以下の①・②において示す仕様によらず，国土交通大臣が個別に認定を行った構造方法を採用することも可能である（第２号ロ）。

①　常水面より下にある部分

防水性を確保する方法としては，透水性を有さない層を確実に設ける方法と，層の間に空隙を設けて排水する方法がある。

(a)　防水層の設置（第２号イ(1)）

外壁等を塗膜やシート等ですべて覆う場合には，水の透過を防止することができるものとして，国土交通大臣が定める技術的基準に従った防水層を設けることとしている。なお，防水層については，少しでも破損するとそこから浸水して本来の機能が果たせなくなるため，防水層を設けるために必要な基準を告示において定めている（H12建告第1430号）。

(b)　二重壁構造（第２号イ(2)）

二重壁構造とする場合は，仮に土に接する側の壁から水が浸透したとしても，その水が居室側の壁まで及んで居室の内部に浸透することがないよう，２枚の壁の間には空隙を設けるとともに，その空隙に浸透した水がたまることなく適切に排出されるようにするための設備（二重壁内の排水溝や通水管等）を設けることとしている。

②　常水面より上にある部分（第２号イただし書）

土に接する部分の外壁等が確実に常水面より上にある場合は，外壁等が常時水に触れることがないため，コンクリート等の耐水材料を適切に施工することによって居室内への水の浸透を防ぐようにすれば，二重壁構造等によらなくてもよいこととしている。ただし，コンクリートの打ち継ぎをする部分や材料の接合部に隙間があると，そこから水が浸透するおそれがあるため，接合部や打継ぎ部に止水板を取り付けるなど，外壁等の水密性を確保するための補強を行う場合に限ることとする。

第10節　遮　　音

（長屋又は共同住宅の各戸の界壁）

法第30条　長屋又は共同住宅の各戸の界壁は，次に掲げる基準に適合するものとしなければならない。

一　その構造が，隣接する住戸からの日常生活に伴い生ずる音を衛生上支障がないように低減するために界壁に必要とされる性能に関して政令で定める技術的基準に適合するもので，国土交通大臣が定めた構造方法を用いるもの又は国土交通大臣の認定を受けたものであること。

二　小屋裏又は天井裏に達するものであること。

２　前項第２号の規定は，長屋又は共同住宅の天井の構造が，隣接する住戸からの日常生活に伴い生ずる音を衛生上支障がないように低減するために天井に必要とされる性能に関して政令で定める技術的基準に適合するもので，国土交通大臣が定めた構造方法を用いるもの又は国土交通大臣の認定を受けたものである場合においては，適用しない。

（平30法67・全改）

長屋又は共同住宅は，独立の居住を営む部分空間としての各戸の集合体であるから，それらの各戸のプライバシーは十分に保護される必要がある。本条は，それら各戸の界壁に遮音性をもたせることにより，各戸の独立居住性を確保することを目的として規定されたものである。

本条における遮音は，空気伝搬音のみが対象とされており，足音，水洗便所の音等の固体伝搬音は前提とされていない。また，遮音性能が求められる部位は隣接する住戸間の界壁のみであり，上下の住戸間の界床は対象とされていない。これらについては，日本住宅性能表示基準（H13国交告第1346号）などが参考になろう。

なお，長屋又は共同住宅の各戸の界壁は，令第114条第１項により，原則として，準耐火構造としなければならないので，遮音・防火の両面から構造を選択する必要がある。

第１項

本項では，遮音性能を確保するための基本的な手法を規定したものである。第１号においては，「隣接する住戸からの日常生活に伴い生ずる音を衛生上支障がないように低減する」という界壁に求められる性能を示した上で，遮音に関する具体的な基準については，令第22条の３において，対象となる界壁の透過損失の下限を定めている。この性能を確保する構造としては，一般的な仕様として「遮音性能を有する長屋又は共同住宅の界壁及び天井の構造方法を定める件（Ｓ45建告第1827号。以下「遮音告示」という。）」の第１（下地等を有しない界壁の場合）・第２（下地等を有する界壁の場合）に定める構造と，国土交通大臣による構造方法等の認定を受けた構造が，それぞれ定められているところである。

第２号においては，遮音を確実なものとするため，界壁を小屋裏又は天井裏に達せしめることを併せて仕様的に規定している。

第２項

本項は，第１項において仕様的に規定されていた第２号（界壁の小屋裏・天井裏への到達）を適用しないこととするための根拠となる規定である。すなわち，第２号は，小屋裏・天井裏の空間が複数の住戸に渡ってつながった構造である場合，当該空間を介して生活音が他の住戸に伝わることを防ぐための措置を定めたものであるが，そもそも小屋裏・天井裏空間に生活音が伝搬しないように措置していれば，同じ目的を達成することが可能であることから，本項では天井の構造について「隣接する住戸からの日常生活に伴い生ずる音を衛生上支障がないように低減する」という界壁と同一の性能が確保されている場合には，界壁そのものを小屋裏・天井裏に到達させなくても良いとしているものである。この性能を確保するための天井の構造については，遮音告示の第３（天井の構造）に定めている。

令第22条の３　法第30条第１項第１号（法第87条第３項において準用する場合を含む。）の政令で定める技術的基準は，次の表の上欄に掲げる振動数の音に対する透過損失がそれぞれ同表の下欄に掲げる数値以上であることとする。

振動数（単位　ヘルツ）	透過損失（単位　デシベル）
125	25
500	40
2,000	50

２　法第30条第２項（法第87条第３項において準用する場合を含む。）の政令で定める技術的基準は，前項に規定する基準とする。

（平12政211・追加，令元政30・一部改正）

界壁の遮音性能の技術的基準は，本条に規定するとおり，３つの振動数の音に対する透過損失が一定以上であることとしている。

建築基準法は最低の基準を定めるものであることから，遮音性能の基準もプライバシーを保護するために必要な最低の基準として，隣家の会話等の内容が分からない程度の透過損失が規定されている。

この基準に適合するものとして構造方法等の認定を受けるに当たっては，性能評価試験を受ける必要があるが，これは，一方の残響室から音を発して，もう一方の受音室において，試験体となる界壁を透過した音の強さを測定して透過損失を算出する試験方法をもって行うこととしている。

第11節　便所及び屎尿浄化槽

（便所）

法第31条　下水道法（昭和33年法律第79号）第２条第８号に規定する処理区域内においては，便所は，水洗便所（汚水管が下水道法第２条第３号に規定する公共下水道に連結されたものに限る。）以外の便所としてはならない。

2　便所から排出する汚物を下水道法第２条第６号に規定する終末処理場を有する公共下水道以外に放流しようとする場合においては，屎（し）尿浄化槽（その構造が汚物処理性能（当該汚物を衛生上支障がないように処理するために屎（し）尿浄化槽に必要とされる性能をいう。）に関して政令で定める技術的基準に適合するもので，国土交通大臣が定めた構造方法を用いるもの又は国土交通大臣の認定を受けたものに限る。）を設けなければならない。

（昭29法72・昭33法79・昭34法156・昭40法119・昭45法141・平10法100・平11法160・一部改正）

第１項

下水道法第２条第８号に規定する処理区域とは，公共下水道により下水を排除することができる区域のうち，下水を終末処理場により処理することができる地域（流域下水道に接続されている場合も含まれる。）をいう。この処理区域内においては，便所はすべて水洗便所とし，公共下水道に接続しなければならない。

また，建築基準法の前提として，法第３条第２項の規定により，既存不適格建築物については規制が遡及的に適用されることはないため，処理区域内における本項の適用に関しては，「建築物を新築する場合」と「本項について既存不適格状態となっている建築物について増築・移転等を行う場合」に限られる。したがって，これらの場合に際して，本項についての違反があったときには法第９条に基づく改善命令を，著しく衛生上有害な状態については法第10条に基づく勧告等を直ちに行うことができるが，逆に既存不適格状態のままである建築物については，水洗便所への改造に向けた命令等をなすことができない。下水道法においては，建築基準法が適用されない状況においても水洗便所への改善義務が果たされるべきものとして，同法第11条の３を定めて，３年間という猶予期間を設定した上で，処理区域内においてくみ取便所が設けられている建築物の所有者に対して水洗便所に改造することを義務づけ（第１項），その違反があった場合には公共下水道管理者による改造命令を可能（第３項）としている。

なお，同条第２項においては，「建築基準法第31条第１項の規定に違反している便所が設けられている建築物の所有者については，前項の規定は，適用しない」とされているが，これは，建築基準法が適用されるような新築・増築・移転等を行う状況においては３年間という猶予期間を与える理由はないことから，猶予期間を含めた改善命令の根拠規定である下水道法第11条の３第１項を適用しないこととしたものである。

第２項

下水道法第２条第６号に規定する終末処理場とは，下水を最終的に処理して河川その他の公共用水域又は海域に放流するために下水道の施設として設けられている処理施設及びこれを補完する施設をいう。水洗便所からの汚水を，この終末処理場を有する公共下水道以外に放流しようとするときは，令第32条に規定する汚物処理性能を満足するものとして，国土交通大臣が定めた構造方法（Ｓ55建告第1292号）を用いる屎尿浄化槽又は国土交通大臣の認定を受けた屎尿浄化槽を設け，浄化してからでなければ放流してはならない。

建築基準法令では処理対象人員50人以下の屎尿浄化槽については合併処理を要求しておらず，浄化槽法では合併処理方式の屎尿浄化槽のみを浄化槽と定義しているが，浄化槽の構造基準については，建築基準法令に基づき規定されている。このため，これらの関係を整理し，建築基準法令では設置を義務づけていない処理対象人員50人以下の屎尿浄化槽（合併処理）の技術的基準を建築基準法令に位置づけたものである。

（便所の採光及び換気）

令第28条　便所には，採光及び換気のため直接外気に接する窓を設けなければならない。ただし，水洗便所で，これに代わる設備をした場合においては，この限りでない。

（昭34政344・昭45政333・一部改正）

本条においては，便所には衛生上の見地から，採光及び換気を行うため，直接外気に接する窓を設けなければならないこととしている。

しかし，水によって便器表面を洗浄し，排泄物を排水配管，汚水槽，便槽等へ流下させるとともに，排水配管，汚水槽，便槽からの臭気等を遮断することができる水洗便所では，臭気等の障害が少ないので，照明設備・換気設備を設ける等，衛生上必要な措置を講ずれば，外気に接する窓を設けなくてよいこととしている。

（くみ取便所の構造）

令第29条　くみ取便所の構造は，次に掲げる基準に適合するものとして，国土交通大臣が定めた構造方法を用いるもの又は国土交通大臣の認定を受けたものとしなければならない。

一　屎尿に接する部分から漏水しないものであること。

二　屎尿の臭気（便器その他構造上やむを得ないものから漏れるものを除く。）が，建築物の他の部分（便所の床下を除く。）又は屋外に漏れないものであること。

三　便槽に，雨水，土砂等が流入しないものであること。

（平12政211・全改，平12政312・一部改正）

本条は，くみ取便所の構造について規定したものである。

第１号では，漏水しない構造であること，第２号では，臭気の漏洩防止，第３号では雨水，土砂等の流入防止を要求している。

H12建告第1386号第１には構造方法が規定されており，便槽，便器から便槽までの管を耐水材料で造り，浸透性の耐水材料で造る場合は有効な防水措置を講ずること，便所の床下は，原則として他の部分と耐水材料で区画すること，くみ取口の構造等が規定されている。

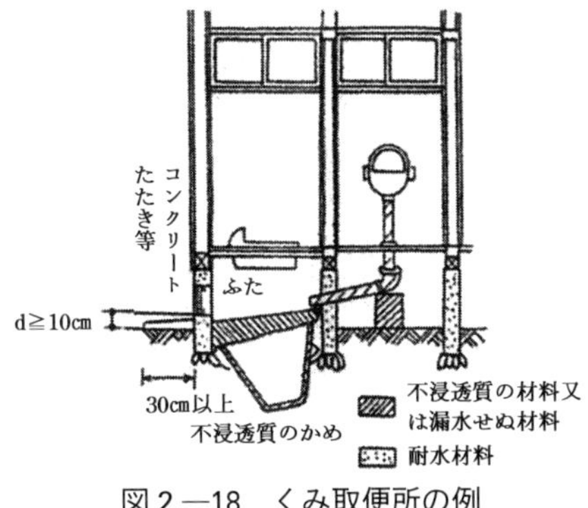

図２—18　くみ取便所の例

本条文が想定するくみ取便所の構造は，図２—18のとおりであるが，最近ではこのような構造のくみ取便所が設けられることは非常に希である。

一方，密閉性の高いFRP製の便槽にいわゆる簡易水洗便器を接続したくみ取便所については，簡易水洗便器から便槽までの汚物の流動性，簡易水洗便器の洗浄水を見込んだ便槽容量の設定やくみ取時期の設定等について，配慮が必要となる。

また，放流先が確保できない地域等において，放流しない完全循環型の水洗式の便所が設けられる場合があるが，これらは，建築基準法令上「くみ取便所」に該当するため，本条の規定が適用される。なお，完全循環型便所において，便器の洗浄水に排水再利用水を用いる場合には，令第129条の２の４第２項第６号の規定に基づく「建築物に設ける飲料水の配管設備及び排水のための配管設備の構造方法を定める件（S50建告第1597号）」第２第６号の規定（排水再利用配管設備に関する規定）が適用される。

（特殊建築物及び特定区域の便所の構造）

令第30条　都市計画区域又は準都市計画区域内における学校，病院，劇場，映画館，演芸場，観覧場，公会堂，集会場，百貨店，ホテル，旅館，寄宿舎，停車場その他地方公共団体が条例で指定する用途に供する建築物の便所及び公衆便所の構造は，前条各号に掲げる基準及び次に掲げる基準に適合するものとして，国土交通大臣が定めた構造方法を用いるもの又は国土交通大臣の認定を受けたものとしなければならない。

一　便器及び小便器から便槽までの汚水管が，汚水を浸透させないものであること。

二　水洗便所以外の大便所にあつては，窓その他換気のための開口部からはえが入らないものであること。

２　地方公共団体は，前項に掲げる用途の建築物又は条例で指定する区域内の建築物のくみ取便所の便槽を次条の改良便槽とすることが衛生上必要であり，かつ，これを有効に維持することができると認められる場合においては，当該条例で，これを改良便槽としなければならない旨の規定を設けることができる。

（昭34政344・平12政211・平12政312・平13政98・一部改正）

第１項

都市計画区域・準都市計画区域内に建築される学校，病院，映画館，百貨店，旅館，停車場等，その他地方公共団体が条例で指定する用途に供する建築物の便所及び公衆便所については，伝染病のまん延の防止その他衛生上の見地から，第１号及び第２号の基準に適合するものとして，H12建告第1386号第２に掲げる構造にしなければならないこととされている。すなわち，①不浸透質の便器を設け，②小便器と便槽とを不浸透質の汚水管で連結し，③水洗便所以外の便所の窓等の開口部には，蝿の侵入を防ぐための金網を張らなければならない。

第２項

第１項に掲げた建築物のほか，密集市街地等で衛生上配慮すべき区域内の建築物については，地方公共団体が条例で区域を定めて，その区域内の便槽はすべて令第31条に定める改良便槽とすべきことを義務づけることができることとしたものである。

（改良便槽）

令第31条　改良便槽は，次に定める構造としなければならない。

一　便槽は，貯留槽及びくみ取槽を組み合わせた構造とすること。

二　便槽の天井，底，周壁及び隔壁は，耐水材料で造り，防水モルタル塗その他これに類する有効な防水の措置を講じて漏水しないものとすること。

三　貯留槽は，２槽以上に区分し，汚水を貯留する部分の深さは80センチメートル以上とし，その容積は0.75立方メートル以上で，かつ，100日以上（国土交通大臣が定めるところにより汚水の温度の低下を防止するための措置が講じられたものにあつては，その容積は0.6立方メートル以上で，かつ，80日以上）貯留できるようにすること。

四　貯留槽には，掃除するために必要な大きさの穴を設け，かつ，これに密閉することができるふたを設けること。

五　小便器からの汚水管は，その先端を貯留槽の汚水面下40センチメートル以上の深さに差し入れること。

（昭34政344・昭45政333・平６政278・平12政211・平12政312・一部改正）

本条においては，改良便槽の構造について規定しており，下図に示す構造を想定し，基準を定めている。改良便槽の構造については，本条各号の規定によるほか，特に貯留槽については汚水の温度を低下するための措置（第３号）としてＨ12建告第1386号第３の規定に適合したものとしなければならない。

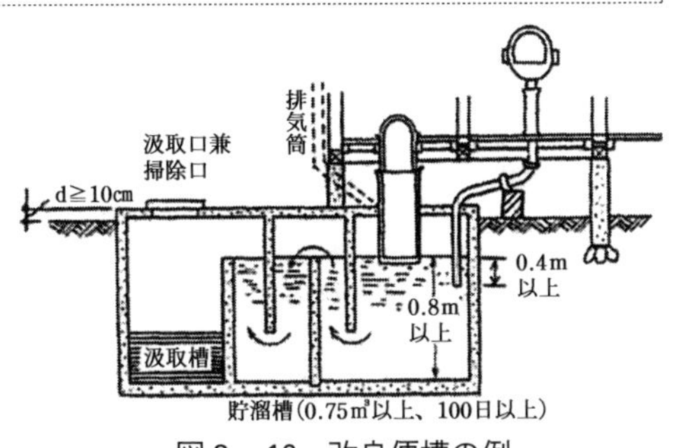

図２－19　改良便槽の例

第１号

便槽は，屎尿を貯溜し嫌気性処理をするための貯溜槽とくみ取槽を組み合わせた構造とする旨を規定したものである。

第２号

くみ取便所と同様に，便槽の欠陥により汚水がこれを浸蝕又は浸透して不衛生な事態を招かないよう，耐水材料で造り，防水モルタル塗等の有効な防水措置を講じなければならない旨を規定したものである。

第３号

貯溜槽の深さ，容量等を規定したものであるが，ここに規定された容量は７人用を標準としているので，これ以上の人槽のものについては，使用人員１人当たり100ℓ程度容量を増して計算すべきである。また，汚水の温度の低下を防止するための基準は，H12建告第1386号第３に規定されており，便槽を断熱材で被覆するか，便槽に保温のための装置を設けることとされている。

第４号

改良便槽がつまったときの処理のため，貯溜槽に掃除口を設け，かつ蠅，うじ，ねずみ等の侵入を防止するためのふたを設けなければならない旨を規定したものである。改良便槽の施工及び使用については，この構造性能について十分正しい知識が必要であり，誤って使われると屎尿の流動が円滑に行われないことにもなる。改良便槽は設置後，便槽の養生と屎尿の流動を円滑にするため，槽底に30cm程度水を張っておくとよい。

第５号

小便器の汚水管からの汚水の流入によって貯溜されている屎尿の表面が撹乱され，嫌気性菌の活動を阻害することがないよう，小便器からの汚水管は貯溜槽の汚水面下40cm以上の深さに差し入れることを定めたものである。

（法第31条第２項等の規定に基づく汚物処理性能に関する技術的基準）

令第32条　屎尿浄化槽の法第31条第２項の政令で定める技術的基準及び合併処理浄化槽（屎尿と併せて雑排水を処理する浄化槽をいう。以下同じ。）について法第36条の規定により定めるべき構造に関する技術的基準のうち処理性能に関するもの（以下「汚物処理性能に関する技術的基準」と総称する。）は，次のとおりとする。

一　通常の使用状態において，次の表に掲げる区域及び処理対象人員の区分に応じ，それぞれ同表に定める性能を有するものであること。

<table>
<tr><th rowspan="2">屎尿浄化槽又は合併処理浄化槽を設ける区域</th><th rowspan="2">処理対象人員（単位　人）</th><th colspan="2">性能</th></tr>
<tr><th>生物化学的酸素要求量の除去率（単位　パーセント）</th><th>屎尿浄化槽又は合併処理浄化槽からの放流水の生物化学的酸素要求量（単位　1リットルにつきミリグラム）</th></tr>
<tr><td rowspan="3">特定行政庁が衛生上特に支障があると認めて規則で指定する区域</td><td>50以下</td><td>65以上</td><td>90以下</td></tr>
<tr><td>51以上
500以下</td><td>70以上</td><td>60以下</td></tr>
<tr><td>501以上</td><td>85以上</td><td>30以下</td></tr>
<tr><td>特定行政庁が衛生上特に支障がないと認めて規則で指定する区域</td><td></td><td>55以上</td><td>120以下</td></tr>
<tr><td rowspan="3">その他の区域</td><td>500以下</td><td>65以上</td><td>90以下</td></tr>
<tr><td>501以上
2,000以下</td><td>70以上</td><td>60以下</td></tr>
<tr><td>2,001以上</td><td>85以上</td><td>30以下</td></tr>
<tr><td colspan="4">1　この表における処理対象人員の算定は，国土交通大臣が定める方法により行うものとする。
2　この表において，生物化学的酸素要求量の除去率とは，屎尿浄化槽又は合併処理浄化槽への流入水の生物化学的酸素要求量の数値から屎尿浄化槽又は合併処理浄化槽からの放流水の生物化学的酸素要求量の数値を減じた数値を屎尿浄化槽又は合併処理浄化槽への流入水の生物化学的酸素要求量の数値で除して得た割合をいうものとする。</td></tr>
</table>

二　放流水に含まれる大腸菌群数が，１立方センチメートルにつき3,000個以下とする性能を有するものであること。

2　特定行政庁が地下浸透方式により汚物（便所から排出する汚物をいい，これと併せて雑排水を処理する場合にあつては雑排水を含む。次項及び第35条第１項において同じ。）を処理することとしても衛生上支障がないと認めて規則で指定する区域内に設ける当該方式に係る汚物処理性能に関する技術的基準は，前項の規定にかかわらず，通常の使用状態において，次の表に定める性能及び同項第２号に掲げる性能を有するものであることとする。

性能		
１次処理装置による浮遊物質量の除去率（単位　パーセント）	１次処理装置からの流出水に含まれる浮遊物質量（単位　１リットルにつきミリグラム）	地下浸透能力
55以上	250以下	１次処理装置からの流出水が滞留しない程度のものであること。
この表において，１次処理装置による浮遊物質量の除去率とは，１次処理装置への流入水に含まれる浮遊物質量の数値から１次処理装置からの流出水に含まれる浮遊物質量の数値を減じた数値を１次処理装置への流入水に含まれる浮遊物質量の数値で除して得た割合をいうものとする。		

3　次の各号に掲げる場合における汚物処理性能に関する技術的基準は，第１項の規定にかかわらず，通常の使用状態において，汚物を当該各号に定める基準に適合するよう処理する性能及び同項第２号に掲げる性能を有するものであることとする。

一　水質汚濁防止法（昭和45年法律第138号）第３条第１項又は第３項の規定による排水基準により，屎尿浄化槽又は合併処理浄化槽からの放流水について，第１項第１号の表に掲げる生物化学的酸素要求量に関する基準より厳しい基準が定められ，又は生物化学的酸素要求量以外の項目に関して

も基準が定められている場合　当該排水基準

二　浄化槽法第4条第1項の規定による技術上の基準により，屎尿浄化槽又は合併処理浄化槽からの放流水について，第1項第1号の表に掲げる生物化学的酸素要求量に関する基準より厳しい基準が定められ，又は生物化学的酸素要求量以外の項目に関しても基準が定められている場合　当該技術上の基準

（昭44政8・全　改，昭45政176・昭46政188・昭55政196・平12政211・平12政312・平13政42・平17政246・一部改正）

本条は，下水道法第2条第6号に規定する終末処理場を有する公共下水道以外に便所から排出する汚物を放流する場合に設置義務が課せられる屎尿浄化槽の性能基準について定めたものである。

第1項・第2項

第1項は公共用水域へ放流する場合の基準であり，第2項は汚水を地下浸透方式により処理する場合の基準である。

これらの基準は，屎尿浄化槽から放流される放流水の水質が及ばす影響を考慮して，水洗便所の屎尿浄化槽は，衛生上支障がないよう，その設ける区域及び処理対象人員の区分に応じ，屎尿浄化槽自体の浄化能力及び放流水の水質を規定することにしている。また，これらは特定行政庁による区域指定に応じた技術的基準とされているが，その指定については，「屎尿浄化槽を設ける区域に関する基準（昭和44年3月3日付け住指発第26号）」が示されていることから，以下では，その内容を引用する。

第1項第1号表中「特定行政庁が衛生上特に支障が『ある』と認めて規則で指定する区域」とは，下水道法第2条第8号に規定する処理区域以外の区域で次の①又は②に掲げるような区域である。

① 放流水を処理するための下水溝，下水管その地これらに類する施設の流末が，水源池，河川，湖沼，海域その他これらに類する水域で水質保全上重要なものに至る場合における当該下水溝等に係る区域（水質保全上重要な，水源地等から遠隔の区域を除く。）

② 放流水を処理するための下水溝，下水管その他これらに類するものが整備されていない区域で，放流水が地下水，水源地，河川，湖沼，海域その他これらに類する水域で水質保全上重要なものの水質に支障を及ぼすおそれのある区域

同表中「特定行政庁が衛生上特に支障が『ない』と認めて規則で指定する区域」とは，下水道法第２条第８号に規定する処理区域以外の区域で，次の①又は②に掲げるような区域である。

① 放流先が外海である区域　都市計画区域以外の区域で放流水の放流先が都市計画区域内を通らずに外海に接続している区域（外海から著しく遠隔の区域を除く。）

② 放流先が山間へき地である区域　都市計画区域以外の区域で，居住密度が低く，かつ，区域全体の放流水の量が少ないため，地下水，水源地，河川，湖沼，海域（外海を除く。）その他これらに類する水域に衛生上支障を及ぼすおそれのない区域

また，同表中，国土交通大臣の定める方法による屎尿浄化槽の処理対象人員の算定方法は，Ｓ44建告第3184号が引用する日本産業規格「建築物の用途別による屎尿浄化槽の処理対象人員算定基準（JISA3302）」に定められている。

第１項第２号においては，屎尿浄化槽の処理水に含まれる大腸菌群数の基準（3,000個／㎤以下）を規定している。

第２項に規定する「特定行政庁が地下浸透方式により汚物を処理することとしても衛生上支障がないと認めて規則で指定する区域」とは，都市計画法第７条に規定する市街化区域以外の区域で，十分地下浸透能力を有する土壌におおわれており，かつ，当該方式によって処理した場合において，区域内の地下水，水源地，河川その他これらに類する水域で水質保全上重要なものに衛生上支障を及ぼすおそれのないような区域である。

第１項及び第２項に規定する区域の指定に当たっては，浄化槽法，下水道法，河川法，道路法及び廃棄物の処理及び清掃に関する法律に関する各所管部局その他の関係機関と十分協議のうえ指定するものとされている。

また，第１項及び第２項に規定する屎尿浄化槽の性能基準に適合する屎尿浄化槽の構造方法は，「屎尿浄化槽及び合併処理浄化槽の構造方法を定める件（Ｓ55建告第1292号。以下「浄化槽告示」という。）第４及び第５において規定されている。この告示による屎尿浄化槽の構造基準は，所定の処理対象人員が通常の使用状態において実現されるものであり，適切な維持管理が重要である。屎尿浄化槽に要求される性能と告示に規定する屎尿浄化槽の構造との関係は，表２―14のとおりである。

なお，浄化槽法（昭和58年法律第43号）の規定により，浄化槽のみを設置又は改修する場合は，設置者は保健所に届を出し，特定行政庁は保健所からの通知により，構造基準への適合性を審査することとしている。

表２—14　屎尿浄化槽及び合併浄化槽に要求される性能と構造

告示区分		処理性能 BOD除去率（%）以上	BOD濃度（1ℓにつきmg）以下	COD濃度（1ℓにつきmg）以下	T-N濃度（1ℓにつきmg）以下	T-P濃度（1ℓにつきmg）以下	処理方式	処理対象人員 5～50	50～100	100～200	200～500	500～2,000	2,000～5,000	5,000～
第1	合併	90	20	—	—	—	分離接触ばつ気	━						
				—	—	—	嫌気濾床接触ばつ気	━						
				—	〔20〕	—	脱窒濾床接触ばつ気	━						
第2及び第3　削除														
第4	単独	55	120	—	—	—	腐敗槽	━	━	━	━			
第5	単独	SS除去率55%以上	SS濃度（1ℓにつきmg）250以下	—	—	—	地下浸透	━	━	━	━			
第6	合併	90	20	(30)	—	—	回転板接触		━	━	━	━	━	━
							接触ばつ気		━	━	━	━	━	━
							散水濾床					━	━	━
							長時間ばつ気			━	━	━	━	━
							標準活性汚泥							━
第7	合併	—	10	(15)	—	—	接触ばつ気・濾過			━	━	━	━	━
							凝集分離		━	━	━	━	━	━
第8	合併	—	10	10	—	—	接触ばつ気・活性炭吸着			━	━	━	━	━
							凝集分離・活性炭吸着		━	━	━	━	━	━
第9	合併	—	10	(15)	20	1	硝化液循環活性汚泥		━	━	━	━	━	━
							三次処理脱窒・脱燐		━	━	━	━	━	━
第10	合併	—	10	(15)	15	1	硝化液循環活性汚泥		━	━	━	━	━	━
							三次処理脱窒・脱燐		━	━	━	━	━	━
第11	合併	—	10	(15)	10	1	硝化液循環活性汚泥		━	━	━	━	━	━
							三次処理脱窒・脱燐		━	━	━	━	━	━

告示区分	項目					
第12	COD（mg／ℓ）	≦60	≦45	≦30	≦15	≦10
	SS（mg／ℓ）	≦70	≦60	≦50	≦15	≦15
	n-Hex.（mg／ℓ）	≦20	≦20	≦20	≦20	≦20
	pH	5.8≦，≦8.6	5.8≦，≦8.6	5.8≦，≦8.6	5.8≦，≦8.6	5.8≦，≦8.6
	構造	第6～第11	第6～第11	第6～第11	第7～第11	第8

注１）第１の〔　〕内の数値は，建設省住宅局建築指導課長通達（平成８年３月29日付け住指発第135号，平成12年６月１日付け住指発第682号）によるものである。

注２）処理性能のCOD欄の（　）は，第12の区分から対応する数値である。

注３）第５に定める構造の浄化槽を除き，処理水の大腸菌群数3,000個／㎤以下の性能を有する。

第３項第１号

本号は，水質汚濁防止法第３条に基づき第１項の表に掲げる基準より厳しい排水基準が定められ又はBOD以外の項目についても排水基準が定められている場合は，その基準に適合するものとして国土交通大臣が認定した屎尿浄化槽又は国土交通大臣が定めた構造方法に適合する浄化槽としなければならない旨，規定したものである。

本号の規定に対応するものは，一般的には合併浄化槽であり，その構造は令第35条第１項に基づく浄化槽告示第７から第12に相当する。

第３項第２号

本号は，浄化槽法第４条第１項の規定により，第１項の表に掲げる基準より厳しい排水基準が定められ又はBOD以外の項目についても排水基準が定められている場合は，その基準に適合するものとして国土交通大臣が認定した屎尿浄化槽又は国土交通大臣が定めた構造方法に適合する浄化槽としなければならない旨，規定したものである。

従来浄化槽法においては，浄化槽の型式認定，浄化槽設備士，浄化槽管理士等の資格制度，設置に係る手続に関して規定を置いてきたが，平成12年の改正により単独処理浄化槽の設置が禁止された後，平成17年の改正により合併処理浄化槽の排水基準（処理水のBOD20mg／ℓ以下，BODの除去率90％以上）が新たに追加されたことに対応し，本規定が設けられた。

現在，浄化槽法の規定により令第32条第１項の表による地域にかかわらず，下水道の事業認可区域以外では，処理水のBOD20mg／ℓ以下，BODの除去率90％以上の性能を有する合併処理浄化槽の設置が義務づけられることとなっている。

（漏水検査）

令第33条　第31条の改良便槽並びに前条の屎尿浄化槽及び合併処理浄化槽は，満水して24時間以上漏水しないことを確かめなければならない。

（昭29政183・昭34政344・平13政42・一部改正）

令第31条の改良便槽及び令第32条の屎尿浄化槽は，いずれも取付後槽内に水を満水にして24時間以上漏水しないことを確かめなければならない。最近は，工場製品が一般化していて，製品としては工場で十分チェックされているものと考えられるが，これらプラスチック系の製品は，据付けの際，尖鋭な石等により破損する場合もあり，また，改良便槽又は屎尿浄化槽の据付けが不十分であったり，据付地盤が十分つき固められていなかったりした場合には，これらの槽内に水などの荷重を加えた場合は破損することもあるので，漏水検査は，設置後，槽の材料のいかんにかかわらず十分に注意を払って行わなければならない。

（便所と井戸との距離）

令第34条　くみ取便所の便槽（そう）は，井戸から５メートル以上離して設けなければならない。ただし，地盤面下３メートル以上埋設した閉鎖式井戸で，その導水管が外管を有せず，かつ，不浸透質で造られている場合又はその導水管が内径25センチメートル以下の外管を有し，かつ，導水管及び外管が共に不浸透質で造られている場合においては，1.8メートル以上とすることができる。

（昭34政344・一部改正）

この規定は，くみ取便所に欠陥があった場合に，井戸に直接衛生上の悪影響が生じないようにするための規定である。したがって，くみ取便所の便槽を設置する敷地内の井戸との関係だけでなく，隣地の井戸との関係についても同様の措置が必要である。打込井戸その他，一定基準に合う閉鎖式井戸については，井戸への影響が少ないことから，規制が緩和されている。なお，民法第237条には隣地との境界線付近の穿掘に関する規定（し尿だめを掘るには境界線から１m以上の離隔距離が必要）が設けられているので，注意を要する。

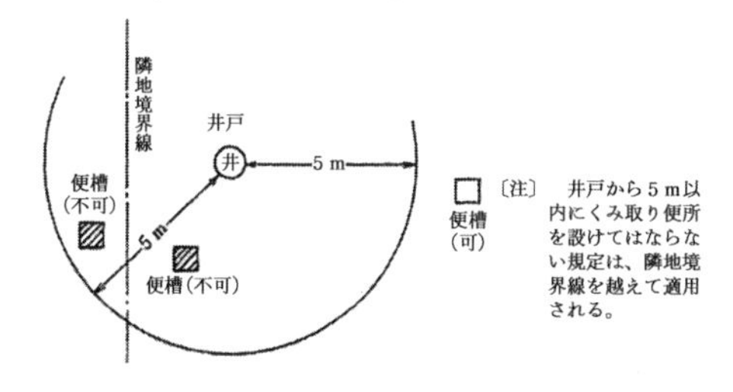

図２―20　井戸と便所との距離

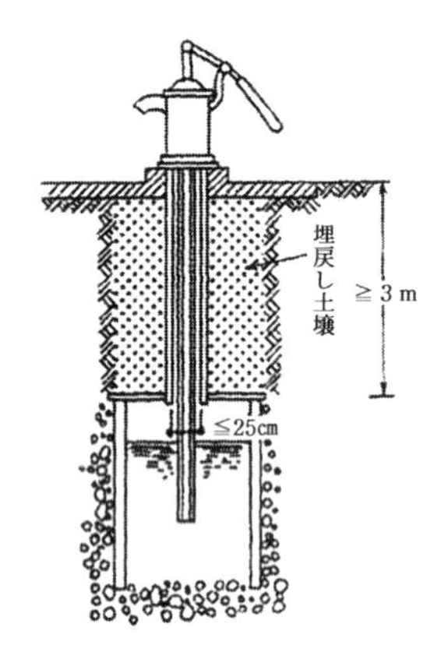

図２―21　閉鎖式井戸の例

（合併処理浄化槽の構造）

令第35条　合併処理浄化槽の構造は，排出する汚物を下水道法第２条第６号に規定する終末処理場を有する公共下水道以外に放流しようとする場合においては，第32条の汚物処理性能に関する技術的基準に適合するもので，国土交通大臣が定めた構造方法を用いるもの又は国土交通大臣の認定を受けたものとしなければならない。

２　その構造が前項の規定に適合する合併処理浄化槽を設けた場合は，法第31条第２項の規定に適合するものとみなす。

（平13政42・全改）

浄化槽法においては合併処理方式の屎尿浄化槽のみを「浄化槽」として定義しているが，建築基準法令において設置を義務付けているのは「屎尿浄化槽」であることから，これらの関係を整理するため，規定したものである。

第１項の国土交通大臣が定めた構造方法とは，浄化槽の構造方法（Ｓ55建告第1292号）の第１及び第６から第12である。また，近年，よりコンパクトな合併処理浄化槽が望まれていることから，これらの合併処理浄化槽については，令第32条の汚物処理性能に適合するものとして大臣認定を必要とする。（汚物処理性能については，令第32条の項を参照すること。）

第２項のみなし規定は，法第31条第２項が「屎尿浄化槽」のみを規定していることから，合併処理浄化槽もその役割が同じであり，同様に適合することを整理し，規定化したものである。

第12節　条例に基づく基準

（災害危険区域）

法第39条　地方公共団体は，条例で，津波，高潮，出水等による危険の著しい区域を災害危険区域として指定することができる。

2　災害危険区域内における住居の用に供する建築物の建築の禁止その他建築物の建築に関する制限で災害防止上必要なものは，前項の条例で定める。

災害危険区域の指定は，津波のおそれがある区域，海岸近傍の低地等で高潮，出水のおそれのある区域，洪水・溢水等が常襲する河川流域等の区域で，当該災害の防除そのものに膨大な投資を要し，当該区域を包括する地域経済的な負担限度をはるかに超えるような場合に，行われるものである。

災害危険区域とは，津波，高潮，出水等による危険が著しいために建築物の建築に適しない場所として地方公共団体が条例で指定した区域をいうが，ここにいう津波，高潮，出水は水に起因する危険を要件としたものであるが，これは通常想定されるものを例示したものであり，「等」にはがけ崩れ，地すべり等，水に起因したものはもちろん，水に起因しないものも含まれると解される。

災害危険区域の趣旨が，建築制限等を地方的事情に即応させることとするものであるので，区域の指定，区域内の必要な建築制限等については，すべて地方公共団体の条例に委任している。また，建築制限に関しては，所有権等の行使の重大な制限となるので建築物の安全の確保できる最低限のものでなければならない。したがって，技術的に対処することが困難な区域については，住居の用に供する建築物の建築の禁止が認められるが，他の用に供するものについては，建築の禁止は行い得ない。

（地方公共団体の条例による制限の附加）

法第40条　地方公共団体は，その地方の気候若しくは風土の特殊性又は特殊建築物の用途若しくは規模に因り，この章の規定又はこれに基く命令の規定のみによつては建築物の安全，防火又は衛生の目的を充分に達し難いと認める場合においては，条例で，建築物の敷地，構造又は建築設備に関して安全上，防火上又は衛生上必要な制限を附加することができる。

法第２章及びこれに基づく政令・告示は，全国共通に適用がある技術的基準を中心に構成されているが，地方的実情から，さらに具体的措置，すなわち寒冷地における基礎の凍上防止措置，温暖地における木材の蟻害防止措置，激甚な台風常襲地における風害防止措置，密集温泉街における旅館に対する避難施設の強化措置などを追加する必要が存する。

本条は，これに対応したものであり，地方の気候，風土の特殊性又は特殊建築物に関して条例による制限の付加ができることとされている。都道府県下全域に共通的に定められるような事項は，知事以外の特定行政庁が存する場合にあっても，都道府県の条例で制定し，一市町村に限定されるような事項は，市町村の条例で制定することが妥当である。

（市町村の条例による制限の緩和）

法第41条　第6条第1項第4号の区域外においては，市町村は，土地の状況により必要と認める場合においては，国土交通大臣の承認を得て，条例で，区域を限り，第19条，第21条，第28条，第29条及び第36条の規定の全部若しくは一部を適用せず，又はこれらの規定による制限を緩和することができる。ただし，第6条第1項第1号及び第3号の建築物については，この限りでない。

（昭34法156・昭62法66・平10法100・平11法160・一部改正）

本条は，市町村が一定の規定に関してのみ，区域を限定して緩和できる途を開いたものである。

市町村条例に限った理由は，本法に規定されている建築基準は建築物の安全を確保するための最低の基準であり，それ以外の基準で建築物の安全性を確保できているような地域は非常に特別な地域であり，都道府県を単位とするような広い地域にわたってこれに該当するような状況は考えられないからである。また，恣意的に緩和措置を定めることは，本法の体系上許容されないので，国土交通大臣の承認を得ることとされている。

第３章　構造強度

第１節　構造耐力一般

（構造耐力）

法第20条　建築物は，自重，積載荷重，積雪荷重，風圧，土圧及び水圧並びに地震その他の震動及び衝撃に対して安全な構造のものとして，次の各号に掲げる建築物の区分に応じ，それぞれ当該各号に定める基準に適合するものでなければならない。

一　高さが60メートルを超える建築物　当該建築物の安全上必要な構造方法に関して政令で定める技術的基準に適合するものであること。この場合において，その構造方法は，荷重及び外力によつて建築物の各部分に連続的に生ずる力及び変形を把握することその他の政令で定める基準に従つた構造計算によつて安全性が確かめられたものとして国土交通大臣の認定を受けたものであること。

二　高さが60メートル以下の建築物のうち，第６条第１項第２号に掲げる建築物（高さが13メートル又は軒の高さが９メートルを超えるものに限る。）又は同項第３号に掲げる建築物（地階を除く階数が４以上である鉄骨造の建築物，高さが20メートルを超える鉄筋コンクリート造又は鉄骨鉄筋コンクリート造の建築物その他これらの建築物に準ずるものとして政令で定める建築物に限る。）　次に掲げる基準のいずれかに適合するものであること。

イ　当該建築物の安全上必要な構造方法に関して政令で定める技術的基準に適合すること。この場合において，その構造方法は，地震力によつて建築物の地上部分の各階に生ずる水平方向の変形を把握することその他の政令で定める基準に従つた構造計算で，国土交通大臣が定めた方法によるもの又は国土交通大臣の認定を受けたプログラムによるものによつて確かめられる安全性を有すること。

ロ　前号に定める基準に適合すること。

三　高さが60メートル以下の建築物のうち，第６条第１項第２号又は第３号に掲げる建築物その他その主要構造部（床，屋根及び階段を除く。）を石造，れんが造，コンクリートブロック造，無筋コンクリート造その他これらに類する構造とした建築物で高さが13メートル又は軒の高さが9メートルを超えるもの（前号に掲げる建築物を除く。）　次に掲げる基準のいずれかに適合するものであること。

イ　当該建築物の安全上必要な構造方法に関して政令で定める技術的基準に適合すること。この場合において，その構造方法は，構造耐力上主要な部分ごとに応力度が許容応力度を超えないことを確かめることその他の政令で定める基準に従つた構造計算で，国土交通大臣が定めた方法によるもの又は国土交通大臣の認定を受けたプログラムによるものによつて確かめられる安全性を有すること。

ロ　前2号に定める基準のいずれかに適合すること。

四　前3号に掲げる建築物以外の建築物　次に掲げる基準のいずれかに適合するものであること。

イ　当該建築物の安全上必要な構造方法に関して政令で定める技術的基準に適合すること。

ロ　前3号に定める基準のいずれかに適合すること。

2　（略）

（平10法100・平18法92・平26法54・一部改正）

第1項

本条では，構造耐力の原則が述べられている。すなわち，建築物に作用する荷重外力として，自重（固定荷重），積載荷重，積雪荷重，風圧，土圧及び水圧並びに地震その他の震動及び衝撃を掲げ，これらに対して建築物は安全でなければならないと定めている。これは，建築物の建築から除却までの存置期間中，常に保持されなければならない構造上の安全に関する原則である。次に，この原則が実現されるよう，建築物をその高さ，構造種別などから四分類し，その分類に応じて，構造安全性を確保する方法を定める方針を第1号から第4号に示している。この構造安全性を確保する方法はいわゆる仕様規定と構造計算の規定からなり，前者は令第36条に，また後者は令第81条にそれぞれ，本条で分類された建築物に応じて，どの規定を適用すべきか定められている。これらの対応関係を次図に示す。

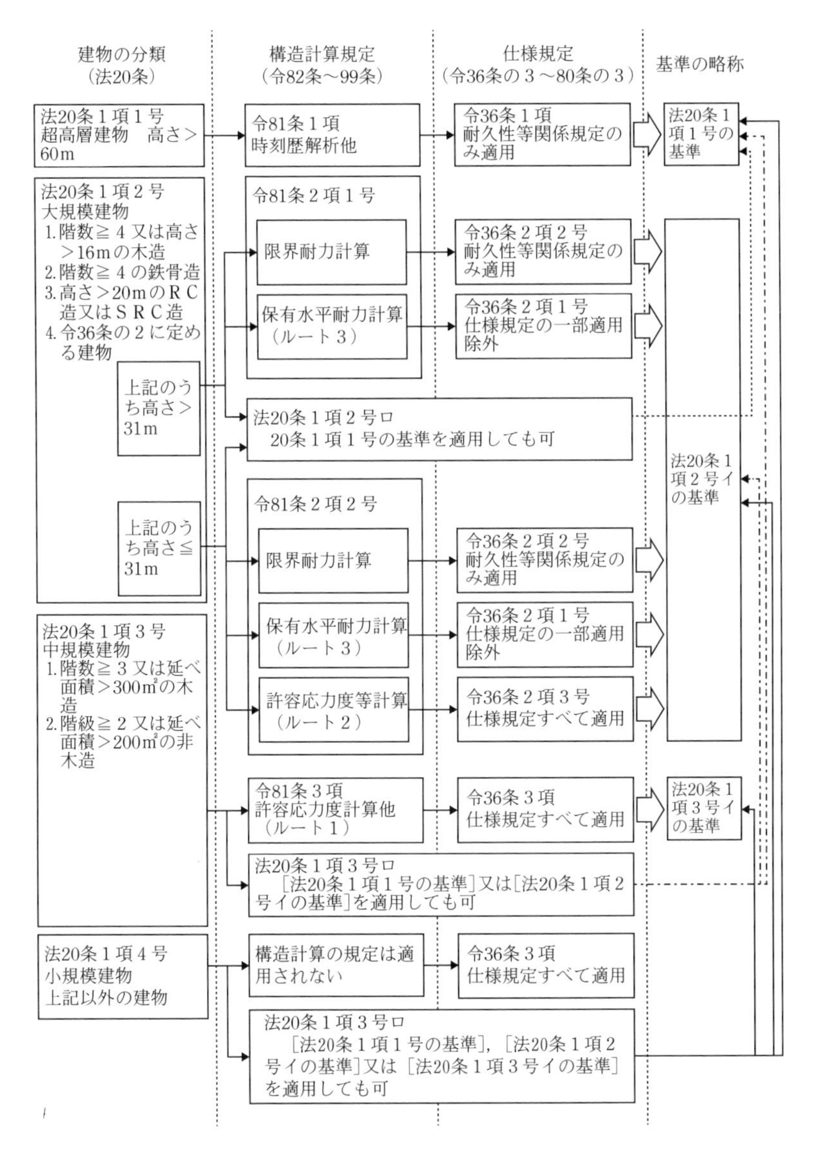

図３－１　建物規模と適用する仕様規定・構造計算の規定

建築基準法の構造関係規定は，以下に示すように法第20条で構造安全性に関する要求性能を定め，それを実現するための基準を令第36条から第99条までに，建築物の構造種別や規模に応じて定める構成を採っている。それは，図３－２に示すように，法第20条を筆頭に据えた階層構造をなしている。

第１号（超高層建築物）

高さが60ｍを超える建築物に適用する技術基準について規定したもので，その構造計算の基準は令第81条第１項に定められている。より具体的には，令第81条第１項第４号に基づく「超高層建築物の構造耐力上の安全性を確かめるための構造計算の基準を定める件（H12建告第1461号）」にその内容が定められている。この構造計算方法は，いわゆる時刻歴応答解析を含むもので，その荷重・外力の設定，構造部材の復元力特性の設定などに高度な工学的判断を必要とするので，適用する建築物又は建築物の型式毎に国土交通大臣の認定が必要であるとしている。

第２号（大規模建築物）

高さが60ｍ以下の建築物のうち比較的大規模な建築物として，次の①から③の建築物を定めている。

①　木造で地上部分≧４階建て又は高さ＞16ｍ

②　鉄骨造で地上部分≧４階建て，鉄筋コンクリート造あるいは鉄骨鉄筋コンクリート造では高さ＞20ｍ

③　その他政令で定める建築物（令第36条の２）

これらの構造物に適用する構造計算の基準は，「地震力によって建築物の地上部分の各階に生ずる水平方向の変形を把握する構造計算」又は第１号に規定する超高層建築物に用いる構造計算（この場合は，第１号と同様に大臣認定が必要である。）である。前者の構造計算は，令第81条第２項に定められたもので，高さ＞31ｍの場合には，「限界耐力計算」，「『ルート３の計算』と呼ばれる保有水平耐力計算」などであり，高さ≦31ｍの場合には，「限界耐力計算」，「ルート３の計算」，「『ルート２の計算』と呼ばれる許容応力度等計算」などである。ここで，それぞれの計算の最後に“など”と記載したのは，令第81条第２項では，限界耐力計算などのほかに，これらの計算方法と同等の安全性を確認できる方法として国土交通大臣が定めるものも，適用できる構造計算方法に含まれると規定しているからである。詳しくは，令第81条の解説を参照のこと。また，構造計算書偽装事件を踏まえた平成18年の改正により，構造安全性の確認方法として，限界耐力計算などの構造計算により確認するほか，国土交通大臣の認定を受けた構造計算プログラムによって確認する方法が位置付けられている。

第３号（中規模建築物）

高さが60ｍ以下の建築物のうち比較的中規模な建築物として，次の①及び②の建築物（ただし，第２号に規定する建築物を除く。）を規定している。この場合に適用する構造計算の基準は，令第81条第３項に定められた「『ルート１の計算』と呼ばれる許容応力度計算」などである。ここで，“など”と記載したのは，令第82条第３項では，許容応力度計算のほかに，この計算方法と同等の安全性を確認できる方法として国土交通大臣が定めるものも，適用できる構造計算方法に含まれると規定しているからである。このほか，第１号あるいは第２号の建築物に適用する構造計算の基準（時刻歴応答解析，限界耐力計算，保有水平耐力計算，許容応力度等計算など）を適用することもできる。なお，時刻歴応答解析による場合は，第１号と同様に大臣認定が必要である。また，構造計算書偽装事件を踏まえた平成18年の改正により，構造安全性の確認方法として，許容応力度計算などの構造計算により確認するほか，国土交通大臣の認定を受けた構造計算プログラムによって確認する方法が位置付けられている。

①　木造で地上部分≧３階建て又は延べ面積＞300㎡

②　木造以外で階数≧２又は延べ面積＞200㎡

第４号（小規模建築物）

本号に規定する建築物は，第１号から第３号までに定めた建築物以外の建築物である。これらは仕様規定により所要の安全性が確保されることから，構造計算の規定が適用されない小規模建築物（いわゆる４号建築物）であるが，ロの規定により，第１号から第３号までの建築物に適用する構造計算の基準（時刻歴応答解析，限界耐力計算，保有水平耐力計算，許容応力度等計算など）を適用することもできる。なお，時刻歴応答解析による場合は，第１号と同様に大臣認定が必要である。

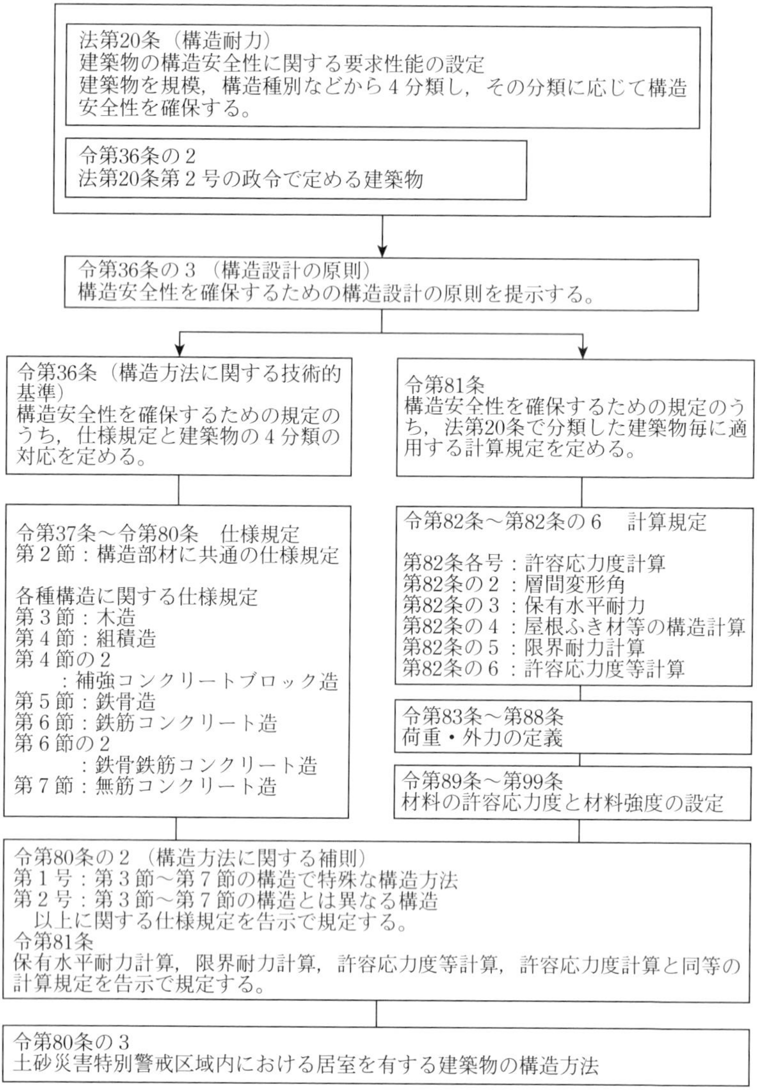

図３―２　建築基準法の構造関係規定の階層構造

（構造耐力）

法第20条

１（略）

２　前項に規定する基準の適用上１の建築物であつても別の建築物とみなすことができる部分として政令で定める部分が２以上ある建築物の当該建築物の部分は，同項の規定の適用については，それぞれ別の建築物とみなす。

（平10法100・平18法92・平26法54・一部改正）

（別の建築物とみなすことができる部分）

令第36条の４　法第20条第２項（法第88条第１項において準用する場合を含む。）の政令で定める部分は，建築物の２以上の部分がエキスパンションジョイントその他の相互に応力を伝えない構造方法のみで接している場合における当該建築物の部分とする。

（平27政11・追加）

第２項（エキスパンションジョイント等で接続される部分毎に応じた検証方法）

建築物に適用される構造計算の方法は，建築物の規模及び構造に応じ第１項各号に定められているが，平成26年の改正以前は，建築物の二以上の部分がエキスパンションジョイントその他の相互に応力を伝えない構造方法のみで接して（構造上分離して）おり，それぞれの部分が，同条各号の異なる号に掲げる建築物に該当する場合であっても，異なる号の構造計算の方法を適用することはできなかった。これは，当時の制度では，法律である本項ではなく，施行令の第81条に第４項として別建築物みなしの規定が置かれており，法第20条において「政令で定める基準」とされて本条に委任されている基準ごとに別建築物とみなして，構造計算を行うことができるとされていたためである。

「政令で定める基準」とは，具体的には以下の①から③までのとおりであり，旧・令第81条第４項の規定によるとすると，各基準の適用範囲ごとに別々の建築物とみなすこととされることから，下記の①・②・③の規模の建築物がエキスパンションジョイントで接続（構造上は分離）している場合（すなわち，一の建築物の中において，下記の①・②・③の規模に当たる部分が混在している場合）であっても，①，②又は③のいずれか一つの基準によらなければならないこととされていた。

①　高さが60ｍを超える建築物について時刻歴応答解析（令第81条第１項）

②　高さが60ｍ以下の建築物のうち，大規模なものについて，保有水平耐力計算

・限界耐力計算・許容応力度等計算（令第81条第２項）

③　高さが60m以下の建築物のうち，小規模なものについて，許容応力度計算（令第81条第３項）

このため，例えば，構造計算適合性判定が必要な高層の建築物の部分（Ａ棟）と，構造計算適合性判定が不要な低層の建築物の部分（Ｂ棟）とがエキスパンションジョイントで接続されている場合であっても，低層部分も含めて建築物全体として構造計算適合性判定が必要となる。あるいは，上記①に該当するＡ棟と，上記②に該当するＢ棟とがエキスパンションジョイントで接続されている場合であっても，建築物全体としては①に該当することから，別建築物とみなされたＡ棟・Ｂ棟のそれぞれについて時刻歴応答解析による構造計算を行う必要がある。

すなわち，旧・令第81条第４項の効果としては，旧・令第81条第４項は「前３項の規定の適用については」という制限のもとでＡ棟とＢ棟を「別々の建築物とみなす」ものであり，①・②・③のいずれかを適用することが前提となるため，「Ａ棟とＢ棟を一つの建築物として構造計算しなくても良いが，Ａ棟とＢ棟で適用する構造計算の方法は，Ａ棟とＢ棟を一つの建築物として扱った場合に必要となる構造計算の方法によらなければならない」という限界があった。

こうした制度は，構造計算適合性判定は，平成18年改正による創設当時，建築確認を補完する建築確認手続の一部として位置づけられていたため，建築物全体で行われる建築確認と対象を同じにしていたことによるものであるが，平成26年改正により，建築確認の内部手続であった構造計算適合性判定を独立した処分として位置づけることになり（第１章参照），構造計算適合性判定と建築確認の対象を同一にする必要性が乏しくなったことから，エキスパンションジョイント等で構造上分離されている建築物については，分離されている部分ごとに異なる構造計算の方法の適用を可能とし，構造計算適合性判定の対象になるか否かが決まる仕組みにすることとされた。

具体的には，平成26年改正により，本項が新設され，「政令で定める部分」については，第１項に規定する基準を「別々に適用」して構造計算等を行うことができることとされた。「政令で定める部分」については，令第36条の４において，旧・令第81条第４項と同じく「建築物の２以上の部分がエキスパンションジョイントその他の相互に応力を伝えない構造方法のみで接している場合における当該建築物の部分」が定められた。したがって，上記の例で言えば，Ａ棟については①の基準である時刻歴応答解析を，Ｂ棟については②の基準である保有水平耐力計算を行う，といった異なる構造計算の組合せが可能となった。

（構造方法に関する技術的基準）

令第36条　法第20条第１項第１号の政令で定める技術的基準（建築設備に係る技術的基準を除く。）は，耐久性等関係規定（この条から第36条の３まで，第37条，第38条第１項，第５項及び第６項，第39条第１項及び第４項，第41条，第49条，第70条，第72条（第79条の４及び第80条において準用する場合を含む。），第74条から第76条まで（これらの規定を第79条の４及び第80条において準用する場合を含む。），第79条（第79条の４において準用する場合を含む。），第79条の３並びに第80条の２（国土交通大臣が定めた安全上必要な技術的基準のうちその指定する基準に係る部分に限る。）の規定をいう。以下同じ。）に適合する構造方法を用いることとする。

２　法第20条第１項第２号イの政令で定める技術的基準（建築設備に係る技術的基準を除く。）は，次の各号に掲げる場合の区分に応じ，それぞれ当該各号に定める構造方法を用いることとする。

一　第81条第２項第１号イに掲げる構造計算によつて安全性を確かめる場合　この節から第４節の２まで，第５節（第67条第１項（同項各号に掲げる措置に係る部分を除く。）及び第68条第４項（これらの規定を第79条の４において準用する場合を含む。）を除く。），第６節（第73条，第77条第２号から第６号まで，第77条の２第２項，第78条（プレキャスト鉄筋コンクリートで造られたはりで２以上の部材を組み合わせるものの接合部に適用される場合に限る。）及び第78条の２第１項第３号（これらの規定を第79条の４において準用する場合を含む。）を除く。），第６節の２，第80条及び第７節の２（第80条の２（国土交通大臣が定めた安全上必要な技術的基準のうちその指定する基準に係る部分に限る。）を除く。）の規定に適合する構造方法

二　第81条第２項第１号ロに掲げる構造計算によつて安全性を確かめる場合　耐久性等関係規定に適合する構造方法

三　第81条第２項第２号イに掲げる構造計算によつて安全性を確かめる場合　この節から第７節の２までの規定に適合する構造方法

３　法第20条第１項第３号イ及び第４号イの政令で定める技術的基準（建築設備に係る技術的基準を除く。）は，この節から第７節の２までの規定に適合する構造方法を用いることとする。

（平19政49・全改，平25政217・平27政11・一部改正）

本条は，建築物の高さと必要な構造計算の種類に応じて，令第3章「構造強度」の規定中，第8節「構造計算」を除く規定（いわゆる仕様規定）のうちで適用すべき規定，あるいは適用除外できる規定を定めている。

第1項

本項は，法第20条第1項第1号の建築物である超高層建築物（高さ>60m）に適用する仕様規定を定めている。これらの仕様規定は，次表に掲げるもので構造計算の原則，材料の品質，耐久性，施工及び鉄骨部材の耐火に関する事項であるが，「耐久性等関係規定」と総称されている。これらは，時刻歴応答解析等の高度な検証法で安全性の確認を行った場合であっても遵守しなければならない規定であり，構造計算の原則を表す規定，材料の品質等に係る規定，部材の耐久性に係る規定，施工時の配慮に関する規定，火熱等の検証項目に係る規定に分類することができる。

表3―1　超高層建築物に適用する仕様規定

分類	条文名
構造計算の原則	令第36条，令第36条の2
	令第36条の3（構造設計の原則）
	令第38条（基礎）第1項
	令第39条（屋根ふき材等の緊結）第1項［屋根ふき材等の脱落防止］
材料の品質	令第41条（木材）
	令第72条（コンクリートの材料）
	令第74条（コンクリートの強度）
耐久性	令第37条（部材の耐久）
	令第38条（基礎）第6項［木ぐい］
	令第39条（屋根ふき材等の緊結）第4項［特定天井の劣化防止］
	令第49条（外壁内部等の防腐措置等）
	令第79条（鉄筋のかぶり厚さ）
	令第79条の3（鉄骨のかぶり厚さ）
施工	令第38条（基礎）第5項［打撃，圧力又は振動により設けられる基礎ぐい］
	令第75条（コンクリートの養生）
	令第76条（型枠及び支柱の除去）

耐火	令第70条（柱の防火被覆）
その他	令第80条の２（構造方法に関する補則） ［各種の構造の技術基準を定める告示の中で，国土交通大臣が指定する部分］

第２項第１号

本号は，「保有水平耐力計算（ルート３）」により構造安全性を確認する場合に適用する仕様規定を定めている。適用除外の可能な規定は次表のものである。

「保有水平耐力計算（ルート３）」は，単に保有水平耐力計算（Q_u／Q_{un}≧1.0）の確認）を行うだけでなく，「保有水平耐力計算及び許容応力度等計算の方法を定める件（H19国交告第594号）」に従い構造安全性を確認することが求められている。本告示第４第４号では，鉄筋コンクリート造及び鉄骨鉄筋コンクリート造に関する仕様規定を適用除外する条件として，荷重と外力の組み合わせを規定し，その作用により部材に生じる応力が部材の終局耐力以下であることを確認する方法を規定している。例えば，地震時には，必要保有水平耐力に相当する外力の作用を考慮する。また，次表の鉄骨造に関する仕様規定（令第67条第１項及び令第68条第４項）を適用除外するためには，構造計算モデルにボルト孔クリアランスを適切に考慮することが必要である。

なお，仕様規定の中には別途国土交通大臣が定める構造計算により適用除外となるものもある。例えば，鉄筋コンクリート造の梁主筋の水平投影定着長さ（令第73条第３項）及び柱の小径（令第77条第５号）については，国土交通大臣の定める構造計算の基準である「鉄筋コンクリート造の柱に取り付けるはりの構造耐力上の安全性を確かめるための構造計算の基準を定める件（H23国交告第432号），「鉄筋コンクリート造の柱の構造耐力上の安全性を確かめるための構造計算の基準を定める件（H23国交告第433号）」に従い構造安全性を確認した場合に適用除外できる。

表３―２　適用を除外できる規定とその概要

規定	概要
令第67条第１項	ボルト接合の適用規模（「ボルトの緩み止め」は適用除外とならない）
令第68条第４項	ボルト孔クリアランスの上限値
令第73条	鉄筋の継ぎ手と定着方法
令第77条第２号～第６号	柱の帯筋，柱の小径の下限値，主筋量の下限値

令第77条の２第２項	プレキャスト造の床版の接合方法
令第78条	梁のあばら筋の間隔
令第78条の２第１項第３号	耐力壁の壁筋（径，間隔）
令第80条の２	構造方法に関する補則（各種の構造の技術基準を定める告示の中で，国土交通大臣が指定する部分）

第２項第２号

本号では，「限界耐力計算」により構造安全性を確認する建築物の場合に適用する仕様規定を超高層建築物の場合と同様，耐久性等関係規定と定めている。すなわち，限界耐力計算を行えば，耐久性等関係規定以外の仕様規定は，適用を除外できる。

第２項第３号

本号では，「許容応力度等計算（ルート２）」により構造安全性を確認する建築物の場合に適用する仕様規定を定めている。この場合，適用を除外できる仕様規定はなく，関係する全ての仕様規定を満たさなければならない。ただし，ルート２においても，梁主筋の水平投影定着長さ（令第73条第３項）及び柱の小径（令第77条第５号）などの仕様規定は，別途国土交通大臣が定める構造計算により適用除外できる。

第３項

本項では，構造計算の必要な建築物のうちで「許容応力度計算（ルート１）」により構造安全性を確認する建築物（中規模建築物）と「構造計算の必要のない建築物（いわゆる４号建築物）」（小規模建築物）の場合に適用する仕様規定を定めている。これらの場合，ルート２と同様，適用を除外できる仕様規定はなく，関係する全ての仕様規定を満たさなければならない。ただし，ルート１においても，梁主筋の水平投影定着長さ（令第73条第３項）及び柱の小径（令第77条第５号）などの仕様規定は，別途国土交通大臣が定める構造計算により適用除外できる。

（地階を除く階数が４以上である鉄骨造の建築物等に準ずる建築物）

令第36条の２　法第20条第１項第２号の政令で定める建築物は，次に掲げる建築物とする。

一　地階を除く階数が４以上である組積造又は補強コンクリートブロック造の建築物

二　地階を除く階数が３以下である鉄骨造の建築物であつて，高さが13メー

トル又は軒の高さが９メートルを超えるもの
三　鉄筋コンクリート造と鉄骨鉄筋コンクリート造とを併用する建築物であつて，高さが20メートルを超えるもの
四　木造，組積造，補強コンクリートブロック造若しくは鉄骨造のうち２以上の構造を併用する建築物又はこれらの構造のうち１以上の構造と鉄筋コンクリート造若しくは鉄骨鉄筋コンクリート造とを併用する建築物であつて，次のイ又はロのいずれかに該当するもの
イ　地階を除く階数が４以上である建築物
ロ　高さが13メートル又は軒の高さが９メートルを超える建築物
五　前各号に掲げるもののほか，その安全性を確かめるために地震力によつて地上部分の各階に生ずる水平方向の変形を把握することが必要であるものとして，構造又は規模を限つて国土交通大臣が指定する建築物
（平19政49・追加，平27政11・一部改正）

本条は，法第20条第１項第２号の規定により政令で定める建築物を示したものである。これらの建築物は，法第６条の３第１項の規定により，設計図書の構造計算適合性判定が必要な建築物である。また，これらに必要な構造計算は，令第81条に規定されているため，同条の解説を参照すること。

第５号では，第１号から第４号までに列記する構造・規模の建築物のほかに，構造計算適合性判定の必要な建築物を国土交通大臣が指定すると規定している。これに該当する建築物は，「建築基準法施行令第36条の２第５号の国土交通大臣が指定する建築物を定める件（H19国交告第593号）」により次のように定められている。なお，法第６条の３第１項では，小規模・中規模の建築物であっても，国土交通大臣の認定プログラムを用いて設計した場合は，構造計算適合性判定が必要であると定めている。

H19国交告第593号［高度な構造計算による構造安全性の確認が必要な建築物］の概要
注：以下には，Exp.Jointのない場合を示す。告示には，Exp.Jointのある場合の構造も規定しているので，詳しくは，告示を参照のこと。
第１号　鉄骨造
地階を除く階数≦３，高さ≦13m及び軒の高さ≦９mで，次のイからハまでのいずれか（薄板軽量形鋼造の建築物及び屋上駐車場を持つ建築物は，イ又はハ）に該当する建築物以外のもの
イ　次の(1)から(5)までに該当するもの

⑴　柱スパン≦６m
⑵　延べ面積≦500㎡
⑶　令第88条第１項の地震力（C_0≧0.3）に対して許容応力度計算
この場合，冷間成形角形鋼管（厚さ≧６㎜）の柱の設計応力を次表の数値で割り増す。ただし，特別な調査又は研究の結果に基づき，角形鋼管に構造耐力上支障のある急激な耐力の低下を生ずるおそれのないことを確かめた場合は，この限りでない。
⑷　水平力を負担する筋かいの端部及び接合部：保有耐力接合
⑸　特定天井の安全性確保

ロ　次の⑴から⑹までに該当するもの
⑴　地階を除く階数≦２
⑵　柱スパン≦12m
⑶　延べ面積≦500㎡（平家建て，3,000㎡）
⑷　イ⑶，⑷及び⑸に適合するもの【許容応力度計算，保有耐力接合，特定天井】
⑸　偏心率≦0.15
⑹　柱とはりの局部座屈の防止，柱はり接合部の保有耐力接合，柱脚部アンカーボルトの破断防止，基礎の破壊防止

ハ　構造計算の内容についてあらかじめ安全であることについて国土交通大臣が認定した構造の建築物又はその部分

第２号　鉄筋コンクリート造（壁式ラーメン鉄筋コンクリート造，壁式鉄筋コンクリート造及び鉄筋コンクリート組積造を除く。），鉄骨鉄筋コンクリート造又はこれらの併用構造
高さ≦20mで，次のイ又はロに該当する建築物以外のもの

イ　次の⑴から⑶までに該当するもの
⑴　地上部分の各階の壁量と柱量

$$\sum 2.5\alpha A_w + \sum 0.7\alpha A_c \geqq Z \cdot W \cdot A_i$$

$$\alpha = \sqrt{(F_c/18)} \leqq \sqrt{2}$$

A_w：耐力壁（開口周比0.4以下のもの）の断面積
A_c：柱，上記の耐力壁以外の壁（上端と下端が床版，はり，小はり等の構造耐力上主要な部分に緊結されたもの）
※鉄骨鉄筋コンクリート造の柱の場合，式中「0.7」とあるのは「1.0」とする。

⑵　柱，はり，耐力壁のせん断設計
設計用せん断力　$Q_D = \min\{Q_L + nQ_E, Q_0 + Q_y\}$
柱・はり：$n \geqq 1.5$，耐力壁：$n \geqq 2.0$
※鉄骨鉄筋コンクリート造の部材の場合，$n \geqq 1.0$
Q_y：柱・はりで，部材の両端が曲げ降伏時のせん断力。柱の場合，柱頭のはり端曲げ降伏，柱脚曲げ降伏でも良い。
Q_L：常時荷重によって生ずるせん断力。ただし，柱の場合には零としてよい。

Q_E：地震力によって生ずるせん断力

Q_0：部材の支持条件を単純支持とした場合に常時荷重によって生ずるせん断力

(3)　イ(5)に適合するもの【特定天井】

ロ　構造計算の内容についてあらかじめ安全であることについて国土交通大臣が認定した構造の建築物又はその部分

第３号　木造，組積造，補強コンクリートブロック造及び鉄骨造のうち２以上の構造を併用又はこれらの構造のうち１以上の構造と鉄筋コンクリート造若しくは鉄骨鉄筋コンクリート造とを併用

第４号　木造と鉄筋コンクリート造の併用

第５号　床版又は屋根版にデッキプレート版を用いた建築物

第６号　床版又は屋根版に軽量気泡コンクリートパネルを用いた建築物

第７号　屋根版にシステムトラスを用いた建築物

第８号　「膜構造の建築物又は建築物の構造部分の構造方法に関する安全上必要な技術的基準を定める等の件（H14国交告第666号）」に規定する骨組膜構造の建築物

（構造設計の原則）

令第36条の３　建築物の構造設計に当たつては，その用途，規模及び構造の種別並びに土地の状況に応じて柱，はり，床，壁等を有効に配置して，建築物全体が，これに作用する自重，積載荷重，積雪荷重，風圧，土圧及び水圧並びに地震その他の震動及び衝撃に対して，一様に構造耐力上安全であるようにすべきものとする。

２　構造耐力上主要な部分は，建築物に作用する水平力に耐えるように，釣合い良く配置すべきものとする。

３　建築物の構造耐力上主要な部分には，使用上の支障となる変形又は振動が生じないような剛性及び瞬間的破壊が生じないような靱（じん）性をもたすべきものとする。

（昭45政333・一部改正，平12政211・旧第36条繰下，平19政49・旧第36条の２繰下・一部改正）

構造設計に当たって，当然考慮しなければならない原則的事項を規定している。

第１項

建築物は，その用途，規模，構造，土地の状況といった各々の特性に適応するように，柱，はり，床，壁等を有効に配置して，脆弱な部分がないよう各部が一様な安全性を確保するよう規定している。

第２項

建築物が水平力に耐えるよう，構造耐力上主要な部分は，平面的にも立面的にも釣合いよく配置すべきことを規定している。特に，水平力を負担する耐力壁を配置する場合には，なるべく平面的にバランスよく，また高さ方向に一様に配置し，下階壁抜けなど水平剛性が急変するような階を作らないことが重要である。

なお，昭和55年のいわゆる新耐震設計法に関する政令改正において新設された令第82条の６の剛性率と偏心率の規定は，この規定を具体化したものである。

第３項

構造耐力上主要な部分は，通常の使用に支障がないような剛性と，災害時（特に地震時）に瞬間的破壊が生じないような靱性を確保すべきことを規定している。

この規定の靱性に関する部分は昭和45年に定められ，これを具体的に実現するために令第77条第３号の柱のせん断補強筋に関する規定も同時に強化された。その後，昭和55年の政令改正における新耐震設計法の導入により，この靱性に関する規定は，構造計算において実質的に担保されることになった。

（構造部材の耐久）

令第37条　構造耐力上主要な部分で特に腐食，腐朽又は摩損のおそれのあるものには，腐食，腐朽若しくは摩損しにくい材料又は有効なさび止め，防腐若しくは摩損防止のための措置をした材料を使用しなければならない。

（昭45政333・全改）

建築基準法は状態規定であり，建築物の存在期間中において構造部材は一定の機能を果たすことが要求される。各部材とも一様の耐久性を有することが望ましいが，各部材の置かれている状況は，それぞれ異なっているので，悪条件の下にある部材には，それだけの耐久性のある材料，工法を使用することが必要である。その場合，耐久性のある材料を使用するのが原則であるが，場合によっては，部材断面を大きくする，又は他の材料で表面を保護することも有効である。

例えば，鉄骨の外気にさらされる部分は塗装等を施す必要があり，木材は腐朽あるいは白アリ等による被害の防止を考慮しなければならない。また，地中において鋼ぐい等を使用する場合は，十分な腐食しろを考えた構造設計をすることが必要である。

（基礎）

令第38条　建築物の基礎は，建築物に作用する荷重及び外力を安全に地盤に伝え，かつ，地盤の沈下又は変形に対して構造耐力上安全なものとしなければならない。

2　建築物には，異なる構造方法による基礎を併用してはならない。

3　建築物の基礎の構造は，建築物の構造，形態及び地盤の状況を考慮して国土交通大臣が定めた構造方法を用いるものとしなければならない。この場合において，高さ13メートル又は延べ面積3,000平方メートルを超える建築物で，当該建築物に作用する荷重が最下階の床面積１平方メートルにつき100キロニュートンを超えるものにあつては，基礎の底部（基礎ぐいを使用する場合にあつては，当該基礎ぐいの先端）を良好な地盤に達することとしなければならない。

4　前２項の規定は，建築物の基礎について国土交通大臣が定める基準に従つた構造計算によつて構造耐力上安全であることが確かめられた場合においては，適用しない。

5　打撃，圧力又は振動により設けられる基礎ぐいは，それを設ける際に作用する打撃力その他の外力に対して構造耐力上安全なものでなければならない。

6　建築物の基礎に木ぐいを使用する場合においては，その木ぐいは，平家建の木造の建築物に使用する場合を除き，常水面下にあるようにしなければならない。

（昭45政333・全改，平12政211・平12政312・一部改正）

第１項

構造上極めて重要な部分である基礎に関する総括的な規定である。地盤の沈下に対しては，上部構造に構造的欠陥が生じるような不同沈下を防止する必要があるが，摩擦ぐいを用いた場合等で，建築物全体が構造耐力上支障のない範囲である程度沈下することは問わない。また，良好な地盤に達している支持ぐいにより支持されていても，上部の地盤に沈下がある場合は，くい周面に作用する下向きの摩擦力（ネガティブフリクション）に対する安全性の検討が必要である。地盤の変形の例としては，寒冷地での凍上現象が考えられるが，この場合は，基礎底面を凍上線以下に下げることが必要である。ここで，建築物に作用する荷重，外力としては通常の固定荷重，積載荷重，積雪荷重，地震力，風圧力に加え，土圧，水圧，引抜力等について検討を行う必要がある。

第2項

くい基礎と直接基礎又は摩擦ぐいと支持ぐい等の異種構造基礎を併用すると，不同沈下が生ずる可能性が大きいので，これを禁止したものである。

第3項

建築物の構造，地盤の状況に応じて採用すべき基礎の構造方法は，国土交通大臣が定める基準である「建築物の基礎の構造方法及び構造計算の基準を定める件（H12建告第1347号）」の第1によること，大規模かつ重量建築物については，良好な地盤に達すべきことを規定している。この場合に良好な地盤とは，建設する建築物を支えるために十分な支持力を有する地盤をいう。

第4項

第2項及び第3項の規定は，基礎について国土交通大臣が定める基準である「建築物の基礎の構造方法及び構造計算の基準を定める件（H12建告第1347号）」の第2による構造計算を行い，構造耐力上の安全を確かめた場合には適用しないことを規定している。

第5項

基礎ぐいとして既製のくいを打ち込んで施工する場合には，施工中の打撃応力に対する検討の必要なことを規定している。くいに発生する局部応力は，偏打など施工の良否に左右されるので，くいの破壊を防ぐには，正しく施工することが大切である。また，支持地盤に到達した場合にはくい先端に頭部の応力の2倍程の応力が集中することもあり，支持地盤に到達していない場合には，打撃力の反射力としての引張応力が発生するので十分考慮する。

第6項

木ぐいの防腐措置を規定したものであるが，都市化の進んだ地域では常水面の変動があるので，小規模な建築物を除き使用することは望ましくない。

（屋根ふき材等）

令第39条　屋根ふき材，内装材，外装材，帳壁その他これらに類する建築物の部分及び広告塔，装飾塔その他建築物の屋外に取り付けるものは，風圧並びに地震その他の震動及び衝撃によつて脱落しないようにしなければならない。

2　屋根ふき材，外装材及び屋外に面する帳壁の構造は，構造耐力上安全なものとして国土交通大臣が定めた構造方法を用いるものとしなければならない。

3　特定天井（脱落によつて重大な危害を生ずるおそれがあるものとして国土交通大臣が定める天井をいう。以下同じ。）の構造は，構造耐力上安全なものとして，国土交通大臣が定めた構造方法を用いるもの又は国土交通大臣の認定を受けたものとしなければならない。

4　特定天井で特に腐食，腐朽その他の劣化のおそれのあるものには，腐食，腐朽その他の劣化しにくい材料又は有効なさび止め，防腐その他の劣化防止のための措置をした材料を使用しなければならない。

（昭45政333・全改，平12政211・平12政312・平25政217・一部改正）

第１項・第２項

本条は，主として屋外に面する建築物の部分や装飾物の脱落による人身事故の発生を防止することを目的として定められたもので，必ずしもそれらの破損防止の規定ではない。特に危険性の大きい屋根ふき材，外装材及び屋外に面する帳壁については，Ｓ46建告第109号で技術的基準を定めている。この技術的基準については，令和元年房総半島台風により瓦屋根に大きな被害が出たことを踏まえ，令和２年に改正され，瓦屋根においては，瓦を全数釘等で緊結することが義務付けられた。また，平成15年の十勝沖地震等での天井材の被害に鑑み，技術的助言（H15国住指第2402号及び第2403号）が出されている。

第３項・第４項

天井は内装材の一部として，屋根ふき材等とともに，第１項において，風圧や地震の震動などによって脱落することを防止することが義務づけられている。一方で，第２項においては，屋根ふき材，外装材及び屋外に面する帳壁について具体的な構造方法の基準を定めている。また，第１項については，構造計算の原則を表す規定であり，仕様規定のうち構造計算により代替が不可能な規定である耐久性等関係規定に位置づけられている（令第36条第１項）。

第３項・第４項が制定されていなかった平成23年に発生した東日本大震災においては，大規模空間を有する建築物の天井の脱落被害の事例が見受けられた。このことを踏まえて，平成25年の政令改正により，天井の脱落防止のための具体的な構造方法として，第３項・第４項が新たに定められた。

規制の対象となる天井のことを第３項において「特定天井」と定義し，具体的には国土交通大臣が定める天井として，「特定天井及び特定天井の構造耐力上安全な構造方法を定める件（H25国交告第771号。以下「特定天井告示」という。)」の第2において，以下の①から③までの全てに該当する「吊り天井」を対象としている。

① 居室，廊下その他の人が日常立ち入る場所に設けられるもの
② 高さ6m超で，水平投影面積が200㎡を超えるもの
③ 天井板，天井下地材，照明設備などの天井面構成部材等が2kg／㎡を超えるもの

特定天井については，既に安全性確保のための技術が定着している屋根ふき材等の構造方法と異なり，脱落対策に関する今後の技術開発の余地が大きいため，その促進を図る観点から，特定天井告示の第3において大臣が定める構造方法だけでなく，それ以外の新たな知見に基づく構造方法について使用を認めるために，大臣認定により性能が確認できたものについても使用を認めることとされた（第3項)。特定天井告示においては，一定の仕様に適合する方法（仕様ルート）と，計算によって構造耐力上の安全性を検証する方法（計算ルート）の2つの手法が規定されているが，いずれの方法についても，斜め部材（ブレース）等によって天井の振れを抑制し，併せて天井面と壁等との間に一定の隙間（クリアランス）を設けることで，天井材の損傷・脱落の防止を図ることを基本的な考え方としている。

なお，平成25年の政令改正では，プールの天井など，特に劣化のおそれのある天井については，天井の材料に係る劣化に対する措置を行うことも新たに定められた（第4項)。

H25国交告第771号［特定天井］の第3の概要

第1項

第2項，第3項又は第4項のいずれかに該当する構造方法とすること。

第2項（仕様ルート）

① 天井面構成部材等の質量を20kg／㎡以下とすること。
② 天井材は，ボルト，ねじ等により相互に緊結すること。
③ 支持構造部は十分な剛性及び強度を有し，構造耐力上主要な部分に緊結すること。
④ 吊り材には，JIS－A6517（建築用鋼製下地（壁・天井））―2010に定めるつりボルトの規定に適合するもの又はこれと同等以上の引張強度を有するものを用いること。
⑤ 構造耐力上主要な部分に取り付ける吊り材及び斜め部材は，埋込みインサート，ボルト等により緊結すること。
⑥ 吊り材は，1本／㎡以上を釣り合い良く配置すること。

⑦　天井面の段差など応力集中が生ずるおそれのある部分（地震時に天井が一体として挙動しないおそれがある部分）を設けないこと。
⑧　吊り長さは，３ｍ以下とし，おおむね均一とすること。
⑨　斜め部材はＶ字状として，算定式で必要とされる組数を釣り合い良く配置すること。
⑩　壁等との間に，６㎝以上の隙間を設けること。
⑪　屋外に面する天井は，風圧により脱落することがないように取り付けること。

第３項（仕様ルート）
①　第２項の①から④まで及び⑦に掲げる基準に適合すること。
②　天井板にはせっこうボード（JIS　A6901（せっこうボード製品）―2014に規定するせっこうボードをいう。）のうち厚さ9.5㎜以上のもの又はこれと同等以上の剛性及び強度を有するものを用いること。
③　天井下地材には，JIS A6517（建築用鋼製下地（壁・天井））―2010に定める天井下地材の規定に適合するもの又はこれと同等以上の剛性及び強度を有するものを用いること。
④　構造耐力上主要な部分に取り付ける吊り材は，埋込みインサート，ボルト等により緊結すること。
⑤　吊り材は，１本／㎡以上を釣り合い良く配置すること。
⑥　天井面は水平とすること。
⑦　吊り長さは，1.5ｍ（共振を防止する補剛材等を設けた場合は３ｍ）以下とすること。
⑧　天井面の長さは，張り間方向及び桁行方向それぞれについて，告示式によって計算した数値（最大20ｍ）以下とすること。
⑨　天井面の周囲には，壁等を天井面の端部との間に隙間が生じないように設け，水平方向の地震力を壁等に加えた場合に，構造耐力上支障のある変形及び損傷が生じないことを確かめること。
⑩　天井面を貫通して地震時に天井面と一体的に振動しないおそれのある部分が設けられている場合にあっては，天井面と当該部分との間に，５㎝（当該部分が柱である場合にあっては，2.5㎝）以上の隙間を設けること。
⑪　斜め部材を設けないこと。
⑫　屋外に面しないものとすること。

第４項第１号（計算ルート）
①　天井板・天井下地材・附属金物が，所要の剛性・強度を有することを確かめること。
②　地震力によって天井に生ずる力が，当該天井の許容耐力を超えないことを確かめること。
③　天井板・天井下地材・附属金物と壁等との間に，所要の離隔距離が確保できていることを確かめること。

④　構造計算の実施に当たり，風圧・地震の震動等を適切に考慮すること。
第4項第2号（計算ルート）
○　H12建告第1457号第11第2号イからニまでに定める構造計算によって構造耐力上安全であることを確かめること。

第3項については，令第81条第1項第3号又は第82条の5第7号に基づく構造計算により安全性の確認が代替可能であるため，耐久性等関係規定に位置づけられていない。一方で，同条第4項に規定する天井の材料に係る劣化に対する措置については，構造計算によって安全性を確認することはできないことから，耐久性等関係規定に位置づけられている（令第36条第1項）。

なお，既存不適格建築物の増築・改築に当たり，引き続き，特定天井の規定について既存不適格状態を維持しようとする場合には，令第137条の2の規定に基づく「建築物の倒壊及び崩落並びに屋根ふき材，外装材及び屋外に面する帳壁の脱落のおそれがない建築物の構造方法に関する基準並びに建築物の基礎の補強方法に関する基準を定める件（H17国交告第566号）」に規定されている基準として，天井下にネットを設置するなどにより，天井材が床面まで落下しない構造とするなど，天井が損傷しても人身に危害を及ぼさないようにする代替措置を講じることも可能である。

第2節　木　　造

（適用の範囲）

令第40条　この節の規定は，木造の建築物又は木造と組積造その他の構造とを併用する建築物の木造の構造部分に適用する。ただし，茶室，あずまやその他これらに類する建築物又は延べ面積が10平方メートル以内の物置，納屋その他これらに類する建築物については，適用しない。

（昭34政344・一部改正）

令第３章の第３節「木造」から第７節「無筋コンクリート造」は各構造の技術的基準を規定している。いずれの節も最初に明確に適用の範囲を規定している。令第３節中の規定は，全体が木造の建築物（構造部分の大部分が木造の建築物の意味であって技術的常識的に解釈される範囲のものをいう。）の木造部分はもちろん，れんが造における木造小屋組，一部のはりに鉄骨を用いた併用構造の場合の木造の構造部分にも適用する。すなわち，建築物の単位でなく，構造部分単位に適用するという原則である。ここでいう構造部分とは，前に述べた「構造耐力上主要な部分」よりも範囲が広く，仕上げ部分を含まない構造体として構成上欠くことのできない部分を指す。したがって，野地板や天井は，構造耐力上主要な部分には入らないものも，構造部分には入る。もちろん，本節の規定は，構造耐力上の規定が主な内容であるから，茶室等の特殊な建築物やきわめて規模の小さいものには適用されない。

なお，いわゆるツーバイフォー工法（枠組壁工法）による建築物については，木造のうち特殊な構造方法によるものとして，令第80条の２第１号の規定に基づき「枠組壁工法又は木質プレハブ工法を用いた建築物又は建築物の構造部分の構造方法に関する安全上必要な技術的基準を定める件（H13国交告第1540号）」及び「構造耐力上主要な部分である壁及び床版に，枠組壁工法により設けられるものを用いる場合における技術的基準に適合する当該壁及び床版の構造方法を定める件（H13国交告第1541号）」に一般的な技術的基準が定められている。また，ログハウス（丸太組構法による建築物）については，同様に「丸太組構法を用いた建築物又は建築物の構造部分の構造方法に関する安全上必要な技術的基準を定める件（H14国交告第411号）」により一般的な技術的基準が定められている。

枠組壁工法では，各階の桁行き方向と張間方向に配置する壁の壁量計算を行うことにより，構造安全性を確認することが一般的である。H13国交告第1540号には，本構造に用いる材料の種類と品質，土台・床版・壁・小屋組等の構造に関する仕様（壁量計算を含む。），これらの仕様の一部を適用除外する場合に必要な構造計算の方法，防腐措置等が規定されている。また，壁量計算に用いる壁の倍率（いわゆる壁倍率）の基準となる軸組として，令第46条第４項表１⑵項に掲げる軸組を定め，この軸組の水平耐力と比較することにより個々の壁の壁倍率を決定すると規定している。

一方，H13国交告第1541号は，種々の壁の壁倍率の数値とその仕様（壁材料の種類，枠材料の種類，接合する釘の種類と本数など），床版の仕様を規定し，また，これらの仕様の一部を適用除外するために必要な構造計算方法も定めている。

これらの告示の規定に従い壁量計算ではなく，許容応力度計算や保有水平耐力計算などの構造計算を用いて設計することもできる。それらは次のものである。

①　保有水平耐力計算と同等の構造計算

1）　許容応力度計算（令第82条各号）

2）　構造部材相互の接合部はその部分の存在応力を伝達できることを確かめること。

3）　地上部分について，風圧力による各階の層間変位≦１／200（緩和値１／120）

4）　地上部分について，地震力による各階の層間変位≦１／200（緩和値１／120）

5）　地上部分について，保有水平耐力≧必要保有水平耐力

耐力壁に木質接着複合パネルを用いる場合　D_s≧0. 55（建築物の振動に関する減衰性及び当該階の靭性を適切に評価して算出することができる場合には，算出した数値）

②　許容応力度計算等の構造計算

1）　許容応力度計算（令第82条各号）

2）　構造部材相互の接合部はその部分の存在応力を伝達できることを確かめること。

3）　地上部分について，偏心率≦0. 15

（木材）

令第41条　構造耐力上主要な部分に使用する木材の品質は，節，腐れ，繊維の

傾斜，丸身等による耐力上の欠点がないものでなければならない。

建築物の安全のための構造方法の基準として，木材について耐力上必要な規定を設ける必要がある。本条は，そのうち構造耐力上主要な部分に使用する木材の品質を規定したものである。この規定は，解体材等の古材等の使用に注意を促す意味も持っている。もちろん節や繊維の傾斜，丸身等があってもそれが構造耐力上の欠点とならない程度のものならば問題はない。

（土台及び基礎）

令第42条　構造耐力上主要な部分である柱で最下階の部分に使用するものの下部には，土台を設けなければならない。ただし，次の各号のいずれかに該当する場合においては，この限りでない。

一　当該柱を基礎に緊結した場合

二　平家建ての建築物（地盤が軟弱な区域として特定行政庁が国土交通大臣の定める基準に基づいて規則で指定する区域内にあるものを除く。次項において同じ。）で足固めを使用した場合

三　当該柱と基礎とをだぼ継ぎその他の国土交通大臣が定める構造方法により接合し，かつ，当該柱に構造耐力上支障のある引張応力が生じないことが国土交通大臣が定める方法によつて確かめられた場合

2　土台は，基礎に緊結しなければならない。ただし，平家建ての建築物で延べ面積が50平方メートル以内のものについては，この限りでない。

（昭34政344・昭45政333・昭55政196・昭62政348・平12政211・平12政312・平28政６・一部改正）

第１項

原則として構造耐力上主要な柱の下部には，土台を設けるべきことを規定している。これは，木造建築物の最下階の柱については，地震力による横移動（水平方向の移動）や浮き上がり（鉛直方向の移動）を防ぐ必要があることから，①柱の下部に土台を設け（本項本文），かつ，②ボルト締め等により土台を基礎に緊結（第２項）することとしたものである。

一方で，①下屋，渡り廊下の柱のように直接柱の下部を基礎に金物等で緊結した場合や足固めをした場合や，②金属等を用いない伝統的構法（柱と基礎とをだぼ継ぎにより接合する方法や，柱を礎石に置き摩擦力により固定する石場建て工法）

で，そもそも柱と基礎が緊結されていない場合も想定される。従前，①の場合については，本項ただし書において土台を設けなくてもよいこととされていたが，②については，本条の適用が除外される高度な構造計算（限界耐力計算や時刻歴応答解析。これらの構造計算を行う場合は本項は適用されない（令第36条第１項及び第２項第２号））を行う場合にしか当該工法を利用できないこととされていた。

伝統的構法について，高度な構造計算によることなく利用を可能とすることが要請されていたところ，だぼ継ぎにより接合する方法等について検証した結果，その方法等により柱と基礎とを水平方向には固定することができることが確認されたことから，平成28年の政令改正により，本項ただし書による土台の設置義務の例外規定が再整理された。

第１項第１号

柱をアンカーボルト等によって基礎に直接緊結した場合は，水平方向・鉛直方向の移動を防ぐことができることから，土台を設けなくてもよいものとしている。

第１項第２号

足固めは，平屋建ての建築物においてのみ認められ，２階建て以上の建築物においては，足固めは認められていない。また，平屋建てであっても，「地盤が軟弱な区域」として特定行政庁が規則で指定する区域においては，足固めは認められない。特定行政庁による指定基準は，「建築基準法施行令の規定に基づき地盤が軟弱な区域として特定行政庁が区域を指定する基準（Ｓ62建告第1897号）」において，①地耐力度が小さく不同沈下のおそれがある区域，②液状化のおそれがある区域，③第三種地盤に相当する区域のいずれかと規定されている。令第88条第２項に基づいて特定行政庁が指定する「地盤が著しく軟弱な区域」との関係は，図３－３のとおりである。

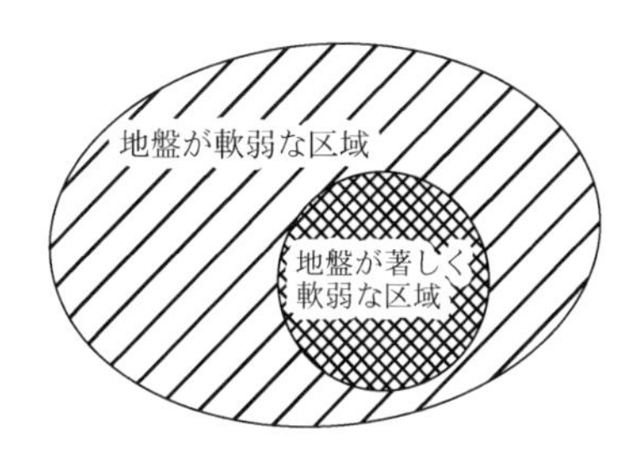

地盤が著しく軟弱な区域（令第88条指定区域）：腐食土，泥土その他これらに類するもので大部分が構成されている沖積層（盛土がある場合においては，これを含む。）で，その深さがおおむね30m以上のもの，沼沢，泥海を埋め立てた地盤の深さがおおむね３m以上であり，かつ，これらで埋め立てられてからおおむね30年経過していないもの又は地盤周期等についての調査若しくは研究の結果に基づき，これらと同程度の地盤周期を有すると認められるもの

図３―３　地盤が著しく軟弱な区域（令第88条指定）と地盤が軟弱な区域（令第42条指定）の関係

なお，掘立は，この規定で禁止されているわけではないから，平屋建ての建築物で足固めと併用すれば，使用することはできるが，当然，令第37条（構造部材の耐久）の規定によって防腐の措置を講じなければならない。

第１項第３号

伝統的構法を想定して，柱と基礎の接合について一定の基準を満たし，柱に過大な引張応力が生じないことが確かめられた場合については，土台の設置を求めないこととしている。具体的な接合方法や確認の方法については「柱と基礎とを接合する構造方法等を定める件（H28国交告第690号）」において規定されており，柱と基礎を「だぼ継ぎ」によって接合することにより水平方向の移動を防止するとともに，十分な壁量の確保によってだぼが外れないようにすることにより鉛直方向の移動を防止する方法が規定されている。

なお，柱と基礎の緊結については「仕口」の一種でもあることから，令第47条の規定においても国土交通大臣が定める構造方法（H12建告第1460号）によることとされており，従前，同告示では原則として柱の浮き上がりを許容していなかったが，平成28年の政令改正に併せて，１階の柱脚に限り，十分な壁量を確保した場合については許容する告示改正がなされた。

H28国交告第690号［土台の設置が不要となる構造方法等］の第３の概要

第１（柱と基礎の接合方法）

① 直径11㎜の鋼材のだぼを基礎に緊結し，小径105㎜以上の柱に90㎜以上埋め込むこと
② 腐食のおそれや常時湿潤状態のおそれのある場合は，さび止めなどの劣化防止措置を講ずること

第２（引張応力の確認方法）
次のいずれかの方法によること。
① 全ての柱について，引張応力が生じないこと及び45㎜の柱の浮き上がりに対してだぼが外れるおそれがないことを確かめること
② 一定の壁量が存在すること及び120㎜の柱の浮き上がりに対してだぼが外れる恐れがないことを確かめること。

第２項

土台を設けた場合には，その土台は基礎に緊結しなければならないことを定めている。ただし，平屋建てで延べ面積50㎡以内の小規模な建築物については対象外である。

（柱の小径）

令第43条　構造耐力上主要な部分である柱の張り間方向及びけた行方向の小径は，それぞれの方向でその柱に接着する土台，足固め，胴差，はり，けたその他の構造耐力上主要な部分である横架材の相互間の垂直距離に対して，次の表に掲げる割合以上のものでなければならない。ただし，国土交通大臣が定める基準に従つた構造計算によつて構造耐力上安全であることが確かめられた場合においては，この限りでない。

柱 ＼ 建築物		張り間方向又はけた行方向に相互の間隔が10メートル以上の柱又は学校，保育所，劇場，映画館，演芸場，観覧場，公会堂，集会場，物品販売業を営む店舗（床面積の合計が10平方メートル以内のものを除く。）若しくは公衆浴場の用途に供する建築物の柱		上欄以外の柱	
		最上階又は階数が１の建築物の柱	その他の階の柱	最上階又は階数が１の建築物の柱	その他の階の柱
(1)	土蔵造の建築物その他	22分の１	20分の１	25分の１	22分の１

	これに類する壁の重量が特に大きい建築物				
⑵	⑴に掲げる建築物以外の建築物で屋根を金属板，石板，木板その他これらに類する軽い材料でふいたもの	30分の１	25分の１	33分の１	30分の１
⑶	⑴及び⑵に掲げる建築物以外の建築物	25分の１	22分の１	30分の１	28分の１

２　地階を除く階数が２を超える建築物の１階の構造耐力上主要な部分である柱の張り間方向及びけた行方向の小径は，13.5センチメートルを下回つてはならない。ただし，当該柱と土台又は基礎及び当該柱とはり，けたその他の横架材とをそれぞれボルト締その他これに類する構造方法により緊結し，かつ，国土交通大臣が定める基準に従つた構造計算によつて構造耐力上安全であることが確かめられた場合においては，この限りでない。

３　法第41条の規定によつて，条例で，法第21条第１項及び第２項の規定の全部若しくは一部を適用せず，又はこれらの規定による制限を緩和する場合においては，当該条例で，柱の小径の横架材の相互間の垂直距離に対する割合を補足する規定を設けなければならない。

４　前３項の規定による柱の小径に基づいて算定した柱の所要断面積の３分の１以上を欠き取る場合においては，その部分を補強しなければならない。

５　階数が２以上の建築物におけるすみ柱又はこれに準ずる柱は，通し柱としなければならない。ただし，接合部を通し柱と同等以上の耐力を有するように補強した場合においては，この限りでない。

６　構造耐力上主要な部分である柱の有効細長比（断面の最小２次率半径に対する座屈長さの比をいう。以下同じ。）は，150以下としなければならない。

（昭31政185・昭34政344・昭45政333・昭62政348・平12政211・平12政312・平16政210・一部改正）

第１項

柱の小径の原則として，その最小値を，建築物の構造と用途に応じ横架材の相互間の垂直距離に対する割合として規定している。

第２項

３階建て木造建築物の１階の柱の小径は，在来木造建築物の工法や施工方法を踏まえ，13.5cm（４寸５分）が，経験的に構造耐力上安全な最低限の数値であるとして規定されている。ただし，近年，柱やはりの仕口を補強する有効な金物が開発されており，これらの補強金物等を有効に活用し，国土交通大臣が定める基準に従った構造計算により安全性を確認した建築物であれば，３階建ての１階の柱にあっても，その他の柱と同様に，その小径が13.5cmを下回ってもよいとしている。この構造計算の基準は，長期及び短期の荷重・外力により柱に生じる圧縮応力度がその座屈に対する許容応力度を超えないことと，「木造の柱の構造耐力上の安全性を確かめるための構造計算の基準を定める件（H12建告第1349号）」に定められている。

第３項

地方の特殊性による条例の補足規定である。柱の小径とは，材軸に直交方向の公称径であり，本条ではその最低の基準を示したものである。その大きさは，歴史的にも木造の質をあらわすといわれ，地方の気候，風土等も考慮して，安全側に設計されることが望まれる。

以下，第４項では欠込み補強を，第５項では２階建て以上の隅角部の通し柱を規定している。このほか，柱の小径は，構造計算によることができるが，その場合の有効細長比の上限を第６項で定めている。

（はり等の横架材）
令第44条　はり，けたその他の横架材には，その中央部附近の下側に耐力上支障のある欠込みをしてはならない。

曲げを受ける部材は，引張り側に欠込みがあると，亀裂が入る等により耐力が低下する可能性がある。そこで，はり，けたその他の横架材の中央部附近の下側には，耐力上支障のある欠込みをしないよう規定している。

（筋かい）
令第45条　引張り力を負担する筋かいは，厚さ1.5センチメートル以上で幅９センチメートル以上の木材又は径９ミリメートル以上の鉄筋を使用したものとしなければならない。

２　圧縮力を負担する筋かいは，厚さ３センチメートル以上で幅９センチメートル以上の木材を使用したものとしなければならない。

３　筋かいは，その端部を，柱とはりその他の横架材との仕口に接近して，ボルト，かすがい，くぎその他の金物で緊結しなければならない。

4　筋かいには，欠込みをしてはならない。ただし，筋かいをたすき掛けにするためにやむを得ない場合において，必要な補強を行なつたときは，この限りでない。

（昭34政344・昭45政333・昭55政196・平12政211・一部改正）

筋かいは，木造建築物の耐風・耐震上，重要な部材であるので，その大きさ，端部の緊結等細部の規定が詳細になされている。

第1項

引張力をもっぱら負担するように計画された筋かいは，厚さ1.5cm以上で幅9cm以上の木材又は径9mm以上の鉄筋とするよう規定している。

第2項

圧縮力を負担するように計画された筋かいは，厚さ3cm以上で幅9cm以上の木材を使用するように規定している。特に，近年，木材の寸法が小さくなる傾向があり，柱三つ割では，圧縮筋かいとして必要寸法を満たさないことがあり得るので注意すべきである。

第3項

筋かいの端部を柱とはりに金物で緊結すること，その接合の箇所は，筋かいからの軸力による偏心曲げを極力小さくするため，仕口に近接すべきことを規定している。

第4項

本項では，間柱との交さ部等における筋かいの欠込みを禁止しているが，たすき筋かいの場合の筋かいどうしの交さ部で必要な補強を行ったときには，欠込みを認めている。

（構造耐力上必要な軸組等）

令第46条　構造耐力上主要な部分である壁，柱及び横架材を木造とした建築物にあつては，すべての方向の水平力に対して安全であるように，各階の張り間方向及びけた行方向に，それぞれ壁を設け又は筋かいを入れた軸組を釣合い良く配置しなければならない。

2　前項の規定は，次の各号のいずれかに該当する木造の建築物又は建築物の構造部分については，適用しない。

一　次に掲げる基準に適合するもの

イ　構造耐力上主要な部分である柱及び横架材（間柱，小ばりその他これらに類するものを除く。以下この号において同じ。）に使用する集成材その他の木材の品質が，当該柱及び横架材の強度及び耐久性に関し国土交通大臣の定める基準に適合していること。

ロ　構造耐力上主要な部分である柱の脚部が，一体の鉄筋コンクリート造の布基礎に緊結している土台に緊結し，又は鉄筋コンクリート造の基礎に緊結していること。

ハ　イ及びロに掲げるもののほか，国土交通大臣が定める基準に従つた構造計算によつて，構造耐力上安全であることが確かめられた構造であること。

二　方づえ（その接着する柱が添木等によつて補強されているものに限る。），控柱又は控壁があつて構造耐力上支障がないもの

3　床組及び小屋ばり組には木板その他これに類するものを国土交通大臣が定める基準に従つて打ち付け，小屋組には振れ止めを設けなければならない。ただし，国土交通大臣が定める基準に従つた構造計算によつて構造耐力上安全であることが確かめられた場合においては，この限りでない。

4　階数が2以上又は延べ面積が50平方メートルを超える木造の建築物においては，第1項の規定によつて各階の張り間方向及びけた行方向に配置する壁を設け又は筋かいを入れた軸組を，それぞれの方向につき，次の表1の軸組の種類の欄に掲げる区分に応じて当該軸組の長さに同表の倍率の欄に掲げる数値を乗じて得た長さの合計が，その階の床面積（その階又は上の階の小屋裏，天井裏その他これらに類する部分に物置等を設ける場合にあつては，当該物置等の床面積及び高さに応じて国土交通大臣が定める面積をその階の床面積に加えた面積）に次の表2に掲げる数値（特定行政庁が第88条第2項の規定によつて指定した区域内における場合においては，表2に掲げる数値のそれぞれ1.5倍とした数値）を乗じて得た数値以上で，かつ，その階（その階より上の階がある場合においては，当該上の階を含む。）の見付面積（張り間方向又はけた行方向の鉛直投影面積をいう。以下同じ。）からその階の床面からの高さが1.35メートル以下の部分の見付面積を減じたものに次の表3に掲げる数値を乗じて得た数値以上となるように，国土交通大臣が定める基準に従つて設置しなければならない。

一

<table>
<tr><th></th><th>軸組の種類</th><th>倍率</th></tr>
<tr><td>(1)</td><td>土塗壁又は木ずりその他これに類するものを柱及び間柱の片面に打ち付けた壁を設けた軸組</td><td>0.5</td></tr>
<tr><td rowspan="2">(2)</td><td>木ずりその他これに類するものを柱及び間柱の両面に打ち付けた壁を設けた軸組</td><td rowspan="2">1</td></tr>
<tr><td>厚さ1.5センチメートル以上で幅9センチメートル以上の木材又は径9ミリメートル以上の鉄筋の筋かいを入れた軸組</td></tr>
<tr><td>(3)</td><td>厚さ3センチメートル以上で幅9センチメートル以上の木材の筋かいを入れた軸組</td><td>1.5</td></tr>
<tr><td>(4)</td><td>厚さ4.5センチメートル以上で幅9センチメートル以上の木材の筋かいを入れた軸組</td><td>2</td></tr>
<tr><td>(5)</td><td>9センチメートル角以上の木材の筋かいを入れた軸組</td><td>3</td></tr>
<tr><td>(6)</td><td>(2)から(4)までに掲げる筋かいをたすき掛けに入れた軸組</td><td>(2)から(4)までのそれぞれの数値の2倍</td></tr>
<tr><td>(7)</td><td>(5)に掲げる筋かいをたすき掛けに入れた軸組</td><td>5</td></tr>
<tr><td>(8)</td><td>その他(1)から(7)までに掲げる軸組と同等以上の耐力を有するものとして国土交通大臣が定めた構造方法を用いるもの又は国土交通大臣の認定を受けたもの</td><td>0.5から5までの範囲内において国土交通大臣が定める数値</td></tr>
<tr><td>(9)</td><td>(1)又は(2)に掲げる壁と(2)から(6)までに掲げる筋かいとを併用した軸組</td><td>(1)又は(2)のそれぞれの数値と(2)から(6)までのそれぞれの数値との和</td></tr>
</table>

二

建築物	階の床面積に乗ずる数値（単位　1平方メートルにつきセンチメートル）					
	階数が1の建築物	階数が2の建築物の1階	階数が2の建築物の2階	階数が3の建築物の1階	階数が3の建築物の2階	階数が3の建築物の3階
第43条第1項の表の(1)又は(3)に掲げる建築物	15	33	21	50	39	24
第43条第1項の表の(2)に掲げる建築物	11	29	15	46	34	18
この表における階数の算定については，地階の部分の階数は，算入しないものとする。						

三

	区域	見付面積に乗ずる数値（単位　1平方メートルにつきセンチメートル）
(1)	特定行政庁がその地方における過去の風の記録を考慮してしばしば強い風が吹くと認めて規則で指定する区域	50を超え，75以下の範囲内において特定行政庁がその地方における風の状況に応じて規則で定める数値
(2)	(1)に掲げる区域以外の区域	50

（昭26政371・昭34政344・昭45政333・昭55政196・昭62政348・平12政211・平12政312・平28政6・一部改正）

木造建築物においては，地震力，風圧力等の水平力は，原則として筋かいを入れた軸組（耐力壁）に負担させている。本条はその軸組に関する規定であり，特に第4項は，筋かいを入れた軸組等の具体的な量と配置の方法を定めている。これは，地震，台風等に強い木造建築物（在来木造建築物）を性格づける上で，重要な規定である。

これに対し，集成材等を用い，軸組によらず，柱，はり等を剛接することにより架構を構成する建築物は，既に諸外国で多くの実績を有しており，我が国においても旧・法第38条に基づく建設大臣（当時）の認定により，建築の実績が積み重ねられてきており，また日本農林規格（ＪＡＳ）においても，構造用大断面集成材の規格が制定されている。これらを受け，本施行令においても昭和62年に，本条をはじめ第47条，第48条等の規定を改正し，集成材等を用いた木造建築物に関する規定が追加された。

第１項

木造建築物について，地震力，風圧力等の水平力に対する安全性を確保する観点から，筋かいを入れた軸組等を設けるべき大原則を規定している。同時に筋かいを入れた軸組等は，各階及び各方向につり合いよく配置しなければならないこととしている。また，筋かいは，その傾斜の向きが異なる一対を一組にして軸組に配置する必要がある。

第２項第１号

本項は，第１項で示した大原則を適用しなくてもよい場合を示している。

まず，第１号では，イからハまでに大断面の集成材等を用いた木造建築物（大断面木造建築物）等の技術的基準を定め，それらに適合する場合には，第１項に定める壁や筋かいを配置しなくてもよいこととしている。

第２項第１号イ　木材の種類及び品質

構造耐力上主要な部分である柱及び横架材（間柱，小ばりその他これらに類するものを除く。以下同じ）については，次の①から③までに示す材料又はこれと同等以上の強度及び耐久性を有する集成材その他の木材を使用する。「構造耐力上主要な部分である柱及び横架材に使用する集成材その他の木材の品質の強度及び耐久性に関する基準を定める件（Ｓ62建告第1898号）」を参照すること。

①　日本農林規格に規定する構造用大断面集成材

②　日本農林規格に規定する構造用集成材

③　日本農林規格に規定する構造用化粧ばり集成材

なお，国土交通大臣が構造耐力上支障がないと認めた場合にはこれら以外の木材を使用することができる。

第２項第１号ロ　柱の脚部の構造

構造耐力上主要な部分である柱の脚部を一体の鉄筋コンクリート造の布基礎に緊結している土台に緊結し，又は鉄筋コンクリート造の基礎に緊結する構造とする。

第２項第１号ハ　構造計算

集成材等を用いた木造建築物では，地震力・風圧力等の水平力を主として剛節架構で負担しており，在来木造建築物のように壁や筋かいを設けるかわりに国土交通大臣の定める基準である「木造若しくは鉄骨造の建築物又は建築物の構造部分の構造耐力上安全であることを確かめるための構造計算の基準（Ｓ62建告第1899号）」により，構造耐力上安全であることを確かめる必要がある。

第２項第２号

第２号では，方づえ，控柱又は控壁を設けて水平力に抵抗させる場合で，構造計算等により安全性が確かめられた場合は，筋かいを入れた軸組を設けなくてもよいこととしたものである。方づえは，柱が方づえに押されて耐力上の欠点となりやすいので特に注意を要する。

第３項

筋かいを入れた軸組が水平力に対して有効に働く前提として，床組や小屋組（以下「床組等」という。）に十分な水平剛性を持たせるための規定である。これは，床組等の水平構面の剛性が十分でないと，筋かいを入れた軸組を釣り合いよく配置しても，一部の筋かいに過大な水平力が作用し，それらが破損する等の障害がおき，筋かいが全体として有効に働かない結果となるためである。

従来，床組等における措置として，隅角に火打材を使用して地震力による変形を防止することが規定されていたが，火打ち材を用いない伝統的工法の場合は，本項ただし書の規定により，国土交通大臣が定める基準に従った構造計算によって構造耐力上安全であること（地震力等により各部材に生ずる力を算出し，各部材の耐力を超えないこと等）が確かめられた場合にしか当該工法を利用できないこととされていた。

伝統的工法について，高度な構造計算によることなく利用を可能とすることが要請されていたところ，一定の厚さ・幅の木板等を床組等に適切な方法で打ち付ければ，地震力を受けても床組等がほぼ変形しないことが検証されたことから，平成28年の政令改正により，床組等の変形防止方法を火打ち材に限定していた規定を見直し，「木板その他これに類するものを国土交通大臣が定める基準に従って打ち付け」ることとし，告示において複数の方法を定めることができるものとされた。

具体的には，国土交通大臣が定める基準である「床組及び小屋ばり組に木板その他これに類するものを打ち付ける基準を定める件（H28国交告第691号）」において，以下の内容が規定されている。

H28国交告第691号［床組み等の変形防止方法］の概要

第1号（火打ち材による方法）

○　床組及び小屋ばり組の隅角に火打ち材を使用すること。

第2号（木板等による方法）

①　根太・はりの相互の間隔が500mm以下であること。

②　根太・はりに対して，厚さ30mm以上・幅180mm以上の板材を，「JIS G 5508（くぎ）—2005」に規定するN90のくぎを用いて，60mm以下の間隔で打ち付けること。

③　床組及び小屋ばり組を設ける建築物の階数が2以下であること。

④　床組及び小屋ばり組について，横架材の上端と根太等の上端の高さを同一に納めること。

⑤　各階の張り間方向及び桁行方向において，「耐力壁線の相互の間隔」が，耐力壁線の配置に応じた基準値以下であること。

⑥　「耐力壁線の長さ」に対する「耐力壁線の相互の間隔」の比が，耐力壁線の配置に応じた基準値以下であること。

※　耐力壁線とは，「各階の張り間方向及び桁行方向において，外壁線の最外周を通る平面上の線」又は「各階の張り間方向及び桁行方向において，床の長さの6／10の長さ以上で，かつ，4m以上の有効壁長を有する平面上の線」のいずれかに該当するもの。

第3号（たるき等による方法）

①　床組が第1号又は第2号の基準に適合していること。

②　野地板を一定の基準で打ち付けたたるきを，小屋ばり組の軒桁に対して，たるきの両側面からくぎを用いて斜めに打ち付けること。

③　小屋束にあっては，小屋ばり組の小屋ばりに対して，短ほぞ差し及びかすがい両面打ちにより緊結すること。

④　小屋ばりが，規模や緊結方法に関する一定の基準を満たすこと。

第4項

木造建築物では，各階の各方向に配置する軸組長さの和を必要軸組長さ以上とすることで，地震力と風圧力に対する構造安全性を確認する方法が用意されている。

本項は，地震力及び風圧力に対し必要な軸組の長さを規定したものである。地震力に対する必要軸組長さは，地震力が建築物重量に比例することを反映したもので，基本的には床面積に比例すると考え，床面積にその階に応じた表2の数値を乗じて算出する。床面積の算定に当たっては，小屋裏，天井裏等に物置等を設置する場合には，その部分の固定荷重に見合った床面積の割増しを行う方法（「木造の建築物に物置等を設ける場合に階の床面積に加える面積を定める件（H12建告第1351

号)」) を次のように規定している。

階の床面積に加える面積a＝hA／2.1

h：物置等の内法高さ平均値（m）

A：物置等の水平投影面積（㎡）

風圧力に対する必要軸組長さは，風向直交方向の見付面積に表3の数値を乗じた長さとする。

［地震力に対する必要壁量］＝Cs［床面積］
［風圧力に対する必要壁量］＝Cw［見付面積］
Cs：本条の表2の数値，Cw：本条の表3の数値

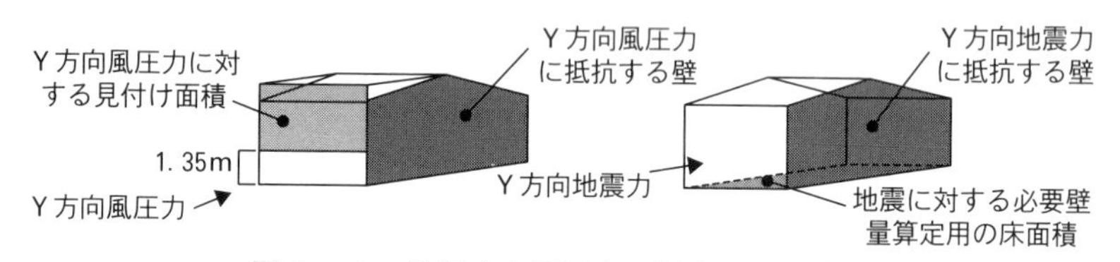

図3－4　地震力と風圧力に対する必要壁量

実際の建築物の軸組の長さは，これらより長ければよいわけであるが，軸組の強さはその種類に応じて異なるので，軸組の種類に応じて表1の倍率（いわゆる壁倍率）を乗じて補正した有効長さと比較することとしている。3階建てにおいて，構造計算がなされる場合でも，本規定による必要軸組長さは確保されなければならない。

軸組が偏って配置された場合には，地震時や暴風時に建築物にねじれが生じ，一部の軸組に力が集中し，それらが破損するおそれがある。このような被害を防止するため，軸組の設置は国土交通大臣が定める基準によることとし，「木造建築物の軸組の設置の基準を定める件（H12建告第1352号）」において軸組の設置の基準が定められた。

この告示は，建築物の張り間方向，桁行方向のそれぞれについて，両端部分において，必要壁量に対する存在壁量の割合を検証することを規定している。ただし，各階各方向の偏心率が0.3以下であることを確かめた場合には，この検証は不要である。

なお，本条第4項表1⑻の規定に基づき，「建築基準法施行令第46条第4項表1⑴項から⑺項までに掲げる軸組と同等以上の耐力を有する軸組及び当該軸組に係る倍率の数値（S56建告第1100号）」が定められているが，これは，構造用合板，せっこうボード等の面材を柱，間柱等に打ち付けた壁についても，筋かい等の軸組

と同等と認め，倍率を定めている。また，新しく開発される特殊な面材等についても，国土交通大臣が個別に倍率を認定できる旨，規定されている。

H12建告第1352号［木造建築物の軸組の設置の基準］の概要

木造建築物には，次に定める基準に従って軸組を設置すること。ただし，各階につき，張り間方向及び桁行方向の偏心率が0.3以下の場合には，この限りでない。

第１号　各階につき，建築物の張り間方向にあっては桁行方向の，桁行方向にあっては張り間方向の両端からそれぞれ１／４の部分（側端部分）について，存在壁量と必要壁量を求める。

第２号　各側端部分のそれぞれの壁量充足率を求め，建築物の各階における張り間方向及び桁行方向双方ごとに，壁率比を求める。

［壁量充足率］＝［存在壁量］／［必要壁量］

［壁率比］＝［小さい方の壁量充足率］／［大きい方の壁量充足率］

第３号　壁率比≧0.5　ただし，側端部分の壁量充足率＞１の場合は適用除外。

壁率比の計算手順

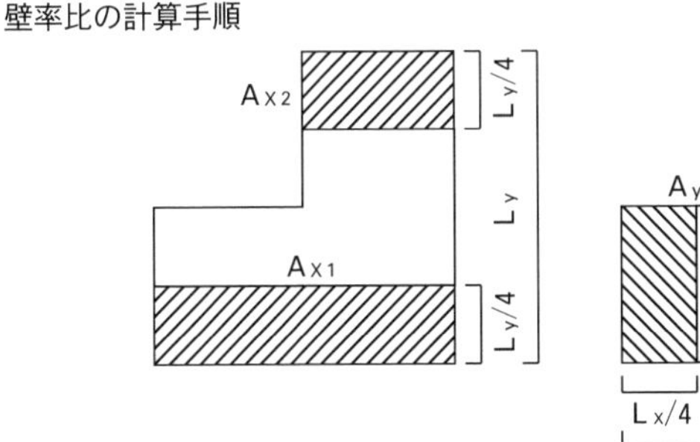

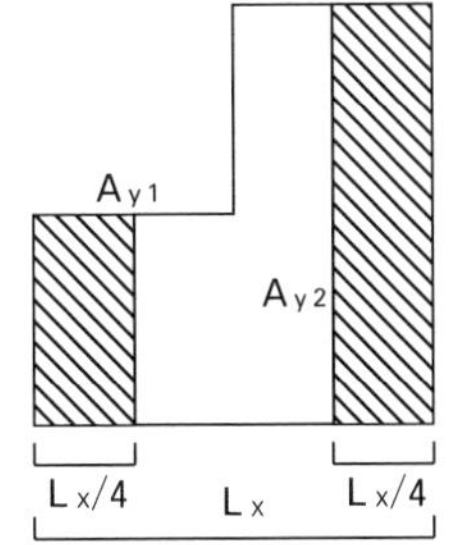

① 階毎に張り間方向と桁行き方向の長さを４等分し，それぞれの方向の外側の１／４の部分の床面積をそれぞれA_{X1}，A_{X2}，A_{Y1}，A_{Y2}とする。

② これらの各面積部分に配置した壁，筋かい等水平力を負担する部材の合計の壁量（存在壁量）を，W_{X1}，W_{X2}，W_{Y1}，W_{Y2}とする。

③ これら外側の床部分に配置すべき壁，筋かい等の必要量は，$N_{X1}=C_s \cdot A_{X1}$，$N_{X2}=C_s \cdot A_{X2}$，$N_{Y1}=C_s \cdot A_{Y1}$，$N_{Y2}=C_s \cdot A_{Y2}$である。ここで，C_sは令第46条の表２の数値。

④ 各外側の床について，次式により壁量充足率（S_{X1}など）を算定する。$S_{X1}=W_{X1}/N_{X1}$，$S_{X2}=W_{X2}/N_{X2}$，$S_{Y1}=W_{Y1}/N_{Y1}$，$S_{Y2}=W_{Y2}/N_{Y2}$

⑤ 壁率比（R_X，R_Y）は各方向について，小さい方の壁量充足率を大きい方の壁量充足率で割る。$R_X=\{\min(S_{X1},S_{X2})\}/\{\max(S_{X1},S_{X2})\}$，$R_Y=\{\min(S_{Y1},S_{Y2})\}/\{\max(S_{Y1},S_{Y2})\}$

（構造耐力上主要な部分である継手又は仕口）

令第47条　構造耐力上主要な部分である継手又は仕口は，ボルト締，かすがい打，込み栓打その他の国土交通大臣が定める構造方法によりその部分の存在応力を伝えるように緊結しなければならない。この場合において，横架材の丈が大きいこと，柱と鉄骨の横架材とが剛に接合していること等により柱に構造耐力上支障のある局部応力が生ずるおそれがあるときは，当該柱を添木等によつて補強しなければならない。

2　前項の規定によるボルト締には，ボルトの径に応じ有効な大きさと厚さを有する座金を使用しなければならない。

（昭34政344・昭45政333・昭55政196・昭62政348・平12政211・平12政312・一部改正）

第1項

主要な柱，はりの仕口や継手の接合を完全にすることは耐風耐震の見地からみて極めて重要なことである。継手や仕口の手法として，ボルト締，かすがい打，込み栓打，その他の接合方法により存在応力を伝えるよう国土交通大臣の定める構造方法により緊結しなければならない旨を規定している。

継手，仕口の緊結の方法の詳細については，それらを設ける部位，軸組の種類等に応じて「木造の継手及び仕口の構造方法を定める件（H12建告第1460号）」に定められている。

この告示は，筋かいの種類に応じた端部の接合方法及び軸組の柱脚・柱頭の仕口の接合方法を規定している。なお，この告示に具体的に例示された接合方法や仕口以外のものであっても，これらと同等以上の耐力が実験等により確かめられたものであれば用いても差し支えない。軸組の柱脚・柱頭について，この告示では，最も不利な条件で必要となる耐力をもとに仕様を例示しているが，適切な方法により必要引張耐力を求め，これに応じた金物を用いることもできる。

また，木造の建築物でも，店舗併用住宅等では大きな開口をとるため，大断面の部材を横架材として使用する場合がある。その際，柱との接合部に応力集中が生ずるような接合方法にすると，柱の破損が早期に生じ，建築物全体の崩壊をまねくことになる。これに対処するため，大断面のはり等を使用した場合には，必要に応じて柱を添木等によって補強しなければならない。なお，これらは構造耐力上主要な部分についての規定であるから，庇など軽微な部分には，適用されない。

第２項

ボルト部分には大きな応力が作用するので，応力の大きさに応じて座金が木材にめり込まないよう，適切な形状とすることを規定している。

（学校の木造の校舎）

令第48条　学校における壁，柱及び横架材を木造とした校舎は，次に掲げるところによらなければならない。

一　外壁には，第46条第４項の表１の(5)に掲げる筋かいを使用すること。

二　桁行が12メートルを超える場合においては，桁行方向の間隔12メートル以内ごとに第46条第４項の表１の(5)に掲げる筋かいを使用した通し壁の間仕切壁を設けること。ただし，控柱又は控壁を適当な間隔に設け，国土交通大臣が定める基準に従つた構造計算によつて構造耐力上安全であることが確かめられた場合においては，この限りでない。

三　桁行方向の間隔２メートル（屋内運動場その他規模が大きい室においては，４メートル）以内ごとに柱，はり及び小屋組を配置し，柱とはり又は小屋組とを緊結すること。

四　構造耐力上主要な部分である柱は，13.5センチメートル角以上のもの（２階建ての１階の柱で，張り間方向又は桁行方向に相互の間隔が４メートル以上のものについては，13.5センチメートル角以上の柱を２本合わせて用いたもの又は15センチメートル角以上のもの）とすること。

２　前項の規定は，次の各号のいずれかに該当する校舎については，適用しない。

一　第46条第２項第１号に掲げる基準に適合するもの

二　国土交通大臣が指定する日本産業規格に適合するもの

（昭31政185・昭34政344・昭39政４・昭45政333・昭55政196・昭62政348・平12政211・平12政312・令元政44・一部改正）

第１項

木造の校舎については，その性格上，桁行方向，張り間方向ともに柱の間隔が大きくなるので，特別の規定を設けたものである。第２号ただし書に規定する間仕切壁の設置基準は，「木造若しくは鉄骨造の建築物又は建築物の構造部分が構造耐力上安全であることを確かめるための構造計算の基準を定める件（S62建告第1899号)」に定める構造計算を行い，構造上の安全を確かめた場合には，適用除外できる。

第2項

第1項の適用を受けない木造の校舎として，以下のものが定められている。

① 大断面の集成材等を使用したものであって，令第46条第2項第1号イからハまでに掲げる基準（柱・横架材に使用する木材の品質の基準適合，柱の脚部の土台等への緊結，構造計算による安全の確認）に適合するもの

② 「学校の木造の校舎の日本産業規格を指定する件（H12建告第1453号）」で指定する「JIS A3301（木造校舎の構造設計標準）―2015」に適合するもの

（外壁内部等の防腐措置等）

令第49条　木造の外壁のうち，鉄網モルタル塗その他軸組が腐りやすい構造である部分の下地には，防水紙その他これに類するものを使用しなければならない。

2　構造耐力上主要な部分である柱，筋かい及び土台のうち，地面から1メートル以内の部分には，有効な防腐措置を講ずるとともに，必要に応じて，しろありその他の虫による害を防ぐための措置を講じなければならない。

（昭45政333・全改）

第1項

木造住宅等に防火性能を付与させるため，外壁を鉄網モルタル塗等の防火構造にすることがあるが，通気が十分でないと腐朽しやすいので，その部分の下地には防水紙等を使用することを規定している。

第2項

有効な防腐措置としては，防腐剤の塗布，浸漬，圧入のほかに，柱などを室内に直接曝して，乾燥状態を確保する方法も部分的には許容される。また，白アリの被害は，かつては暖かい西日本地方で多かったが，現在では東北地方まで広がっている。

第3節　組 積 造

（適用の範囲）

令第51条　この節の規定は，れんが造，石造，コンクリートブロック造その他の組積造（補強コンクリートブロック造を除く。以下この項及び第4項において同じ。）の建築物又は組積造と木造その他の構造とを併用する建築物の組積造の構造部分に適用する。ただし，高さ13メートル以下であり，かつ，軒の高さが9メートル以下の建築物の部分で，鉄筋，鉄骨又は鉄筋コンクリートによつて補強され，かつ，国土交通大臣が定める基準に従つた構造計算によつて構造耐力上安全であることが確かめられたものについては，適用しない。

2　高さが4メートル以下で，かつ，延べ面積が20平方メートル以内の建築物については，この節の規定中第55条第2項及び第56条の規定は，適用しない。

3　構造耐力上主要な部分でない間仕切壁で高さが2メートル以下のものについては，この節の規定中第52条及び第55条第5項の規定に限り適用する。

4　れんが造，石造，コンクリートブロック造その他の組積造の建築物（高さ13メートル又は軒の高さが9メートルを超えるものに限る。）又は組積造と木造その他の構造とを併用する建築物（高さ13メートル又は軒の高さが9メートルを超えるものに限る。）については，この節の規定中第59条の2に限り適用する。

（昭34政344・昭45政333・平12政211・平12政312・一部改正）

本条は，適用の範囲を明確にしたものである。

第1項

高さが13m以下かつ軒の高さが9m以下で鉄筋，鉄骨又は鉄筋コンクリートにより補強され，構造計算により安全性が確かめられたものについては，適用の範囲外である。この構造計算とは，「補強された組積造の建築物の部分等の構造耐力上の安全性を確かめるための構造計算の基準を定める件（H12建告第1353号）」により定められた構造計算で，許容応力度計算（令第82条各号）と屋根ふき材等の構造計算（令第82条の4）である。

第2項

小規模な組積造のものについては，壁の厚さの規定の一部及び臥梁についての規定を適用しないこととしている。

第3項

構造部分である間仕切壁のうち構造耐力上主要な部分以外のものについては，施工に関する規定と上階の壁との厚さの関係の規定のみを適用することとしている。

第4項

構造計算によって構造耐力上の安全性が確かめられることが義務づけられている。高さが13m又は軒の高さが9mを超える組積造については，鉄筋等による補強方法の規定のみが適用される。

（組積造の施工）

令第52条　組積造に使用するれんが，石，コンクリートブロックその他の組積材は，組積するに当たつて充分に水洗いをしなければならない。

2　組積材は，その目地塗面の全部にモルタルが行きわたるように組積しなければならない。

3　前項のモルタルは，セメントモルタルでセメントと砂との容積比が1対3のもの若しくはこれと同等以上の強度を有するもの又は石灰入りセメントモルタルでセメントと石灰と砂との容積比が1対2対5のもの若しくはこれと同等以上の強度を有するものとしなければならない。

4　組積材は，芋目地ができないように組積しなければならない。

（昭34政344・昭45政333・一部改正）

第1項

目地モルタルの強度が低下せず，接着が確実に施工できるような配慮として，組積するにあたっては組積材の塗面についている泥分等を洗い落とすことを規定している。

第2項

組積が確実に接着されるよう，モルタルが塗面の全体に行きわたるように組積することを規定している。

第3項

一定の強度の確保を目的として，目地に用いるモルタルの配合について規定している。これと異なる配合をする場合は，同等以上の強度のものとしなければならない。

第4項

組積材の積み方として芋目地は地震による被害を受けやすいことから，原則として芋目地ができないように組積することを規定している。

（壁の長さ）

令第54条　組積造の壁の長さは，10メートル以下としなければならない。

2　前項の壁の長さは，その壁に相隣つて接着する2つの壁（控壁でその基礎の部分における長さが，控壁の接着する壁の高さの3分の1以上のものを含む。以下この節において「対隣壁」という。）がその壁に接着する部分間の中心距離をいう。

第1項

壁の長さがあまり長いと地震時に横倒れを起こすおそれがある。また，建築物全体を固める意味でも壁を長くすることは好ましくないので，最大の長さを規定したものである。

第2項

第1項で規定する壁の長さの定義である。一定の長さの控壁を設ける場合には，控壁の接着する部分間の中心距離を壁の長さとする。

（壁の厚さ）

令第55条　組積造の壁の厚さ（仕上材料の厚さを含まないものとする。以下この節において同じ。）は，その建築物の階数及びその壁の長さ（前条第2項の壁の長さをいう。以下この節において同じ。）に応じて，それぞれ次の表の数値以上としなければならない。

壁の長さ／建築物の階数	5メートル以下の場合（単位　センチメートル）	5メートルをこえる場合（単位　センチメートル）
階数が2以上の建築物	30	40
階数が1の建築物	20	30

2　組積造の各階の壁の厚さは，その階の壁の高さの15分の1以上としなければならない。

3　組積造の間仕切壁の壁の厚さは，前2項の規定による壁の厚さより10センチメートル以下を減らすことができる。ただし，20センチメートル以下としてはならない。
４　組積造の壁を二重壁とする場合においては，前３項の規定は，そのいずれか一方の壁について適用する。
５　組積造の各階の壁の厚さは，その上にある壁の厚さより薄くしてはならない。
６　鉄骨造，鉄筋コンクリート造又は鉄骨鉄筋コンクリート造の建築物における組積造の帳壁は，この条の規定の適用については，間仕切壁とみなす。
（昭34政344・昭45政333・一部改正）

第１項

組積造は粘りに乏しい構造であることから，十分な強度を有する必要がある。自重や積載荷重等の鉛直荷重及び地震力等の水平荷重に対する必要最低限の壁の厚さを規定している。壁が長くなると壁面の直角方向の地震力に弱くなること，階数が多くなると鉛直荷重が大きくなり，地震時に作用する水平力も大きくなること等を踏まえ，建築物の階数及び壁の長さに応じた厚さとなっている。これらの厚さに仕上げ材の厚さは含まれない。

第２項

壁の高さに比べて壁の厚さがあまり薄いと座屈の危険性等があるため，壁の高さの１／15以上の厚さとすることを規定している。

第３項

構造耐力上主要でない間仕切壁については，厚さを20cmまで低減できることを規定している。

第４項

壁を一体としない二重壁の場合，力は別々に伝達することとなるため，どちらか一方の壁が第１項から第３項の規定に適合しなければならないことを規定している。

第５項

同一階においては，壁の下部の厚さは上部の厚さより厚くするか若しくは同じ厚さにすることを規定している。

（臥梁（がりょう））

令第56条　組積造の壁には，その各階の壁頂（切妻壁がある場合においては，その切妻壁の壁頂）に鉄骨造又は鉄筋コンクリート造の臥梁（がりよう）を設けなければならない。ただし，その壁頂に鉄筋コンクリート造の屋根版，床版等が接着する場合又は階数が１の建築物で壁の厚さが壁の高さの10分の１以上の場合若しくは壁の長さが５メートル以下の場合においては，この限りでない。

（昭34政344・一部改正）

臥梁とは，各階壁体の頂部を固める水平材をいう。本条は，組積造の欠点を補うため，鉄骨造又は鉄筋コンクリート造で剛性のある臥梁の設置を定めている。臥梁は，地震等の水平力をその加力方向に対し平行に設けられる壁に確実に伝え，その壁のせん断抵抗により耐えさせるために設けるものである。鉄筋コンクリート造の場合においては，水平方向に複配筋とすることが有利である。

（開口部）

令第57条　組積造の壁における窓，出入口その他の開口部は，次の各号に定めるところによらなければならない。

一　各階の対隣壁によつて区画されたおのおのの壁における開口部の幅の総和は，その壁の長さの２分の１以下とすること。

二　各階における開口部の幅の総和は，その階における壁の長さの総和の３分の１以下とすること。

三　１の開口部とその直上にある開口部との垂直距離は，60センチメートル以上とすること。

2　組積造の壁の各階における開口部相互間又は開口部と対隣壁の中心との水平距離は，その壁の厚さの２倍以上としなければならない。ただし，開口部周囲を鉄骨又は鉄筋コンクリートで補強した場合においては，この限りでない。

3　幅が１メートルをこえる開口部の上部には，鉄筋コンクリート造のまぐさを設けなければならない。

4　組積造のはね出し窓又ははね出し縁は，鉄骨又は鉄筋コンクリートで補強しなければならない。

5　壁付暖炉の組積造の炉胸は，暖炉及び煙突を充分に支持するに足りる基礎の上に造り，かつ，上部を積出しとしない構造とし，木造の建築物に設ける場合においては，更に鋼材で補強しなければならない。

（昭34政344・昭45政333・昭55政196・一部改正）

第1項

組積造の壁において開口部をあまりにも大きくすることは，構造耐力上危険であるので，本項の規定により開口部の幅，上下間の距離を制限している。

第2項

この規定は，第1項の規定の補足で，たとえ第1項の規定に適合していても柱状の壁では，その部分が弱点となるから，この危険を防止するために設けられたものである。

第3項

まぐさとは開口両端にかかる水平材をいう。開口部の上部の組積部材を支えるために，小さな開港の場合はアーチや石造のまぐさを設けることがある。1mより大きな開口部のまぐさでアーチや石造のものは，破壊の一因となる場合もあるので鉄筋コンクリート造に限定している。

第4項及び第5項

組積造のはね出しや積出しは，わずかな衝撃又は火熱によって亀裂破壊等を生ずるから十分補強したものでなければならない。

（壁のみぞ）

令第58条　組積造の壁に，その階の壁の高さの4分の3以上連続した縦壁みぞを設ける場合においては，その深さは壁の厚さの3分の1以下とし，横壁みぞを設ける場合においては，その深さは壁の厚さの3分の1以下で，かつ，長さを3メートル以下としなければならない。

（昭34政344・一部改正）

壁の一部に連続してみぞを設けると壁の断面欠損となるため構造耐力上の支障をきたすことになるため，みぞ長さ及びみぞ深さを制限している。

（鉄骨組積造である壁）

令第59条　鉄骨組積造である壁の組積造の部分は，鉄骨の軸組にボルト，かすがいその他の金物で緊結しなければならない。

（昭34政344・一部改正）

鉄骨組積造は鉄骨造と組積造の併用構造であることから，鉄骨造の軸組と組積造の壁が一体化して構造躯体として機能するようボルト，かすがい等を用いて緊結することを規定している。また，この場合は，組積造の壁も外力を負担するものであるから，厚さは当然，令第55条の規定によらなければならない。

（補強を要する組積造）

令第59条の2　高さ13メートル又は軒の高さが9メートルを超える建築物にあつては，国土交通大臣が定める構造方法により，鉄筋，鉄骨又は鉄筋コンクリートによつて補強しなければならない。

（平12政211・追加，平12政312・一部改正）

高さ13m又は軒の高さが9mを超える組積造の建築物については，鉄筋，鉄骨又は鉄筋コンクリートにより補強しなければならないことを定めている。この補強方法とは，「組積造の建築物等を補強する構造方法を定める件（H12建告第1354号）」により定められている。

（手すり又は手すり壁）

令第60条　手すり又は手すり壁は，組積造としてはならない。ただし，これらの頂部に鉄筋コンクリート造の臥梁（がりよう）を設けた場合においては，この限りでない。

（昭34政344・一部改正）

曲げに対する強度がほとんど期待できない組積造の手すりや手すり壁は壊れやすく，また崩壊して人命に危害を与えた事例も多いので，原則としてこれらを組積造とすることを禁止している。しかし，笠木状の鉄筋コンクリート造の臥梁を設けた場合は，この危険性が減少することから支障がないものとしている。

（組積造のへい）

令第61条　組積造のへいは，次の各号に定めるところによらなければならない。

一　高さは，1.2メートル以下とすること。

二　各部分の壁の厚さは，その部分から壁頂までの垂直距離の10分の1以上とすること。

三　長さ4メートル以下ごとに，壁面からその部分における壁の厚さの1.5倍以上突出した控壁（木造のものを除く。）を設けること。ただし，その部分における壁の厚さが前号の規定による壁の厚さの1.5倍以上ある場合においては，この限りでない。

四　基礎の根入れの深さは，20センチメートル以上とすること。

（昭34政344・昭45政333・昭55政196・一部改正）

転倒防止を図るため，へいの高さは1.2m以下とし，基礎の根入れ深さは20cm以上とする。控壁は，なるべく長くして，へいのねじれ，転倒等に耐えるようにすることが必要であるので，その最低の基準が第3号に規定されている。

へいの高さについては，昭和53年宮城県沖地震の際のへい倒壊による被害に鑑み，昭和55年の改正で高さの上限を2mから1.2mとした。ただし，令第51条第1項の規定に基づき，鉄筋等により補強された石積みへいで，実験等により安全が確かめられ高さ制限が緩和されている例がある（S56住指発第247号「トータルカット大谷石べいの取扱いについて」）。

なお，平成30年の大阪府北部地震の際におけるブロック塀倒壊の被害を受けて，耐震改修促進法施行令が改正され，避難路沿道の一定規模以上のブロック塀等について，所管行政庁の指定に基づき，耐震診断の義務付け対象に追加する措置が講じられている。

（構造耐力上主要な部分等のささえ）

令第62条　組積造である構造耐力上主要な部分又は構造耐力上主要な部分でない組積造の壁で高さが2メートルをこえるものは，木造の構造部分でささえてはならない。

（昭34政344・一部改正）

木造土台や木造床等の上に，構造耐力上主要な部分又はこれ以外の高さ2mを超える壁を組積材で造ることは危険であるため，これらを禁止している。

第４節　補強コンクリートブロック造

（適用の範囲）

令第62条の２　この節の規定は，補強コンクリートブロック造の建築物又は補強コンクリートブロック造と鉄筋コンクリート造その他の構造とを併用する建築物の補強コンクリートブロック造の構造部分に適用する。

２　高さが４メートル以下で，かつ，延べ面積が20平方メートル以内の建築物については，この節の規定中第62条の６及び第62条の７の規定に限り適用する。

（昭34政344・追加）

補強コンクリートブロック造は，コンクリートブロックを積み上げ，その空洞部に鉄筋を配置し，モルタル又はコンクリートを充填して補強された耐力壁を有する構造である。２階建て以上又は延べ面積が200㎡を超えるものについては，法第20条の規定により構造計算をする必要がある。本条では，適用の範囲が示されているが，第２項において小規模のものについては，目地及び空胴部に関する規定と帳壁に関する規定に限り適用することとしている。

（耐力壁）

令第62条の４　各階の補強コンクリートブロック造の耐力壁の中心線により囲まれた部分の水平投影面積は，60平方メートル以下としなければならない。

２　各階の張り間方向及びけた行方向に配置する補強コンクリートブロック造の耐力壁の長さのそれぞれの方向についての合計は，その階の床面積１平方メートルにつき15センチメートル以上としなければならない。

３　補強コンクリートブロック造の耐力壁の厚さは，15センチメートル以上で，かつ，その耐力壁に作用するこれと直角な方向の水平力に対する構造耐力上主要な支点間の水平距離（以下第62条の５第２項において「耐力壁の水平力に対する支点間の距離」という。）の50分の１以上としなければならない。

４　補強コンクリートブロック造の耐力壁は，その端部及び隅角部に径12ミリメートル以上の鉄筋を縦に配置するほか，径９ミリメートル以上の鉄筋を縦横に80センチメートル以内の間隔で配置したものとしなければならない。

５　補強コンクリートブロック造の耐力壁は，前項の規定による縦筋の末端をかぎ状に折り曲げてその縦筋の径の40倍以上基礎又は基礎ばり及び臥梁（がりよう）又は屋根版に定着する等の方法により，これらと互いにその存在応力を伝えることができる構造としなければならない。
６　第４項の規定による横筋は，次の各号に定めるところによらなければならない。
一　末端は，かぎ状に折り曲げること。ただし，補強コンクリートブロック造の耐力壁の端部以外の部分における異形鉄筋の末端にあつては，この限りでない。
二　継手の重ね長さは，溶接する場合を除き，径の25倍以上とすること。
三　補強コンクリートブロック造の耐力壁の端部が他の耐力壁又は構造耐力上主要な部分である柱に接着する場合には，横筋の末端をこれらに定着するものとし，これらの鉄筋に溶接する場合を除き，定着される部分の長さを径の25倍以上とすること。

（昭34政344・追加，昭45政333・昭55政196・平12政211・一部改正）

第１項

本項は耐力壁で囲まれた部分の水平投影面積を，構造耐力上の観点から，60㎡以下に制限したものである。

第２項

補強コンクリートブロック造の水平力に抵抗する部材は耐力壁である。本項は，地震力及び風圧力に対して必要な耐力壁の量について規定している。各階につきいずれの方向にも15㎝／㎡以上の壁長さを必要とする旨規定している。この場合，耐力上問題となるような開口部のある部分を除いて算定する（開口部の上下の部分の壁は，耐力壁ではない。）。

第３項

本項は耐力壁の厚さを規定している。この場合，耐力壁の水平力に対する支点となるものは，臥梁，耐力壁，鉄筋コンクリート造のラーメン等で有効に働くものである。

第４項

本項は配筋について規定している。補強筋が有効なものとなるためには，端部及び隅角部に目地部分よりも丈夫な鉄筋を，地震等の水平力に曲げ補強筋として有効に働くよう配筋することが特に肝要である。また，同時にせん断についても安全を期す必要がある。ここでは，最低の基準として，端部及び隅角部には径12mm以上の鉄筋を縦に配置するほか，径9mm以上の鉄筋を縦横80cm以内ごとに配置するよう規定している。2階建て以上のものは，構造計算の結果，一般にはこれ以上の補強をし，また，鉄筋のさび等を考えると，要所には，十分な鉄筋を配置することが必要であろう。

第5項

本項は耐力壁とその上下の構造が一体となるよう規定したものである。縦筋の末端をかぎ状に折り曲げて，その径の40倍以上，基礎又は基礎ばり及び臥梁又は屋根版に定着する等の方法を例示している。本規定は，これらの構造部分と互いに存在応力を十分に伝えることができるよう求めたものであって，縦筋を溶接してもよいし，場合によっては，ボルト締でもよい。

第6項

耐力壁自体が一体となるよう横筋の末端の処理方法，継手の方法，定着方法を規定したものである。

（臥梁(がりよう)）

令第62条の5　補強コンクリートブロック造の耐力壁には，その各階の壁頂に鉄筋コンクリート造の臥梁(がりよう)を設けなければならない。ただし，階数が1の建築物で，その壁頂に鉄筋コンクリート造の屋根版が接着する場合においては，この限りでない。

2　臥梁(がりよう)の有効幅は，20センチメートル以上で，かつ，耐力壁の水平力に対する支点間の距離の20分の1以上としなければならない。

（昭34政344・追加）

臥梁は補強コンクリートブロック造の「たが」となるもので特に重要なものである。平屋の場合で鉄筋コンクリート造の屋根版があるときは，応力伝達が充分であるから臥梁は設けなくてもよいが，その他の場合は，鉄筋コンクリート造の臥梁を設けなければならない。また，第2項では，臥梁の有効幅を規定している。

（目地及び空胴部）

令第62条の6　コンクリートブロックは，その目地塗面の全部にモルタルが行きわたるように組積し，鉄筋を入れた空胴部及び縦目地に接する空胴部は，モルタル又はコンクリートで埋めなければならない。

2 補強コンクリートブロック造の耐力壁，門又はへいの縦筋は，コンクリートブロックの空胴部内で継いではならない。ただし，溶接接合その他これと同等以上の強度を有する接合方法による場合においては，この限りでない。

（昭34政344・追加，昭55政196・一部改正）

第1項

本項は，耐力壁がせん断強度を十分保つため，また縦筋が引張筋として有効なものとなるための重要な規定である。目地塗面全部にモルタルが行きわたるように組積し，鉄筋を入れた空胴部及び縦目地に接する空胴部をモルタル又はコンクリートで埋めることとしている。

第2項

縦筋は，空洞部では継がないよう規定している。これは，縦筋が引張られた場合に十分に働いて，耐力壁の上下の構造部分との一体性を確保する上からも，また，空胴部内でのモルタル又はコンクリートと鉄筋との付着力の信頼性からいっても当然である。なお，ただし書により，溶接あるいはメカニカルジョイント等溶接と同等以上の強度を有するものであれば，それにより継いでもよいとされている。

（帳壁）

令第62条の7 補強コンクリートブロック造の帳壁は，鉄筋で，木造及び組積造（補強コンクリートブロック造を除く。）以外の構造耐力上主要な部分に緊結しなければならない。

（昭34政344・追加，昭39政4・一部改正）

（塀）

令第62条の8 補強コンクリートブロック造の塀は，次の各号（高さ1.2メートル以下の塀にあつては，第5号及び第7号を除く。）に定めるところによらなければならない。ただし，国土交通大臣が定める基準に従つた構造計算によつて構造耐力上安全であることが確かめられた場合においては，この限りでない。

一 高さは，2.2メートル以下とすること。

二 壁の厚さは，15センチメートル（高さ2メートル以下の塀にあつては，10センチメートル）以上とすること。

三 壁頂及び基礎には横に，壁の端部及び隅角部には縦に，それぞれ径9ミリメートル以上の鉄筋を配置すること。

四　壁内には，径９ミリメートル以上の鉄筋を縦横に80センチメートル以下の間隔で配置すること。

五　長さ3.4メートル以下ごとに，径９ミリメートル以上の鉄筋を配置した控壁で基礎の部分において壁面から高さの５分の１以上突出したものを設けること。

六　第３号及び第４号の規定により配置する鉄筋の末端は，かぎ状に折り曲げて，縦筋にあつては壁頂及び基礎の横筋に，横筋にあつてはこれらの縦筋に，それぞれかぎ掛けして定着すること。ただし，縦筋をその径の40倍以上基礎に定着させる場合にあつては，縦筋の末端は，基礎の横筋にかぎ掛けしないことができる。

七　基礎の丈は，35センチメートル以上とし，根入れの深さは30センチメートル以上とすること。

（昭45政333・追加，昭55政196・平12政211・平12政312・一部改正）

本条は，補強コンクリートブロック造を塀として使用する場合の規定で，塀の高さ，壁厚，配筋，控壁及び基礎の仕様を定めている。

特に，昭和53年宮城県沖地震等でブロック塀の地震による倒壊の被害が目立ち，その原因等の調査分析の結果に基づき，昭和55年の改正において高さの上限を３ｍから2.2ｍにした。施工に際しては，配筋等，他の規定もあわせて厳守を心がけるべきである。

なお，ただし書の規定に基づく「補強コンクリートブロック造の塀の構造耐力上の安全性を確かめるための構造計算の基準を定める件（H12建告第1355号）」に規定する構造計算によって構造耐力上安全であることが確かめられた場合には，本条の規定は適用しない。この構造計算は，次の外力に対して，許容応力度設計又は終局強度設計を行うものである。

［風圧力］＝［速度圧（令第87条第２項）］×［風力係数（令第87条第４項）］

［地震力］：

(1)　地上部分について

曲げモーメント＝$0.4h \cdot C_{si} \cdot W$，せん断力＝$C_{si} \cdot W$

（h　：塀の地盤面からの高さ（m）
C_{si}　：塀の地上部分の高さhiの部分のせん断力係数$C_{si} \geqq 0.3Z(1-h_i/h)$
Z　：地震地域係数
h_i　：塀の地上部分の各部分の地盤面からの高さ（m）
W　：塀の固定荷重と積載荷重との和（N））

(2)　地下部分について

地震力：塀の地下部分の固定荷重と積載荷重の和に以下の水平震度を乗じたもの

地下部分に作用する地震力の水平震度≧0.1（1－H/40）Z

［H：地下部分の地表面からの深さ（m）］

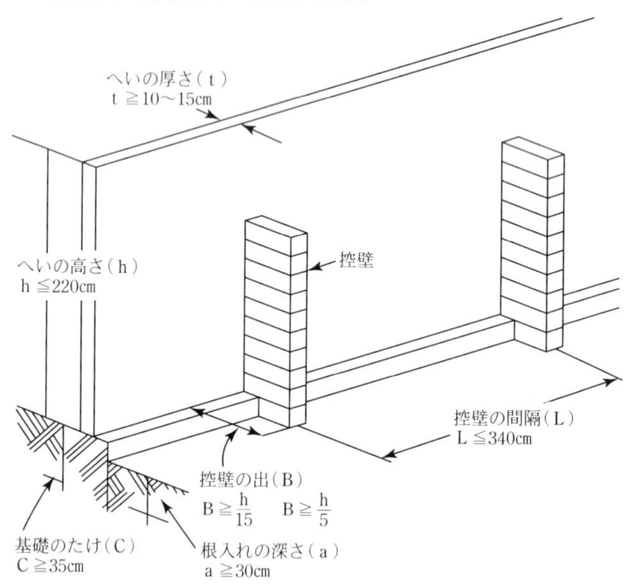

図3－5　補強コンクリートブロック造のへい

第５節　鉄 骨 造

（適用の範囲）

令第63条　この節の規定は，鉄骨造の建築物又は鉄骨造と鉄筋コンクリート造その他の構造とを併用する建築物の鉄骨造の構造部分に適用する。

（昭55政196・一部改正）

（材料）

令第64条　鉄骨造の建築物の構造耐力上主要な部分の材料は，炭素鋼若しくはステンレス鋼（この節において「鋼材」という。）又は鋳鉄としなければならない。

2　鋳鉄は，圧縮応力又は接触応力以外の応力が存在する部分には，使用してはならない。

（平12政211・全改）

鉄骨造の建築物の構造耐力上主要な部分に用いることができる材料として，従来から用いられてきた炭素鋼のほかにステンレス鋼を加え，鋳鉄の使用可能部位も規定している。

鋳鉄は，引張りに対して伸びを期待できず脆性破壊を起こし，曲げ，引張り等の強度はきわめて低い。そのため，圧縮，接触以外の応力（曲げ応力，せん断応力，引張り応力等）を起こすような荷重を受け持つ部分には，使用することを禁じている。接触応力とはローラー部分等の接触面に働く応力をいう。なお，鋳鋼は鋳鉄と異なる材料であるので注意する必要がある。

鋼材は法第37条に基づく指定建築材料とされており，国土交通大臣が指定するＪＩＳに適合するもの以外のものを用いる場合には，その品質について国土交通大臣の認定を受けることが必要である。これまでにＪＩＳに規定のない鋼材として，高強度せん断補強筋，低降伏点鋼等が法第37条に基づき認定されている。

（圧縮材の有効細長比）

令第65条　構造耐力上主要な部分である鋼材の圧縮材（圧縮力を負担する部材をいう。以下同じ。）の有効細長比は，柱にあつては200以下，柱以外のものにあつては250以下としなければならない。

（昭34政344・昭45政333・一部改正）

鋼材の圧縮材の有効細長比について，柱では200以下，柱以外の部材では250以下と規定している。有効細長比の値があまり大きいと，座屈のおそれがあり圧縮材として有効でないため，柱及び柱以外の圧縮材について制限値を設けている。有効細長比は次式で求められる。

［有効細長比］＝［座屈長さ］／［座屈軸回りの断面二次半径］

（柱の脚部）

令第66条　構造耐力上主要な部分である柱の脚部は，国土交通大臣が定める基準に従つたアンカーボルトによる緊結その他の構造方法により基礎に緊結しなければならない。ただし，滑節構造である場合においては，この限りでない。

（昭34政344・平12政211・平12政312・一部改正）

通常の場合，柱の脚部はベースプレートを当てて基礎にアンカーボルトで緊結しなければならないが，ローラー支承（滑節構造）の場合には，その構造の特徴に従って基礎との接合を十分にして応力の伝達を図ればよい。

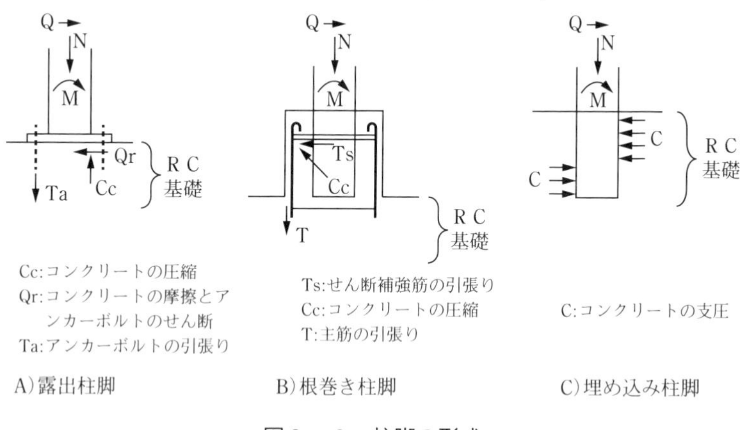

図3－6　柱脚の形式

柱脚部の基礎への緊結方法については，露出型，根巻型及び埋め込み型が一般に用いられるが，「鉄骨造の柱の脚部を基礎に緊結する構造方法の基準を定める件（H12建告第1456号）」でこれらの緊結方法ごとに，必要な寸法等の基準を定めている。

アンカーボルトは，法第37条に基づく指定建築材料とされており，国土交通大臣が指定するＪＩＳに適合するもの以外のものを用いる場合には，その品質について国土交通大臣の認定を受ける必要がある。

（接合）

令第67条 構造耐力上主要な部分である鋼材の接合は，接合される鋼材が炭素鋼であるときは高力ボルト接合，溶接接合若しくはリベット接合（構造耐力上主要な部分である継手又は仕口に係るリベット接合にあつては，添板リベット接合）又はこれらと同等以上の効力を有するものとして国土交通大臣の認定を受けた接合方法に，接合される鋼材がステンレス鋼であるときは高力ボルト接合若しくは溶接接合又はこれらと同等以上の効力を有するものとして国土交通大臣の認定を受けた接合方法に，それぞれよらなければならない。ただし，軒の高さが９メートル以下で，かつ，張り間が13メートル以下の建築物（延べ面積が3,000平方メートルを超えるものを除く。）にあつては，ボルトが緩まないように次の各号のいずれかに該当する措置を講じたボルト接合によることができる。

一 当該ボルトをコンクリートで埋め込むこと。

二 当該ボルトに使用するナットの部分を溶接すること。

三 当該ボルトにナットを二重に使用すること。

四 前３号に掲げるもののほか，これらと同等以上の効力を有する戻り止めをすること。

２ 構造耐力上主要な部分である継手又は仕口の構造は，その部分の存在応力を伝えることができるものとして，国土交通大臣が定めた構造方法を用いるもの又は国土交通大臣の認定を受けたものとしなければならない。この場合において，柱の端面を削り仕上げとし，密着する構造とした継手又は仕口で引張り応力が生じないものは，その部分の圧縮力及び曲げモーメントの４分の１（柱の脚部においては，２分の１）以内を接触面から伝えている構造とみなすことができる。

（昭34政344・昭45政333・昭55政196・平12政211・平12政312・平14政393・平19政49・平23政46・一部改正）

第１項

本項では鋼材の接合方法として，炭素鋼の場合にはボルト，高力ボルト，溶接，リベットを用いる方法を規定し，ステンレス鋼を用いる場合には高力ボルト，溶接を用いる方法を規定している。その他，国土交通大臣の認定を受けた接合方法も利用できる。

ボルト接合は，①コンクリートに埋め込む，②ナットを溶接する，③二重ナット留めなどにより，緩まないような工夫をした上で，延べ面積3,000㎡以下，軒高9m以下，張間13m以下のいずれをも満足する建築物には使用を認めている。軽量鉄骨造のボルトに用いられるバネ座金（スプリングワッシャ）も有効な戻り止めといえる。

高力ボルト及びボルト並びに溶接材料については，法第37条の規定に基づき指定建築材料とされており，それぞれ告示において指定されたＪＩＳに適合するものか，国土交通大臣の認定を受けたものを用いなければならない。

第2項

本項では継手仕口は，その部分に起こり得る応力（存在応力）を全部伝達させる構造としなければならないとされており，具体的な構造方法については，「鉄骨造の継手又は仕口の構造方法を定める件（H12建告第1464号）」において，高力ボルト又はリベットによる場合には，ボルト中心軸と鋼材の端部までの距離（表3－3ボルト等の縁端距離），摩擦面の処理について定め，溶接による場合には，ずれ，食い違い等の制限，鋼材と溶接材料の組み合わせについて定めている。溶接材料としては，溶着金属（溶接で，鋼材と溶接材料とが溶融した部分）の性能が表3－4「溶接される鋼材と溶着金属の性能」に示す性能を満足するものを選ぶことが求められる。これらは，平成7年兵庫県南部地震の被害を教訓としたものである。

規定の後段の部分では，断面のどの部分にも引張り応力が働く部分がないときは，端面を工場等で精密に削り仕上げして，密着できるような構造として直接その端面から力の一部を伝達させる工法とすることもできるとしている。

なお，これらの接合部はなるべく応力の小さい所に設けるべきであることはいうまでもない。

表3－3　ボルト等の縁端距離

ボルト等の径 ϕ（㎜）	せん断縁又は手動ガス切断縁の場合	圧延縁，自動ガス切断縁，のこ引き縁又は機械仕上げ縁等の場合
$\phi \leqq 10$	18㎜	16㎜
$10 < \phi \leqq 12$	22㎜	18㎜
$12 < \phi \leqq 16$	28㎜	22㎜

16＜φ≦20	34mm	26mm
20＜φ≦22	38mm	28mm
22＜φ≦24	44mm	32mm
24＜φ≦27	49mm	36mm
27＜φ≦30	54mm	40mm
30＜φ	9φ／5mm	4φ／3mm

表3－4　溶接される鋼材と溶着金属の性能

溶接される鋼材	溶着金属としての性能	
400N級炭素鋼	降伏点又は0.2%耐力	235N／mm²以上
	引張強さ	400N／mm²以上
490N級炭素鋼	降伏点又は0.2%耐力	325N／mm²以上
	引張強さ	490N／mm²以上
520N級炭素鋼	降伏点又は0.2%耐力	355N／mm²以上
	引張強さ	520N／mm²以上
235N級ステンレス鋼	引張強さ	520N／mm²以上
325N級ステンレス鋼	引張強さ	690N／mm²以上

（高力ボルト，ボルト及びリベット）

令第68条　高力ボルト，ボルト又はリベットの相互間の中心距離は，その径の2.5倍以上としなければならない。

2　高力ボルト孔の径は，高力ボルトの径より2ミリメートルを超えて大きくしてはならない。ただし，高力ボルトの径が27ミリメートル以上であり，かつ，構造耐力上支障がない場合においては，高力ボルト孔の径を高力ボルトの径より3ミリメートルまで大きくすることができる。

3　前項の規定は，同項の規定に適合する高力ボルト接合と同等以上の効力を有するものとして国土交通大臣の認定を受けた高力ボルト接合については，適用しない。

4　ボルト孔の径は，ボルトの径より1ミリメートルを超えて大きくしてはならない。ただし，ボルトの径が20ミリメートル以上であり，かつ，構造耐力上支障がない場合においては，ボルト孔の径をボルトの径より1.5ミリメートルまで大きくすることができる。

5　リベットは，リベット孔に充分埋まるように打たなければならない。

（昭34政344・昭45政333・昭55政196・平5政170・平14政393・平19政49・一部改正）

第1項

本項は高力ボルト，ボルト又はリベットの中心距離をその径に応じて制限したものである。ボルト等の中心間距離が短いと接合される母材に，ボルト孔に沿った破断（綴れ破断）が生じるおそれがあるが，本規定はそれを防止するためのものである。

第2項

本項は高力ボルト孔による断面欠損に対する配慮とともに，ピンを前提とした接合であっても，部材のガタつきによる変形の増大，使用上の支障等を防止するための規定である。

第3項

第2項の高力ボルト孔の大きさの制限は，国土交通大臣の認定を受ければ適用除外される。

第4項

本項は第2項と同様の趣旨から，ボルト孔径の制限を設けたものである。許容されるボルト孔のクリアランスが高力ボルトの場合より小さい理由は，高力ボルト接合では，高力ボルトに張力を導入し，接合材を締め付けてガタの影響を少なくする接合方法を採用するが，ボルト接合では，そのような接合方法とはしないためである。

第5項

本項はリベット接合が剛な接合を前提として用いられることを配慮し，部材の接合部におけるガタつきを防止するための規定である。

（斜材，壁等の配置）

令第69条　軸組，床組及び小屋ばり組には，すべての方向の水平力に対して安全であるように，国土交通大臣が定める基準に従つた構造計算によつて構造耐力上安全であることが確かめられた場合を除き，形鋼，棒鋼若しくは構造用ケーブルの斜材又は鉄筋コンクリート造の壁，屋根版若しくは床版を釣合い良く配置しなければならない。

（平12政211・平12政312・一部改正）

側壁面，合掌面，小屋組その他，骨組の各部には，国土交通大臣が定める構造計算である「木造若しくは鉄骨造の建築物又は建築物の構造部分の構造耐力上安全であることを確かめるための構造計算の基準（S62建告第1899号）」によって，構造耐力上安全であることが確かめられた場合を除き，適切に筋かい，頬杖，火打ちなどの斜材を入れるか，又は鉄筋コンクリート造の壁又は版を挿入して，各方向からの風圧力，地震力に耐え，また座屈に対する補強の用にも供する。この場合，筋かい，版等は，なるべく均等に配置して建築物全体にわたって釣り合いを保つことが必要である。接合部が充分に剛に造られ，ラーメン式の構造になっているものについては，筋かいを入れなくともよいことはもちろんである。

（柱の防火被覆）

令第70条　地階を除く階数が３以上の建築物（法第２条第９号の２イに掲げる基準に適合する建築物及び同条第９号の３イに該当する建築物を除く。）にあつては，１の柱のみの火熱による耐力の低下によつて建築物全体が容易に倒壊するおそれがある場合として国土交通大臣が定める場合においては，当該柱の構造は，通常の火災による火熱が加えられた場合に，加熱開始後30分間構造耐力上支障のある変形，溶融，破壊その他の損傷を生じないものとして国土交通大臣が定めた構造方法を用いるもの又は国土交通大臣の認定を受けたものとしなければならない。

（昭34政344・追加，昭45政333・旧第70条の２繰上，平12政211・平12政312・一部改正）

鉄骨は，図３－７に示すように火災時の火熱によりその耐力が著しく低下する（材種により異なるが，おおむね温度450℃で引張強さは半減する。）ので，３階建て以上のものについては，火熱時の耐力低下を防ぐため，柱の防火被覆の最低基準を「鉄骨造の建築物について一の柱のみの火熱による耐力の低下によって建築物全体が容易に倒壊するおそれがある場合等を定める件（H12建告第1356号）」で示している。

具体的には，火熱によりいずれか１本の柱が耐力の低下を起こし，建築物全体が容易に倒壊するおそれのある場合には，30分間以上の火熱に対して構造耐力上支障のある変形や損傷が柱に生じないことを義務づけている。建築物全体が容易に倒壊するおそれのある場合とは，一の柱の除いたと仮定したときの鉛直荷重による応力度が短期許容応力度を超える場合のことであり（同告示第１），当該柱の防火の方法としては防火被覆（厚さ12㎜の石膏ボード等）が規定されている（同告示第２）。

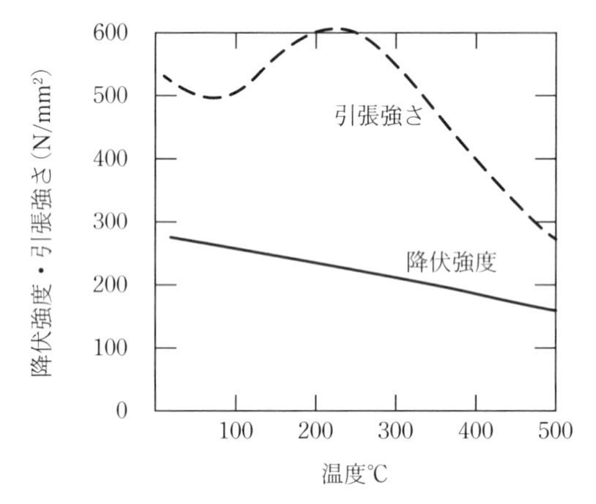

図３－７　ＳＳ400の降伏強度・引張強さと温度

第６節　鉄筋コンクリート造

（適用の範囲）

令第71条　この節の規定は，鉄筋コンクリート造の建築物又は鉄筋コンクリート造と鉄骨造その他の構造とを併用する建築物の鉄筋コンクリート造の構造部分に適用する。

２　高さが４メートル以下で，かつ，延べ面積が30平方メートル以内の建築物又は高さが３メートル以下のへいについては，この節の規定中第72条，第75条及び第79条の規定に限り適用する。

（昭34政344・昭55政196・一部改正）

第１項

木造等の解説の頭初に説明を加えたのと同様の趣旨によって，適用の範囲を示しているものである。本節は，基本的には現場打ちのラーメン構造を想定した規定が中心で，壁式鉄筋コンクリート造及び壁式ラーメン鉄筋コンクリート造については，それぞれ令第80条の２第１号の規定に基づく「壁式鉄筋コンクリート造の建築物又は建築物の構造部分の構造方法に関する安全上必要な技術的基準を定める件（H13国交告第1026号）」，「壁式ラーメン鉄筋コンクリート造の建築物又は建築物の構造部分の構造方法に関する安全上必要な技術的基準を定める等の件（H13国交告第1025号）」が定められており，これらの告示の規定が適用される。また，プレスキャストコンクリート造についても，本節の適用範囲内にある。

なお，プレストレストコンクリート造については，鉄筋コンクリート造とは異なる構造方法として，令第80条の２第２号の規定に基づく「プレストレストコンクリート造の建築物又は建築物の構造部分の構造方法に関する安全上必要な技術的基準（S58建告第1320号）」により詳細な技術的基準が定められており，本節の適用を受けない。

第２項

小規模の鉄筋コンクリート造の建築物やへいに対しては，コンクリート材料（令第72条），コンクリートの養生（令第75条）及び鉄筋のかぶり厚さ（令第79条）のみ規定している。

（コンクリートの材料）

令第72条　鉄筋コンクリート造に使用するコンクリートの材料は，次の各号に定めるところによらなければならない。
一　骨材，水及び混和材料は，鉄筋をさびさせ，又はコンクリートの凝結及び硬化を妨げるような酸，塩，有機物又は泥土を含まないこと。
二　骨材は，鉄筋相互間及び鉄筋とせき板との間を容易に通る大きさであること。
三　骨材は，適切な粒度及び粒形のもので，かつ，当該コンクリートに必要な強度，耐久性及び耐火性が得られるものであること。
（昭34政344・昭45政333・昭55政196・一部改正）

第１号

第１号では，コンクリートに使用される砂，砂利，砕石等の骨材及びAE剤，防水剤等の混和剤，フライアッシュ等の混和材料は，有害な成分を含まないものであることを規定している。特に細骨材として海砂等を用いる場合は，鉄筋をさびさせ，鉄筋コンクリートの耐久性を著しく損うものであるので，塩化物の量，アルカリシリカ反応性等について，法第37条に基づきコンクリートの品質に関する技術的基準である「建築物の基礎，主要構造部等に使用する建築材料並びにこれらの建築材料が適合すべき日本産業規格又は日本農林規格及び品質に関する技術的基準を定める件（H12建告第1446号）」の別表第２が定められている。

表３―５　H12建告第1446号の規定するコンクリートの品質に関する技術的基準

品質基準として定められているべき項目	測定方法等
コンクリートに用いるセメントの［密度，比表面積，凝結，安定性，圧縮強さ及び水和熱］の基準値，組成	JISセメントの物理試験方法 JISセメントの水和熱測定方法 JISポルトランドセメントの化学分析方法等
コンクリートに用いる骨材の［絶乾密度，吸水率，粒度］の基準値，アルカリシリカ反応性が無害であること	JIS細骨材の密度及び吸水率試験方法 JIS粗骨材の密度及び吸水率試験方法 JIS骨材のふるい分け試験方法 JIS骨材のアルカリシリカ反応性試験方法等
圧縮強度の基準値	S56建告第1102号の方法
スランプ又はスランプフローの基準値	JISコンクリートのスランプ試験方法 JISコンクリートのスランプフロー試験方法
空気量の基準値（３％≦基準値≦６％）	JISフレッシュコンクリートの空気量の圧力による試験方法等
塩化物含有量の基準値（塩化物イオン量≦0.3kg／㎥）	JISフレッシュコンクリート中の水の塩化物イオン濃度試験方法等

第2号・第3号

第2号，第3号では，骨材の大きさは，鉄筋相互間及び鉄筋とせき板との間を容易に通る大きさであり，適当な粒形，粒度を有することとされている。また，骨材の強度はコンクリート中の硬化したセメントペーストの強度以上のものとすべきことを第3号で規定している。

また，コンクリートは，法第37条の規定に基づく指定建築材料とされており，国土交通大臣が指定するJISに適合するもの以外の高強度コンクリート等については，その品質について国土交通大臣の認定を受ける必要がある。

（鉄筋の継手及び定着）

令第73条　鉄筋の末端は，かぎ状に折り曲げて，コンクリートから抜け出ないように定着しなければならない。ただし，次の各号に掲げる部分以外の部分に使用する異形鉄筋にあつては，その末端を折り曲げないことができる。

一　柱及びはり（基礎ばりを除く。）の出すみ部分

二　煙突

2　主筋又は耐力壁の鉄筋（以下この項において「主筋等」という。）の継手の重ね長さは，継手を構造部材における引張力の最も小さい部分に設ける場合にあつては，主筋等の径（径の異なる主筋等をつなぐ場合にあつては，細い主筋等の径。以下この条において同じ。）の25倍以上とし，継手を引張り力の最も小さい部分以外の部分に設ける場合にあつては，主筋等の径の40倍以上としなければならない。ただし，国土交通大臣が定めた構造方法を用いる継手にあつては，この限りでない。

3　柱に取り付けるはりの引張り鉄筋は，柱の主筋に溶接する場合を除き，柱に定着される部分の長さをその径の40倍以上としなければならない。ただし，国土交通大臣が定める基準に従つた構造計算によつて構造耐力上安全であることが確かめられた場合においては，この限りでない。

4　軽量骨材を使用する鉄筋コンクリート造について前2項の規定を適用する場合には，これらの項中「25倍」とあるのは「30倍」と，「40倍」とあるのは「50倍」とする。

（昭34政344・昭45政333・昭55政196・平12政211・平12政312・平19政49・平23政46・一部改正）

第1項

鉄筋の末端は，かぎ状に折り曲げなければならないと規定している。これはコンクリートの性質からいっても付着を十分にするため必要なことである。異形鉄筋の場合は，柱及びはり（基礎ばりを除く。）の出隅部分や煙突に使用するときは，端部を折り曲げる必要があるが，その他の部分に使用するときは，折り曲げないで用いることができる。折り曲げは，必ずしも曲げ角を180°とする必要はなく状況によっては90°でもよい。

第2項

主筋の継手を重ね継手とする場合の重ね長さに関する規定であり，重ね継手の両端部は末端でもあるから第1項の規定により原則としてかぎ状に折り曲げなければならない。ただし，圧接継手とする場合，溶接継手とする場合及び機械式継手とする場合又は一方向及び繰り返し加力実験によって継手の耐力を確かめた場合については，国土交通大臣が定める告示（H12建告第1463号）に規定する方法によることができる。

第3項

はりの引張り鉄筋を柱に定着する場合の定着長さに関する規定である。この定着長さは定着の全長である。本項ただし書に規定する国土交通大臣が定める基準である「鉄筋コンクリート造の柱に取り付けるはりの構造耐力上の安全性を確かめるための構造計算の基準を定める件（H23国交告第432号）」に示す構造計算に従い柱に定着する水平投影長さを定める場合には，本文の規定を適用しなくてよい。この構造計算は，JISの異形鉄筋SD295A，SD295B，SD345，SD390及びSD490の柱への水平投影定着長が次式を満たすこととするものである。

$L \geqq k\sigma d / (F/4+9)$

L：梁の引張り鉄筋の柱へ定着される水平投影長さ

k：1.57（軽量コンクリートの場合，1.96）

d：梁の引張り鉄筋の径

σ：引張り鉄筋に生じる応力度で短期許容応力度の値（＝σy）

第4項

本項は，軽量骨材を使用する場合に第2項及び第3項を強化する規定である。

（コンクリートの強度）

令第74条　鉄筋コンクリート造に使用するコンクリートの強度は，次に定めるものでなければならない。

一　4週圧縮強度は，1平方ミリメートルにつき12ニュートン（軽量骨材を使用する場合においては，9ニュートン）以上であること。

二　設計基準強度（設計に際し採用する圧縮強度をいう。以下同じ。）との関係において国土交通大臣が安全上必要であると認めて定める基準に適合するものであること。

2　前項に規定するコンクリートの強度を求める場合においては，国土交通大臣が指定する強度試験によらなければならない。

3　コンクリートは，打上りが均質で密実になり，かつ，必要な強度が得られるようにその調合を定めなければならない。

（昭31政185・昭34政344・昭45政333・昭55政196・平12政211・平12政312・一部改正）

第1項

コンクリートの強度は，打込み後時間が経過しないと確定しない。本項は，設計上の強度と現実の強度との関係を明確にするものである。設計に当たっては設計基準強度（設計時に任意に採用する圧縮強度）を用いることとし，採用した設計基準強度と実体強度（コンクリート供試体強度）との関係を「設計基準強度との関係において安全上必要なコンクリート強度の基準等（S56建告第1102号）」で定めることとしたものである。コンクリート強度は次のいずれかを満たす必要がある。

①　現場水中養生又はこれに類する養生の試験体を材令28日で圧縮試験

［圧縮強度の平均値］≧［設計基準強度］

②　コンクリートから切り取ったコア試験体又はこれに類する強度特性を持つ供試体の圧縮試験

［材令28日の供試体の圧縮強度の平均値］≧0.7×［設計基準強度］

［材令91日の供試体の圧縮強度の平均値］≧［設計基準強度］

第1号では現実の強度として，4週圧縮強度の最低値を12N／㎟と規定している。

第2項

国土交通大臣の指定する日本工業規格としては，上記告示において，JIS　A1108―1997（コンクリートの圧縮強度試験方法）及びJIS　A1107―1999（コンクリートからのコア及びはりの切取り方法及び強度試験方法）が指定されており，コンクリートの強度試験はこれらによらなければならない。

第３項

本項は，打上りが均質で密実であり，しかも必要とする強度が確保されるよう調合を定めることを規定している。コンクリートにばらつきがひどかったり，空洞ができたりすると，部分的に強度があっても，全体の耐力確保には役に立たないことが多いからである。

（コンクリートの養生）

令第75条　コンクリート打込み中及び打込み後５日間は，コンクリートの温度が２度を下らないようにし，かつ，乾燥，震動等によつてコンクリートの凝結及び硬化が妨げられないように養生しなければならない。ただし，コンクリートの凝結及び硬化を促進するための特別の措置を講ずる場合においては，この限りでない。

（昭34政344・昭55政196・一部改正）

コンクリートの硬化については，その養生，特に寒気に対する注意は極めて重要である。本条は，この観点から設けられたものであり，外界の気温が２℃以下になる時には，コンクリート自体の温度が２℃以下にならないよう，シートで覆うか採暖するなどの保温養生を行わなければならない。

しかしながら，プレキャスト製品を中心としてオートクレーブ養生等の特殊な養生をする場合には，必ずしも５日間の規制を適用しない。

（型わく及び支柱の除去）

令第76条　構造耐力上主要な部分に係る型わく及び支柱は，コンクリートが自重及び工事の施工中の荷重によつて著しい変形又はひび割れその他の損傷を受けない強度になるまでは，取りはずしてはならない。

２　前項の型わく及び支柱の取りはずしに関し必要な技術的基準は，国土交通大臣が定める。

（昭45政333・全改，平12政312・一部改正）

第１項

コンクリートの打設当初は必要な強度が発現しておらず，自重等の荷重により変形が生じたり，外的な衝撃により損傷を受けたりするおそれが高い。このため，打設後に一定の強度が発現するまでの間は，型わく及び支柱により保持することにより，変形，ひび割れ等の損傷を防止すべきことを定めたものである。

本項では，型わくと支柱は，コンクリートが相当の強度を有するようになってから除去すべきものとしたが，この規定はプレキャストコンクリート造の部材には適用されない。

第２項

前項の規定の趣旨を確かなものとするため，型わくの存置期間を技術的基準により定めるための規定である。本項の規定に基づく技術的基準である「現場打コンクリートの型わく及び支柱の取りはずしに関する基準（S46建告第110号）」では，建築物の部位，セメントの種類，外気温，コンクリート強度に応じて，存置すべき期間（表３－６）を定めている。

表３－６　せき板と支柱の存置期間

（い）			（ろ）			（は）
区分	建築物の部分	セメントの種類	存置日数 存置期間中の平均気温（T　℃）			コンクリート圧縮強度
			T≧15	5≦T＜15	T＜5	
せき板	基礎，はり側柱及び壁	早強ポルトランドセメント	2	3	5	50kg／cm²
		普通ポルトランドセメント，高炉セメントA種，フライアツシユセメントA種，シリカセメントA種	3	5	8	
		高炉セメントB種，フライアツシユセメントB種，シリカセメントB種	5	7	10	
	版下及びはり下	早強ポルトランドセメント	4	6	10	0.5Fc Fc＝設計基準強度
		普通ポルトランドセメント，高炉セメントA種，フライアツシユセメントA種，シリカセメントA種	6	10	16	
		高炉セメントB種，フライアツシユセメントB種，シリカセメントB種	8	12	18	
支柱	版下	早強ポルトランドセメント	8	12	15	0.85Fc
		普通ポルトランドセメント，高炉セメントA種，フライアツシユセメントA種，シリカセメントA種	17	25	28	
		高炉セメントB種，フライアツシユセメントB種，シリカセメントB種	28	28	28	

	はり下	早強ポルトランドセメント，普通ポルトランドセメント，高炉セメントA種，フライアッシュセメントA種，シリカセメントA種，高炉セメントB種，フライアッシュセメントB種，シリカセメントB種	28	Fc

（柱の構造）

令第77条 構造耐力上主要な部分である柱は，次に定める構造としなければならない。

一 主筋は，4本以上とすること。

二 主筋は，帯筋と緊結すること。

三 帯筋の径は，6ミリメートル以上とし，その間隔は，15センチメートル（柱に接着する壁，はりその他の横架材から上方又は下方に柱の小径の2倍以内の距離にある部分においては，10センチメートル）以下で，かつ，最も細い主筋の径の15倍以下とすること。

四 帯筋比（柱の軸を含むコンクリートの断面の面積に対する帯筋の断面積の和の割合として国土交通大臣が定める方法により算出した数値をいう。）は，0.2パーセント以上とすること。

五 柱の小径は，その構造耐力上主要な支点間の距離の15分の1以上とすること。ただし，国土交通大臣が定める基準に従つた構造計算によつて構造耐力上安全であることが確かめられた場合においては，この限りでない。

六 主筋の断面積の和は，コンクリートの断面積の0.8パーセント以上とすること。

（昭34政344・昭45政333・昭55政196・平12政211・平12政312・平14政393・平19政49・平23政46・一部改正）

構造耐力上主要な部分である柱について，主筋及び帯筋の配筋，柱の小径等を定めたものである。

第1号・第6号

主筋の本数，断面積及び帯筋との緊結を規定したものである。主筋の断面積の和は，コンクリート実断面積に対して0.8%以上としなければならない。

第2号から第4号

これらは，柱のせん断破壊に重要な関連をもつ帯筋の間隔，断面積，最小の量を規定したものである。帯筋間隔は，原則10cm以下である。ただし，はり，垂れ壁，小壁，腰壁などの横架材から柱の小径の2倍を超える部分は，間隔を15cmとしてよい。帯筋は，柱のせん断破壊を防止する上できわめて重要なので，端部に135°のフックを設けるか溶接で接合しあるいはスパイラル筋を用い，主筋を取り囲み内部のコンクリートを十分に拘束するよう施工する。

帯筋比を算出する方法は「鉄筋コンクリート造の柱の帯筋比を算出する方法（S56建告第1106号）」に定められている。

第5号

座屈に対する安全を確保することを目的としたもので，柱の小径（矩形断面の場合は短い方の辺の長さ，円形断面の場合は直径）は，支点間距離の1／15以上としなければならない。ここで，支点間距離は，柱の内のり長さである。本号ただし書に基づいて国土交通大臣が定める基準である「鉄筋コンクリート造の柱の構造耐力上の安全性を確かめるための構造計算の基準を定める件（H23国交告第433号）」に規定する構造計算に従い，柱の小径を定める場合には，この規定を適用しなくてよい。この構造計算は，次表の応力割増率αを柱の長期及び短期の軸力と曲げモーメントに乗じ，軸力と曲げに対する断面検定を行うことである。

表3－7　応力割増率α

Dho	応力割増率α
1／15≦Dho≦1／20	α＝1.0＋0.25(Dho－1/15)/(1/20－1/15)
1／20≦Dho≦1／25	α＝1.25＋0.5(Dho－1/20)/(1/25－1/20)

［柱の小径］／［柱の内のり長さ］＝Dho

（床版の構造）

令第77条の2　構造耐力上主要な部分である床版は，次に定める構造としなければならない。ただし，第82条第4号に掲げる構造計算によつて振動又は変形による使用上の支障が起こらないことが確かめられた場合においては，この限りでない。

一　厚さは，8センチメートル以上とし，かつ，短辺方向における有効張り間長さの40分の1以上とすること。

二　最大曲げモーメントを受ける部分における引張鉄筋の間隔は，短辺方向において20センチメートル以下，長辺方向において30センチメートル以下で，かつ，床版の厚さの3倍以下とすること。

２　前項の床版のうちプレキャスト鉄筋コンクリートで造られた床版は，同項の規定によるほか，次に定める構造としなければならない。

一　周囲のはり等との接合部は，その部分の存在応力を伝えることができるものとすること。

二　２以上の部材を組み合わせるものにあつては，これらの部材相互を緊結すること。

（昭45政333・追加，昭55政196・平12政211・平12政312・平19政49・一部改正）

構造耐力上主要な部分である床版に関する規定である。

第１項

本項は，現場打ちコンクリート造の床版とプレキャストコンクリート造の床版について，厚さ，引張鉄筋の間隔について定めている。本項は，床版の厚さが不足する場合，鉄筋等が不足する場合に，過大なたわみ等が生じ使用上の支障が生じることを防止するための規定であり，令第82条第４号に掲げる構造計算によって支障がないことが確かめられた場合には適用されないこととしている。

第２項

プレキャストコンクリート造の床版にのみ適用する規定である。鉄筋コンクリート造において，床版は極めて重要な耐震要素であるのでプレキャスト鉄筋コンクリート造のもので，一定の構造計算により構造耐力上の安定性を確かめた場合を除き，必要な面内剛性を確保しうるよう，また部材相互の接合について存在応力を伝えられる構造とするよう規定している。

（はりの構造）

令第78条　構造耐力上主要な部分であるはりは，複筋ばりとし，これにあばら筋をはりの丈の４分の３（臥梁（がりよう）にあつては，30センチメートル）以下の間隔で配置しなければならない。

（昭34政344・昭55政196・平12政211・平12政312・平19政49・一部改正）

構造耐力上主要な部分であるはりは，複筋ばりとし，所定の間隔であばら筋を配置するよう規定している。補強コンクリートブロック造等の臥梁は，あばら筋の間隔がはりの丈の３／４では過剰な制限となるため，この場合は，30㎝以下としている。

（耐力壁）

令第78条の２　耐力壁は，次に定める構造としなければならない。

一　厚さは，12センチメートル以上とすること。

二　開口部周囲に径12ミリメートル以上の補強筋を配置すること。

三　径９ミリメートル以上の鉄筋を縦横に30センチメートル（複配筋として配置する場合においては，45センチメートル）以下の間隔で配置すること。ただし，平家建ての建築物にあつては，その間隔を35センチメートル（複配筋として配置する場合においては，50センチメートル）以下とすることができる。

四　周囲の柱及びはりとの接合部は，その部分の存在応力を伝えることができるものとすること。

２　壁式構造の耐力壁は，前項の規定によるほか，次に定める構造としなければならない。

一　長さは，45センチメートル以上とすること。

二　その端部及び隅角部に径12ミリメートル以上の鉄筋を縦に配置すること。

三　各階の耐力壁は，その頂部及び脚部を当該耐力壁の厚さ以上の幅の壁ばり（最下階の耐力壁の脚部にあつては，布基礎又は基礎ばり）に緊結し，耐力壁の存在応力を相互に伝えることができるようにすること。

（昭55政196・追加，平12政211・平12政312・平19政49・一部改正）

第１項

耐力壁は耐震上，最も重要な構造要素の一つである。本項では，最低限備えなければならない条件として，壁の厚さ，開口部補強，配筋等の規定を設けている。

第２項

いわゆる壁式構造の耐力壁としての付加的条件を定めているが，このほかに，壁式構造の技術基準が「壁式鉄筋コンクリート造の建築物又は建築物の構造部分の構造方法に関する安全上必要な技術的基準を定める件（H13国交告第1026号）」に詳細に定められている。

（鉄筋のかぶり厚さ）

令第79条　鉄筋に対するコンクリートのかぶり厚さは，耐力壁以外の壁又は床にあつては2センチメートル以上，耐力壁，柱又ははりにあつては3センチメートル以上，直接土に接する壁，柱，床若しくははり又は布基礎の立上り部分にあつては4センチメートル以上，基礎（布基礎の立上り部分を除く。）にあつては捨コンクリートの部分を除いて6センチメートル以上としなければならない。

2　前項の規定は，水，空気，酸又は塩による鉄筋の腐食を防止し，かつ，鉄筋とコンクリートとを有効に付着させることにより，同項に規定するかぶり厚さとした場合と同等以上の耐久性及び強度を有するものとして，国土交通大臣が定めた構造方法を用いる部材及び国土交通大臣の認定を受けた部材については，適用しない。

（昭34政344・昭55政196・平12政211・平12政312・平17政192・一部改正）

第1項

コンクリートのかぶり厚さを一定値以上確保することは，鉄筋の発錆の防止，耐火性の確保，鉄筋の付着力の確保等にとって重要な要素である。

モルタル塗，タイル貼などは，耐火上有効な仕上げ方法であるが，かぶり厚さの算定に含めることはできない。これらが，鉄筋の付着力確保に有効ではないからである。

実際の建設に当たり，仕上げの有無，セメントの品質，骨材の性状等や海浜付近で潮風や海水の影響をうける建築物などの場合には，これらの要素を考慮し，かぶり厚さを割増すことの検討も必要である。

第2項

本項に基づいて定められた「建築基準法施行令第79条第1項の規定を適用しない鉄筋コンクリート造の部材及び同令第79条の3第1項の規定を適用しない鉄骨鉄筋コンクリート造の部材の構造方法を定める件（H13国交告第1372号）」により鉄筋のコンクリートに対するかぶり厚さを設定する場合は，第1項の規定は適用しなくてよい。

第７節　鉄骨鉄筋コンクリート造

（適用の範囲）

令第79条の２　この節の規定は，鉄骨鉄筋コンクリート造の建築物又は鉄骨鉄筋コンクリート造と鉄筋コンクリート造その他の構造とを併用する建築物の鉄骨鉄筋コンクリート造の構造部分に適用する。

（昭55政196・追加）

従来，鉄骨鉄筋コンクリート造は鉄骨造と鉄筋コンクリート造との規定をそれぞれ適用していたが，昭和55年の改正により独立の節を新設し，必要な事項が定められた。本条は，他の構造と同様に適用の範囲を定めている。

（鉄骨のかぶり厚さ）

令第79条の３　鉄骨に対するコンクリートのかぶり厚さは，５センチメートル以上としなければならない。

２　前項の規定は，水，空気，酸又は塩による鉄骨の腐食を防止し，かつ，鉄骨とコンクリートとを有効に付着させることにより，同項に規定するかぶり厚さとした場合と同等以上の耐久性及び強度を有するものとして，国土交通大臣が定めた構造方法を用いる部材及び国土交通大臣の認定を受けた部材については，適用しない。

（昭55政196・追加，平12政211・平12政312・平17政192・一部改正）

第１項

鉄骨に対するコンクリートのかぶり厚さを５㎝以上と規定している。次条において準用される令第79条の規定により，鉄筋に対するコンクリートのかぶりが３㎝以上と規定されているので，通常の施工の方法では，十分適用しうる数値である。

第２項

令第79条第２項と同様，本項に基づいて定められた告示（H13国交告第1372号）により鉄骨のコンクリートに対するかぶり厚さを設定する場合は，第１項の規定は適用しなくてよい。

（鉄骨鉄筋コンクリート造に対する第５節及び第６節の規定の準用）

令第79条の４　鉄骨鉄筋コンクリート造の建築物又は建築物の構造部分につい

ては，前2節（第65条，第70条及び第77条第4号を除く。）の規定を準用する。この場合において，第72条第2号中「鉄筋相互間及び鉄筋とせき板」とあるのは「鉄骨及び鉄筋の間並びにこれらとせき板」と，第77条第6号中「主筋」とあるのは「鉄骨及び主筋」と読み替えるものとする。

（昭55政196・追加，平16政210・一部改正）

鉄骨鉄筋コンクリート造に対する鉄骨造及び鉄筋コンクリート造の諸規定の準用について定めている。

準用する規定は，鉄骨造に関する規定のうち令第65条（圧縮材の有効細長比）及び令第70条（柱の防火被覆）の規定以外の規定，及び鉄筋コンクリート造の規定のうち令第77条第4号（帯筋比）の規定以外の規定を準用することとしている。除外した規定は，鉄骨鉄筋コンクリート造の部材としての性状を考えた場合に，特に必要のないものである。

また，準用規定中令第72条第2号では，「鉄筋相互間及び鉄筋とせき板」を「鉄骨及び鉄筋の間並びにこれとせき板」と読み替え，令第77条第6号の主筋量の規定では「主筋」を「鉄骨及び主筋」と読み替え，鋼材断面積のコンクリート断面積に対する比を0.8%以上とすることとしている。

第８節　無筋コンクリート造

（無筋コンクリート造に対する第４節及び第６節の規定の準用）

令第80条　無筋コンクリート造の建築物又は無筋コンクリート造とその他の構造とを併用する建築物の無筋コンクリート造の構造部分については，この章の第４節（第52条を除く。）の規定並びに第71条（第79条に関する部分を除く。），第72条及び第74条から第76条までの規定を準用する。

無筋コンクリート造の建築物又は併用構造の建築物の無筋コンクリート造の部分に準用する規定は，令第４節における組積造の規定中，目地に関する規定を除き，その他のすべての規定，及び令第６節における鉄筋コンクリート造の規定中，鉄筋に関する規定を除き，その他のすべての規定である。

第９節　構造方法に関する補則

（構造方法に関する補則）

令第80条の２　第３節から前節までに定めるもののほか，国土交通大臣が，次の各号に掲げる建築物又は建築物の構造部分の構造方法に関し，安全上必要な技術的基準を定めた場合においては，それらの建築物又は建築物の構造部分は，その技術的基準に従つた構造としなければならない。

一　木造，組積造，補強コンクリートブロック造，鉄骨造，鉄筋コンクリート造，鉄骨鉄筋コンクリート造又は無筋コンクリート造の建築物又は建築物の構造部分で，特殊の構造方法によるもの

二　木造，組積造，補強コンクリートブロック造，鉄骨造，鉄筋コンクリート造，鉄骨鉄筋コンクリート造及び無筋コンクリート造以外の建築物又は建築物の構造部分

（昭39政４・追加，昭45政333・昭55政196・平12政312・一部改正）

建築基準法は，令第36条の規定によって，建築物の安全上必要な構造方法に関する技術的基準を政令で定めることとしている。その例が，令第３節「木造」から第７節「無筋コンクリート造」までの各構造方法に関する基準である。この結果，これらの諸基準に適合しない構造種別による建築物又は構造部分が禁止され，かつ，これらの構造種別以外の構造種別による建築物又は構造部分も禁止される。しかしながら，技術革新に伴い，新しい構造種別が出現してきており，このような新たな構造種別の建築物の実現が妨げられることを防ぐための救済が本条の主旨である。

本規定による救済は，令第３節から第７節までに定めるもの（第１号で定める基準）あるいは，これらに定めのない特殊な構造種別（第２号で定める基準）で，令第１節「総則」及び第２節「構造部材等」に抵触しないものに限られる。

令和５年現在，本条第１号，第２号に基づき制定されたものを次表にまとめて示す。

なお，「構造耐力上主要な部分にシステムトラスを用いる場合における当該構造耐力上主要な部分の構造方法に関する安全上必要な技術的基準を定める件（H14国交告第463号）」に規定するシステムトラスの基準は，鋼材を用いたシステムトラスにあっては本条第１号を根拠条文とし，アルミニウム合金を用いたシステムトラスにあっては本条第２号を根拠条文として定められている。鋼材を用いたシステムト

ラスの場合，令第５節（鉄骨造）と同告示の基準に従う必要がある。

表３－８　第１号に基づき制定された基準

告示番号	技術的基準の対象
H13国交告第1025号	壁式ラーメン鉄筋コンクリート造
H13国交告第1026号	壁式鉄筋コンクリート造
H13国交告第1540号	枠組壁工法又は木質プレハブ工法
H13国交告第1641号	薄板軽量形鋼造
H14国交告第326号	デッキプレート版を用いた床版又は屋根版
H14国交告第411号	丸太組構法
H14国交告第463号	システムトラス（鋼材を用いた場合）
H14国交告第464号	コンクリート充填鋼管造
H14国交告第474号	特定畜舎等建築物
H15国交告第463号	鉄筋コンクリート組積造
H19国交告第599号	軽量気泡コンクリートパネルを用いた床版又は屋根版
H28国交告第611号	CLTパネル工法

表３－９　第２号に基づき制定された基準

告示番号	技術的基準の対象
S58建告第1320号	プレストレストコンクリート造
H12建告第2009号	免震建築物
H14国交告第410号	アルミニウム合金造
H14国交告第463号	システムトラス（アルミニウム合金を用いた場合）
H14国交告第666号	膜構造
H14国交告第667号	テント倉庫建築物

（土砂災害特別警戒区域内における居室を有する建築物の構造方法）

令第80条の３　土砂災害警戒区域等における土砂災害防止対策の推進に関する法律（平成12年法律第57号）第９条第１項に規定する土砂災害特別警戒区域（以下この条及び第82条の５第８号において「特別警戒区域」という。）内における居室を有する建築物の外壁及び構造耐力上主要な部分（当該特別警戒区域の指定において都道府県知事が同法第９条第２項及び土砂災害警戒区域等における土砂災害防止対策の推進に関する法律施行令（平成13年政令第

84号）第4条の規定に基づき定めた土石等の高さ又は土石流の高さ（以下この条及び第82条の5第8号において「土石等の高さ等」という。）以下の部分であつて，当該特別警戒区域に係る同法第2条に規定する土砂災害の発生原因となる自然現象（河道閉塞による湛水を除く。以下この条及び第82条の5第8号において単に「自然現象」という。）により衝撃が作用すると想定される部分に限る。以下この条及び第82条の5第8号において「外壁等」という。）の構造は，自然現象の種類，当該特別警戒区域の指定において都道府県知事が同法第9条第2項及び同令第4条の規定に基づき定めた最大の力の大きさ又は力の大きさ（以下この条及び第82条の5第8号において「最大の力の大きさ等」という。）及び土石等の高さ等（当該外壁等の高さが土石等の高さ等未満であるときは，自然現象の種類，最大の力の大きさ等，土石等の高さ等及び当該外壁等の高さ）に応じて，当該自然現象により想定される衝撃が作用した場合においても破壊を生じないものとして国土交通大臣が定めた構造方法を用いるものとしなければならない。ただし，土石等の高さ等以上の高さの門又は塀（当該構造方法を用いる外壁等と同等以上の耐力を有するものとして国土交通大臣が定めた構造方法を用いるものに限る。）が当該自然現象により当該外壁等に作用すると想定される衝撃を遮るように設けられている場合においては，この限りでない。

（平13政85・追加，平19政49・平23政10・平27政6・一部改正）

平成12年に「土砂災害警戒区域等における土砂災害防止対策の推進に関する法律（土砂災害防止法）」が制定された。その第23条には「特別警戒区域における土砂災害の発生を防止するため，政令により，居室を有する建築物の構造が当該土砂災害の発生原因となる自然現象により建築物に作用すると想定される衝撃に対して安全なものとなるよう建築物の構造耐力に関する基準を定めるものとする。」とされた。

本条は，これに対応するもので，土砂災害の発生する危険性の高い区域に建てる建築物で居室を有するものについて，都道府県知事が区域を指定した場合には，土石流等の自然現象（急傾斜地の崩壊，土石流，地滑り）による衝撃を受けても破壊を生じないよう，国土交通大臣が定めた構造方法である「土砂災害特別警戒区域内における居室を有する建築物の外壁等の構造方法並びに当該構造方法を用いる外壁等と同等以上の耐力を有する門又は塀の構造方法を定める件（H13国交告第383

号)」を用いることを定めたものである。ここで，考慮すべき土石流等の高さや土石流の力の大きさは，都道府県知事が定めることとされている。なお，本告示に沿ってこれらの土石流等の衝撃を受けうる塀を設ける等の対策をとり，建築物に土石流の影響が及ばない場合には，建築物の構造に本規定を適用する必要はない。

第10節　構造計算

令第81条　法第20条第１項第１号の政令で定める基準は，次のとおりとする。
一　荷重及び外力によつて建築物の各部分に連続的に生ずる力及び変形を把握すること。
二　前号の規定により把握した力及び変形が当該建築物の各部分の耐力及び変形限度を超えないことを確かめること。
三　屋根ふき材，特定天井，外装材及び屋外に面する帳壁が，風圧並びに地震その他の震動及び衝撃に対して構造耐力上安全であることを確かめること。
四　前３号に掲げるもののほか，建築物が構造耐力上安全であることを確かめるために必要なものとして国土交通大臣が定める基準に適合すること。
2　法第20条第１項第２号イの政令で定める基準は，次の各号に掲げる建築物の区分に応じ，それぞれ当該各号に定める構造計算によるものであることとする。
一　高さが31メートルを超える建築物　次のイ又はロのいずれかに該当する構造計算
イ　保有水平耐力計算又はこれと同等以上に安全性を確かめることができるものとして国土交通大臣が定める基準に従つた構造計算
ロ　限界耐力計算又はこれと同等以上に安全性を確かめることができるものとして国土交通大臣が定める基準に従つた構造計算
二　高さが31メートル以下の建築物　次のイ又はロのいずれかに該当する構造計算
イ　許容応力度等計算又はこれと同等以上に安全性を確かめることができるものとして国土交通大臣が定める基準に従つた構造計算
ロ　前号に定める構造計算
3　法第20条第１項第３号イの政令で定める基準は，次条各号及び第82条の４に定めるところによる構造計算又はこれと同等以上に安全性を確かめることができるものとして国土交通大臣が定める基準に従つた構造計算によるものであることとする。

（昭34政344・昭55政196・平12政211・平12政312・平19政49・平25政217・平27政11・一部改正）

本条は，法第20条第１項第１号から第３号までにおいて要求する構造計算をそれぞれ第１項から第３項までに定めたものである。

第１項

法第20条第１項第１号の対象とする建築物は高さ>60ｍの超高層建築物で，その構造計算を次のように規定している。

① 荷重・外力により建築物の各部分に生じる応力と変形を連続的に計算する。ここで，連続的に応力と変形を求める計算とは，例えば時刻歴応答解析を指している。

② その応力と変形が建築物各部分の耐力と変形限界を超えないことを確認する。これは終局強度設計などの塑性設計を行うことを求めたものである。

③ 屋根ふき材，特定天井，外装材，屋外に面する帳壁が風圧力や地震力等の震動や衝撃により脱落しないことを確認する。

④ 以上のほか，国土交通大臣が定める基準である「超高層建築物の構造耐力上の安全性を確かめるための構造計算の基準を定める件（H12建告第1461号）」に準拠する。

H12建告第1461号［超高層建築物の構造耐力上の安全性を確かめるための構造計算］の概要

超高層建築物の構造計算の基準

1　固定荷重及び積載荷重に対する構造計算

構造耐力上主要な部分に損傷を生じないことを確認する。

2　積雪荷重に対する構造計算

イ　積雪荷重：令第86条による。ただし，特別な調査・研究で50年再現期待値（年超過確率２％に相当）を求めた場合は，その値とすることができる。

ロ　イの積雪荷重により，建築物の構造耐力上主要な部分に損傷を生じないことを確認する。

ハ　イの積雪荷重の1.4倍の荷重により，建築物が倒壊，崩壊等しないことを確認する。

ニ　イ～ハの構造計算で，融雪装置等の積雪荷重を軽減する措置を設置した場合は，積雪荷重を低減できる。この場合，その出入口等の見やすい場所に，軽減の実況等必要な事項を表示する。

3　風圧力に対する構造計算

水平面内での風向と直交方向及びねじれ方向の建築物の振動，屋根面の鉛直方向の振動を適切に考慮する。

イ　令第87条第２項の風速Voによる暴風により，建築物の構造耐力上主要な部分（制振部材を除く。）に損傷を生じないことを確認する。

制振部材：運動エネルギーを吸収するための部材で，疲労，履歴及び減衰に関する特性が明らかであり，ロの暴風及び第4号ハの地震動に対して所定の性能を発揮することが確認されたもの

ロ　風速がイの風速の1.25倍に相当する暴風（風圧力はイの場合の1.25×1.25≒1.6倍）により，建築物が倒壊，崩壊等しないことを確認する。

4　地震力に対する構造計算

この構造計算では，建築物の規模・形態に応じた上下方向の地震動，地震動に直交する方向の水平動，地震動の位相差，鉛直方向の荷重に対する水平方向の変形の影響等を適切に考慮する。地震力の影響が暴風，積雪などの地震以外の荷重・外力の影響に比べ小さい場合は，地震力に対する構造計算は不要。

イ　建築物に水平方向に作用する地震動の設定

敷地の周辺の断層，震源からの距離その他地震動に対する影響及び建築物への効果を適切に考慮して定める場合は，以下によらなくても可。

(1)　解放工学的基盤（せん断波速度≧約400m／s）における加速度応答スペクトル（Sa，減衰定数5％）は次表に適合し，表層地盤による増幅を適切に考慮する。

①　［稀に発生する地震動］に対するSa

T＜0.16の場合　Sa＝（0.64＋6T）Z
0.16≦T＜0.64の場合　Sa＝1.6Z
0.64≦Tの場合　Sa＝（1.024／T）Z

②　［極めて稀に発生する地震動］に対するSaは①のSaの5倍の数値

(2)　地震波の継続時間≧60秒

(3)　地震波のディジタル化：加速度，速度，変位又はこれらの組合せ

(4)　地震波の数：建築物の構造耐力上の安全性の検証に必要な個数以上

ロ　［稀に発生する地震動］により建築物の構造耐力上主要な部分が損傷しないことを，振動解析で確認する。ただし，制振部材は，この限りでない。

ハ　［極めて稀に発生する地震動］により建築物が倒壊，崩壊等しないことを，振動解析で確認する。

ニ　イからハまでの規定は，建築物が次の基準に該当する場合には，適用しない。

(1)　地震が応答性状に与える影響が小さい場合。

(2)　［稀に発生する地震動］と同等以上の地震力で建築物が損傷しないことを確かめた場合。

(3)　［極めて稀に発生する地震動］と同等以上の地震力で建築物が倒壊，崩壊等しないことを確かめた場合。

5　第2号から第4号までの構造計算では，第1号の荷重・外力を適切に考慮する。

6　第1号の荷重・外力に対し，構造部材の変形又は振動により使用上の支障が起こらないことを確認する。

7　屋根ふき材，外装材及び屋外に面する帳壁が，風圧並びに地震その他の震動及び衝撃に対して構造耐力上安全であることを確認する。
8　土砂災害警戒区域等における土砂災害防止対策の推進に関する法律（平成12年法律第57号）第８条第１項に規定する土砂災害特別警戒区域内で居室を有する建築物の場合，令第80条の３ただし書の場合を除き，土砂災害の発生原因となる自然現象の種類に応じ，それぞれ「土砂災害特別警戒区域内における居室を有する建築物の外壁等の構造方法並びに当該構造方法を用いる外壁等と同等以上の耐力を有する門又は塀の構造方法を定める件（H13国交告第383号）第２第２号，第３第２号又は第４第２号に定める外力により外壁等（令第80条の３に規定する外壁等）が破壊しないことを確認する。この場合，第１号に規定する荷重・外力を適切に考慮する。
9　前各号の構造計算が，次の基準に適合していること。
イ　建築物のうち令第３章第３節から第７節の２までの規定に該当しない構造方法とした部分（該当する部分が複数存在する場合は，それぞれの部分）について，その耐力及び靭性その他の建築物の構造特性に影響する力学特性値が明らかであること。
ロ　イの力学特性値を確かめる方法は，次のいずれかによる。
(1)　当該部分及びその周囲の接合の実況に応じた加力試験
(2)　当該部分を構成するそれぞれの要素の剛性，靭性その他の力学特性値及び要素相互の接合の実況に応じた力及び変形の釣合いに基づく構造計算
ハ　構造計算には，構造耐力に影響する材料の品質が適切に考慮されていること。

第２項

法第20条第１項第２号イの対象とする建築物に対する構造計算の基準を建築物の高さに応じ，次のように規定している。ここで対象となる建築物は，次のｉ）～ⅲ）であり，整理すると表３―10のとおりとなる。これらについては，規模に応じて各号に規定する構造計算によって安全性を確認し，第三者による構造計算適合性判定を受ける必要がある。

ｉ）木造で地上部分≧４階建て以上又は高さ＞16m
ⅱ）鉄骨造で地上部分≧４階建て，鉄筋コンクリート造又は鉄骨鉄筋コンクリート造で高さ≧20m
ⅲ）そのほか政令で定める建築物（令第36条の２）

表３―10　高さ60m以下で構造計算適合性判定が必要となる木造・Ｓ造・ＲＣ造など

構造	高さ	階数※1	延べ面積
木造	16m超	4以上	―

S造※3	13m超※2	４以上	―
組積造・補強ＣＢ造	―	４以上	―
ＲＣ造・ＳＲＣ造（併用を含む）	20m超	２以上	―
その他構造計算適合性判定が必要な建築物	※令第36条の２における解説を参照		

※１　地階を除く

※２　軒高９ｍ超を含む

※３　「木造・組積造・補強ＣＢ造・Ｓ造を併用する場合」や，「木造・組積造・補強ＣＢ造・Ｓ造のいずれかとＲＣ造・ＳＲＣ造のいずれかを併用する場合」も同様。

第１号　高さ＞31ｍの建築物は次のいずれかの構造計算を行う。

① 「保有水平耐力計算」又はこれと同等の構造計算として国土交通大臣が定めるもの

② 「限界耐力計算」又はこれと同等の構造計算として国土交通大臣が定めるもの

③ 法第20条第１項第２号ロの規定で，第１項第１号の超高層用の構造計算も選択可能

第２号　高さ≦31ｍの建築物は次のいずれかの構造計算を行う。

① 「許容応力度等計算」又はこれと同等の構造計算として国土交通大臣が定めるもの

② 「保有水平耐力計算」又はこれと同等の構造計算として国土交通大臣が定めるもの

③ 「限界耐力計算」又はこれと同等の構造計算として国土交通大臣が定めるもの

④ 法第20条第１項第２号ロの規定で，第１項第１号の超高層用の構造計算も選択可能

【保有水平耐力計算の同等計算方法（第２項第１号イ）】

第２項で「保有水平耐力計算」と同等の構造計算法と国土交通大臣が認めるものは，次の計算方法の基準であるが，いずれも令第82条の３に規定する保有水平耐力と同様の計算方法である。

・プレストレストコンクリート構造の構造計算方法（Ｓ58建告第1320号［第13，第14，第15第２号，第17］又は［第13，第14，第16，第17］）

・壁式ラーメン鉄筋コンクリート造の構造計算方法（Ｈ13国交告第1025号第８～

第12）

・膜構造の構造計算方法（H14国交告第666号第５第１項，第２項～第５項，ただし第４項第２号を除く。）

・鉄筋コンクリート組積造の構造計算方法（H15国交告第463号第11第１号イ及びロ，第３号，第４号）

・枠組壁工法又は木質プレハブ工法の構造計算方法（H13国交告第1540号第９）

【限界耐力計算の同等計算方法（第２項第１号ロ）】

第２項で「限界耐力計算」と同等の構造計算法と国土交通大臣が認めるものは，プレストレストコンクリート構造の構造計算方法（Ｓ58建告第1320号第18），免震構造の構造計算方法（H12建告第2009号第６）及びエネルギー法（H17国交告第631号）である。これらのうち，プレストレストコンクリート構造（Ｓ58建告第1320号第18の構造計算）と免震構造の構造計算方法は，限界耐力計算と同じである。エネルギー法は，地震時に建築物がその損傷，弾性振動，減衰により消費するエネルギーが地震により建築物に入力するエネルギーと釣り合うという考え方に基づいており，限界耐力計算法とは設計思想が異なる。ただし，想定する荷重・外力の種類と大きさに，これらの設計法の間で変わりはない。

【許容応力度等計算の同等計算方法（第２項第２号イ）】

第２項で「許容応力度等計算」と同等の構造計算法と国土交通大臣が認めるものは，次の計算方法の基準であるが，その内容は許容応力度等計算に類似である。

・プレストレストコンクリート構造の構造計算方法（Ｓ58建告第1320号第13，第14，第15第１号，第17）

・膜構造の構造計算方法（H14国交告第666号第５第１項，第２項～第５項，ただし第４項第３号を除く）

・鉄筋コンクリート組積造の構造計算方法（H15国交告第463号第11第１号，第４号）

第３項

法第20条第１項第３号イの対象とする建築物の構造計算の項目を次のように規定している。ここで対象となる建築物を整理すると表３―11のとおりとなる。これらについては，以下の①又は②に掲げる構造計算によって安全性を確認し，②に掲げる構造計算によって安全性を確認した場合は，第三者による構造計算適合性判定を受ける必要がある。

表3―11　高さ60m以下で構造計算が必要となる建築物

構造	階数[※1]	延べ面積
木造	3以上	300㎡超
木造以外の建築物	2以上	200㎡超

※1　地階を除く。

①　「許容応力度計算及び屋根ふき材等の構造計算」又はこれと同等の構造計算として国土交通大臣が定めるもの

②　法第20条第1項第3号ロの規定で，「許容応力度等計算」，「保有水平耐力計算」，「限界耐力計算」又は超高層用の構造計算も選択可能

令第81条　法第20条第1項第1号の政令で定める基準は，次のとおりとする。

一　荷重及び外力によつて建築物の各部分に連続的に生ずる力及び変形を把握すること。

二　前号の規定により把握した力及び変形が当該建築物の各部分の耐力及び変形限度を超えないことを確かめること。

三　屋根ふき材，特定天井，外装材及び屋外に面する帳壁が，風圧並びに地震その他の震動及び衝撃に対して構造耐力上安全であることを確かめること。

四　前3号に掲げるもののほか，建築物が構造耐力上安全であることを確かめるために必要なものとして国土交通大臣が定める基準に適合すること。

2　法第20条第1項第2号イの政令で定める基準は，次の各号に掲げる建築物の区分に応じ，それぞれ当該各号に定める構造計算によるものであることとする。

一　高さが31メートルを超える建築物　次のイ又はロのいずれかに該当する構造計算

イ　保有水平耐力計算又はこれと同等以上に安全性を確かめることができるものとして国土交通大臣が定める基準に従つた構造計算

ロ　限界耐力計算又はこれと同等以上に安全性を確かめることができるものとして国土交通大臣が定める基準に従つた構造計算

二　高さが31メートル以下の建築物　次のイ又はロのいずれかに該当する構造計算

イ　許容応力度等計算又はこれと同等以上に安全性を確かめることができ

るものとして国土交通大臣が定める基準に従つた構造計算
ロ　前号に定める構造計算
3　法第20条第1項第3号イの政令で定める基準は，次条各号及び第82条の4に定めるところによる構造計算又はこれと同等以上に安全性を確かめることができるものとして国土交通大臣が定める基準に従つた構造計算によるものであることとする。
（昭34政344・昭55政196・平12政211・平12政312・平19政49・平25政217・平27政11・一部改正）

旧・第4項

平成26年改正により法第20条第2項が新設され，本条の旧・第4項の内容が包含されることとなったため，同項は廃止された。詳細は，法第20条第2項の解説を参照すること。

第一款の二　保有水平耐力計算（第八十二条―第八十二条の四）

第一款の三　限界耐力計算（第八十二条の五）

第一款の四　許容応力度等計算（第八十二条の六）

令第81条第2項及び第3項においては，建築物の規模や構造に応じて実施するべき構造計算の種類を定めている。これらの構造計算については，令第一款の二，第一款の三及び第一款の四において規定されているが，法令の構成上，必ずしも各種の構造計算と条文の順番が一致していないなど，複雑な構成となっている。例えば，本法で規定されている構造計算のうち，「保有水平耐力計算」が令第82条として最初に規定されているが，「保有水平耐力計算」の構成要素として「許容応力度計算」が含まれているため，「許容応力度等計算」を規定している令第82条の6自身には許容応力度の計算方法が規定されておらず，先行する令第82条を引用する形となっている。

表3―12　各種の構造計算の全体構成

構造計算の種類	必要な計算	
		根拠条文
保有水平耐力計算（ルート3）	許容応力度計算	令第82条各号
	層間変形角の計算	令第82条の2
	保有水平耐力の計算	令第82条の3
	屋根ふき材等の構造計算	令第82条の4

限界耐力計算	限界耐力計算	令第82条の5各号
許容応力度等計算 （ルート2）	許容応力度計算	令第82条各号
	層間変形角の計算	令第82条の2
	屋根ふき材等の構造計算	令第82条の4
	剛性率・偏心率等の計算	令第82条の6第2号・第3号
許容応力度計算 （ルート1）	許容応力度計算	令第82条各号
	屋根ふき材等の構造計算	令第82条の4

（保有水平耐力計算）

令第82条　前条第2項第1号イに規定する保有水平耐力計算とは，次の各号及び次条から第82条の4までに定めるところによりする構造計算をいう。

一　第2款に規定する荷重及び外力によつて建築物の構造耐力上主要な部分に生ずる力を国土交通大臣が定める方法により計算すること。

二　前号の構造耐力上主要な部分の断面に生ずる長期及び短期の各応力度を次の表に掲げる式によつて計算すること。

力の種類	荷重及び外力について想定する状態	一般の場合	第86条第2項ただし書の規定により特定行政庁が指定する多雪区域における場合	備考
長期に生ずる力	常時	G＋P	G＋P	
	積雪時		G＋P＋0.7S	
短期に生ずる力	積雪時	G＋P＋S	G＋P＋S	
	暴風時	G＋P＋W	G＋P＋W	建築物の転倒，柱の引抜き等を検討する場合においては，Pについては，建築物の実況に応じて積載荷重を減らした数値によるものとする。
			G＋P＋0.35S＋W	
	地震時	G＋P＋K	G＋P＋0.35S＋K	

この表において，G，P，S，W及びKは，それぞれ次の力（軸方

向力，曲げモーメント，せん断力等をいう。）を表すものとする。

G　第84条に規定する固定荷重によつて生ずる力
P　第85条に規定する積載荷重によつて生ずる力
S　第86条に規定する積雪荷重によつて生ずる力
W　第87条に規定する風圧力によつて生ずる力
K　第88条に規定する地震力によつて生ずる力

三　第１号の構造耐力上主要な部分ごとに，前号の規定によつて計算した長期及び短期の各応力度が，それぞれ第３款の規定による長期に生ずる力又は短期に生ずる力に対する各許容応力度を超えないことを確かめること。

四　国土交通大臣が定める場合においては，構造耐力上主要な部分である構造部材の変形又は振動によつて建築物の使用上の支障が起こらないことを国土交通大臣が定める方法によつて確かめること。

（昭34政344・昭45政333・昭55政196・平12政211・平12政312・平17政192・平19政49・一部改正）

本条は，保有水平耐力計算（ルート３）により構造耐力上の安全性を確かめる場合に必要な構造計算を規定している。その内容は，前述のとおり，「許容応力度計算（本条第１号から第４号）」，「層間変形角の計算（令第82条の２）」，「保有水平耐力の計算（令第82条の３）」及び「屋根ふき材等の構造計算（令第82条の４）」を行うこととされている。

本条の第１号から第３号は，いわゆる「許容応力度計算」について規定したものである。実際の構造計算の手順は以下のようになる。

①　基本的な部材断面，接合部，配筋等を仮定する。
②　各部材の剛性，接合状況，支点の支持状況等を評価しつつ，応力解析のためのモデル化を行う。
③　第２款の規定から荷重・外力を計算し，これらによって部材に生ずる応力を計算する（第１号）。
④　長期及び短期の荷重・外力により各部材に生ずる応力から各断面に生ずる応力度を計算する（第２号）。
⑤　各応力度が，第３款の規定による材料の許容応力度を超えないことを確かめる（第３号）。

従来，本条では計算の入口である荷重及び外力と出口である許容応力度は法令で定め，計算方法（応力解析及び断面算定）は，学会等の規準類を参考とするなど工学的に確立された方法を用いればよいとされていた。しかし，平成19年の改正により，この方針が転換され，構造の解析モデル化に際して部材剛性，耐力等の諸数値の設定方法については，国土交通大臣が定める方法「保有水平耐力計算及び許容応力度等計算の方法を定める件（H19国交告第594号）」に従うこととされた（第1号）。

また，応力解析の方法は，法第20条第1項第2号イの規定により，「国土交通大臣が定めた方法」か，「国土交通大臣の認定を受けたプログラム」によって確かめることとされているが，この場合の「国土交通大臣が定めた方法」については，「建築物の構造方法が安全性を有することを確かめるための構造計算の方法を定める件（H19国交告第592号）」が制定され，荷重・外力により構造耐力上主要な部分に生じる応力と変形を適切に計算できる方法と定め，「固定モーメント法」と「たわみ角法」という2つの方法が例示されている。

平19国交告第594号［保有水平耐力計算及び許容応力度等計算の方法］の概要

保有水平耐力計算及び許容応力度計算に適用する。

第1　構造計算に用いる数値の設定方法

1　架構の寸法，耐力，剛性，剛域等：建物の実況に応じて適切に設定する。

2　上記の設定で，複数の適切な設定がある場合，全ての組合せについて，安全を確認する。

3　有開口壁の扱い

<構造部材と扱う場合>

無開口壁と同等以上の剛性・耐力となるよう開口部を補強した場合以外，イ）又はロ）により，剛性・耐力を低減した耐力壁と扱う。

イ）次の条件を満たす有開口耐力壁のせん断剛性・せん断耐力を，無開口壁の値に⑵と⑶に示す低減率を乗じて求める。

⑴　有開口耐力壁の条件

開口周比　$\gamma_0 \leqq 0.4$　かつ　開口の上部あるいは下部に壁部分があること。

$\gamma_0 = \sqrt{(h_0 \ell_0)/(h\ell)}$

ここで，h_0，ℓ_0は開口の高さと長さ，h，ℓは有開口耐力壁の高さ（上下のはりの中心間距離）と長さ（両端の柱の中心間距離）

⑵　せん断剛性の低減率

$\gamma_1 = 1 - 1.25\gamma_0$

⑶　せん断耐力の低減率

$\gamma_2 = 1 - \max(\gamma_0,\ \ell_0/\ell,\ h_0/h)$

ロ）有開口耐力壁の剛性・耐力について，特別な調査・研究を行う場合は，その結果による。

<非構造部材と扱う場合>

非構造部材とし，この部材から伝達される応力の影響を考慮して，構造耐力上主要な部分に生じる応力を計算する。

ホ）平成26年豪雪による建物被害を踏まえ，多雪区域以外の区域にある建築物のうち，特定緩勾配屋根（大スパン，緩勾配，屋根重量が軽い）を有する建築物にあっては，積雪荷重に，積雪後の降雨を考慮した割増係数を乗ずることとする。（平成30年改正により追加）

4　壁以外の部材に開口を設ける場合の扱い

次のいずれかによる。

①　無開口の部材と同等以上の耐力・剛性を有するように補強し，構造部材とする。

②　非構造部材とし，架構の応力計算でこの部材から伝達される応力の影響を考慮する。

③　剛性と耐力の低減について特別の調査・研究を実施し，構造部材とする。

第2　応力計算

1　応力計算の基本仮定

イ　構造部材は弾性状態とする。

ロ　基礎又は基礎ぐいの変形を考慮する場合，基礎又は基礎ぐいの接する地盤が弾性状態であることを確認する。

2　第1号の応力計算では，非構造部材から伝達される応力の影響を考慮する。ただし，特別の調査・研究による適用除外あり。

3　次のイ～ニのいずれかによる。ただし，特別の調査・研究による適用除外あり。

イ　耐力壁付き鉄筋コンクリート造・鉄骨鉄筋コンクリート造剛接架構で［耐力壁の負担せん断力≧層せん断力の50%］の場合

柱（耐力壁の端部の柱を除く。）の許容応力度計算は以下による。

設計用せん断力　$Q_D=0.25C_i W_{ci}+Q_L$

ここで，Q_Lは常時荷重によるせん断力，W_{ci}は柱の軸力

ロ　［地階を除く階数≧4］又は［高さ＞20m］の建物で柱の長期軸力≧0.2Wiの場合

この柱を架構の端部（出隅部）に設ける場合は，桁行・張り間以外の方向（斜め45度方向）の水平力に対して許容応力度計算（令第82条第1号～第3号の構造計算）をする。

ハ　［地階を除く階数≧4］又は［高さ＞20m］の建物で，高さ2mを超える屋上突出物，屋外階段等の構造計算

［水平震度≧1.0］に対し，屋上突出物，屋外階段等とこれらが接続する建物の構造耐力上主要な部分を許容応力度計算する。

ニ　建物の外壁から2mを超えて突出する片持ちバルコニー等の構造計算

［鉛直震度≧1.0］に対し，片持ちバルコニー等とこれらが接続する建物の構

造耐力上主要な部分を許容応力度計算する。

第3　層間変位の計算方法

1　層間変位の定義

層間変位＝「各階の上下の床版と壁又は柱とが接する部分の水平方向相対変位」の計算方向成分

上下の床版に接する全ての柱・壁について，層間変形角の検討を行う。

2　剛性率計算に用いる層間変位

［剛性率の算定に用いる層間変位］＝［計算方向のせん断力に対して一様に変形すると仮定して計算した変位］

ただし，特別な調査研究で層間変位を計算した場合は，適用除外。

第4　保有水平耐力の計算方法

1　保有水平耐力を計算するときの崩壊系は次のいずれかとする。

イ　全体崩壊系

ロ　部分崩壊系

ハ　局部崩壊系

2　増分解析で保有水平耐力を計算する場合の水平力分布形

層せん断力分布がAi分布に従う水平力分布形を原則とする。

次のいずれかに該当する場合，層せん断力分布がQ_{un}分布（Ai・Ds・Fes分布）に従う水平力分布形を用いることができる。

イ　Ai分布を用い増分解析し，架構の崩壊系が全体崩壊系となる場合。

ロ　Ai分布を用い増分解析し，架構の崩壊系が部分崩壊系又は局部崩壊系となり，かつ，未崩壊の部分がはり端部にヒンジ（ただし，最上階の柱頭と，最下階の柱脚にヒンジは可）となる場合。

ハ　特別な調査・研究で層せん断力分布がQ_{un}分布に従うことを確かめた場合。

3　第1号の崩壊系の確認に当たって用いる方法

イ　木造：柱，はり及び柱はり接合部が存在応力を伝達できること。

ロ　鉄骨造で，冷間成形角形鋼管（厚さ≧6㎜に限る。）を構造耐力上主要な柱に用いる場合

⑴　「JIS　GG3466（一般構造用角形鋼管）─2006」に規定する角形鋼管（STKR）の柱の柱はり接合部は下記を満たし，

$\Sigma M_{pc} \geqq 1.5 \Sigma M_{pb}$

M_{pc}，M_{pb}：それぞれ，柱，はりの材端に生じうる最大の曲げモーメント

かつ，1階の柱の場合は以下を満たすこと。

［地震時に柱の脚部に生じる応力］×1.4（内ダイアフラム形式の場合，1.3）に対して，許容応力度計算を行う。ただし，内ダイアフラムを落とし込む形式の場合，乗じる係数は1.4。

⑵　STKR以外の角形鋼管の柱がある階ごとに，その階の全ての柱はり接合部は下記を満たすこと。

$\Sigma M_{pc} \geqq \Sigma \min(1.5M_{pb}, 1.3M_{pp})$

M_{pc}，M_{pb}，M_{pp}：それぞれ，柱，はりの材端，柱はり接合部に生じうる最大の曲げモーメント

ただし，次の場合は適用除外。即ち，この式に適合しない階に設けた角形鋼管の柱の材端，最上階の角形鋼管の柱頭及び1階の角形鋼管の柱脚部の耐力を次表の低減係数で低減し，これらの柱に接続するはりの端部にはヒンジは発生しないと見なして，保有水平耐力の計算を行う場合。

鋼材の種別	柱及びはりの接合部の構造方法	
	(い)	(ろ)
	内ダイアフラム形式（ダイアフラムを落とし込む形式としたものを除く。）	(い)欄に掲げる形式以外の形式
ロール成形その他断面のすべてを冷間成形により加工したもの	0.80	0.75
プレス成形その他断面の一部を冷間成形により加工したもの	0.85	0.80

ハ　鉄筋コンクリート造　せん断破壊を生じないと仮定した部材のせん断設計は下記による。ただし，特別の調査・研究による適用除外あり。

使用する部分	第1号の計算を行う場合における部材の状態	
	(い)	(ろ)
	部材の両端にヒンジが生ずる状態	(い)欄に掲げる状態以外の状態
はり	$Q_b \geqq Q_0 + 1.1Q_M$	$Q_b \geqq Q_0 + 1.2Q_M$
柱	$Q_c \geqq 1.1Q_M$	$Q_c \geqq 1.25Q_M$
耐力壁	—	$Q_w \geqq 1.25Q_M$

Q_0：長期のせん断力。

Q_M：保有水平耐力時の水平力により作用するとしたせん断力。

Q_b，Q_c，Q_w：それぞれ，はり，柱，耐力壁の終局せん断耐力（mean式）

ニ　次式の設計用せん断力に対して許容応力度計算を行う。ただし，特別の調査・研究による適用除外あり。

$Q_D = \min(Q_L + nQ_E,\ Q_0 + Q_y)$

Q_L：常時荷重（固定＋積載，多雪地域では更に積雪を加える。）により生じるせん断力

Q_E：令88条の規定する地震力により生じるせん断力

Q_0：部材の端部支持条件を単純支持としたときに，常時荷重により生じるせん断力

Q_y：部材の両端に曲げ降伏が生じるときのせん断力

n＝1.5：はりと柱，n＝1.0：耐力壁

4　鉄筋コンクリート造・鉄骨鉄筋コンクリート造で「令第73条（鉄筋の継手及び定着），令第77条第２号～第６号（柱の構造），令第78条（梁の構造），令第78条の２第１項第３号（耐力壁）の規定（いわゆる，仕様規定）に適合しないものの構造計算

仕様規定の適用を除外するための構造計算方法を定めたもので，その内容は限界耐力計算の場合と同様の手法である。鉄筋の継ぎ手の構造方法に関しては，別途，令第73条の継ぎ手（重ね継ぎ手）の他に，「平12建告第1463号」で［圧接］［溶接］［機械式］の３種が定められている。

［当該部分に生じる応力］≦［当該部分の耐力］

［当該部分の耐力］＝令第３章第８節第４款の材料強度から求める耐力

当該部分に生じる応力は次表の式で計算する。ただし，加力実験による適用除外あり。

荷重及び外力について想定する状態	一般の場合	令第86条第２項ただし書の規定により特定行政庁が指定する多雪区域における場合	備考
積雪時	G＋P＋1.4S	G＋P＋1.4S	
暴風時	G＋P＋1.6W	G＋P＋1.6W	建築物の転倒，柱の引抜き等を検討する場合においては，Pについては，建築物の実況に応じて積載荷重を減らした数値によるものとする。
		G＋P＋0.35S＋1.6W	
地震時	G＋P＋K	G＋P＋0.35S＋K	

5　［塔状比＞４］の建物の地盤等

［地盤に生じる応力］≦［地盤調査により求めた極限応力度に基づき計算した極限支持力］

［基礎杭及び地盤アンカーに生じる応力］≦［材料強度から計算した耐力］かつ［地盤調査で求めた圧縮と引抜きに対する極限支持力］

地盤等に生じる応力は，次のイ又はロのいずれかが作用するとして求める。

イ）Co≧0.3の地震力　ロ）保有水平耐力に相当する地震力

第５　剛心周りのねじり剛性（K_R）の計算方法

本条第４号は，常時の荷重による部材の変形や振動が原因で，建築物に使用上の支障が起こらないことを求めるもので，それを確かめる方法は告示（H12建告第1459

号）に定められている。すなわち，次表の条件を満足する場合以外は，部材のたわみ（弾性たわみに変形増大係数を乗じた値）が250分の１以下であることを計算で確かめなければならない。

表３―13　部材のたわみの条件

建築物の部分		条件式
木造	床のはり	D／L＞1／12
鉄骨造	デッキプレート版	$t／L_x$＞1／25
	床のはり	D／L＞1／15
鉄筋コンクリート造	片持ち以外の床版	$t／L_x$＞1／30
	片持ちの床版	$t／L_x$＞1／10
	床のはり	D／L＞1／10
鉄骨鉄筋コンクリート造	床のはり	D／L＞1／12
アルミ合金造	床のはり	D／L＞1／10
軽量気泡コンクリートパネルの構造	床版	$t／L_x$＞1／25
t：床版の厚さ（mm），L_x：床版の短辺方向の有効長さ（mm），D：はりのせい（mm），L：はりの有効長さ（mm）		

表３―14　変形増大係数

構造の形式		変形増大係数
木造		2
鉄骨造		1（デッキプレート版の場合：1.5）
鉄筋コンクリート造	床版	16
	はり	8
鉄骨鉄筋コンクリート造		4
アルミ合金造		1
軽量気泡コンクリートパネルの構造		1.6

（層間変形角）

令第82条の２　建築物の地上部分については，第88条第１項に規定する地震力（以下この款において「地震力」という。）によつて各階に生ずる水平方向の層間変位を国土交通大臣が定める方法により計算し，当該層間変位の当該各階の高さに対する割合（第82条の６第２号イ及び第109条の２の２第１項において「層間変形角」という。）が200分の１（地震力による構造耐力上主要な部分の変形によつて建築物の部分に著しい損傷が生ずるおそれのない場合にあつては，120分の１）以内であることを確かめなければならない。

（昭55政196・追 加，昭62政348・平５政170・平12政211・平12政312・平19政49・令５政280・一部改正）

地震力による層間変位に対する安全性を確保するために設けられた規定である。これは，各階が軟らかすぎて地震時の変形が大きいと，帳壁，仕上げ材，配管設備等がその変形に追従できずに破損・脱落し，人命に危害を及ぼしたり，建築物の使用上の機能を失ったりすることから，これらを防ぐための措置である。ただし，鉄骨造の場合には，変形能力が高く，１／200という制限値は過剰に厳しくなる場合があるので，内・外装材，設備等に相応の措置を講じ，人命等に危害を及ぼすような損傷が建築物の部分に生ずるおそれのない場合に限り，１／120まで緩和できる。

この緩和は，原則として構造計算あるいは構造実験により確認した場合に適用されるが，次の場合には１／120まで緩和できる。

①　金属板，ボード類等を仕上げ材とする場合

②　ALCパネルを縦壁ロッキング構法，横壁カバープレート構法，縦壁スライド構法により取り付ける場合

ここで，H19国交告第594号［保有水平耐力計算及び許容応力度等計算の方法］の第３では，層間変位の計算方法を次のように定義し，階の全ての柱と壁について規定を満たすことを要求している。すなわち，建築物の水平力に対するねじれ変形なども考慮して，階の最大層間変位に対して層間変形角を計算しなければならない。これは，上述のように層間変形角の規定が，帳壁等の破損・脱落を防止することを目的としているからである。

層間変形角の検討手順は，建築物の地上部分について，以下に示すものである。

①　令第88条第１項に規定する地震力（Co≧0.2）により各階に作用する水平力を計算する。

②　上記水平力によって，各階に生ずる層間変位の最大値（δ）を計算する。

③　各階の層間変位の最大値から層間変形角（R＝δ／h）を計算し，R≦１／200を確認する。

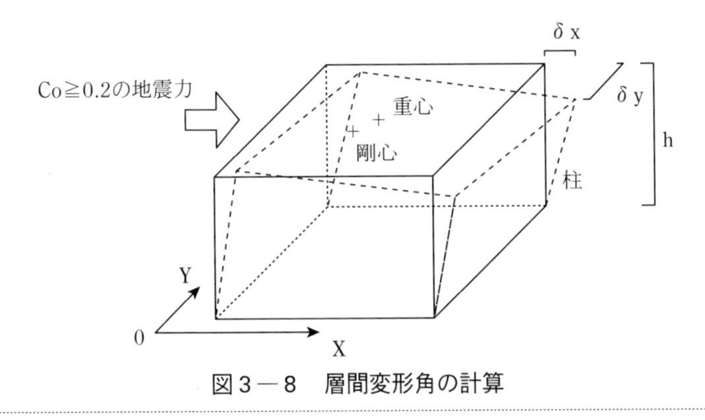

図３－８　層間変形角の計算

（保有水平耐力）

令第82条の３　建築物の地上部分については，第１号の規定によつて計算した各階の水平力に対する耐力（以下この条及び第82条の５において「保有水平耐力」という。）が，第２号の規定によつて計算した必要保有水平耐力以上であることを確かめなければならない。

一　第４款に規定する材料強度によつて国土交通大臣が定める方法により保有水平耐力を計算すること。

二　地震力に対する各階の必要保有水平耐力を次の式によつて計算すること。

Qun＝Ds Fes Qud

（この式において，Qun，Ds，Fes及びQudは，それぞれ次の数値を表すものとする。

Qun　各階の必要保有水平耐力（単位　キロニュートン）

Ds　各階の構造特性を表すものとして，建築物の構造耐力上主要な部分の構造方法に応じた減衰性及び各階の靱（じん）性を考慮して国土交通大臣が定める数値

Fes　各階の形状特性を表すものとして，各階の剛性率及び偏心率に応じて国土交通大臣が定める方法により算出した数値

Qud　地震力によつて各階に生ずる水平力（単位　キロニュートン））

（昭55政196・追加，昭62政348・平12政211・平12政312・一部改正，平19政49・旧第82条の４繰上・一部改正）

本条の規定は，ルート３の構造計算ルートの主要な計算である保有水平耐力の確認の方法を定めたものである。昭和55年まで約半世紀にわたり構造計算の方法の主軸となっていた「許容応力度法」は「弾性設計」に基礎を置く設計法であるが，本条の規定する保有水平耐力の計算は「塑性設計法」の内容を盛り込んだ設計法である。

この構造計算は，地震に対する建築物の挙動の特性を総合的に評価し，地震に対する終局状態までの性状を十分に把握した上で，耐震安全性に関する検討を行おうとするもので，規定の構成は以下のとおりである。

①　第４款に規定する材料強度（鋼材では降伏応力度，コンクリートでは圧縮強度）を用い，各階の構造骨組の崩壊形（原則として，それ以上に水平抵抗力が増大しない架構の変形状態で，崩壊メカニズムともいう。）が生じた時の水平力（＝保有水平耐力Qu）を求める。その計算手段としては，増分解析，極限解析又は節点振り分け法がH19国交告第592号に例示されている。

②　各階の地震に対する保有水平耐力の必要量（＝必要保有水平耐力）を算定する。

　　Qun＝Ds・Fes・Qud

　　Qud＝Z・Rt・Ai・Co・ΣWi，Co≧1.0

③　各階について，Qu≧Qunを確かめる。

大きな地震動を受けたときの建築物の挙動は，耐震に関する研究の結果，次のような性質のあることが分かっている。すなわち，建築物の地震時挙動は，次図ａ）とｂ）に示すような質量（マス）とそれを支える１本のバネにモデル化し，このバネ―マス系の振動として表現することができる。地震動を受けたときのバネ―マス系の変形と作用水平力の関係は，図ｃ）に示す原点からの直線OAや折れ曲がり線OCDで理想化して表現される。直線OAの関係は，建築物に何の損傷も生じないときの挙動を表すもので，建築物は弾性状態にあるという。折れ曲がり線OCDの関係は，建築物の水平変形が折れ曲がり点Cに達した辺りで，ひび割れや鋼材の降伏（永久変形）が生じ，一部の部材に損傷が発生し，さらなる水平変形で損傷が他の部材に順次拡大していく状況を表す。建築物の部材に損傷が拡大していく状態を，建築物は塑性状態にあるという。

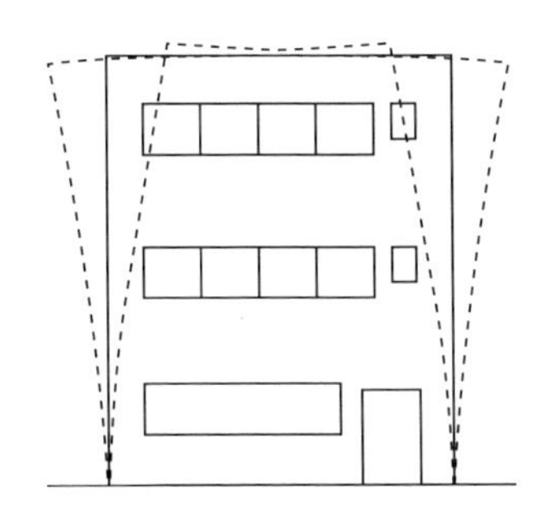

a）地震動を受ける建築物

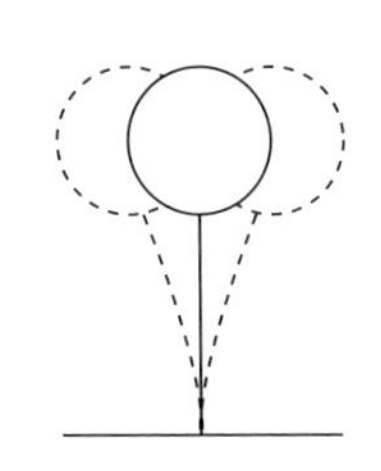

b）１質点モデル

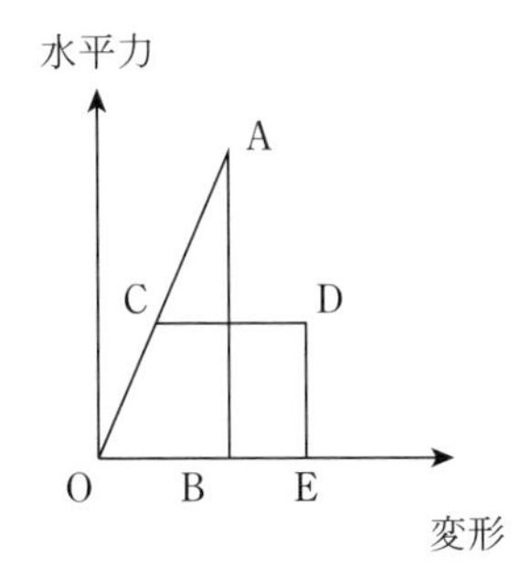

c）理想化した荷重・変形関係

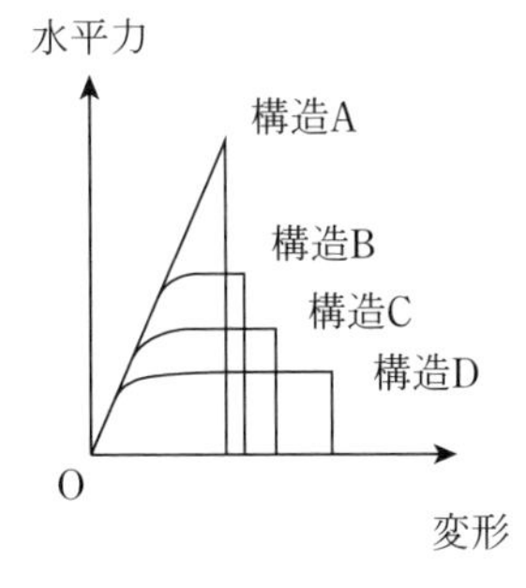

d）同等な耐震性の建築物

図３－９　同等な耐震性を有する建築物（保有水平耐力と変形性能）

直線OAの関係を持つ建築物と折れ曲がり線OCDの関係を持つ建築物が同じ地震動を受け，それぞれA点あるいはD点まで変形したとすると，それらの変形には次のような関係がある。

△OABの面積＝台形OCDEの面積

△OABの面積は，直線OAの関係を持つ建築物の地震による振動エネルギーの量を表す。一方，台形OCDEの面積は，折れ曲がり線OCDの関係を持つ建築物がその塑性変形により消費したエネルギーと振動エネルギーの和である。この式には両者が等しい関係にあることを表している。直線OAの関係を持つ建築物は弾性で地震動に耐えたのであり，折れ曲がり線OCDの関係を持つ建築物は塑性変形により耐えたのである。建築物の耐用期間中に経験するか否かというような大きな地震動に

対しては，両者の建築物は同等の耐震性を有すると考える。線分CDの部分の変形量が線分OCのそれに比べて大きいほど，変形能力に富む靭性の高い建築物である。図ｄ）には同等の耐震性を持つ建築物の荷重・変形曲線をいくつか示すが，いずれの建築物も荷重・変形曲線と横軸の囲む面積は等しい。この図から分かるように，靭性の高い建築物の水平耐力は小さくて良いが，変形能力の少ない建築物には高い水平耐力が必要になる。

地震動により建築物が振動すると，建築物はその振動エネルギーを塑性変形により消費するが，そのほかに減衰によっても消費する。小さめの地震動を受けると建築物は損傷を受けずに揺れるが，時間の経過と共に揺れの幅が小さくなり，ついには揺れが止まる。これは建築物の減衰という性質によるもので，減衰の程度は構造種別により異なる。一般に，木造，鉄筋コンクリート造，鉄骨造の順に減衰性が小さくなる。

減衰性の大小：［木造］＞［鉄筋コンクリート造］＞［鉄骨造］

これらの考え方を耐震設計の基本に据え，建築物の構造特性である靭性と減衰性に応じた水平耐力の必要量を定め，建築物の保有する水平耐力がそれを満足するのかを確認する計算が本条で規定する保有水平耐力の計算である。ここで，大きな地震動の強さとして建築基準法は地震動に対する弾性応答の最大点，すなわちＡ点の水平耐力の大きさを１Ｇ以上（標準せん断力係数Co≧1.0）と規定している。

建築物の構造特性である靭性と減衰性を表す係数がDs（構造特性係数）である。靭性の高い建築物ほど，また減衰性の高い建築物ほどDsの値は小さい。

Fes（形状係数）は，建築物の高さ方向の剛性分布が不連続な場合に，剛性の比較的弱い階に損傷が集中すること，また，柱や耐力壁が平面的に偏って配置される場合に，ねじれ振動により大きな損傷を受けやすいことに対して，建築物の水平耐力を高くして耐震性を確保するための係数である。高さ方向の剛性分布の不連続な度合いや柱や耐力壁の偏在の度合いが高いほど，割り増す係数Fesの値は大きくなる。

これらの係数は告示「建築物の地震に対する安全性を確かめるために必要な構造計算の基準を定める件（Ｓ55建告第1792号）」で定められている。振動特性，形状特性等について詳細に考慮して検討を行った場合には，この告示の数値と異なる値を採用することができる。

S 55建告第1792号［Ds及びFesを算出する方法］の概要

第１　Dsの算出方法

　階の構造に応じて第２から第６による。ただし，特別の調査研究により建物の振動の減衰性と当該階の靭性を適切に評価し算出する場合は，その算出による。

第２　木造（省略）

第３　鉄骨造

１　筋かいの種別

	有効細長比	筋かいの種別
(1)	$\lambda \leqq 495/\sqrt{F}$	BA
(2)	$495/\sqrt{F} < \lambda \leqq 890/\sqrt{F}$ 又は $1980/\sqrt{F} \leqq \lambda$	BB
(3)	$890/\sqrt{F} < \lambda < 1980/\sqrt{F}$	BC

２　柱・はりの種別

イ）炭素鋼の種別毎の幅厚比の上限は次表の数値（ステンレス鋼については省略）

<table>
<tr><td colspan="7">柱及びはりの区分</td><td rowspan="4">柱及びはりの種別</td></tr>
<tr><td>部材</td><td colspan="4">柱</td><td colspan="2">はり</td></tr>
<tr><td>断面形状</td><td colspan="2">H形鋼</td><td>角形鋼管</td><td>円形鋼管</td><td colspan="2">H形鋼</td></tr>
<tr><td>部位</td><td>フランジ</td><td>ウェブ</td><td>—</td><td>—</td><td>フランジ</td><td>ウェブ</td></tr>
<tr><td rowspan="4">幅厚比又は径厚比</td><td>$9.5\sqrt{235/F}$</td><td>$43\sqrt{235/F}$</td><td>$33\sqrt{235/F}$</td><td>50（235/F）</td><td>$9\sqrt{235/F}$</td><td>$60\sqrt{235/F}$</td><td>FA</td></tr>
<tr><td>$12\sqrt{235/F}$</td><td>$45\sqrt{235/F}$</td><td>$37\sqrt{235/F}$</td><td>70（235/F）</td><td>$11\sqrt{235/F}$</td><td>$65\sqrt{235/F}$</td><td>FB</td></tr>
<tr><td>$15.5\sqrt{235/F}$</td><td>$48\sqrt{235/F}$</td><td>$48\sqrt{235/F}$</td><td>100（235/F）</td><td>$15.5\sqrt{235/F}$</td><td>$71\sqrt{235/F}$</td><td>FC</td></tr>
<tr><td colspan="6">FA，FB及びFCのいずれにも該当しない場合</td><td>FD</td></tr>
</table>

FD：FA〜FC以外。k＝（235／F）

F：H12建告2464号第１に規定する基準強度

ロ）接続するはりと種別が異なる場合，柱の種別は次による。

(1)　FCとFDがない場合，FB。

(2)　FDがなく，FCがある場合，FC。

(3)　FDがある場合，FD。

３　部材群としての種別

イ）筋かい端部・接合部が保有耐力接合，柱及びはりの接合部が保有耐力接合，はりが保有耐力横補剛の場合

	部材の耐力の割合	部材群としての種別
(1)	$\gamma_A \geqq 0.5$ かつ $\gamma_C \leqq 0.2$	A
(2)	$\gamma_C < 0.5$（部材群としての種別がAの場合を除く。）	B
(3)	$\gamma_C \geqq 0.5$	C

この表において，γA及びγCは，それぞれ次の数値を表すものとする。 γ_A　筋かいの部材群としての種別を定める場合にあっては種別ＢＡである筋かいの耐力の和をすべての筋かいの水平耐力の和で除した数値，柱及びはりの部材群としての種別を定める場合にあっては種別ＦＡである柱の耐力の和を種別ＦＤである柱を除くすべての柱の水平耐力の和で除した数値 γ_C　筋かいの部材群としての種別を定める場合にあっては種別ＢＣである筋かいの耐力の和をすべての筋かいの水平耐力の和で除した数値，柱及びはりの部材群としての種別を定める場合にあっては種別ＦＣである柱の耐力の和を種別ＦＤである柱を除くすべての柱の水平耐力の和で除した数値

ロ）イ）に該当しない場合又は部材種別がFDの場合

当該部材を取り除いたとき局部崩壊が生じる場合は，柱・はりの部材群はFD。

4　各階のDs

			柱及びはりの部材群としての種別			
			A	B	C	D
筋かいの部材群としての種別	A又はβu＝0の場合		0.25	0.3	0.35	0.4
	B	0＜βu≦0.3の場合	0.25	0.3	0.35	0.4
		0.3＜βu≦0.7の場合	0.3	0.3	0.35	0.45
		βu＞0.7の場合	0.35	0.35	0.4	0.5
	C	0＜βu≦0.3の場合	0.3	0.3	0.35	0.4
		0.3＜βu≦0.5の場合	0.35	0.35	0.4	0.45
		βu＞0.5の場合	0.4	0.4	0.45	0.5
この表において，βuは，筋かい（耐力壁を含む。）の水平耐力の和を保有水平耐力の数値で除した数値を表すものとする。						

第4　鉄筋コンクリート造

1　柱及びはりの種別

次表による。ただし，メカニズム時に塑性ヒンジを生じない柱の種別は，接続するはりのうち塑性ヒンジが生じるものの種別に応じ次の⑴～⑶による。

⑴　FC及びFDがない場合，FB。

⑵　FDがなく，FCがある場合，FC。

⑶　FDがある場合，FD。

柱及びはりの区分							柱及びはりの種別
部材	柱及びはり	柱				はり	
条件	破壊の形式	h_0／Dの数値	σ_0／Fcの数値	p_tの数値	τ_u／Fcの数値	τ_u／Fcの数値	
	せん断破壊，付着割裂破壊及び圧縮破壊その他の構造耐力上支障のある急激な耐力の低下のおそれのある破壊を生じないこと。	2.5以上	0.35以下	0.8以下	0.1以下	0.15以下	FA
		2.0以上	0.45以下	1.0以下	0.125以下	0.2以下	FB
		—	0.55以下	—	0.15以下	—	FC
	FA，FB又はFCのいずれにも該当しない場合						FD

1　この表において，h_0，D，σ_0，Fc，p_t及びτ_uは，それぞれ次の数値を表すものとする。

h_0　柱の内のり高さ（単位　センチメートル）

D　柱の幅（単位　センチメートル）

σ_0　Dsを算定しようとする階が崩壊形に達する場合の柱の断面に生ずる軸方向応力度（単位　1平方ミリメートルにつきニュートン）

p_t　引張り鉄筋比（単位　パーセント）

Fc　コンクリートの設計基準強度（単位　1平方ミリメートルにつきニュートン）

τ_u　Dsを算定しようとする階が崩壊形に達する場合の柱又ははりの断面に生ずる平均せん断応力度（単位　1平方ミリメートルにつきニュートン）

2　柱の上端又は下端に接着するはりについて，崩壊形に達する場合に塑性ヒンジが生ずることが明らかな場合にあっては，表中のh_0／Dに替えて2M／（Q・D）を用いることができるものとする。この場合において，Mは崩壊形に達する場合の当該柱の最大曲げモーメントを，Qは崩壊形に達する場合の当該柱の最大せん断力を表すものとする。

2　耐力壁の種別

耐力壁の区分				耐力壁の種別
部材	耐力壁	壁式構造以外の構造の耐力壁	壁式構造の耐力壁	
条件	破壊の形式	τ_u／F_cの数値	τ_u／F_cの数値	
	せん断破壊その他の構造耐力上支障のある急激な耐力の低下のおそれのある破壊を生じないこと。	0.2以下	0.1以下	WA
		0.25以下	0.125以下	WB
		—	0.15以下	WC

	WA，WB又はWCのいずれにも該当しない場合	WD
この表において，τ_u及びＦｃは，それぞれ前号の表に規定するτ_u及びＦｃの数値を表すものとする。		

3　柱・はり及び耐力壁の部材群の種別

部材群としての種別を，次表に従い定める。ただし，種別がFDの柱及びはり並びにWDの耐力壁を取り除いた建築物の架構に局部崩壊が生ずる場合は，部材群の種別はそれぞれＤとする。

	部材の耐力の割合	部材群としての種別
(1)	$\gamma_A \geqq 0.5$かつ$\gamma_C \leqq 0.2$	A
(2)	$\gamma_C < 0.5$（部材群としての種別がＡの場合を除く。）	B
(3)	$\gamma_C \geqq 0.5$	C

この表において，γ_A及びγ_Cは，それぞれ次の数値を表すものとする。

γ_A　柱及びはりの部材群としての種別を定める場合にあっては種別ＦＡである柱の耐力の和を種別ＦＤである柱を除くすべての柱の水平耐力の和で除した数値，耐力壁の部材群としての種別を定める場合にあっては種別ＷＡである耐力壁の耐力の和を種別ＷＤである耐力壁を除くすべての耐力壁の水平耐力の和で除した数値

γ_C　柱及びはりの部材群としての種別を定める場合にあっては種別ＦＣである柱の耐力の和を種別ＦＤである柱を除くすべての柱の水平耐力の和で除した数値，耐力壁の部材群としての種別を定める場合にあっては種別ＷＣである耐力壁の耐力の和を種別ＷＤである耐力壁を除くすべての耐力壁の水平耐力の和で除した数値

4　各階のDs

イ　耐力壁を設けない剛節架構

柱及びはりの部材群の種別

Ａ：Ds＝0.3　Ｂ：Ds＝0.35　Ｃ：Ds＝0.4　Ｄ：Ds＝0.45

ロ　壁式構造とした場合

耐力壁の部材群の種別

Ａ：Ds＝0.45　Ｂ：Ds＝0.5　Ｃ：Ds＝0.55　Ｄ：Ds＝0.55

ハ　剛節架構と耐力壁を併用した場合

			柱及びはりの部材群としての種別			
			A	B	C	D
耐力壁の部材	A	$0 < \beta u \leqq 0.3$の場合	0.3	0.35	0.4	0.45
		$0.3 < \beta u \leqq 0.7$の場合	0.35	0.4	0.45	0.5

群としての種別		β u＞0.7の場合	0.4	0.45	0.45	0.55
	B	0＜β u≦0.3の場合	0.35	0.35	0.4	0.45
		0.3＜β u≦0.7の場合	0.4	0.4	0.45	0.5
		β u＞0.7の場合	0.45	0.45	0.5	0.55
	C	0＜β u≦0.3の場合	0.35	0.35	0.4	0.45
		0.3＜β u≦0.7の場合	0.4	0.45	0.45	0.5
		β u＞0.7の場合	0.5	0.5	0.5	0.55
	D	0＜β u≦0.3の場合	0.4	0.4	0.45	0.45
		0.3＜β u≦0.7の場合	0.45	0.5	0.5	0.5
		β u＞0.7の場合	0.55	0.55	0.55	0.55
この表において，β uは，耐力壁（筋かいを含む。）の水平耐力の和を保有水平耐力の数値で除した数値を表すものとする。						

5　第1号の計算で各階の崩壊形を増分解析により確認する場合の水平力

地上部分の各階について標準せん断力係数の数値を漸増。

地震層せん断力係数を計算する場合のAiは令第88条第1項に規定するAi。

第5　鉄骨鉄筋コンクリート造（省略）

第6　その他の構造（省略）

第7　Fesの算出方法

Fes＝Fe・Fs

FeとFsは階の偏心率（Re），剛性率（Rs）とそれぞれ次図の関係がある。

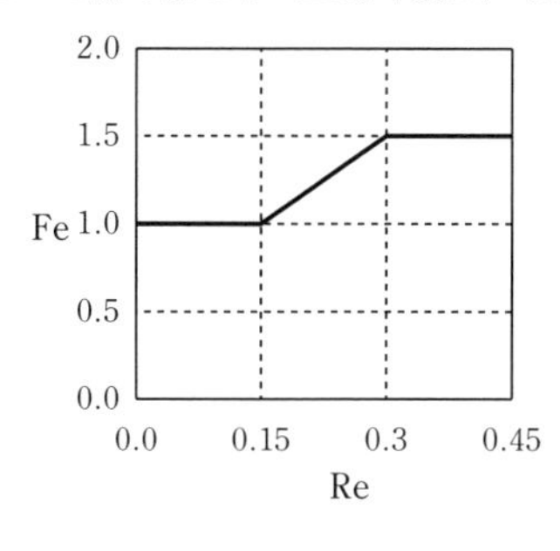

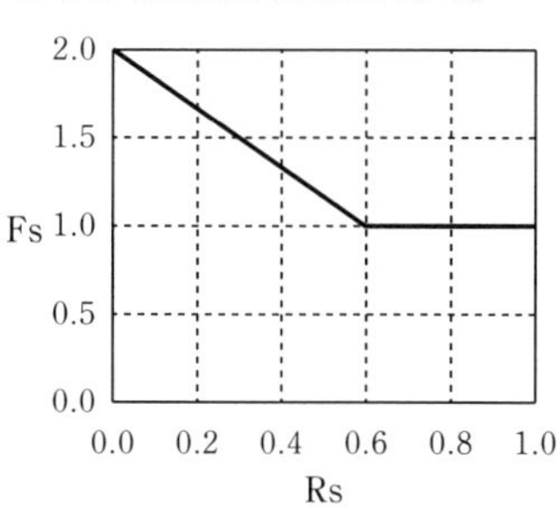

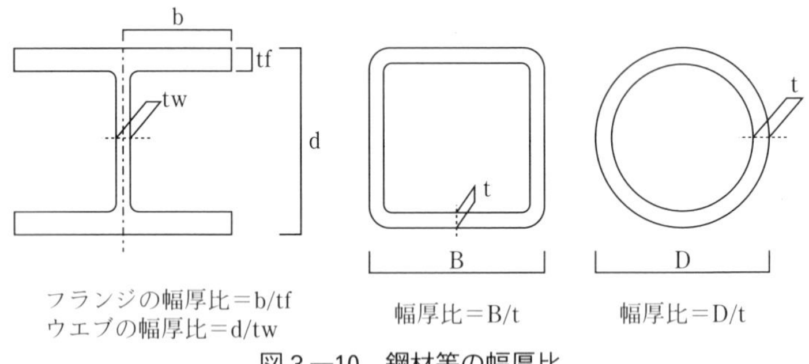

図3―10　鋼材等の幅厚比

（屋根ふき材等の構造計算）

令第82条の4　屋根ふき材，外装材及び屋外に面する帳壁については，国土交通大臣が定める基準に従つた構造計算によつて風圧に対して構造耐力上安全であることを確かめなければならない。

（平12政211・追加，平12政312・一部改正，平19政49・旧第82条の5繰上）

本条は，屋根ふき材，外装材及び屋外に面する帳壁の風圧力に対する安全性の確認を求めるものである。そのための技術基準として，H12建告第1458号［屋根ふき材及び屋外に面する帳壁の風圧に対する構造耐力上の安全性を確かめるための構造計算の基準］が次のように定められている。すなわち，帳壁にガラスを用いる場合，風圧力（W）を次式で計算し，この外力によりガラスに生じる応力が，ガラスの許容耐力以下であることを確認する。

$W = g \cdot C_f$

$g = 0.6 \cdot E_r^2 \cdot V_0^2$

C_f：ピーク風力係数

E_r，V_0：令第87条参照

〔限界耐力計算〕

令第82条の5　第81条第2項第1号ロに規定する限界耐力計算とは，次に定めるところによりする構造計算をいう。

一　地震時を除き，第82条第1号から第3号まで（地震に係る部分を除く。）に定めるところによること。

二　積雪時又は暴風時に，建築物の構造耐力上主要な部分に生ずる力を次の表に掲げる式によつて計算し，当該構造耐力上主要な部分に生ずる力が，それぞれ第４款の規定による材料強度によつて計算した当該構造耐力上主要な部分の耐力を超えないことを確かめること。

<table>
<tr><td>荷重及び外力について想定する状態</td><td>一般の場合</td><td>第86条第２項ただし書の規定により特定行政庁が指定する多雪区域における場合</td><td>備考</td></tr>
<tr><td>積雪時</td><td>G＋P＋1.4S</td><td>G＋P＋1.4S</td><td></td></tr>
<tr><td rowspan="2">暴風時</td><td rowspan="2">G＋P＋1.6W</td><td>G＋P＋1.6W</td><td rowspan="2">建築物の転倒，柱の引抜き等を検討する場合においては，Ｐについては，建築物の実況に応じて積載荷重を減らした数値によるものとする。</td></tr>
<tr><td>G＋P＋0.35S＋1.6W</td></tr>
<tr><td colspan="4">この表において，G，P，S及びWは，それぞれ次の力（軸方向力，曲げモーメント，せん断力等をいう。）を表すものとする。
G　第84条に規定する固定荷重によつて生ずる力
P　第85条に規定する積載荷重によつて生ずる力
S　第86条に規定する積雪荷重によつて生ずる力
W　第87条に規定する風圧力によつて生ずる力</td></tr>
</table>

三　地震による加速度によつて建築物の地上部分の各階に作用する地震力及び各階に生ずる層間変位を次に定めるところによつて計算し，当該地震力が，損傷限界耐力（建築物の各階の構造耐力上主要な部分の断面に生ずる応力度が第３款の規定による短期に生ずる力に対する許容応力度に達する場合の建築物の各階の水平力に対する耐力をいう。以下この号において同じ。）を超えないことを確かめるとともに，層間変位の当該各階の高さに対する割合が200分の１（地震力による構造耐力上主要な部分の変形によつて建築物の部分に著しい損傷が生ずるおそれのない場合にあつては，120分の１）を超えないことを確かめること。

イ　各階が，損傷限界耐力に相当する水平力その他のこれに作用する力に耐えている時に当該階に生ずる水平方向の層間変位（以下この号において「損傷限界変位」という。）を国土交通大臣が定める方法により計算すること。

ロ　建築物のいずれかの階において，イによつて計算した損傷限界変位に相当する変位が生じている時の建築物の固有周期（以下この号及び第7号において「損傷限界固有周期」という。）を国土交通大臣が定める方法により計算すること。

ハ　地震により建築物の各階に作用する地震力を，損傷限界固有周期に応じて次の表に掲げる式によつて計算した当該階以上の各階に水平方向に生ずる力の総和として計算すること。

Td＜0. 16の場合	Pdi＝（0. 64＋6Td）mi Bdi Z Gs
0. 16≦Td＜0. 64の場合	Pdi＝1. 6mi Bdi Z Gs
0. 64≦Tdの場合	Pdi＝（1. 024mi Bdi Z Gs）／Td

この表において，Td，Pdi，mi，Bdi，Z及びGsは，それぞれ次の数値を表すものとする。

Td　建築物の損傷限界固有周期（単位　秒）

Pdi　各階に水平方向に生ずる力（単位　キロニュートン）

mi　各階の質量（各階の固定荷重及び積載荷重との和（第86条第2項ただし書の規定によつて特定行政庁が指定する多雪区域においては，更に積雪荷重を加えたものとする。）を重力加速度で除したもの）（単位　トン）

Bdi　建築物の各階に生ずる加速度の分布を表すものとして，損傷限界固有周期に応じて国土交通大臣が定める基準に従つて算出した数値

Z　第88条第1項に規定するZの数値

Gs　表層地盤による加速度の増幅率を表すものとして，表層地盤の種類に応じて国土交通大臣が定める方法により算出した数値

ニ　各階が，ハによつて計算した地震力その他のこれに作用する力に耐えている時に当該階に生ずる水平方向の層間変位を国土交通大臣が定める方法により計算すること。

四　第88条第4項に規定する地震力により建築物の地下部分の構造耐力上主要な部分の断面に生ずる応力度を第82条第1号及び第2号の規定によつて計算し，それぞれ第3款の規定による短期に生ずる力に対する許容応力度を超えないことを確かめること。

五　地震による加速度によつて建築物の各階に作用する地震力を次に定めるところによつて計算し，当該地震力が保有水平耐力を超えないことを確かめること。

イ　各階が，保有水平耐力に相当する水平力その他のこれに作用する力に耐えている時に当該階に生ずる水平方向の最大の層間変位（以下この号において「安全限界変位」という。）を国土交通大臣が定める方法により計算すること。

ロ　建築物のいずれかの階において，イによつて計算した安全限界変位に相当する変位が生じている時の建築物の周期（以下この号において「安全限界固有周期」という。）を国土交通大臣が定める方法により計算すること。

ハ　地震により建築物の各階に作用する地震力を，安全限界固有周期に応じて次の表に掲げる式によつて計算した当該階以上の各階に水平方向に生ずる力の総和として計算すること。

<table>
<tr><td>Ts＜0.16の場合</td><td>Psi＝（3.2＋30Ts）mi Bsi Fh Z Gs</td></tr>
<tr><td>0.16≦Ts＜0.64の場合</td><td>Psi＝8 mi Bsi Fh Z Gs</td></tr>
<tr><td>0.64≦Tsの場合</td><td>Psi＝（5.12mi Bsi Fh Z Gs）／Ts</td></tr>
<tr><td colspan="2">この表において，Ts，Psi，mi，Bsi，Fh，Z及びGsは，それぞれ次の数値を表すものとする。</td></tr>
<tr><td colspan="2">Ts　建築物の安全限界固有周期（単位　秒）
Psi　各階に水平方向に生ずる力（単位　キロニュートン）
mi　第3号の表に規定するmiの数値
Bsi　各階に生ずる加速度の分布を表すものとして，安全限界固有周期に対応する振動特性に応じて国土交通大臣が定める基準に従つて算出した数値
Fh　安全限界固有周期における振動の減衰による加速度の低減率を表すものとして国土交通大臣が定める基準に従つて算出した数値
Z　第88条第1項に規定するZの数値
Gs　第3号の表に規定するGsの数値</td></tr>
</table>

六　第82条第4号の規定によること。

七　屋根ふき材，特定天井，外装材及び屋外に面する帳壁が，第3号ニの規定によつて計算した建築物の各階に生ずる水平方向の層間変位及び同号ロの規定によつて計算した建築物の損傷限界固有周期に応じて建築物の各階に生ずる加速度を考慮して国土交通大臣が定める基準に従つた構造計算によつて風圧並びに地震その他の震動及び衝撃に対して構造耐力上安全であることを確かめること。

八　特別警戒区域内における居室を有する建築物の外壁等が，自然現象の種類，最大の力の大きさ等及び土石等の高さ等（当該外壁等の高さが土石等の高さ等未満であるときは，自然現象の種類，最大の力の大きさ等，土石等の高さ等及び当該外壁等の高さ）に応じて，国土交通大臣が定める基準に従つた構造計算によつて当該自然現象により想定される衝撃が作用した場合においても破壊を生じないものであることを確かめること。ただし，第80条の３ただし書に規定する場合は，この限りでない。

（平12政211・追加，平12政312・平13政85・一部改正，平19政49・旧第82条の６繰上・一部改正，平25政217・一部改正）

本条は，限界耐力計算により構造設計を行う場合に必要な構造計算を規定したものである。限界耐力計算は，平成12年の改正において従来からの構造計算と並立して設けられた計算方法であり，その内容は次の構造計算からなる。

①　地震時以外について，長期と短期の許容応力度計算を行う。

②　最大級の積雪又は最大級の暴風に対して，終局強度計算を行う。

この場合，最大級の荷重外力は再現期間500年相当，短期の荷重外力は再現期間50年相当と設定し，最大級の積雪荷重は短期で考慮する積雪荷重の1.4倍，最大級の風圧力は短期のそれの1.6倍の大きさと定めている。構造計算方法は，材料強度に基づき部材の耐力を計算する方法で，保有水平耐力の検証に用いる方法と同様に，架構の塑性化を考慮したものである。

③　稀に発生する地震動に対して，地上部分の各階に作用する地震力が損傷限界耐力を超えないこと及び層間変形角が制限値を超えないことを確認する。

地上部分の各階に作用する地震力は，当該階以上の各階に作用する水平方向に生ずる力の総和として，層間変形角は，当該水平方向の力が作用している時の層間変位を各階の高さで除したものとして計算する。各階に作用する水平方向に生ずる力は，損傷限界固有周期に応じて規定されている。

損傷限界固有周期：損傷限界変位が生じている時の建築物の固有周期

損傷限界変位：損傷限界耐力に相当する水平力が作用している時の水平方向

の変位

損傷限界耐力：部材の一部が許容応力度に達するときの建築物の水平耐力

④　地下部分について短期の許容応力度計算を行う。

地階・基礎・くいなどの地下部分については，短期の地震力に対して，許容応力度設計により安全を確認するものである。

⑤　極めて稀に発生する地震動に対して，建築物の各階に作用する地震力が保有水平耐力を超えないことを確認する。

建築物の各階に作用する地震力は，当該階以上の各階に作用する水平方向に生ずる力の総和として計算する。各階に作用する水平方向に生ずる力は，安全限界固有周期に応じて規定されている。

安全限界固有周期：安全限界変位が生じている時の建築物の固有周期

安全限界変位：保有水平耐力に相当する水平力が作用している時の水平方向の変位

⑥　はり，床版のたわみ計算を行う。

常時使用に対し，使用上の支障が生じないことを確認するものである。

⑦　屋根ふき材，外装材及び屋外に面する帳壁について，風圧，地震等で脱落しないことの確認を行う。

⑧　土砂災害特別警戒区域内で居室を有する建築物の場合，外壁等の安全性を確認する。

限界耐力計算にあたり必要な事項，例えば，計算の原則，損傷限界変位や安全限界変位の定義，損傷限界固有周期などの計算方法は，H12建告第1457号に定められている。

H12建告第1457号［損傷限界変位，Td，Bdi，層間変位，安全限界変位，Ts，Bsi，Fh及びGsを計算する方法並びに屋根ふき材等の構造耐力上の安全を確かめるための構造計算の基準］の概要

第１　限界耐力計算の耐震計算の原則：増分解析
第２　各階の損傷限界変位
第３　損傷限界固有周期Td
第４　各階の加速度分布係数Bdi
第５　各階の層間変位
第６　各階の安全限界変位
第７　安全限界固有周期Ts
第８　各階の加速度分布係数Bsi
第９　振動の減衰による加速度低減率Hh

第10　表層地盤による加速度増幅率Gs
第11　屋根ふき材等の計算
第12　土砂災害特別警戒区域内における計算（H13国交告第383号による）

〔許容応力度等計算〕

令第82条の6　第81条第2項第2号イに規定する許容応力度等計算とは，次に定めるところによりする構造計算をいう。

一　第82条各号，第82条の2及び第82条の4に定めるところによること。

二　建築物の地上部分について，次に適合することを確かめること。

イ　次の式によつて計算した各階の剛性率が，それぞれ10分の6以上であること。

$$Rs = rs / \overline{rs}$$

この式において，Rs，rs及び$\overline{rs}$は，それぞれ次の数値を表すものとする。

Rs　各階の剛性率
rs　各階の層間変形角の逆数
$\overline{rs}$　当該建築物についてのｒｓの相加平均

ロ　次の式によつて計算した各階の偏心率が，それぞれ100分の15を超えないこと。

$$Re = e / re$$

この式において，Re，e及びreは，それぞれ次の数値を表すものとする。

Re　各階の偏心率
e　各階の構造耐力上主要な部分が支える固定荷重及び積載荷重（第86条第2項ただし書の規定により特定行政庁が指定する多雪区域にあつては，固定荷重，積載荷重及び積雪荷重）の重心と当該各階の剛心をそれぞれ同一水平面に投影させて結ぶ線を計算しようとする方向と直交する平面に投影させた線の長さ（単位　センチメートル）
re　国土交通大臣が定める方法により算出した各階の剛心周りのねじり剛性の数値を当該各階の計算しようとする方向の水平剛性の数値で除した数値の平方根（単位　センチメートル）

三　前2号に定めるところによるほか，建築物の地上部分について，国土交通大臣がその構造方法に応じ，地震に対し，安全であることを確かめるために必要なものとして定める基準に適合すること。
（平19政49・追加）

本条は，許容応力度等計算（ルート２）により構造耐力上の安全性を確かめる場合に必要な構造計算を規定している。その内容は，以下のもので，高さ方向の剛性の変化や平面的な剛性の偏り（偏心）を小さくし，比較的簡便な設計方法により一定以上の強度，剛性及び靭性を保持し，所要の耐震性を確保することを目的としている。

①　許容応力度計算（令第82条第１号から第４号）
②　層間変形角の計算（令第82条の２）
③　屋根ふき材等の構造計算（令第82条の４）
④　剛性率及び偏心率の計算（本条第２号）
⑤　その他国土交通大臣が定める構造方法の基準（Ｓ55建告第1791号）

これらのうち①から③までについては，既に「保有水平耐力計算」の解説において説明しているため，以下では④と⑤について解説する。

1　剛性率

各階の負担水平力に対する水平剛性の比を示す指標として，層間変形角の数値の逆数r_sを採用し，r_sの全階にわたる平均値$\overline{r_s}$に対するr_sの比を剛性率R_sと定義する。層間変形角を計算する場合の地震力は，Co≧0.2の一次設計用のものである。

$R_s = r_s / \overline{r_s} \geqq 0.6$

$r_s = h_i / \delta_i$　（h_i：i階の階高さ，δ_i：i階の層間変位）

$\overline{r_s} =（\Sigma r_s）/ n$　（n：建築物の階数）

R_sにより各階の剛性の分布をみることができ，この規定の趣旨からすると各階のR_sは1.0近傍に集まること（各階の剛性がほぼ一様である。）が理想である。R_sが1.0より大きい階は建築物全体からみて変形しにくい（相対的に剛性の高い）階であり，1.0より小さい階はその逆に変形しやすい階であることを表す。地震時の振動性状の観点からは，建築物全体の中で，特に変形しやすい階に損傷が集中する。これまでの地震被害例等から，剛性率の下限値を0.6とした。これにより，他の階に比べて特に軟らかい階を排除することになる。

2　偏心率

地震力は階の重心に作用するが，建築物の水平反力の中心は剛心である。このため，重心と剛心が一致していない場合，建築物は水平方向に変形することに加え，剛心回りに回転する。重心と剛心の距離が大きい場合には，剛心回りに回転する変形（ねじれ）が大きくなり，剛心から遠い部分に配置された柱や壁は大きな変形を受け，損傷を生じる可能性が高い。

偏心率は，建築物のねじれによる影響の度合いを示す指標であり，次式で与えられる。その数値が大きいほど，建築物はねじれやすく，ねじれによる損傷を受けやすい。

$R_e = e / r_e \leqq 0.15$

この式においてeは，偏心距離と呼んでいるものであり，重心と剛心（水平剛性の中心）との距離の見付長さ（計算しようとする方向と直交方向の長さ）を表すものである。reは弾力半径と呼ばれ，方向毎に次式で与えられる。

Ｘ方向の弾力半径：$r_{ex} = \sqrt{(K_R / (\Sigma Kx)}$

Ｙ方向の弾力半径：$r_{ey} = \sqrt{(K_R / (\Sigma Ky)}$

ΣKx，ΣKy：それぞれ階のＸ方向及びＹ方向の部材の水平剛性の和

K_R：階のねじり剛性で，その算出方法はＨ19国交告第594号第５に定められている。

偏心率は，上記の定義で示されるように，階に属する鉛直支持部材の床面位置での相対的な位置関係が不変（剛床）であるとの仮定に基づいて算出される。したがって，大きな吹き抜けがあるなど剛床仮定が成立しない場合には，建築物のねじれによる変形の集中を偏心率により評価することはできないので，別途構面毎の解析等でその影響を評価する必要がある。

平19国交告第594号　［保有水平耐力計算及び許容応力度等計算の方法］の第５の概要

第５　剛心周りのねじり剛性（K_R）の計算方法

$K_R = \Sigma (Kx \quad Y^2) + \Sigma (Ky \quad X^2)$，

Kx：部材のＸ方向の剛性，Ky：部材のＹ方向の剛性

Ｙ：剛心と部材位置のＹ方向の距離，Ｘ：剛心と部材位置のＸ方向の距離

特別の調査研究により剛心周りのねじり剛性を計算した場合，適用除外。

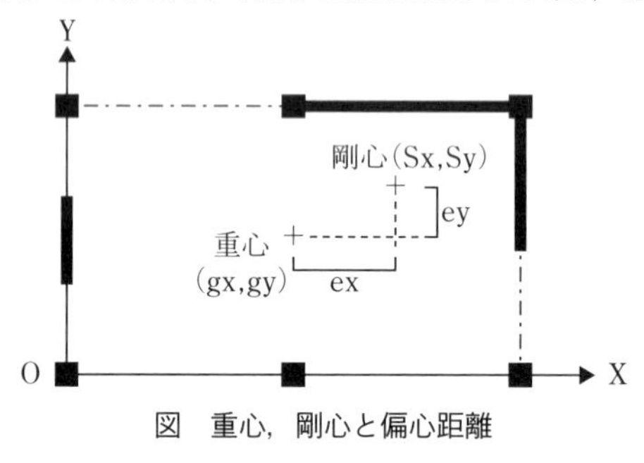

図　重心，剛心と偏心距離

重心の求め方
① 座標の原点を左下隅の柱位置に取る。
② 鉛直支持部材である柱等の長期軸力を求める。
③ 次式で重心の座標（gx，gy）を得る。
$gx=\Sigma(Ni\cdot Xi)/W$，$gy=(Ni\cdot Yi)/W$
Ni：i 部材の軸力　（Xi，Yi）：i 部材の座標　$W=\Sigma Ni$
剛心の求め方
① 座標の原点を重心の時と同様に左下隅の柱位置に取る。
② 鉛直支持部材である柱等の水平剛性（Kx，Ky）を求める。
③ 次式で剛心の座標（Sx，Sy）を得る。
$Sx=(Ky\cdot Xi)/Ky$，$Sy=\Sigma(Kx\cdot Yi)/\Sigma Kx$
剛心のX座標を計算するときは，Y方向の剛性を用い，Y座標を求めるときはX方向の剛性を用いることに注意。
偏心距離 e の求め方
① 偏心距離は，重心と剛心の座標から次式で算出。
$ex=|Sx-gx|$，$ey=|Sy-gy|$

S55建告第1791号［建築物の地震に対する安全性を確かめるために必要な構造計算の基準］の概要

第1　木造の建築物等
次の1～5を満たすこと。
1　許容応力度計算で水平力を負担する筋かいの応力割り増し

筋かいの負担割合	応力の割増率
$\beta\leqq 5/7$ の場合	$1+0.7\beta$
$\beta>5/7$ の場合	1.5

2　水平力を負担する筋かい端部又は接合部の強度確保
木材のめりこみに対する材料強度に相当する応力に対し，筋かいに割裂き，せん断破壊等が生じないこと。
3　水平力を負担する筋かいに木材以外を用いた場合
筋かい軸部の降伏に対して，筋かい端部及び接合部が破断しないこと。
4　塔状比≦4
5　必要がある場合，柱，はり及び柱はり接合部の割裂き，せん断破壊等の防止
第2　鉄骨造の建築物等
次の1～7を満たすこと。
1　許容応力度計算で水平力を負担する筋かいの応力割り増し

筋かいの負担割合 β	応力の割増率
$\beta\leqq 5/7$ の場合	$1+0.7\beta$

β＞5／7の場合	1.5

2　水平力を負担する筋かいの端部及び接合部の保有耐力接合

筋かい軸部の降伏に対して，筋かい端部及び接合部が破断しないこと。

3　冷間成形角形鋼管（厚さ≧6㎜に限る。以下単に「角形鋼管」と呼ぶ。）を構造耐力上主要な柱に用いる場合

イ）柱はり接合部（最上階の柱頭と1階の柱脚を除く。）は次式を満たすこと。

ΣMpc≧1.5ΣMpc

Mpc，Mpb：それぞれ，柱，はりの材端に生じうる最大の曲げモーメント

ロ）角形鋼管STKR材を1階の柱とする場合，この柱は以下を満たすこと。

［地震時に柱の脚部に生じる応力］×1.4（内ダイアフラム形式の場合，1.3）に対して，許容応力度計算を行う。ただし，内ダイアフラムを落とし込む形式の場合，乗じる係数は［1.4］。

4　炭素鋼の柱とはりの幅厚比

炭素鋼の基準強度が205N／㎟～375N／㎟の鋼材に限る。ただし，特別の調査・研究による適用除外あり。

柱及びはりの区分			数値
部材	断面形状	部位	
柱	H形鋼	フランジ	$9.5\sqrt{(235／F)}$
		ウェブ	$43\sqrt{(235／F)}$
	角形鋼管	—	$33\sqrt{(235／F)}$
	円形鋼管	—	50（235／F）
はり	H形鋼	フランジ	$9\sqrt{(235／F)}$
		ウェブ	$60\sqrt{(235／F)}$
この表において，Fは平成12年建設省告示第2,464号第1に規定する基準強度（単位　1平方ミリメートルにつきニュートン）を表すものとする。			

5　ステンレス鋼の柱とはりの幅厚比

ステンレス鋼の柱とはりの幅厚比は次表を満たすこと。ただし，特別の調査・研究による適用除外あり。

柱及びはりの区分			数値
部材	断面形状	鋼種	
柱	H形鋼	235ニュートン級鋼	$(b／tf／11)^2+(d／tw／43)^2≦1.0$
		325ニュートン級鋼	$(b／tf／11)^2+(d／tw／31)^2≦1.0$

	角形鋼管	235ニュートン級鋼	25
		325ニュートン級鋼	25
	円形鋼管	235ニュートン級鋼	72
		325ニュートン級鋼	44
はり	H形鋼	235ニュートン級鋼	$(b／tf／9)^2+(d／tw／67)^2 \leqq 1.0$及び $d／tw／65$
		325ニュートン級鋼	$(b／tf／9)^2+(d／tw／47)^2 \leqq 1.0$
	角形鋼管	235ニュートン級鋼	32
		325ニュートン級鋼	32
	円形鋼管	235ニュートン級鋼	72
		325ニュートン級鋼	44

b：フランジの半幅　d：ウエブのせい　tf：フランジの厚さ　tw：ウエブの厚さ

6　塔状比≦4

7　柱とはりの局部座屈の防止，それらの接合部の破断の防止，柱の脚部のアンカーボルト破断の防止，基礎の破壊の防止。

> その内容は「建築物の構造関係技術基準解説書2007年版」で以下のように定められている。
> ①　柱とはりの仕口部：保有耐力接合　②　柱継手，はり継手：保有耐力接合
> ③　はり：保有耐力横補剛　④　柱の脚部と基礎の接合部：破壊の防止

第3　鉄筋コンクリート造・鉄骨鉄筋コンクリート造の建築物等

次の1～3のいずれかを満たすこと。

1　［ルート2－1］次のイ），ロ）及びハ）を満たすこと。

イ）壁と柱が次式を満たすこと。

$$\Sigma 2.5\alpha Aw+\Sigma 0.7\alpha Ac \geqq 0.75ZWAi,\quad 1.0 \leqq \alpha=\sqrt{(Fc/18)} \leqq 2$$

Aw：開口周比0.4以下の耐力壁，Ac：柱及び耐力壁以外の壁
ただし，鉄骨鉄筋コンクリート造の柱の場合，式中の係数を「0.7→1.0」とする。

ロ）部材の設計用せん断力を次式とする。
$Q_D = \min(Q_L + nQ_E,\ Q_0 + Q_y)$，$n \geqq 2.0$
ただし，腰壁又は垂れ壁の付く柱の場合，$n = \max(h/ho,\ 2.0)$。h：階高，ho：開口部高さ

ハ）塔状比≦4

2　［ルート2―2］次のイ），及びロ）を満たすこと。

イ）耐力壁と柱が次式を満たすこと。
$\Sigma 1.8\alpha Aw + \Sigma 1.8\alpha Ac \geqq ZWAi$，$1.0 \leqq \alpha = \sqrt{(Fc/18)} \leqq 2$
Aw：開口周比0.4以下の耐力壁，Ac：柱
ただし，鉄骨鉄筋コンクリート造柱とこれに緊結された耐力壁の場合，式中の係数を「1.8→2.0」とする。

ロ）部材の設計用せん断力を次式とする。
$Q_D = \min(Q_L + nQ_E,\ Q_0 + Q_y)$，$n \geqq 2.0$
ただし，腰壁又は垂れ壁の付く柱の場合，$n = \max(h/ho,\ 2.0)$。h：階高，ho：開口部高さ
塔状比≦4

3　［ルート2－3］次のイ），ロ）及びハ）を満たすこと。

イ）はり，柱及び耐力壁がせん断破壊しないこと。
柱と耐力壁の曲げ耐力が，接続するはりの端部にヒンジが生じる場合に作用する曲げモーメント以上であること。

ロ）部材のせん断設計

(1)　柱とはりのせん断設計
$Q_D = Q_0 + nQu$，$n \geqq 1.1$
ただし，柱頭部が曲げ降伏する最上階の柱，柱脚部が曲げ降伏する1階の柱では，$n \geqq 1.0$
Qu：上記イ）の状態で柱とはりに生じうるものとして計算したせん断力

(2)　耐力壁のせん断設計（Q_D）と曲げ設計（M_D）
$Q_D = n_1 Qw$，$n_1 \geqq 1.5$，Qw：全体崩壊系となる時に耐力壁に作用するせん断力
$M_D = n_2 Mw$，$n_2 \geqq 1.5$，Mw：全体崩壊系となる時に耐力壁に作用する曲げモーメント

ハ）塔状比≦4

（荷重及び外力の種類）

令第83条　建築物に作用する荷重及び外力としては，次の各号に掲げるものを

採用しなければならない。

一　固定荷重

二　積載荷重

三　積雪荷重

四　風圧力

五　地震力

2　前項に掲げるもののほか，建築物の実況に応じて，土圧，水圧，震動及び衝撃による外力を採用しなければならない。

（昭34政344・昭45政333・一部改正）

本条は，構造計算に際して採用しなければならない荷重及び外力として，固定荷重，積載荷重，積雪荷重，風圧力及び地震力を定めている。また，建築物の実況に応じて，例えば地下室等では土圧，水圧を考慮しなければならない。この場合，長期の荷重と考えるか，短期の計算に採用するかは，採用する外力の特性等を考慮して定める。

（固定荷重）

令第84条　建築物の各部の固定荷重は，当該建築物の実況に応じて計算しなければならない。ただし，次の表に掲げる建築物の部分の固定荷重については，それぞれ同表の単位面積当たり荷重の欄に定める数値に面積を乗じて計算することができる。

建築物の部分	種別		単位面積当たり荷重（単位　1平方メートルにつきニュートン）		備考
屋根	瓦ぶき	ふき土がない場合	屋根面につき	640	下地及びたるきを含み，もやを含まない。
		ふき土がある場合		980	下地及びたるきを含み，もやを含まない。
	波形鉄板ぶき	もやに直接ふく場合		50	もやを含まない。
	薄鉄板ぶき			200	下地及びたるきを含み，もやを含まない。

	ガラス屋根				290	鉄製枠を含み，もやを含まない。
	厚形スレートぶき				440	下地及びたるきを含み，もやを含まない。
木造のもや	もやの支点間の距離が2メートル以下の場合			屋根面につき	50	
	もやの支点間の距離が4メートル以下の場合				100	
天井	さお縁			天井面につき	100	つり木，受木及びその他の下地を含む。
	繊維板張，打上げ板張，合板張又は金属板張				150	
	木毛セメント板張				200	
	格縁				290	
	しつくい塗				390	
	モルタル塗				590	
床	木造の床	板張		床面につき	150	根太を含む。
		畳敷			340	床板及び根太を含む。
		床ばり	張り間が4メートル以下の場合		100	
			張り間が6メートル以下の場合		170	
			張り間が8メートル以下の場合		250	
	コンクリート造の床の仕上げ	板張			200	根太及び大引を含む。
		フロアリングブロック張			150	仕上げ厚さ1センチメートルごとに，そのセンチメートルの数値を乗ずるものとする。
		モルタル塗，人造石塗及びタイル張			200	
		アスファルト防水層			150	厚さ1センチメートルごとに，そのセンチメートルの数値を乗ずるものとする。

<table>
<tr><td rowspan="10">壁</td><td colspan="2">木造の建築物の壁の軸組</td><td rowspan="10">壁面につき</td><td>150</td><td>柱，間柱及び筋かいを含む。</td></tr>
<tr><td rowspan="3">木造の建築物の壁の仕上げ</td><td>下見板張，羽目板張又は繊維板張</td><td>100</td><td rowspan="3">下地を含み，軸組を含まない。</td></tr>
<tr><td>木ずりしつくい塗</td><td>340</td></tr>
<tr><td>鉄網モルタル塗</td><td>640</td></tr>
<tr><td colspan="2">木造の建築物の小舞壁</td><td>830</td><td>軸組を含む。</td></tr>
<tr><td rowspan="3">コンクリート造の壁の仕上げ</td><td>しつくい塗</td><td>170</td><td rowspan="3">仕上げ厚さ1センチメートルごとに，そのセンチメートルの数値を乗ずるものとする。</td></tr>
<tr><td>モルタル塗及び人造石塗</td><td>200</td></tr>
<tr><td>タイル張</td><td>200</td></tr>
</table>

（昭26政371・昭27政164・昭34政344・平12政211・平16政210・一部改正）

固定荷重は，構造部材，仕上げ材等のように建築物自体の重量と建築物に固定されているものの重量による荷重である。固定荷重の値については，実際に用いる材料の重量を基に計算することを原則に掲げている。ただし，一般的に用いられる材料については，表の数値を用いることができると規定している。

（積載荷重）

令第85条　建築物の各部の積載荷重は，当該建築物の実況に応じて計算しなければならない。ただし，次の表に掲げる室の床の積載荷重については，それぞれ同表の(い)，(ろ)又は(は)の欄に定める数値に床面積を乗じて計算することができる。

<table>
<tr><td colspan="2" rowspan="2">構造計算の対象／室の種類</td><td>(い)</td><td>(ろ)</td><td>(は)</td></tr>
<tr><td>床の構造計算をする場合（単位　1平方メートルにつきニュートン）</td><td>大ばり，柱又は基礎の構造計算をする場合（単位　1平方メートルにつきニュートン）</td><td>地震力を計算する場合（単位　1平方メートルにつきニュートン）</td></tr>
<tr><td>(1)</td><td>住宅の居室，住宅以外の建築物における寝室又は病室</td><td>1,800</td><td>1,300</td><td>600</td></tr>
</table>

(2)	事務室		2,900	1,800	800
(3)	教室		2,300	2,100	1,100
(4)	百貨店又は店舗の売場		2,900	2,400	1,300
(5)	劇場，映画館，演芸場，観覧場，公会堂，集会場その他これらに類する用途に供する建築物の客席又は集会室	固定席の場合	2,900	2,600	1,600
		その他の場合	3,500	3,200	2,100
(6)	自動車車庫及び自動車通路		5,400	3,900	2,000
(7)	廊下，玄関又は階段		(3)から(5)までに掲げる室に連絡するものにあつては，(5)の「その他の場合」の数値による。		
(8)	屋上広場又はバルコニー		(1)の数値による。ただし，学校又は百貨店の用途に供する建築物にあつては，(4)の数値による。		

2　柱又は基礎の垂直荷重による圧縮力を計算する場合においては，前項の表の(ろ)欄の数値は，そのささえる床の数に応じて，これに次の表の数値を乗じた数値まで減らすことができる。ただし，同項の表の(5)に掲げる室の床の積載荷重については，この限りでない。

ささえる床の数	積載荷重を減らすために乗ずべき数値
2	0.95
3	0.9
4	0.85
5	0.8
6	0.75
7	0.7
8	0.65
9以上	0.6

3　倉庫業を営む倉庫における床の積載荷重は，第１項の規定によつて実況に応じて計算した数値が１平方メートルにつき3,900ニュートン未満の場合に

おいても，3,900ニュートンとしなければならない。

（昭34政344・平12政211・一部改正）

積載荷重は，人の重量，移動が困難ではない家具などの荷重である。積載荷重の値は，原則，積載重量，集中度等の実況に応じて計算しなければならないが，集中荷重等の考慮がやや困難であるので，一般的な用途で比較的その積載荷重がはっきりしているものについて，第１項の表で室の種類に応じた各部の設計用荷重を示している。

積載荷重として，長期荷重により架構に生じる応力を計算する場合は，第１項の表(ろ)欄の数値を，地震時水平力により架構に生じる応力を計算する場合は，第１項の表(は)欄の数値を，また，床の断面設計（厚さ，配筋の算定）には，(い)欄の数値をそれぞれ用いる。ただし，床のたわみ計算には，(は)欄の数値を用いてよい（H12建告第1459号）。

柱又は基礎の鉛直荷重による圧縮力については，集中度による影響が少ないので，第２項の表に示す値まで減らすことができる。倉庫業を営む倉庫は，不特定の積載荷重が加わるので，3900N／㎡を最低値としている。

（積雪荷重）

令第86条　積雪荷重は，積雪の単位荷重に屋根の水平投影面積及びその地方における垂直積雪量を乗じて計算しなければならない。

2　前項に規定する積雪の単位荷重は，積雪量１センチメートルごとに１平方メートルにつき20ニュートン以上としなければならない。ただし，特定行政庁は，規則で，国土交通大臣が定める基準に基づいて多雪区域を指定し，その区域につきこれと異なる定めをすることができる。

3　第１項に規定する垂直積雪量は，国土交通大臣が定める基準に基づいて特定行政庁が規則で定める数値としなければならない。

4　屋根の積雪荷重は，屋根に雪止めがある場合を除き，その勾(こう)配が60度以下の場合においては，その勾(こう)配に応じて第１項の積雪荷重に次の式によつて計算した屋根形状係数（特定行政庁が屋根ふき材，雪の性状等を考慮して規則でこれと異なる数値を定めた場合においては，その定めた数値）を乗じた数値とし，その勾(こう)配が60度を超える場合においては，零とすることができる。

$\mu b = \sqrt{\cos(1.5\beta)}$

（この式において，μb及びβは，それぞれ次の数値を表すものとする。

μb　屋根形状係数

β　屋根勾（こう）配（単位　度））

５　屋根面における積雪量が不均等となるおそれのある場合においては，その影響を考慮して積雪荷重を計算しなければならない。

６　雪下ろしを行う慣習のある地方においては，その地方における垂直積雪量が１メートルを超える場合においても，積雪荷重は，雪下ろしの実況に応じて垂直積雪量を１メートルまで減らして計算することができる。

７　前項の規定により垂直積雪量を減らして積雪荷重を計算した建築物については，その出入口，主要な居室又はその他の見やすい場所に，その軽減の実況その他必要な事項を表示しなければならない。

（昭34政344・昭45政333・平12政211・平12政312・一部改正）

第１項

積雪荷重Sを次式で与える。

$S=\rho dA$

ρ：積雪の単位荷重（N／cm／㎡）　d：垂直積雪量（cm）　A：屋根の水平投影面積（㎡）

第２項

積雪の単位荷重ρの最小値を20N／cm／㎡と規定している。ただし書の規定は，特定行政庁が多雪区域と指定してρの数値を定めた場合には，その数値によるとしている。多雪区域とは，国土交通大臣が定める基準（H12建告第1455号第１）に基づいて特定行政庁が指定した区域で次のいずれかの区域である。

１　垂直積雪量≧１ｍの区域

２　積雪の初終間日数の平年値≧30日の区域

初終間日数：積雪部分の割合が２分の１を超える状態が継続する期間の日数

第３項

垂直積雪量dについては，H12建告第1455号第２に，全国の市町村区域毎に具体的な算定方法が次のように示されている。これは日本建築学会の調査研究成果に基づくもので，過去の積雪データから区域，標高，海率に応じて50年再現期待値を求めるものである。

$d=\alpha l_s+\beta r_s+\gamma$

d：垂直積雪量（m）

α，β，γ：区域に応じて定められた数値

l_s：区域の標準的な標高（m）

r_s：区域の標準的な海率（区域に応じて定められた半径（㎞）の円の面積に対する当該円内の海その他これに類するものの面積の割合）

第4項

屋根上の積雪は，雪止めがなく屋根面との接触部分が氷結していない場合には滑落が生じる。本項は，この滑落の効果を見込んで，屋根の傾斜により積雪荷重を低減できるとし，屋根勾配に応じた低減係数を規定している。屋根に雪止めなど突出物があり，雪の落下を妨げる構造の場合には，当然，軽減できない。

第5項

風，日照等の影響で屋根の積雪は不均等になることがある。片側積雪の場合や屋根に吹き溜まりが生じるおそれのある場合には，その影響を考慮しなければならない。

第6項

雪下ろしを行う地方では，雪下ろしの実況に応じて，垂直積雪量を減らして計算することができるが，不測の積雪を考慮し，少なくとも１mの垂直積雪量を見込まなくてはならない。

第7項

雪下ろしを前提として垂直積雪量を減らして計算する場合は，的確な維持管理ができるよう，その軽減の状況，積雪時の処置，避難等の注意事項を出入口，主要な居室など見やすい場所に表示することを義務づけている。

なお，積雪荷重については，「保有水平耐力計算及び許容応力度等計算の方法を定める件（H19国交告第594号）」の平成30年の改正で，多雪区域以外の区域において，一定規模の緩勾配屋根について，積雪後の降雨も考慮し積雪荷重を強化する取扱いが施行されているので留意すること。

（風圧力）

令第87条　風圧力は，速度圧に風力係数を乗じて計算しなければならない。

2　前項の速度圧は，次の式によつて計算しなければならない。

$$q = 0.6E \quad V_0^2$$

（この式において，q，E及びV_0は，それぞれ次の数値を表すものとする。

q　速度圧（単位　1平方メートルにつきニュートン）
E　当該建築物の屋根の高さ及び周辺の地域に存する建築物その他の工作物，樹木その他の風速に影響を与えるものの状況に応じて国土交通大臣が定める方法により算出した数値
V_0　その地方における過去の台風の記録に基づく風害の程度その他の風の性状に応じて30メートル毎秒から46メートル毎秒までの範囲内において国土交通大臣が定める風速（単位　メートル毎秒））

3　建築物に近接してその建築物を風の方向に対して有効にさえぎる他の建築物，防風林その他これらに類するものがある場合においては，その方向における速度圧は，前項の規定による数値の2分の1まで減らすことができる。

4　第1項の風力係数は，風洞試験によつて定める場合のほか，建築物又は工作物の断面及び平面の形状に応じて国土交通大臣が定める数値によらなければならない。

（昭31政185・昭34政344・昭45政333・昭55政196・平12政211・平12政312・一部改正）

第1項

風圧力は，気象状況，建築物の形状，地形等により異なり，実況に応じた数値を的確に求めることは容易ではない。そこで，風圧力は，高さにより定まる速度圧と建築物の形状により決まる風力係数を乗じたものに換算されると規定されている。

［風圧力］＝q［速度圧］×Cf［風力係数］N／㎡

第2項

本項は速度圧の算定基準を定めたものである。速度圧qは，建設地の平均風速，建築物の高さ，周囲の状況等により国土交通大臣が定める基準（H12建告第1454号第1及び第2）により決定される係数から計算することとしている。告示の第1ではEの算出方法を，第2では基準風速Voを定めている。Voは，稀に発生する中程度の暴風を再現期間が概ね50年の暴風と想定し，地表面粗度区分Ⅱの地上10mでの10分間平均風速に相当する値である。

第3項

防風林等のように建築物に直接風が当たらないものが設けられている場合には，速度圧を第2項の数値の半分まで低減できる。この低減は，建築物の供用期間中に防風林等がなくならないことが前提である。

第４項

風力係数Cfの値は，風洞実験により定めるか，あるいは国土交通大臣が定める数値（H12建告第1454号第３）による。告示の第３では，標準的な形状の建築物について，風力係数を定めているが，これに該当しない形状の場合には，風洞実験により定める。なお，告示制定時は，都市計画区域内外で異なる取り扱いとしていたが，その後の台風被害等の調査結果を踏まえ，令和２年改正により，同取り扱いは撤廃された。

H12建告第1454号［Ｅの数値を算出する方法並びにVo及び風力係数の数値］の概要

第１　Ｅの数値

$E = Er^2 Gf$

Er：平均風速の高さ方向の分布を表す係数，Gf：ガスト影響係数

Erは次式による。ただし，局地的な地形や地物の影響により平均風速が割り増されるおそれのある場合においては，その影響を考慮する。

H≦Zbの場合　$Er = 1.7\ (Zb/Z_G)^{\alpha}$，　H＞Zbの場合　$Er = 1.7\ (Zb/Z_G)^{\alpha}$

Zb，Z_G，αは地表面粗度区分に応じ次表の値。Hは建築物高さと軒高の平均（m）。

地表面粗度区分		Zb（単位メートル）	Z_G（単位メートル）	α
Ⅰ	極めて平坦で障害物がないものとして特定行政庁が規則で定める区域	5	250	0.10
Ⅱ	地表面粗度区分Ⅰ若しくはⅣの区域以外の区域のうち，海岸線若しくは湖岸線（対岸までの距離が1,500メートル以上のものに限る。以下同じ。）までの距離が500メートル以内の地域（建築物の高さが13メートル以下である場合又は当該海岸線若しくは湖岸線からの距離が200メートルを超え，かつ，建築物の高さが31メートル以下である場合を除く。）又は当該地域以外の地域のうち，極めて平坦で障害物が散在しているものとして特定行政庁が規則で定める区域	5	350	0.15
Ⅲ	地表面粗度区分Ⅰ，Ⅱ又はⅣの区域以外の区域	5	450	0.20
Ⅳ	都市化が極めて著しいものとして特定行政庁が規則で定める区域	10	550	0.27

Gfは次表による。ただし，当該建築物の規模又は構造特性及び風圧力の変動特性について，風洞試験又は実測の結果に基づき算出する場合は，それによることができる。

<table>
<tr><td rowspan="2">H ／ 地表面粗度区分</td><td>(1)</td><td>(2)</td><td>(3)</td></tr>
<tr><td>10以下の場合</td><td>10を超え40未満の場合</td><td>40以上の場合</td></tr>
<tr><td>Ⅰ</td><td>2.0</td><td rowspan="4">(1)と(3)とに掲げる数値を直線的に補間した数値</td><td>1.8</td></tr>
<tr><td>Ⅱ</td><td>2.2</td><td>2.0</td></tr>
<tr><td>Ⅲ</td><td>2.5</td><td>2.1</td></tr>
<tr><td>Ⅳ</td><td>3.1</td><td>2.3</td></tr>
</table>

第2　Voの数値（特定行政庁の区分毎に30m／sから46m／sのいずれかの数値）

第3　風力係数の数値

Cf＝Cpe－Cpi

Cpe：閉鎖型及び開放型の建築物の外圧係数（屋外から当該部分を垂直に押す方向を正）

Cpi：閉鎖型及び開放型の建築物の内圧係数（室内から当該部分を垂直に押す方向を正）

建築物の形状，風圧力を受ける建築物の部位等に応じて，Cpe，CpiあるいはCfの数値を規定

（地震力）

令第88条　建築物の地上部分の地震力については，当該建築物の各部分の高さに応じ，当該高さの部分が支える部分に作用する全体の地震力として計算するものとし，その数値は，当該部分の固定荷重と積載荷重との和（第86条第2項ただし書の規定により特定行政庁が指定する多雪区域においては，更に積雪荷重を加えるものとする。）に当該高さにおける地震層せん断力係数を乗じて計算しなければならない。この場合において，地震層せん断力係数は，次の式によつて計算するものとする。

Ci＝ZRtAiCo

（この式において，Ci，Z，Rt，Ai及びCoは，それぞれ次の数値を表すものとする。

Ci　建築物の地上部分の一定の高さにおける地震層せん断力係数

Z　その地方における過去の地震の記録に基づく震害の程度及び地震活動の状況その他地震の性状に応じて1.0から0.7までの範囲内において国土

交通大臣が定める数値

Rt　建築物の振動特性を表すものとして，建築物の弾性域における固有周期及び地盤の種類に応じて国土交通大臣が定める方法により算出した数値

Ai　建築物の振動特性に応じて地震層せん断力係数の建築物の高さ方向の分布を表すものとして国土交通大臣が定める方法により算出した数値

Co　標準せん断力係数）

2　標準せん断力係数は，0.2以上としなければならない。ただし，地盤が著しく軟弱な区域として特定行政庁が国土交通大臣の定める基準に基づいて規則で指定する区域内における木造の建築物（第46条第2項第1号に掲げる基準に適合するものを除く。）にあつては，0.3以上としなければならない。

3　第82条の3第2号の規定により必要保有水平耐力を計算する場合においては，前項の規定にかかわらず，標準せん断力係数は，1.0以上としなければならない。

4　建築物の地下部分の各部分に作用する地震力は，当該部分の固定荷重と積載荷重との和に次の式に適合する水平震度を乗じて計算しなければならない。ただし，地震時における建築物の振動の性状を適切に評価して計算をすることができる場合においては，当該計算によることができる。

k ≧0.1（1－（H／40））Z

（この式において，k，H及びZは，それぞれ次の数値を表すものとする。

k　水平震度

H　建築物の地下部分の各部分の地盤面からの深さ（20を超えるときは20とする。）（単位　メートル）

Z　第1項に規定するZの数値）

（昭55政196・全改，昭62政348・平12政211・平12政312・平19政49・一部改正）

本条は地震力を定めた規定である。

第1項

地上部分の地震力の計算方法を定めている。本項の与える地震力は，地震層せん断力の形式をとり，次式で与えられる。

$Q_i = C_i \cdot W_i$

Q_i　：ｉ階の地震層せん断力　C_i：ｉ階の地震層せん断力係数

W_i　：ｉ階より上の建築物の重量（固定荷重と地震力計算用積載荷重の和，特定行政庁が指定する多雪区域の場合，更に積雪荷重を加える。）

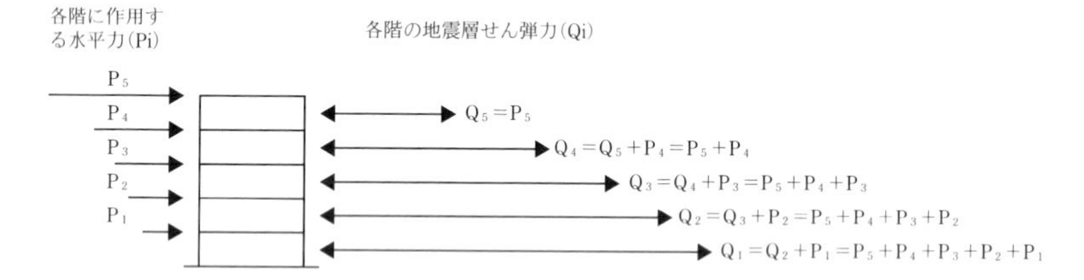

図３―11　地震時水平力Piと地震層せん断力Qiの関係

第２項

許容応力度計算（令第82条各号）及び層間変形角の計算（令第82条の２）に用いる地震力の大きさの基本となる標準せん断力係数を定めたものである。これらの計算には，標準せん断力係数$C_0 \geqq 0.2$としなければならない。ただし書は，地盤が著しく軟弱な場合，地震時の地盤の揺れの周期が木造建築物の揺れの周期に近づき，建築物に作用する水平力が固い地盤の場合よりも大きくなるので，設計用地震力の大きさを1.5倍に割り増すものである。

第３項

必要保有水平耐力の計算（令第82条の３）に用いる地震力の大きさの基本となる標準せん断力係数を定めたもので，標準せん断力係数$C_0 \geqq 1.0$としなければならない。

第４項

地震時の観測結果によると，地下部分の応答加速度は深くなるにつれ小さくなる。このことを考慮して，地下部分の地震力は定められている。地上部分とは異なり，地盤面からの深さに応じた水平震度ｋにより地震力を算出する。地下部分に生じる層せん断力は，地上部分から伝わるせん断力と地下部分に作用する地震力の和である。

［地下部分の地震力］＝ｋ［地下部分の重量＝固定荷重＋地震力計算用積載荷重］

［地下部分の地震層せん断力］＝［地上部分からのせん断力］＋［地下部分の地震力］

Ｓ55建告第1793号［Ｚの数値，Rt及びAiを算出する方法並びに地盤が著しく軟弱な区域として特定行政庁が指定する基準］の概要

第１　Ｚの数値

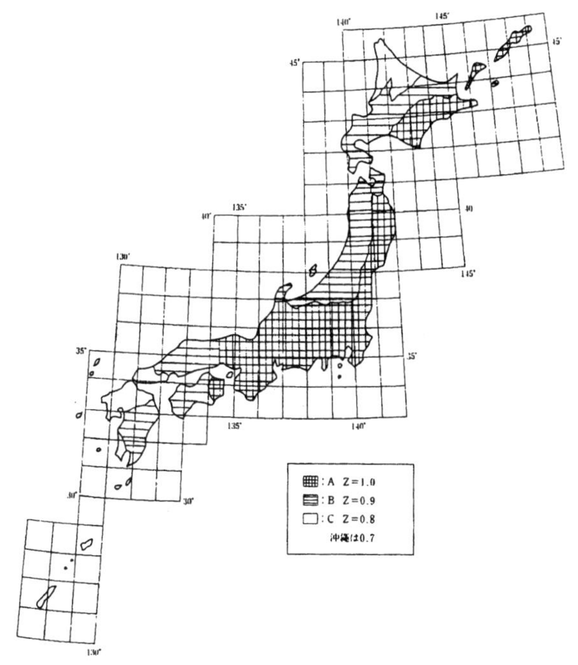

地震地域係数（Z）

国土交通省国土技術政策総合研究所・国立研究開発法人建築研究所監修『2020年版建築物の構造関係技術基準解説書』（全国官報販売協同組合，令和２年）

第２　Rtの算出方法Ｔ

<table>
<tr><td>$T < T_c$の場合</td><td>$R_t = 1$</td></tr>
<tr><td>$T_c \leqq T < 2T_c$の場合</td><td>$R_t = 1 - 0.2(T / T_c - 1)^2$</td></tr>
<tr><td>$2T_c \leqq T$の場合</td><td>$R_t = 1.6T_c / T$</td></tr>
<tr><td colspan="2">この表において，Ｔ及びTcは，それぞれ次の数値を表すものとする。
Ｔ　次の式によつて計算した建築物の設計用１次固有周期（単位　秒）
$T = h(0.02 + 0.01\alpha)$
（この式において，ｈ及びαは，それぞれ次の数値を表すものとする。
ｈ　当該建築物の高さ（単位　メートル）
α　当該建築物のうち柱及びはりの大部分が木造又は鉄骨造である階（地階を除く。）の高さの合計のｈに対する比）
Tc　建築物の基礎の底部（剛強な支持ぐいを使用する場合にあつては，当該支持ぐいの先端）の直下の地盤の種別に応じて，次の表に掲げる数値（単位　秒）</td></tr>
</table>

第1種地盤	岩盤，硬質砂れき層その他主として第3紀以前の地層によつて構成されているもの又は地盤周期等についての調査若しくは研究の結果に基づき，これと同程度の地盤周期を有すると認められるもの	0.4
第2種地盤	第1種地盤及び第3種地盤以外のもの	0.6
第3種地盤	腐植土，泥土その他これらに類するもので大部分が構成されている沖積層（盛土がある場合においてはこれを含む。）で，その深さがおおむね30メートル以上のもの，沼沢，泥海等を埋め立てた地盤の深さがおおむね3メートル以上であり，かつ，これらで埋め立てられてからおおむね30年経過していないもの又は地盤周期等についての調査若しくは研究の結果に基づき，これらと同程度の地盤周期を有すると認められるもの	0.8

第3　Aiの算出方法

$Ai = 1 + (1/\sqrt{\alpha i} - \alpha i)\ 2T/(1+3T)$

$\alpha i = W_i / W$，W_i：i階が支える重量（固定荷重＋積載荷重），W：地上部分の重量

第4　地盤が著しく軟弱な区域の基準

［地盤が著しく軟弱な区域］＝［第2の第3種地盤］

（木材）

令第89条　木材の繊維方向の許容応力度は，次の表の数値によらなければならない。ただし，第82条第1号から第3号までの規定によつて積雪時の構造計算をするに当たつては，長期に生ずる力に対する許容応力度は同表の数値に1.3を乗じて得た数値と，短期に生ずる力に対する許容応力度は同表の数値に0.8を乗じて得た数値としなければならない。

長期に生ずる力に対する許容応力度（単位　1平方ミリメートルにつきニュートン）				短期に生ずる力に対する許容応力度（単位　1平方ミリメートルにつきニュートン）			
圧縮	引張り	曲げ	せん断	圧縮	引張り	曲げ	せん断
1.1Fc／3	1.1Ft／3	1.1Fb／3	1.1Fs／3	2Fc／3	2Ft／3	2Fb／3	2Fs／3
この表において，Fc，Ft，Fb及びFsは，それぞれ木材の種類及び品質に応じて国土交通大臣が定める圧縮，引張り，曲げ及びせん断に対する基準強度（単位　1平方ミリメートルにつきニュートン）を表すものとする。							

2　かた木で特に品質優良なものをしやち，込み栓（せん）の類に使用する場合においては，その許容応力度は，それぞれ前項の表の数値の2倍まで増大すること

がでできる。

3　基礎ぐい，水槽（そう），浴室その他これらに類する常時湿潤状態にある部分に使用する場合においては，その許容応力度は，それぞれ前２項の規定による数値の70パーセントに相当する数値としなければならない。

（昭34政344・昭45政333・昭55政196・昭62政348・平12政211・平12政312・一部改正）

第１項

木材の繊維方向に関して，圧縮，引張り，曲げ及びせん断に対する許容応力度を基準強度との関係で定めている。木材は，支持し得る荷重の大きさが荷重の継続時間に応じて変化するため，積雪荷重について検討を行う場合には，通常の短期又は長期の許容応力度を採用しない。その代わりに，短期については３日間程度の荷重継続を想定し，通常の短期許容応力度の0.8倍の値を，また長期については３か月程度の荷重継続を想定し，通常の長期許容応力度の1.3倍の値を採用することとしている。各種の木材の基準強度（Fc，Ft，Fb，Fs）は，樹種，区分，等級等に応じて告示「木材の基準強度Fc，Ft，Fb及びFsを定める件（H12建告第1452号）」に定められている。

なお，木材・集成材のめり込み及び圧縮座屈に対する許容応力度は令第94条に基づく告示「特殊な許容応力度及び特殊な材料強度を定める件（H13国交告第1024号）」に定められている。

第２項

かた木は広葉樹の硬い材質のものである。これを込み栓等ファスナーとして使用するときは，許容応力度を２倍まで大きくすることができる。

第３項

木材を湿潤状態で使用する場合には，許容応力度を0.7倍としなければならない。

H13国交告第1024号［特殊な許容応力度及び特殊な材料強］の概要（木材，集成材の部分）

第１　特殊な許容応力度

1　木材のめりこみ許容応力度及び木材の圧縮材の座屈許容応力度

イ　木材のめりこみの許容応力度

基礎ぐい，水槽，浴室など常時湿潤状態にある部分に使用する場合は，当該数値の70％の数値。

⑴　10度以下の場合：令第89条第1項の圧縮許容応力度の数値
⑵　10度を超え，70度未満の場合：⑴と⑶の直線補間
⑶　70度以上90度以下の場合：次表の数値

建築物の部分		長期に生ずる力に対するめりこみの許容応力度（単位　1平方ミリメートルにつきニュートン）		短期に生ずる力に対するめりこみの許容応力度（単位　1平方ミリメートルにつきニュートン）	
		積雪時	積雪時以外	積雪時	積雪時以外
⑴	土台その他これに類する横架材（当該部材のめりこみによって他の部材の応力に変化が生じない場合に限る。）	1.5Fcv／3	1.5Fcv／3	2Fcv／3	2Fcv／3
⑵	⑴項に掲げる場合以外の場合	1.43Fcv／3	1.1Fcv／3	1.6Fcv／3	2Fcv／3
この表において，Ｆｃｖは，木材の種類及び品質に応じて第3第1号に規定するめりこみに対する基準強度（単位　1平方ミリメートルにつきニュートン）を表すものとする。					

ロ　圧縮材の座屈の許容応力度

基礎ぐい，水槽，浴室など常時湿潤状態にある部分に使用する場合は，次表の数値の70%の数値。ただし，令第82条第1号から第3号までの規定により積雪時の構造計算をする場合は，長期許容応力度は同表の数値の1.3倍，短期許容応力度は同表の数値の0.8倍の値。

有効細長比	長期に生ずる力に対する座屈の許容応力度（単位　1平方ミリメートルにつきニュートン）	短期に生ずる力に対する座屈の許容応力度（単位　1平方ミリメートルにつきニュートン）
$\lambda \leqq 30$の場合	$1.1F_c/3$	$2F_c/3$
$30 < \lambda \leqq 100$の場合	$1.1(1.3-0.01\lambda)F_c/3$	$2(1.3-0.01\lambda)F_c/3$
$\lambda > 100$の場合	$1.1(3,000/\lambda^2)F_c/3$	$2(3,000/\lambda^2)F_c/3$
この表において，λ及びF_cは，それぞれ次の数値を表すものとする。 λ　有効細長比 F_c　令第89条第1項の表に掲げる圧縮に対する基準強度（単位　1平方ミリメートルにつきニュートン）		

Fc：令第89条第1項の表の圧縮に対する基準強度（N／㎟）

2　集成材等の繊維方向の許容応力度，集成材等のめりこみ許容応力度及び集成材等の

圧縮材の座屈許容応力度

イ　集成材等の繊維方向の許容応力度は，次表の数値

基礎ぐい，水槽，浴室など常時湿潤状態にある部分に使用する場合は，当該数値の70％の値。令第82条第１号から第３号までの規定により積雪時の構造計算をする場合は，長期許容応力度は同表の数値の1.3倍，短期許容応力度は同表の数値の0.8倍の値。

長期に生ずる力に対する許容応力度（単位　１平方ミリメートルにつきニュートン）				短期に生ずる力に対する許容応力度（単位　１平方ミリメートルにつきニュートン）			
圧縮	引張り	曲げ	せん断	圧縮	引張り	曲げ	せん断
$1.1F_c/3$	$1.1F_t/3$	$1.1F_b/3$	$1.1F_s/3$	$2F_c/3$	$2F_t/3$	$2F_b/3$	$2F_s/3$
この表において，F_c，F_t，F_b及びF_sは，それぞれ集成材等の種類及び品質に応じて第３第２号イに規定する圧縮，引張り，曲げ及びせん断に対する基準強度（単位　１平方ミリメートルにつきニュートン）を表すものとする。							

ロ　集成材等のめりこみの許容応力度

１号イの木材のめりこみの許容応力度と同じ。ただし，Fcvは第３第２号ロのめりこみに対する基準強度。

ハ　圧縮材の座屈の許容応力度

１号ロの木材の圧縮材の座屈の許容応力度と同じ。ただし，Fcは第３第２号イの圧縮に対する基準強度。

（鋼材等）

令第90条　鋼材等の許容応力度は，次の表１又は表２の数値によらなければならない。

一

種類＼許容応力度			長期に生ずる力に対する許容応力度（単位　１平方ミリメートルにつきニュートン）				短期に生ずる力に対する許容応力度（単位　１平方ミリメートルにつきニュートン）			
			圧縮	引張り	曲げ	せん断	圧縮	引張り	曲げ	せん断
炭素鋼	構造用鋼材		F／1.5	F／1.5	F／1.5	F／（1.5√3）	長期に生ずる力に対する圧縮，引張り，曲げ又はせん断の許容応力度のそれぞれの数値の1.5倍とする。			
	ボルト	黒皮	―	F／1.5	―	―				
		仕上げ	―	F／1.5	―	F／2（Fが240を超えるボルトについて，国土交通大臣がこれと異なる数値				

					を定めた場合は，その定めた数値）
	構造用ケーブル	—	F／1.5	—	—
	リベット鋼	—	F／1.5	—	F／2
	鋳鋼	F／1.5	F／1.5	F／1.5	F／（1.5√3）
ステンレス鋼	構造用鋼材	F／1.5	F／1.5	F／1.5	F／（1.5√3）
	ボルト	—	F／1.5	—	F／（1.5√3）
	構造用ケーブル	—	F／1.5	—	—
	鋳鋼	F／1.5	F／1.5	F／1.5	F／（1.5√3）
鋳鉄		F／1.5	—	—	—

この表において，Fは，鋼材等の種類及び品質に応じて国土交通大臣が定める基準強度（単位　1平方ミリメートルにつきニュートン）を表すものとする。

二

許容応力度 ＼ 種類		長期に生ずる力に対する許容応力度（単位　1平方ミリメートルにつきニュートン）			短期に生ずる力に対する許容応力度（単位　1平方ミリメートルにつきニュートン）		
		圧縮	引張り		圧縮	引張り	
			せん断補強以外に用いる場合	せん断補強に用いる場合		せん断補強以外に用いる場合	せん断補強に用いる場合
丸鋼		F／1.5（当該数値が155を超える場合には，155）	F／1.5（当該数値が155を超える場合には，155）	F／1.5（当該数値が195を超える場合には，195）	F	F	F（当該数値が295を超える場合には，295）
異形鉄筋	径28ミリメートル以下のもの	F／1.5（当該数値が215を	F／1.5（当該数値が215を	F／1.5（当該数値が195を	F	F	F（当該数値が390を超え

		超える場合には，215）	超える場合には，215）	超える場合には，195）			る場合には，390）
	径28ミリメートルを超えるもの	F/1.5（当該数値が195を超える場合には，195）	F/1.5（当該数値が195を超える場合には，195）	F/1.5（当該数値が195を超える場合には，195）	F	F	F（当該数値が390を超える場合には，390）
鉄線の径が4ミリメートル以上の溶接金網		—	F/1.5	F/1.5	—	F（ただし，床版に用いる場合に限る。）	F
この表において，Fは，表1に規定する基準強度を表すものとする。							

（昭55政196・全改，平5政170・平12政211・平12政312・一部改正）

炭素鋼，ステンレス鋼，鋳鉄，鉄筋コンクリート用鉄筋等，一般的な鋼材等の許容応力度を定めている。

鉄骨造の構造耐力上主要な部分に用いられる炭素鋼，ステンレス鋼に関しては圧縮，引張り，曲げ及びせん断に対する許容応力度が定められ，鉄筋コンクリート造等に用いる鉄筋等に関しては応力状態としては，圧縮及び引張りについて定められている。鋳鉄については圧縮についてのみ定めている（令第64条参照）。

それぞれの許容応力度の数値は，全鋼材とも材質に応じた基準強度Fの関数表示（一部実数による上限あり。）とし，基準強度は告示「鋼材等及び溶接部の許容応力度並びに材料強度の基準強度を定める件（H12建告第2464号）」の第1，「炭素鋼のボルトのせん断に対する許容応力度及び材料強度を定める件（H12建告第1451号）」の第1で定められている。

基準強度Fの値は，鋼材のJIS規格降伏点の下限値としている。令第82条各号に規定される許容応力度計算では，部材断面に生じる応力度を許容応力度以下に納めることが求められる。各応力に対する短期許容応力度は降伏強度に等しく設定されているので，許容応力度計算を行うということは，概ね弾性設計を行うことと同義である。

また，鋼材の支圧，座屈の許容応力度については令第94条に基づく告示「特殊な許容応力度及び特殊な材料強度を定める件（H13国交告第1024号）」に定められている。

H12建告第2464号［鋼材等及び溶接部の許容応力度並びに材料強度の基準強度］の第１の概要

第１　鋼材等の許容応力度の基準強度

１　鋼材等の許容応力度の基準強度

鋼材等の種類及び品質				基準強度（単位　１平方ミリメートルにつきニュートン）
炭素鋼	構造用鋼材	ＳＫＫ400 ＳＨＫ400 ＳＨＫ400Ｍ ＳＳ400 ＳＭ400Ａ ＳＭ400Ｂ ＳＭ400Ｃ ＳＭＡ400ＡＷ ＳＭＡ400ＡＰ ＳＭＡ400ＢＷ ＳＭＡ400ＢＰ ＳＭＡ400ＣＷ ＳＭＡ400ＣＰ ＳＮ400Ａ ＳＮ400Ｂ ＳＮ400Ｃ ＳＮＲ400Ａ ＳＮＲ400Ｂ ＳＳＣ400 ＳＷＨ400 ＳＷＨ400Ｌ ＳＴＫ400 ＳＴＫＲ400 ＳＴＫＮ400Ｗ ＳＴＫＮ400Ｂ	鋼材の厚さが40ミリメートル以下のもの	235
			鋼材の厚さが40ミリメートルを超え100ミリメートル以下のもの	215
		ＳＧＨ400 ＳＧＣ400 ＣＧＣ400 ＳＧＬＨ400 ＳＧＬＣ400 ＣＧＬＣ400		280
		ＳＨＫ490Ｍ	鋼材の厚さが40ミリメートル以下のもの	315
		ＳＳ490	鋼材の厚さが40ミリメートル以下のもの	275
			鋼材の厚さが40ミリメートルを超え100	255

			ミリメートル以下のもの	
	ＳＫＫ490 ＳＭ490Ａ ＳＭ490Ｂ ＳＭ490Ｃ ＳＭ490ＹＡ ＳＭ490ＹＢ ＳＭＡ490ＡＷ ＳＭＡ490ＡＰ ＳＭＡ490ＢＷ ＳＭＡ490ＢＰ ＳＭＡ490ＣＷ ＳＭＡ490ＣＰ ＳＮ490Ｂ ＳＮ490Ｃ ＳＮＲ490Ｂ ＳＴＫ490 ＳＴＫＲ490 ＳＴＫＮ490Ｂ		鋼材の厚さが40ミリメートル以下のもの	325
			鋼材の厚さが40ミリメートルを超え100ミリメートル以下のもの	295
	ＳＧＨ490 ＳＧＣ490 ＣＧＣ490 ＳＧＬＨ490 ＳＧＬＣ490 ＣＧＬＣ490			345
	ＳＭ520Ｂ ＳＭ520Ｃ		鋼材の厚さが40ミリメートル以下のもの	355
			鋼材の厚さが40ミリメートルを超え75ミリメートル以下のもの	335
			鋼材の厚さが75ミリメートルを超え100ミリメートル以下のもの	325
	ＳＳ540		鋼材の厚さが40ミリメートル以下のもの	375
	ＳＤＰ１Ｔ ＳＤＰ１ＴＧ		鋼材の厚さが40ミリメートル以下のもの	205
	ＳＤＰ２ ＳＤＰ２Ｇ ＳＤＰ３		鋼材の厚さが40ミリメートル以下のもの	235
ボルト	黒皮			185
	仕上げ	強度区分	4.6 4.8	240

			5.6 5.8	300
			6.8	420
構造用ケーブル				構造用ケーブルの種類に応じて，次のいずれかの数値とすること。 一　日本産業規格（以下「ＪＩＳ」という。）Ｇ3525（ワイヤロープ）―1998の付表１から付表10までの区分に応じてそれぞれの表に掲げる破断荷重（単位　キロニュートン）に２分の1,000を乗じた数値を構造用ケーブルの種類及び形状に応じて求めた有効断面積（単位　平方ミリメートル）で除した数値 二　ＪＩＳ　Ｇ3546（異形線ロープ）―2000の付表１から付表６までの区分に応じてそれぞれの表に掲げる破断荷重（単位　キロニュートン）に２分の1,000を乗じた数値を構造用ケーブルの種類及び形状に応じて求めた有効断面積（単位　平方ミリメートル）で除した数値 三　ＪＩＳ　Ｇ3549（構造用ワイヤロープ）―2000の付表１から付表16までの区分に応じてそれぞれの表に掲げる破断荷重（単位　キロニュートン）に２分の1,000を乗じた数値を構造用ケーブルの種類及び形状に応じて求めた有効断面積（単位　平方ミリ

			メートル）で除した数値
	リベット鋼		235
	鋳鋼	ＳＣ480 ＳＣＷ410 ＳＣＷ410ＣＦ	235
		ＳＣＷ480 ＳＣＷ480ＣＦ	275
		ＳＣＷ490ＣＦ	315
ステンレス鋼	構造用鋼材	ＳＵＳ304Ａ ＳＵＳ316Ａ ＳＤＰ４ ＳＤＰ５	235
		ＳＵＳ304Ｎ２Ａ ＳＤＰ６	325
	ボルト	Ａ２―50 Ａ４―50	210
	構造用ケーブル		ＪＩＳ　Ｇ3550（構造用ステンレス鋼ワイヤロープ）―2003の付表の区分に応じてそれぞれの表に掲げる破断荷重（単位　キロニュートン）に２分の1,000を乗じた数値を構造用ケーブルの種類及び形状に応じて求めた有効断面積（単位　平方ミリメートル）で除した数値
	鋳鋼	ＳＣＳ13ＡＡ―ＣＦ	235
鋳鉄			150
丸鋼	ＳＲ235 ＳＲＲ235		235
	ＳＲ295		295
異形鉄筋	ＳＤＲ235		235
	ＳＤ295Ａ ＳＤ295Ｂ		295
	ＳＤ345		345
	ＳＤ390		390
鉄線の径が４ミリメートル以上の溶接金網			295
この表でSN400等はJIS製品を示す。			

2　法第37条第１号の国土交通大臣の指定するJIS規格品で前号の表以外のもの及び同条第２号の国土交通大臣の認定材の許容応力度の基準強度は，国土交通大臣が指定し

た数値。

3　前2号の鋼材等を加工する場合，加工後の材の機械的性質，化学成分等の品質が加工前と同等以上であることを確かめること。ただし，次のいずれかに該当する場合は，この限りでない。

イ　切断，溶接，局部的な加熱，鉄筋の曲げ加工等の構造耐力上支障がない加工。

ロ　500℃以下の加熱。

ハ　鋳鉄と鉄筋以外の曲げ加工（厚さが6㎜以上の材の曲げ加工では，外側曲げ半径が材の厚さの10倍以上となるものに限る）。

H12建告第1451号［炭素鋼のボルトのせん断に対する許容応力度及び材料強度］の第1の概要

第1　基準強度240N／㎟を超える炭素鋼のボルトの長期に生ずる力に対するせん断の許容応力度

基準強度F（N/㎟）	長期せん断許容応力度（N/㎟）
$240 < F \leqq 180\sqrt{3}$	120
$180\sqrt{3} < F$	$F/(1.5\sqrt{3})$
Fは，令第90条に規定する鋼材の基準強度（N/㎟）	

H12建告第2464号には従来の一般構造用圧延鋼材（SS400等）と溶接構造用圧延鋼材（SM490A等）に建築構造用圧延鋼材（SN400等）が加わった。これは，以下のような状況を背景として，鉄骨造建築物に用いる新たな鋼材SN材が開発され，そのJISが平成6年に制定されたことによるものである。

①　昭和56年に施行されたいわゆる新耐震設計法では，弾性強度だけではなく材料の降伏以降の塑性変形・終局強度も設計で考慮することになり，材料の降伏強度や伸び能力に対する品質確保の要求が高まったこと。

②　従来の弾性設計に材料の塑性を考慮する設計が加わり，設計のレベルに応じた特性を持つ鋼材の供給が期待されたこと。

③　柱を角形鋼管，柱はり接合部を通しダイアフラム形式とするラーメン架構が普及し，ダイアフラムの板厚さ方向の性能が重要なものとなったこと。

④　構造物の高層化・大型化に伴い，使用する鋼材の厚さが厚くなり，その溶接の観点から，鋼材の材質に対する要求が高度なものとなってきたこと。

SN材にはA，B，Cと3鋼種がある。A材は従来のSS材と同等であるが，炭素の上限を新たに設けている。B材はA材の品質仕様に，降伏点の範囲，降伏比（＝［降伏強度］／［引張り強さ］）の上限，シャルピー吸収エネルギー等溶接性を保証する仕様を加えたものである。C材はさらに板厚さ方向の性能を保証する仕様も加えられていて，最も品質の高い材料である。これらの材料の使用部位に関し，次表が参考に揭げられている。

表３—15　ＳＮ材の使用部位

記号	使用区分
SN400A	塑性変形能力を期待しない部材又は部位に使用。 溶接を行う構造耐力上主要な部分への使用は禁止。
SN400B，SN490B	広く一般の構造部位に使用（SN400C，SN490Cの使用区分以外）
SN400C，SN490C	溶接加工時を含め板厚方向に大きな引張応力を受ける部材又は部位に使用

H12建告第2464号第１第３号は，鋼材を室温（冷間）で折り曲げたり，加熱すると降伏強度などの機械的性質や溶接性能が変化することがあるので，加工によりこれらの性質が加工前と変わらないことを確認することを原則とし，ただし書で，素材の降伏強度に基づく基準強度を用いることの可能な加工方法を定めている。

中低層建築物の柱等に多く利用される冷間成形角形鋼管のうちBCR材（ロール成形品）とBCP材（プレス成型品）に関しては，国土交通大臣により法第37条に基づき建築構造材への使用が認定され，H12建告第2464号により次表の数値が母材及び溶接部の基準強度として指定されている。

表３—16　ＢＣＲ材，ＢＣＰ材の母材及び溶接部の基準強度

鋼種	基準強度（N/㎟）
BGR295	295
BCP235	235
BCP325, BCP325T	325

H13国交告第1024号［特殊な許容応力度及び特殊な材料強度］の概要

第１　特殊な許容応力度

３　鋼材等

いずれの短期許容応力度も長期の1.5倍。

イ　支圧許容応力度

①　滑り支承又はローラー支承の支承部等の支圧：1.9Ｆ

②　ボルト・リベットの軸部に接触する鋼材等の支圧：1.25Ｆ

ロ　圧縮材の座屈許容応力度

炭素鋼

① $\lambda \leqq \Lambda$の場合：$[1-0.4(\lambda/\Lambda)^2]/[1.5+2(\lambda/\Lambda)^2/3]$

② $\lambda > \Lambda$の場合：$18F/65/(\lambda/\Lambda)^2$

λ：有効細長比　Λ：限界細長比$(=1500/\sqrt{(F/1.5)})$

ステンレス鋼

① $c\lambda \leqq 0.2$の場合：$F/1.5$

② $0.2 < c\lambda \leqq 1.5$の場合：$(1.12-0.6c\lambda)F/1.5$

③ $1.5 \leqq c\lambda$の場合：$F/(3c\lambda^2)$

$c\lambda$：一般化有効細長比$(=\ell_k\sqrt{[F/(\pi^2E)]}/i)$

ℓ_k：有効座屈長さ　F：基準強度　E：ヤング係数　i：最小断面2次半径

ハ　曲げ材の座屈許容応力度

炭素鋼

① 荷重面内に対象軸を持つ圧延形鋼，プレートガーダー等の組立材で強軸回り曲げ，次のいずれか大きい値

$F[2/3-4(\ell_b/i)^2/(15C\Lambda^2)]$，$89,000/(\ell_b h/A_f)$

② 鋼管と箱形断面材，①の材の弱軸曲げ，ガセットプレートの面内曲げ：$F/1.5$

③ みぞ形断面材，荷重面内に対称軸を持たない材：$89,000/(\ell_b h/A_f)$

ℓ_b：圧縮フランジの支点間距離　h：材のせい　A_f：圧縮フランジの断面積

i：圧縮フランジと材せいの1/6からなるT形断面のウエブ軸回りの断面2次半径

$C=1.75+1.05(M_2/M_1)+0.3(M_2/M_1)^2 \leqq 2.3$

M_2：補剛区間端の曲げモーメント（小さい方の値）

M_1：同じく大きい方の曲げモーメント

曲げモーメント分布が複曲率：$M_2/M_1>0$　単曲率：$M_2/M_1<0$

ステンレス鋼

① 荷重面内に対象軸を持つ圧延形鋼，プレートガーダー等の組立材で強軸回り曲げ

$-0.5 \leqq M_r \leqq 1.0$の場合

${}_b\lambda \leqq {}_b\lambda_y$の場合：$F/1.5$

${}_b\lambda_y < {}_b\lambda \leqq 1.3$の場合：

$[1-0.4({}_b\lambda-{}_b\lambda_y)/(1.3-{}_b\lambda_y)]F/[1.5+0.7({}_b\lambda-{}_b\lambda_y)/(1.3-{}_b\lambda_y)]$

$1.3 < {}_b\lambda$の場合：$F/(2.2{}_b\lambda^2)$

$-1.0 \leqq M_r < -0.5$の場合

${}_b\lambda \leqq 0.46/\sqrt{C}$の場合：$F/1.5$

$0.46/\sqrt{C} < {}_b\lambda \leqq 1.3/\sqrt{C}$の場合：

$0.693F/\{\sqrt{\ }[{}_b\lambda\sqrt{C}]+0.015\}/[1.12+0.83{}_b\lambda\sqrt{C}]$

$1.3/\sqrt{C} < {}_b\lambda$の場合：$F/(2.2C{}_b\lambda^2)$

② 鋼管と箱形断面材，①の材の弱軸曲げ，ガセットプレートの面内曲げ：$F/1.5$

③　みぞ形断面材，荷重面内に対称軸を持たない材で$_{b}\lambda \leqq {}_{b}\lambda_{y}$の場合：F／1.5

Mr＝M_2/M_1　　$_{b}\lambda$：一般化有効細長比（＝$\sqrt{(My/Me)}$）

My：降伏曲げモーメント

Me：弾性横座屈曲げモーメント

$_{b}\lambda_{y}=0.7+0.17(M_2/M_1)-0.07(M_2/M_1)^2$

6　高強度鉄筋の許容応力度

種類 鉄筋径 φ（mm）	長期（N/mm²）			短期（N/mm²）		
	圧縮	引張		圧縮	引張	
		せん断補強筋以外	せん断補強筋		せん断補強筋以外	せん断補強筋
φ≦28	F／1.5≦215＊	F／1.5≦215＊	F／1.5≦195＊	F	F	F／1.5≦490＊
φ＞28	F／1.5≦195＊	F／1.5≦195＊	F／1.5≦195＊	F	F	F／1.5≦490＊

SD490の場合F＝490（第3　基準強度　第5による）

＊印：法第37条第2号の国土交通大臣の認定を受けた場合，上限値の適用は除外。

（コンクリート）

令第91条　コンクリートの許容応力度は，次の表の数値によらなければならない。ただし，異形鉄筋を用いた付着について，国土交通大臣が異形鉄筋の種類及び品質に応じて別に数値を定めた場合は，当該数値によることができる。

長期に生ずる力に対する許容応力度（単位　1平方ミリメートルにつきニュートン）				短期に生ずる力に対する許容応力度（単位　1平方ミリメートルにつきニュートン）			
圧縮	引張り	せん断	付着	圧縮	引張り	せん断	付着
F／3	F／30（Fが21を超えるコンクリートについて，国土交通大臣がこれと異なる数値を定めた場合は，その定めた数値）		0.7（軽量骨材を使用するものにあつては，0.6）	長期に生ずる力に対する圧縮，引張り，せん断又は付着の許容応力度のそれぞれの数値の2倍（Fが21を超えるコンクリートの引張り及びせん断について，国土交通大臣がこれと異なる数値を定めた場合は，その定めた数値）とする。			
この表において，Fは，設計基準強度（単位　1平方ミリメートルにつきニュートン）を表すものとする。							

2　特定行政庁がその地方の気候，骨材の性状等に応じて規則で設計基準強度の上限の数値を定めた場合において，設計基準強度が，その数値を超えるときは，前項の表の適用に関しては，その数値を設計基準強度とする。

（昭34政344・昭55政196・平12政211・平12政312・一部改正）

第1項

本項では，コンクリートの圧縮，引張り，せん断及び付着の各許容応力度について規定している。ただし，設計基準強度が21N／㎟を超えるコンクリートの引張りとせん断に対する許容応力度は，表中のかっこ書にあるように告示「コンクリートの付着，引張り及びせん断に対する許容応力度及び材料強度を定める件（H12建告第1450号）」第2の与える数値を用いる。

異形鉄筋を用いた場合のコンクリートの付着許容応力度はH12建告第1450号第1に，また，丸鋼とコンクリートの付着許容応力度は「特殊な許容応力度及び特殊な材料強度を定める件（H13国交告第1024号）」第1第15号にそれぞれ与えられている。

第2項

本項は，地方により骨材等の状況の差異による強度発現状況が異なることが予想されるため，各特定行政庁が規則で特別の規制を設けることができるとしている。

H12建告第1450号［コンクリートの付着，引張り及びせん断に対する許容応力度及び材料強度］の概要

第1　異形鉄筋とコンクリートの付着許容応力度

鉄筋の使用位置と令第74条第1項第2号に規定するコンクリートの設計基準強度に応じ，次表による。ただし，コンクリート中に設置した異形鉄筋の引抜実験により付着強度を確認した場合，付着強度の1/3。

鉄筋の使用位置		長期付着許容応力度		短期付着許容応力度
		F≦22.5	22.5＜F	
(一)	はりの上端	F/15	0.9＋2F/75	長期の2倍。
(二)	(一)以外の位置	F/10	1.35＋F/25	
Fは，設計基準強度（N/㎟）				

第2　F＞21N/㎟のコンクリートの長期に対する引張りとせん断の許容応力度Fs

Fs＝0.49＋F/100

ただし，実験によりコンクリートの引張又はせん断強度を確認した場合は，その強度の1/3をFsとする。

第3

1　令第97条の異形鉄筋とコンクリートの付着材料強度＝第1第1号の数値の3倍。

2　F＞21N/㎟のコンクリートの引張りとせん断に対する材料強度＝第2の数値の3倍。

H13国交告第1024号［特殊な許容応力度及び特殊な材料強度］の概要

第１

第15号　丸鋼とコンクリートの付着の許容応力度は次表の値

ただし，コンクリート中に設置した丸鋼の引抜き実験により付着強度を確認した場合は，長期付着許容応力度を付着強度の１／３とすることができる。

	長期付着許容応力度（N／㎟）	短期付着許容応力度（N／㎟）
はりの上端	min（４F／100，0.9）	長期の２倍
上記以外	min（６F／100，1.35）	

F：設計基準強度

（溶接）

令第92条　溶接継目ののど断面に対する許容応力度は，次の表の数値によらなければならない。

<table>
<tr><td rowspan="2">継目の形式</td><td colspan="4">長期に生ずる力に対する許容応力度（単位　１平方ミリメートルにつきニュートン）</td><td colspan="4">短期に生ずる力に対する許容応力度（単位　１平方ミリメートルにつきニュートン）</td></tr>
<tr><td>圧縮</td><td>引張り</td><td>曲げ</td><td>せん断</td><td>圧縮</td><td>引張り</td><td>曲げ</td><td>せん断</td></tr>
<tr><td>突合せ</td><td colspan="3">F／1.5</td><td>F／（1.5√3）</td><td colspan="4" rowspan="2">長期に生ずる力に対する圧縮，引張り，曲げ又はせん断の許容応力度のそれぞれの数値の1.5倍とする。</td></tr>
<tr><td>突合せ以外のもの</td><td colspan="3">F／（1.5√3）</td><td>F／（1.5√3）</td></tr>
<tr><td colspan="9">この表において，Fは，溶接される鋼材の種類及び品質に応じて国土交通大臣が定める溶接部の基準強度（単位　１平方ミリメートルにつきニュートン）を表すものとする。</td></tr>
</table>

（昭34政344・昭55政196・平12政211・平12政312・一部改正）

本条では，溶接継目の許容応力度を規定している。溶接には種々の形態があり，許容応力度の算定の基準となる断面を特定する必要があるため，その断面を，いわゆるのど断面と指定し，こののど断面に対する許容応力度を継目の形式に応じて定めている。

各許容応力度の数値は令第90条（鋼材等）の規定とあわせて，各材種の基準強度Fの関数として表されている。

継目の形式は，突合せ溶接と，突合せ溶接以外の（せん断で応力を伝達する形式のもので，すみ肉溶接等）の2通りに分類し，各許容応力度の数値を定めるものとした。

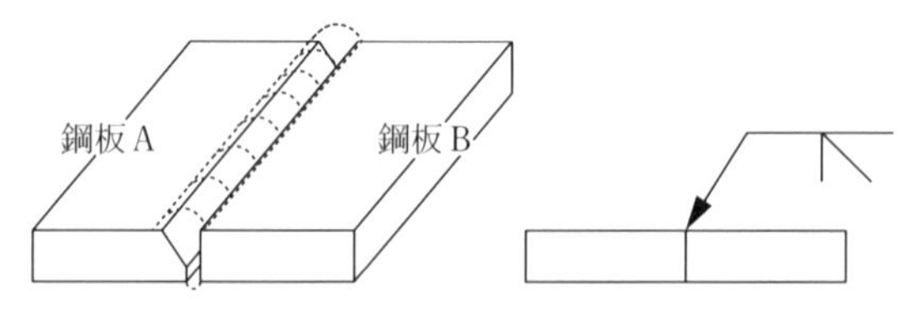

A）突合せ溶接

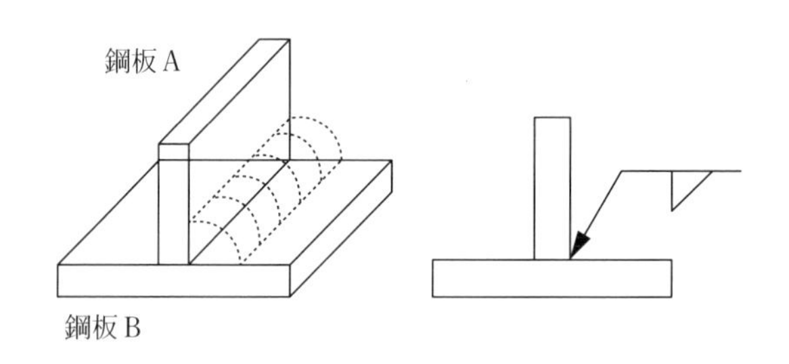

B）すみ肉溶接

図3―12　溶接継目の形式

溶接部の基準強度については，告示「鋼材等及び溶接部の許容応力度並びに材料強度の基準強度を定める件（H12建告第2464号）」の第2で，鋼材の基準強度と同値として定められている。鋼材と同様に表に記載のない材料の溶接を行う場合には，同告示第2第2号に基づきこの基準強度について国土交通大臣の指定を受ける必要がある。

平成12年以前は，溶接部の許容応力度と材料強度は，溶接の作業条件により数値に差をつけていたが，溶接の技術基準「鉄骨造の継手又は仕口の構造方法を定める件（H12建告第1464号）」を令第67条に基づいて定め，それにより溶接部の品質を担保することとした。溶接部の強度や靱性は溶接条件（溶接棒，入熱，パス間温度等）の影響を強く受けるので，適切な溶接管理が重要である。H12建告第1464号では鋼材と溶接材料の組合せを以下のように定めているので，溶接される鋼材と溶接棒とが溶け合った溶着金属の性能が次表に適合するような溶接棒を選択する必要がある。

表３―17　鋼材と溶接材料の組合せ

溶接される鋼材の種類	溶着金属としての性能	
400Ｎ級炭素鋼	降伏点又は0.2%耐力≧235Ｎ/㎟	引張強さ≧400Ｎ/㎟
490Ｎ級炭素鋼	降伏点又は0.2%耐力≧325Ｎ/㎟	引張強さ≧490Ｎ/㎟
520Ｎ級炭素鋼	降伏点又は0.2%耐力≧355Ｎ/㎟	引張強さ≧520Ｎ/㎟
235Ｎ級ステンレス鋼	引張強さ≧520Ｎ/㎟	
325Ｎ級ステンレス鋼	引張強さ≧690Ｎ/㎟	

（高力ボルト接合）

令第92条の２　高力ボルト摩擦接合部の高力ボルトの軸断面に対する許容せん断応力度は，次の表の数値によらなければならない。

許容せん断応力度／種類	長期に生ずる力に対する許容せん断応力度（単位　１平方ミリメートルにつきニュートン）	短期に生ずる力に対する許容せん断応力度（単位　１平方ミリメートルにつきニュートン）
一面せん断	0.3T_0	長期に生ずる力に対する許容せん断応力度の数値の1.5倍とする。
２面せん断	0.6T_0	
この表において，T_0は，高力ボルトの品質に応じて国土交通大臣が定める基準張力（単位　１平方ミリメートルにつきニュートン）を表すものとする。		

２　高力ボルトが引張力とせん断力とを同時に受けるときの高力ボルト摩擦接合部の高力ボルトの軸断面に対する許容せん断応力度は，前項の規定にかかわらず，次の式により計算したものとしなければならない。

$f_{st} = f_{so}(1 - (\sigma_t / T_0))$

（この式において，f_{st}，f_{so}，σ_t及びT_0は，それぞれ次の数値を表すものとする。

f_{st}　この項の規定による許容せん断応力度（単位　１平方ミリメートルにつきニュートン）

f_{so}　前項の規定による許容せん断応力度（単位　１平方ミリメートルに

つきニュートン）

σ_t　高力ボルトに加わる外力により生ずる引張応力度（単位　1平方ミリメートルにつきニュートン）

T_0　前項の表に規定する基準張力）

（昭55政196・追加，平12政211・平12政312・一部改正）

高力ボルト接合は，昭和40年頃から使われはじめ，現在では鉄骨造の接合方法の主流を占めるまでに至っている。高力ボルトを用いた接合部には，応力の流れ方の違いから，高力ボルト摩擦接合と高力ボルト引張接合の2種類がある。高力ボルト摩擦接合では，接合される鋼板の応力は，高力ボルトの締め付け力により生じる鋼板間の摩擦力により伝達される。高力ボルト引張接合では，高力ボルトの軸力の増加により伝達される。

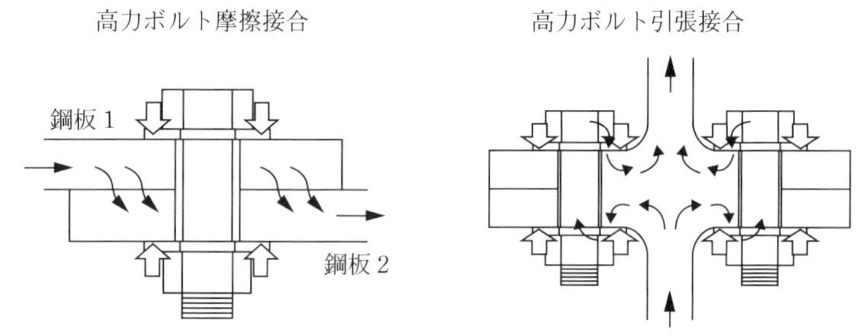

図3―13　高力ボルト接合の種類と応力の流れ

本条は，高力ボルト摩擦接合部の許容応力度について，第1項で接合部にせん断力のみ作用する場合を，また第2項で引張力とせん断力が同時に作用する場合を定めている。許容応力度を計算する基準断面としては，高力ボルトの軸断面を採用する。

高力ボルト引張接合部の許容応力度は，告示「高力ボルトの基準張力，引張接合部の引張りの許容応力度及び材料強度の基準強度を定める件（H12建告第2466号）」に高力ボルトに導入する軸力の基準値（基準張力）等と併せて，定められている。すなわち，高力ボルト引張接合部の引張りの許容応力度及び高力ボルトの材料強度が，それぞれ摩擦接合用高力六角ボルトの種類，品質に応じて定められている。告示には強度の高いF11Tが規定されているが，このボルトには遅れ破壊の危険性が指摘され，現在，製造・流通はされていない。これら以外に頭部が丸く，ボルト先端に締め付けレンチの反力を受けるピンテールの付いたトルシア形高力ボルト（S10T）が国土交通大臣の認定を受け，摩擦接合用高力六角ボルトと同等の許容応力度等が与えられている。

H12建告第2466号［高力ボルトの基準張力，引張接合部の引張りの許容応力度及び材料強度の基準強度］の概要

第1　高力ボルトの基準張力

1　高力ボルト（F8T，F10T，F11T）の基準張力

高力ボルトの品質			基準張力（N/㎟）
高力ボルトの種類		締付ボルト張力（N/㎟）	
(1)	1種（F8T）	400以上	400
(2)	2種（F10T）	500以上	500
(3)	3種（F11T）	535以上	535
1種，2種及び3種は，JISB1186（摩擦接合用高力六角ボルト・六角ナット・平座金のセット）—1995に定める1種，2種及び3種の摩擦接合用高力ボルト，ナット及び座金の組合せを表し，それぞれF8T，F10T，F11Tに対応する。			

2　法第37条第2号の国土交通大臣の認定を受けた高力ボルト：国土交通大臣が指定した数値

第2　高力ボルト引張接合部の引張許容応力度

1　高力ボルト引張接合部の高力ボルトの軸断面に対する引張許容応力度

高力ボルトの品質	長期引張許容応力度（N/㎟）	短期引張許容応力度（N/㎟）
F8T	250	長期の1.5倍
F10T	310	
F11T	330	

2　法第37条第2号の国土交通大臣の認定を受けた高力ボルト：国土交通大臣が指定した数値

第3　高力ボルトの材料強度の基準強度

1　高力ボルトの材料強度の基準強度

F8T：640N/㎟，F10T：900N/㎟，F11T：950N/㎟

2　法第37条第2号の国土交通大臣の認定を受けた高力ボルトの材料強度の基準強度：国土交通大臣が指定した数

（地盤及び基礎ぐい）

令第93条　地盤の許容応力度及び基礎ぐいの許容支持力は，国土交通大臣が定める方法によつて，地盤調査を行い，その結果に基づいて定めなければならない。ただし，次の表に掲げる地盤の許容応力度については，地盤の種類に応じて，それぞれ次の表の数値によることができる。

地盤	長期に生ずる力に対する許容応力度（単位　1平方メートルにつきキロニュートン）	短期に生ずる力に対する許容応力度（単位　1平方メートルにつきキロニュートン）
岩盤	1,000	長期に生ずる力に対する許容応力度のそれぞれの数値の2倍とする。
固結した砂	500	
土丹盤	300	
密実な礫(れき)層	300	
密実な砂質地盤	200	
砂質地盤（地震時に液状化のおそれのないものに限る。）	50	
堅い粘土質地盤	100	
粘土質地盤	20	
堅いローム層	100	
ローム層	50	

（昭45政333・全改，平12政211・平12政312・一部改正）

地盤は非常に個別性が強いので荷重試験，土質試験又は地下探査等の地盤調査の結果に基づき定めることを原則としている。しかし，小規模な建築物などに一律に地盤調査を課すのは設計のバランスを欠き必ずしも適切ではないので，簡易な方法として，地盤の許容応力度の表が示されている。表中の数値は，ほぼ均質で安定した敷地上の地盤について経験的に得られている数値から定めたもので，不均質な中間土等の建設地の地盤の特殊性は含まれていない。したがって，これらの数値は，地盤調査を行う前の予備的な設計のための判断資料とするか安定した敷地上の小規模な建築物の設計に用いることが望ましい。

地盤調査の方法，地盤の許容応力度を定める方法及び基礎ぐいの許容支持力を定める方法は，告示「地盤の許容応力度及び基礎ぐいの許容支持力を求めるための方法等を定める件（H13国交告第1113号）」に定められている。

（補則）

令第94条　第89条から前条までに定めるもののほか，構造耐力上主要な部分の材料の長期に生ずる力に対する許容応力度及び短期に生ずる力に対する許容応力度は，材料の種類及び品質に応じ，国土交通大臣が建築物の安全を確保するために必要なものとして定める数値によらなければならない。

（昭55政196・追加，平12政211・平12政312・一部改正）

各種材料について許容応力度の規定全体に関する補足的規定を，告示で定めるための根拠を定めるものである。

近年種々の建築材料の開発が進み，主として高強度の材料の出現を見ている。また，材料の開発と併せて，外力に対する挙動や耐力の特性等に関する研究も進展している。こうしたことから，各材料の特性に応じ，部材としての使われ方の特性に応じた許容応力度，新しい材種についての許容応力度等について，告示で定めることとしたものである。なお，本条に基づいて定められた告示としては，次のものがある。

表３―18　令第94条に基づく告示

告示	項目（材料と許容応力度）
H13国交告第1024号［特殊な許容応力度及び特殊な材料強度］の第1	①　木材のめりこみ及び木材の圧縮材の座屈の許容応力度 ②　集成材及び構造用単板積層材（集成材等）の繊維方向，集成材等のめりこみ及び集成材等の圧縮材の座屈の許容応力度 ③　鋼材等の支圧，鋼材等の圧縮材の座屈及び鋼材等の曲げ材の座屈の許容応力度 ④　溶融亜鉛メッキ等を施した高力ボルト摩擦接合部の高力ボルトの軸断面に対する許容せん断応力度 ⑤　ターンバックルの引張りの許容応力度 ⑥　高強度鉄筋の許容応力度 ⑦　タッピンねじその他これに類するもの（タッピンねじ等）の許容応力度 ⑧　アルミニウム合金材，アルミニウム合金材の溶接継目ののど断面，アルミニウム合金材の支圧，アルミニウム合金材の圧縮材の座屈，アルミニウム合金材の曲げ材の座屈，アルミニウム

	合金材の高力ボルト摩擦接合部及びタッピンねじ又はドリリングタッピンねじを用いたアルミニウム合金材の接合部の許容応力度 ⑨　トラス用機械式継手の許容応力度 ⑩　コンクリート充填鋼管造の鋼管の内部に充填されたコンクリートの圧縮，せん断及び付着の許容応力度 ⑪　組積体（鉄筋コンクリート組積体を含む）の圧縮及びせん断並びに鉄筋コンクリート組積体の付着の許容応力度 ⑫　鉄線の引張りの許容応力度 ⑬　令第67条第１項の国土交通大臣の認定を受けた鋼材の接合，同条第２項の国土交通大臣の認定を受けた継手又は仕口及び令第68条第３項の国土交通大臣の認定を受けた高力ボルト接合の許容応力度 ⑭　あと施工アンカーの接合部の引張り及びせん断の許容応力度 ⑮　丸鋼とコンクリートの付着の許容応力度 ⑯　炭素繊維，アラミド繊維その他これらに類する材料の引張りの許容応力度 ⑰　緊張材の引張りの許容応力度 ⑱　軽量気泡コンクリートパネルに使用する軽量気泡コンクリートの圧縮及びせん断の許容応力度 ⑲　直交集成板の繊維方向，直交集成板のめりこみ及び直交集成板の圧縮材の座屈の許容応力度
H12建告第2466号［高力ボルトの基準張力，引張接合部の引張りの許容応力度及び材料強度の基準強度］	①　高力ボルトの基準張力 ②　高力ボルト引張接合部の引張りの許容応力度
H13国交告第1113号［地盤と基礎ぐいの許容耐力と地盤調査方法］	①　地盤アンカーの引抜き方向の許容応力度 ②　くい体又は地盤アンカー体に用いる材料の許容応力度
H13国交告第1540号［枠組壁工法又は木質プレハブ工法を用	①　木質接着成形軸材料，木質複合軸材料，木質断熱複合パネル，木質接着複合パネル等の許容応力度の指定

いた建築物又は建築物の構造部分の構造方法に関する安全上必要な技術的基準]	

（木材）

令第95条　木材の繊維方向の材料強度は，次の表の数値によらなければならない。ただし，第82条の5第2号の規定によつて積雪時の構造計算をするに当たつては，同表の数値に0.8を乗じて得た数値としなければならない。

材料強度（単位　1平方ミリメートルにつきニュートン）			
圧縮	引張り	曲げ	せん断
Fc	Ft	Fb	Fs
この表において，Fc，Ft，Fb及びFsは，それぞれ第89条第1項の表に規定する基準強度を表すものとする。			

2　第89条第2項及び第3項の規定は，木材の材料強度について準用する。

（昭55政196・追加，昭62政348・平12政211・平19政49・一部改正）

ここでいう「材料強度」は，保有水平耐力を計算する場合に用いる数値で，計算上この数値以上の応力度は，その材料には生じ得ないと考えられる数値である。

本条では，木材の繊維方向の応力に対する材料強度を規定しているが，内容としては，告示で定める基準強度を採用することとしている。基準強度については令第89条の規定を，そのまま準用している。

なお，本規定に関連して，令第99条（補則）に基づき，めり込みに関する材料強度，座屈に関する材料強度及び集成材の材料強度について告示「特殊な許容応力度及び特殊な材料強度を定める件（H13国交告第1024号）」で定められている。

H13国交告第1024号［特殊な許容応力度及び特殊な材料強］の概要（木材，集成材の部分）

第2　特殊な材料強度

　1　木材のめりこみの材料強度及び木材の圧縮材の座屈の材料強度

　　イ　木材のめりこみの材料強度

基礎ぐい，水槽，浴室など常時湿潤状態にある部分に使用する場合は，当該数値の70%の数値。土台等の横架材（めりこみにより他の部材の応力に変化が生じない場合に限る。）以外について，令第82条の5第2号の規定により積雪時の構造計算をする場合は，当該数値の0.8倍の数値。

⑴　10度以下の場合：令第95条第1項の圧縮の材料強度の数値

⑵　10度を超え，70度未満の場合：⑴と⑶の数値を直線補間した数値

⑶　70度以上90度以下の場合：第3第1号のめりこみの基準強度の数値

ロ　圧縮材の座屈の材料強度

基礎ぐい，水槽，浴室など常時湿潤状態にある部分に使用する場合は，次表の数値の70%の数値。土台等の横架材（めりこみにより他の部材の応力に変化が生じない場合に限る。）以外について，令第82条の5第2号の規定により積雪時の構造計算をする場合は，当該数値の0.8倍の数値。

有効細長比（λ）	座屈の材料強度（N/㎟）
λ≦30	Fc
30＜λ≦100	（1.3－0.01λ）Fc
λ＞100	（3000/λ²）Fc
Fc：令第89条第1項の圧縮の基準強度（N/㎟）	

2　集成材等の繊維方向の材料強度，集成材等のめりこみの材料強度及び集成材等の圧縮材の座屈の材料強度

イ　集成材等の繊維方向の材料強度

基礎ぐい，水槽，浴室など常時湿潤状態にある部分に使用する場合は，当該数値の70%の値。土台等の横架材（めりこみにより他の部材の応力に変化が生じない場合に限る。）以外について，令第82条の5第2号の規定により積雪時の構造計算をする場合は，当該数値の0.8倍の数値。

材料強度（N/㎟）			
圧縮：Fc	引張り：Ft	曲げ：Fb	せん断：Fs
Fc，Ft，Fb及びFsは，それぞれ第1第2号イの表に規定する基準強度			

ロ　集成材等のめりこみの材料強度

基礎ぐい，水槽，浴室など常時湿潤状態にある部分に使用する場合は，当該数値の70%の値。土台等の横架材（めりこみにより他の部材の応力に変化が生じない場合に限る。）以外について，令第82条の5第2号の規定により積雪時の構造計算をする場合は，当該数値の0.8倍の数値。

⑴　10度以下の場合：イの表に掲げる圧縮の材料強度の数値

⑵　10度を超え，70度未満の場合：⑴と⑶とに掲げる数値を直線補間した数値

⑶　70度以上90度以下の場合：第3第2号ロのめりこみの基準強度の数値

ハ　圧縮材の座屈の材料強度
　第１号ロの木材の圧縮材の座屈の許容応力度と同じ。ただし，Fcは第３第２号イの圧縮の基準強度。

（鋼材等）
令第96条　鋼材等の材料強度は，次の表１又は表２の数値によらなければならない。

一

種類			材料強度（単位　1平方ミリメートルにつきニュートン）			
			圧縮	引張り	曲げ	せん断
炭素鋼	構造用鋼材		F	F	F	F／$\sqrt{3}$
	高力ボルト		—	F	—	F／$\sqrt{3}$
	ボルト	黒皮	—	F	—	—
		仕上げ	—	F	—	３Ｆ／４（Ｆが240を超えるボルトについて，国土交通大臣がこれと異なる数値を定めた場合は，その定めた数値）
	構造用ケーブル		—	F	—	—
	リベット鋼		—	F	—	３Ｆ／４
	鋳鋼		F	F	F	F／$\sqrt{3}$
ステンレス鋼	構造用鋼材		F	F	F	F／$\sqrt{3}$
	高力ボルト		—	F	—	F／$\sqrt{3}$
	ボルト		—	F	—	F／$\sqrt{3}$
	構造用ケーブル		—	F	—	—
	鋳鋼		F	F	F	F／$\sqrt{3}$
鋳鉄			F	—	—	—

この表において，Fは，第90条の表1に規定する基準強度を表すものとする。

二

種類	材料強度（単位 1平方ミリメートルにつきニュートン）		
	圧縮	引張り	
		せん断補強以外に用いる場合	せん断補強に用いる場合
丸鋼	F	F	F（当該数値が295を超える場合には，295）
異形鉄筋	F	F	F（当該数値が390を超える場合には，390）
鉄線の径が4ミリメートル以上の溶接金網	—	F（ただし，床版に用いる場合に限る。）	F
この表において，Fは，第90条の表1に規定する基準強度を表すものとする。			

（昭55政196・追加，平5政170・平12政211・平12政312・一部改正）

鋼材等の材料強度は，原則的には，当該鋼材等の降伏強度，JIS規格品の場合には規格降伏強度の下限値とする。このため基本的には，鋼材等の材料強度の数値は，それぞれの短期許容応力度の値と一致する。しかし，短期許容応力度は鋼材に生じるひずみが降伏強度に対応する降伏ひずみまでを対象としているのに対し，材料強度は降伏後ある程度の塑性ひずみも対象としている点で，許容応力度とは異なる視点に立脚している。

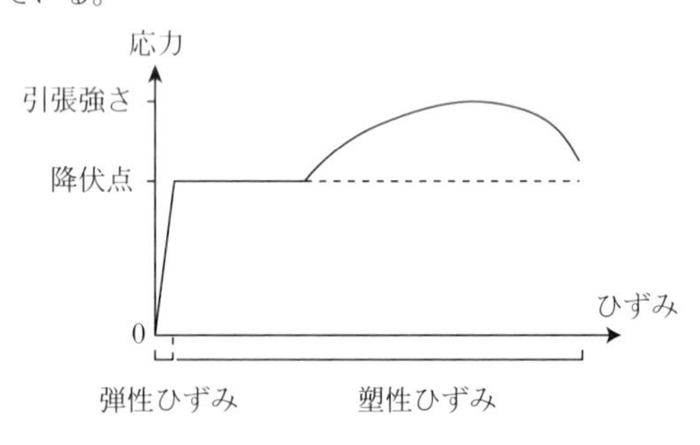

図3—14 鋼材の応力—ひずみ関係

基準強度Fは，基本的には令第90条の規定に基づいた告示「鋼材等及び溶接部の許容応力度並びに材料強度の基準強度を定める件（H12建告第2464号）」の第3及び「炭素鋼のボルトのせん断に対する許容応力度及び材料強度を定める件（H12建告第1451号）」の第2で定まっている数値を用いるが，その鋼材の品質が，JISに適合するものである場合には，その数値を1.1倍することができる。これは，保有水平耐力は実際に使用される鋼材の降伏強度に基づいて精度よく計算することが重要であること，JIS規格品の降伏強度に関して実施された材料試験の統計的な処理によれば，その平均値は規格降伏強度の下限値の1.1倍を十分に満足することから定められたものである。なお，法第37条に基づき認定された冷間成形角形鋼管BCRとBCPについても，これと同じ扱いが適用される。

また，本条では，令第90条の規定と異なり，高力ボルトの引張り及びせん断に対する材料強度の規定を設けている。これは，保有水平耐力検討時の応力レベルでは，高力ボルト接合部では摩擦が切れ接合面に滑りが生じ，高力ボルトのせん断，引張り及び支圧で抵抗すると考えられるからである。

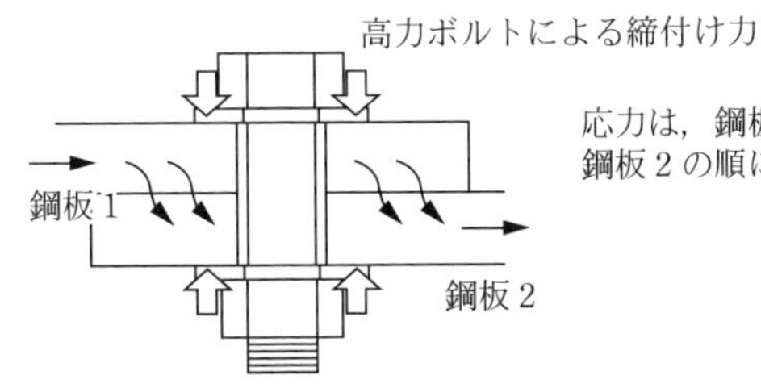

応力は，鋼板1→摩擦面→鋼板2の順に伝達。

A）許容応力度設計時の応力レベル
（摩擦が切れる前の応力伝達状況）

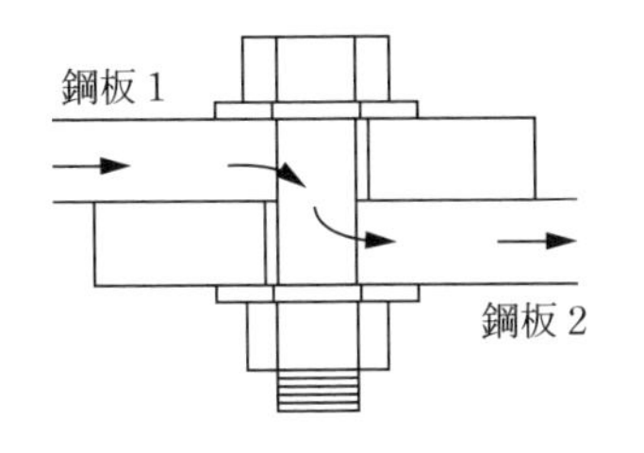

応力は，鋼板1→ボルトの軸→鋼板2の順に伝達。鋼板とボルトの間は支圧で伝達。

B）保有水平耐力計算時の応力レベル
（摩擦が切れた後の応力伝達状況）

図3—15　高力ボルト摩擦接合の応力の伝達

（コンクリート）

令第97条　コンクリートの材料強度は，次の表の数値によらなければならない。ただし，異形鉄筋を用いた付着について，国土交通大臣が異形鉄筋の種類及び品質に応じて別に数値を定めた場合は，当該数値によることができる。

材料強度（単位　１平方ミリメートルにつきニュートン）			
圧縮	引張り	せん断	付着
Ｆ	Ｆ／10（Ｆが21を超えるコンクリートについて，国土交通大臣がこれと異なる数値を定めた場合は，その定めた数値）		2.1（軽量骨材を使用する場合にあつては，1.8）
この表において，Ｆは，設計基準強度（単位　１平方ミリメートルにつきニュートン）を表すものとする。			

２　第91条第２項の規定は，前項の設計基準強度について準用する。

（昭55政196・追加，平12政211・平12政312・一部改正）

第１項では，コンクリートの材料強度を，圧縮に対してＦ（設計基準強度）とする等，長期の応力に対する許容応力度の３倍の数値としている。設計基準強度が21N／㎟を超えるコンクリートの引張りとせん断に対する材料強度，異形鉄筋を用いた場合のコンクリートの付着の材料強度（いずれも「コンクリートの付着，引張り及びせん断に対する許容応力度及び材料強度を定める件（H12建告第1450号）」）及び丸鋼とコンクリートの付着の材料強度「特殊な許容応力度及び特殊な材料強度を定める件（H13国交告第1024号）」も，それぞれの長期許容応力度の３倍の値である。それらを以下に示す。

①　引張りとせん断に対する材料強度（N／㎟）：３（0.49＋Ｆ／100）

②　異形鉄筋を用いた場合のコンクリートの付着の材料強度（N／㎟）

鉄筋の使用位置	付着の材料強度	
	Ｆ≦22.5	22.5＜Ｆ
はりの上端	３Ｆ/15	３(0.9＋２Ｆ/75)
上記以外の位置	３Ｆ/10	３(1.35＋Ｆ/25)

③　丸鋼とコンクリートの付着の材料強度（N／㎟）

はりの上端	min（4F／100，0.9）×3
上記以外	min（6F／100，1.35）×3

第2項では，特定行政庁が行う設計基準強度の上限の設定については，令第91条第2項の規定を，本規定においても準用することを規定している。

（溶接）

令第98条　溶接継目ののど断面に対する材料強度は，次の表の数値によらなければならない。

継目の形式	材料強度（単位　1平方ミリメートルにつきニュートン）			
	圧縮	引張り	曲げ	せん断
突合せ	F			F／$\sqrt{3}$
突合せ以外のもの	F／$\sqrt{3}$			F／$\sqrt{3}$
この表において，Fは，第92条の表に規定する基準強度を表すものとする。				

（昭55政196・追加，平12政211・一部改正）

本条は，溶接継目ののど断面に対する圧縮，引張り，曲げ及びせん断の各材料強度を定めたものであり，継目の形式による区分を含めて，令第92条の規定による短期の応力に対する許容応力度に関する基準強度Fと同一のものとなっている（「鋼材等及び溶接部の許容応力度並びに材料強度の基準強度を定める件（H12建告第2464号」の第4）。

（補則）

令第99条　第95条から前条までに定めるもののほか，構造耐力上主要な部分の材料の材料強度は，材料の種類及び品質に応じ，国土交通大臣が地震に対して建築物の安全を確保するために必要なものとして定める数値によらなければならない。

（昭55政196・追加，平12政312・一部改正）

本条は，令第94条の許容応力度に関する補則と同様，各材料の材料強度に関する補則的規定を告示で定める根拠とするものである。

本条の規定に基づき，各材料強度に関する補足的規定を告示で定めるわけであるが，定められている事項は，令第94条に基づき定められている事項とほぼ同一で，次表のとおりである。

表３―19　令第99条に基づく告示

告示	項目（材料と材料強度）
H13国交告第1024号［特殊な許容応力度及び特殊な材料強度］の第1	①　木材のめりこみ及び木材の圧縮材の座屈の材料強度 ②　集成材等の繊維方向，集成材等のめりこみ及び集成材等の圧縮材の座屈の材料強度 ③　鋼材等の支圧及び鋼材等の圧縮材の座屈の材料強度 ④　ターンバックルの引張りの材料強度 ⑤　高強度鉄筋の材料強度 ⑥　タッピンねじ等の材料強度 ⑦　アルミニウム合金材，アルミニウム合金材の溶接継目ののど断面，アルミニウム合金材の支圧，アルミニウム合金材の圧縮材の座屈及びタッピンねじ又はドリリングタッピンねじを用いたアルミニウム合金材の接合部の材料強度 ⑧　トラス用機械式継手の材料強度 ⑨　コンクリート充填鋼管造の鋼管の内部に充填されたコンクリートの圧縮，せん断及び付着の材料強度 ⑩　鉄筋コンクリート組積体の圧縮の材料強度 ⑪　鉄線の引張りの材料強度 ⑫　令第67条第１項の国土交通大臣の認定を受けた鋼材の接合，同条第２項の国土交通大臣の認定を受けた継手又は仕口及び令第68条第３項の国土交通大臣の認定を受けた高力ボルト接合の材料強度 ⑬　あと施工アンカーの接合部の引張り及びせん断の材料強度 ⑭　丸鋼とコンクリートの付着の材料強度 ⑮　炭素繊維，アラミド繊維その他これらに類する材料の引張りの材料強度 ⑯　緊張材の引張りの材料強度 ⑰　軽量気泡コンクリートパネルに使用する軽量気泡コンクリートの圧縮及びせん断の材料強度

	⑱　直交集成板の繊維方向，直交集成板のめりこみ及び直交集成板の圧縮材の座屈の材料強度
H12建告第2466号［高力ボルトの基準張力，引張接合部の引張りの許容応力度及び材料強度の基準強度］	①　高力ボルトの材料強度の基準強度

第4章　防　　火

第1節　総　　論

(1)　防火・避難規定の変遷

建築基準法における「防火・避難」に関する規制は，いわば「構造」に関する規制と車の両輪のような関係にあると言っていい。条文の構成上，法第2章における「防火・避難」に関する条文の占める割合が圧倒的に多いだけでなく，その内容に関しても，法第21条（大規模建築物の主要構造部規制）は「市街地建築物法施行令」第14条の流れを，法第27条（特殊建築物の主要構造部規制）は「市街地建築物法第十四条ノ規定ニ依ル特殊建築物耐火構造規則」・「臨時防火建築規則」の流れを，法第61条（防火地域・準防火地域内の建築物の主要構造部規制）は「市街地建築物法」第13条の流れをそれぞれ汲んでいることからも明らかなように，古くから建築物の安全性の確保のために欠くべからざる規制として位置づけられている。

また，こうした火災対策に関しては，昭和25年の建築基準法の制定時における国会審議に際し，政府からは「建築物の質に関する実体的の規定」の整備に当たっては，当時の「火災その他の災害が頻発する状況」を鑑みて，「防火及び防災に関する規定」を極力整備した旨の説明がなされており，当初から重要な対策とみなされていたことがうかがわれる。すなわち防火・避難規定は当時の社会状況を背景として整備されたものであり，過去の火災被害から得られた経験を踏まえつつ，技術的な知見の高まりに応じて，必要十分な規制としてあるべきことが求められている規定と言えよう。

そうした前提で火災対策である防火規定や避難規定の変遷を鑑みると，制定後の昭和30年代から50年代にかけては，基本的には強化の歴史であったと言える。「内装制限」，「竪穴区画」，「排煙設備」などは，木造以外の建築物の増加に伴って変容しつつあった火災による被害の内容を踏まえた再発防止策として整備されたものであり，防火・避難規定の基本的な骨格は，この時期において経験則的に構築されたものと言える。

表4－1　昭和30～50年代における大規模火災と対応する法令改正

大規模火災の事例	法令改正の概要
大規模な火災多発	昭和34年法律改正

・昭和31年　神田共立講堂（東京都），全焼 ・昭和32年　明治座（東京都），半焼 ・昭和33年　東京宝塚劇場（東京都），死者３名	○内装制限の創設 ○簡易耐火建築物の創設
バー，キャバレー等の火災の増加	昭和36年法律・政令改正 ○内装制限の強化
耐火建築物の火災多発 ・昭和41年　金井ビル（川崎市），死者12名 ・昭和43年　有楽サウナ（東京都），死者３名 ・昭和43年　国際劇場（東京都），死者３名	昭和44年政令改正 ○区画貫通部の措置 ○竪穴区画の創設 ○内装制限の強化
旅館，ホテル火災多発 ・昭和41年　菊富士ホテル（水上温泉），死者30名 ・昭和43年　池之坊満月城（神戸市），死者30名 ・昭和44年　磐光ホテル（磐梯熱海温泉），死者31名	昭和45年法律改正 ○非常用の昇降機の設置 ○排煙設備の設置 ○非常用照明装置の設置 ○非常用進入口の設置
史上最大のビル火災 ・昭和47年　千日デパート（大阪市），死者118名	昭和48年政令改正 ○常時閉鎖式防火戸の規定 ○防火ダンパーの基準整備 ○２以上の直通階段の適用拡大 ○内装制限の強化
増築等の工事中の火災多発 ・昭和48年　西武高槻ＳＣ（高槻市），死者６名 ・昭和48年　大洋デパート（熊本市），死者100名	昭和51年法律改正 ○検査済証交付前の使用制限等

一方で，建築材料・部材の試験結果や，実大火災実験により得られた科学的知見等に基づき，技術的に避難安全の確保や周囲への危険防止等が確認できたものについては，順次，規制の合理化が図られるようにもなった。

規制強化の流れが変わったのは，昭和62年改正であるといっていい。同改正のポイントは，それまでは禁止されていた「高さ13mを超える木造建築物（法第21条）」や「準防火地域における耐火構造等によらない３階建の建築物（平成30年改正前の旧・法第62条）」を建築可能とすることにあった。これは，大断面集成材を用いた構法や信頼性の高い防火被覆構法の普及などの技術開発の進展を基本方針として，木造住宅の振興ひいては木材の需要拡大という背景を踏まえた改正であり，まさに社会情勢の変化に応じた合理化の第一歩であったといえよう。

表４―２　昭和60年代以降の防火規定・避難規定の合理化

改正年	改正の概要
昭和62年	○高さ13mを超える木造建築物を建築可能とした（法第21条）。 →火災によって柱・はりの断面が一部欠損しても，構造耐力を確保することができる大断面木造建築物による設計方法（燃えしろ設計）の導入 ○準防火地域における耐火構造等によらない３階建（非特殊建築物）を建築可能とした（旧・法第62条）。 →建物内部の区画性能の強化や，周囲からの延焼に配慮した外壁開口部の措置などの代替措置

平成4年	○時間概念を伴う構造である「準耐火構造」の規定により，「防火・準防火地域以外における木造3階建の共同住宅（法第27条）」や，「準防火地域における中・小規模の木造の非特殊建築物（旧・法第62条）」などを建築可能とした。 →45分間や1時間という「時間」と関連付けた性能を有する構造として準耐火構造を位置づけ（部分的な性能規定化），防火被覆によって高い防火性能を確保できる木造建築物を準耐火建築物として位置づけ
平成10年	○耐火構造による木造建築物を実現可能とした。 →耐火構造等の「構造方法」や不燃材料等の「建築材料」の性能基準を明示し，仕様書的な規制方法を見直した【構造方法・建築材料の性能規定化】 ○準防火地域における1時間準耐火構造の木造3階建の共同住宅を建築可能とした（法第27条）。 ○在館者の避難安全性が検証できた場合には，個々の避難規定を適用しないこととした（令第5章の3）。 →避難安全性能に着目した例外規定の創設【建築物の性能規定化】
平成26年	○木造3階建の大規模な学校等を建築可能とした（法第21条第2項）。 →建物内部の区画性能の強化や，上階延焼に配慮した外壁開口部の措置などの代替措置 ○特殊建築物について，用途の観点からの性能を明確化した（法第27条第1項）。 →準耐火構造をベースとした規制に見直し【建築物の性能規定化】
平成30年	○一定の高さを有する木造建築物について，規模の観点からの性能を明確化した（法第21条第1項）。 →準耐火構造をベースとした規制に見直し【建築物の性能規定化】 ○防火地域・準防火地域の建築物について，立地の観点からの性能を明確化した（法第61条）。 →準耐火構造をベースとした規制に見直し【建築物の性能規定化】
令和4年	○一定の延べ面積を有する木造建築物について，規模の観点からの性能を明確化した（法第21条第2項）。 →準耐火構造をベースとした規制に見直し【建築物の性能規定化】

⑵　平成10年改正の性能規定化（構造方法・建築材料の性能規定化）

建築基準法における防火・避難規定の基本的な考え方は，「建築物又は建築物の部分（以下では単に「建築物」という。）」を構成する主要構造部，内装材料，建築設備等といった「部材」について，所要の性能を確保させるというものである。所要の性能を有する「部材」の集合体であれば，「建築物」全体としても所要の性能が確保できるという，いわば積み上げ型の性能検証方法であるといえよう。典型例は，耐火建築物の定義であり，「主要構造部が耐火構造であること」というのは，「部材」に当たる主要構造部が耐火構造という性能を確保できているものであれば，「建築物」としては耐火建築物という所要の性能を確保できるものとして取り扱うこととしている。

本格的に性能規定が導入された平成10年改正においては，耐火構造，準耐火構造などの「構造方法」や，不燃材料，準不燃材料などの「建築材料」について，「時間」の概念を導入したことが大きな変更点であった。すなわち，火災に対して所要の性能（耐火性能，準耐火性能，不燃性能など）を，客観的な指標である時間を用いて表現することで，あらかじめ法令で定められている仕様（告示で記述されることが多い）以外の仕様であっても，個別の試験によって性能が確認されたものであれば，法令において要求されている構造方法・建築材料として取り扱うことができるとされたことであり，いわば，同改正は『構造方法・建築材料の性能規定化』と言えるものであった。

平成10年改正における『構造方法・建築材料の性能規定化』の例外は，「耐火性能検証」と「避難安全検証」という二つの検証法である。これらの検証法は，「建築物」そのものに着目し，建築物の規模や用途に応じてモデル化した火災（可燃物量の多い用途であれば火災が長期化するなど）に対して，所要の性能があるかどうかをチェックする手法となっている。これは，部分的な「構造方法」や「建築材料」の性能に着目するのではなく，「建築物」全体における性能の有無に着目している点で，平成10年改正によって導入された性能規定の中では質が異なるものであり，こちらは言わば『建築物の性能規定化』であった。ただし，「避難安全検証」が個々の避難規定の目的を「安全に避難できること」にあることに着目し，これらの規定を包括する検証法として位置づけられたのに対して，「耐火性能検証」は，個々の防火規定の目的とは関係しておらず，単に耐火構造によらない建築物を耐火建築物として評価する手法に留まっていたことから，材料そのものが燃焼する可能性のある木造は，引き続き，鉄骨造や鉄筋コンクリート造等との比較において実質的には対等に評価されない状況にあった。

⑶　平成26年・平成30年・令和４年改正の性能規定化（建築物の性能規定化）

平成26年以降の改正は，平成10年改正との対比において，まさに『防火上の建築物の性能規定化』を図った見直しであったと言える。これらの改正において最も特徴的であるのは，主要構造部に関する主要な規制である，法第21条（規模の観点），法第27条（用途の観点）及び法第61条（立地の観点）について，それぞれの観点に応じた規制の目的と建築物に求めるべき性能が定められた点である。すなわち，見直し後の制度においては，各規定ごとに建築物の性能を定めたことにより，設計しようとする建築物の規模・用途・立地の条件に応じて，防火的に最上級の性能を有する位置づけである「耐火建築物」によらない構造を選択することができることになっている（図４―１）。

このことは，木造建築物において顕著な効果を発揮することが期待される。詳細は準耐火構造の説明で後述するが，「耐火建築物」における柱・はり・壁などの必須要件となっている「耐火構造」の定義には，火災による加熱時間に応じた性能だけでなく，火災終了後も半永久的に性能を確保することが含まれているため，純粋に時間によって性能を評価する規制内容になっていないという課題があり，その結果として，木材を「あらわし」で使用することが困難になるという実態にもつながっていたが，同改正によって，こうした制度上の課題が解消された。

(4)　今後の防火・避難規定

建築物火災によって人命が失われるようなことがあってはならない。一方で，火災への対策を優先しすぎる基準が，日常的な建築物の利用に支障をもたらすものであったり，文化的に優れた意匠の創出を阻害するものであったりすることも避けられるべきである。近年では，カーボンニュートラルの達成に向け，エネルギー消費量の削減につながる木材利用が求められるなど，時代の変化に応じた社会的要請に応える観点からも，安全性の確保を前提としつつ設計上で様々な工夫が可能となる基準の必要性は，今後ますます高まることが予想される。

性能規定化は，求めるべき安全性のレベルを明確にすることで，制度を適確に理解している設計者の関与を通じて，個々の建築物における安全性を確保するシステムである。したがって，単に「答え」のみが提示されている仕様規定と比べると条文上は複雑な見た目となるが，設計者の創意工夫によって様々な「答え」を生み出すことができるシステムでもある。一連の性能規定化は，単に仕様規定を緩和するための仕組みではなく，安全性の確保に関する設計上の工夫を適切に評価し，その工夫に応じて設計の自由度を高めることができる環境を提供する仕組みであり，意匠設計と防災設計を連動させた積極的な提案が行われることへの期待を内包した制度であるとも言える。

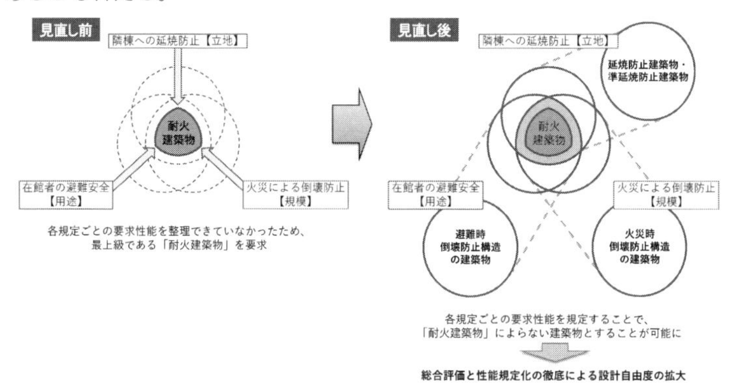

図４—１　建築物の性能規定化イメージ

第２節　用語の定義

第１項　主要構造部

（用語の定義）

法第２条　この法律において次の各号に掲げる用語の意義は，当該各号に定めるところによる。

一～四　（略）

五　主要構造部　壁，柱，床，はり，屋根又は階段をいい，建築物の構造上重要でない間仕切壁，間柱，付け柱，揚げ床，最下階の床，回り舞台の床，小ばり，ひさし，局部的な小階段，屋外階段その他これらに類する建築物の部分を除くものとする。

六～九　（略）

九の二　耐火建築物　次に掲げる基準に適合する建築物をいう。

イ　その主要構造部のうち，防火上及び避難上支障がないものとして政令で定める部分以外の部分（以下「特定主要構造部」という。）が，⑴又は⑵のいずれかに該当すること。

⑴・⑵　（略）

ロ　（略）

九の三～三十五　（略）

（昭26法195・昭28法114・昭31法148・昭34法156・昭39法169・昭43法101・昭44法38・昭45法109・昭49法67・昭50法59・昭55法34・昭55法35・昭58法44・昭62法63・昭63法49・平２法61・平４法82・平８法48・平９法50・平９法79・平10法100・平11法87・平11法160・平12法73・平14法22・平14法85・平15法101・平16法67・平16法111・平18法92・平18法114・平20法40・平23法105・平26法39・平26法54・平26法92・平29法26・平30法67・令２法43・令３法44・令４法69・令５法58・一部改正）

（主要構造部のうち防火上及び避難上支障がない部分）

令第108条の３　法第２条第９号の２イの政令で定める部分は，主要構造部のうち，次の各号のいずれにも該当する部分とする。

一　当該部分が，床，壁又は第109条に規定する防火設備（当該部分において通常の火災が発生した場合に建築物の他の部分又は周囲への延焼を有効に防止できるものとして，国土交通大臣が定めた構造方法を用いるもの又は国土交通大臣の認定を受けたものに限る。）で区画されたものであること。

二　当該部分が避難の用に供する廊下その他の通路の一部となつている場合にあつては，通常の火災時において，建築物に存する者の全てが当該通路を経由しないで地上までの避難を終了することができるものであること。

（令５政280・追加）

（特定主要構造部の規定創設の経緯）

第２章第１節でも解説したとおり，「主要構造部」とは，防火上の制限を加えるべき建築物の主要部位を定義したものである。この定義を前提として，「耐火建築物（本条第９号の２）」や「準耐火建築物（本条第９号の３）」の定義規定や，大規模木造建築物の規制（法第21条）などにおいては，「主要構造部」に一定の性能を要求することで，建築物における防火上の安全性を確保するための方法を明確にしている。

一方で，これらの「主要構造部」に係る防火規制は，「主要構造部」の全てについて，一律に一定の性能に適合させることを求めており，木材を利用する場合では，当該性能を確保するため，石膏ボード等の不燃材料等で覆う必要があるなど，木材の利点である木の質感を生かした設計が困難であり，かつ，大きなコスト・手間を要してしまうため，大規模建築物の木造化が進みづらい状況にあった。

人命の安全確保のため，木造建築物に対する防火規制は必要であるが，建築物への木材利用に関しては，全体を木造とするニーズがある一方で，建築物の特定の部材（柱，はり，壁等）や，複合用途の建築物の特定の部分（最上階の会議室部分等）など特に意匠上の工夫を凝らしたい建築物の部分のみに木材を利用したいとのニーズが高まっていたことや，「主要構造部」の一部分が一定の性能を満たさない場合であっても，当該部分が損傷・崩落した際に火災が当該部分にとどまり，建築物全体が倒壊や延焼に至らないようにするための技術的知見が蓄積されてきたことを踏まえて，令和４年の法改正において，「主要構造部」の定義の見直しがなされた。ただし，主要構造部の定義規定である本条第５号ではなく，耐火建築物の定義規定である本条第９号の２において「特定主要構造部」が定義されている点に注意する必要がある。

（特定主要構造部・損傷許容主要構造部による特例の概要）

具体的には，「主要構造部」を性能的に二分し，「防火上及び避難上支障がないものとして政令で定める部分（法令上の名称はないが，告示上の定義に基づき，本書では「損傷許容主要構造部」と呼称する）」と，「防火上及び避難上支障がないものとして政令で定める部分（法令上「特定主要構造部」と定義されている）」をそれぞれ定めることとし，耐火建築物等の主要構造部規制の規定において，一定の条件を満たす場合には，「主要構造部の全て」ではなく，「特定主要構造部のみ」に性能を確保すれば良いとしている。ここでいう「一定の条件」については，条文上は，損傷許容主要構造部の定義に含まれている「政令で定める部分」に委任されている。

委任先である令第108条の３においては，主要構造部のうち，火災時に損傷しても当該建築物の倒壊及び延焼の防止や，在館者の避難安全の確保に支障が生じないことが確認されている部分として，以下の①及び②の両方に該当する部分を指定している。

① 一定の性能を確保した床，壁又は防火設備で囲まれている主要構造部の部分（同条第１号）

② 在館者にとって唯一の避難経路となる通路の構成要素となっていない主要構造部の部分（同条第２号）

①において言及している性能については，法令上は「通常の火災が発生した場合に建築物の他の部分又は周囲への延焼を有効に防止できるもの」と定義されており，火災が発生した場合にその影響を局所的にとどめるための規定としてこのような内容を定めている。その具体的な構造方法については，「国土交通大臣が定めた構造方法を用いるもの」と「国土交通大臣の認定を受けたもの」の２通りが規定されている。

ここで，本件に限らず，本法における性能規定化された規定に共通する記述方法であるが，このように「性能」を明示した上で，それを確保するための手法として「国土交通大臣が定めたもの」又は「国土交通大臣の認定を受けたもの」の２通りの方法を提示するパターンが多いことから，以下，本書においては，前者を「告示仕様」，後者を「認定仕様」と便宜的に呼称する。なお，一般的には，告示仕様は一般的な仕様，認定仕様は特殊な仕様であることが多い。これは，告示において示すことができる仕様には物理的に限りがある一方，必要な性能を確保するための手法は無数に存在するため，一般的に用いられている仕様を選び出して規定していることによる。

「損傷許容主要構造部」を囲む床，壁又は防火設備の具体の仕様については告示で定めている。告示仕様においては，主に１）メゾネット形式の中間階の床・柱・階段，２）最上階又は地上部分に設けた屋根・柱等の２パターンを想定している。

この際，建物内部の区画部分については，火災終了時まで建築物の他の部分への影響を抑止するため，通常の耐火性能要求時間に加え，損傷許容主要構造部の可燃物量に応じた上乗せの要求時間を求めるほか，防火設備についても床・壁と同等の性能（遮熱性を含む）が要求されることとなる。また，外壁及びその開口部についても，二層の同時延焼や上下階・周囲への延焼を有効に防止する観点から，開口率や外壁及びその開口部に設ける防火設備について，追加の性能要求を課している。さらに床については，損傷許容主要構造部が損傷等により落下したとしても損傷しない強度の床が要求されることになる。

このほか，告示仕様では損傷許容主要構造部を許容する前提条件として，１）損傷許容主要構造部自体の準耐火性能，２）当該部分の面積の上限，３）出入口等における当該区画の位置等の表示を求めている。

②については，法文上は「主要構造部の部分」を指し示す必要があるため，複雑な条文となっているが，内容としては，注目している主要構造部（損傷許容主要構造部として扱いたい部分）によって構成されている通路とは別に，他の避難経路が確保されていれば良いとするものである。端的に言えば，損傷許容主要構造部が火災時に損傷して当該通路を経由した避難ができなくなったとしても，在館者が他の避難経路から安全に地上まで避難できるものであれば良い，という考え方に基づくものである。なお，注目している主要構造部が避難経路となる通路を構成するものではなく，単なる居室などを構成するものである場合は，そもそも第２号の適用はない。

（特定主要構造部・損傷許容主要構造部による特例の留意点）

「特定主要構造部」及び「損傷許容主要構造部」という概念は，あくまでも「主要構造部」の内訳であり，「主要構造部」に対する規制を，建築物全体に及ぼすことなく，建築物の部分に限ることとするための特例を位置づけるためのものである。すなわち，便宜的に名称を定義することで，一定の条件が確保されている場合に「損傷許容主要構造部」に耐火性能等を求めなくても良いものとする例外を規定するための内容に留まっており，まさに主要構造部規制の特例に過ぎない。このことにより，以下の２点について留意することが必要となる。

①　耐火性能が要求される規定にのみ適用される概念であること

本特例は木材利用を容易なものとするために創設された経緯があるため，比較的容易に木材で実現することが可能な「準耐火性能」を要求する規定においては「非特定主要構造部」を位置づけて緩和を受ける必要性が乏しい。したがって，本特例は，「耐火性能」を要求する規定にのみ位置づけることとされている。

ただし，「主要構造部に対して耐火性能を要求する規定（性能要求規定）」ではなく，「主要構造部において確保されている性能に応じて適用関係を判定する規定（適用判定規定）」については，条文上は「準耐火性能（45分）」と表記されている場合であっても，内容としては「準耐火性能（45分）以上の性能を有している建築物に対して適用する規定」であるため，これらの適用判定規定においても，性能を判定すべき対象として「特定主要構造部」が位置づけられることとなる。

②　「損傷許容主要構造部」に該当する部分がない場合の取扱い

そもそも，条文上，「特定主要構造部」は「防火上及び避難上支障がないものとして政令で定める部分（＝損傷許容主要構造部）以外の部分」として定義されていることから，「損傷許容主要構造部」に該当する部分がない場合は，「主要構造部＝特定主要構造部」となることは自明である。しかしながら，上記①で解説したとおり，「準耐火性能（45分）」を要求する規定においては，規制の対象となる部分として，「特定主要構造部」ではなく，引き続き「主要構造部」を指定することとなることから，規定によって規制対象が「主要構造部」であったり，「特定主要構造部」であったりと，分かりにくいものとならざるを得ない。

したがって，「特定主要構造部」と明記されている条文であっても，内容としては単なる「主要構造部」として解することとすれば，比較的明快に規定の内容が理解しやすい。この場合，「特定主要構造部」と明記されていることの意味は，「損傷許容主要構造部に耐火性能を確保しなくても，耐火構造を実現することができる特例」の適用が受けられる条文であることを示すものとして解することとなる。

（性能要求規定・適用判定規定における記述上の特定主要構造部の取扱い）

主要構造部に対して規制を加える規定である「性能要求規定」の一覧を表4―3に，主要構造部に対して規制を加える規定ではないものの，主要構造部において一定の性能があることを前提として，何らかの規制の義務付けや緩和などを行っている「適用判定規定」の一覧を表4―4において示す。

表4―3においては，各規定の内容に応じて，「損傷許容主要構造部を耐火構造としなくても，耐火構造とすることができる特例」を適用できるかどうかを明示し

ており，特例が適用できない理由などの補足情報を備考欄に示している。

表４－４においては，「特定主要構造部のみを耐火構造とした建築物」は，「主要構造部の全てを耐火構造とした建築物」に対して，性能的に遜色のないものであることを前提として，①令和４年改正前の条文における「主要構造部を耐火構造とした建築物」という部分を「特定主要構造部を耐火構造とした建築物」に置き換え，②令和４年改正前の条文における「主要構造部を準耐火構造とした建築物」という部分を「主要構造部を準耐火構造とした建築物（特定主要構造部を耐火構造とした建築物を含む。）」とする改正が行われている。なお，表４－４においては①の方針によって改正されている条文には◎，②の方針によって改正されている条文には○をそれぞれ付している。

（本書における特定主要構造部に関する記述方針）

本書における個々の主要構造部規制の解説において，いちいち特定主要構造部について言及することは煩瑣となることから，以下の解説では，特段の必要がない限り，特定主要構造部に関する特別な説明は加えない。

表４－３　性能要求規定

対象条文	概要	特例の有無	備考
法第２条第９号の２イ	耐火建築物	○	
令第108条の４	耐火性能検証の対象	○	
法第２条第９号の３イ	イ準耐の性能要求部分	×	耐火構造を要求する内容ではないため，特例の対象外。
法第２条第９号の３ロ	ロ準耐の性能要求部分	×	耐火構造を要求する内容ではないため，特例の対象外。
令第109条の３	性能要求部分に対する技術的基準		
法第21条第１項（本文）	一定の高さを有する木造建築物	○	※本条の対象とすべき建築物の判定（木材等使用部位）に係る規定部分は表４－４の適用判定規定に該当
令第109条の５	性能要求部分に対する技術的基準		
法第21条第２項	一定の面積を有する木造建築物	○	法律の条文上は，「壁，柱，床その他の建築物の部分」に「特定主要構造部」が包含されているため，「特定主要構造部」については，法律ではなく政令で明記している。
令第109条の７	性能要求部分に対する技術的基準		
法第26条第１項第２号ロ	防火壁・防火床の設置が不要となる建築物	○	法律の条文上は，「構造方法，主要構造部の防火の措置その他の事項」として主要構造部が例示として扱われているため，「特定主要構造部」については，法律ではなく政令で明記している。
令第115条の２	性能要求部分に対する技術的基準		
法第26条第２項	別建築物みなしの条件となる防火壁・防火床	○	
法第27条第１項	特殊建築物の規制対象	○	
令第110条	性能要求部分に対する技術的基準		
法第35条の３	無窓居室等の主要構造部	×	本条は居室単位という小さな規模で主要構造部に耐火構造を要求しており，「火災を局所的（損傷許容主要構造部を囲む区画）にとどめることで，『建築物全体』としては，防火上及び避難上，耐火建築物と遜色ない耐火性能を確保していると整理する」という特定／損傷許容主要構造部規定の整理にそぐわないため，特例の対象外としている。

法第44条	道路内建築物	○	特定主要構造部のみが耐火構造である場合でも，道路内建築物としての耐火性能は十分に確保される。
令第145条第１項	性能要求部分に対する技術的基準		
令第145条第２項	性能要求部分に対する技術的基準		
法第61条第１項	防火地域・準防火地域の建築物	○	法律の条文上は，「壁，柱，床その他の建築物の部分」に「特定主要構造部」が包含されているため，「特定主要構造部」については，法律ではなく政令で明記している。
令第136条の２	性能要求部分に対する技術的基準		
法第84条の２	簡易な構造の建築物	×	耐火構造を要求する内容ではないため，特例の対象外。
令第136条の10	性能要求部分に対する技術的基準		

表４―４　適用判定規定

対象条文	概要	有無	規定を置かない理由（×の理由）
法第20条第１項第３号	構造耐力の規定の適用関係の判定	×	採用する材料のみに着目しているため対象外
法第21条第１項（※かっこ書き部分）・令第109条の４	法第21条等の対象とする建築物の判定	×	採用する材料のみに着目しているため対象外
法第23条	屋根不燃化区域の外壁規制の適用関係の判定	×	採用する材料のみに着目しているため対象外
法第26条第１項第２号イ	防火壁・防火床の設置が不要となる建築物	×	採用する材料のみに着目しているため対象外
法第26条第１項第２号ロ・令第115条の２	防火壁・防火床の設置が不要となる建築物	○	
法第26条第２項第１号	別建築物みなしの条件となる防火壁・防火床	○	
法第37条・令第144条の３	建築材料の品質	×	採用する材料のみに着目しているため対象外
法第59条第１項	高度利用地区の容積率等の適用関係の判定	×	採用する材料のみに着目しているため対象外

法第60条の2第1項・法第60条の3第1項	都市再生特別地区等の容積率等の適用関係の判定	×	採用する材料のみに着目しているため対象外
法第67条第1項	特定防災街区整備地区の主要構造部の適用関係の判定	×	採用する材料のみに着目しているため対象外
令第109条の2の2	層間変形角	○	
令第112条第1項	防火区画（面積区画）	○	
令第112条第3項	防火区画（面積区画の特例【吹抜き等】）	◎	
令第112条第11項	防火区画（竪穴区画）	○	
令第120条第1項	直通階段の設置が義務づけられる建築物	○	
令第120条第2項・第4項	直通階段の設置が緩和・免除される建築物	○	
令第121条第2項	2以上の直通階段の設置が義務づけられる建築物	○	※令第120条第2項において規定
令第122条第1項本文	避難階段の設置が義務づけられる建築物	○	※令第120条第2項において規定
令第122条第1項ただし書	避難階段の設置が免除される建築物	◎	
令第123条の2	避難規定の適用が緩和される共同住宅	○	※令第120条第4項において規定
令第126条の2第1項	排煙設備の設置が免除される建築物	×	採用する材料のみに着目しているため対象外
令第128条の2	敷地内通路の設置が義務づけられる建築物	×	部分的な耐火構造を許容しているため対象外
令第128条の4第1項	内装制限（用途）が適用される建築物	○	
令第128条の4第4項	内装制限（火気使用室）が免除される建築物	◎	
令第128条の5第1項・第4項	内装制限（用途・規模）が緩和される建築物	○	
令第128条の7～令第129条の2	避難安全検証の対象となる建築物	○	

令第129条の13の２	非常用EVの設置が義務づけられる建築物	◎	
令第129条の13の３第３項	非常用EVの乗降ロビーが緩和される建築物	×	採用する材料のみに着目しているため対象外

第2項　延焼のおそれのある部分

（用語の定義）

法第2条　この法律において次の各号に掲げる用語の意義は，当該各号に定めるところによる。

一～五　（略）

六　延焼のおそれのある部分　隣地境界線，道路中心線又は同一敷地内の2以上の建築物（延べ面積の合計が500平方メートル以内の建築物は，1の建築物とみなす。）相互の外壁間の中心線（ロにおいて「隣地境界線等」という。）から，1階にあつては3メートル以下，2階以上にあつては5メートル以下の距離にある建築物の部分をいう。ただし，次のイ又はロのいずれかに該当する部分を除く。

イ　防火上有効な公園，広場，川その他の空地又は水面，耐火構造の壁その他これらに類するものに面する部分

ロ　建築物の外壁面と隣地境界線等との角度に応じて，当該建築物の周囲において発生する通常の火災時における火熱により燃焼するおそれのないものとして国土交通大臣が定める部分

七～三十五　（略）

（昭26法195・昭28法114・昭31法148・昭34法156・昭39法169・昭43法101・昭44法38・昭45法109・昭49法67・昭50法59・昭55法34・昭55法35・昭58法44・昭62法63・昭63法49・平2法61・平4法82・平8法48・平9法50・平9法79・平10法100・平11法87・平11法160・平12法73・平14法22・平14法85・平15法101・平16法67・平16法111・平18法92・平18法114・平20法40・平23法105・平26法39・平26法54・平26法92・平29法26・平30法67・令2法43・令3法44・令4法69・令5法58・一部改正）

延焼のおそれのある部分という概念は，主として，木造建築物の延焼防止のためにつくられたものである。建築物の延焼は，二つの建築物の相対的な位置によって決まるものであり，通常の木造建築物の火災時における火熱を基準にして，その火熱源からの距離に応ずる対隣壁の受ける火熱を想定して，これに耐えるようにという方針のもとに定められたものである。

したがって，法規上，延焼のおそれのある部分は，同一敷地内の2以上の建築物

相互の外壁間の中心線からの距離を基準として規定するほかに，隣地境界線に接近して建築物が建築される場合又は道路の向い側に建築物が建築される場合も想定して，隣地境界線又は道路中心線からの距離も基準として規定している。

1階と2階以上において延焼のおそれのある部分の距離を異なって定めたのは，元来，建築物が燃える場合に，延焼を受けない限界（隣の建築物の火災による火炎を直接受けたり，火炎の輻射を受けたりすることで延焼することがない限界）は，火源から立ち上がる放物線の外側部分であり，1階部分より2階以上の部分の延焼限界の距離が離れていることによるものである。

本号にいう延焼のおそれのある部分を図解して示すと図4－2のようになる。

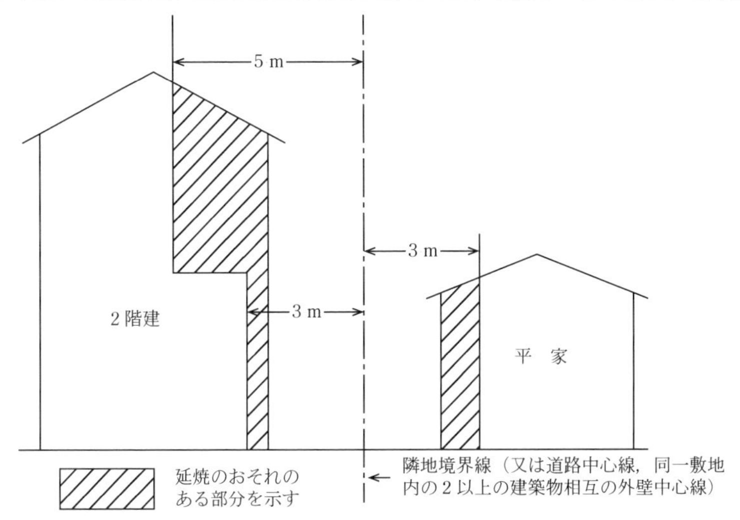

図4－2　延焼のおそれのある部分

また，物理的な距離の観点からは「延焼のおそれのある部分」の範囲内であっても，その他の条件によって，実際には「延焼を受けない」ことが見込まれる部分については，ただし書きにおいて補正する場合が規定されている。

イにおいては，2つの場合が想定されている。ひとつめは，「防火上有効な公園，広場，川その他の空地又は水面」に面している部分に関する例外であり，隣地境界線等の向こう側に延焼の原因となる建築物が恒常的に建たないことが見込まれることから，対象外とされている。ふたつめは，「耐火構造の壁その他これらに類するもの」に面している部分に関する例外であり，隣地境界線等の向こう側の建築物において火災が発生したとしても，接炎や輻射による影響を抑えられることから，対象外とされている。

ロに掲げられている対象外となる場合は，平成30年改正によって新たに追加されたものであり，対象となる建築物の外壁面と隣地境界線等との位置関係によっては，接炎や輻射による延焼リスクが小さいという実態を踏まえて，従来の直線的な距離関係だけでなく，角度に応じて精緻な検証を行うことを前提として，対象外となる部分を国土交通大臣が告示で定めることができることとされている。

具体的には，「建築物の周囲において発生する通常の火災時における火熱により燃焼するおそれのない部分を定める件（R２国交告第197号）」において，「延焼のおそれのある部分」から除かれる部分が定められており，その除外による補正の概要は以下のとおりである。なお，文中の「隣地境界線等からの距離ｄ」及び「他の建築物の地盤面からの高さｈ」については，同告示第１号イ及びロにおいて計算式が示されている。

① 「同一敷地内の２以上の建築物相互の外壁間の中心線（以下「外壁間中心線」という。)」の向こう側にある「他の建築物」が，一定の防耐火性能を有する場合　以下のⓐ及びⓑに該当する部分を「延焼のおそれのある部分」として扱う。

ⓐ　外壁間中心線からの距離ｄ以下の距離にある建築物の部分

ⓑ　「他の建築物」の地盤面からの高さｈ以下にある建築物の部分

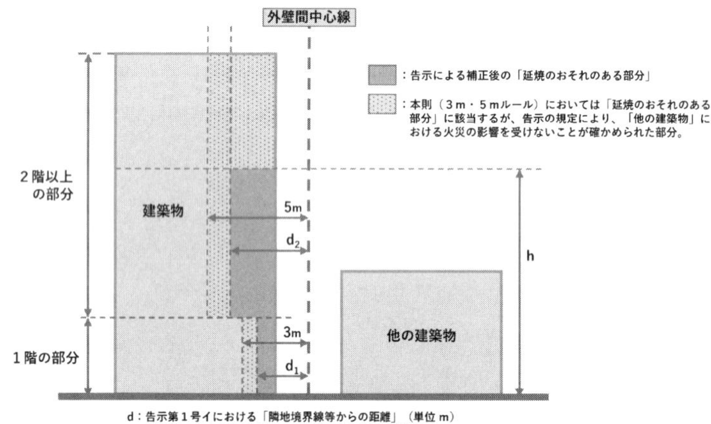

図４－３　補正後の延焼のおそれのある部分(同一敷地内の建築物を考慮した場合)

②　上記①に掲げる場合以外の場合　「隣地境界線等からの距離 d 以下の距離にある建築物の部分」を「延焼のおそれのある部分」として扱う。

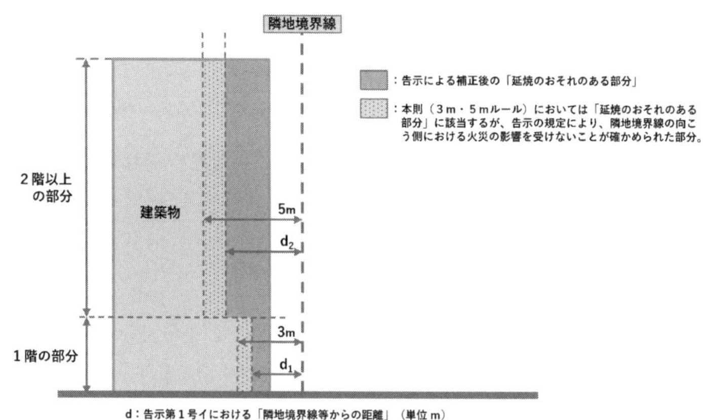

図４－４　補正後の延焼のおそれのある部分（隣地境界線の向こう側を考慮した場合）

①の場合については，延焼の原因として想定される「他の建築物」が，いわゆる裸木造のように急激かつ大きな火災につながるような構造でないことを条件として，②と比較して，より合理的に延焼のおそれのある部分を設定しているものである。この際，基点となる敷地境界線等のうち，「隣地境界線」や「道路中心線」の場合は「他の建築物」の構造を担保できない（すなわち，防耐火性能を有しない裸木造が立地する可能性がある）一方で，外壁間中心線については「同一敷地内」にあることから「他の建築物」が恒常的に防耐火性能を有するものとして継続できることが見込まれることを踏まえて，①の条件に組み込んでいる。

また，「他の建築物」に要求される防耐火構造は，具体的には以下のとおりである。

表４－５　延焼元となる可能性の小さい建築物の構造（同一敷地内）

防耐火構造の構造方法	根拠条文
耐火構造	令第107条各号
準耐火構造	令第107条の２各号

耐火性能検証法により性能が確かめられた構造	令第108条の4第1項第一号イ及びロ
ロ準耐―1の構造	令第109条の3第一号
ロ準耐―2の構造	令第109条の3第二号
延焼防止建築物の構造	令第136条の2第一号ロ
準延焼防止建築物の構造	令第136条の2第二号ロ

なお，隣地境界線等が一直線ではない場合は，複数の線分で構成されていれば各線分をそれぞれ一つの隣地境界線等として扱い，曲線であれば当該曲線を複数の線分で構成される隣地境界線等と近似して扱うこととなる。また，外壁面が一直線でない場合も考え方は同様である。

第3項　不燃材料

屋内において火災が発生した場合に，火災は徐々に成長し，可燃物の燃焼による熱が一定以上室内に蓄積されると，火災が急激に拡大する現象（フラッシュオーバー）により，室内の温度が急激に上昇し，多量の煙・ガスの発生がもたらされるが，火災の発生からフラッシュオーバーに至るまでに要する時間については，壁・天井等の内装に用いられる材料の燃焼性状に依存することが知られている。すなわち，内装に木材等の可燃材料を用いている室内では，火災が発生した場合に内装材料に着火し，内装材料自体が燃焼し，炎が壁面・天井面に急速に広がり，屋内の可燃物の加熱・燃焼が助長されることにより，早期に大量の煙・ガスの発生によって危険な状態に至る。これに対して，内装に燃焼しにくい材料を用いた場合には，屋内の可燃物が燃焼しはじめても，内装材料の燃焼が拡大しにくいため，可燃物の燃焼が急激に促進されることはなく，早期に大量の煙・ガスが発生することがない。このため，一定の建築物の壁・天井等の室内に面する部分の仕上げに不燃材料等を用いることで火災の早期拡大を防止することにより，大量の煙・ガスの発生を防止し，避難の安全性を確保しているものである。

建築基準法においては，材料の燃焼性状等に応じて「不燃材料」「準不燃材料」「難燃材料」の区分を設け，一定の建築物の内装等に用いることを義務づけている。

本項から第4項までの解説においては，この燃焼しにくい材料であるところの，これらの防火材料について述べる。

（用語の定義）

法第2条　この法律において次の各号に掲げる用語の意義は，当該各号に定めるところによる。

一～八　（略）

九　不燃材料　建築材料のうち，不燃性能（通常の火災時における火熱により燃焼しないことその他の政令で定める性能をいう。）に関して政令で定める技術的基準に適合するもので，国土交通大臣が定めたもの又は国土交通大臣の認定を受けたものをいう。

九の二～三十五　（略）

（昭26法195・昭28法114・昭31法148・昭34法156・昭39法169・昭43法101・昭44法38・昭45法109・昭49法67・昭50法59・昭55法34・昭55法35・昭58法44・昭62法63・昭63法49・平2法61・平4法82・平8法48・平9法50・平9法79・平10法100・平11法87・平11法160・平12法73・平14法22・平14法85・平15法101・平16法67・平16法111・平18法92・平18法114・平20法40・平23法105・平26法39・平26法54・平26法92・平29法26・平30法67・令2法43・令3法44・令4法69・令5法58・一部改正）

（不燃性能及びその技術的基準）

令第108条の2　法第2条第9号の政令で定める性能及びその技術的基準は，建築材料に，通常の火災による火熱が加えられた場合に，加熱開始後20分間次の各号（建築物の外部の仕上げに用いるものにあつては，第1号及び第2号）に掲げる要件を満たしていることとする。

一　燃焼しないものであること。

二　防火上有害な変形，溶融，き裂その他の損傷を生じないものであること。

三　避難上有害な煙又はガスを発生しないものであること。

（平12政211・全改）

(1)　不燃材料について

不燃材料とは，通常の火災時の火熱に対して多少の溶融又は赤熱を生じることはあっても，燃焼現象や防火上有害な損傷を生じることがなく，かつ，避難上有害な煙又はガスを発生しない性能（不燃性能）を有する建築材料として定義されている。

令第108条の２は，不燃性能に係る項目として，３つの性能と，それぞれについて技術的基準を規定している。具体的には，①燃焼しないもの（第１号），②防火上有害な損傷を生じないもの（第２号），③避難上有害な煙・ガスを発生しないもの（第３号）であることと，それぞれの項目について加熱開始後20分間の性能を有するものが，不燃材料として取り扱われることとなっている。なお，屋根等のように建築物の外部仕上げに用いられる不燃材料については，煙やガスが避難に支障を与えるとは考えられないため，第３号に規定する煙・ガス発生防止性は問わないものとしている。

また，不燃性能の所要時間を20分間としているのは，建築材料の近傍の家具等が燃焼している状態を想定した場合には20分間の加熱を考慮しておけば十分な時間であることによるものである。

具体の不燃材料については，告示仕様と認定仕様の２通りが規定されており，このうち告示仕様については，H12建告第1400号において以下の18種類の材料が掲げられている。

- ・コンクリート　・れんが　・瓦　・陶磁器質タイル　・繊維強化セメント板
- ・厚さが３mm以上のガラス繊維混入セメント板
- ・厚さが５mm以上の繊維混入ケイ酸カルシウム板
- ・鉄鋼　・アルミニウム　・金属板　・ガラス　・モルタル　・しっくい
- ・厚さが10mm以上の壁土　・石
- ・厚さが12mm以上のせっこうボード（ボード用原紙の厚さが0.6mm以下のものに限る。）
- ・ロックウール　・グラスウール板

⑵　不燃材料が要求される部位

不燃材料は，令第128条の５（特殊建築物等の内装）及び令第123条（避難階段等の内装）に規定する内装制限を受ける部分の仕上げ（場合によりその下地を含む。）として用いられるほか，防火地域・準防火地域・法第22条の屋根不燃化区域の屋根材料，換気・冷暖房の風道，ダストシュート類，給排水設備等の配管，防火地域における看板，広告塔などに使用が義務づけられている。

⑶　「特定不燃材料」について

法第２条に規定されている用語ではないが，不燃材料のうち，特に性能の高いものについては「特定不燃材料」としてH21国交告第225号において定義されている。これは，火気使用室の内装制限の適用に際し，火気使用設備の周囲の内装を強化することで他の部分の内装に木材等を使用できることとする設計を採用する場合において，火気使用設備の周囲に用いるべき不燃材料として位置づけられているものである。具体的には，H12建告1400号で規定されている告示仕様の不燃材料のうち，火気使用設備から発する熱の遮断という観点では所要の性能を有しない「ガラス」及び「アルミニウム」を除いたものが該当する。

第４項　準不燃材料

（用語の定義）
令第１条　（略）
一～四　（略）
五　準不燃材料　建築材料のうち，通常の火災による火熱が加えられた場合に，加熱開始後10分間第108条の２各号（建築物の外部の仕上げに用いるものにあつては，同条第１号及び第２号）に掲げる要件を満たしているものとして，国土交通大臣が定めたもの又は国土交通大臣の認定を受けたものをいう。
六　（略）
（昭34政344・昭45政333・平12政211・平12政312・平19政49・一部改正）

(1)　準不燃材料について

準不燃材料とは，不燃材料に準ずる材料として，通常の火災時の加熱に対して，ほとんど燃焼現象や防火上有害な損傷を生じることがなく，かつ，避難上有害な煙又はガスをほとんど発生しない性能を有する材料である。令第１条第５号においては，求められる性能は不燃材料と同一の３種類からなる不燃性能であって，加熱開始後10分間の不燃性能を有するものとして性能的に定義されている。

また，不燃性能の所要時間を10分間としているのは，火災が発生した場合の10分間程度において，内装材料の燃焼拡大を防止できれば，通常の階における避難を終了するまでの間に火炎，煙，ガスによって危険な状態となることを防止することができるためである。

具体の準不燃材料については，不燃材料と同様に「告示仕様」と「認定仕様」の２通りが規定されており，このうち告示仕様については，H12建告第1401号において以下の５種類の材料が掲げられている。

・厚さ9㎜以上のせっこうボード（ボード用原紙の厚さ0.6㎜以下のもの）
・厚さ15㎜以上の木毛セメント板
・厚さ9㎜以上の硬質木片セメント板（かさ比重0.9以上のもの）
・厚さ30㎜以上の木片セメント板（かさ比重0.5以上のもの）
・厚さ6㎜以上のパルプセメント板

なお，不燃材料は準不燃材料の性能を必ず有していることになるため，全ての不燃材料は準不燃材料として取り扱うことが可能である。ただし，「煙・ガス発生防止性能」をもたないものとして国土交通大臣の認定を受けた不燃材料については，当然にして，「煙・ガス発生防止性能」が必要な場合の準不燃材料として取り扱うことはできない。

⑵　準不燃材料が要求される部位

準不燃材料は，法第2条第9号の3ロに規定する準耐火建築物のうち，令第109条の3第2号において技術的基準が定められているもの（旧・ロ簡易耐火建築物）の主要構造部の構成材料などのほか，令第128条の5の内装制限を受ける部分（内装制限を受ける居室から地上に通ずる主たる廊下や階段等，調理室等の火気使用室等）の仕上げ材料などに，その使用が義務づけられている。

第5項　難燃材料

（用語の定義）
令第1条　（略）
一～五　（略）
六　難燃材料　建築材料のうち，通常の火災による火熱が加えられた場合に，加熱開始後5分間第108条の2各号（建築物の外部の仕上げに用いるものにあつては，同条第1号及び第2号）に掲げる要件を満たしているものとして，国土交通大臣が定めたもの又は国土交通大臣の認定を受けたものをいう。
（昭34政344・昭45政333・平12政211・平12政312・平19政49・一部改正）

⑴　難燃材料について

難燃材料とは，不燃材料・準不燃材料に準ずる材料として，通常の火災時の加熱に対して，火災初期の燃焼現象が少なく，避難行動を妨げる燃焼現象や防火上有害な損傷を生じることがなく，かつ，避難上有害な煙又はガスをほとんど発生しない性能を有する材料である。令第１条第５号においては，求められる性能は不燃材料や準不燃材料と同一の３種類からなる不燃性能であって，加熱開始後５分間の不燃性能を有するものとして性能的に定義されている。

また，不燃性能の所要時間を５分間としているのは，火災初期の５分間程度において内装材料の燃焼を防止することができれば，居室からの避難が行われる間に居室で発生した火災が拡大し，火炎，煙，ガスによって危険な状態となることを防止することが可能であるためである。

具体の準不燃材料については，不燃材料と同様に「告示仕様」と「認定仕様」の２通りが規定されており，このうち告示仕様については，H12建告第1401号において以下の５種類の材料が掲げられている。

・厚さが5.5㎜以上の難燃合板

・厚さ７㎜以上のせっこうボード（ボード用原紙の厚さ0.5㎜以下のもの）

なお，不燃材料・準不燃材料は難燃材料の性能を必ず有していることになるため，全ての不燃材料・準不燃材料は難燃材料として取り扱うことが可能である。ただし，「煙・ガス発生防止性能」をもたないものとして国土交通大臣の認定を受けた不燃材料・準不燃材料については，当然にして，「煙・ガス発生防止性能」が必要な場合の難燃材料として取り扱うことはできない。

⑵　難燃材料が要求される部位

難燃材料は，令第128条の５の内装制限を受ける居室の一部の仕上げ材料などに，その使用が義務づけられている。

第６項　耐火構造

（用語の定義）

法第２条　この法律において次の各号に掲げる用語の意義は，当該各号に定めるところによる。

一～六　（略）

七　耐火構造　壁，柱，床その他の建築物の部分の構造のうち，耐火性能（通常の火災が終了するまでの間当該火災による建築物の倒壊及び延焼を防止するために当該建築物の部分に必要とされる性能をいう。）に関して政令で定める技術的基準に適合する鉄筋コンクリート造，れんが造その他の構造で，国土交通大臣が定めた構造方法を用いるもの又は国土交通大臣の認定を受けたものをいう。

七の二～三十五　（略）

（昭26法195・昭28法114・昭31法148・昭34法156・昭39法169・昭43法101・昭44法38・昭45法109・昭49法67・昭50法59・昭55法34・昭55法35・昭58法44・昭62法63・昭63法49・平2法61・平4法82・平8法48・平9法50・平9法79・平10法100・平11法87・平11法160・平12法73・平14法22・平14法85・平15法101・平16法67・平16法111・平18法92・平18法114・平20法40・平23法105・平26法39・平26法54・平26法92・平29法26・平30法67・令2法43・令3法44・令4法69・令5法58・一部改正）

（耐火性能に関する技術的基準）

令第107条　法第2条第7号の政令で定める技術的基準は，次に掲げるものとする。

一　次の表の上欄に掲げる建築物の部分にあつては，当該各部分に通常の火災による火熱が同表の下欄に掲げる当該部分の存する階の区分に応じそれぞれ同欄に掲げる時間加えられた場合に，構造耐力上支障のある変形，溶融，破壊その他の損傷を生じないものであること。

建築物の部分		時間				
		最上階及び最上階から数えた階数が2以上で4以内の階	最上階から数えた階数が5以上で9以内の階	最上階から数えた階数が10以上で14以内の階	最上階から数えた階数が15以上で19以内の階	最上階から数えた階数が20以上の階
壁	間仕切壁（耐力壁に限る。）	1時間	1.5時間	2時間	2時間	2時間
	外　壁（耐力壁に限	1時間	1.5時間	2時間	2時間	2時間

る。）					
柱	1時間	1.5時間	2時間	2.5時間	3時間
床	1時間	1.5時間	2時間	2時間	2時間
はり	1時間	1.5時間	2時間	2.5時間	3時間
屋根	30分間				
階段	30分間				

備考
一　第2条第1項第8号の規定により階数に算入されない屋上部分がある建築物の当該屋上部分は，この表の適用については，建築物の最上階に含まれるものとする。
二　この表における階数の算定については，第2条第1項第8号の規定にかかわらず，地階の部分の階数は，全て算入するものとする。

二　前号に掲げるもののほか，壁及び床にあつては，これらに通常の火災による火熱が1時間（非耐力壁である外壁の延焼のおそれのある部分以外の部分にあつては，30分間）加えられた場合に，当該加熱面以外の面（屋内に面するものに限る。）の温度が当該面に接する可燃物が燃焼するおそれのある温度として国土交通大臣が定める温度（以下「可燃物燃焼温度」という。）以上に上昇しないものであること。
三　前2号に掲げるもののほか，外壁及び屋根にあつては，これらに屋内において発生する通常の火災による火熱が1時間（非耐力壁である外壁の延焼のおそれのある部分以外の部分及び屋根にあつては，30分間）加えられた場合に，屋外に火炎を出す原因となる亀裂その他の損傷を生じないものであること。

（平12政211・全改，平12政312・令5政34・一部改正）

⑴　耐火構造について

耐火構造とは，主要構造部を対象とした構造方法であり，通常の火災が終了するまでの間，火災による建築物の倒壊及び延焼を防止するために必要とされる性能（耐火性能）を有している構造方法のことである。

⑵　耐火性能について

令第107条は，耐火性能の技術的基準を具体的に定めたものであり，法第2条第7号において規定している「倒壊の防止」及び「延焼の防止」に係る要求内容について，以下の観点から明確化されている。

①　倒壊の防止

建築物の倒壊を防止するためには，荷重を支持する部分（壁（耐力壁），柱，床，はり，屋根及び階段）が火災時の火熱によって崩壊せず，形状を保持することが必要である。

②　延焼の防止

建築物の延焼を防止するためには，荷重を支持する部分（壁（耐力壁），柱，床，はり，屋根及び階段）が，崩壊せず，形状を保持することが必要であるとともに，屋内から屋内の他の部分，屋外から屋内への延焼を防止するため，壁及び床については裏面の温度が上昇することにより可燃物が延焼するおそれがないことが必要である。

また，外壁及び屋根については，通常，外壁の屋外側に接して多量の可燃物が集積するおそれは少ないことから，裏面の温度の上昇は許容されるものの，屋内側からの加熱に対しては屋外側に火炎を出さないことが必要である。

⑶　耐火性能に関する技術的基準について

耐火性能に関する技術的基準としては，加熱開始後一定時間まで，以下の①，②及び③の性能を確保することとしている。また，耐火構造に必要な性能と要求部位を整理すると，表4－6のとおりとなる。

①　非損傷性

荷重を支持する部材である壁（耐力壁），柱，床，はり，屋根及び階段について，通常の火災による火熱が一定時間加えられた場合に，構造耐力上支障のある変形，溶融，破壊その他の損傷を生じないこと。

②　遮熱性

区画を形成する部材である壁及び床について，通常の火災による火熱が一定時間加えられた場合に，加熱面以外の面（屋内に面する部分に限る。）の温度が，可燃物が燃焼するおそれのある温度に上昇しないこと。

③　遮炎性

外壁及び屋根について，屋内側からの通常の火災による火熱が一定時間加えられた場合に，屋外に火炎が噴出するき裂その他の損傷を生じないこと。

表4－6　耐火構造に必要となる性能と要求部位

想定する火災	性能の目的	必要となる性能	要求部位
建築物の屋内において発生する火災	倒壊防止	構造耐力上支障のある変形，溶融，破壊その他の損傷を生じないこと（非損傷性）	荷重支持部材（壁（耐力壁），柱，床，はり，屋根，階段）
	延焼防止（内→内）	構造耐力上支障のある変形，溶融，破壊その他の損傷を生じないこと（非損傷性）	荷重支持部材（壁（耐力壁），柱，床，はり，屋根，階段）
		加熱面以外の面の温度が可燃物燃焼温度※に上昇しないこと（遮熱性）	区画部材（間仕切壁，床）
	延焼防止（内→外）	構造耐力上支障のある変形，溶融，破壊その他の損傷を生じないこと（非損傷性）	外壁（耐力壁），屋根
		屋外側に火炎が噴出する亀裂等の損傷を生じないこと（遮炎性）	外壁，屋根
建築物の周囲において発生する火災	倒壊防止	構造耐力上支障のある変形，溶融，破壊その他の損傷を生じないこと（非損傷性）	外壁（耐力壁）
	延焼防止（外→内）	構造耐力上支障のある変形，溶融，破壊その他の損傷を生じないこと（非損傷性）	外壁（耐力壁）
		加熱面以外の面（屋内に面するものに限る。）の温度が可燃物燃焼温度※に上昇しないこと（遮熱性）	外壁

※「可燃物燃焼温度を定める件（H12建告第1432号）」において，最高温度200℃・平均温度160℃が規定されている。

なお，令和5年の政令改正により，階ごとの耐火性能の要求時間の区分について，従来の1時間刻みから30分刻みに変更されている。

耐火構造の告示仕様は，「耐火構造の構造方法を定める件（H12建告第1399号）」において規定されており，告示仕様以外の仕様の構造についても，国土交通大臣の認定を受けた仕様で実現することが可能である。

第7項　準耐火構造

（用語の定義）

法第2条　この法律において次の各号に掲げる用語の意義は，当該各号に定めるところによる。

一～七　（略）

七の二　準耐火構造　壁，柱，床その他の建築物の部分の構造のうち，準耐火性能（通常の火災による延焼を抑制するために当該建築物の部分に必要とされる性能をいう。第9号の3ロ及び第26条第2項第2号において同じ。）に関して政令で定める技術的基準に適合するもので，国土交通大臣が定めた構造方法を用いるもの又は国土交通大臣の認定を受けたものをいう。

八～三十五　（略）

（昭26法195・昭28法114・昭31法148・昭34法156・昭39法169・昭43法101・昭44法38・昭45法109・昭49法67・昭50法59・昭55法34・昭55法35・昭58法44・昭62法63・昭63法49・平2法61・平4法82・平8法48・平9法50・平9法79・平10法100・平11法87・平11法160・平12法73・平14法22・平14法85・平15法101・平16法67・平16法111・平18法92・平18法114・平20法40・平23法105・平26法39・平26法54・平26法92・平29法26・平30法67・令2法43・令3法44・令4法69・令5法58・一部改正）

（準耐火性能に関する技術的基準）

令第107条の2　法第2条第7号の2の政令で定める技術的基準は，次に掲げるものとする。

一　次の表の上欄に掲げる建築物の部分にあつては，当該部分に通常の火災による火熱が加えられた場合に，加熱開始後それぞれ同表の下欄に掲げる時間において構造耐力上支障のある変形，溶融，破壊その他の損傷を生じないものであること。

壁	間仕切壁（耐力壁に限る。）	45分間
	外壁（耐力壁に限る。）	45分間
柱		45分間
床		45分間
はり		45分間
屋根（軒裏を除く。）		30分間
階段		30分間

二　壁，床及び軒裏（外壁によつて小屋裏又は天井裏と防火上有効に遮られ

ているものを除く。以下この号において同じ。）にあつては，これらに通常の火災による火熱が加えられた場合に，加熱開始後45分間（非耐力壁である外壁及び軒裏（いずれも延焼のおそれのある部分以外の部分に限る。）にあつては，30分間）当該加熱面以外の面（屋内に面するものに限る。）の温度が可燃物燃焼温度以上に上昇しないものであること。

三　外壁及び屋根にあつては，これらに屋内において発生する通常の火災による火熱が加えられた場合に，加熱開始後45分間（非耐力壁である外壁（延焼のおそれのある部分以外の部分に限る。）及び屋根にあつては，30分間）屋外に火炎を出す原因となる亀裂その他の損傷を生じないものであること。

（平12政211・全改，平27政11・令元政30・令５政280・一部改正）

(1)　準耐火構造について

準耐火構造とは，主要構造部を対象とした構造方法であり，通常の火災が終了するまでの間，火災による建築物の延焼を抑制するために必要とされる性能（準耐火性能）を有している構造方法のことである。

(2)　準耐火性能について

令第107条の２は，準耐火性能の技術的基準を具体的に定めたものであり，法第２条第７号の２において規定している「延焼の抑制」に係る要求内容については，耐火構造と同様の考え方により，荷重を支える部材である壁（耐力壁），柱，はり，床，屋根及び階段が，一定時間以上荷重を支持することが必要であるとともに，屋内の他の部分への延焼及び屋外からの延焼を抑制するため，区画を構成する壁，床及び軒裏についてはその裏面の温度が，可燃物が燃焼するおそれのある温度まで上昇しないことを必要としている。

(3)　準耐火性能に関する技術的基準について

準耐火性能に関する技術的基準としては，加熱開始後一定時間まで，以下の①，②及び③の性能を確保することとしている。また，準耐火構造に必要な性能と要求部位を整理すると表４－７のとおりとなる。

①　非損傷性

荷重を支持する部材である壁，柱，床，はり，屋根，階段が，通常の火災による火熱が加えられた場合に，一定時間以上，構造耐力上支障のある変形，溶融，破壊その他の損傷を生じないこと。

②　遮熱性

区画を形成する部材である壁，床，軒裏が，通常の火災による火熱が加えられた場合に，一定時間以上，加熱面以外の面（屋内に面する部分に限る。）で可燃物が燃焼するおそれのある温度に上昇しないこと。

③　遮炎性

外壁が，屋内側からの通常の火災による火熱が加えられた場合に，一定時間以上，屋外に火炎が噴出する亀裂その他の損傷を生じないこと。

表4－7　準耐火構造に必要となる性能と要求部位

想定する火災	性能の目的	必要となる性能	要求部位
建築物の屋内において発生する火災	延焼防止（内→内）	構造耐力上支障のある変形，溶融，破壊その他の損傷を生じないこと（非損傷性）	荷重支持部材（壁（耐力壁），柱，床，はり，屋根（軒裏を除く。），階段）
		加熱面以外の面の温度が可燃物燃焼温度※に上昇しないこと（遮熱性）	区画部材（間仕切壁，床）
	延焼防止（内→外）	構造耐力上支障のある変形，溶融，破壊その他の損傷を生じないこと（非損傷性）	外壁（耐力壁），屋根（軒裏を除く。）
		屋外側に火炎が噴出する亀裂等の損傷を生じないこと（遮炎性）	外壁，屋根
建築物の周囲において発生する火災	延焼防止（外→内）	構造耐力上支障のある変形，溶融，破壊その他の損傷を生じないこと（非損傷性）	外壁（耐力壁）
		加熱面以外の面（屋内に面するものに限る。）の温度が可燃物燃焼温度※に上昇しないこと（遮熱性）	外壁，軒裏

※「可燃物燃焼温度を定める件（H12建告第1432号）」において，最高温度200℃・平均温度160℃が規定されている。

準耐火構造の告示仕様は，「準耐火構造の構造方法を定める件（H12建告第1358号）」において規定されており，告示仕様以外の仕様の構造についても，国土交通大臣の認定を受けた認定仕様で実現することが可能である。

なお，準耐火性能のクライテリアとなる加熱時間については，延焼を抑制するために必要な時間を45分間としているところであるが，これは，通常の火災の継続時間が1時間程度であることから，45分間程度の火災に耐えることができる性能を有することによって，通常期待できる消防活動が行われた場合には，延焼を防止することができるとの考え方によるものである。

⑷　耐火性能と準耐火性能の違いについて

準耐火性能については，耐火性能とは異なり，倒壊を防止するための性能までは要求されていない。このことは，条文上において，耐火性能に関する技術的基準（令第107条）では「火熱が一定時間加えられた場合に，非損傷性・遮熱性・遮炎性を発揮すること」を求めているのに対して，準耐火性能に関する技術的基準（令第107条の２）では「火熱が加えられた場合に，一定時間，非損傷性・遮熱性・遮炎性を発揮すること」という記述の違いによって表現されている。すなわち，耐火性能で示されている時間は「加熱時間」であって，加熱の終了後も永続的に性能を発揮し続けることが求められているのに対し，準耐火性能で示されている時間は「性能確保時間（＝結果として加熱時間)」であって，その時間だけ性能を発揮すれば十分であるという点で大きく異なっている。

この違いは，木材の取扱いにおいて特に影響が大きい。それは，木材は可燃材料であるため，外部からの加熱が終了した後であっても，構造材自身の燃焼が止まらず，一定時間の経過後に非損傷性・遮熱性・遮炎性を失う可能性があるためである。したがって，いわゆる「燃えしろ設計」によって「あらわし」の状態で木材を使用する設計の場合，現在の技術的知見においては，耐火構造の認定を受けることは想定できない。木材を耐火構造とするためには，防火被覆などによって木材の燃焼の進行を止めるための構造とすることが必要となる。

⑸　「特定準耐火構造」について

従来，準耐火性能の性能確保時間は「45分（屋根等は30分)」とされてきたところであるが，上記⑷のように「あらわし」の木材では耐火構造が実現できないことにより，耐火性能が必要となる大規模な建築物や特殊建築物が設計できないという課題を踏まえて，平成26年・平成30年改正において進められた性能規定化により，45分を超える準耐火構造が新たに位置づけられた。このような準耐火構造を，便宜的に従来の「45分（屋根等は30分)」の準耐火構造と区別するため，以下では「特定準耐火構造」と呼称する。特に，建築物の設計内容に応じて要求時間（火災が終了するまでの時間や，在館者の避難時間）が変化する，法第21条第１項（大規模な木造建築物）や法第27条第１項（特殊建築物）における「特定準耐火構造」については，便宜的に，それぞれ「火災時倒壊防止構造」及び「避難時倒壊防止構造」と呼称する。

令第107条の２において規定されている準耐火構造の性能確保時間は，あくまで「45分（屋根等は30分)」のみであり，特定準耐火構造の性能確保時間については，法令上は，大規模木造建築物の防耐火構造について規定する法第21条第１項（技術的基準は令第109条の５）においては「通常火災終了時間」，特殊建築物の防耐火構造について規定する法第27条第１項（技術的基準は令第110条）においては「特定避難時間」として定義されている。これは，それぞれの規定の目的（法第21条第１項は建築物の倒壊防止，法第27条第１項は在館者の避難安全確保）に応じて，主要構造部において確保すべき時間に名称を与えたことによる違いであって，本質的には同じものである。すなわち，主要構造部への技術的な要求事項は，法第21条第１項においては「火熱が加えられた場合に，『通常火災終了時間』の間，非損傷性・遮熱性・遮炎性を発揮すること」を，法第27条第１項においては「火熱が加えられた場合に，『特定避難時間』の間，非損傷性・遮熱性・遮炎性を発揮すること」を規定しており，これは準耐火構造における要求性能と全く同一である点から明らかである。したがって，これらの規定において求められる主要構造部の構造を，「通常火災終了時間の準耐火構造」や「特定避難時間の準耐火構造」と個別に呼称することにすると，煩瑣であるだけでなく，両者が本質的に異なるものであるという誤解を生じる可能性もあるため，本書では統一して「特定準耐火構造」と呼称することにしているものである。

以下，これらの各種構造に関する法文上の違いや同一性を明らかにするため，遮炎性を規定する条文を例とした比較表を示す。なお，比較しやすくするため，括弧書き部分は割愛して掲載する。

構造	技術的基準	条文
耐火構造	令第107条	外壁及び屋根にあつては，これらに屋内において発生する通常の火災による**火熱が一時間加えられた場合**に，屋外に火炎を出す原因となるき裂その他の**損傷を生じないもの**であること。
準耐火構造	令第107条の２	外壁及び屋根にあつては，これらに屋内において発生する通常の火災による**火熱が加えられた場合**に，**加熱開始後45分間**屋外に火炎を出す原因となる亀裂その他の**損傷を生じないもの**であること。
特定準耐火構造	令第109条の５	外壁及び屋根にあつては，これらに屋内において発生する通常の火災による**火熱が加えられた場合**に，**加熱開始後通常火災終了時間**屋外に火炎を出す原因となる亀裂その他の**損傷を生じないもの**であること。
	令第110条	外壁及び屋根にあつては，これらに屋内において発生する通常の火災による**火熱が加えられた場合**に，**加熱開始後特定避難時間**屋外に火炎を出す原因となる亀裂その他の**損傷を生じないもの**であること。

なお，通常火災終了時間及び特定避難時間については，それぞれ法第21条及び法

第27条の解説においてそれぞれ詳述する。

第8項　防火構造

（用語の定義）

法第2条　（略）

一～七の二　（略）

八　防火構造　建築物の外壁又は軒裏の構造のうち，防火性能（建築物の周囲において発生する通常の火災による延焼を抑制するために当該外壁又は軒裏に必要とされる性能をいう。）に関して政令で定める技術的基準に適合する鉄網モルタル塗，しつくい塗その他の構造で，国土交通大臣が定めた構造方法を用いるもの又は国土交通大臣の認定を受けたものをいう。

九～三十五　（略）

（昭26法195・昭28法114・昭31法148・昭34法156・昭39法169・昭43法101・昭44法38・昭45法109・昭49法67・昭50法59・昭55法34・昭55法35・昭58法44・昭62法63・昭63法49・平2法61・平4法82・平8法48・平9法50・平9法79・平10法100・平11法87・平11法160・平12法73・平14法22・平14法85・平15法101・平16法67・平16法111・平18法92・平18法114・平20法40・平23法105・平26法39・平26法54・平26法92・平29法26・平30法67・令2法43・令3法44・令4法69・令5法58・一部改正）

（防火性能に関する技術的基準）

令第108条　法第2条第8号の政令で定める技術的基準は，次に掲げるものとする。

一　耐力壁である外壁にあつては，これに建築物の周囲において発生する通常の火災による火熱が加えられた場合に，加熱開始後30分間構造耐力上支障のある変形，溶融，破壊その他の損傷を生じないものであること。

二　外壁及び軒裏にあつては，これらに建築物の周囲において発生する通常の火災による火熱が加えられた場合に，加熱開始後30分間当該加熱面以外の面（屋内に面するものに限る。）の温度が可燃物燃焼温度以上に上昇しないものであること。

（平12政211・全改）

⑴　防火構造について

防火構造とは，外壁及び軒裏を対象とした構造方法であり，建築物の周囲において発生する火災が終了するまでの間，火災による建築物の延焼を抑制するために必要とされる性能（防火性能）を有している構造方法のことである。

⑵　防火性能について

令第108条は，防火性能の技術的基準を具体的に定めたものであり，法第2条第8号において規定している「延焼の抑制」に係る要求内容については，建築物の周囲において発生する火災からの延焼を抑制するために，荷重を支持する部材である外壁（耐力壁）が構造耐力上支障のある損傷を生じないことが必要であるとともに，外壁及び軒裏の裏面の温度が，可燃物が燃焼するおそれのある温度まで上昇しないことを必要としている。

なお，防火性能については，耐火性能や準耐火性能とは異なり，対象建築物の屋内火災を想定した性能を求められてはおらず，外部火災による延焼を抑制するのみの性能として規定されているため，外壁及び軒裏のみが規制対象とされている。ただし，屋外側からの火災によって屋内の可燃物が燃焼することがないようにするため，屋内側に一定の措置を施すことも想定される（実際に，告示仕様においても屋内側の被覆を定めている。）。

⑶　防火性能に関する技術的基準について

防火性能に関する技術的基準としては，屋外において発生する火災による屋内への延焼を防止する性能が求められていることから，以下の①及び②の性能を加熱開始後30分間以上確保することとしている。また，防火構造に必要な性能と要求部位を整理すると表4－8のとおりとなる。

①　非損傷性

耐力壁である外壁が，建築物の周囲において発生する火災による火熱が加えられた場合に，一定時間以上，構造耐力上支障のある変形，溶融，破壊その他の損傷を生じないこと。

②　遮熱性

外壁及び軒裏の屋内面側の温度が，建築物の周囲において発生する火災による火熱が加えられた場合に，一定時間以上，可燃物が燃焼するおそれのある温度に上昇しないこと。

表4－8　防火構造に必要となる性能と要求部位

想定する火災	性能の目的	必要となる性能	要求部位
建築物の周囲において発生する火災	延焼抑制（外→内）	構造耐力上支障のある変形，溶融，破壊その他の損傷を生じないこと（非損傷性）	外壁（耐力壁）
		屋内側の可燃物燃焼温度※に上昇しないこと（遮熱性）	外壁，軒裏

※「可燃物燃焼温度を定める件（H12建告第1432号）」において，最高温度200℃・平均温度160℃が規定されている。

防火構造の告示仕様は，「防火構造の構造方法を定める件（H12建告第1359号）」において規定されており，告示仕様以外の仕様の構造についても，国土交通大臣の認定を受けた認定仕様で実現することが可能である。

なお，防火性能のクライテリアとなる加熱時間については，屋内への延焼を抑制するために必要な時間を30分間としているところであるが，これは以下の理由によるものである。

- 防火構造が用いられる部分が，防火・準防火地域内の小規模な建築物，屋根不燃化区域内の特殊建築物，大規模な木造建築物等の外壁・軒裏であることから，準耐火構造に比較した場合，稠密な市街地以外の市街地における建築物，比較的小規模な建築物に用いられる構造であること。
- 準耐火構造の場合は屋内火災・屋外火災の両者に耐える必要があるのに対し，防火構造については屋内火災を想定する必要がないこと。

第9項　準防火構造

（外壁）

法第23条　前条第1項の市街地の区域内にある建築物（その主要構造部の第21条第1項の政令で定める部分が木材，プラスチックその他の可燃材料で造られたもの（第25条及び第61条第1項において「木造建築物等」という。）に限る。）は，その外壁で延焼のおそれのある部分の構造を，準防火性能（建築物の周囲において発生する通常の火災による延焼の抑制に一定の効果を発揮するために外壁に必要とされる性能をいう。）に関して政令で定める技術的基準に適合する土塗壁その他の構造で，国土交通大臣が定めた構造方法を用いるもの又は国土交通大臣の認定を受けたものとしなければならない。

（平10法100・全改，平11法160・平30法67・令４法69・一部改正）

（準防火性能に関する技術的基準）

令第109条の10　法第23条の政令で定める技術的基準は，次に掲げるものとする。

一　耐力壁である外壁にあつては，これに建築物の周囲において発生する通常の火災による火熱が加えられた場合に，加熱開始後20分間構造耐力上支障のある変形，溶融，破壊その他の損傷を生じないものであること。

二　外壁にあつては，これに建築物の周囲において発生する通常の火災による火熱が加えられた場合に，加熱開始後20分間当該加熱面以外の面（屋内に面するものに限る。）の温度が可燃物燃焼温度以上に上昇しないものであること。

（平12政211・追加，平27政11・旧第109条の６繰下，令元政30・旧第109条の７繰下，令５政280・旧第109条の９繰下）

⑴　準防火構造について

いわゆる22条地区（法第22条第１項の規定に基づく区域。第３節第１項にて解説する。）においては，木造建築物等の外壁の延焼のおそれのある部分について，建築物の周囲において発生する通常の火災による延焼の抑制に一定の効果を発揮する性能（準防火性能）が求められる。法令上の規定はない呼称であるが，準防火性能が求められる構造であることから，以下，便宜的に当該構造を準防火構造と呼ぶこととする。なお，当該外壁の構造は，平成10年改正以前において「土塗壁同等構造」とされていたものを，性能規定化に際して整理したものである。

⑵　準防火性能について

令第109条の10は，準防火性能の技術的基準を具体的に定めたものであり，法第23条において規定している「延焼の抑制」に係る要求内容については，防火構造と同様の考え方により，建築物の周囲において発生する火災からの延焼を抑制するために一定の効果を発揮するものとして，荷重を支持する部材である外壁（耐力壁）が構造耐力上支障のある損傷を生じないことが必要であるとともに，外壁の裏面の温度が可燃物が燃焼するおそれのある温度まで上昇しないことを必要としている。

⑶　準防火構造に関する技術的基準について

準防火性能に関する技術的基準としては，屋外において発生する火災による屋内への延焼を防止する性能を有することが要求されているものであることから，以下の①及び②の性能を加熱開始後20分間以上確保することとしている。また，準防火構造に必要な性能と要求部位を整理すると表４－９のとおりとなる。

①　非損傷性

耐力壁である外壁が，建築物の周囲において発生する火災による火熱が加えられた場合に，一定時間以上，構造耐力上支障のある変形，溶融，破壊その他の損傷を生じないこと。

②　遮熱性

外壁の屋内面側の温度が，建築物の周囲において発生する火災による火熱が加えられた場合に，一定時間以上，可燃物が燃焼するおそれのある温度に上昇しないこと。

表４－９　準防火構造に必要となる性能と要求部位

想定する火災	性能の目的	必要となる性能	要求部位
建築物の周囲において発生する火災	延焼抑制（外→内）	構造耐力上支障のある変形，溶融，破壊その他の損傷を生じないこと（非損傷性）	外壁（耐力壁）
		屋内側の可燃物燃焼温度※に上昇しないこと（遮熱性）	外壁

※「可燃物燃焼温度を定める件（H12建告第1432号）」において，最高温度200℃・平均温度160℃が規定されている。

準防火構造の告示仕様は，「木造建築物等の外壁の延焼のおそれのある部分の構造方法を定める件（H12建告第1362号）」において規定されており，告示仕様以外の仕様の構造についても，国土交通大臣の認定を受けた認定仕様で実現することが可能である。

なお，準防火性能のクライテリアとなる加熱時間については，屋内への延焼を抑制するために必要な時間を，防火性能の30分間に対して20分間としているところであるが，これは，準防火構造が用いられる部分が屋根不燃化区域内の木造建築物の外壁であり，延焼の抑制を目的とする防火構造に比較した場合に，延焼の抑制に一定の効果を発揮するものとしていることによるものである。

第10項　防火設備

耐火建築物，準耐火建築物又は防火地域内の建築物の外壁の開口部で延焼のおそれのある部分などには，いわゆる防火戸やドレンチャーのように，火炎を有効に遮るための設備が必要である。建築基準法上，このように開口部において火炎を遮るために設けられる設備のことを「防火設備」といい（令第109条），建築物の構造や設置部位等に応じて，それぞれ要求性能が規定されている。

なお，本書においては，火炎を遮る性能のことを「遮炎性能」と呼称することとする。令第109条の2の見出しにおいて「遮炎性能に関する技術的基準」と記述され，同条の内容においては「加熱開始後20分間当該加熱面以外の面に火炎を出さない」ことが規定されているが，後述するように，平成30年改正により，火炎を遮る性能の性能確保時間については，20分間以外にも様々な時間を設定することが可能となったため，20分間の場合だけを限定的に「遮炎性能」と呼称することとすると不都合が多く，誤解を生じる可能性もあることから，以下では性能確保時間にかかわらず「遮炎性能」とし，性能時間を特定する必要があるときには「○○分遮炎性能」と記述することとする。

表4―10　防火設備に必要となる性能と要求部位

名称	面	根拠条文	必要となる性能	要求部位
通常防火設備	両面	法第2条第9号の2ロ	20分間火炎を遮る性能（令第109条の2）	・耐火・準耐火建築物の外壁の開口部 ・防火区画の開口部 等
20分間防火設備	片面	令第137条の10第4号	20分間火炎を遮る性能（令第137条の10第4号）	・防火・準防火地域の建築物の外壁の開口部
10分間防火設備	両面	令第112条第12項	10分間火炎を遮る性能（令第112条第12項）	・小規模な竪穴区画の開口部（病院・児童福祉施設等） 等
戸	―	令第112条第13項	（※ふすま・障子を除く（仕様的規定））	・小規模な竪穴区画の開口部（上記以外の用途） 等
特定防火設備	両面	令第112条第1項	60分間火炎を遮る性能（令第112条第1項）	・防火区画の開口部 等
界壁等を貫通する風道に設ける防火設備	両面	令第114条第5項	45分間火炎を遮る性能（令第114条第5項）	・界壁等を貫通する風道

（用語の定義）

法第2条　（略）

一～九　（略）

九の二　耐火建築物　次に掲げる基準に適合する建築物をいう。

イ　（略）

ロ　その外壁の開口部で延焼のおそれのある部分に，防火戸その他の政令で定める防火設備（その構造が遮炎性能（通常の火災時における火炎を有効に遮るために防火設備に必要とされる性能をいう。第27条第1項において同じ。）に関して政令で定める技術的基準に適合するもので，国土交通大臣が定めた構造方法を用いるもの又は国土交通大臣の認定を受けたものに限る。）を有すること。

九の三～三十五　（略）

（昭26法195・昭28法114・昭31法148・昭34法156・昭39法169・昭43法101・昭44法38・昭45法109・昭49法67・昭50法59・昭55法34・昭55法35・昭58法44・昭62法63・昭63法49・平2法61・平4法82・平8法48・平9法50・平9法79・平10法100・平11法87・平11法160・平12法73・平14法22・平14法85・平15法101・平16法67・平16法111・平18法92・平18法114・平20法40・平23法105・平26法39・平26法54・平26法92・平29法26・平30法67・令2法43・令3法44・令4法69・令5法58・一部改正）

（防火地域及び準防火地域内の建築物）

法第61条　防火地域又は準防火地域内にある建築物は，その外壁の開口部で延焼のおそれのある部分に防火戸その他の政令で定める防火設備を設け，かつ，壁，柱，床その他の建築物の部分及び当該防火設備を通常の火災による周囲への延焼を防止するためにこれらに必要とされる性能に関して防火地域及び準防火地域の別並びに建築物の規模に応じて政令で定める技術的基準に適合するもので，国土交通大臣が定めた構造方法を用いるもの又は国土交通大臣の認定を受けたものとしなければならない。ただし，門又は塀で，高さ2メートル以下のもの又は準防火地域内にある建築物（木造建築物等を除く。）に附属するものについては，この限りでない。

2　前項に規定する基準の適用上1の建築物であつても別の建築物とみなすことができる部分として政令で定める部分が2以上ある建築物の当該建築物の部分は，同項の規定の適用については，それぞれ別の建築物とみなす。

（平30法67・全改，令4法69・一部改正）

（防火戸その他の防火設備）

令第109条　法第2条第9号の2ロ，法第12条第1項，法第21条第2項，法第

27条第1項(法第87条第3項において準用する場合を含む。第110条から第110条の5までにおいて同じ。)，法第53条第3項第1号イ及び法第61条第1項の政令で定める防火設備は，防火戸，ドレンチャーその他火炎を遮る設備とする。

2　隣地境界線，道路中心線又は同一敷地内の2以上の建築物（延べ面積の合計が500平方メートル以内の建築物は，1の建築物とみなす。）相互の外壁間の中心線のあらゆる部分で，開口部から1階にあつては3メートル以下，2階以上にあつては5メートル以下の距離にあるものと当該開口部とを遮る外壁，袖壁，塀その他これらに類するものは，前項の防火設備とみなす。

（昭27政353・昭34政344・昭35政185・昭45政333・平5政170・平12政211・平27政11・平28政6・令元政30・令5政280・一部改正）

（遮炎性能に関する技術的基準）

令第109条の2　法第2条第9号の2ロの政令で定める技術的基準は，防火設備に通常の火災による火熱が加えられた場合に，加熱開始後20分間当該加熱面以外の面に火炎を出さないものであることとする。

（平12政211・追加）

令第136条の2の3　削除　（令元政30）

（防火区画）

令第112条　法第2条第9号の3イ若しくはロのいずれかに該当する建築物（特定主要構造部を耐火構造とした建築物を含む。）又は第136条の2第1号ロ若しくは第2号ロに掲げる基準に適合する建築物で，延べ面積（スプリンクラー設備，水噴霧消火設備，泡消火設備その他これらに類するもので自動式のものを設けた部分の床面積の2分の1に相当する床面積を除く。以下この条において同じ。）が1,500平方メートルを超えるものは，床面積の合計（スプリンクラー設備，水噴霧消火設備，泡消火設備その他これらに類するもので自動式のものを設けた部分の床面積の2分の1に相当する床面積を除く。以下この条において同じ。）1,500平方メートル以内ごとに1時間準耐火基準に適合する準耐火構造の床若しくは壁又は特定防火設備（第109条に規定する防火設備であつて，これに通常の火災による火熱が加えられた場合に，加熱開始後1時間当該加熱面以外の面に火炎を出さないものとして，国土交通大臣が定めた構造方法を用いるもの又は国土交通大臣の認定を受けたものをいう。以下同じ。）で区画しなければならない。ただし，次の各号のいずれかに該当する建築物の部分でその用途上やむを得ないものについては，この限りでない。
一・二　（略）
2～23　（略）
（昭26政371・昭31政185・昭33政283・昭34政344・昭36政396・昭39政4・昭44政8・昭45政333・昭48政242・昭55政196・平5政170・平6政278・平12政211・平12政312・平15政523・平17政246・平26政232・平27政11・平28政6・平30政255・令元政30・令元政181・令5政280・一部改正）

(1)　防火設備の定義について

法第2条第9号の2ロに規定する防火設備は，耐火建築物又は準耐火建築物の外壁の開口部で延焼のおそれのある部分や竪穴区画を形成する開口部などに使用されるもので，主として延焼防止のために用いられる設備である。

同号は，内容としては耐火建築物の定義規定であり，その文中において，耐火建築物の外壁開口部設備として「防火戸その他の政令で定める防火設備（その構造が遮炎性能（中略）に関して政令で定める技術的基準に適合するもので，国土交通大臣が定めた構造方法を用いるもの又は国土交通大臣の認定を受けたものに限る。）」を設けることを規定している。したがって，「防火設備」とは，政令の内容まで含めても，「防火戸」「ドレンチャー」「火炎を遮る設備」といった各種設備の総称として位置づけられた用語であり，遮炎性能の性能確保時間とは，なんら関係がない。法文上も，性能確保時間まで含めた防火設備について言及する必要があるときには，「法第2条第9号の2ロに規定する防火設備」と記述されている。しかしながら，一般には上記の定義規定における「政令で定める技術的基準に適合する防火設備」を「防火設備」として捉えられる向きがあり，結果的に，「防火設備＝両面に20分間の遮炎性能を有するもの」と，やや誤解を含んで用いられることの多い用語でもある。

また，平成30年改正により，遮炎性能の性能確保時間については，従来の20分や60分だけでなく，制度上は，延焼防止時間（防火地域・準防火地域の建築物に求められる技術的基準である令第136条の2において規定されている。同条の解説において詳述する。）に応じて，あらゆる時間を設定することが可能となっていることから，「防火設備＝両面に20分間の遮炎性能を有するもの」という認識を定着させることは望ましくない。

したがって，本書においては正確を期すため，「防火設備」と記述したときには，性能確保時間とは関係のない「防火戸」「ドレンチャー」「火炎を遮る設備」のことを示す用語であることに留意されたい。

⑵　通常防火設備について

上記⑴で説明したように，「防火設備」そのものには性能確保時間の概念が含まれないが，「法第2条第9号の2ロに規定する防火設備」については，実際に様々な規定で引用されることが多い。この表現は冗長であるため，以下，本書においては「通常防火設備」と呼称することとする。通常防火設備は，令第109条の2において「通常の火災による火熱が加えられた場合に，加熱開始後20分間当該加熱面以外の面に火炎を出さない」性能（20分間遮炎性能）が求められている。通常防火設備については，耐火建築物等の外壁の開口部に用いられる場合は屋外火災と屋内火災のいずれに対しても火炎を遮ることが必要となり，竪穴区画などを形成する間仕切壁の開口部に用いられる場合は一方の室における火災による火炎が他方の室に侵入することを遮ることが必要となることから，ここでは想定する火災を「通常の火災」として，遮炎性能を両面に求めている。

通常防火設備の告示仕様は，「防火設備の構造方法を定める件（H12建告第1360号）」において規定されているが，これはかつて令第110条（現在は廃止）において規定されていた乙種防火戸の仕様と同一である。また，告示仕様以外の仕様の防火設備についても，国土交通大臣の認定を受けた認定仕様で実現することが可能である。

⑶　20分間防火設備について

20分間防火設備は，防火地域又は準防火地域における建築物の外壁の開口部で延焼のおそれのある部分に使用されるものである。こちらは，通常防火設備とは異なり，「建築物の周囲において発生する通常の火災による火熱が加えられた場合に，加熱開始後20分間当該加熱面以外の面（屋内に面するものに限る。）に火炎を出さない」性能（20分間遮炎性能）が求められている。ここでは想定する火災が「建築物の周囲において発生する通常の火災」であるため，屋外火災に対してのみ火炎を遮ることができればよいことから，遮炎性能は片面（屋外→屋外）のみに求められることとなる。

なお，平成30年改正以前は，片面のみの20分間遮炎性能に関す技術的基準については旧・令第136条の2の3において規定され，同条の見出しにおいて「準遮炎性能」という名称が定義されていたが，同条の根拠となっていた旧・法第64条の廃止（技術的な内容は，新・第61条に移行している。同条の解説において詳述する。）に伴って，この名称も削除されている。

20分間防火設備の告示仕様は，「20分間防火設備の構造方法を定める件（R２国交告第196号）」において規定されているが，ここでは通常防火設備そのものの仕様を引用している。したがって，片面20分間の加熱により試験的に性能を確かめた仕様を用いようとする場合については，法第61条の規定に基づく国土交通大臣の認定を受けた認定仕様とする必要がある。

⑷　10分間防火設備について

10分間防火設備は，その名称の通り，10分間の遮炎性能を有する防火設備として定義された設備である。平成30年改正によって，令第112条第12項において規定されている小規模な竪穴区画の開口部について，スプリンクラー設備との併用によって，20分間の遮炎性能を有する通常防火設備の代替措置となる防火設備として新たに規定された。

当該防火設備は，令第112条第12項において「通常の火災による火熱が加えられた場合に，加熱開始後10分間当該加熱面以外の面に火炎を出さない」性能（10分間遮炎性能）が求められている。ここでは想定する火災が「通常の火災」であるため，遮炎性能は両面に求められることとなる。

10分間防火設備の告示仕様は，「10分間防火設備の構造方法を定める件（R２国交告第198号）」において規定されており，告示仕様以外の仕様の防火設備についても，国土交通大臣の認定を受けた認定仕様で実現することが可能である。

⑸　特定防火設備について

防火区画の開口部に設ける防火設備は，屋内のある室で発生した火災が，隣接する区画へ延焼するのを防止するため，屋内の火災に対して性能を有している必要がある。このため，特定防火設備が有するべき性能については，両面について通常の火災時の火熱が加えられた場合に，加熱開始後１時間加熱面以外の面に火炎を出さないものとして定義している。いわば，「60分間防火設備」であるが，平成10年改正による法体系では，「両面に20分間遮炎性能を有する防火設備」のことを「法第２条第９号の２ロに規定する防火設備」，「両面に60分間遮炎性能を有する防火設備」のことを「特定防火設備」と定義して取り扱ってきた経緯があることから，平成30年改正では特に名称を変更することなく，引き続き「特定防火設備」と呼称することとしている。

特定防火設備の告示仕様は，「特定防火設備の構造方法を定める件（H12建告第1369号）」において規定されているが，これはかつて令第110条（現在は廃止）において規定されていた甲種防火戸の仕様と同一である。また，告示仕様以外の仕様の防火設備についても，国土交通大臣の認定を受けた認定仕様で実現することが可能である。

⑹　遮煙性能について

防火設備は，定義上は「遮炎性能」を有する防火戸等とされ，火炎を遮る必要がある開口部への設置が求められるが，竪穴区画など避難安全性の確保が必要な開口部においては，「遮炎性能」に加えて「遮煙性能」が必要となる場合がある。遮煙性能が必要となる部位や性能については，令第112条第19項の解説において詳述する。

第11項　耐火建築物

（用語の定義）

法第２条　（略）

一～九　（略）

九の二　耐火建築物　次に掲げる基準に適合する建築物をいう。

イ　その主要構造部のうち，防火上及び避難上支障がないものとして政令で定める部分以外の部分（以下「特定主要構造部」という。）が，⑴又は⑵のいずれかに該当すること。

⑴　耐火構造であること。

⑵　次に掲げる性能（外壁以外の特定主要構造部にあつては，(i)に掲げる性能に限る。）に関して政令で定める技術的基準に適合するものであること。

(i)　当該建築物の構造，建築設備及び用途に応じて屋内において発生が予測される火災による火熱に当該火災が終了するまで耐えること。

(ii)　当該建築物の周囲において発生する通常の火災による火熱に当該火災が終了するまで耐えること。

ロ　その外壁の開口部で延焼のおそれのある部分に，防火戸その他の政令で定める防火設備（その構造が遮炎性能（通常の火災時における火炎を有効に遮るために防火設備に必要とされる性能をいう。第27条第1項において同じ。）に関して政令で定める技術的基準に適合するもので，国土交通大臣が定めた構造方法を用いるもの又は国土交通大臣の認定を受けたものに限る。）を有すること。

九の三〜三十五　（略）

（昭26法195・昭28法114・昭31法148・昭34法156・昭39法169・昭43法101・昭44法38・昭45法109・昭49法67・昭50法59・昭55法34・昭55法35・昭58法44・昭62法63・昭63法49・平2法61・平4法82・平8法48・平9法50・平9法79・平10法100・平11法87・平11法160・平12法73・平14法22・平14法85・平15法101・平16法67・平16法111・平18法92・平18法114・平20法40・平23法105・平26法39・平26法54・平26法92・平29法26・平30法67・令2法43・令3法44・令4法69・令5法58・一部改正）

耐火建築物とは，「主要構造部」と「外壁の開口部で延焼のおそれのある部分（以下「外壁開口部」という。）」のそれぞれについて，所要の性能を有している建築物のことである。具体的には，表4—11のとおりとなる。

表4—11　耐火建築物の構成

要求部位	要求される構造方法	仕様
主要構造部	耐火構造	告示仕様（H12建告第1399号）
		認定仕様
	耐火性能検証によって性能が確認された構造方法	告示型耐火性能検証法による仕様（令第108条の4第1項第1号）
		認定型耐火性能検証法による仕様（令第108条の4第1項第2号）
外壁開口部	通常防火設備	告示仕様（H12建告第1360号）
		認定仕様

つまり，本法における「耐火建築物」とは，「主要構造部を耐火構造とした建築物」とは異なるものであり，外壁開口部にまで要求が及んでいることに留意が必要である。

なお，耐火性能検証による性能確認に関しては，第7節第1項において解説する。

第12項　準耐火建築物

（用語の定義）

法第２条　（略）

一〜九の二　（略）

九の三　準耐火建築物　耐火建築物以外の建築物で，イ又はロのいずれかに該当し，外壁の開口部で延焼のおそれのある部分に前号ロに規定する防火設備を有するものをいう。

イ　主要構造部を準耐火構造としたもの

ロ　イに掲げる建築物以外の建築物であつて，イに掲げるものと同等の準耐火性能を有するものとして主要構造部の防火の措置その他の事項について政令で定める技術的基準に適合するもの

十〜三十五　（略）

（昭26法195・昭28法114・昭31法148・昭34法156・昭39法169・昭43法101・昭44法38・昭45法109・昭49法67・昭50法59・昭55法34・昭55法35・昭58法44・昭62法63・昭63法49・平２法61・平４法82・平８法48・平９法50・平９法79・平10法100・平11法87・平11法160・平12法73・平14法22・平14法85・平15法101・平16法67・平16法111・平18法92・平18法114・平20法40・平23法105・平26法39・平26法54・平26法92・平29法26・平30法67・令２法43・令３法44・令４法69・令５法58・一部改正）

準耐火建築物とは，耐火建築物と同様に，「主要構造部」と「外壁開口部」のそれぞれについて，所要の性能を有している建築物のことである。具体的には，表４—12のとおりとなる。

耐火建築物と同様，本法における「準耐火建築物」とは，「主要構造部を準耐火構造とした建築物」とは異なるものであり，開口部にまで要求が及んでいる。また，表４—12における「イ準耐」「ロ準耐」については後述する。

なお，準耐火建築物については，耐火建築物における耐火性能検証に相当する検証方法が定められていないが，法第21条第１項及び法第27条において，建築物の構造・建築設備・用途に応じて算出される性能確保時間（法第21条第１項の場合は通常火災終了時間，法第27条の場合は特定避難時間）の間，所要の性能が確保される構造（特定準耐火構造）であれば，それぞれの規定を満足するものとされているこ

とから，これらについては，いわば，それぞれの規定に応じた準耐火性能検証と捉えると理解しやすい。

⑴　主要構造部が準耐火構造の準耐火建築物（イ準耐）

耐火建築物以外の建築物で，壁，柱，床等の主要構造部が準耐火構造であり，外壁の開口部で延焼のおそれのある部分に通常防火設備を有しているものを準耐火建築物という。なお，法第２条第９号の３「イ」において規定されている準耐火建築物であることから，一般に「イ準耐」と呼称されることがある。

平成４年以前においては，耐火建築物以外の建築物のうち，主要構造部の各部分に使用する構造方法又は建築材料を仕様書的に規定し，耐火建築物に準ずるものを簡易耐火建築物として位置づけていた。このため，木造建築物等で上記の仕様に適合しないものについては，簡易耐火建築物には該当しないものとされていた。

しかし，技術開発により，木材のような不燃材料以外の材料による構造であっても，一定の防耐火性能を具備させることが可能となったため，こうした構造を有する建築物を建築基準法令上で位置づけることとなった。これを受けて，平成４年の法改正においては，簡易耐火建築物と同等の性能を有する建築物の性能を，耐火建築物と同様に性能基準として整備し，これを「準耐火建築物」として規定した。このとき，準耐火建築物については，過去に行われた簡易耐火建築物の火災実験において確認されている45分程度を耐火時間として設定することとなった。

表４―12　準耐火建築物の構成

<table>
<tr><th>要求部位</th><th>要求される構造方法</th><th>仕様</th></tr>
<tr><td rowspan="4">主要構造部</td><td rowspan="2">準耐火構造</td><td>告示仕様（H12建告第1399号）</td></tr>
<tr><td>認定仕様</td></tr>
<tr><td>・外壁：耐火構造
・屋根：不燃材料等
（ロ準耐―１）</td><td>施行令仕様（令第109条の３第１号）</td></tr>
<tr><td>・柱・はり：不燃材料
・その他：準不燃材料等
（ロ準耐―２）</td><td>施行令仕様（令第109条の３第１号）</td></tr>
<tr><td rowspan="2">外壁開口部</td><td rowspan="2">通常防火設備</td><td>告示仕様（H12建告第1360号）</td></tr>
<tr><td>認定仕様</td></tr>
</table>

⑵　イ準耐と同等の準耐火性能を有する準耐火建築物（ロ準耐）

法第２条第９号の３ロにおいて規定する準耐火建築物は，イ準耐と同等の準耐火性能を有している準耐火建築物であり，一般にはイ準耐に対して「ロ準耐」と呼称されている。また，ロ準耐は，令第109条の3において2種類の構造方法が規定されており，便宜上，以下の説明においては，同条第1号を「ロ準耐―1」，同条第2号を「ロ準耐―2」と記載する。

なお，平成4年以前において，ロ準耐―1は「イ簡耐」，ロ準耐―2は「ロ簡耐」と呼称されていた。これは，簡易耐火建築物を定義していた法第2条第9号の3において，それぞれイ号，ロ号として規定されていたためである。つまり，ロ準耐とは，平成10年改正以前の制度における簡易耐火建築物を，技術的には主要構造部の部分的な性能については準耐火性能そのものでは評価できないものの，建築物全体の性能上は準耐火性能を有する建築物と同等であることを踏まえて，「準耐火建築物」として制度上でも位置づけたものである。

（主要構造部を準耐火構造とした建築物と同等の耐火性能を有する建築物の技術的基準）

令第109条の3　法第2条第9号の3ロの政令で定める技術的基準は，次の各号のいずれかに掲げるものとする。

一　外壁が耐火構造であり，かつ，屋根の構造が法第22条第1項に規定する構造であるほか，法第86条の4の場合を除き，屋根の延焼のおそれのある部分の構造が，当該部分に屋内において発生する通常の火災による火熱が加えられた場合に，加熱開始後20分間屋外に火炎を出す原因となるき裂その他の損傷を生じないものとして，国土交通大臣が定めた構造方法を用いるもの又は国土交通大臣の認定を受けたものであること。

二　主要構造部である柱及びはりが不燃材料で，その他の主要構造部が準不燃材料で造られ，外壁の延焼のおそれのある部分，屋根及び床が次に掲げる構造であること。

イ　外壁の延焼のおそれのある部分にあつては，防火構造としたもの

ロ　屋根にあつては，法第22条第1項に規定する構造としたもの

ハ　床にあつては，準不燃材料で造るほか，3階以上の階における床又はその直下の天井の構造を，これらに屋内において発生する通常の火災による火熱が加えられた場合に，加熱開始後30分間構造耐力上支障のある変形，溶融，き裂その他の損傷を生じず，かつ，当該加熱面以外の面（屋内に面するものに限る。）の温度が可燃物燃焼温度以上に上昇しな

いものとして，国土交通大臣が定めた構造方法を用いるもの又は国土交通大臣の認定を受けたものとしたもの

（平５政170・追加，平９政325・平11政５・平12政211・平12政312・一部改正）

外壁がブロック造の耐火構造で造られた建築物は，火災によって内部焼失等を生じることはあっても，他の建築物に延焼する危険性は少なく，また，柱・はり等の軸組が不燃材料で造られた建築物は，火災によって倒壊することはあっても緩燃性であるため，いずれも一般の木造建築物よりも防耐火性能の面で優れている。かつて本法においては，このような建築物を耐火建築物と木造建築物の中間にあるものとして「簡易耐火建築物」として位置づけていたが，現行制度においても，これを「準耐火建築物」の一種として取り扱うこととしているものである。

ロ準耐に必要な技術的基準をまとめると，表４―13のとおりとなる。

表４―13　ロ準耐の構成

<table>
<tr><th></th><th colspan="2">要求部位</th><th>要求される構造方法</th></tr>
<tr><td rowspan="4">ロ準耐―1</td><td colspan="2">外壁</td><td>耐火構造</td></tr>
<tr><td rowspan="2">屋根</td><td>延焼のおそれのある部分</td><td>・屋根不燃化区域における屋根（不燃材料等）
・20分間の非損傷性</td></tr>
<tr><td>上記以外</td><td>・20分間の非損傷性</td></tr>
<tr><td>開口部</td><td>延焼のおそれのある部分</td><td>・遮炎性能を有する防火設備</td></tr>
<tr><td rowspan="8">ロ準耐―2</td><td colspan="2">柱・はり</td><td>・不燃材料</td></tr>
<tr><td rowspan="2">壁</td><td>外壁（延焼のおそれのある部分）</td><td>・準不燃材料
・防火構造</td></tr>
<tr><td>上記以外</td><td>・準不燃材料</td></tr>
<tr><td rowspan="2">床</td><td>３階以上の階</td><td>・準不燃材料
・30分間の非損傷性・遮熱性</td></tr>
<tr><td>上記以外</td><td>・準不燃材料</td></tr>
<tr><td colspan="2">屋根</td><td>・準不燃材料
・屋根不燃化区域における屋根（不燃材料等）</td></tr>
<tr><td colspan="2">階段</td><td>・準不燃材料</td></tr>
<tr><td>開口部</td><td>延焼のおそれのある部分</td><td>・遮炎性能を有する防火設備</td></tr>
</table>

第3節　加害を防止するための主要構造部規制

法第21条は，主要構造部に木材やプラスチックなどの可燃材料を用いた大規模建築物が火災になると，大量の放射熱により周囲に著しい危険を及ぼすとともに，通常の消防力では火災を制御できなくなって建築物が倒壊し，隣接地へ重大な影響を与える危険性が高いため，周囲への加害防止の観点から，主要構造部に規制を加えることとしている規定である。なお，火災建築物そのものに着目した，在館者の避難安全の観点に基づく主要構造部への規制は法第27条による。

平成10年改正以前は，一定の高さを有する木造建築物（第1項）及び一定以上の延べ面積を有する木造建築物（第2項）については，原則として，その主要構造部を木造とすることを禁止していたが，同改正により，耐火構造の採用や耐火性能検証によって主要構造部の倒壊防止性等が十分に確保されていることが確かめられた場合には，大規模建築物についても主要構造部を木造とすることができることとなった。

また，同改正においては，紙やプラスチックなど可燃性の材料を用いた構造の建築物については，木造と同様に倒壊防止性等の技術的基準に適合しなければならないものとしている。なお，紙やプラスチックなどの可燃材料を用いた構造に木造と同様の基準を適用する理由は，木材とプラスチックの酸素指数がほぼ同様（紙は木材加工品であり，木材と同様。）であり，木造建築物の火災性状とプラスチック等の可燃材料を用いた建築物の火災性状とは大きな違いがないためである。

さらに，近年の実大火災実験を通じて，大規模な木造建築物の火災性状や，当該火災性状における防火壁の延焼防止効果等の新たな技術的知見が得られたことから，平成26年・平成30年改正・令和4年改正における性能規定化により，「特定準耐火構造」が採用され，耐火構造・耐火性能検証以外の手法でも，これらの大規模木造建築物を実現することが可能となっている。以下の各項の解説では，性能規定化された本条の内容について詳述する。

なお，本条第1項・第2項の適用を受ける「建築物」に関し，一定の条件を満たすことで「建築物の部分」ごとに規定を適用することができるものとする「別建築物みなし」の取扱いについて定めた第3項の解説については，その条件である「火熱遮断壁等」の解説として第6節第4項において記載している。

第１項　一定の高さを有する木造建築物

（大規模の建築物の主要構造部等）

法第21条　次の各号のいずれかに該当する建築物（その主要構造部（床，屋根及び階段を除く。）の政令で定める部分の全部又は一部に木材，プラスチックその他の可燃材料を用いたものに限る。）は，その特定主要構造部を通常火災終了時間（建築物の構造，建築設備及び用途に応じて通常の火災が消火の措置により終了するまでに通常要する時間をいう。）が経過するまでの間当該火災による建築物の倒壊及び延焼を防止するために特定主要構造部に必要とされる性能に関して政令で定める技術的基準に適合するもので，国土交通大臣が定めた構造方法を用いるもの又は国土交通大臣の認定を受けたものとしなければならない。ただし，その周囲に延焼防止上有効な空地で政令で定める技術的基準に適合するものを有する建築物については，この限りでない。

一　地階を除く階数が４以上である建築物

二　高さが16メートルを超える建築物

三　別表第１(い)欄(5)項又は(6)項に掲げる用途に供する特殊建築物で，高さが13メートルを超えるもの

２・３　（略）

（昭34法156・昭62法66・平10法100・平26法54・平30法67・令４法69・一部改正）

(1)　規制の対象

本項は，本文で構造の観点から規制の対象となる「木造建築物」を指定した上で，各号で規模・用途の観点から規制の対象となる建築物を指定している。この際，規制の対象となる木造建築物を正確に整理するために，木材などの可燃材料が使用されている部分については，政令（令第109条の４）で指定することとしている。

また，本項は，火災時における建築物の倒壊による周囲への加害を防止することを目的としていることから，仮に火災建築物そのものが倒壊したとしても，被害を受ける建築物が存在しなければ，結果的には目的には合致したこととなる。したがって，ただし書において，「周囲に延焼防止上有効な空地」があれば，本項による規制の適用を受けないこととする特例を定め，空地の基準については政令（令第

109条の６）で定めることとしている。

規制の対象となる規模・用途については，各号に掲げられている。建築物の躯体・内装や収納可燃物等からなる発熱量に着目し，「①地階を除く階数が４以上の木造建築物」，「②高さ16ｍ超の木造建築物」又は「③倉庫，自動車車庫等の用に供する高さ13ｍ超の木造建築物」を対象としている。これは，発熱量の観点からは，平成30年改正以前の制度における規制対象であった「高さ13ｍ又は軒の高さ９ｍを超える木造建築物」に相当する。すなわち，改正前の制度においては用途の区別がなかったことから，極端に収納可燃物量の多い倉庫，自動車車庫等を規制すべき発熱量の基準値と位置づけることで，他の用途については，より合理的な規制対象となる高さ基準を設定したものである。したがって，倉庫，自動車車庫等については改正前と同じ「高さ13ｍ」を基準値とし（③），その他の用途については③と同等の発熱量となることが検証された「高さ16ｍ」を基準値としている（②）。また，建築物の階数が増加すると収納可燃物も増えることとなるため，仮に「高さ16ｍ以下」であっても②・③で想定する発熱量を超える可能性があることから，「階数４」を新たな基準値として定めることで，同等の安全性の確保を確実なものとしている（①）。

木造建築物の高さ規制については，市街地建築物法の制定時（大正８年）において，「高さ50尺（≒15.2ｍ）」，「軒高38尺（≒11.5ｍ）」，「階数３」を超えることが禁じられており，明示的に４階建以上を制限する内容であった。その後，大正13年の改正により，「高さ42尺（≒12.7ｍ）」，「軒高30尺（≒9.1ｍ）」を超えることを禁じるように規制強化がなされ，階数に基づく制限が撤廃されているが，実質的には４階建以上を禁止する内容として運用されてきたことから，本項に関する平成30年改正の内容は，約90年間の運用とも整合するものといえる。なお，当時の経緯からも，「軒高９ｍ」という基準値については，「階数４」に相当するものとして規定されていたものであり，内容が重複することから，平成30年改正の際に廃止されている。

（法第21条第１項の政令で定める部分）

令第109条の４　法第21条第１項の政令で定める部分は，主要構造部のうち自重又は積載荷重（第86条第２項ただし書の規定によつて特定行政庁が指定する多雪区域における建築物の主要構造部にあつては，自重，積載荷重又は積雪荷重）を支える部分とする。

（平12政211・追加）

法第21条の規制対象となる「木造建築物」の内容を明確にするための規定であ

る。本条の規定により，大規模建築物であって主要構造部に耐火性能を持たせる必要がある建築物の適用範囲については，主要構造部の自重，積載荷重又は積雪荷重を支える部分としている。

木造の建築物を含め，長期の荷重を支える部分が可燃材料で造られた建築物については，火災が発生した場合に主要構造部が燃焼することにより倒壊に至るおそれが高く，構造方法等の認定を受けた主要構造部材を用いるか，耐火性能検証により主要構造部の性能を確認する必要がある。この場合において，構造方法のための性能評価試験や，耐火性能検証法では火災時に主要構造部に作用する力については，一建築物当たりの火災の発生確率が非常に小さいため，火災と地震・強風が同時に作用することはないものとし，また，建築物の倒壊防止性を検証する際に考慮すべき荷重でもあることから，構造規定における長期に生じる力の組合せについて考慮することとしている。

なお，主要構造部のうち，垂直方向の力を負担する支持部材が火災により耐力を失うことが倒壊に至る危険性が最も高いとともに，火災と地震，火災と暴風が同時に作用することは極めて稀なものであるため，地震力又は風圧力のみを支える部分については対象としないこととしている。

例えば，木造軸組構法の場合は間柱等ではなく柱が，木造パネル構法の場合は構造用合板等ではなくスタッドが，長期に生じる力を支える部分として想定される部分に当たる。

（延焼防止上有効な空地の技術的基準）

令第109条の６　法第21条第１項ただし書の政令で定める技術的基準は，当該建築物の各部分から当該空地の反対側の境界線までの水平距離が，当該各部分の高さに相当する距離以上であることとする。

（令元政30・追加）

本条は，火災建築物が倒壊しても延焼被害を受ける建築物がない場合として，「延焼防止上有効な空地」の技術的基準を定めている。具体的な基準としては，火災建築物が横倒しに倒壊した場合を想定して，対象となる建築物の高さをもって，その水平距離の範囲内が空地となっていることを規定している。

なお，建築基準法の技術的基準は，建築時の行為のみを規制するものではなく，適法な状態を継続することを義務付けるものであることから，ここでいう「延焼防止上有効な空地」には将来的にも他の建築物を建築することはできず，仮に建築された場合は，空地を前提として建築した既存建築物が違反状態に陥ることとなる点に留意する必要がある。

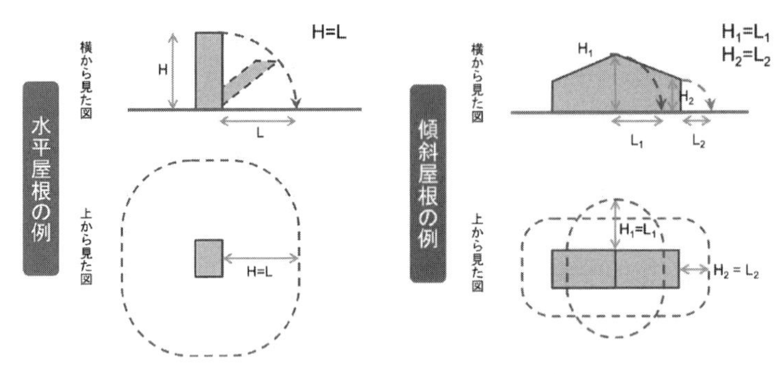

図4—5　延焼防止上有効な空地

(2)　規制の内容

本項の本文において，該当する木造建築物等が満たすべき技術的基準を規定している。本項は完全に性能規定化されているため，見かけ上は法の制定当初からの内容である「主要構造部を耐火構造とすること」に相当する規定は含まれていない。

すなわち，必要な性能を確保すべき部分として，「主要構造部」を指定した上で，「通常火災終了時間が経過するまでの間当該火災による倒壊及び延焼を防止する」という準耐火性能的な性能が求められており，そのために必要な技術的基準は政令に委任されている。この技術的基準に適合した構造方法については，告示仕様と認定仕様が準備されている。

（大規模の建築物の特定主要構造部の性能に関する技術的基準）

令第109条の5　法第21条第1項本文の政令で定める技術的基準は，次の各号のいずれかに掲げるものとする。

一　次に掲げる基準

イ　次の表の上欄に掲げる建築物の部分にあつては，当該部分に通常の火災による火熱が加えられた場合に，加熱開始後それぞれ同表の下欄に掲げる時間において構造耐力上支障のある変形，溶融，破壊その他の損傷を生じないものであること。

壁	間仕切壁（耐力壁に限る。）	通常火災終了時間（通常火災終了時間が45分間未満である場合にあつては，45分間。以下この号において同じ。）
	外壁（耐力壁に限る。）	通常火災終了時間

柱	通常火災終了時間
床	通常火災終了時間
はり	通常火災終了時間
屋根（軒裏を除く。）	30分間
階段	30分間

ロ　壁，床及び屋根の軒裏（外壁によつて小屋裏又は天井裏と防火上有効に遮られているものを除く。以下このロにおいて同じ。）にあつては，これらに通常の火災による火熱が加えられた場合に，加熱開始後通常火災終了時間（非耐力壁である外壁及び屋根の軒裏（いずれも延焼のおそれのある部分以外の部分に限る。）にあつては，30分間）当該加熱面以外の面（屋内に面するものに限る。）の温度が可燃物燃焼温度以上に上昇しないものであること。

ハ　外壁及び屋根にあつては，これらに屋内において発生する通常の火災による火熱が加えられた場合に，加熱開始後通常火災終了時間（非耐力壁である外壁（延焼のおそれのある部分以外の部分に限る。）及び屋根にあつては，30分間）屋外に火炎を出す原因となる亀裂その他の損傷を生じないものであること。

二　第107条各号又は第108条の４第１項第１号イ及びロに掲げる基準

（令元政30・追加，令５政280・一部改正）

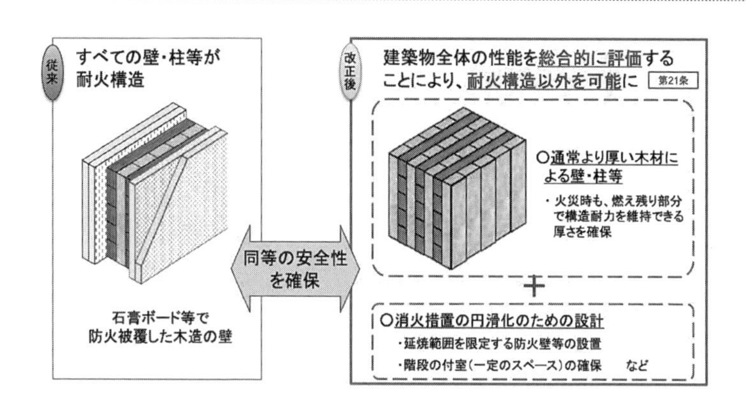

(3)　技術的基準

法律で規定された「通常火災終了時間が経過するまでの間当該火災による建築物の倒壊及び延焼を防止」するという性能（以下，本書では「火災時倒壊防止性能」という。）を確保するため，本条第一号においては，主要構造部に必要な技術的基準が次のとおり定められている。

表4―14　大規模木造建築物の主要構造部に必要な技術的基準

	技術的基準の概要
第1号	通常の火災による火熱が加えられた場合に，加熱開始後「通常火災終了時間」が経過するまでの間，構造耐力上支障のある損傷を生じないこと（非損傷性）
第2号	通常の火災による火熱が加えられた場合に，加熱開始後「通常火災終了時間」が経過するまでの間，裏面温度が可燃物燃焼温度以上に上昇しないこと（遮熱性）
第3号	屋内で発生している通常の火災による火熱が加えられた場合に，加熱開始後「通常火災終了時間」が経過するまでの間，屋外に火炎を出す損傷を生じないこと（遮炎性）

主要構造部については，従来は耐火構造とすることとなっていたものを，建築物の構造・建築設備・用途に応じて算出される「通常火災終了時間」が経過するまでの間，火災による倒壊・延焼を防止するために必要な性能を確保した構造であれば良いものとされている。これにより，建築物全体の性能を総合的に評価することにより，耐火構造以外とすることが可能となった。

表4―15　大規模木造建築物の主要構造部の構造方法【法第21条第1項の概要】

	一般の建築物（右記以外）		倉庫・車庫（(5)用途・(6)項用途）	
	階数4以上	階数3以下	階数4以上	階数3以下
16m超	■	■	■	■
16m以下13m超	■	□	■	■
13m以下	■	□	■	□

■・・・耐火構造※1又は特定準耐火構造等

	技術的基準	
	要求性能	具体的な仕様・算出方法
耐火構造	令第109条の5第二号	R元国交告第193号第二
特定準耐火構造等	令第109条の5第一号	R元国交告第193号第一

□・・・規制なし※2

※1：耐火性能検証によって性能が確認された構造を含む。

※2：法第27条など他の規定による規制を受ける場合がある。

⑷　通常火災終了時間

本条による各技術的基準の根幹となっている「通常火災終了時間」は，「建築物の構造，建築設備及び用途に応じて通常の火災が消火の措置により終了するまでに通常要する時間」として定義されている。従来の制度では，建築基準法の防火規定で常に想定している外的要因である「通常の火災」に対して，建築物は受動的な立場であるものとして，火災によって燃焼を始めた躯体や収納可燃物が自然に鎮火することを想定した「放任火災」を前提に，火災が自然に終了するまでの間，主要構造部などの防火上の性能を求めることとしていた。しかしながら，現状の我が国の実態を踏まえると，市街地の多くの地域において短時間での常設消防による消防活動が開始されることが一般的であり，「放任火災」までにはつながらない。

したがって，通常火災終了時間については，「放任火災」とならないための「消火の措置」を前提とした「火災が終了するまでに通常要する時間」をもって定義されており，さらに建築物側の条件においても火災の規模は異なることから，「建築物の構造，建築設備及び用途」も踏まえて決定されるものとしている。防火対策の前提である「通常の火災」については，従来の制度では一般的な建築物火災の実態を踏まえて，火災時間が概ね１時間継続することを想定して各種の規定が位置づけられていたが，個々の建築物の条件に応じたものではないことから，安全側に寄りすぎた要求性能となるケースも想定されたが，「通常火災終了時間」の概念の導入により，個々の建築物の条件に応じて「通常の火災」をモデル化することができるようになったため，安全性を確保しつつ，合理的な水準での設計が実現可能になった。

通常火災終了時間の意味するところを踏まえると，法第21条第１項は『木造建築物については，個々の建築物の条件に応じて火災をモデル化した上で，その火災が終わるまでの間は倒壊・延焼することがないようにしなければならない』という内容にまとめられる。すなわち，本質的には「火事が終わるまでは倒れないようにすること」という，単純にして明快な内容であることが分かる。

なお，通常火災終了時間の算定の根拠となる建築物の条件のうち，特に新しい内容である「消火の措置」については，以下のような内容が想定されている。

・スプリンクラー設備などの自動消火設備の設置
・消防隊の活動拠点となる階段付室の確保

・消防隊の活動を円滑化するための連結送水管の設置

一方で，通常火災終了時間については，建築物の条件によって個別にモデル化されるものではあるものの，実際の火災現場においては，消防隊の活動という人的要素によって火災の終了までに要する時間は変化する。したがって，きわめてレベルの高い消火の措置が準備されている建築物であったとしても，それによって通常火災終了時間が極端に短く設定されることがないように一定の安全率を見込んだ下限値を定めている。具体的には，建築物の倒壊や延焼を防止するための他の基準（法第27条・法第61条）において，最低でも45分以上の準耐火性能を求めてきた実態があることを踏まえて，火災時倒壊防止性能における要求時間として「45分」の下限値が定められている。

⑸　告示仕様の概要

法第21条第1項の規制対象となる木造建築物の仕様は「建築基準法第21条第1項に規定する建築物の主要構造部の構造方法を定める件（R元国交告第193号）」の第1第1項において定められており，階数に応じて整理すると下表の通りである。また，対象となる建築物が特殊建築物であるときは，法第27条第1項の規制対象にも該当する可能性がある。この場合，令和4年改正により，火災時倒壊防止性能を有する（令第109条の5に適合する）建築物であれば，基本的には特定避難時間を確保できる（令第110条に適合する）建築物と扱える規定を置いている。これは法第27条で想定される火災と比べ，法第21条第1項で想定する火災がより局所的な火災を想定しており，避難・捜索の観点からの影響が限定的になることによるものである。また，この観点から，令第109条の5に該当する建築物であっても，区画等を設けない簡易な仕様（R元国交告第193号第1第三号・第四号，下記「階数3以下の仕様」及び「階数2以下の仕様」）の建築物については，特殊建築物にはそのまま援用できないので，注意が必要である。

なお，表4―16に示した各種条件については，あくまでも告示で規定されている最低基準である。したがって，「無し」とされている項目であっても，建築物の防火上・避難上の安全性を高める観点から，各種設備の設置等を検討することが望ましい。

表４―16　大規模木造建築物の主要構造部の告示仕様【R元国交告第193号第１第１項】

階数	主要構造部等の主な要求性能			適用すべき具体的な仕様								
	主要構造部（準耐火構造）	開口部（防火設備）		用途	区画面積	内装制限	直通階段	敷地内通路	排煙設備	スプリンクラー等	自動火災報知設備	用途地域の指定
		外壁	防火区画									
全て	火災時倒壊防止構造	上階延焼抑制防火設備	通常火災終了時間防火設備（随閉）	全て	100㎡	無	特別避難階段※1	3m	無	無	有	有
			通常火災終了時間防火設備（随閉）	全て	100㎡	無		3m	無	有	有	無
			通常火災終了時間防火設備（随閉）	全て	200㎡	準不燃（天井）		3m	無	有	有	―
			通常火災終了時間防火設備（常閉）	全て	500㎡	準不燃（天井）		3m	無	有	有	―
			通常火災終了時間防火設備（常閉）	全て	600㎡	準不燃（天井・壁）		3m	無	有	有	―
4以下	75分	20分	75分（随時閉鎖式）	制限※2	200㎡	準不燃（天井）	特別避難階段※3	3m	有※4	有	有	有
			75分（常時閉鎖式）	制限※2	500㎡	準不燃（天井）		3m	有※4	有	有	有
3以下	60分	無	無	制限※6	無	無	無	3m	無	無	無	―
		有※5	20分	制限※6	200㎡	無	無	無	無	無	無	―
2以下	30分※7	無	無	制限※6	有※8	難燃（天井・床）	無	無	無	無	無	―
		無	無	制限※6	有※8	無	無	無	有	有	無	―

※１：壁・開口部の構造を火災時倒壊防止構造の時間以上に強化する必要がある。
※２：(5)項用途・(6)項用途以外の用途に限られる。
※３：壁・開口部の構造を120分以上に強化する必要がある。
※４：対象となるのは，廊下その他の避難の用に供する部分。
※５：上階延焼を防止するためのひさし（不燃材料等で造られたもの）を設置。
※６：倉庫又は自動車車庫の用途に供するもの以外の用途に限られる。
※７：外壁・軒裏にあっては「防火構造」，柱・はり・床にあっては構造の名称は定義されていないが性能面では30分。
※８：火気使用室については，耐火構造の床・壁及び特定防火設備で区画。

また，この表に掲げる「階数２以下」の仕様は，昭和62年改正で追加された旧・令第129条の２の３第１項第２号において規定されていた仕様が，「階数３以下」の場合の仕様は，平成４年改正で追加された同項第１号において規定されていた仕様が，平成30年改正による性能規定化に伴ってそれぞれ告示仕様に移行したものである。

「階数３以下」の仕様は，一定の耐火性能と避難性能を有することを求めているものとして，具体的には，以下に示す技術的基準を定めている。

①　主要構造部の防耐火性能（第１号ロ）

３階建ての可燃物量に応じた火災規模を想定して，主要構造部には１時間の準耐火性能を求めることとして，昭和62年改正時の基準よりも性能を大幅に向上させることによって火災の拡大防止を図っている。

②　建築物周囲の通路の確保（第１号ハ本文）

上記①によって主要構造部については１時間の準耐火性能を求めているものの，放任火災等のように一定時間火災が継続した場合においては，構造躯体である木材に着火・燃焼し，最終的には倒壊に至るおそれがあり，その場合，近隣へ甚大な被害を与えることとなる。このため，原則として，建築物の周囲に幅員３mの通路の設置を義務づけている。

ただし，次のような防火上有効な措置が講じられている場合には，必要な倒壊防止性能を確保することができることから，必ずしも幅員３m以上の通路を設けなくてもよいこととする（延べ面積が1,000㎡を超える場合には，令第128条の２第１項の規定により，1.5m以上の通路を設ける必要がある。）。

a)　小区画（200㎡）ごとの防火区画（第１号ハ⑴）

１時間の準耐火性能を有する床・壁で建築物内を200㎡ごとに小区画することにより，倒壊に至る火災拡大を有効に防止することができる。また，耐力壁が増大するため，構造安定性も高くなる。

b)　開口部からの上階延焼を防止するひさし等の設置（第１号ハ⑵）

「階数２以下」の仕様においては他の技術的基準を引用しており，令第46条第２項第１号イ及びロは構造方法に関する基準，令第115条の２第１項第４号～第６号・第８号・第９号は防火上の措置に関する基準である。

このうち防火上の措置については，火災時の倒壊防止を担保する観点から，まず，高さ制限緩和によって可燃物量が増加することを防止するため，階数を２以下に制限した上で，火災時の周囲への影響の低減を図るために外壁と軒裏を全周防火構造としている。また，内部火災の拡大防止のために，床については30分間の非損傷性と遮熱性を要求し，地階の主要構造部についての耐火性能等を定め，火気使用室を防火区画し，各室，通路の内装を制限することとしている。

さらに，構造耐力上主要な部分である柱及びはりに着火した場合にあっても倒壊を防止するため，接合部を火災時に耐力が急激に低下しない構造とするとともに，柱及びはりに関しては，燃焼し，断面が一定程度欠損した場合においても構造耐力を確保できるよう燃えしろを見込んだ断面とすることとしている（燃えしろ設計）。

なお，倉庫や自動車車庫のように天井が高くなることにより多量の可燃物が集積することが予想される場合には，通常の火災を想定している技術的基準による防火措置では安全性が担保できないため，これらの告示仕様においては対象から除外している。

⑹　告示仕様で規定されている構造方法の定義

⑸において示した「火災時倒壊防止構造」，「上階延焼抑制防火設備」及び「特定避難時間防火設備」の具体的な仕様については，その仕様を決定するために必要な各種時間の算出方法とともに，R元国交告第193号第１第２項から第７項までにおいて規定されており，整理すると下表の通りである。この際，対象となる建築物が「防火被覆型」か「あらわし型」かによって，時間の算出方法が異なる点に留意が必要である。

なお，本告示で規定する長時間の準耐火構造及び防火設備の仕様については，他の基準（避難時倒壊防止構造，周辺危害防止構造など）でも用いられるものであるが，本告示に仕様をまとめて定めており，他の基準ではこれを引用する形としている。

表４－17　大規模木造建築物に関連する構造方法の整理表【R元国交告第193号】

<table>
<tr><th></th><th>概要</th><th colspan="2">対象となる部分</th><th>告示上の規定</th></tr>
<tr><td rowspan="8">火災時倒壊防止構造</td><td rowspan="8">【防火被覆型の場合】
「通常火災終了時間」が経過するまでの間，非損傷性・遮熱性・遮炎性を確保できる主要構造部の構造。

【あらわし型の場合】
「補正通常火災終了時間」に相当する時間の木材の炭化を想定</td><td rowspan="2">耐力壁</td><td>あらわし型</td><td>第１第２項第一号イ</td></tr>
<tr><td>防火被覆型</td><td>第１第２項第一号ロ</td></tr>
<tr><td rowspan="2">非耐力壁</td><td>あらわし型</td><td>第１第２項第二号イ</td></tr>
<tr><td>防火被覆型</td><td>第１第２項第二号ロ</td></tr>
<tr><td rowspan="2">柱</td><td>あらわし型</td><td>第１第２項第三号イ</td></tr>
<tr><td>防火被覆型</td><td>第１第２項第三号ロ</td></tr>
<tr><td rowspan="2">床</td><td>あらわし型</td><td>第１第２項第四号イ</td></tr>
<tr><td>防火被覆型</td><td>第１第２項第四号ロ</td></tr>
</table>

	した「燃えしろ深さ」を確保した主要構造部の構造	はり	あらわし型	第１第２項第五号イ
			防火被覆型	第１第２項第五号ロ
		軒裏	あらわし型	第１第２項第六号イ
			防火被覆型	第１第２項第六号ロ
固有通常火災終了時間	「常備消防機関が現地に到着し，火災室まで移動するまでの時間」を，火災温度上昇係通常火災終了数に応じて，等価に置き換えた時間。	（防火被覆型の場合に使用）		第１第４項
補正固有通常火災終了時間	「常備消防機関が現地に到着し，火災室まで移動するまでの時間」を，炭化速度に応じて，等価に置き換えた時間。	（あらわし型の場合に使用）		第１第５項
上階延焼抑制防火設備	「必要遮炎時間」が経過する間，遮炎性を確保できる防火設備。	他の外壁開口部からの噴出火炎による上階延焼のおそれがある部分の外壁開口部		第１第６項
必要遮炎時間		—		第１第７項
通常火災終了時間防火設備	「固有通常火災終了時間」が経過する間，遮炎性を確保できる防火設備。	建築物内部の防火区画となる床・壁の開口部		第１第３項

(7) 認定仕様の概要

認定仕様においては，令第109条の５に規定する技術的基準に適合するものとして，設計対象となる建築物における通常火災終了時間の算出を独自に行った上で，国土交通大臣の認定を受けることができれば，告示仕様によらない仕様での建築物を実現することが可能である。

第２項　一定の延べ面積を有する木造建築物

（大規模の建築物の主要構造部等）

法第21条

１　（略）

２　延べ面積が3,000平方メートルを超える建築物（その主要構造部（床，屋根及び階段を除く。）の前項の政令で定める部分の全部又は一部に木材，プラスチックその他の可燃材料を用いたものに限る。）は，その壁，柱，床その他の建築物の部分又は防火戸その他の政令で定める防火設備を通常の火災時における火熱が当該建築物の周囲に防火上有害な影響を及ぼすことを防止するためにこれらに必要とされる性能に関して政令で定める技術的基準に適合するもので，国土交通大臣が定めた構造方法を用いるもの又は国土交通大臣の認定を受けたものとしなければならない。

３　（略）

（昭34法156・昭62法66・平10法100・平26法54・平30法67・令４法69・一部改正）

⑴　規制の対象

本項の柱書きは，規制の対象として「延べ面積が3,000㎡を超える建築物」が規定された上で，その括弧書きにより，第１項と同じ木造建築物のみに対象を限定している。

⑵　規制の内容

本項の本文において，該当する木造建築物等が満たすべき技術的基準を規定している。本項は，平成26年改正の際は，耐火構造とするか後述する「火熱遮断壁等（当時の規定では『壁等』）」による区画を行うかのいずれかを選択させる規定となっていたが，令和４年改正によって性能規定化された。

すなわち，必要な性能を確保すべき部分として，「壁，柱，床その他の建築物の部分又は防火設備」を指定した上で，「通常の火災時における火熱が当該建築物の周囲に防火上有害な影響を及ぼすことを防止する」という性能が求められており，そのために必要な技術的基準は政令に委任されている。この技術的基準に適合した構造方法については，告示仕様と認定仕様が準備されている。

⑶　技術的基準

（大規模の建築物の壁，柱，床その他の部分又は防火設備の性能に関する技術的基準）

令第109条の７　法第21条第２項の政令で定める技術的基準は，次の各号のいずれかに掲げるものとする。

一　主要構造部の部分及び袖壁，塀その他これらに類する建築物の部分並びに防火設備の構造が，当該建築物の周辺高火熱面積の規模を避難上及び消火上必要な機能の確保に支障を及ぼさないものとして国土交通大臣が定める規模以下とすることができるものであること。

二　特定主要構造部が第109条の５各号のいずれかに掲げる基準に適合するものであること。

2　前項第1号の「周辺高火熱面積」とは，建築物の屋内において発生する通常の火災による熱量により，当該建築物の用途及び規模並びに消火設備の設置の状況及び構造に応じて国土交通大臣が定める方法により算出した当該建築物の周囲の土地における熱量が，人の生命又は身体に危険を及ぼすおそれがあるものとして国土交通大臣が定める熱量を超えることとなる場合における当該土地の面積をいう。

（令5政280・全改）

第1項

法律で規定された性能である「建築物の周囲に防火上有害な影響を及ぼすことを防止」するために必要な技術的基準としては，延べ面積3,000㎡を越える大規模な木造建築物が火災となった場合の大量の放射熱の発生を想定し，以下の2つの方法が本項各号に規定されている。

第1号　建築物の周囲への放射熱（受熱量）の影響が，避難上及び消火上必要な機能の確保に支障を及ぼさないものとなるよう，延焼を抑制する構造とすること

第2号　建築物の倒壊を防止する構造とすること

第1号は，対象となる建築物自身が倒壊することは許容した上で，周囲に対する危害防止だけは実現することを要求し，第2号は，対象となる建築物自身の倒壊を防止することで，周囲に対する危害防止を実現することを要求していることから，最終的な目的については軌を一にしつつも，それに至る過程が異なっている点に両者の違いがある。

第1項第1号

3,000㎡を超える木造建築物は，盛期火災時に構造躯体及び室内の可燃物が大量に燃焼するとともに，建物の外壁・外壁開口部の窓・屋根が破壊され，大量の放射熱を発することとなり，建築物の周囲において高い放射熱が確認されることから，在館者の避難・救助や消火活動に支障が生じるおそれがある。

このため，大量の放射熱を発生させる可能性のある大規模木造建築物は，火災時に生ずる建築物の周囲における受熱量が避難上及び消火上必要な機能の確保に支障を及ぼさないこととなるよう，延焼を抑制する構造とする必要がある。周辺への火熱の影響を測定する方法として，本号では「周辺高火熱面積」という概念を導入している。これは，火災が発生した建築物から発生した大量の放射熱（＝建築物の周

囲において受け取る熱量）が一定の限界値を超える部分が広範囲にわたった場合には，建築物近傍において行われる避難や放水活動などに支障をきたすという点に着目し，「受熱量が一定の限界値を超える土地の面積（＝周辺高火熱面積）」が一定以下の面積に留まることを基準として定めたものである。このときの周辺高火熱面積の上限値については，告示において別途規定することとしている。この上限値は，①従前より建築可能な3,000㎡の木造建築物において想定される周辺高火熱面積に一定の安全率を見込んだ定数値（1,000㎡を想定），②階数・開口率等の所定の条件が同一の，当該敷地に建築可能な仮想建築物（耐火建築物等）における周辺高火熱面積のいずれかとすることを想定しており，いずれも放射熱の周囲への影響の観点から，法適合建築物と比較して相対的に安全性の高い建築物であることを要件としている（R６国交告第286号）。

なお，関係告示においては，主要構造部や外壁等に所定の性能を要求した建築物を本号に適合する建築物として規定している（⑷告示仕様の概要を参照。）が，これを定める際も，火災時の周囲への放射熱の影響について，法適合建築物との相対的な比較検証を実施している。

第１項第２号

大規模な木造建築物の倒壊を防ぐための技術的基準としては，法第21条第１項の規定に基づき，主要構造部において一定の性能を確保する以下の２通りの基準が存在することから，条文経済上の理由から，本号においてこれらを引用することとしている。

・火災時倒壊防止構造とすること（令第109条の５第１号）

・耐火構造又は耐火性能検証法による構造とすること（令第109条の５第２号）

なお，火災時倒壊防止構造のうち，区画等を設けない簡易な仕様（R元国交告第193号第１第三号・第四号，表４―16での「階数３以下の仕様」及び「階数２以下の仕様」）の建築物については，告示規定において，別途周辺危害防止性能を求めており，周辺危害防止構造として援用できない点に注意する必要がある。

第２項

本項は，第１項第１号において規定されている「周辺高火熱面積」を定義するためだけの項である。これは，第１号に盛り込むと規定が複雑となることによる措置であり，同様の措置は，令第108条の４第２項（耐火性能検証法の定義），令第112条第２項（１時間準耐火基準の定義），令第128条の６第３項（区画避難安全検証法の定義）などでも採用されている。

「周辺高火熱面積」については，建築物の耐火性能が高いほどその周囲に発生する高い放射熱量が軽減されるとともに，事務所用途で規模が小さい場合や消火設備が設けられている場合等には可燃物量が少なくなるため，狭くなる関係にある。

具体的な面積の算出方法については，建築物の屋内において発生する火災による熱量の計算結果によることとなるが，その計算方法については告示で定めることとされている。具体的には，火災室内の可燃物量やその開口の損傷状況に応じて，外部へ放出される熱量を段階的に計算し，受熱範囲が最も大きくなる場合を想定する方法がその一例である（R 6国交告第285号第一）。

また，周辺高火熱面積の算出に当たっては，受熱量の限界値も必要となるが，一般的に高熱環境への対策をとったとしても人の活動に支障が生じる受熱量の限界値としては20kW／㎡として規定している（R 6国交告第285号第二）。

⑷　告示仕様（周辺危害防止構造）の概要

告示仕様（周辺危害防止構造）においては，火災時の延焼範囲を限定し，周囲への火熱の影響を抑制する観点から，以下のような対策を求めることとしている（R 6国交告第284号）。

①　上階延焼防止対策

外壁・外壁開口部の性能強化，外壁仕上げの不燃化及び竪穴区画の性能強化が主に該当する。具体的には外壁には45分間の準耐火性能，外壁開口部に設ける防火設備には45分間の遮炎性能を設けるほか，竪穴区画に遮熱・遮煙性能を有する特定防火設備を設置することを想定している。

②　火災時の延焼範囲の限定対策

階数・面積制限，性能を強化した中規模の面積区画や用途規制がこれに該当する。具体的には，階数は3，床面積は6,000㎡を上限とする（ただし，耐火構造の大規模延焼抑止壁等で区画した場合は13,500㎡を上限とする）ほか，4,500㎡超の建築物についてはスプリンクラーの設置を必須としている。また，500㎡ごとに面積区画を設けることとし，その開口部には遮熱・遮煙性能を有する特定防火設備を設置することを想定している。また，区画性能を大幅に上回る量の積載可燃物が生じうること等を避ける観点から，倉庫・工場等の用途を除外している。

③　周囲への火熱の抑制対策

屋根の性能確保による火の粉の抑制及び開口率の制限がこれに該当する。屋根には45分の準耐火性能を要求するほか，開口率を最大45％に制限する。

④　消防支援措置等

このほか，火災時の消防活動が困難となる設計を排除するため，排煙上無窓となるような区画を設けることを原則許容しない。（無窓区画を設置する場合は，①スプリンクラーと機械排煙を併用するか，②小規模室とした上で隣接廊下等から排煙できることを求める。）

⑸　認定仕様の概要

認定仕様においては，第１項に掲げる「周辺高火熱面積」の比較その他の方法により，周囲への火熱の影響を総合的に判断したものを認めることを想定している。例えば，周囲を水場で囲まれている場合や崖地に接している場合などは，その部分の影響を除外することなどが考えられる。

第4節　避難安全性を確保するための主要構造部規制

（耐火建築物等としなければならない特殊建築物）

法第27条　次の各号のいずれかに該当する特殊建築物は，その特定主要構造部を当該特殊建築物に存する者の全てが当該特殊建築物から地上までの避難を終了するまでの間通常の火災による建築物の倒壊及び延焼を防止するために特定主要構造部に必要とされる性能に関して政令で定める技術的基準に適合するもので，国土交通大臣が定めた構造方法を用いるもの又は国土交通大臣の認定を受けたものとし，かつ，その外壁の開口部であつて建築物の他の部分から当該開口部へ延焼するおそれがあるものとして政令で定めるものに，防火戸その他の政令で定める防火設備（その構造が遮炎性能に関して政令で定める技術的基準に適合するもので，国土交通大臣が定めた構造方法を用いるもの又は国土交通大臣の認定を受けたものに限る。）を設けなければならない。

一　別表第1(ろ)欄に掲げる階を同表(い)欄(1)項から(4)項までに掲げる用途に供するもの（階数が3で延べ面積が200平方メートル未満のもの（同表(ろ)欄に掲げる階を同表(い)欄(2)項に掲げる用途で政令で定めるものに供するものにあつては，政令で定める技術的基準に従つて警報設備を設けたものに限る。）を除く。）

二　別表第1(い)欄(1)項から(4)項までに掲げる用途に供するもので，その用途に供する部分（同表(1)項の場合にあつては客席，同表(2)項及び(4)項の場合にあつては2階の部分に限り，かつ，病院及び診療所についてはその部分に患者の収容施設がある場合に限る。）の床面積の合計が同表(は)欄の当該各項に該当するもの

三　別表第1(い)欄(4)項に掲げる用途に供するもので，その用途に供する部分の床面積の合計が3,000平方メートル以上のもの

四　劇場，映画館又は演芸場の用途に供するもので，主階が1階にないもの（階数が3以下で延べ面積が200平方メートル未満のものを除く。）

2　次の各号のいずれかに該当する特殊建築物は，耐火建築物としなければならない。

一　別表第1(い)欄(5)項に掲げる用途に供するもので，その用途に供する3階

以上の部分の床面積の合計が同表(は)欄(5)項に該当するもの

二　別表第１(ろ)欄(6)項に掲げる階を同表(い)欄(6)項に掲げる用途に供するもの

3　次の各号のいずれかに該当する特殊建築物は，耐火建築物又は準耐火建築物（別表第１(い)欄(6)項に掲げる用途に供するものにあつては，第２条第９号の３ロに該当する準耐火建築物のうち政令で定めるものを除く。）としなければならない。

一　別表第１(い)欄(5)項又は(6)項に掲げる用途に供するもので，その用途に供する部分の床面積の合計が同表(に)欄の当該各項に該当するもの

二　別表第２(と)項第４号に規定する危険物（安全上及び防火上支障がないものとして政令で定めるものを除く。以下この号において同じ。）の貯蔵場又は処理場の用途に供するもの（貯蔵又は処理に係る危険物の数量が政令で定める限度を超えないものを除く。）

4　（略）

（昭34法156・全　改，昭51法83・平４法82・平10法100・平26法54・平30法67・令４法69・一部改正）

法別表第１　耐火建築物等としなければならない特殊建築物（第６条，第21条，第27条，第28条，第35条―第35条の３，第90条の３関係）（昭34法156・追加，昭36法115・昭45法109・昭51法83・昭62法66・平４法82・平26法54・平30法67・一部改正）

	(い)	(ろ)	(は)	(に)
	用途	(い)欄の用途に供する階	(い)欄の用途に供する部分（(1)項の場合にあつては客席，(2)項及び(4)項の場合にあつては２階，(5)項の場合にあつては３階以上の部分に限り，かつ，病院及び診療所についてはその部分に患者の収容施設が	(い)欄の用途に供する部分の床面積の合計

			ある場合に限る。）の床面積の合計	
(1)	劇場，映画館，演芸場，観覧場，公会堂，集会場その他これらに類するもので政令で定めるもの	3階以上の階	200平方メートル（屋外観覧席にあつては，1,000平方メートル）以上	
(2)	病院，診療所（患者の収容施設があるものに限る。），ホテル，旅館，下宿，共同住宅，寄宿舎その他これらに類するもので政令で定めるもの	3階以上の階	300平方メートル以上	
(3)	学校，体育館その他これらに類するもので政令で定めるもの	3階以上の階	2,000平方メートル以上	
(4)	百貨店，マーケット，展示場，キャバレー，カフェー，ナイトクラブ，バー，ダンスホール，遊技場その他これらに類するもので政令で定め	3階以上の階	500平方メートル以上	

	るもの			
(5)	倉庫その他これに類するもので政令で定めるもの		200平方メートル以上	1,500平方メートル以上
(6)	自動車車庫，自動車修理工場その他これらに類するもので政令で定めるもの	3階以上の階		150平方メートル以上

⑴　制度の概要

本条は，不特定の者や多数の者の利用が想定される特殊建築物について，その主要構造部に防耐火性能を求めることとしている規定である。これは，内部の状況に不案内な利用者や，同時に多数の利用者がいる建築物において火災が生じた場合，避難に時間を要することを想定して，当該建築物の倒壊・延焼を防止するための規定である。

従来，この特殊建築物の倒壊・延焼防止を実現するための規制として，主要構造部を耐火構造（耐火性能検証による性能を確かめられた構造を含む。）や準耐火構造とすることが求められていたが，近年の実大火災実験を通じて新たな技術的知見が得られたことから，平成26年改正において，在館者が地上に避難するまでの間に倒壊・延焼を引き起こすことがない構造方法が採用されていれば，耐火構造等によることなく特殊建築物を建築することを可能とする性能規定化が行われた。

なお，本条第1項～第3項の適用を受ける「建築物」に関し，一定の条件を満たすことで「建築物の部分」ごとに規定を適用することができるものとする「別建築物みなし」の取扱いについて定めた第4項の解説については，その条件である「火熱遮断壁等」の解説として第6節第4項において記載している。

⑵　規制の対象

第1項は，全ての特殊建築物を規制対象としているものではなく，法別表第1との組合せにより，各用途について規模・階数に応じた構造制限を行うこととしていることから，規制の対象について適切に理解する必要がある。まず，法別表第1(い)欄に掲げる用途は，(1)項から(6)項まで，防火耐火上の観点から，同様な配慮が要請されるものごとにグルーピングしていて，各項については同一の構造制限が課されることになっている。また，これら各用途には，それぞれの類似の用途が令第115条の３で定められている。以下，表現を簡素化するため，法別表第１(い)欄の各項に掲げる用途については，それぞれ(1)項用途，(2)項用途・・・と記述する。

(1)項用途は，不特定多数が集合する用途であるので，当該建築物に不慣れな多数の人の安全を確保する見地から制限を課す用途の建築物である。

(2)項用途は，就寝用途に供する建築物であるため，建築物災害に遭遇した際の安全避難を確保する見地から制限を課している用途の建築物である。

(3)項用途は，公共的施設で多数の人の使用に供する用途の建築物である。

(4)項用途は，商業用途の建築物であるため，不特定多数が利用するほか，避難経路が複雑である等防火避難上の負荷の大きい用途の建築物である。

(5)項用途は，一般に火災荷重が大きく，火災が一旦発生した場合の問題が大きい用途の建築物である。

(6)項用途は，火災荷重が大きい用途の建築物である。

また，第２項・第３項は，周囲への危害防止の観点から防火上の対策が必要となる特殊建築物を対象としており，収納可燃物が多い(5)項用途，火災荷重の大きな物品を収納する(6)項用途，危険物の貯蔵場・処理場が対象となっている。特に，危険物の貯蔵場・処理場については，制限を受ける場合の危険物の数量を令第116条に定めている。

これらの特殊建築物については，耐火建築物又は準耐火建築物のいずれかにしなければならない。ただし，(6)項用途（自動車車庫，自動車修理工場等）については，ロ準耐―１（いわゆる外壁耐火構造建築物）は許されない（令第115条の４）。

本条の規定において，第３項第２号のみは，法別表第１に掲げる(1)項用途～(6)項用途の特殊建築物ではなく，法別表第２に掲げる特殊建築物を引用しているため，注意が必要である。

なお，本条の適用について付け加えると，総合的設計によって一団地の建設を行うものとして特定行政庁から認定を受けている場合や連担建築物設計によって一団の土地の区域を一の敷地とみなすものとして特定行政庁から認定を受けている場合には，主要構造部が耐火構造の建築物又は耐火性能検証によって所要の性能が確かめられた主要構造部を有する建築物については，外壁の開口部で延焼のおそれのある部分に防火設備がないものであっても，特に耐火建築物とみなす旨の緩和規定が法第86条の４にある。これは準耐火建築物についても同様である。

以下，表４―18において，本条第１項から第３項までの規定に基づく特殊建築物に関する規制の内容を一覧でまとめている。

（耐火建築物等としなければならない特殊建築物）

令第115条の３　法別表第１(い)欄の(2)項から(4)項まで及び(6)項（法第87条第３項において法第27条の規定を準用する場合を含む。）に掲げる用途に類するもので政令で定めるものは，それぞれ次の各号に掲げるものとする。

一　(2)項の用途に類するもの　児童福祉施設等（幼保連携型認定こども園を含む。以下同じ。）

二　(3)項の用途に類するもの　博物館，美術館，図書館，ボーリング場，スキー場，スケート場，水泳場又はスポーツの練習場

三　(4)項の用途に類するもの　公衆浴場，待合，料理店，飲食店又は物品販売業を営む店舗（床面積が10平方メートル以内のものを除く。）

四　(6)項の用途に類するもの　映画スタジオ又はテレビスタジオ

（昭45政333・追加，昭62政348・旧第115条の２繰下，平５政170・平12政211・平26政412・平27政11・一部改正）

本条は，法別表第１の内容を補足するものとして，同表(い)欄に掲げる用途に類するもので政令に指定を委任されているものである。(1)項用途及び(5)項用途については，現時点では指定すべき類似用途が存在しないので，(2)項用途・(3)項用途・(4)項用途・(6)項用途について指定している。

第１号に規定する(2)項用途に類似するものは，児童福祉施設のほか，収容施設を有する用途で，令第19条第１号の用途が含まれるものである（「児童福祉施設等」の定義や，幼保連携型認定こども園の取扱いについては，第２章第３節(1)採光規定の対象となる建築物の解説を参照）。

第２号に規定する(3)項用途に類似するものは，各種スポーツ練習場（バレエも含まれる。）はすべて含まれるが，観覧席を有するものは，(1)項用途の観覧場に含まれるので留意する必要がある。

第３号に規定する(4)項用途に類似するものの中の物品販売業を営む店舗（床面積が10㎡以内のものを除く。）については，店舗部分の経営がオープンフロアー形式で構造上又は空間的に区画できない場合には，その部分を１つの店舗とみなすものとする。

第４号に規定する(6)項用途に類するものは，映画スタジオ又はテレビスタジオが指定されているが，これは，大道具，小道具等木製その他火災荷重が大きい物品が

多いためである。

（自動車車庫等の用途に供してはならない準耐火建築物）

令第115条の4　法第27条第3項（法第87条第3項において準用する場合を含む。次条第1項において同じ。）の規定により政令で定める準耐火建築物は，第109条の3第1号に掲げる技術的基準に適合するもの（同条第2号に掲げる技術的基準に適合するものを除く。）とする。

（平5政170・追加，平12政211・平27政11・一部改正）

本条は，(6)項用途（自動車車庫，自動車修理工場，映画スタジオ又はテレビスタジオ）については，火災が急速に拡大するおそれのある危険物が存在する可能性があることから，準耐火建築物のうち，建築物内部の構造部分（柱，床，はり）について防火措置の講じられない木造とし得る「ロ準耐―1」（いわゆる外壁耐火構造による準耐火建築物）に該当するものを認めないこととする規定である。

（危険物の数量）

令第116条　法第27条第3項第2号の規定により政令で定める危険物の数量の限度は，次の表に定めるところによるものとする。

危険物品の種類		数量	
		常時貯蔵する場合	製造所又は他の事業を営む工場において処理する場合
火薬類（玩具煙火を除く。）	火薬	20トン	10トン
	爆薬	20トン	5トン
	工業雷管及び電気雷管	300万個	50万個
	銃用雷管	1,000万個	500万個
	信号雷管	300万個	50万個
	実包	1,000万個	5万個
	空包	1,000万個	5万個
	信管及び火管	10万個	5万個

	導爆線	500キロメートル	500キロメートル
	導火線	2,500キロメートル	500キロメートル
	電気導火線	７万個	５万個
	信号炎管及び信号火箭	２トン	２トン
	煙火	２トン	２トン
	その他の火薬又は爆薬を使用した火工品	当該火工品の原料をなす火薬又は爆薬の数量に応じて，火薬又は爆薬の数量のそれぞれの限度による。	
消防法第２条第７項に規定する危険物		危険物の規制に関する政令（昭和34年政令第306号）別表第３の類別欄に掲げる類，同表の品名欄に掲げる品名及び同表の性質欄に掲げる性状に応じ，それぞれ同表の指定数量欄に定める数量の10倍の数量	危険物の規制に関する政令別表第３の類別欄に掲げる類，同表の品名欄に掲げる品名及び同表の性質欄に掲げる性状に応じ，それぞれ同表の指定数量欄に定める数量の10倍の数量
マッチ		300マッチトン	300マッチトン
可燃性ガス		700立方メートル	２万立方メートル
圧縮ガス		7,000立方メートル	20万立方メートル
液化ガス		70トン	2,000トン
この表において，可燃性ガス及び圧縮ガスの容積の数値は，温度が零度で圧力が一気圧の状態に換算した数値とする。			

2　土木工事又はその他の事業に一時的に使用するためにその事業中臨時に貯蔵する危険物の数量の限度及び支燃性又は不燃性の圧縮ガス又は液化ガスの数量の限度は，無制限とする。

3　第１項の表に掲げる危険物の２種類以上を同一の建築物に貯蔵しようとす

る場合においては，第1項に規定する危険物の数量の限度は，それぞれ当該各欄の危険物の数量の限度の数値で貯蔵しようとする危険物の数値を除し，それらの商を加えた数値が1である場合とする。

（昭34政344・昭35政272・昭50政2・平5政170・平12政211・平13政42・平27政11・一部改正）

法第27条第2項第2号の規定に基づき，建築物の構造を耐火建築物又は準耐火建築物としなければならないとされる場合の貯蔵される危険物の数量を定めている。これらの危険物のうち，圧縮ガス及び可燃性ガスの容量の数値は，温度が0℃で，かつ，1気圧の状態に換算したものである。なお，法第87条第3項の規定により，用途変更に際し，法第27条の規定が準用される場合においても，危険物の数量の限度については，本条の規定が適用される。

第2項の規定は，土木事業等に臨時に爆薬等を貯蔵する場合や，支燃性（酸素ガスのように，自らは燃焼しないが，他のものの燃焼を助ける性質）又は不燃性の圧縮ガス・液化ガスを使用する場合の緩和規定である。

第3項の規定は，2種類以上の危険物を貯蔵しようとする場合の数量の限度の算定方法を示したものである。すなわち，2種類以上の危険物全体による危険の程度が，1の危険物に置き換えた場合の危険性の程度とほぼ同一の大きさになるように算定の方法を定めたものである。

表４―18　規制対象となる特殊建築物の整理と，その主要構造部・外壁開口部の構造方法【法第27条第１項～第３項の概要】

		建築物の条件				適合すべき構造方法	
		用途のある階	用途の床面積の合計			主要構造部	外壁開口部
			全体	２階の部分	３階以上の部分		
(1)項用途[※1]	劇場・映画館・演芸場	３階以上の階	―	―	―		
		―	客席200m²以上[※3]	―	―		
		１階以外の階[※2]	―	―	―		
	観覧場・公会堂・集会場	３階以上の階	―	―	―		
		―	客席200m²以上[※3]	―	―		
(2)項用途		３階以上の階	―	―	―		
		―	―	300m²以上	―		
(3)項用途		３階以上の階	―	―	―		
		―	2,000m²以上	―	―		
(4)項用途		３階以上の階	―	―	―		
		―	―	500m²以上	―		
(5)項用途		―	―	―	200m²以上	耐火構造	通常防火設備
		―	1,500m²以上	―	―	準耐火構造 ロ準耐―１・２	通常防火設備
(6)項用途		３階以上の階	―	―	―	耐火構造	通常防火設備
		―	150m²以上	―	―	準耐火構造 ロ準耐―２	通常防火設備
危険物の貯蔵場・処理場		―	―	―	―	準耐火構造 ロ準耐―１・２	通常防火設備

※１：特定小規模特殊建築物の場合を除く。
※２：客席部のメインフロア（主階）が１階にないものは火災時の安全避難がおびやかされる危険性があるため。
※３：屋外観覧席の場合は1,000m²

⑶　規制の内容

特殊建築物については，その用途・規模に応じて適切に構造制限のレベルを設定するため，本条の各項において規制対象となる建築物を分類した上で，該当する特殊建築物が満たすべき技術的基準・構造方法を各項において規定している。第1項は性能規定化されているため，見かけ上は法の制定当初からの内容である「主要構造部を耐火構造とすること」に相当する規定は含まれていない。また，第2項・第3項は性能規定化されておらず，単に「耐火建築物」又は「準耐火建築物」とすることが規定されている。

第1項においては，必要な性能を確保すべき部分として，「主要構造部」と「外壁の開口部であって建築物の他の部分から当該開口部へ延焼するおそれがあるものとして政令で定めるもの（以下，本書では「被延焼開口部」という。）」が指定されている。すなわち，主要構造部については全ての主要構造部が対象となるが，外壁開口部に関しては全てが規制対象となるのではなく，「他の建築物からの延焼」や，「火災建築物自身の他の部分からの区画を越えた延焼」につながる弱点となる可能性がある開口部のみが規制対象となる。被延焼開口部に該当する外壁開口部は政令・告示で指定される。

規制対象となる部分を定めた上で，主要構造部に対しては「特殊建築物に存する者の全てが当該特殊建築物から地上までの避難を終了するまでの間通常の火災による建築物の倒壊及び延焼を防止する」という性能を示しつつ「主要構造部に必要とされる性能に関して政令で定める技術的基準」への適合が求められている。一方で，被延焼開口部に対しては性能が規定されておらず，単に「遮炎性能に関して政令で定める技術的基準」への適合が求められている。いずれについても，これらの技術的基準に適合した構造方法については，本項において告示仕様と認定仕様が準備されている。

（延焼するおそれがある外壁の開口部）

令第110条の2　法第27条第1項の政令で定める外壁の開口部は，次に掲げるものとする。

一　延焼のおそれのある部分であるもの（法第86条の4各号のいずれかに該当する建築物の外壁の開口部を除く。）

二　他の外壁の開口部から通常の火災時における火炎が到達するおそれがあるものとして国土交通大臣が定めるもの（前号に掲げるものを除く。）

（平27政11・追加，令元政30・一部改正）

本条は，法第27条の規制対象となる部分である被延焼開口部を規定している。

第1号は，従来の耐火建築物や準耐火建築物などと同様の考え方により，隣地における火災建築物からの影響を想定した「延焼のおそれのある部分」を規定している。この際，対象から「法第86条の4各号のいずれかに該当する建築物の外壁の開口部」を除いているのは，総合的設計によって一団地の建設を行うものとして特定行政庁から認定を受けている場合や連担建築物設計によって一団の土地の区域を一の敷地とみなすものとして特定行政庁から認定を受けている場合には，外壁の開口部で延焼のおそれのある部分に防火設備がないものであっても特に耐火建築物（外壁開口部に通常防火設備が設けられている建築物）とみなす旨の緩和規定が法第86条の4に置かれていることを踏まえたものである。

第2号は，火災建築物自身における屋外を介した延焼（上階延焼など）を想定して，他の外壁の開口部（以下，本書では「火炎開口部」という。）から噴出した火炎が到達するおそれがある部分（以下，本書では「火炎到達部分」という。）を規定している。火炎到達部分に含まれる外壁開口部が，被延焼開口部として取り扱われることとなる。

具体的な火炎到達部分については，「建築基準法第27条第1項に規定する特殊建築物の主要構造部の構造方法等を定める件（H27国交告第255号）」の第一第1号ロ及び第三において規定しており，火炎開口部の寸法，火炎開口部の周囲に設けるひさし・袖壁などの出幅に応じて算出された範囲とされている。また，火炎開口部がある室の用途・内装仕上げ・消防設備の設置状況や，火炎開口部の寸法や防火設備の設置状況によっては，火炎の噴出そのものが抑制されることから，火炎到達部分に該当しない場合がある。実際の設計に当たっては，被延焼開口部を特定するために，全ての外壁開口部を火炎開口部と見立てて火炎到達部分を設定する必要がある。

また，本号においては，第1号との重複を排除するため，「前号に掲げるものを除く。」としているが，この処理により，第1号で除くこととされている「延焼のおそれのある部分である，法第86条の4各号のいずれかに該当する建築物の外壁の開口部」は，逆に本号では対象に含まれることとなるため，火災到達部分に該当する場合には，総合的設計・連担建築物設計による建築物（法第86条の4各号）であっても防火設備の設置が必要である。

なお，火炎到達部分に配慮して防火設備の設置が必要となる建築物については，「特定準耐火構造」や「１時間準耐火構造」による建築物に限られており，耐火構造による場合は対象外である。

⑷　技術的基準

（法第27条第１項に規定する特殊建築物の特定主要構造部の性能に関する技術的基準）

令第110条　特定主要構造部の性能に関する法第27条第１項の政令で定める技術的基準は，次の各号のいずれかに掲げるものとする。

一　次に掲げる基準

イ　次の表の上欄に掲げる建築物の部分にあつては，当該部分に通常の火災による火熱が加えられた場合に，加熱開始後それぞれ同表の下欄に掲げる時間において構造耐力上支障のある変形，溶融，破壊その他の損傷を生じないものであること。

<table>
<tr><td rowspan="2">壁</td><td>間仕切壁（耐力壁に限る。）</td><td>特定避難時間（特殊建築物の構造，建築設備及び用途に応じて当該特殊建築物に存する者の全てが当該特殊建築物から地上までの避難を終了するまでに要する時間をいう。以下同じ。）（特定避難時間が45分間未満である場合にあつては，45分間。以下この号において同じ。）</td></tr>
<tr><td>外壁（耐力壁に限る。）</td><td>特定避難時間</td></tr>
<tr><td colspan="2">柱</td><td>特定避難時間</td></tr>
<tr><td colspan="2">床</td><td>特定避難時間</td></tr>
<tr><td colspan="2">はり</td><td>特定避難時間</td></tr>
<tr><td colspan="2">屋根（軒裏を除く。）</td><td>30分間</td></tr>
<tr><td colspan="2">階段</td><td>30分間</td></tr>
</table>

ロ　壁，床及び屋根の軒裏（外壁によつて小屋裏又は天井裏と防火上有効に遮られているものを除く。以下このロにおいて同じ。）にあつては，

これらに通常の火災による火熱が加えられた場合に，加熱開始後特定避難時間（非耐力壁である外壁及び屋根の軒裏（いずれも延焼のおそれのある部分以外の部分に限る。）にあつては，30分間）当該加熱面以外の面（屋内に面するものに限る。）の温度が可燃物燃焼温度以上に上昇しないものであること。

ハ　外壁及び屋根にあつては，これらに屋内において発生する通常の火災による火熱が加えられた場合に，加熱開始後特定避難時間（非耐力壁である外壁（延焼のおそれのある部分以外の部分に限る。）及び屋根にあつては，30分間）屋外に火炎を出す原因となる亀裂その他の損傷を生じないものであること。

二　第109条の５各号のいずれかに掲げる基準

（平27政11・全改，令元政30・令５政280・一部改正）

（法第27条第１項に規定する特殊建築物の防火設備の遮炎性能に関する技術的基準）

令第110条の３　防火設備の遮炎性能に関する法第27条第１項の政令で定める技術的基準は，防火設備に通常の火災による火熱が加えられた場合に，加熱開始後20分間当該加熱面以外の面（屋内に面するものに限る。）に火炎を出さないものであることとする。

（平27政11・追加）

法律で規定された「特殊建築物に存する者の全てが当該特殊建築物から地上までの避難を終了するまでの間通常の火災による建築物の倒壊及び延焼を防止」するという性能（以下，本書では「避難時倒壊防止性能」という。）を確保するため，本条第一号においては，以下のとおり，特定準耐火構造として以下の内容が定められている。

表４―19　特殊建築物の主要構造部に必要な技術的基準

	技術的基準の概要
第一号イ	通常の火災による火熱が加えられた場合に，加熱開始後「特定避難時間」が経過するまでの間，構造耐力上支障のある損傷を生じないこと（非損傷性）
第一号ロ	通常の火災による火熱が加えられた場合に，加熱開始後「特定避難時間」が経過するまでの間，裏面温度が可燃物燃焼温度以上に上昇しないこと（遮熱性）
第一号ハ	屋内で発生している通常の火災による火熱が加えられた場合に，加熱開始後「特定避難時間」が経過するまでの間，屋外に火炎を出す損傷を生じないこと（遮炎性）

主要構造部については，従来は耐火構造とすることとなっていたものを，建築物の構造・建築設備・用途に応じて算出される「特定避難時間」が経過するまでの間，火災による倒壊・延焼を防止するために必要な性能を確保した構造であれば良いものとされている。これにより，建築物全体の性能を総合的に評価することにより，耐火構造以外とすることが可能となった。（表4―18参照）

こうした方針を踏まえて，令第110条においては，第1号で「特定避難時間」を性能確保時間とした準耐火性能を確保することを，第2号では第1号を上回る性能として，①「火災終了後も倒壊及び延焼を生じない性能（耐火性能【令第109条の5第2号に規定する令第107条各号に掲げる基準に適合するもの】又は耐火性能検証によって確かめられた性能【令第109条の5第2号に規定する令第108条の4第1項第1号イ及びロに掲げる基準に適合するもの】）」か，②「火災時倒壊防止性能【令第109条の5第1号に規定する基準に適合するもの】」のいずれかの性能を確保することを求めている。

なお，②を対象として含めている理由は，火災時倒壊防止性能を有する建築物は，火災終了後，余熱等の影響により主要構造部が大規模に倒壊することは考えにくく，仮に一部が損傷したとしても，小規模に区画が設けられている構造等のため，避難上致命的となるような影響は与えないと考えられることから，避難時倒壊防止性能を確保するための手法として，令第109条の5第1号を含めることとしたものである。これにより，法第21条第1項と法第27条第1項の両方の適用を受ける建築物（大規模な木造の特殊建築物）については，規定上は，火災時倒壊防止性能と避難時倒壊防止性能の両方の性能を有するものとして設計する必要があるが，本号（②部分）の効果によって「火災時倒壊防止性能を有していれば避難時倒壊防止性能を有している」ものとして扱われることになるため，設計上は火災時倒壊防止性能のみに配慮すれば十分ということとなる。ただし，令第109条の5に該当する建築物であっても，区画等を設けない簡易な仕様（R元国交告第193号第1第三号・第四号，表4―16「階数3以下の仕様」及び「階数2以下の仕様」）の建築物については，そのまま援用できないので，注意が必要である。

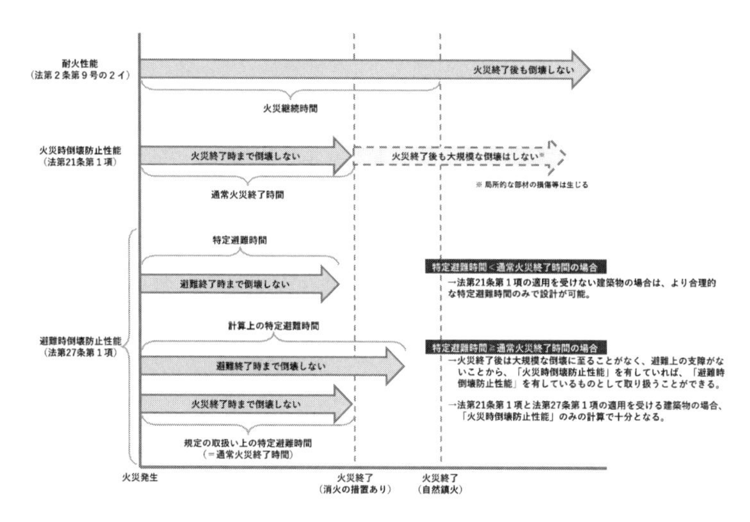

図４－６　耐火性能・火災時倒壊防止性能・避難時倒壊防止性能の関係

また，被延焼開口部に設ける防火設備の遮炎性能については，令第110条の３において，通常の火災による火熱が加えられた場合に「屋内に」20分間火炎を出さないことが定められている。従来の規定では，法第27条第１項は耐火建築物とすることを求めていたため，自動的に「通常防火設備（屋内にも屋外にも20分間火炎を出さない防火設備）」を設けることとされていたが，これは，周囲への危害防止の観点から対象とされている(5)項用途・(6)項用途を念頭において求めていたものであり，避難安全性の確保の観点から対象とされている(1)項用途から(4)項用途までの建築物については，屋外側への火炎の噴出を求める必要がないことから，平成26年改正では「屋内側への遮炎性能」のみが求められることとなった。

(5)　特定避難時間

本条による各技術的基準の根幹となっている「特定避難時間」は，「特殊建築物の構造，建築設備及び用途に応じて当該特殊建築物に存する者の全てが当該特殊建築物から地上までの避難を終了するまでに要する時間」として定義されている。従来の制度では，建築基準法の防火規定で常に想定している外的要因である「通常の火災」が発生したとしても建築物が倒壊・延焼することがない「耐火構造」とすれば，他の避難規定（煙・ガス対策や避難経路の確保など）と組み合わされることで，在館者は安全に避難できることから，実際の避難時間については考慮に入れていなかった。しかしながら，この場合，個々の建築物の性能が考慮されず，避難対策に係る措置などの設計上の工夫が設計・施工のコストに反映されることがないため，防災設計を行うインセンティブにつながらないという課題があった。

したがって，法第27条第１項に基づく主要構造部の要求性能において，特定避難時間という時間の概念を導入するものとし，建築物側の条件に応じて避難に要する時間は異なることから，「建築物の構造，建築設備及び用途」も踏まえて決定されるものとしている。具体的には，個々の建築物について在館者密度や歩行速度等をもとにして算出することとしている。また，特定避難時間については，在館者が自力で避難する場合だけでなく，逃げ遅れた者が他者の援助によって避難される場合も想定することとしている。

特定避難時間の意味するところを踏まえると，法第27条第１項は「特殊建築物については，個々の建築物の条件に応じて避難行動をモデル化した上で，その避難行動が終わるまでの間は倒壊・延焼することがないようにしなければならない」という内容にまとめられる。すなわち，本質的には「在館者の避難が終わるまでは倒れないようにすること」という，単純にして明快な内容であることが分かる。

⑹　告示仕様の概要

法第27条第１項の規制対象となる特殊建築物の仕様は，「建築基準法第27条第１項に規定する建築物の主要構造部の構造方法等を定める件（H27国交告第255号）」の第１第１項において定められており，整理すると下表の通りである。また，対象となる建築物が高さの高い木造建築物であるときは，法第21条第１項の規制対象にも該当する可能性があり，その場合は「特定避難時間」だけでなく，別途，「通常火災終了時間」を上回る準耐火構造とする必要も生じるため，注意が必要である。

なお，下表に示した各種条件については，あくまでも告示で規定されている最低基準である。したがって，「無し」とされている項目であっても，建築物の防火上・避難上の安全性を高める観点から，各種設備の設置等について検討することが望ましい。

表4－20　特殊建築物の主要構造部等の告示仕様【H27国交告第255号第1第1項】

区分	主要構造部等の主な要求性能					適用すべき具体的な仕様								
	主要構造部（準耐火構造）	開口部（防火設備）				用途	内装制限	直通階段	敷地内通路	スプリンクラー設備	自動火災報知設備	避難上有効なバルコニー	上階延焼防止のひさし	区域の指定
		被延焼開口部		宿泊室										
		外部	内部	外壁	通路									
大規模特殊建築物	避難時倒壊防止構造	20分	上階延焼抑制防火設備※1	無	無	(1)～(4)	準不燃（天井・壁）	特別避難階段※2	3 m	無	有	無	無	有※3
				無	無	(1)～(4)	準不燃（天井・壁）		3 m	有	有	無	無	―
中規模特殊建築物	45分 ロ準耐－1・2	20分	無	無	無	(1)～(4)	無	無	無	無	無	無	無	無
階数3	60分	20分	無	20分	無	(2)項※4	無	無	3 m	無	無	有	無	有※5
		20分	無	20分	20分	(2)項※4	無	無	3 m	無	無	無	無	有※5
		20分	無	20分	20分	(2)項※4	無	無	無	無	無	有	有	有※5
		20分	無	無	無	(2)項※4	無	無	3 m	無	無	有	無	有※6
		20分	無	無	20分	(2)項※4	無	無	3 m	無	無	無	無	有※6
		20分	無	無	20分	(2)項※4	無	無	無	無	無	有	有	有※6
		20分	上階延焼抑制防火設備※1	無	無	(3)項	無	無	3 m	無	無	無	無	―

※1：火災開口部のある室の用途・内装仕上げ・消火設備や，火災開口部の寸法・防火設備に応じて，不要となる。
※2：壁・開口部の構造を火災時倒壊防止構造の時間以上に強化する必要がある。
※3：用途地域の指定があること。
※4：下宿，共同住宅又は寄宿舎の用途に供するものに限る。
※5：防火地域以外の区域内にあること。
※6：防火　地域及び準防火地域以外の区域内にあること。

また，この表に掲げる「階数３」の仕様のうち，「下宿・共同住宅・寄宿舎」に関する基準は，①在館者が特定の者で建築物の構造（避難経路）を十分に理解しており，円滑な避難が期待できること，②建築物が住戸ごとに小規模に区画しており，火災の拡大が比較的遅いことなど防火上・避難上の有利な条件を有していることを踏まえて，耐火建築物でなくても建築できるものとして平成４年改正で追加された旧・令第115条の２の２第１項において規定されていた仕様が，平成26年改正による性能規定化に伴って，告示仕様に移行したものである。

①　主要構造部の防耐火構造

従来，３階建共同住宅等については耐火建築物とすることが要求されていたことから，耐火建築物とほぼ同等の防耐火性能を確保するため，主要構造部を構成する準耐火構造については，通常の45分の準耐火性能ではなく，１時間の準耐火性能を要求することとしている。

②　避難安全性・消火活動の円滑性・倒壊防止性の確保

②-1　避難上有効なバルコニーの設置等

木造３階建共同住宅等にあっては，以下のような火災時のリスクが想定される。

ａ）就寝の用途に供されるため，火災発生率の高い深夜の火災発生時に逃げ遅れの可能性が高い

ｂ）３階から飛び降りて避難することは極めて困難であり，３階に取り残され犠牲になった火災事例が多い

ｃ）一定時間火災が継続した場合，主たる構造躯体である木材に着火・燃焼し，最終的には倒壊に至る

このため，避難安全性について，耐火建築物の有する性能と同等のものを確保するため，原則として，住戸ごとに避難上有効なバルコニー（居室内の在館者を滞留し得るだけの大きさを確保するとともに，連続バルコニーや避難はしご等を経て安全な場所に避難できるもの）等を設置し，各住戸に２方向の避難経路を確保することとする。

ただし，片廊下型のもので，廊下が常時十分に外気に開放されており，かつ，廊下と住戸の間にある開口部に防火設備が設けられている場合にあっては，廊下が十分に避難上有効なものとなっていることから，避難上有効なバルコニー等を設置しなくてもよいこととしている。

②-2　非常用の進入口，通路等の確保

木造3階建共同住宅等は，1時間の準耐火性能を有するものの，放任火災等一定時間火災が継続した場合においては，構造躯体である木材に着火・燃焼し，最終的には倒壊に至るおそれがあることから，通常の耐火建築物以上に，救助・消火活動の円滑性を図ることが必要である。

このため，消防隊が各住戸に2方向から進入することができるように，道路に通じる幅員4m以上の通路（4mとは，消防隊がはしご等を用いて進入を行うために必要な幅であり，避難上有効なバルコニーが各住戸に設置されている場合には，バルコニーの外側ではなく，外壁面からの幅員として差し支えない。）が，通常の出入口以外の側にある開口部に面して設置されていることとする。

なお，この基準は，各住戸全てに進入できる経路を確保することにより，令第126条の6における非常用の進入口の設置規定を補足強化し，救助及び消火活動の一層の円滑性を確保するものであることから，旧・令第115条の2の2第2項において，第5章第5節（非常用の進入口）の規定を適用しない旨を明確にしていた。

②-3　建築物周囲の通路の確保

本来，令第128条の2第1項の規定により，1,000㎡を超える木造建築物等については，建築物の周囲に1.5m以上の通路を設けることとされているが，一建築物内に多数の世帯が居住するものであって，就寝の用途に供する共同住宅等については，特に避難安全性や救助・消火活動の円滑性を高めておく必要がある。このため，木造3階建共同住宅等については，原則として，建物の周囲に幅員3m以上の通路の設置を義務づけることとしている。

ただし，次に示すような避難上・防火上有効な措置が講じられている場合には，必ずしも幅員3m以上の通路を設けなくてもよい。

a）住戸ごとの避難上有効なバルコニー等の設置

b）廊下等の開放性の確保・廊下等と住戸の区画（②-1において避難上有効なバルコニー等又は廊下の高い避難安全性の確保が規定されているが，この両方の措置を講じることにより，火災時における極めて有効な避難経路が確保できる。）

c）開口部からの上階延焼を防止するひさし・バルコニー等の設置

⑺　告示仕様で規定されている構造方法の定義

⑹において示した「避難時倒壊防止構造」，「上階延焼抑制防火設備」及び「特定避難時間防火設備」の具体的な仕様については，その仕様を決定するために必要な

各種時間の算出方法とともに，H27国交告第255号第１第２項から第７項までにおいて規定されており，整理すると下表の通りである。この際，対象となる建築物が「防火被覆型」か「あらわし型」かによって，時間の算出方法が異なる点に留意が必要である。

表４―21　特殊建築物に関連する構造方法の整理表【H27国交告第255号】

	概要	対象となる部分		告示上の規定
避難時倒壊防止構造	【防火被覆型の場合】 「固有特定避難時間」が経過するまでの間，非損傷性・遮熱性・遮炎性を確保できる主要構造部の構造。 【あらわし型の場合】 「補正固有特定避難時間」に相当する時間の木材の炭化を想定した「燃えしろ深さ」を確保した主要構造部の構造	耐力壁	あらわし型	第１第２項第一号イ
			防火被覆型	第１第２項第一号ロ
		非耐力壁	あらわし型	第１第２項第二号イ
			防火被覆型	第１第２項第二号ロ
		柱	あらわし型	第１第２項第三号イ
			防火被覆型	第１第２項第三号ロ
		床	あらわし型	第１第２項第四号イ
			防火被覆型	第１第２項第四号ロ
		はり	あらわし型	第１第２項第五号イ
			防火被覆型	第１第２項第五号ロ
		軒裏	あらわし型	第１第２項第六号イ
			防火被覆型	第１第２項第六号ロ
実特定避難時間	設計内容に応じてモデル化した火災に対応した，実際の避難時間	（固有特定避難時間，補正固有特定避難時間を算出するために使用）		第１第４項
固有特定避難時間	「実特定避難時間」を，火災温度上昇係数に応じて，等価に置き換えた時間。	（防火被覆型の場合に使用）		第１第４項
補正固有特定避難時間	「実特定避難時間」を，炭化速度に応じて，等価に置き換えた時間。	（あらわし型の場合に使用）		第１第５項
上階延焼抑制防火設備	「必要遮炎時間」が経過する間，遮炎性を確保できる防火設備。	他の外壁開口部からの噴出火炎による上階延焼のおそれがある部分の外壁開口部		第６項
必要遮炎時間		―		第１第７項
特定避難時間防火設備	「固有特定避難時間」が経過する間，遮炎性を確保できる防火設備。	建築物内部の防火区画となる床・壁の開口部		第１第３項

⑻　認定仕様の概要

認定仕様においては，令第110条に規定する技術的基準に適合するものとして，設計対象となる建築物における特定避難時間の算出を独自に行った上で，国土交通大臣の認定を受けることができれば，告示仕様によらない仕様での建築物を実現することが可能である。

⑼　特定小規模特殊建築物（第１項第１号の例外）

第１号に掲げる本項の規制対象建築物においては，小規模な建築物が除かれている。条文上は「階数が３で延べ面積が200㎡未満のもの（同表(ろ)欄に掲げる階を同表(い)欄(二)項に掲げる用途で政令で定めるものに供するものにあつては，政令で定める技術的基準に従つて警報設備を設けたものに限る。）」と規定されているが，便宜上，当該建築物のことを「特定小規模特殊建築物」と呼称する。

火災時に在館者が安全に避難するためには，在館者が火煙に影響されない地上にたどり着くまでの避難時間を確保する必要があるため，本号は「階数３以上の特殊建築物」を対象として主要構造部における耐火構造等の確保を求めている。この避難時間については，①建築物の用途によって決まる建築物内の可燃物量と②建築物内から地上にたどり着くまでの距離の２つの要素で算出されることとなるが，近年の研究により，火災初期段階では火災の大きさは可燃物の多さ（＝用途の違い）によらず同じであり，火災初期段階で避難が完了する小規模の建築物であれば，用途の違いによる避難安全性には差が生じないことが確認された。平成30年改正では，こうした研究の成果を踏まえて，避難上の支障を生じない規模・用途の建築物として，特定小規模特殊建築物を定め，本号の適用対象外としている。これにより，一戸建ての住宅などを宿泊施設や飲食店などの特殊建築物に用途変更する場合であっても，主要構造部の規制に変更は生じないため，現実的な改修が可能となっている。

なお，⑴項用途のうち，階数３の劇場・映画館・演芸場については，第４号の効果により「主階が２階又は３階にある場合」は重複して規制対象とされているため，第４号においても特定小規模特殊建築物は対象から除かれている。

また，⑸項用途については可燃物密度が極めて高く，⑹項用途には危険物を収納していることで，いずれも火災が急激に大きくなるおそれがある用途であるため，規模が小さいものであっても特定小規模特殊建築物に含めないこととされている。

（警報設備を設けた場合に耐火建築物等とすることを要しないこととなる用途）

令第110条の4　法第27条第1項第1号の政令で定める用途は，病院，診療所（患者の収容施設があるものに限る。），ホテル，旅館，下宿，共同住宅，寄宿舎及び児童福祉施設等（入所する者の寝室があるものに限る。）とする。

（令元政30・追加）

（警報設備の技術的基準）

令第110条の5　法第27条第1項第1号の政令で定める技術的基準は，当該建築物のいずれの室（火災の発生のおそれの少ないものとして国土交通大臣が定める室を除く。）で火災が発生した場合においても，有効かつ速やかに，当該火災の発生を感知し，当該建築物の各階に報知することができるよう，国土交通大臣が定めた構造方法を用いる警報設備が，国土交通大臣が定めるところにより適当な位置に設けられていることとする。

（令元政30・追加）

特定小規模特殊建築物の定義においては，「階数が3で延べ面積が200㎡未満のもの」を基本とした上で，「⑵項用途のうち政令で定める用途」を3階に配置する場合は，「政令で定める技術的基準に適合する警報設備」を設けることが条件とされている。

用途については，就寝中の在館者は火災の発生を覚知できず，避難の遅れが生じうることから，就寝の用に供するものを規定している。

警報設備の技術的基準については，火災の発生を有効かつ速やかに在館者に覚知させ，避難に着手させる必要があることから，建築物のいずれの室で火災が発生した場合においても，有効かつ速やかに，当該火災の発生を感知し，当該建築物の各階に報知することができるものとすることを求めている。具体的な構造方法や配置については，「警報設備の構造方法及び設置方法を定める件（R元国交告第198号）」において規定されている。この際，告示で規定されている警報設備については，特定小規模特殊建築物の規模などの実態を踏まえると，実際には特定小規模施設用自動火災報知設備の採用が想定されるが，より上位の性能を有する自動火災報知設備も告示に位置付けられている。

なお，警報設備を設置する必要がない火災の発生のおそれの少ない室については，現時点では未制定である。

第5節　市街地火災を防止するための主要構造部規制

第1項　屋根不燃化区域

（屋根）

法第22条　特定行政庁が防火地域及び準防火地域以外の市街地について指定する区域内にある建築物の屋根の構造は，通常の火災を想定した火の粉による建築物の火災の発生を防止するために屋根に必要とされる性能に関して建築物の構造及び用途の区分に応じて政令で定める技術的基準に適合するもので，国土交通大臣が定めた構造方法を用いるもの又は国土交通大臣の認定を受けたものとしなければならない。ただし，茶室，あずまやその他これらに類する建築物又は延べ面積が10平方メートル以内の物置，納屋その他これらに類する建築物の屋根の延焼のおそれのある部分以外の部分については，この限りでない。

2　特定行政庁は，前項の規定による指定をする場合においては，あらかじめ，都市計画区域内にある区域については都道府県都市計画審議会（市町村都市計画審議会が置かれている市町村の長たる特定行政庁が行う場合にあつては，当該市町村都市計画審議会。第51条を除き，以下同じ。）の意見を聴き，その他の区域については関係市町村の同意を得なければならない。

（昭34法156・昭43法101・平4法82・平10法100・平11法87・平11法160・一部改正）

（法第22条第1項の市街地の区域内にある建築物の屋根の性能に関する技術的基準）

令第109条の9　法第22条第1項の政令で定める技術的基準は，次に掲げるもの（不燃性の物品を保管する倉庫その他これに類するものとして国土交通大臣が定める用途に供する建築物又は建築物の部分で，通常の火災による火の粉が屋内に到達した場合に建築物の火災が発生するおそれのないものとして国土交通大臣が定めた構造方法を用いるものの屋根にあつては，第1号に掲げるもの）とする。

一　屋根が，通常の火災による火の粉により，防火上有害な発炎をしないものであること。

二　屋根が，通常の火災による火の粉により，屋内に達する防火上有害な溶融，亀裂その他の損傷を生じないものであること。

（平12政211・追加，平12政312・一部改正，平27政11・旧第109条の５繰下・一部改正，平28政６・一部改正，令元政30・旧第109条の６繰下・一部改正，令５政280・旧第109条の８繰下）

いわゆる「22条区域」「屋根不燃化区域」の屋根不燃の規定であるが，この制限は市街地の防火制限としては最も基本的なものである。この区域を指定する主体は特定行政庁であり，指定に当たっては，原則として関係市町村の同意を得る必要があるが，都市計画区域内については，関係市町村の同意を要せず，都市計画審議会の意見を聞いて指定することとしている。本書においては，以下「屋根不燃化区域」と記述する。

この屋根不燃化区域は，防火の制限の上から防火地域，準防火地域に次ぐ制限区域であり，一般の木造市街地がこれに当たるものと考えられる。したがって，防火地域，準防火地域よりは制限は緩やかになっており，本区域においては，本条に規定する屋根不燃の規定と，法第23条に基づく準防火構造の外壁（運用上，平成10年改正以前は「土塗壁同等の壁」と呼称されていた。）の規定によって防火上の制限を行うことになっている。

本条の規定は，延焼のおそれの大きい一定の状況において周辺の火災によって発生した火の粉を受けた場合（いわゆる飛び火）に，屋根面の燃焼による燃え抜けから建築物内部への延焼を引き起こすことのないようにするためのものであるが，平成10年改正以前は，これらの性能を直接確認するための試験方法がなかったため，屋根材として不燃性能を有する材料の使用を義務づけていた。しかし，その後，屋根に必要な性能を検証するために適切な試験方法があることが明らかとなったことから，令第109条の５において，以下のように性能を整理している。

①　通常の火災による火の粉により防火上有害な発炎をしないこと。

②　通常の火災による火の粉により屋内に達する防火上有害な溶融，き裂等の損傷を生じないこと。

ただし，不燃性の物品を保管する倉庫等のように，屋内に可燃物がほとんど存在しない用途に供し，かつ，屋根以外の主要構造部が準不燃材料で造られている建築物や建築物の部分については，火の粉によって屋根が燃え抜けた場合にも火災が発生するおそれがないため，①の性能のみがあればよいこととしている。なお，ここでいう屋内に可燃物がほとんど存在しない用途については，H12建告第1434号において規定されている。

具体的な屋根不燃化区域における屋根の構造については，H12建告第1361号に規定する構造か，大臣認定を受けている構造とすることとされている。同告示においては，防火地域・準防火地域における屋根の構造を準用しているため，これらの屋根の構造を整理すると表4－22のとおりとなる。

表4－22　屋根に求められる性能

	告示仕様	認定仕様
屋根不燃化区域	・H12建告第1361号	・法第22条に基づく大臣認定
防火地域・準防火地域	・H12建告第1365号	・法第62条に基づく大臣認定

H12建告第1365号第1第1号の「不燃材料で造る」とは，野地板，たるきなどの屋根下地及び屋根葺材を不燃材料で造ることであり，「不燃材料でふく」とは，屋根下地材料のいかんにかかわらず，屋根葺材を不燃材料とすることである。また，平成10年改正以前において，法第22条において準耐火構造の屋根が適用除外とされていたことと，耐火構造に一定の防水工事を行ったもの等については法第22条の規定に適合するものとして取り扱われてきたことをふまえ，これらの屋根の構造が令第109条の5において定めた基準に技術的にも適合することから，これらの構造方法についても告示における例示仕様として規定している（同告示第1第2号及び第3号)。なお，従来の規制において，耐火構造及び準耐火構造の被覆等の主要な構成材料を準不燃材料以上の材料とすることとしてきたため，当該例示仕様においても，準耐火構造の屋根の屋外に面する部分を準不燃材料で造ったものに限定している。

（外壁）

法第23条　前条第1項の市街地の区域内にある建築物（その主要構造部の第21条第1項の政令で定める部分が木材，プラスチックその他の可燃材料で造られたもの（第25条及び第61条第1項において「木造建築物等」という。）に限る。）は，その外壁で延焼のおそれのある部分の構造を，準防火性能（建築物の周囲において発生する通常の火災による延焼の抑制に一定の効果を発揮するために外壁に必要とされる性能をいう。）に関して政令で定める技術的基準に適合する土塗壁その他の構造で，国土交通大臣が定めた構造方法を用いるもの又は国土交通大臣の認定を受けたものとしなければならない。
（平10法100・全改，平11法160・平30法67・令４法69・一部改正）

屋根不燃化区域内では，屋根を不燃にするとともに，建築物の外壁のうち延焼のおそれのある部分を準防火構造として，火災の延焼を抑制することとしたものである。準防火地域では外壁の延焼のおそれのある部分は防火構造にすることとなっているが，この屋根不燃化区域では準防火構造で足りる。

（木造建築物等である特殊建築物の外壁等）

旧・法第24条　第22条第１項の市街地の区域内にある木造建築物等である特殊建築物で，次の各号の一に該当するものは，その外壁及び軒裏で延焼のおそれのある部分を防火構造としなければならない。

一　学校，劇場，映画館，演芸場，観覧場，公会堂，集会場，マーケット又は公衆浴場の用途に供するもの

二　自動車車庫の用途に供するもので，その用途に供する部分の床面積の合計が50㎡を超えるもの

三　百貨店，共同住宅，寄宿舎，病院又は倉庫の用途に供するもので，階数が２であり，かつ，その用途に供する部分の床面積の合計が200㎡を超えるもの

（昭34法156・昭36法115・平4法82・平10法100・一部改正）

本規定は，平成30年改正によって廃止されている。改正以前の制度では，屋根不燃化区域においては，木造の特殊建築物の外壁及び軒裏で延焼のおそれのある部分を防火構造にすることを本条において定めていた。しかしながら，小規模なものを含めた全ての木造建築物を対象とした法第23条によって「準防火構造」は担保されており，さらに1,000㎡を超える中規模以上のものになると法第25条の適用を受けて，本条と同じ「防火構造」とすることになっていたことから，本条の適用によって「防火構造」としなければならない木造建築物は対象が限られていた。また，本条が現行の内容となった昭和36年当時と比べて消防力は格段に向上しているところであり，法第23条の規定に基づく外壁に20分間の非損傷性・遮熱性があれば延焼の抑制という目的は十分達成されることから，本条は廃止された。

（建築物が第22条第１項の市街地の区域の内外にわたる場合の措置）

法第24条　建築物が第22条第１項の市街地の区域の内外にわたる場合において

は，その全部について同項の市街地の区域内の建築物に関する規定を適用する。

（昭51法83・追加，平30法67・旧第24条の2繰上）

昭和51年の法改正により設けられた規定である。従前は，法第91条の規定により，敷地の過半が屋根不燃化区域に属する場合に，当該敷地全体が屋根不燃化区域内にあるものとされていたが，本条の新設により，建築物に着目して屋根不燃化区域内か否かを判定することに改められた。

第2項　防火地域・準防火地域

建築物が集合している市街地においては，火災が発生した場合，市街地の広い範囲にわたって延焼・拡大し，経済的，社会的に大きな損失が生ずるおそれがある。また，延焼・拡大の速度が大きいと避難に支障をきたし，人命への危害のおそれが大きくなる。このような市街地における火災の危険を防除するため，建築物の集合の程度，地域の機能等に応じて地域を指定し，当該地域内に建築される建築物について一定の防火上の制限を行うのが，防火地域及び準防火地域の考え方である。

これらの地域は，第7章で解説する用途地域と同様に，都市計画法に基づいて，都市計画において決定される。決定の主体は市町村であるが，都市計画の案の作成に際し，必要に応じて公聴会の開催等の措置を講ずるほか都市計画の決定に先立ってこの案を一般に公開し，都道府県知事の承認を受けなければならない。都道府県知事は，これを承認する前に都市計画地方審議会の議を経なければならないとされている。

防火地域は，主として商業地又は官公庁など重要施設が集中している地区等で，市街地における火災による危険を高度に防止すべき区域に指定されるが，面的な指定が困難な場合には，主要な街路の沿線で，上の条件を有する区域について路線的に指定される。

これは，帯状に耐火建築物の壁をつくることによって火災の拡大を防ぎ，あわせて避難経路の確保も図ることを意図したものである。

防火地域が，その地域内の建築物をほぼ完全に不燃化することによって火災からその地域を守りぬき，又は帯状に耐火建築物を並べることによって火災の拡大をせき止めようとするものであるのに対し，準防火地域は，市街地の建築物について全体的に防火性能を高めることによって火災の際の延焼や飛び火を防ぎ，あるいは消防活動を助けて大規模な市街地火災の発生を防止するとともに万一このような火災が発生した場合でも，その延焼速度を抑制することにより広域的な避難の安全を確保しようとするものである。したがって，地域内の建築物に対する制限は防火地域ほど厳しくなく，通常，大都市を中心に比較的密度の高い市街地に広く面的に指定されている。

（防火地域及び準防火地域内の建築物）

法第61条　防火地域又は準防火地域内にある建築物は，その外壁の開口部で延焼のおそれのある部分に防火戸その他の政令で定める防火設備を設け，かつ，壁，柱，床その他の建築物の部分及び当該防火設備を通常の火災による周囲への延焼を防止するためにこれらに必要とされる性能に関して防火地域及び準防火地域の別並びに建築物の規模に応じて政令で定める技術的基準に適合するもので，国土交通大臣が定めた構造方法を用いるもの又は国土交通大臣の認定を受けたものとしなければならない。ただし，門又は塀で，高さ２メートル以下のもの又は準防火地域内にある建築物（木造建築物等を除く。）に附属するものについては，この限りでない。

２　前項に規定する基準の適用上１の建築物であつても別の建築物とみなすことができる部分として政令で定める部分が２以上ある建築物の当該建築物の部分は，同項の規定の適用については，それぞれ別の建築物とみなす。

（平30法67・全改，令４法69・一部改正）

⑴　制度の概要

防火地域・準防火地域は，都市計画法に規定する「地域地区」のひとつとして，同法第９条第21項において「市街地における火災の危険を防除するため定める地域」として定義されており，これを受けて，建築基準法においては，これらの地域に立地する個々の建築物に対して一定の性能を要求することで，建築物相互の延焼による市街地火災を防ぐこととしている。なお，防火地域・準防火地域の指定については，都市計画法の規定により市町村が行うこととなるが，地域内の建築物に関する建築基準法上の規定の執行については，建築主事や特定行政庁が取り扱うこととなる。

法第61条は，建築物が火災となった場合に周囲への延焼を防止するための性能を求めるために，防火地域及び準防火地域内の建築物について，階数や床面積に応じた防耐火性能や，外壁開口部における防火設備の設置を求めている。平成30年改正以前は，旧・第61条及び旧・第62条において，耐火建築物や準耐火建築物等とすることを求め，旧・第64条において，小規模な建築物についても外壁の開口部で延焼のおそれのある部分に防火設備を設けなければならないこととしていたが，防火地域・準防火地域の建築物に関する性能規定化により，これらは全て新たな法第61条に統合し，防火地域・準防火地域における主要構造部や外壁開口部の技術的基準を令第136条の2において規定することとされた。

性能規定化に当たり，防ぐべき事象である延焼のプロセスについては，以下のとおり整理されている。

表4—23　延焼プロセスの整理

プロセス	各プロセスのリスクの考え方	イメージ
①出火	・外部からの着火 ・内部での着火	
②内部火災	・内部における区画となっている間仕切壁や床の損傷	
③火炎の外部噴出	・外部との区画となっている外壁や外壁開口部の損傷	
④隣棟への延焼	・外壁や外壁開口部の損傷部分を介して，隣棟に対して熱放射	

平成30年改正以前の制度においては，上記の全てのプロセスを想定した対策を求めていたわけではなく，上記の①（外部からの着火のみ）・②・③のプロセスに着目し，総合的に延焼防止のリスクを低減できる建築物として，耐火建築物・準耐火建築物等とすることを規定していた。こうした規定により，「延焼の防止」という目的は達成できる一方で，次のような課題もあった。

- 「耐火建築物」「準耐火建築物」という，建築物の仕様（全ての主要構造部）を固定化した規定となっているため，設計の自由度が狭められること
- 「耐火建築物」については耐火性能検証によって，耐火構造によらない設計が可能であるものの，「準耐火建築物」については性能検証の手法が規定されていないため，準耐火構造によらざるを得ないこと
- 「延焼の防止」という目的に対して，「耐火建築物」「準耐火建築物」は十分条件ではあるものの必要条件ではないため，必ずしも経済的な設計になるとは限

らないこと。

これらは改正前の法第21条及び法第27条と同じ課題であり，特に最後に掲げた課題については，基準が性能規定化されていないことによって生じている。例えば，上記の延焼のプロセスにおける③に着目した場合，外壁とその開口部の性能を確保しつつ，内部を一定の面積で区画するなど，確実に外部への火炎噴出を防止することができる建築物であれば，内部構造については防火上の性能を求めない建築物としても「延焼の防止」という目的は達成が可能であるが，改正前の法第61条や第62条においては，外壁か間仕切壁かの別に関係なく，全ての主要構造部に対して耐火構造や準耐火構造を要求するため，技術的には法の目的に合致する建築物であるにもかかわらず実現ができないこととなる。

このため，一律に主要構造部に性能を要求する「耐火建築物」や「準耐火建築物」以外の建築物であっても，「延焼の防止」という目的を達成できるものについては建築可能とするための見直しが行われた。

⑵　規制の対象

第１項　本文

規制すべき対象を「防火地域又は準防火地域内にある建築物」に定めた上で，当該建築物について，次の２点を要求している。

- 「外壁の開口部で延焼のおそれのある部分」に防火設備を設けた上で，当該防火設備について，「通常の火災による周囲への延焼を防止するために必要とされる性能」を確保すること
- 「壁，柱，床その他の建築物の部分」について，「通常の火災による周囲への延焼を防止するために必要とされる性能」を確保すること

これらに必要とされる性能を確保するために必要な技術的基準については，「防火地域及び準防火地域の別」と「建築物の規模」に応じて令第136条の２で定める技術的基準に適合するもので，国土交通大臣が定めた構造方法を用いるもの又は国土交通大臣の認定を受けたものとしなければならない。

第１項　ただし書

本条の規制の対象となるのは，本文で示したように，旧・第61条，旧・第62条及び旧・第64条の規制の対象と同一である。一方で，平成30年改正以前の制度においては，建築物に附属する門・塀のうち，規制が課されていないものもあったことから，これらについては，ただし書で適用除外されている。

門・塀については，法第２条第１号の定義に基づいて整理すると，「屋根及び柱

若しくは壁を有するもの」又は「これに附属する門若しくは塀」のいずれかに該当するものが建築基準法の規制対象となる。以下，第１章の解説でも示したとおり，同号の定義による建築物のことを「広義の建築物」とし，「屋根及び柱若しくは壁を有するもの」を「狭義の建築物」とすると，門・塀については下図のように整理され，狭義の建築物に該当する門・塀（例えば，楼門のように２階を有するものなど）と，狭義の建築物には該当しないものの広義の建築物に該当する門・塀（いわゆる附属門塀）とで，本条の適用関係に違いが生じる。

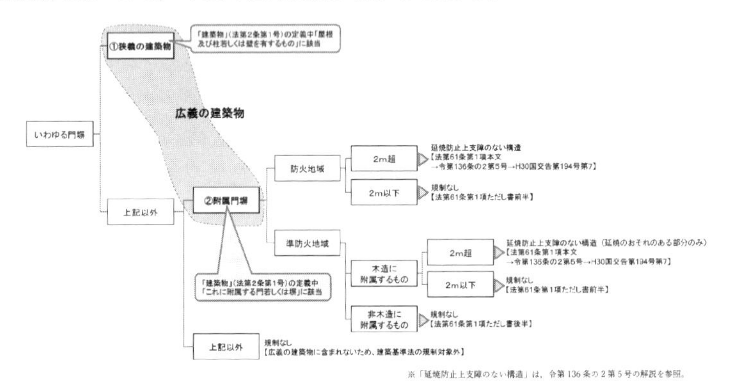

図４－７　門・塀の概念整理と規制の適用関係

⑶　技術的基準

（防火地域又は準防火地域内の建築物の壁，柱，床その他の部分及び防火設備の性能に関する技術的基準）

令第136条の２　法第61条第１項の政令で定める技術的基準は，次の各号に掲げる建築物の区分に応じ，当該各号に定めるものとする。

一　防火地域内にある建築物で階数が３以上のもの若しくは延べ面積が100平方メートルを超えるもの又は準防火地域内にある建築物で地階を除く階数が４以上のもの若しくは延べ面積が1,500平方メートルを超えるもの　次のイ又はロのいずれかに掲げる基準

イ　特定主要構造部が第107条各号又は第108条の４第１項第１号イ及びロに掲げる基準に適合し，かつ，外壁開口部設備（外壁の開口部で延焼のおそれのある部分に設ける防火設備をいう。以下この条において同じ。）が第109条の２に規定する基準に適合するものであること。ただ

し，準防火地域内にある建築物で法第86条の４各号のいずれかに該当するものの外壁開口部設備については，この限りでない。

ロ　当該建築物の特定主要構造部，防火設備及び消火設備の構造に応じて算出した延焼防止時間（建築物が通常の火災による周囲への延焼を防止することができる時間をいう。以下この条において同じ。）が，当該建築物の特定主要構造部及び外壁開口部設備がイに掲げる基準に適合すると仮定した場合における当該特定主要構造部及び外壁開口部設備の構造に応じて算出した延焼防止時間以上であること。

二　防火地域内にある建築物のうち階数が２以下で延べ面積が100平方メートル以下のもの又は準防火地域内にある建築物のうち地階を除く階数が３で延べ面積が1,500平方メートル以下のもの若しくは地階を除く階数が２以下で延べ面積が500平方メートルを超え1,500平方メートル以下のもの　次のイ又はロのいずれかに掲げる基準

イ　主要構造部が第107条の２各号又は第109条の３第１号若しくは第２号に掲げる基準に適合し，かつ，外壁開口部設備が前号イに掲げる基準（外壁開口部設備に係る部分に限る。）に適合するものであること。

ロ　当該建築物の主要構造部，防火設備及び消火設備の構造に応じて算出した延焼防止時間が，当該建築物の主要構造部及び外壁開口部設備がイに掲げる基準に適合すると仮定した場合における当該主要構造部及び外壁開口部設備の構造に応じて算出した延焼防止時間以上であること。

三　準防火地域内にある建築物のうち地階を除く階数が２以下で延べ面積が500平方メートル以下のもの（木造建築物等に限る。）　次のイ又はロのいずれかに掲げる基準

イ　外壁及び軒裏で延焼のおそれのある部分が第108条各号に掲げる基準に適合し，かつ，外壁開口部設備に建築物の周囲において発生する通常の火災による火熱が加えられた場合に，当該外壁開口部設備が加熱開始後20分間当該加熱面以外の面（屋内に面するものに限る。）に火炎を出さないものであること。ただし，法第86条の４各号のいずれかに該当する建築物の外壁開口部設備については，この限りでない。

ロ　当該建築物の主要構造部，防火設備及び消火設備の構造に応じて算出した延焼防止時間が，当該建築物の外壁及び軒裏で延焼のおそれのある部分並びに外壁開口部設備（以下このロにおいて「特定外壁部分等」と

いう。）がイに掲げる基準に適合すると仮定した場合における当該特定外壁部分等の構造に応じて算出した延焼防止時間以上であること。

四　準防火地域内にある建築物のうち地階を除く階数が２以下で延べ面積が500平方メートル以下のもの（木造建築物等を除く。）　次のイ又はロのいずれかに掲げる基準

イ　外壁開口部設備が前号イに掲げる基準（外壁開口部設備に係る部分に限る。）に適合するものであること。

ロ　当該建築物の主要構造部，防火設備及び消火設備の構造に応じて算出した延焼防止時間が，当該建築物の外壁開口部設備がイに掲げる基準に適合すると仮定した場合における当該外壁開口部設備の構造に応じて算出した延焼防止時間以上であること。

五　高さ２メートルを超える門又は塀で，防火地域内にある建築物に附属するもの又は準防火地域内にある木造建築物等に附属するもの　延焼防止上支障のない構造であること。

（令元政30・全改，令５政280・一部改正）

（全体の構成）

本条は，法第61条において示されている「通常の火災による周囲への延焼を防止するためにこれら（編集注：建築物の部分及び防火設備のこと）に必要とされる性能」を確保するために必要な技術的基準について定めたものである。本技術的基準については，同条において，「防火地域及び準防火地域の別並びに建築物の規模に応じて」定めることとされているため，各号は表４―24のとおり場合分けされている。

表４－24　法第61条による防火地域・準防火地域内の建築物に係る制限

令第136条の２各号	区分		規制の内容
	地域の別	建築物の規模	
第１号	防火	・階数３以上　・延べ面積100㎡超	イ　耐火建築物 ロ　延焼防止建築物
	準防火	・階数４以上　・延べ面積1,500㎡超	
第２号	防火	・階数２以下　・延べ面積100㎡以下	イ　準耐火建築物 ロ　準延焼防止建築物
	準防火	・階数３かつ延べ面積1,500㎡以下 ・階数２以下かつ延べ面積500㎡超～1,500㎡以下	
第３号	準防火	・階数２以下，延べ面積500㎡以下（木造）	イ　防火建築物　ロ　防火建築物相当
第４号	準防火	・階数２以下，延べ面積500㎡以下（非木造）	イ　防火設備建築物　ロ　防火設備建築物相当
第５号	防火・準防火	・２ｍ超の門・塀（準防火地域の場合は木造附属のみ）	延焼防止上支障のない構造

	防火地域			準防火地域		
階数	50㎡以下	50㎡超～100㎡以下	100㎡超	500㎡以下	500㎡超～1,500㎡以下	1,500㎡超
4以上						
3						
2						
1	※					

・・・耐火建築物 又は 延焼防止建築物

・・・準耐火建築物 又は 準延焼防止建築物

・・・防火建築物・防火設備建築物 又は これらに相当する建築物（令第136条の２第３号・第４号の解説を参照）

※附属建築物に限る。

本条においては「階数が３以上」などの表現があるが，「地階を除く」という断りがない限りは，地上の階数のみを意味するのでなく，地下部分も含まれる。

階数の取扱いの例として，図４―８に示す４つのケースはいずれも建築基準法上は「階数が３以上ある建築物」に該当する。(ロ)，(ハ)，(ニ)の斜線部分は，建築基準法上はいずれもひとつの階としてみなされるものである（令第２条参照）。

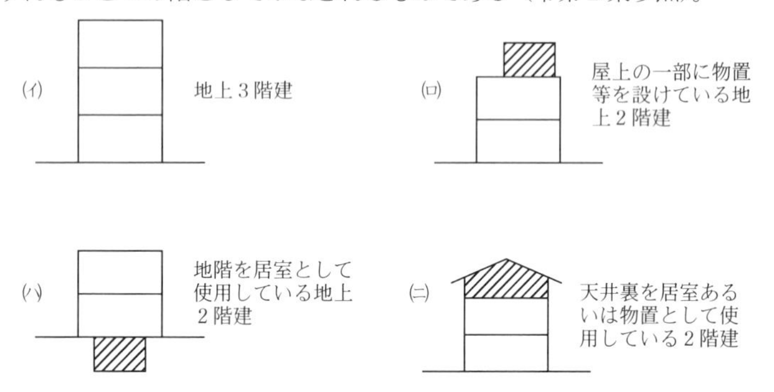

図４―８　階数が３以上ある建築物

次に，本条においては，延べ面積の規模に応じて規制を課すこととしている。この規定は建築物個々にかけられるものであるから，同一敷地内に数棟の建築物があり，それらの延べ面積の合計数が基準値を超えたとしても，この規定が適用されるのは延べ面積が基準値を超える建築物だけである。

（第１号・第２号の概論）

これらの号においては，防火地域・準防火地域において一定の規模以上の建築物を対象とした技術的基準を定めている。平成30年改正以前の制度においては，これらは「耐火建築物」又は「準耐火建築物」のみが旧・法第61条及び旧・法第62条において規定されていたが，性能規定化により，これらと同等以上に「延焼の防止」という目的が達成できる建築物の技術的基準が新たに規定された。

規定に当たっては，第１号が「耐火建築物相当」，第２号が「準耐火建築物相当」として整理されている。規定の仕方としては，各号のイにおいて耐火建築物・準耐火建築物の技術的基準を記述した上で，各号のロにおいて「延焼防止時間」という指標を用いて「イと同等以上であること」と記述することで，延焼防止の観点からは耐火建築物・準耐火建築物と同等以上の性能を有することを担保している。法令上の規定はないが，以下，便宜的に「延焼の防止という観点から耐火建築物相当の性能を有する建築物（第１号ロ）」のことを「延焼防止建築物」，「延焼の防止という観点から準耐火建築物相当の性能を有する建築物（第２号ロ）」のことを「準延焼防止建築物」と呼ぶこととする。

なお，ここでいう「耐火建築物相当」「準耐火建築物相当」とは，あくまでも「延焼防止時間」に基づいた同等性の比較を行っていることからも明らかなように，法第61条以外の規定における耐火建築物や準耐火建築物に相当するものではないことから，法第61条以外の規定において耐火建築物を要求している際に，延焼防止建築物で対応できるわけではないことに注意する必要がある。

第１号と第２号は，いずれも延焼防止建築物及び準延焼防止建築物の技術的基準について規定しているものであり，規模に応じた要求レベルの違いはあるものの，条文の内容は基本的に同一であることから，以下では第１号の内容について解説する。

（第１号イ）

主要構造部については，①令第107条（主要構造部を耐火構造とした建築物。ルートA）又は②令第108条の４第１項第１号イ及びロ（主要構造部の耐火性能を検証した建築物。ルートB・C）を求め，外壁の開口部で延焼のおそれのある部分に設ける防火設備については，通常防火設備を求めていることから，建築物全体としては，法第２条第９号の２に規定する耐火建築物そのものに該当する。

この技術的基準に該当する建築物については，法第61条において告示仕様と認定仕様が準備されており，告示仕様については「防火地域又は準防火地域の建築物の部分及び防火設備の構造方法を定める件（R元国交告第194号。以下「延焼防止告示」という。)」の第一に規定されているが，当該仕様は，耐火建築物の仕様そのものである。

ただし書は，一団地の総合的設計制度や連担建築物設計制度の認定を受けた建築物（準防火地域に限る。）については，敷地内の建築物同士の開口部の位置をずらす等の配慮によって通常防火設備を設けなくても耐火建築物・準耐火建築物とみなすこととしている法第86条の４の平成30年改正以前の内容を受け継いだものである。

（第１号ロ）

「延焼の防止」という防火地域・準防火地域の目的に応じた性能の確保については，条文上は「当該建築物の主要構造部，防火設備及び消火設備の構造に応じて算出した延焼防止時間（略）が，当該建築物の主要構造部及び外壁開口部設備（編集注：以下「主要構造部等」）がイに掲げる基準に適合すると仮定した場合における当該主要構造部等の構造に応じて算出した延焼防止時間以上であること」と規定している。つまり，耐火建築物と延焼防止建築物の同等性の検証に当たっては，設計の対象となる建築物について，「設計の内容そのものの建築物（以下，本書では「計画建築物」という。）」と「同一の建築計画を耐火建築物と仮定して設計した建築物（以下，本書では「想定建築物」という。）」を想定し，「計画建築物の延焼防止時間」と，「想定建築物の延焼防止時間」の比較を行うことでなされることとなる。

（延焼防止時間の考慮要素）

規制の対象として着目している建築物（以下，本書では「着目建築物」という。）において火災が発生した場合（着目建築物の周囲で発生している火災が内部に侵入することによる火災発生と，着目建築物の内部における失火等による火災発生の2通りが想定される），その周囲の建築物が当該火災によって受け取る熱量（受熱量）が一定の限界値を超えると着火し，その結果，延焼が発生することを踏まえると，概念的には「通常の火災による当該建築物から周囲への延焼を防止することができる時間」が「延焼防止時間」となる。この場合，当該時間を算出するための考慮要素としては，下記①～④が存在する。

①　建築物の主要構造部，防火設備及び消火設備の構造

これらの部分の防火上の性能に応じて，当該時間が変動するため。

（主要構造部の構造の例）外壁の遮熱性能を60分から90分に強化すれば，着目建築物の周囲で発生した火災によって，着目建築物の内部に火炎が侵入するまでの時間が長くなるため，「延焼防止時間」が長くなる。

（防火設備の構造の例）防火設備の遮炎性能を20分間から60分間に強化すれば，着目建築物の屋外で発生した火災によって，着目建築物の内部に火炎が侵入するまでの時間が長くなるため，「延焼防止時間」が長くなる。

（消火設備の構造の例）消火設備であるスプリンクラー設備を設置すれば，着目建築物の内部における火災が拡大するまでの時間が長くなるため，「延焼防止時間」が長くなる。

②　建築物の位置

周囲の建築物からの離隔距離に応じて，当該時間が変動するため。

（例）当該離隔距離を1ｍから5ｍに長くすれば，着目建築物から噴出する火炎からの距離が離れることで，周囲の建築物側において熱影響を受けにくくなるため，「延焼防止時間」が長くなる。

③　建築物の用途

用途により異なるものとなる収納可燃物量に応じて，当該時間が変動するため。

（例）当該建築物の用途を倉庫（単位面積当たりの発熱量：2,000MJ／㎡）ではなく体育館（単位面積当たりの発熱量：80MJ／㎡）とすれば，収納可燃物量が少なくなり，火災そのものの規模が小さくなるため，「延焼防止時間」が長くなる。

④　建築物の断面及び平面の形状

断面・平面の形状に応じた室の規模により異なるものとなる収納可燃物量に応じて，当該時間が変動するため。

（例）当該形状に応じた室の規模を小さくすれば，収納可燃物量が少なくなり，火災そのものの規模が小さくなるため，「延焼防止時間」が長くなる。

一方で，延焼防止時間によって延焼防止建築物の技術的基準を決定するに当たり，本条においては，絶対評価（例えば，「防火地域においては一律に60分以上の延焼防止時間を求める」など）ではなく，相対評価（耐火建築物相当の延焼の防止が達成できるかどうかの検証）によることとしていることから，上記②に掲げる「位置」，上記③に掲げる「用途」又は上記④に掲げる「形状」が異なる建築計画を比較しようとすると，計画建築物と想定建築物を適切に比較したこととならない（例：実際には計画建築物として倉庫を予定しているにも関わらず，想定建築物として体育館を設定した上で延焼防止時間を比較した場合，大量の収納可燃物による延焼のしやすさが適切に評価できない）ことから，上記②～④は計画建築物と想定建築物とで同一であると想定することとしている。

したがって，計画建築物と想定建築物の延焼防止時間を算出する上では，上記①のみを変数とし，上記②～④は定数として扱うこととなり，結果的に，本号においては延焼防止時間の算出に当たっては「主要構造部・防火設備・消火設備の構造」によることと規定されている。実際に，延焼防止告示においては，②～④を場合分けの指標として固定している。

（延焼防止建築物の告示仕様）

第１号ロの技術的基準に該当する建築物については，法第61条において告示仕様と認定仕様が準備されており，告示仕様については延焼防止告示第二に規定されている。

表4―25　延焼防止建築物の仕様

用途[※1]	主要構造部等への要求性能			その他の条件				
	外殻		内部					
	外壁・軒裏（準耐火構造）	外壁開口部（防火設備）	間仕切壁，柱など（準耐火構造）	階数	延べ面積	区画	スプリンクラー	開口率
共同住宅・ホテル等[※2]	90分	20分	60分	3	3,000㎡以下	100㎡以下	有	一定の制限[※4]
物販店舗	90分	30分	60分	3	3,000㎡以下	500㎡以下	有	
事務所，劇場等，学校等，飲食店[※3]	75分	20分	60分	3	3,000㎡以下	500㎡以下	有	
戸建て住宅	75分	20分	45分	3	200㎡以下	不要	無	

※1　可燃物量の多い倉駅，自動車車庫等（法別表第1（い）欄(5)，(6)項用途）を除く。
※2　法別表第1（い）欄(2)項用途
※3　法別表第1（い）欄(1)，(3)又は(4)項用途（物販店舗以外）
※4　火災を発生した場合の周辺への延焼の可能性に配慮し，外壁開口部から敷地境界線・道路中心線・他の建築物との外壁中心線までの距離（セットバック距離）に応じて，外壁開口部の面積が制限される。

（第2号）

イにおいて，主要構造部については，①令第107条の2各号（主要構造部を準耐火構造とした建築物）又は②令第109条の3第1号又は第2号（ロ準耐―1又はロ準耐―2）を求め，外壁の開口部で延焼のおそれのある部分に設ける防火設備については，通常防火設備を求めていることから，建築物全体としては，法第2条第9号の3に規定する準耐火建築物そのものに該当する。

この技術的基準に該当する建築物については，法第61条において告示仕様と認定仕様が準備されており，告示仕様については延焼防止告示第三に規定されているが，当該仕様は，準耐火建築物の仕様そのものである。

また，ロについては，準耐火建築物を前提とした要求水準に合致する準延焼防止建築物の技術的基準であり，内容については第1号ロと同様である。

この技術的基準に該当する建築物については，法第61条において告示仕様と認定仕様が準備されており，告示仕様については延焼防止告示第四に規定されている。具体の内容は，下表のとおり，平成30年改正以前において「準耐火建築物としなくてもよい」とされていた各種の建築物である。

表４―26　準延焼防止建築物の仕様

告示	対象	技術的基準	平成30年改正以前の位置づけ
第１号	・階数３ ・500㎡以下 ・３階の室を区画 ・開口部の面積制限	外壁：防火被覆された防火構造 柱・はり：木材 床・屋根：防火被覆された構造 外壁開口部設備：20分間	旧・令第136条の２
第２号	・平屋建て ・50㎡以内 ・附属建築物	外壁・軒裏：防火構造 外壁開口部設備：20分間	旧・法第61条第１号 旧・法第64条
第３号	・卸売市場の上屋，機械製作工場等	主要構造部：不燃材料 外壁開口部設備：20分間	旧・法第61条第２号 旧・法第64条
第４号	・上記以外	規制なし	―

なお，準延焼防止建築物の仕様を規定するに当たり，建築物としての上位性能を有する「主要構造部の耐火性能を検証した建築物」によって建築することも可能であることから，念のため，延焼防止告示各号ロにおいて，当該耐火建築物の仕様が規定されている（「主要構造部を耐火構造とした建築物」については，延焼防止告示第三における「主要構造部を準耐火構造とした建築物」に完全に包含されることから，第四では特に規定する必要がない）。

また，延焼防止告示第四第１号に規定する仕様は，昭和62年改正によって創設された旧・令第136条の２（地階を除く階数が３である建築物の技術的基準）の内容であり，準防火地域内で地上階数を３とすることができる木造建築物等に対する規制を合理化するために定められたものである。本規定の効果により，準防火地域でも木造３階建ての一戸建住宅の建設が可能となっており，準耐火建築物の規定が整備された平成４年以前においては重要な意味を有していたが，平成30年改正によって準防火地域における建築物の性能規定化が図られたことにより，準延焼防止建築物の一仕様に移行することとなった。

この仕様の主な考え方は，次のとおりである。

①　急激な燃焼の抑制

火災時に外壁や屋根のような建築物の外側の部分が燃え抜けると，新鮮な外気の流入により急激な燃焼が生じ，大きな炎が噴出して周囲に延焼する危険性が高まるため，このような部分については，特に高い防火性を確保することとする。すなわち，外壁及び軒裏の全周を防火構造として外周部の損傷を防ぐとともに，外壁及び屋根は，屋内側からの加熱に対して燃え抜けの生じない構造とする。

また，建築物内部の部分についても，火災の拡大を遅延させ，急激な燃焼が生じないようにするため，床を容易に燃え抜けを生じない構造とするとともに，３階の室とその他の部分とを区画することとする。

②　開口部から噴出する炎の抑制

３階建て木造建築物は，可燃物量が多く火勢が強いため，火災時に外壁や屋根から炎が噴出することを防止した場合においても，外壁の開口部から噴出する炎により周囲に延焼するおそれがある。このため，隣地境界線等からの距離に応じて外壁の開口部の構造及び面積を制限する。

③　倒壊の防止

３階建て木造建築物が火災継続中に倒壊した場合には，大量の火の粉の発生等周囲に大きな影響を及ぼすため，主要構造部である柱及びはりに太い部材を用いるか，又は防火上有効に被覆することとする。

なお，旧・令第136条の２の内容を延焼防止告示に移行させるのに合わせて，同条から委任を受けていた「外壁の開口部の面積に関する基準を定める件（Ｓ62建告第1903号）」，「建築物の部分を指定する件（Ｓ62建告第1904号）」及び「外壁，主要構造部である柱及びはり，床，床の直下の天井，屋根，屋根の直下の天井並びに国土交通大臣が指定する建築物の部分の構造方法を定める件（Ｓ62建告第1905号）」についても，その内容を延焼防止告示に移行した上で廃止されている。

（第３号）

本号は木造建築物等を対象としている。イにおいて，主要構造部である外壁・軒裏については，令第108条各号（外壁・軒裏を防火構造とした建築物）を求め，外壁の開口部で延焼のおそれのある部分に設ける防火設備については，20分間防火設備（建築物の周囲において発生する通常の火災を想定。すなわち，屋外側の片面性能のみ）を求めている。こうした建築物を，便宜的に「防火建築物」と呼称する。

また，本号の技術的基準は，平成30年改正以前の旧・法第62条第２項及び旧・法第64条の内容を引き継いでいる。具体的には，準防火地域内にある木造建築物等について，外壁・軒裏で延焼のおそれのある部分を防火構造とすること（旧・法第62条第２項）とし，さらに，防火的な弱点となる開口部に防火設備を設けていなければ，開口部を通して延焼することとなって延焼抑制の効果がなくなることを踏まえて，開口部の延焼のおそれのある部分には防火設備を設けることとしている（旧・法第64条）。なお，当該防火設備については，屋外火災を想定した20分間防火設備とする必要がある（旧・令第136条の２の３）。

この技術的基準に該当する建築物については，法第61条において告示仕様と認定仕様が準備されており，告示仕様については延焼防止告示第五に規定されているが，当該仕様は，防火建築物の仕様そのものである。

ただし書は，第１号ただし書と同様である。

また，ロについては，防火建築物を前提とした要求水準に合致する建築物の技術的基準であり，内容については第１号ロと同様である。

（第４号）

本号は非木造建築物等を対象としている。イにおいて，主要構造部については特に性能を要求せず，外壁の開口部で延焼のおそれのある部分に設ける防火設備については，20分間防火設備（建築物の周囲において発生する通常の火災を想定。すなわち，屋外側の片面性能のみ）を求めている。こうした建築物を，本書では便宜的に「防火設備建築物」と呼称する。

この技術的基準に該当する建築物については，法第61条において告示仕様と認定仕様が準備されており，告示仕様については延焼防止告示第六に規定されているが，当該仕様は，上記の建築物の仕様そのものである。

また，ロについては，防火設備建築物を前提とした要求水準に合致する建築物の技術的基準であり，内容については第１号ロと同様である。

（第５号）

本号は，広義の建築物に該当する附属門塀のうち，高さが２ｍ超えるものを対象としている。技術的基準としては，「延焼防止上支障のない構造」であることを求めている。なお，準防火地域内にある「木造建築物等以外の建築物」の附属門塀は，規制の対象外である。

この技術的基準に該当する附属門塀については，法第61条において告示仕様と認定仕様が準備されており，告示仕様については延焼防止告示第七に規定されている。同告示においては，平成30年改正以前の旧・法第61条第３号及び第４号並びに旧・法第62条第２項の内容を引き継いでおり，その内容は下表のとおり整理される。

	地域の別	対象となる部分	告示仕様
門	防火地域	門の全体	・不燃材料で造る ・不燃材料で覆う ・道に面する部分を厚さ24mm以上の木材で造る
	準防火地域	隣地境界線等から３ｍの範囲内に含まれる部分	

塀	防火地域	塀の全体	・不燃材料で造る ・不燃材料で覆う ・厚さ24mm以上の木材で造る ・土塗真壁造で塗厚さが30mm以上（表面に木材を張ることも可能）
	準防火地域	隣地境界線等から3mの範囲内に含まれる部分	

⑷　別建築物みなし（第2項）

本条第1項の適用を受ける「建築物」に関し，一定の条件を満たすこととで「建築物の部分」ごとに規定を適用することができるものとする「別建築物みなし」の取扱いについて定めた第4項の解説については，その条件である「火熱遮断壁等」の解説として第6節第4項において記載している。

（屋根）

法第62条　防火地域又は準防火地域内の建築物の屋根の構造は，市街地における火災を想定した火の粉による建築物の火災の発生を防止するために屋根に必要とされる性能に関して建築物の構造及び用途の区分に応じて政令で定める技術的基準に適合するもので，国土交通大臣が定めた構造方法を用いるもの又は国土交通大臣の認定を受けたものとしなければならない。

（平10法100・全改，平11法160・一部改正，平30法67・旧第63条繰上）

（防火地域又は準防火地域内の建築物の屋根の性能に関する技術的基準）

令第136条の2の2　法第62条の政令で定める技術的基準は，次に掲げるもの（不燃性の物品を保管する倉庫その他これに類するものとして国土交通大臣が定める用途に供する建築物又は建築物の部分で，市街地における通常の火災による火の粉が屋内に到達した場合に建築物の火災が発生するおそれのないものとして国土交通大臣が定めた構造方法を用いるものの屋根にあつては，第1号に掲げるもの）とする。

一　屋根が，市街地における通常の火災による火の粉により，防火上有害な発炎をしないものであること。

二　屋根が，市街地における通常の火災による火の粉により，屋内に達する防火上有害な溶融，亀裂その他の損傷を生じないものであること。

（平12政211・追加，平12政312・平28政6・令元政30・一部改正）

防火地域・準防火地域における屋根不燃の規定であるが，これらの地域の多くが耐火建築物・準耐火建築物であり，準耐火構造の屋根を有していることから，実質的には木造建築物等の屋根不燃の規定となっている。規制の考え方は，法第22条における解説において述べたとおりであるが，屋根不燃化区域においては「通常の火災」を想定しているのに対して，本条では「市街地における火災」を想定している。これは，防火地域・準防火地域においては，その他の区域に比較してより稠密に市街地が形成されており，周囲で発生した火災により多量の火の粉を受けるおそれが高いことを考慮したものであり，大臣認定に当たっては，より厳しい条件の試験により屋根の構造を認定することとしている。

（隣地境界線に接する外壁）
法第63条　防火地域又は準防火地域内にある建築物で，外壁が耐火構造のものについては，その外壁を隣地境界線に接して設けることができる。
（平30法67・旧第65条繰上）

民法第234条第１項の規定によれば，建築物を建築する場合には原則として境界線より50㎝以上離すこととなっているが，これに対する例外規定として隣地境界線に接して建築できることを特に規定したものである。

この点については，最高裁判例において「建築基準法第65条（編集注：平成元年当時，本条の条番号は第65条）は，耐火構造の外壁を設けることが防火上望ましいという見地や，防火地域又は準防火地域における土地の合理的ないし効率的な利用を図るという見地に基づき，相隣関係を規律する趣旨で，右各地域内にある建物で外壁が耐火構造のものについては，その外壁を隣地境界線に接して設けることができることを規定したものと解すべきであって」「民法234条第１項の特則を定めたもの」であるとされている（最高裁平成元年９月19日判決）。

（看板等の防火措置）
法第64条　防火地域内にある看板，広告塔，装飾塔その他これらに類する工作物で，建築物の屋上に設けるもの又は高さ３メートルを超えるものは，その主要な部分を不燃材料で造り，又は覆わなければならない。
（平30法67・旧第66条繰上・一部改正）

広告塔等でも建築物の屋上に設けたり，大きなものを造ったりして火災時には危険を予想される場合があるので，この規定を設けて防火上の措置をとることとしている。

ここでいう工作物の高さ３ｍとは，工作物自体の高さをいい，地盤面からの高さをいうものではない。

なお，高さが４ｍを超える広告塔等については，令第138条及び令第141条において，別途，その構造に係る制限が規定されている。

（建築物が防火地域又は準防火地域の内外にわたる場合の措置）

法第65条　建築物が防火地域又は準防火地域とこれらの地域として指定されていない区域にわたる場合においては，その全部についてそれぞれ防火地域又は準防火地域内の建築物に関する規定を適用する。ただし，その建築物が防火地域又は準防火地域外において防火壁で区画されている場合においては，その防火壁外の部分については，この限りでない。

２　建築物が防火地域及び準防火地域にわたる場合においては，その全部について防火地域内の建築物に関する規定を適用する。ただし，建築物が防火地域外において防火壁で区画されている場合においては，その防火壁外の部分については，準防火地域内の建築物に関する規定を適用する。

（昭34法156・一部改正，平30法67・旧第67条繰上）

建築物が防火地域，準防火地域，その他の地域のうちの各々２つの地域にまたがっているときは，原則として防火規制の厳しい地域の規定によることとしている。ただし，制限の緩やかな地域内に設けた防火壁で有効に区画されているときは，その緩やかな地域内の区画された部分は，緩やかな地域の規定によることができるとしている。

これは，他の区域，地域等の場合と異なって，防火地域等は，その地域の防火上の制限を厳にする必要があるので，敷地が区域，地域等の内外にわたる場合の一般的な措置について定めた法第91条の規定（敷地の過半が属する地域内の規定を適用する規定）とは別に，特に定めたものである。

（第38条の準用）

法第66条　第38条の規定は，その予想しない特殊の構造方法又は建築材料を用いる建築物に対するこの節の規定及びこれに基づく命令の規定の適用について準用する。

（平26法54・追加，平30法67・旧第67条の２繰上）

防火地域・準防火地域における主要構造部規制などの規定については，同等以上の効力があるものとして個別に国土交通大臣の認定を受けることで，その適用を除外できる旨を規定したものである。いわゆる38条認定と同様の内容であるが，同条の効果が及ぶ範囲は第２章の規定に限られるため，本条による準用を行うことで，第３章に置かれている防火地域・準防火地域の規定についても同様の措置を可能としているものである。

制定経緯等の詳細については，第２章第１節の法第38条の解説を参照すること。

第３項　木造建築物に対する特別な規制

（大規模の木造建築物等の外壁等）

法第25条　延べ面積（同一敷地内に２以上の木造建築物等がある場合においては，その延べ面積の合計）が1,000平方メートルを超える木造建築物等は，その外壁及び軒裏で延焼のおそれのある部分を防火構造とし，その屋根の構造を第22条第１項に規定する構造としなければならない。

（昭34法156・平10法100・一部改正）

法第21条第１項と同様，木造の大規模建築物については，火災が発生した場合に広く周辺地域一帯に火粉等による延焼をもたらすおそれがあることから，延焼の危険性の高い部分として，①外壁及び軒裏の延焼のおそれのある部分，②飛び火による延焼の可能性のある屋根について，それぞれ一定の防火上の措置を求めたものである。具体的には，①については防火構造とし，②については法第22条に規定する不燃屋根とすることを求めている。

第6節　区画による安全確保

第1項　防火壁

（防火壁等）

法第26条　延べ面積が1,000平方メートルを超える建築物は，防火上有効な構造の防火壁又は防火床によつて有効に区画し，かつ，各区画における床面積の合計をそれぞれ1,000平方メートル以内としなければならない。ただし，次の各号のいずれかに該当する建築物については，この限りでない。

一　耐火建築物又は準耐火建築物

二　卸売市場の上家，機械製作工場その他これらと同等以上に火災の発生のおそれが少ない用途に供する建築物で，次のイ又はロのいずれかに該当するもの

イ　主要構造部が不燃材料で造られたものその他これに類する構造のもの

ロ　構造方法，主要構造部の防火の措置その他の事項について防火上必要な政令で定める技術的基準に適合するもの

三　畜舎その他の政令で定める用途に供する建築物で，その周辺地域が農業上の利用に供され，又はこれと同様の状況にあつて，その構造及び用途並びに周囲の状況に関し避難上及び延焼防止上支障がないものとして国土交通大臣が定める基準に適合するもの

2　防火上有効な構造の防火壁又は防火床によつて他の部分と有効に区画されている部分（以下この項において「特定部分」という。）を有する建築物であつて，当該建築物の特定部分が次の各号のいずれかに該当し，かつ，当該特定部分の外壁の開口部で延焼のおそれのある部分に第2条第9号の2ロに規定する防火設備を有するものに係る前項の規定の適用については，当該建築物の特定部分及び他の部分をそれぞれ別の建築物とみなし，かつ，当該特定部分を同項第1号に該当する建築物とみなす。

一　当該特定部分の特定主要構造部が耐火構造であるもの又は第2条第9号の2イ(2)に規定する性能と同等の性能を有するものとして国土交通大臣が定める基準に適合するもの

二　当該特定部分の主要構造部が準耐火構造であるもの又はこれと同等の準

耐火性能を有するものとして国土交通大臣が定める基準に適合するもの（前号に該当するものを除く。）

（昭34法156・昭62法66・平４法82・平６法62・平11法160・平30法67・令４法69・一部改正）

第１項

延べ面積1,000㎡を超える大規模建築物において，火災が急速度で建築物全体に及ばぬように，防火壁又は防火床を設けることを義務づけた規定である。主として大規模の木造建築物を想定している規定であり，火災を局部的なものに止めて火災の拡大を防止するとともに，煙の局限を図ることで人命の安全を確保することを目的としている。平成30年改正以前の制度においては「防火壁」のみが規定されていたが，その構造上，鉛直方向に区画しなければならないため，設計の自由度が低くなっているという課題があったことから，水平方向に区画する「防火床」による措置が追加で規定された。

防火上有効な構造の防火壁及び防火床については，その技術的基準が令第113条に規定されている。また，有効に区画するという概念は，防火壁又は防火床の配置を有効に行い，火災時の延焼を防止することに関して効果があるようにすることを指し，建築物の規模，形態，階数によって異なるものである。第１号において，耐火建築物及び準耐火建築物を除いたのは，これらについては，それぞれ令第112条の適用を受けるため，同条に定める防火区画等の防火上の配慮がなされているからである。

しかし，主要構造部を耐火構造又は準耐火構造とした建築物であっても，外壁の開口部で延焼のおそれのある部分に防火設備を設けていないものについては耐火建築物又は準耐火建築物として取り扱うことはできないため，本条の規定が適用になる。これは，外壁の開口部で延焼のおそれのある部分に防火設備が設けられていない建築物では，場合によっては隣棟の建築物を介して火災が拡大する危険性があるからである。

一方，第２号では，卸売市場の上家，機械製作工場等で，主要構造部が不燃材料で造られたもの等は，火災発生の危険性が少ないうえ，火災荷重自体も少ないため，火災の急激な拡大が起こる可能性が少ないことから，これらの用途については，防火壁の規定を適用除外している。ここでいう「これらと同等以上に火災の発生のおそれの少ない用途」とは，火災荷重が少なく，また火を使うことが少ない工場等のことを指すものであり，すなわち，機械の部品を造る工場，不燃材料の製作工場，鉄工所，陶器工場，金属製部品組立工場等はこれらの用途に含まれる。

また，同様の趣旨で，体育館，屋内テニスコート，水泳場等のスポーツ施設等が，ここでいう用途に該当する。これらの用途に供する建築物は，通常火気を使用する用途には当たらず，収納可燃物も少なく，かつ，建築計画上内部に天井の高い単一大空間を有しているため火災の覚知が容易であり，建築物全体へ火災が拡大しにくい特性を有している。

なお，同号ロの政令は，大規模木造建築物を想定しており，令第115条の2第1項にその技術的基準が定められている。

第3号でいう畜舎等の建築物にあっては，周辺地域が農業上の利用等に供されているという立地特性があり，当該建築物の構造上の開放性，火災発生の少ない用途の特殊性，周囲の状況等を勘案すれば，内部からの避難も容易で，外部への延焼の危険性が少ない場合があるので，避難上及び延焼防止上支障がないものとして，構造・用途・周囲の状況に関して国土交通大臣が定める基準である「防火壁又は防火床の設置を要しない畜舎等の基準を定める件（H6建告第1716号）」に適合する畜舎等については，防火壁の設置を要しないこととしている。したがって，例えば，観光牧場や一般客の見学コースを有する施設のように不特定多数の者が出入りする施設は，特に避難上の支障が生ずることが考えられ，本規定に掲げる用途に該当しないことになる。

なお，同号の政令で定める用途は，令第115条の2第2項において，畜舎の他に，堆肥舎，水産物の増殖場・養殖場の上家が規定されている。

第2項

防火壁・防火床によって他の部分と有効に区画されている部分（特定部分）を有する建築物について，「特定部分」と「特定部分以外の部分」を別建築物とみなす規定である。特定部分の技術的基準としては，主要構造部において準耐火性能を確保し，かつ，外壁の開口部で延焼のおそれのある部分に防火設備を設置したものとすることを要求している。

本文の末尾で「当該特定部分を同項第一号に該当する建築物とみなす」とあるのは，例えばその主要構造部を耐火構造又は準耐火構造とした特定部分については，その要求性能上は「耐火建築物又は準耐火建築物」相当であり，特定部分だけの床面積が1,000㎡を超えたとしても，性能的には防火壁・防火床の設置が不要であることから，条文上，その位置づけを明確化したものである。

なお，特定部分の主要構造部に対する要求性能を規定するにあたり，耐火性能関連の要求事項を第1号に，準耐火性能関連の要求性能を第2号にそれぞれ分けて記載しているのは，耐火性能に関しては，主要構造部のうち「特定主要構造部」の部分だけを耐火構造とすることで性能を確保することができる特例（法第2条第9号の2イ）があるのに対し，準耐火性能に関しては同旨の特例がないことから，要求部分の指定に当たって，前者については「特定主要構造部」と，後者については「主要構造部」と書き分ける必要があるための措置である。

（木造等の建築物の防火壁及び防火床）

令第113条　防火壁及び防火床は，次に掲げる構造としなければならない。

一　耐火構造とすること。

二　通常の火災による当該防火壁又は防火床以外の建築物の部分の倒壊によつて生ずる応力が伝えられた場合に倒壊しないものとして国土交通大臣が定めた構造方法を用いるものとすること。

三　通常の火災時において，当該防火壁又は防火床で区画された部分（当該防火壁又は防火床の部分を除く。）から屋外に出た火炎による当該防火壁又は防火床で区画された他の部分（当該防火壁又は防火床の部分を除く。）への延焼を有効に防止できるものとして国土交通大臣が定めた構造方法を用いるものとすること。

四　防火壁に設ける開口部の幅及び高さ又は防火床に設ける開口部の幅及び長さは，それぞれ2.5メートル以下とし，かつ，これに特定防火設備で前条第19項第1号に規定する構造であるものを設けること。

2　前条第20項の規定は給水管，配電管その他の管が防火壁又は防火床を貫通する場合に，同条第21項の規定は換気，暖房又は冷房の設備の風道が防火壁又は防火床を貫通する場合について準用する。

3　防火壁又は防火床で火熱遮断壁等に該当するものについては，第1項の規定は，適用しない。

（昭26政371・昭33政283・昭34政344・昭39政4・昭44政8・昭45政333・昭48政242・平12政211・平12政312・平27政11・平30政255・令元政30・令元政181・令5政280・一部改正）

本条においては，法第26条にいう防火上有効な構造の防火壁・防火床の構造が規定されている。防火壁・防火床に期待される役割として，建築物内の延焼を防止する観点から，通常の火災が発生した場合に，防火壁又は防火床で構成される区画によって隔てられた他の部分への延焼を防止するとともに，当該防火壁・防火床の自立性が必要となる。特に，防火床に関しては，床単体では構造的に自立ができないため，床を支える壁や柱が必須となる点に留意する必要がある。

なお，本条は，形式的には包括委任規定である法第36条からの委任を受けている。

第１項

本項は，防火壁及び防火床の構造に関する技術的基準を定めている。平成30年改正以前は，構造の仕様そのものを定めていたが，防火床の規定の追加に伴い，「延焼の防止」と「自立性」について基準を整理する必要が生じたことから，第二号及び第三号については性能規定化が図られた内容となった。

第１項第１号

防火壁・防火床を設置すべき建築物は，耐火建築物・準耐火建築物以外の建築物であり，建築物の構造自体が焼失する危険が大きいので，防火壁・防火床はそれ自体で自立するものである必要がある。火災時を想定した自立性を確保するための前提として，防火壁・防火床そのものに防耐火性能を求めるため，本号が定められたものである。

第１項第２号

第１号と同じ趣旨により，防火壁・防火床の自立性を確保するための規定である。火災時にあっては，第１号の効果により，防火壁・防火床そのものは損傷しなかったとしても，建築物そのものは耐火建築物・準耐火建築物以外の建築物であるため，「防火壁・防火床以外の部分」については倒壊する可能性がある。その際に，「防火壁・防火床以外の部分」の倒壊によって発生する応力により，防火壁がひきずられるように倒壊したり，防火床が崩落したりすることがあると，結果的には「延焼の防止」という目的を達成することができなくなるおそれがある。したがって，本号において，防火壁・防火床については，「通常の火災」を想定した上で，「防火壁又は防火床以外の建築物の部分の倒壊によつて生ずる応力が伝えられた場合に倒壊しない」という性能を求めることとしている。具体的な仕様については，「防火壁及び防火床の構造方法を定める件（R元国交告第197号）」の第一において，以下の内容を定めている。

・無筋コンクリート造・組積造の禁止（旧・令第113条第１項第２号）

・防火壁の自立性確保（旧・令第113条第１項第１号の一部）

・防火床を指示ずる壁・柱・はりに対する耐火構造の要求（実質的には防火床の一部）

第1項第3号

防火壁・防火床を飛び越えて火災が拡大しないよう火炎，火熱を遮るための措置を定めたものである。平成30年改正に伴って，防火床については形状の異なる防火壁とは別の措置が必要になったことから，政令においては「延焼の防止」という性能を明確化した上で，具体の仕様はR元国交告第197号第二に委任された。

防火壁については，建築物の外壁又は屋根の表面から50㎝以上突き出させることを原則としたものである。この場合，特に防火壁からの距離が1.8m以内の部分について，外壁が防火構造であり，屋根にも20分間の非損傷性が確保されている場合には，突き出しの高さを10㎝以上にまで緩和している。また，防火壁を含んで幅3.6m以上の部分が耐火構造の場合には突き出し部分がなくても，同等の防火上の効果が期待できるものとしている。

防火床についても，基本的な考え方は同様であるが，火炎の性質上，下階から上階への延焼リスクが大きいという特徴を踏まえつつ，防火床を外壁面から突出させない仕様も含めて，以下のいずれかに適合させれば良いものとしている。

①　建築物の外壁面から1.5m以上突き出させること

②　防火床の下階の外壁部分の構造強化（構造：耐火構造，表面：不燃材料，開口部：通常防火設備）

③　防火床の上階・下階のそれぞれの外壁部分の構造強化（構造：準耐火構造，表面：準不燃材料，開口部：通常防火設備）

なお，防火床の場合は，その構造上，建築物の内部において上階と下階を行き来する竪穴部分（階段室など）が設けられることが想定される。一方で，防火床を設けるべき建築物は，耐火建築物・準耐火建築物以外の建築物であり，令第112条の規定による防火区画の適用対象外であることから，竪穴区画の設置が義務づけられていないため，告示仕様においては，防火床を貫通する竪穴部分に令第112条第19項と同じ竪穴区画を設けることを求めている。

第1項第4号

防火壁・防火床に開口部を設けた場合には，防火壁・防火床が所期の防火の効果を果たすため，当該部分に設けられる防火設備の構造を規定したものである。すなわち，第一に，防火設備自体があまり大きくなると開閉自体が困難になることから，その開口部の幅及び高さは，それぞれ2.5m以下とすること，第二にその防火設備は，随時閉鎖することができ，かつ，また，火災により煙が発生した場合又は火災により温度が急上昇した場合に自動的に閉鎖することが義務づけられている。なお，ここで用いる防火設備は，必ず特定防火設備としなければならない。

第2項

種々の配管設備，風道（ダクト）等が防火壁を貫通する場合の防火上の措置の規定である。すなわち，給水管，配電管等の配管設備については，令第129条の2の5第1項第7号の規定に基づき，これらの管が防火壁・防火床を貫通する場合は，その部分及びその貫通する部分から両側に1m以内の距離にある部分を不燃材料で造ることが義務づけられているので，当該配管と，防火壁・防火床の間の隙間をモルタルその他の不燃材料で埋めることによって完全な防火壁・防火床の形成を義務づけたものである。また，冷暖房等の風道が貫通する場合には，煙感知又は熱感知により有効に閉鎖するダンパーを設けなければならないことが規定されている。この規定は令第112条の防火区画の規定を準用したものであり，防火上きわめて重要なものである。

第3項

令第109条の8に規定する「火熱遮断壁等」を設けた建築物の場合は，別途の延焼防止の措置が図られていることとなるため，当該火熱遮断壁等を防火壁・防火床とみなすことで，規制を重複させないようにした規定である。

（防火壁又は防火床の設置を要しない建築物に関する技術的基準等）

令第115条の2　法第26条第1項第2号ロの政令で定める技術的基準は，次のとおりとする。

一　第46条第2項第1号イ及びロに掲げる基準に適合していること。

二　地階を除く階数が2以下であること。

三　2階の床面積（吹抜きとなつている部分に面する2階の通路その他の部分の床で壁の室内に面する部分から内側に2メートル以内の間に設けられたもの（次号において「通路等の床」という。）の床面積を除く。）が1階の床面積の8分の1以下であること。

四　外壁及び軒裏が防火構造であり，かつ，1階の床（直下に地階がある部分に限る。）及び2階の床（通路等の床を除く。）の構造が，これに屋内において発生する通常の火災による火熱が加えられた場合に，加熱開始後30分間構造耐力上支障のある変形，溶融，亀裂その他の損傷を生じず，かつ，当該加熱面以外の面（屋内に面するものに限る。）の温度が可燃物燃焼温度以上に上昇しないものとして，国土交通大臣が定めた構造方法を用いるもの又は国土交通大臣の認定を受けたものであること。ただし，特定行政庁がその周囲の状況により延焼防止上支障がないと認める建築物の外壁及び軒裏については，この限りでない。

五　地階について，その特定主要構造部が耐火構造であるか，又はその主要構造部が不燃材料で造られていること。

六　調理室，浴室その他の室でかまど，こんろその他火を使用する設備又は器具を設けたものの部分が，その他の部分と耐火構造の床若しくは壁（これらの床又は壁を貫通する給水管，配電管その他の管の部分及びその周囲の部分の構造が国土交通大臣が定めた構造方法を用いるものに限る。）又は特定防火設備で第112条第19項第1号に規定する構造であるもので区画されていること。

七　建築物の各室及び各通路について，壁（床面からの高さが1.2メートル以下の部分を除く。）及び天井（天井のない場合においては，屋根）の室内に面する部分（回り縁，窓台その他これらに類する部分を除く。）の仕上げが難燃材料でされ，又はスプリンクラー設備，水噴霧消火設備，泡消火設備その他これらに類するもので自動式のもの及び第126条の3の規定に適合する排煙設備が設けられていること。

八　主要構造部である柱又ははりを接合する継手又は仕口の構造が，通常の火災時の加熱に対して耐力の低下を有効に防止することができるものとして国土交通大臣が定めた構造方法を用いるものであること。

九　国土交通大臣が定める基準に従つた構造計算によつて，通常の火災により建築物全体が容易に倒壊するおそれのないことが確かめられた構造であること。

2　法第26条第1項第3号の政令で定める用途は，畜舎，堆肥舎並びに水産物の増殖場及び養殖場の上家とする。

（昭62政348・追加，平12政211・平12政312・平30政255・令元政30・令元政181・令5政280・一部改正）

本条は，火災の発生のおそれが少ない建築物について，防火壁又は防火床を設けない場合において従うべき基準として，法第26条第2号ロの規定する「政令で定める技術的基準」を示したものである。

第1項第1号は，構造耐力上からの規制であり，構造方法は，構造耐力上主要な部分に大断面集成材等を用いる大断面木造建築物に限られる。

第2号，第3号では，階数について，急速な火災拡大の防止を図るため地階を除き2以下と制限し，さらに可燃物量をできるだけ抑えるために，2階部分の床面積についても規模規制を行っている。

第4号から第6号では，外壁，軒裏，床，地階部分の主要構造部及び火気使用室に関しての防火措置を規定している。

第7号は，各室及び各通路の内装制限に関する規制である。

第8号は，柱とはりとの接合部について，通常の火災時の加熱により容易に耐力が低下しない構造とすることを定めており，具体的な技術基準については「通常の火災時の加熱に対して耐力の低下を有効に防止することができる主要構造部である柱又ははりを接合する継手又は仕口の構造方法を定める件（S62建告第1901号）」に規定されている。すなわち，大断面集成材等を用いた木造建築物では，柱及びはり相互の継手又は仕口に金物を用いるのが通常であるが，金物は加熱を受け，高温になると耐力が低下する。このため通常の火災時の加熱に対しては耐力が低下することのないように，適切な被覆，埋込み等を行うこととしている。

第9号は，通常の火災時に主要構造部である大断面集成材等で造られた柱やはりに着火した場合においても，架構が火災により倒壊し，周囲に影響を及ぼし延焼を引き起こすことを防止するため，これらの柱やはりが表面から一定の深さまで燃え進み，有効断面が縮小しても倒壊しないこと等を構造計算によって確認することを定めており（燃えしろ設計），具体的な技術基準については「通常の火災により建築物全体が容易に倒壊するおそれのない構造であることを確かめるための構造計算の基準（S62建告第1902号）」に規定されている。

第2項　防火区画

（防火区画）

令第112条　法第2条第9号の3イ若しくはロのいずれかに該当する建築物（特定主要構造部を耐火構造とした建築物を含む。）又は第136条の2第1号ロ若しくは第2号ロに掲げる基準に適合する建築物で，延べ面積（スプリンクラー設備，水噴霧消火設備，泡消火設備その他これらに類するもので自動式のものを設けた部分の床面積の２分の１に相当する床面積を除く。以下この条において同じ。）が1,500平方メートルを超えるものは，床面積の合計（スプリンクラー設備，水噴霧消火設備，泡消火設備その他これらに類するもので自動式のものを設けた部分の床面積の２分の１に相当する床面積を除く。以下この条において同じ。）1,500平方メートル以内ごとに１時間準耐火基準に適合する準耐火構造の床若しくは壁又は特定防火設備（第109条に規定する防火設備であつて，これに通常の火災による火熱が加えられた場合に，加熱開始後１時間当該加熱面以外の面に火炎を出さないものとして，国土交通大臣が定めた構造方法を用いるもの又は国土交通大臣の認定を受けたものをいう。以下同じ。）で区画しなければならない。ただし，次の各号のいずれかに該当する建築物の部分でその用途上やむを得ないものについては，この限りでない。

一　劇場，映画館，演芸場，観覧場，公会堂又は集会場の客席，体育館，工場その他これらに類する用途に供する建築物の部分

二　階段室の部分等（階段室の部分又は昇降機の昇降路の部分（当該昇降機の乗降のための乗降ロビーの部分を含む。）をいう。第14項において同じ。）で１時間準耐火基準に適合する準耐火構造の床若しくは壁又は特定防火設備で区画されたもの

2　前項の「１時間準耐火基準」とは，主要構造部である壁，柱，床，はり及び屋根の軒裏の構造が，次に掲げる基準に適合するものとして，国土交通大臣が定めた構造方法を用いるもの又は国土交通大臣の認定を受けたものであることとする。

一　次の表の上欄に掲げる建築物の部分にあつては，当該部分に通常の火災による火熱が加えられた場合に，加熱開始後それぞれ同表の下欄に掲げる時間において構造耐力上支障のある変形，溶融，破壊その他の損傷を生じないものであること。

壁	間仕切壁（耐力壁に限る。）	１時間
	外壁（耐力壁に限る。）	１時間
柱		１時間
床		１時間

はり	1時間

二　壁（非耐力壁である外壁の延焼のおそれのある部分以外の部分を除く。），床及び屋根の軒裏（外壁によつて小屋裏又は天井裏と防火上有効に遮られているものを除き，延焼のおそれのある部分に限る。）にあつては，これらに通常の火災による火熱が加えられた場合に，加熱開始後1時間当該加熱面以外の面（屋内に面するものに限る。）の温度が可燃物燃焼温度以上に上昇しないものであること。

三　外壁（非耐力壁である外壁の延焼のおそれのある部分以外の部分を除く。）にあつては，これに屋内において発生する通常の火災による火熱が加えられた場合に，加熱開始後1時間屋外に火炎を出す原因となる亀裂その他の損傷を生じないものであること。

3　特定主要構造部を耐火構造とした建築物の2以上の部分が当該建築物の吹抜きとなつている部分その他の一定の規模以上の空間が確保されている部分（以下この項において「空間部分」という。）に接する場合において，当該2以上の部分の構造が通常の火災時において相互に火熱による防火上有害な影響を及ぼさないものとして，国土交通大臣が定めた構造方法を用いるもの又は国土交通大臣の認定を受けたものであるときは，当該2以上の部分と当該空間部分とが特定防火設備で区画されているものとみなして，第1項の規定を適用する。この場合において，同項ただし書中「ものに」とあるのは，「もの又は第3項の規定が適用される建築物の同項に規定する空間部分に」とする。

4　法第21条第1項若しくは第2項（これらの規定を同条第3項の規定によりみなして適用する場合を含む。次項において同じ。）若しくは法第27条第1項（同条第4項の規定によりみなして適用する場合を含む。以下この項及び次項において同じ。）の規定により第109条の5第1号に掲げる基準に適合する建築物（通常火災終了時間が1時間以上であるものを除く。）とした建築物，法第27条第1項の規定により第110条第1号に掲げる基準に適合する特殊建築物（特定避難時間が1時間以上であるものを除く。）とした建築物，法第27条第3項（同条第4項の規定によりみなして適用する場合を含む。次項において同じ。）の規定により準耐火建築物（第109条の3第2号に掲げる基準又は1時間準耐火基準（第2項に規定する1時間準耐火基準をいう。以下同じ。）に適合するものを除く。）とした建築物，法第61条第１項（同条第２項の規定によりみなして適用する場合を含む。次項において同じ。）の規定により第136条の２第２号に定める基準に適合する建築物（準防火地域内にあるものに限り，第109条の３第２号に掲げる基準又は１時間準耐火基準に適合するものを除く。）とした建築物又は法第67条第１項の規定により準耐火建築物等（第109条の３第２号に掲げる基準又は１時間準耐火基準に適合するものを除く。）とした建築物で，延べ面積が500平方メートルを超えるものについては，第１項の規定にかかわらず，床面積の合計500平方メートル以内ごとに１時間準耐火基準に適合する準耐火構造の床若しくは壁又は特定防火設備で区画し，かつ，防火上主要な間仕切壁（自動スプリンクラー設備等設置部分（床面積が200平方メートル以下の階又は床面積200平方メートル以内ごとに準耐火構造の壁若しくは法第２条第９号の２ロに規定する防火設備で区画されている部分で，スプリンクラー設備，水噴霧消火設備，泡消火設備その他これらに類するもので自動式のものを設けたものをいう。第114条第１項及び第２項において同じ。）その他防火上支障がないものとして国土交通大臣が定める部分の間仕切壁を除く。）を準耐火構造とし，次の各号のいずれかに該当する部分を除き，小屋裏又は天井裏に達せしめなければならない。

一　天井の全部が強化天井（天井のうち，その下方からの通常の火災時の加熱に対してその上方への延焼を有効に防止することができるものとして，国土交通大臣が定めた構造方法を用いるもの又は国土交通大臣の認定を受けたものをいう。次号及び第114条第３項において同じ。）である階

二　準耐火構造の壁又は法第２条第９号の２ロに規定する防火設備で区画されている部分で，当該部分の天井が強化天井であるもの

5　法第21条第１項若しくは第２項若しくは法第27条第１項の規定により第109条の５第１号に掲げる基準に適合する建築物（通常火災終了時間が１時間以上であるものに限る。）とした建築物，同項の規定により第110条第１号に掲げる基準に適合する特殊建築物（特定避難時間が１時間以上であるものに限る。）とした建築物，法第27条第３項の規定により準耐火建築物（第109条の３第２号に掲げる基準又は１時間準耐火基準に適合するものに限る。）とした建築物，法第61条第１項の規定により第136条の２第２号に定める基準に適合する建築物（準防火地域内にあり，かつ，第109条の３第２号に掲

げる基準又は1時間準耐火基準に適合するものに限る。）とした建築物又は法第67条第1項の規定により準耐火建築物等（第109条の3第2号に掲げる基準又は1時間準耐火基準に適合するものに限る。）とした建築物で，延べ面積が1,000平方メートルを超えるものについては，第1項の規定にかかわらず，床面積の合計1,000平方メートル以内ごとに1時間準耐火基準に適合する準耐火構造の床若しくは壁又は特定防火設備で区画しなければならない。

6　前2項の規定は，次の各号のいずれかに該当する建築物の部分で，天井（天井のない場合においては，屋根。以下この条において同じ。）及び壁の室内に面する部分の仕上げを準不燃材料でしたものについては，適用しない。

一　体育館，工場その他これらに類する用途に供する建築物の部分

二　第1項第2号に掲げる建築物の部分

7　建築物の11階以上の部分で，各階の床面積の合計が100平方メートルを超えるものは，第1項の規定にかかわらず，床面積の合計100平方メートル以内ごとに耐火構造の床若しくは壁又は法第2条第9号の2ロに規定する防火設備で区画しなければならない。

8　前項の建築物の部分で，当該部分の壁（床面からの高さが1.2メートル以下の部分を除く。次項及び第14項第1号において同じ。）及び天井の室内に面する部分（回り縁，窓台その他これらに類する部分を除く。以下この条において同じ。）の仕上げを準不燃材料でし，かつ，その下地を準不燃材料で造つたものは，特定防火設備以外の法第2条第9号の2ロに規定する防火設備で区画する場合を除き，前項の規定にかかわらず，床面積の合計200平方メートル以内ごとに区画すれば足りる。

9　第7項の建築物の部分で，当該部分の壁及び天井の室内に面する部分の仕上げを不燃材料でし，かつ，その下地を不燃材料で造つたものは，特定防火設備以外の法第2条第9号の2ロに規定する防火設備で区画する場合を除き，同項の規定にかかわらず，床面積の合計500平方メートル以内ごとに区画すれば足りる。

10　前3項の規定は，階段室の部分若しくは昇降機の昇降路の部分（当該昇降機の乗降のための乗降ロビーの部分を含む。），廊下その他避難の用に供する部分又は床面積の合計が200平方メートル以内の共同住宅の住戸で，耐火構

造の床若しくは壁又は特定防火設備（第７項の規定により区画すべき建築物にあつては，法第２条第９号の２ロに規定する防火設備）で区画されたものについては，適用しない。

11　主要構造部を準耐火構造とした建築物（特定主要構造部を耐火構造とした建築物を含む。）又は第136条の２第１号ロ若しくは第２号ロに掲げる基準に適合する建築物であつて，地階又は３階以上の階に居室を有するものの竪（たて）穴部分（長屋又は共同住宅の住戸でその階数が２以上であるもの，吹抜きとなつている部分，階段の部分（当該部分からのみ人が出入りすることのできる便所，公衆電話所その他これらに類するものを含む。），昇降機の昇降路の部分，ダクトスペースの部分その他これらに類する部分をいう。以下この条において同じ。）については，当該竪（たて）穴部分以外の部分（直接外気に開放されている廊下，バルコニーその他これらに類する部分を除く。次項及び第13項において同じ。）と準耐火構造の床若しくは壁又は法第２条第９号の２ロに規定する防火設備で区画しなければならない。ただし，次の各号のいずれかに該当する竪（たて）穴部分については，この限りでない。

一　避難階からその直上階又は直下階のみに通ずる吹抜きとなつている部分，階段の部分その他これらに類する部分でその壁及び天井の室内に面する部分の仕上げを不燃材料でし，かつ，その下地を不燃材料で造つたもの

二　階数が３以下で延べ面積が200平方メートル以内の一戸建ての住宅又は長屋若しくは共同住宅の住戸のうちその階数が３以下で，かつ，床面積の合計が200平方メートル以内であるものにおける吹抜きとなつている部分，階段の部分，昇降機の昇降路の部分その他これらに類する部分

12　３階を病院，診療所（患者の収容施設があるものに限る。次項において同じ。）又は児童福祉施設等（入所する者の寝室があるものに限る。同項において同じ。）の用途に供する建築物のうち階数が３で延べ面積が200平方メートル未満のもの（前項に規定する建築物を除く。）の竪（たて）穴部分については，当該竪（たて）穴部分以外の部分と間仕切壁又は法第２条第９号の２ロに規定する防火設備で区画しなければならない。ただし，居室，倉庫その他これらに類する部分にスプリンクラー設備その他これに類するものを設けた建築物の竪（たて）穴部分については，当該防火設備に代えて，10分間防火設備（第109条に規定する防火設備であつて，これに通常の火災による火熱が加えられた場合に，加熱開始後10分間当該加熱面以外の面に火炎を出さないものとして，国土交

通大臣が定めた構造方法を用いるもの又は国土交通大臣の認定を受けたものをいう。第19項及び第121条第４項第１号において同じ。）で区画することができる。

13　３階を法別表第１(い)欄(2)項に掲げる用途（病院，診療所又は児童福祉施設等を除く。）に供する建築物のうち階数が３で延べ面積が200平方メートル未満のもの（第11項に規定する建築物を除く。）の竪穴部分については，当該竪穴部分以外の部分と間仕切壁又は戸（ふすま，障子その他これらに類するものを除く。）で区画しなければならない。

14　竪穴部分及びこれに接する他の竪穴部分（いずれも第１項第１号に該当する建築物の部分又は階段室の部分等であるものに限る。）が次に掲げる基準に適合する場合においては，これらの竪穴部分を１の竪穴部分とみなして，前３項の規定を適用する。

一　当該竪穴部分及び他の竪穴部分の壁及び天井の室内に面する部分の仕上げが準不燃材料でされ，かつ，その下地が準不燃材料で造られたものであること。

二　当該竪穴部分と当該他の竪穴部分とが用途上区画することができないものであること。

15　第12項及び第13項の規定は，火災が発生した場合に避難上支障のある高さまで煙又はガスの降下が生じない建築物として，壁及び天井の仕上げに用いる材料の種類並びに消火設備及び排煙設備の設置の状況及び構造を考慮して国土交通大臣が定めるものの竪穴部分については，適用しない。

16　第１項若しくは第４項から第６項までの規定による１時間準耐火基準に適合する準耐火構造の床若しくは壁（第４項に規定する防火上主要な間仕切壁を除く。）若しくは特定防火設備，第７項の規定による耐火構造の床若しくは壁若しくは法第２条第９号の２ロに規定する防火設備又は第11項の規定による準耐火構造の床若しくは壁若しくは同号ロに規定する防火設備に接する外壁については，当該外壁のうちこれらに接する部分を含み幅90センチメートル以上の部分を準耐火構造としなければならない。ただし，外壁面から50センチメートル以上突出した準耐火構造のひさし，床，袖壁その他これらに類するもので防火上有効に遮られている場合においては，この限りでない。

17　前項の規定によつて準耐火構造としなければならない部分に開口部がある場合においては，その開口部に法第２条第９号の２ロに規定する防火設備を設けなければならない。

18　建築物の一部が法第27条第１項各号，第２項各号又は第３項各号のいずれかに該当する場合においては，その部分とその他の部分とを１時間準耐火基準に適合する準耐火構造とした床若しくは壁又は特定防火設備で区画しなければならない。ただし，国土交通大臣が定める基準に従い，警報設備を設けることその他これに準ずる措置が講じられている場合においては，この限りでない。

19　第１項，第４項，第５項，第10項又は前項の規定による区画に用いる特定防火設備，第７項，第10項，第11項又は第12項本文の規定による区画に用いる法第２条第９号の２ロに規定する防火設備，同項ただし書の規定による区画に用いる10分間防火設備及び第13項の規定による区画に用いる戸は，次の各号に掲げる区分に応じ，当該各号に定める構造のものとしなければならない。

一　第１項本文，第４項若しくは第５項の規定による区画に用いる特定防火設備又は第７項の規定による区画に用いる法第２条第９号の２ロに規定する防火設備　次に掲げる要件を満たすものとして，国土交通大臣が定めた構造方法を用いるもの又は国土交通大臣の認定を受けたもの

イ　常時閉鎖若しくは作動をした状態にあるか，又は随時閉鎖若しくは作動をできるものであること。

ロ　閉鎖又は作動をするに際して，当該特定防火設備又は防火設備の周囲の人の安全を確保することができるものであること。

ハ　居室から地上に通ずる主たる廊下，階段その他の通路の通行の用に供する部分に設けるものにあつては，閉鎖又は作動をした状態において避難上支障がないものであること。

ニ　常時閉鎖又は作動をした状態にあるもの以外のものにあつては，火災により煙が発生した場合又は火災により温度が急激に上昇した場合のいずれかの場合に，自動的に閉鎖又は作動をするものであること。

二　第１項第２号，第10項若しくは前項の規定による区画に用いる特定防火設備，第10項，第11項若しくは第12項本文の規定による区画に用いる法第２条第９号の２ロに規定する防火設備，同項ただし書の規定による区画に用いる10分間防火設備又は第13項の規定による区画に用いる戸　次に掲げる要件を満たすものとして，国土交通大臣が定めた構造方法を用いるもの

又は国土交通大臣の認定を受けたもの

イ　前号イからハまでに掲げる要件を満たしているものであること。

ロ　避難上及び防火上支障のない遮煙性能を有し，かつ，常時閉鎖又は作動をした状態にあるもの以外のものにあつては，火災により煙が発生した場合に自動的に閉鎖又は作動をするものであること。

20　給水管，配電管その他の管が第1項，第4項から第6項まで若しくは第18項の規定による1時間準耐火基準に適合する準耐火構造の床若しくは壁，第7項若しくは第10項の規定による耐火構造の床若しくは壁，第11項本文若しくは第16項本文の規定による準耐火構造の床若しくは壁又は同項ただし書の場合における同項ただし書のひさし，床，袖壁その他これらに類するもの（以下この条において「準耐火構造の防火区画」という。）を貫通する場合においては，当該管と準耐火構造の防火区画との隙間をモルタルその他の不燃材料で埋めなければならない。

21　換気，暖房又は冷房の設備の風道が準耐火構造の防火区画を貫通する場合（国土交通大臣が防火上支障がないと認めて指定する場合を除く。）においては，当該風道の準耐火構造の防火区画を貫通する部分又はこれに近接する部分に，特定防火設備（法第2条第9号の2ロに規定する防火設備によつて区画すべき準耐火構造の防火区画を貫通する場合にあつては，同号ロに規定する防火設備）であつて，次に掲げる要件を満たすものとして，国土交通大臣が定めた構造方法を用いるもの又は国土交通大臣の認定を受けたものを国土交通大臣が定める方法により設けなければならない。

一　火災により煙が発生した場合又は火災により温度が急激に上昇した場合に自動的に閉鎖するものであること。

二　閉鎖した場合に防火上支障のない遮煙性能を有するものであること。

22　建築物が火熱遮断壁等で区画されている場合における当該火熱遮断壁等により分離された部分は，第1項又は第11項から第13項までの規定の適用については，それぞれ別の建築物とみなす。

23　第109条の2の2第3項に規定する建築物に係る第1項又は第11項の規定の適用については，当該建築物の同条第3項に規定する特定部分及び他の部分をそれぞれ別の建築物とみなす。

（昭26政371・昭31政185・昭33政283・昭34政344・昭36政396・昭39政4・昭44政8・昭45政333・昭48政242・昭55政196・平5政170・平6政278・平12政

211・平12政312・平15政523・平17政246・平26政232・平27政11・平28政6・平30政255・令元政30・令元政181・令5政280・一部改正）

火災が発生した場合において，火災が建築物内のほかの部分に延焼することを防止することは，避難活動及び消防活動の安全性を確保し，また，財産の保護を図るうえで極めて有効な手段である。

延焼については，床・間仕切壁又はその開口部を破って延焼するもの（内部延焼）と，外壁に設けられた開口部から噴出した火炎が上階の開口部を破って延焼するもの（外部延焼）とに大別されるが，効果的な延焼防止を図るためには，この両方について適切な措置を講じる必要がある。

建築基準法令においては，防火区画すべき範囲や区画の構成材（床，壁，防火設備）に要求される耐火性能や遮炎性能が，建築物の用途・規模・構造等に応じて規定されている。具体的には，包括委任規定である法第36条からの委任を受けて，令第112条においてその技術的基準が規定されているところであるが，ここでは，同条各項の規定を以下のとおりに整理したうえで，それぞれについて解説を加えることとする。

表4－27　防火区画の概要

区画	根拠	対象となる建築物・部分	区画すべき部分	区画の方法
面積区画	第1項	耐火構造の建築物，任意準耐火建築物，延焼・準延焼防止建築物	1,500㎡以内※1	床・壁：1時間準耐火構造 開口部：特定防火設備
	第3項	一定の基準を満たす吹抜き	区画みなし	
	第4項	義務準耐火建築物【イ準耐（45分），ロ準耐－1】	500㎡以内※1	
	第5項	義務準耐火建築物【イ準耐（1時間），ロ準耐－2】	1,000㎡以内※1	
	第1項ただし書・第6項	階段室の部分又は昇降路の部分で用途上やむを得ないもの	当該部分	
	第1項ただし書	劇場等の客席，体育館，工場等で用途上やむを得ないもの	不要（第1項）	／
	第6項	体育館，工場等（内装：準不燃材料）	不要（第4・5項）	／
高層区画（11階以上の部分）	第7項	すべて（第7項～第10項以外）	100㎡以内※1	床・壁：耐火構造 開口部：通常防火設備
	第8項	内装・下地：準不燃材料	200㎡以内※1	床・壁：耐火構造 開口部：特定防火設備
	第9項	内装・下地：不燃材料	500㎡以内※1	
	第10項	床面積200㎡以内の共同住宅の住戸	200㎡以内※1	
		階段室の部分，昇降路の部分，廊下，避難の用に供する部分	当該部分	
竪穴区画	第11項	準耐火構造の建築物で地階又は3階以上の階に居室を有するもの	竪穴部分	床・壁：準耐火構造 開口部：通常防火設備
	ただし書	避難階の直上・直下階の吹抜き等（※内装・下地：不燃材料）	不要	／
		一戸建ての住宅等における階段の部分等	不要	／

準竪穴区画	第12項	階数３・延べ面積200㎡未満の建築物（病院，診療所，就寝型児童福祉施設等）	竪穴部分	壁：間仕切壁 開口部：通常防火設備
	第13項	階数３・延べ面積200㎡未満の建築物（ホテル，寄宿舎，通所型児童福祉施設等）	竪穴部分	壁：間仕切壁 開口部：戸
	第15項	一定の基準を満たす竪穴部分	不要	
スパンドレル	第16項・第17項	面積区画（第10項を除く。）又は竪穴区画（第11項のみ）を有する建築物	防火区画に接する外壁	外　壁：準耐火構造 開口部：通常防火設備
異種用途区画	第18項	法第27条の適用を受ける建築物	異種用途部分	床・壁：１時間準耐火構造 開口部：特定防火設備
区画貫通	第20項	面積区画，竪穴区画（第11項本文のみ），スパンドレル又は異種用途区画を有する建築物	管の区画貫通部	管と区画の隙間：不燃材料
	第21項		風道の区画貫通部	風道：特定防火設備※2

※１：自動式スプリンクラー設備等を設けた場合は，区画面積は２倍

※２：対象となる防火区画が通常防火設備の場合は，通常防火設備

なお，法第26条（防火壁）の規定により，延べ面積が1,000㎡を超える建築物は床面積1,000㎡以内ごとに防火壁により区画することが規定されているが，法第26条は主として木造建築物等を対象としているため，耐火建築物又準耐火建築物については適用が除外されている。一方，本条は「主要構造部を耐火構造とした建築物等」を対象としている場合があることから，一部，法第26条と重複して適用を受ける場合が生ずる。この場合，本条と法第26条の規定のうち，より「厳」なる規定が適用されることになる。

(1)　面積区画（第1項～第6項）

本条のうち，第1項から第6項までは，大規模な建築物の延焼を防止するため，一定の面積ごとに防火区画（いわゆる面積区画）を設け，これによって火災を局部的なものに止めようとするものである。

第1項

区画すべき床面積の大きさは，建築物の構造種別，特殊建築物の用途による建築制限（法第27条），準防火地域における建築制限（法第61条）等の適用に応じて異なっている。

なお，本条の防火区画の適用を受ける建築物の延べ面積や，区画の対象となる床面積の算定に際して，スプリンクラー設備，水噴霧消火設備，泡消火設備等の自動式に作動する消火設備を設けた部分については，その2分の1に相当する面積を控除して算定することができる。すなわち，区画される部分すべてにこれらの消火設備が設置される場合には，規定された面積の倍の数値まで緩和される。ここに規定する消火設備の設置基準は，消防法令に準じて設けられたものに限られる。

面積区画に用いる床と壁は，1時間準耐火構造（性能的に上位である耐火構造や，1時間以上の特定準耐火構造を含む。）でなければならない。また，開口部を設ける場合は，閉鎖性能を有する特定防火設備で区画する必要がある。

第1項の規定の対象となるのは，①主要構造部を耐火構造とした建築物，②主要構造部を準耐火構造とした建築物，③外壁耐火構造による準耐火建築物同等の建築物（ロ準耐－1），④主要構造部不燃構造による準耐火建築物同等の建築物（ロ準耐－2），⑤延焼防止建築物，⑥準延焼防止建築物であり，これらの建築物に対して，床面積が1,500㎡を超えるものは1,500㎡以内ごとに区画することを原則として定めている。この際，②，③及び④の準耐火建築物については，法令上の規定によって準耐火建築物とすることが義務づけられた場合にあっては，第4項及び第5項の特則によって，より小さな区画面積での防火区画を形成することが求められることとされており，本項の対象となるのは任意で準耐火建築物とした場合に限られる。

また，本項の面積区画については，ただし書において例外として次の２つの場合を規定している。

第１号は，劇場，映画館，演芸場，観覧場，公会堂又は集会場の客席，体育館，工場等で，用途上区画することが困難な建築物の部分である。「その他これらに類する用途」としては，可燃性の低い物品を取り扱う倉庫や荷さばき場，屋内プール等が挙げられる。

第２号は，高層建築物の階段室の部分又は昇降機の昇降路の部分（法令上は「階段室の部分等」と定義）については，その面積が1,500㎡を超えることもあるが，それぞれ，避難上又は機能上の見地から，中途で区画することは望ましくないうえ，階段室の部分等は，本条第11項（竪穴区画）により，他の部分と防火区画することとされているので，当該部分をさらに区画しないでよいこととしている。なお，昇降機の昇降路の部分の直後に置かれているかっこ書における「当該昇降機の乗降のための乗降ロビーの部分を含む。」という記述の意味するところは，昇降路の部分と乗降ロビーとを区画する部分の開口部（いわゆる出入口）を防火設備によって防火区画することができない場合には，昇降路と乗降ロビーを一体として区画してもよいこととしたものである。

第２項

本項は，１時間準耐火基準の定義について規定したものである。平成30年改正以前においては，旧・法第21条第１項において規定されていた３階建木造建築物の構造に関する技術的基準として，同項から委任を受けた旧・令第129条の２の３第１項第１号ロ⑴，⑵及び⑶において１時間準耐火基準が規定されていたが，法第21条の性能規定化によって，これらの条文が形式的には廃止されたため，１時間準耐火基準を定義する条文がなくなってしまったことから，改正後の制度において引き続き１時間準耐火基準を必要とする本条に同内容を移行したものである。

なお，平成５年改正によって制定された１時間準耐火基準は，もともとは旧・法第27条第１項ただし書において規定されていた３階建共同住宅の構造に関する技術的基準として，同項から委任を受けた旧・令第115条の２の２第１項第１号イ，ロ及びハにおいて規定されていたが，平成26年改正による法第27条の性能規定化によって旧・令第129条の２の３に移行していた経緯があった。

技術的な内容としては，性能確保時間が１時間というだけで，非損傷性・遮熱性・遮炎性を求める準耐火構造そのものである。

第3項前段

本項は，アトリウムなどの大規模な吹抜き部分がある場合における，第1項の面積区画の特則である。一般的に，吹抜き部分は大空間であることが想定されるが，この場合，屋内での火災の発生時における延焼を防止するため，第1項の規定に基づき，1,500㎡以内ごと（スプリンクラー設備等を設置した場合は3,000㎡以内ごと）に，1時間準耐火構造の床・壁又は防火シャッター等で防火区画しなければならない。一方で，吹抜き部分を挟んでいる部分同士は，吹抜きによる離隔距離があることで火炎や火熱の影響が小さいにも関わらず，一律に防火区画（例えば，吹抜き部分を防火シャッターで区画）しなければならず，設計上の制約になっている状況が認められたことから，平成30年改正に際して，吹抜きの空間形状を考慮し，隣接区画への延焼や上階への延焼を抑制する効果が期待できる構造となっている場合には，吹抜き部分と他の部分との間の防火区画を不要とする内容の改正が行われた。

延焼抑制効果が期待できる吹抜き部分のことを「特定空間部分」と，特定空間部分に接する部分（条文上は「2以上の部分」）のことを「一般部分」と呼ぶことにすると，規制の趣旨を踏まえて，本項は次のように書き直すことができる。

「一般部分の構造が『通常の火災時において相互に火熱による防火上有害な影響を及ぼさない』ものとして告示仕様又は認定仕様に適合する場合においては，一般部分と特定空間部分とが特定防火設備で区画されているものとみなして，面積区画の規定を適用する」

すなわち，二重鉤括弧で示した性能が確保されていれば，「特定空間部分」の離隔距離の確保によって，第1項に規定する面積区画の趣旨である内部延焼の防止は実現できることから，「特定空間部分」と「一般部分」の間に防火シャッター等の防火設備を設置せずとも，同等の安全性は確保できるものとしている内容である。

当該性能を確保するための告示仕様については，「通常の火災時において相互に火熱による防火上有害な影響を及ぼさない2以上の部分の構造方法を定める件（R2国交告第522号）」において示されている。法律の規定としては，「一般部分」の構造方法を定めることとされているが，「一般部分」が接するべき「特定空間部分」の構造方法についても規定されている。

告示仕様においては，実際のアトリウム等を想定して「一般部分」を「特定廊下等」と「特定部分」に細分化し，火災の発生のおそれの少ない部分である「特定廊下等」を緩衝部分として位置づけることで，「特定空間部分」→「特定廊下等」→「特定部分」という三重構造に見立てて整理したモデル化を行っている。このモデルを前提として，①「特定空間部分」内からの出火リスクの低減（「特定空間部分」の用途制限，「特定空間部分」の内装制限，「特定空間部分」と「特定部分」の間に「特定廊下等」を配置），②「特定空間部分」を介した火炎の伸張による延焼の防止（「特定空間部分」における高さ・水平距離の確保，火災発生時の特定居室への延焼につながる放射熱の抑制），③「特定空間部分」に蓄積した高温の煙による延焼防止（「特定空間部分」における排煙設備の設置）の観点から，告示仕様が定められている。

表4—28　特定空間部分等の条件

部分	条件	
特定空間部分	用途	・非居室（玄関ホール，ロビーなどは可）
	構造	・高さ6m以上の吹抜き ・直径6mの円以上の水平断面 ・1,500㎡以下（※当該部分そのものが面積区画の対象）
	その他	・準不燃材料による壁・天井の仕上げ ・排煙設備の設置
特定廊下等	用途	・廊下その他の通路
	構造	・幅員4.6m以上（最下階のみ）
	その他	・準不燃材料による壁・天井の仕上げ
特定部分	構造	・接している特定廊下等の幅や，特定空間部分の床レベルの差などに応じて計算される放射熱が一定以下

なお，特定空間部分については，面積区画（第1項）の規定だけでなく，竪穴区画（第11項）の規定の適用を受けることが想定される。本項はあくまでも通常の面積区画を不要とする規定であるため，実際に防火シャッター等の設置を行わない設計とするためには，別途，全館避難安全検証（竪穴区画を設けることなく避難上の安全性を確保できることの検証）によって，竪穴区画の適用を除外することが必要となる（逆の見方をすれば，従来の制度では全館避難安全検証を行って竪穴区画の適用を除外しても，避難上の安全性ではなく，延焼防止を目的とした面積区画の適用が除外されないため，アトリウムの防火シャッターは設置が必須となっていたと言える）。

第3項後段

本項後段は，前段において示した，防火区画とみなすことができる吹抜き等の「空間部分」を対象とした特例である。前段の効果により，「空間部分」を設定することで，物理的な防火設備を1,500㎡ごとに設ける必要はなくなる一方，前段の効果だけだと，「空間部分そのもの」の床面積が1,500㎡を超える場合には，「空間部分」の内部において面積区画を設ける必要が生じることとなるため，火熱の拡散によって防火上の有害性が小さくなる大規模な「空間部分」の特性を踏まえて，その内部での面積区画を不要としている。

条文上は，面積区画が不要となる部分を規定している第1項ただし書において，本項の規定が適用される建築物の「空間部分」についても面積区画を不要とすべく，ただし書の読み替え規定を措置している。

第4項

第4項及び第5項は，第1項の特則である。

第4項の規定の対象となるのは，表4－29に掲げる各規定の適用が義務づけられている建築物のうち，法第2条第9号の3イに規定する準耐火建築物（イ準耐）又はロ準耐－1に該当する準耐火建築物であり，当該規定はこれらの建築物について，第1項の防火区画の特例を規定している。法第21条第1項や法第27条第1項の規定においては，従前は耐火建築物とすることが必須であったが，平成26年・平成30年改正により，特定準耐火構造による準耐火建築物で実現できる可能性が生じているため，主要構造部の性能確保時間が1時間未満となる場合については，本項の対象となる。また，法第61条の規定（準防火地域の場合）については，従前は準耐火建築物とする場合のみを本項の対象としていたが，準延焼防止建築物で実現できる場合があるため，結果として性能的にイ準耐（45分）やロ準耐－1に該当する場合については，本項の対象となるように追加されている。

イ準耐（45分）や特定準耐火建築物（性能確保時間が1時間未満のもの）については主要構造部が1時間に満たない準耐火構造であり，区画材の要求性能である1時間準耐火構造より劣ることから，また，ロ準耐－1については，屋根又は外壁以外の主要構造部について防火上の設置がなく内部延焼のおそれの大きいことから，延べ面積500㎡を超えるものは，500㎡以内ごとに区画するとともに，さらに，防火上主要な間仕切壁に所要の防火措置を講ずることが規定されている。防火上主要な間仕切壁の取扱いについては，実際に適用の機会が多いことが想定される令第114条の解説において詳述する。

なお，これらの規定によって準耐火建築物等とすることが義務づけられている建築物であっても，より性能の高い耐火建築物として設計した場合は，本項ではなく，第1項の適用を受けることとなるため，区画面積を1,500㎡まで拡げることが可能である。

表４―29　500㎡区画が必要な建築物

対象規定	500㎡区画が必要な建築物	
	義務の概要	義務の結果
法第21条第１項	一定の高さを超える木造建築物等	特定準耐火建築物（通常火災終了時間が１時間未満のもの）
法第27条第１項	一定の規模を有する特殊建築物	特定準耐火建築物（特定避難時間が１時間未満のもの）
法第27条第３項	一定の規模を有する倉庫，自動車車庫，危険物の貯蔵場・処理場等	準耐火建築物【ロ準耐―１】 準耐火建築物【イ準耐（45分）】
法第61条	一定の規模を有する準防火地域内の建築物	準延焼防止建築物（ロ準耐―２又はイ準耐・１時間に適合するものを除く。）
法第67条第１項	特定防災街区整備地区内の建築物	準耐火建築物・準延焼防止建築物（ロ準耐―２又はイ準耐・１時間に適合するものを除く。）

第５項

第５項の規定の対象となるのは，表４―30に掲げる各規定の適用が義務づけられている建築物ののうち，ロ準耐―２や性能確保時間が１時間以上の特定準耐火構造に該当する準耐火建築物であり，当該規定はこれらの建築物について，第４項同様に防火区画の特例を規定している。

１時間準耐火建築は主要構造部の性能が区画材と同等程度であること，また，ロ準耐―２については主要構造部に関する防耐火性能があり，内部燃焼に対する一定の抑止効果が認められることから，延べ面積が1,000㎡を超える場合は，1,000㎡以内でこの区画を義務づけることとしている。対象となる建築物については，第４項と対になっており，主要構造部の性能が相対的に高い建築物であることから，区画面積も第４項より広く設定することが可能となっている。

なお，これらの規定によって準耐火建築物等とすることが義務づけられている建築物であっても，より性能の高い耐火建築物として設計した場合は，本項ではなく，第１項の適用を受けることとなるため，区画面積を1,500㎡まで拡げることが可能である。

表４―30　1,000㎡区画が必要な建築物

対象規定	1,000㎡区画が必要な建築物	
	義務の概要	義務の結果
法第21条第１項	一定の高さを超える木造建築物等	特定準耐火建築物（通常火災終了時間が１時間以上のもの）

法第27条第1項	一定の規模を有する特殊建築物	特定準耐火建築物（特定避難時間が1時間以上のもの）
法第27条第3項	一定の規模を有する倉庫，自動車車庫，危険物の貯蔵場・処理場等	準耐火建築物【ロ準耐－2】 準耐火建築物【イ準耐（1時間)】
法第61条	一定の規模を有する準防火地域内の建築物	準延焼防止建築物【ロ準耐－2】 準延焼防止建築物【イ準耐（1時間)】
法第67条第1項	特定防災街区整備地区内の建築物	準耐火建築物【ロ準耐－2】 準耐火建築物【イ準耐（1時間)】 準延焼防止建築物【ロ準耐－2】 準延焼防止建築物【イ準耐（1時間)】

第6項

第6項は，第4項又は第5項の例外規定で，第1項ただし書の趣旨と同一である。体育館や工場，階段室や昇降路については天井と壁の内装を準不燃材料で仕上げた場合，第4項及び第5項に掲げる準耐火建築物であっても，防火区画の必要はない。なお，準耐火建築物は，主要構造部を耐火構造にした建築物に比べ，耐火性能が劣ることから，第1項ただし書で規定されている「劇場，映画館，演芸場，観覧場，公会堂又は集会場の客席」のように，不特定多数が利用する部分を有する建築物については，本項が想定している規模のものは耐火建築物とすることが求められているため，緩和規定を置いていない。

⑵　高層区画（第7項～第10項）

第7項から第10項までは，建築物の11階以上の部分に対する面積区画の特則であり，いわゆる高層区画の規定である。建築物の11階以上の部分は，通常，梯子車等によって消防隊の外部からの直接援助が受けられない部分であり，高さが31ｍを超える建築物については非常用の昇降機による消防活動支援上の措置を講ずべきことも要求されている（法第34条第2項)。

第7項

本項は，前述の条件にある部分であることから，耐火構造の床・壁と防火設備による防火区画を小区画ごとに設け，火災が発生しても，それを小区画（100㎡以内）に限定しようとしたものである。なお，小区画であるので，遮炎性能20分間の防火設備も認めている。

第8項・第9項

第8項及び第9項は，これらの建築物の内装及びその下地を不燃化した場合における防火区画の緩和のための措置で，第8項は第7項の，第9項は第7項及び第8項の例外規定である。すなわち，内装及びその下地について，第8項は準不燃材料にした場合を，第９項は不燃材料のみでした場合を規定しており，防火区画すべき小区画の面積を200㎡（準不燃材料の場合）又は500㎡（不燃材料のみの場合）まで拡大できるものとしている。なお，この場合，防火区画に設ける防火設備は，いずれも遮炎性能60分間の特定防火設備でなければならない。

第10項

第10項は第７項から第９項までの例外規定で，上下方向の避難施設である「階段室の部分若しくは昇降機の昇降路の部分」については第１項第２号に規定する趣旨と同一である。

また，11階以上は，防火区画が小区画ごとに設けられることにより，防火上は延焼拡大を抑止する有効な区画となるものの，避難上は支障をきたす危険性がある。そこで，安全な避難を優先する必要から，水平方向の避難施設である「廊下その他避難の用に供する部分」についても，その避難施設部分が，その他の部分と防火区画されていれば，避難施設部分の内部をさらに防火区画しなくてもよいとしたものである。

また，共同住宅の住戸については，①利用者がその構造について十分に熟知していること，②通常は住戸ごとに区画が形成されていること，③極端に床面積の大きい住戸は想定しにくいこと，④住戸単位で一体として利用するものであること，⑤住戸内に区画を設ける（防火設備を設置する等）ことによって空間利用上の制約が大きくなること等を考慮して，床面積の合計が200㎡以内の共同住宅の住戸であって防火区画されている部分については，100㎡以内ごとに区画すべき部分から除外することとしている。

⑶　竪穴区画・準竪穴区画（第11項～第15項）

第11項から第15項までの規定は，火災が建築物内の縦方向に連続する空間を通って拡大しないようにするとともに，建築物内の人が階段を通って安全に地上に到達できるよう，メゾネットタイプの２階以上の階を持つ住戸の部分，吹抜きになっている部分，階段の部分，昇降機の昇降路の部分，ダクトスペースの部分など，計画上又は機能上，やむを得ず上下階を貫通する空間を設けなければならない場合には，それらの縦方向の空間が，その他の部分（他の縦方向の空間の部分を含む。）と防火的に区画されなければならないこととしたものである。

この区画のことを一般に竪穴区画という。規制の対象となる部分は，「長屋又は共同住宅の住戸でその階数が２以上であるもの」，「吹抜きとなつている部分」，「階段の部分」，「昇降機の昇降路の部分」，「ダクトスペースの部分」及び「これらに類する部分」であり，これの部分は縦方向に連続する空間として，法令上は「竪穴部分」と定義されている。また，竪穴部分の例示のうち，「住戸」とは，メゾネット形式で一戸の住戸で２以上の階にまたがるものをいう。この種の住戸は，例えば下階の火災が，当該住戸を介して上階に拡大する危険性があることから，当該住戸自体をその他の部分と防火区画することによって，延焼経路にならないように規定したものである。また，「階段の部分」の括弧書きにある「当該部分からのみ人が出入りすることのできる便所，公衆電話所その他これらに類するものを含む」は，ここからしか出入りできない空間で，便所等の火災荷重が少なく，かつ，空間面積自体が十分に小さなものは竪穴部分と一体のものとして取り扱ってよいという趣旨である。

第11項（竪穴区画）

竪穴区画の設置を義務づけられる建築物は，当該区画が主要構造部と一体となったときに，有効に機能する性格のものであることから，主要構造部を準耐火構造とし，かつ，地階又は３階以上の階に居室を有するものを対象としている。また，延焼防止建築物及び準延焼防止建築物についても，同様に対象とされている。

竪穴部分は，「竪穴部分以外の部分」と区画する必要がある。当該部分に続く括弧書きは，直接外気に開放されている廊下やバルコニー等と接続する竪穴部分，例えば共同住宅の開放片廊下に接続する階段室については，その間に防火区画は必要としないという趣旨である。

竪穴区画に用いる床・壁は45分準耐火構造とし，開口部を設ける場合は20分遮炎性能の防火設備で区画する必要がある。

また，次の二つの場合については，本文の趣旨に鑑み，同水準の安全性が期待できるので，ただし書の規定により，竪穴空間の部分をその他の部分と防火区画しなくてもよいこととしている。

第１号は，避難階とその直上階，又は，避難階とその直下階の２層だけに通ずる吹抜き部分又は階段部分については，その部分の内装を不燃材料で仕上げ，かつ，その下地を不燃材料で造れば，仮に火災が発生しても，火災の拡大は急速ではなく，また，避難階の上階又は下階についても，１層分の避難で，その距離は短く，またその他の階とは防火区画されているので，所要の安全性が確保されているとしたものである。この規定は，避難階を挟んで上下３階にわたる空間，又は２以上の避難階を介して３層以上の階にまたがる空間についてまで緩和するものではない。なお，壁及び天井の内装の仕上げ及び下地を不燃材料で行うべき範囲は，当該吹抜きを含めて準耐火構造の床若しくは壁又は防火設備で区画された部分のすべてとされている。

第２号は，地上階，地下階を含む階数の合計が３以下で延べ面積（長屋又は共同住宅の場合は，一住戸の床面積）が200㎡以下の一戸建住宅又は長屋・共同住宅については，利用者が少数で特定されていることを考慮して，その住戸内の吹抜き部分，階段部分等については，区画を要しないものとしている。

第12項・第13項（準竪穴区画）

平成30年改正における法第27条第１項の改正により，階数が３以下で延べ面積が200㎡未満の特殊建築物については耐火建築物等とすることを要しないこととなり，主要構造部を準耐火構造とした建築物に該当しなくなることから，形式上は令第112条の規定による竪穴区画が求められないこととなった。しかし，これらの建築物であっても，⑵項用途に供するものについては，就寝利用のため在館者による火災の覚知が困難であるという「利用方法の特性」を有する用途や，高齢者等が在館しており自力避難が困難であるという「在館者の特性」を有する用途が属することを踏まえると，階段室等の竪穴部分を火炎や煙から防護し，安全に避難できる措置を確保するために，引き続き竪穴部分を火煙から保護する必要があることから，規模が小さいことを考慮して第11項に準ずる性能を有する区画（以下「準竪穴区画」という。）を形成する規定を置くこととされた。

さらに，⑵項用途については，各用途における避難時間の実態を踏まえて，区画の性能が定められており，特に配慮が必要なものが第12項，それ以外のものが第13項で規定されている。竪穴区画及び準竪穴区画に関する適用関係や技術的基準を整理すると，次のとおりとなる。

表４―31　竪穴区画・準竪穴区画の概要

<table>
<tr><th colspan="2" rowspan="2"></th><th rowspan="2">竪穴区画
第11項</th><th colspan="2">準竪穴区画</th></tr>
<tr><th>第12項</th><th>第13項</th></tr>
<tr><td rowspan="3">建築物の条件</td><td>用途</td><td>すべて</td><td>・病院
・有床診療所※1
・就寝型児童福祉施設等※3</td><td>・無床診療所※2
・ホテル，旅館
・下宿，共同住宅，寄宿舎
・通所型児童福祉施設等※4</td></tr>
<tr><td>用途の位置</td><td>・３階以上の階
・地階</td><td>３階</td><td>３階</td></tr>
<tr><td>階数</td><td>すべて</td><td>階数３</td><td>階数３</td></tr>
</table>

延べ面積	すべて	200㎡未満	200㎡未満
構造	・準耐火構造の建築物 ・延焼防止建築物 ・準延焼防止建築物	準耐火構造以外のもの	準耐火構造以外のもの
区画	準耐火構造の床・壁＋通常防火設備	(1)間仕切壁＋通常防火設備 (2)間仕切壁＋10分防火設備＋スプリンクラー設備等	間仕切壁＋戸

※1　有床診療所：法令上は「診療所（患者の収容施設があるものに限る。）」
※2　無床診療所：有床診療所以外の診療所
※3　就寝型児童福祉施設等：法令上は「児童福祉施設等（入所する者の寝室があるものに限る。）」
※4　通所型児童福祉施設等：就寝型児童福祉施設等以外の児童福祉施設等

竪穴区画の場合，建築物の柱・はり等の主要構造部と，竪穴部分を区画する間仕切壁は，いずれも準耐火構造が確保されていることから，在館者の避難に際して，竪穴部分を含めた建築物全体において45分の性能が確保されている。一方で，準竪穴区画の場合，柱・はり等の主要構造部については「準耐火構造以外のもの」が対象となっているが，竪穴部分についても特に性能を規定しない「間仕切壁」を求めることとしており，主要構造部と区画について極端に性能が異なるものではない。この際，準竪穴区画の対象となる規模の一戸建ての住宅等では，12.5㎜の石膏ボードで被覆された間仕切壁が採用されることが多いことから，実態としては，竪穴部分を含めた建築物全体において20分程度の性能が確保されていることとなる。

開口部については，第12項の準竪穴区画の場合は，竪穴区画と同様に20分の遮炎性能を有する通常防火設備が求められる。一方で，本項の対象となる規模の建築物に関して，一戸建ての住宅を就寝型児童福祉施設等に用途変更する場合を想定すると，通常防火設備が設置されていることは一般的に想定されないことや，消防法の規定により，福祉施設については小規模なものであっても原則としてスプリンクラー設備の設置が義務づけられていることを踏まえて，第12項ただし書において，同等の避難安全性が確保できる方法として，スプリンクラー設備と10分間防火設備の組合せによる措置を位置づけている。なお，このただし書に基づく代替措置については，「居室，倉庫その他これらに類する部分」に対象が限定されている。

また，第13項の準竪穴区画の開口部については，「戸」が規定されている。これは，実態として一般的な構造の戸については５分間程度の遮炎性能が期待できることによるものである。

なお，竪穴部分は，それ自体が避難経路となる場合もあることから，在館者が煙に巻かれないようにするための措置が必須であることから，準竪穴区画に設ける防火設備や戸であっても，竪穴区画と同様に，自動閉鎖機構や遮煙性能は必須である点に注意する必要がある。このことに関する技術的基準については，他の規定による防火区画の開口部に設ける防火設備と同様に，第19項で規定されている。

第14項（竪穴部分同士が隣接する場合の特例）

本項は，特定の竪穴部分同士が隣接する場合について，それぞれの竪穴部分を隔てる区画を設けることが困難な場合を想定し，複数の竪穴部分を一体の竪穴部分として取り扱うこととする特例を定めたものである。例えば，映画館の客席部分と客用階段のように，形式的には，それぞれが竪穴部分に該当するものの，用途上は両者を区画することが困難である場合について，防火区画を免除する代わりに，防火上の配慮から，その内装材料を準不燃材料で仕上げ，かつ，その下地を準不燃材料で造るべきことを義務づけた規定である。法令上は，これらの防火上の措置を行った場合には，これらの隣接する竪穴部分同士を一つの竪穴部分とみなして，第11項から第13項までの規定を適用することとしている。

本項による特例の対象となる竪穴部分は，「第１項第１号に該当する建築物の部分又は階段室の部分等」に限るとされており，具体的には，「劇場，映画館，演芸場，観覧場，公会堂又は集会場の客席，体育館，工場その他これらに類する用途に供する建築物の部分」と「階段室の部分又は昇降機の昇降路の部分（当該昇降機の乗降のための乗降ロビーの部分を含む。）」が対象となる。その上で，本特例は抑制的であるべきことから，第２号に掲げるように，用途上区画することができないものであるという条件に該当する場合に適用を限ることとしている。

また，代替となる防火上の措置については，第１号に規定されているが，「壁」については「床面からの高さが1.2m以下の部分を除く」ことが，「室内に面する部分」については「回り縁，窓台その他これらに類する部分を除く」ことが，それぞれ第８項で定義されている点に留意する必要がある。

これらを踏まえて，一体の竪穴部分として取り扱うことができる部分の要件を整理すると，表４―32のとおりとなる。

なお，本項は，平成30年改正以前において竪穴区画を規定していた旧・第９項の一部に該当する内容に相当するものであり，竪穴区画全般の見直しに合わせて，独立した規定として制定されたものである。

表4—32　一体の竪穴部分として取り扱われる部分の要件

	要件の内容	
用途要件 （第14項本文）	第1項第1号に規定する部分	①劇場，映画館，演芸場，観覧場，公会堂又は集会場の客席 ②体育館 ③工場 ④これら（①～③）に類する用途に供する建築物の部分
	階段室の部分等 （第1項第2号）	⑤階段室の部分※1 ⑥昇降機の昇降路の部分（当該昇降機の乗降のための乗降ロビーの部分を含む。）※1
構造要件 （第14項第1号）	壁※2及び天井の室内に面する部分※3の仕上げを準不燃材料でし，かつ，その下地を準不燃材料で造ったもの	
特別な要件 （第14項第2号）	用途上区画することができない場合	

※1：一時間準耐火基準に適合する準耐火構造の床若しくは壁又は特定防火設備で区画されたもの
※2：床面からの高さが1.2m以下の部分を除く。
※3：回り縁，窓台その他これらに類する部分を除く。

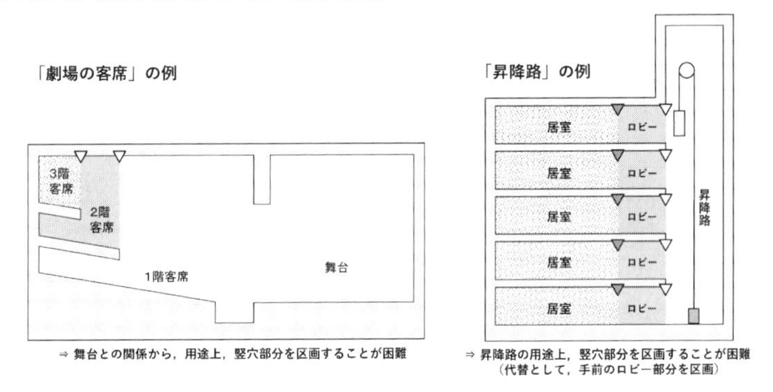

図4—9　一体の竪穴部分として取り扱われる部分の例

第15項

火災が発生した場合に避難上支障のある高さまで煙又はガスの降下が生じない建築物の竪穴部分については，第12項及び第13項（準竪穴区画）の規定による防火区画を求めないこととする規定である。

⑷　外部延焼防止帯（第16項・第17項）

第16項は，いわゆるスパンドレルの規定である。せっかく建築物の内部に防火区画を入れても，その防火区画に接する外壁が総ガラス張りのような場合には，外壁又は外気を介して，上下階の室や隣室に火災が延焼するおそれがあることから，防火区画に接する部分の外壁の構造を，次のいずれかとする必要がある。

① 区画に接する部分の幅90cm以上の部分を45分準耐火構造とすること。

② 外壁面から50cm以上突出した45分準耐火構造のひさし，床，そで壁等を，延焼を有効に防止できるように設けること。

この場合，防火区画に接して設けられる準耐火構造の外壁は，当該防火区画を含んで90cm以上あれば，その位置は任意である。

第17項は，第16項に規定する外壁の部分に開口部を設けるときは通常防火設備とすべきこととしている。

⑸ 異種用途区画（第18項）

第18項は，いわゆる異種用途区画に関する規定である。用途が複合している建築物は，管理体制が異なる用途部分では情報が適切に共有されずに，避難の著しい遅れにつながるおそれがあることから，用途間の延焼を防止する手段として，防火区画を設けることが求められている。

対象となるのは，建築物の構造を法第27条各項の規定によって耐火建築物等としなければならない用途に供する部分であり，当該用途部分とその他の部分とを防火上有効に区画することとされている。このとき，区画に用いる床・壁は１時間準耐火構造とし，開口部を設ける場合は特定防火設備で区画する必要がある。

一方で，物販店舗と飲食店が混在する商業施設などの複合用途の建築物においては，一体的に利用する施設であるにもかかわらず，建築基準法上の用途が異なることから，本項によって防火シャッターの設置が求められるなど，設計上の大きな制約になっているとの指摘があった。本項の趣旨を鑑みると，異なる用途であっても火災情報が共有される環境が整備されていれば，迅速に避難を開始することが可能であり，避難上の安全性の確保という目的は達成されることから，平成30年改正によって，ただし書を追加し，「警報設備を設けることその他これに準ずる措置が講じられている場合」については異種用途区画を不要とすることとされた。具体の措置については，「警報設備を設けることその他これに準ずる措置の基準を定める件（Ｒ２国交告第250号）」において規定されており，自動火災報知設備を設置することとされている。

ただし，用途の内容に応じた配慮が必要であることから，自動火災報知設備による合理化対象となる用途は「ホテル，旅館，通所型児童福祉施設等，飲食店，物品販売業を営む店舗」に限定されていることや，これらの用途に隣接する部分が「劇場，映画館，演芸場，観覧場，公会堂，集会場，病院，有床診療所，就寝型児童福祉施設」である場合には，同告示に規定する警報設備による代替措置は適用できないことに留意する必要がある。

なお，平成30年改正以前においては，旧・第12項として，旧・法第24条各号に掲げる特殊建築物（多数の人々の利用する用途（学校，劇場等），火災荷重の大きな用途（自動車車庫），就寝の用途（共同住宅，病院等）のいずれか）を対象として，特に防火上の安全を図る見地から，異種用途区画（区画に用いる壁は45分準耐火構造，開口部は通常防火設備）が義務づけられていた。しかしながら，旧・第12項に掲げられている用途の大部分は，本項に基づく異種用途区画の対象に含まれ，実際には２階以下の小規模なものに限られるという前提により，情報共有が容易であること，避難時間が短いこと，特殊建築物として２以上の直通階段の設置が義務付けられていることを踏まえ，火災発生時に在館者の避難に支障をきたすことがないことが確認されたことから，平成30年改正における旧・法第24条の廃止に伴って旧・第12項は廃止された。

⑹　防火区画に用いる防火設備（第19項）

第19項は，防火区画を形成する部分に設けられる防火設備の構造を規定したものである。

元来，防火設備には遮炎性能が求められているところであるが，防火区画を形成する防火設備については，開口部を経由した延焼を防止するため，火災時において適切に閉鎖された状態を確保することが求められる。

防火区画に用いる防火設備は，火災時において閉鎖状態であることを担保しつつ，避難者の通行を妨げないようにするため，次の性能が求められる。

①　常時閉鎖しているか，火災を覚知した場合に随時閉鎖することができる構造であること。

②　近年の防火シャッター等による挟まれ事故の現状に鑑み，これらの区画に用いる防火設備が廊下や階段等の通行の用に供する部分に設けられる場合にあっては，閉鎖作動時に事故を生じることのないよう，いわゆる危害防止措置が講じられたものとすること。

③　居室から地上に通ずる廊下・階段等に設ける防火設備については，閉鎖後に避難する者がある場合も予想されることから，これらの者の安全避難が図られるもので，かつ，その避難の際に火災を拡大させない構造であること。

④　火災による熱又は煙を感知して自動的に閉鎖するものであること。

ただし，竪穴区画や異種用途区画の開口部に設けられる防火設備については，さらに遮煙性能が求められる。この場合の閉鎖機構は，熱感知方式ではなく，煙感知方式でなければならない。なお，これらの閉鎖機構や遮煙性能を有する防火設備の構造は，Ｓ48建告第2563号と第2564号に定められている。

⑺　防火区画等を貫通する配管設備・風道（第20項・第21項）

第20項は，配管設備が防火区画を貫通する場合，その貫通のために，防火区画の実効性が損なわれ，防火性能を低下させることのないよう，貫通部の措置の徹底を期さなければならないという規定である。

第21項は，換気，空気調和設備等のために設けられる風道が防火区画を貫通する場合，当該風道が火災拡大の原因とならないように，特定防火設備の設置を求めている規定である。風道において使用される防火設備としては，一般的にはいわゆる防火ダンパーが想定されるが，その構造の技術的基準については，①煙の発生又は温度の急激な上昇により自動的に閉鎖することと②防火上支障のない遮煙性能を有することが定められている。

また，防火区画を貫通する風道に設ける防火設備としての機能確保のための構造基準がＳ48建告第2565号に定められている。

なお，本項柱書きの規定に基づき，防火ダンパーを設けないことにつき防火上支障がないと認める場合の基準がＳ49建告第1579号で定められている。

⑻　防火区画の別建築物みなし規定（第22項・第23項）

第22項

令第109条の８に規定する「火熱遮断壁等」で区画された部分については，防火区画の規定の取扱い上，区画されたそれぞれの部分を別建築物とみなすこととしている。詳細は「第４項　火熱遮断壁等」の解説を参照すること。

第23項

対象である「令第109条の２の２第３項に規定する建築物」とは，単に「法第26条第２項に規定する特定部分を有する建築物」を指し示しているだけであり，本項の内容が層間変形角の規定と関係するものではない。

「特定部分」とは，防火壁又は防火床によって他の部分と有効に区画されている部分のことであり，法第26条第２項の規定により，特定部分の主要構造部は準耐火構造とする必要がある（特定主要構造部のみを耐火構造とする場合を含む。）。一方で，令第112条第１項（面積区画）及び第11項（竪穴区画）の規定は，条文上は「建築物」を対象としているため，「建築物“の部分”」たる「特定部分」は適用の対象外であるため，例えば，主要構造部を耐火構造とした「特定部分」が含まれている「建築物」であっても，面積区画や竪穴区画が適用されなくなる。

したがって，法の規定により建築物とみなされる「特定部分」についても，火災に対する安全性を同様に確保するため，防火区画規定においても「特定部分」を「建築物」とみなすための規定として本項を定めている。

第3項　界壁・間仕切壁・隔壁

（建築物の界壁，間仕切壁及び隔壁）

令第114条　長屋又は共同住宅の各戸の界壁（自動スプリンクラー設備等設置部分その他防火上支障がないものとして国土交通大臣が定める部分の界壁を除く。）は，準耐火構造とし，第112条第4項各号のいずれかに該当する部分を除き，小屋裏又は天井裏に達せしめなければならない。

2　学校，病院，診療所（患者の収容施設を有しないものを除く。），児童福祉施設等，ホテル，旅館，下宿，寄宿舎又はマーケットの用途に供する建築物の当該用途に供する部分については，その防火上主要な間仕切壁（自動スプリンクラー設備等設置部分その他防火上支障がないものとして国土交通大臣が定める部分の間仕切壁を除く。）を準耐火構造とし，第112条第4項各号のいずれかに該当する部分を除き，小屋裏又は天井裏に達せしめなければならない。

3　建築面積が300平方メートルを超える建築物の小屋組が木造である場合においては，小屋裏の直下の天井の全部を強化天井とするか，又は桁行間隔12メートル以内ごとに小屋裏（準耐火構造の隔壁で区画されている小屋裏の部分で，当該部分の直下の天井が強化天井であるものを除く。）に準耐火構造の隔壁を設けなければならない。ただし，次の各号のいずれかに該当する建築物については，この限りでない。

一　法第2条第9号の2イに掲げる基準に適合する建築物

二　第115条の2第1項第7号の基準に適合するもの

三　その周辺地域が農業上の利用に供され，又はこれと同様の状況にあつて，その構造及び用途並びに周囲の状況に関し避難上及び延焼防止上支障がないものとして国土交通大臣が定める基準に適合する畜舎，堆肥舎並び

に水産物の増殖場及び養殖場の上家

4　延べ面積がそれぞれ200平方メートルを超える建築物で耐火建築物以外のもの相互を連絡する渡り廊下で，その小屋組が木造であり，かつ，けた行が４メートルを超えるものは，小屋裏に準耐火構造の隔壁を設けなければならない。

5　第112条第20項の規定は給水管，配電管その他の管が第１項の界壁，第２項の間仕切壁又は前２項の隔壁を貫通する場合に，同条第21項の規定は換気，暖房又は冷房の設備の風道がこれらの界壁，間仕切壁又は隔壁を貫通する場合について準用する。この場合において，同項中「特定防火設備」とあるのは，「第109条に規定する防火設備であつて，これに通常の火災による火熱が加えられた場合に，加熱開始後45分間当該加熱面以外の面に火炎を出さないものとして，国土交通大臣が定めた構造方法を用いるもの又は国土交通大臣の認定を受けたもの」と読み替えるものとする。

6　建築物が火熱遮断壁等で区画されている場合における当該火熱遮断壁等により分離された部分は，第３項又は第４項の規定の適用については，それぞれ別の建築物とみなす。

（昭34政344・昭44政８・昭45政333・昭62政348・平５政170・平６政278・平12政211・平12政312・平26政232・平28政６・平30政255・令元政30・令元政181・令５政280・一部改正）

建築物内の延焼を防止するための区画については，令第112条に規定する防火区画が規定されている。一方で，同条は，一定の規模を有するものや特定の用途に該当するものを規制対象として床・壁・防火設備で構成される区画の設置を求めているが，他の特別な要因から壁のみから構成される区画が必要となる場合があるものとして，別途，令第114条が規定されている。

なお，本条で規定される「界壁」「防火上主要な間仕切壁」「隔壁」については防火壁に類するものであることから，包括委任規定である法第36条（防火壁の設置及び構造）からの委任を受けて，本条において技術的基準が整備されている（平成19年６月20日国住指第1332号の別紙２）。

第１項

長屋又は共同住宅は，就寝用途に供し，生活の基盤となる建築物であるうえ，各戸ごとに所有又は管理の主体が異なるので，各戸間の延焼防止に重点をおいて界壁を準耐火構造とすることを定めたものである。特に，準耐火構造でつくられた各戸の界壁を小屋裏に達するようにしたのは，火災時に小屋裏に火炎が走って延焼することが多いためである。したがって，これらの壁は，小屋ばり又は天井面で中断せず，小屋裏までを隙間なく区画しなければならない。

平成30年改正により，本項の規制の例外となる場合が2つ追加された。それぞれの例外の書き方が異なるため，注意が必要である。

ひとつめの例外は，「準耐火構造かつ小屋裏・天井裏への到達」に適合する界壁そのものの設置が不要となる場合である。条文上は「自動スプリンクラー設備等設置部分その他防火上支障がないものとして国土交通大臣が定める部分の界壁を除く」とされた箇所であり，「自動スプリンクラー設備等設置部分」として，令第112条第4項に定義されている「床面積が200㎡以下の階又は床面積200㎡以内ごとに準耐火構造の壁若しくは法第2条第九号の二ロに規定する防火設備で区画されている部分で，スプリンクラー設備，水噴霧　消火設備，泡消火設備その他これらに類するもので自動式のものを設けたもの」である。これは，スプリンクラー設備等の初期消火に有効な消防設備が設置されている場合にあっては，小区画であれば火災の拡大が防ぐことができることから，界壁にまで区画性能を求めないこととしたものである。

「自動スプリンクラー設置等設置部分」以外で，区画性能を有する界壁を必要としない場合は「間仕切壁を準耐火構造としないこと等に関して防火上支障がない部分を定める件（H26国交告第860号）」に規定があり，100㎡以内ごとに区画されていて，連動型住宅用防災警報器によって煙の発生を早期に覚知できるもので，屋外や避難上有効なバルコニーまでの避難経路が短いものを規定している。こちらは，煙の発生を早期に覚知できる小規模な区画部分については，火災が拡大する前に避難できることが見込まれることから，界壁にまで区画性能を求めないこととしたものである。

ふたつめの例外は，「準耐火構造」の界壁の設置は必要であるものの小屋裏又は天井裏までの界壁の到達までは求めない場合である。条文上は「第112条第4項各号のいずれかに該当する部分を除き」とされた箇所であり，強化天井による防火上の措置が行われた場合には，住戸内で火災が発生したとしても小屋裏空間に火炎が到達せず，隣戸への延焼を防止することができることから，本項の趣旨に合致するものとして，界壁の小屋裏・天井裏への到達を求めないこととしている。令第112条第4項において，第1号と第2号で場合分けされているのは，本質的な違いではなく，形式的なものである。すなわち，第１号が「天井の全部が強化天井である階」を想定しているものの，上階がある場合には竪穴部分などで「天井の全部」を強化天井とすることができないケースもあることを踏まえて，第２号において「準耐火構造の壁・通常防火設備で区画されている部分」だけを強化天井にした場合も位置づけたものである。したがって，第２号に掲げる当該部分の区画性能は，界壁と同程度とされている。

また，強化天井については，性能は「下方からの通常の火災時の加熱に対してその上方への延焼を有効に防止することができるもの」と定義されて，構造方法としては告示仕様と認定仕様が準備されている。告示仕様については，「強化天井の構造方法を定める件（H28国交告第694号）」において，45分間に相当する構造方法として強化せっこうボード36㎜以上の仕様が規定されている。この仕様は，法第30条に規定する長屋・共同住宅の界壁における遮音性能を確保するための仕様を定めた「遮音性能を有する長屋又は共同住宅の界壁及び天井の構造方法を定める件（S45建告第1827号）」とも整合している。

第２項

学校，就寝利用などのために配慮が必要な用途（病院，有床診療所，児童福祉施設等，ホテル，旅館，下宿，寄宿舎），不特定多数の雑踏するマーケットの用に供する建築物にあっては，火災時に建築物内の人々が火災の拡大に先んじて安全に避難できるように，防火上主要な間仕切壁は準耐火構造とすることを義務づけたものである。これらの間仕切壁については，第１項と同一の趣旨で，小屋裏又は天井裏まで隙間なく区画しなければならない。

「防火上主要な間仕切壁」の範囲は，居室等を一定以内に区画する壁，火を使用する室とその他の室等とを区画する壁，避難経路の保護が重要な病院，旅館等の用途の建築物にあっては居室等と避難経路とを区画する壁等を考えればよい。

自動スプリンクラー設備や強化天井等による代替措置については，第１項と同様である。なお，本項において，自動スプリンクラー設備等による措置については平成26年の政令改正，強化天井による代替措置については平成28年の政令改正によって対応されていたが，第１項については長屋・共同住宅の界壁を対象としており，当該界壁は法第30条の規定により，小屋裏・天井裏への到達が必須とされていたため，防火上の観点からの代替措置との整合していなかったことから，当時は改正されなかった。しかしながら，その後の遮音性能に関する技術的な検討が進んだ結果，遮音の観点からの代替措置（天井による遮音性能の確保）も位置づけられたことから，平成30年改正によって，防火上主要な間仕切壁と同様の技術的基準が位置づけられた。

第3項

特に小屋組が木造の場合は，小屋裏を経由した火災の拡大が早いことから，急激な延焼の防止，建築物の利用者の避難の安全を確保するため，建築面積が300㎡を超える場合には，小屋裏の直下の天井の全部を強化天井とするか，桁行間隔12m以内ごとに，小屋裏に準耐火構造とした隔壁を設けることを義務づけている。なお，部分的な強化天井であっても，隔壁と一体化して他の部分への延焼経路にならないように設置されていれば，強化天井の内部に隔壁を設ける必要がないため，当該部分については「桁行間隔12m以内ごと」の対象から外れるものとされている。

また，ただし書においては，主要構造部について耐火性能を有していることが確かめられた建築物，令第115条の2第1項第7号に規定する火災初期の拡大を防止する上で効果のある内装制限等を行った建築物，又は畜舎等で特定行政庁が避難上及び延焼防止上支障がないと認める建築物については，当該隔壁の設置義務が免除されている。

第4項

耐火建築物以外の建築物相互を渡り廊下でつなぐ場合，その小屋組が木造で，かつ，けた行が4mを超える大きなものは，火災の際，渡り廊下を破壊し，又は当該部分における消火活動によって，一方で発生した火災が他方へと延焼することをくい止めることが困難であることから，延焼防止のためその渡り廊下の小屋裏に準耐火構造とした隔壁の設置を義務づけたものである。ただし，渡り廊下で連絡した建築物の一方が200㎡以下の場合には，防火上は一体の建築物と同様に取り扱ってよいこととしている。

第5項

共同住宅の界壁等については令第114条の規定により準耐火構造とすることが求められていることから，当該界壁等を貫通する風道に設ける防火設備についても，45分間火炎を遮ることができるものとする必要がある。

当該防火設備の告示仕様は，H12建告第1377号において規定されているが，ここでは特定防火設備を引用しているため，結果的に，特定防火設備と同等の1時間の遮炎性能を有する構造方法を採用する必要がある。したがって，45分間の加熱により試験的に性能を確かめた仕様を用いようとする場合については，大臣認定を受ける必要がある。

第6項

令第109条の8に規定する「火熱遮断壁等」で区画された部分については，小屋裏隔壁の規定の取扱い上，区画されたそれぞれの部分を別建築物とみなすこととしている。詳細は「第4項　火熱遮断壁等」の解説を参照すること。

第4項　火熱遮断壁等

（大規模の建築物の主要構造部等）

法第21条

1・2　（略）

3　前2項に規定する基準の適用上1の建築物であつても別の建築物とみなすことができる部分として政令で定める部分が2以上ある建築物の当該建築物の部分は，これらの規定の適用については，それぞれ別の建築物とみなす。

（昭34法156・昭62法66・平10法100・平26法54・平30法67・令4法69・一部改正）

（耐火建築物等としなければならない特殊建築物）

法第27条

1～3　（略）

4　前3項に規定する基準の適用上1の建築物であつても別の建築物とみなすことができる部分として政令で定める部分が2以上ある建築物の当該建築物の部分は，これらの規定の適用については，それぞれ別の建築物とみなす。

（昭34法156・全改，昭51法83・平4法82・平10法100・平26法54・平30法67・令4法69・一部改正）

（防火地域及び準防火地域内の建築物）

法第61条　（略）

2　前項に規定する基準の適用上1の建築物であつても別の建築物とみなすことができる部分として政令で定める部分が2以上ある建築物の当該建築物の部分は，同項の規定の適用については，それぞれ別の建築物とみなす。

（平30法67・全改，令4法69・一部改正）

（別の建築物とみなすことができる部分）

令第109条の8　法第21条第3項，法第27条第4項（法第87条第3項において準用する場合を含む。）及び法第61条第2項の政令で定める部分は，建築物が火熱遮断壁等（壁，柱，床その他の建築物の部分又は第109条に規定する防火設備（以下この条において「壁等」という。）のうち，次に掲げる技術的基準に適合するもので，国土交通大臣が定めた構造方法を用いるもの又は国土交通大臣の認定を受けたものをいう。以下同じ。）で区画されている場合における当該火熱遮断壁等により分離された部分とする。

一　当該壁等に通常の火災による火熱が火災継続予測時間（建築物の構造，建築設備及び用途に応じて火災が継続することが予測される時間をいう。以下この条において同じ。）加えられた場合に，当該壁等が構造耐力上支障のある変形，溶融，破壊その他の損傷を生じないものであること。

二　当該壁等に通常の火災による火熱が火災継続予測時間加えられた場合に，当該加熱面以外の面（屋内に面するものに限る。）のうち防火上支障がないものとして国土交通大臣が定めるもの以外のもの（ロにおいて「特定非加熱面」という。）の温度が，次のイ又はロに掲げる場合の区分に応じ，それぞれ当該イ又はロに定める温度以上に上昇しないものであること。

イ　ロに掲げる場合以外の場合　可燃物燃焼温度

ロ　当該壁等が第109条に規定する防火設備である場合において，特定非加熱面が面する室について，国土交通大臣が定める基準に従い，内装の仕上げを不燃材料でし，かつ，その下地を不燃材料で造ることその他これに準ずる措置が講じられているとき　可燃物燃焼温度を超える温度であつて当該措置によつて当該室における延焼を防止することができる温度として国土交通大臣が定める温度

三　当該壁等に屋内において発生する通常の火災による火熱が火災継続予測時間加えられた場合に，当該壁等が屋外に火炎を出す原因となる亀裂その他の損傷を生じないものであること。

四　当該壁等に通常の火災による当該壁等以外の建築物の部分の倒壊によつて生ずる応力が伝えられた場合に，当該壁等の一部が損傷してもなおその自立する構造が保持されることその他国土交通大臣が定める機能が確保されることにより，当該建築物の他の部分に防火上有害な変形，亀裂その他の損傷を生じさせないものであること。

五　当該壁等が，通常の火災時において，当該壁等以外の建築物の部分から

屋外に出た火炎による当該建築物の他の部分への延焼を有効に防止できるものであること。

（令5政280・追加）

⑴　規定の趣旨（別建築物みなし）

建築基準法の防火に関する規定のうち，法第21条第1項・第2項（大規模な木造建築物），法第27条第1項〜第3項（特殊建築物）及び第61条第1項（防火地域及び準防火地域内の建築物）の規定（以下「主要構造部防火規定」という。）は，火災時に建築物が倒壊又は延焼することによる，建築物の周囲への危害の防止や，在館者の避難安全性の確保を図ろうとするものであるが，全ての建築物に対して一律適用される規制ではなく，建築物の階数，床面積，用途等の防火上の危険性に応じて，規制の適用の有無や要求性能の水準が異なっている。

一方で，複数棟で構成される建築物のように，建築物が二以上の部分で構成される場合であっても，一の部分で発生した火災の影響が他の部分に及ばない構造が確保されているときは，建築物全体で防火規定の適用の有無や要求水準を判断するのではなく，部分ごとに判断することが合理的である。

令和4年改正で創設された火熱遮断壁等に関連する規定は，建築物における二以上の部分を「別の建築物として取り扱うこと」を可能とするものであり，火災影響を拡大させないための構造として「火熱遮断壁等」を位置づけたものである。これにより，高層棟と低層棟からなる建築物であっても，火熱遮断壁等で区画されている場合であれば，低層棟については，主要構造部規定の適用を除外することが可能となった。

法令上は，「基準の適用上一の建築物であつても別の建築物とみなすことができる部分として政令で定める部分」を指し示した上で（便宜上，この部分を「別建築物みなし部分」という），1つの建築物の中に「別建築物みなし部分」が2以上ある場合は，「別建築物みなし部分」ごとに主要構造部防火規定の適用関係を判断することとしている。政令で指定されることとなっている別建築物みなし部分は「火熱遮断壁等で区画されている場合における当該区画された部分（令第109条の8本文）」と定義されていることから，端的に言えば，火熱遮断壁等で区画されている部分は，別建築物とみなすことができる，という趣旨となる。なお，別建築物とみなす対象規定は防火規定に限られており，（当然のことながら）建築確認においては当該規定を用いた場合も1棟として申請される。

なお，防火規定は，主要構造部防火規定のように法律に直接根拠を有するものだけでなく，政令に根拠を置いている規定もあり，これらの規定の中にも，別建築物とみなすことが設計上は合理的となるものがあることから，令第109条の８の規定によらず，令第109条の８において定義された火熱遮断壁等を引用することで，個別に別建築物みなしの規定を創設している場合がある。これらについては，以下の⑹でまとめて記載するものとする。

⑵　火熱遮断壁等に関する規定を導入した経緯

建築物への木材利用に関しては，全体を木造とするニーズがある一方，複数棟で構成される一の建築物の特定の棟など，建築物の一部に木材を利用した建築物（混構造建築物）のニーズも高まっている。例えば，

・二棟の建築物を渡り廊下等で接続する場合

・木造棟と鉄筋コンクリート造棟とが混在する建築物

など，構造上異なる部分を有する建築物とする場合等についても，これらの全体を一の建築物として，建築物全体に同一の規制が適用されることとなり，このような混構造建築物の建築に係る負担が大きくなっている。

こうした実態を踏まえ，建築研究所や国土技術政策研究所による総合技術開発プロジェクト等を通じて得られた技術的知見に基づき，建築物の二以上の部分の間の壁や床などの区画において，火災が継続することが予測される間，特に高い耐火性能を有し続ける構造方法が確保されていれば，相互に火熱による防火上有害な影響を及ぼさないことが確かめられたことから，こうした壁や床などの構造方法を「火熱遮断壁等」を法令上に位置づけ，別建築物みなしの規定を合わせて整備することとしたものである。

なお，火熱遮断壁等の技術的基準の大枠は，平成26年改正で創設された法第21条第２項において定義されていた「壁等」（大規模な木造建築物において必要となる区画）の技術的基準を移行したものである。法令上は，「壁，柱，床その他の建築物の部分又は令第109条に規定する防火設備」を総合的に指し示す一般名詞として「壁等」が定義され，別建築物みなし部分として区画するために必要な技術的基準に適合した壁等のことを「火熱遮断壁等」と区別して定義している。

⑶　火熱遮断壁等の技術的基準

法律で規定された性能である「通常の火災による延焼を防止」は，壁等で区画された部分に関して，一方の区画で発生した火災が他方の区画への延焼を防ぐという意味である。このことを踏まえて，本条の各号においては，火熱遮断壁等に必要な技術的基準が次のように規定されている。

表４―33　火熱遮断壁等に必要な技術的基準

	技術的基準の概要
第１号	通常の火災による火熱が「火災継続予測時間」加えられた場合に，構造耐力上支障のある損傷を生じないこと（非損傷性）
第２号	通常の火災による火熱が「火災継続予測時間」加えられた場合に，裏面温度が可燃物燃焼温度以上に上昇しないこと（遮熱性）
第３号	屋内で発生している通常の火災による火熱が「火災継続予測時間」加えられた場合に，屋外に火炎を出す損傷を生じないこと（遮炎性）
第４号	火熱遮断壁等以外の部分の倒壊による応力が伝えられても，倒壊しないこと
第５号	屋外を経由した他の区画への延焼を防止できること

第１号から第３号までは，耐火性能の技術的基準と同様であり，違いがあるのは性能確保時間として，「火災継続予測時間」が設定されている点である。これは「建築物の構造，建築設備及び用途に応じて火災が継続することが予測される時間」として定義されており，壁等によって区画されている部分において火災が発生し，可燃物量の多い木造建築物等である当該部分の燃焼が継続する時間として算出することとなる。これにより，一方の区画で火災が発生したとしても，その加熱時間に相当する火災継続予測時間を上回る性能を有する火熱遮断壁等が配置されていれば，他方の区画への延焼を防止することが期待できる。

このうち，第２号においては，裏面温度の遮熱性を求める基準において，「防火上支障がないものとして国土交通大臣が定める非加熱面」については適用対象外としている。これは，火熱遮断壁等には防火設備が含まれているが，実態として，主要構造部と同程度の裏面温度の上限値を設定した場合，金属などによる一般的な防火設備では対応が困難であることから，防火設備からの熱影響を受ける範囲内における用途・内装への制限を加えることで，同等の安全性を確保することが認められる場合を除いているものである。なお，条文中の「可燃物燃焼温度」の後の括弧書きは，火熱遮断壁の間仕切壁の開口部に間仕切壁本体と同等とまではいえないまでも一定の遮熱性（準遮熱性）を有する防火設備を設ける場合について，その周囲一定範囲の内装の不燃化等の措置を講じることで，その周囲に一定程度の熱が伝えられたとしても隣接室に延焼しないことから，可燃物燃焼温度を超えることを許容することとし，別途，国土交通大臣が別に定める温度（Ｒ６国交告第229号第二）まで上昇しなければよいとする特例を定めたものである。

第４号は，第１号から第３号までの区画材としての火熱遮断壁等の性能によって延焼が防止されたとしても，火災が発生した区画に引きずられる形で火熱遮断壁等そのものが倒壊してしまった場合，区画の性能を維持できなくなるおそれがあることから，火熱遮断壁等の構造に関する技術的基準として定められたものである。ただし，火熱遮断壁等の一部が倒壊したとしても，区画の性能維持に影響を及ぼさない場合（例えば，階段室のように室全体で火熱遮断壁等を構成している場合，いわば二重の壁で区画している状態であることから，一方の壁が倒壊しても，もう一方の壁が残存していれば，火熱遮断壁等としての機能は維持されることとなる）も想定されることから，「壁等が倒壊しないものであること」ではなく，「壁等がその倒壊（注・壁等以外の建築物の部分の倒壊のこと）により当該建築物の他の部分に防火上有害な変形，亀裂その他の損傷を生じさせないものであること」という性能要求を行っている。

また，第５号は，屋外を介した延焼の防止という点で第３号と類似しているが，第３号は，屋外への火炎の噴出箇所として「火熱遮断壁等自体」を想定した上で，火炎噴出そのものの防止を求めるものであるのに対し，第５号は，屋外への火炎の噴出箇所として「火熱遮断壁等で区画された部分」を想定し，当該部分からの火炎の噴出を許容した上で「他方の区画部分」への延焼を防止することを求めている点で異なっている。「火熱遮断壁等で区画された部分」は耐火構造でない場合が想定されるため，これらの部分から屋外への火炎噴出したときに火熱遮断壁等を回り込んで発生する「他方の区画部分」への延焼を防止しなければならないことから，第５号が規定されている。

⑷　告示仕様の概要

告示仕様においては，耐火性能検証法のように，性能確保時間を決定するための要素である火災継続予測時間に応じた具体の仕様が示されている。

前述のとおり，火熱遮断壁等の技術的基準は，改正前の壁等の技術的基準を移行したものであり，新告示基準においては，従来告示をベースに，①準遮熱性を有する防火設備を用いた場合の基準，②膜屋根を用いるものも含めた渡り廊下による接続を行う場合の基準，③「壁タイプ」の場合の防火設備の信頼性確保の規定などが追加されている（R６国交告第227号）。

当該告示における一般的な建築物の場合は火災継続予測時間が90分であるため，主要構造部には原則として90分耐火構造の仕様が規定されているが，一部の部分については，便宜的に90分間以上の性能確保時間が設定されている耐火構造の仕様が引用されている。また，このほか，①耐火性能検証を行った建築物の場合は，隣接室の通常火災継続時間のうち，最も長い時間，②火災時倒壊防止性能を有する建築物の場合は通常火災終了時間，③階数が２以下の木造建築物などは火災継続時間を60分，をそれぞれ火災継続予測時間として定めている。

なお，この際，「間仕切壁の開口部に設ける防火設備」については，「間仕切壁本体と同等の性能を要求する」という考え方によっており，このため通常の区画等では要求されない「遮熱性能」を防火設備に要求するほか，扉の遮煙性能の設置・開放防止機構を設ける等，「遮煙が可能な仕様」が要求されている点に留意する必要がある。なお，本告示で規定する遮熱性能を有する防火設備の仕様については，他の基準（周辺危害防止構造など）でも用いられるものであるが，本告示に仕様をまとめて定めており（第十一～第十六），他の基準ではこれを引用する形としている。

表４—34　火熱遮断壁等の告示仕様の概要

項目		仕様
第一（モデル）	規模	３階建て以下
	用途	倉庫等以外の建築物
	構造	屋根の仕上げを不燃材料としたもの
第二（壁等の区画性能）	第１号	間仕切壁（耐力壁）による区画【壁タイプ】 ・火災継続予測時間に応じ，各主要構造部及び防火設備（※）に必要な性能を要求する
	第２号	柱・はり・間仕切壁（非耐力壁）による区画【壁タイプ】 ・柱・はり：120分耐火構造 ・間仕切壁：90分耐火構造に相当する構造 ・開口部：90分防火設備に相当する構造（※）
	第３号	室による区画【コアタイプ・渡り廊下タイプ】 ・火災継続予測時間に応じ，各主要構造部及び防火設備（※）に必要な性能を要求する ・壁や防水設備が２枚設けられている場合，１枚当たりの要求性能は軽減（90分→60分×２，60分→45分×２）
第三（火災の発生の恐れの少ない室）		コアタイプ・渡り廊下タイプで火災の発生のおそれの少ない室とする場合，内装・主要構造部を制限
第四（倒壊防止）		エキスパンションジョイントの採用
第五（火炎伝搬の防止）	第１号	壁タイプの場合，外壁・屋根の突出
	第２号	コアタイプ・渡り廊下タイプの場合，室の外壁・屋根の耐火性能の確保
第六（区画同士の離隔）		水平方向における区画同士の離隔距離の確保
第七（区画同士の離隔）		高さ方向における区画同士の離隔距離の確保
第八・第九（区画貫通）		管・風道の区画貫通部の処理

※遮熱性能，遮煙が可能な仕様とすることが必要

⑸　認定仕様の概要

認定仕様においては，令第109条の8に規定する技術的基準に適合するものとして，設計対象となる建築物における火災継続予測時間の算出を独自に行った上で，国土交通大臣の認定を受けることができれば，告示仕様によらない仕様での火熱遮断壁等を実現することが可能である。

⑹　火熱遮断壁等を設置することによる法令上の効果

（主要構造部を準耐火構造とした建築物等の層間変形角）

令第109条の2の2

1　（略）

2　建築物が第109条の8に規定する火熱遮断壁等で区画されている場合における当該火熱遮断壁等により分離された部分は，前項の規定の適用については，それぞれ別の建築物とみなす。

3　（略）

（平5政170・全改，平12政211・旧第109条の2繰下・一部改正，平27政11・令元政30・令5政280・一部改正）

（防火区画）

令第112条

1～21　（略）

22　建築物が火熱遮断壁等で区画されている場合における当該火熱遮断壁等により分離された部分は，第1項又は第11項から第13項までの規定の適用については，それぞれ別の建築物とみなす。

23　（略）

（昭26政371・昭31政185・昭33政283・昭34政344・昭36政396・昭39政4・昭44政8・昭45政333・昭48政242・昭55政196・平5政170・平6政278・平12政211・平12政312・平15政523・平17政246・平26政232・平27政11・平28政6・平30政255・令元政30・令元政181・令5政280・一部改正）

（木造等の建築物の防火壁及び防火床）

令第113条

1・2　（略）

3　防火壁又は防火床で火熱遮断壁等に該当するものについては，第1項の規定は，適用しない。

（昭26政371・昭33政283・昭34政344・昭39政4・昭44政8・昭45政333・昭

48政242・平12政211・平12政312・平27政11・平30政255・令元政30・令元政181・令５政280・一部改正）

（建築物の界壁，間仕切壁及び隔壁）

令第114条

１～５　（略）

６　建築物が火熱遮断壁等で区画されている場合における当該火熱遮断壁等により分離された部分は，第３項又は第４項の規定の適用については，それぞれ別の建築物とみなす。

（昭34政344・昭44政８・昭45政333・昭62政348・平５政170・平６政278・平12政211・平12政312・平26政232・平28政６・平30政255・令元政30・令元政181・令５政280・一部改正）

（層間変形角・面積区画・竪穴区画）

火熱遮断壁等による別建築物みなしの特例は，実際には「建築物の部分」に留まる部分を，「主要構造部防火規定」を適用する上で仮想的に「建築物」とみなしている規定である。したがって，特例を受けた建築物においては，「主要構造部防火規定」の適用を受けることで耐火構造等としている「建築物の部分」と，当該規定の適用がないために耐火構造等としていない「建築物の部分」が混在することとなる。

一方で，防火規定の中には，「主要構造部防火規定」の適用を受けて耐火構造等としていることを前提として，追加的な措置を要求する規定が存在する。具体的には，令第109条の２の２第１項（層間変形角），令第112条第１項・第４項・第５項（面積区画），令第112条第11項（竪穴区画）の規定（以下「追加的防火規定」という。）が該当するが，これらの規定は，条文上は「建築物」を対象としているため，別建築物みなしの特例を受けて「主要構造部防火規定」に基づく措置を行った「建築物“の部分”」には適用されないこととなる。例えば，主要構造部を耐火構造とした「建築物の部分」が含まれている「建築物」であっても，令第109条の２の２第１項の規定が適用されないため，地震時における変形等により防火被覆が変形することで，耐火構造とした部分の耐火性能が毀損するおそれがある。

したがって，法の規定により建築物とみなされる「建築物の部分」や，自主的に一定の防火上の措置が講じられた「建築物の部分」についても，火災に対する安全性を同様に確保するため，追加的防火規定の適用に関し，「建築物の部分」を「建築物」とみなすための規定を設けている（令第109条の２の２第２項，令第112条第４項・第22項）。また，こうした条文上の整理に伴う必要性とは別に，みなし規定を設けたことに伴い，火熱遮断壁等を任意で設置することによって，追加的防火規定についても別建築物みなしの特例を適用することが可能となるという実際上の効果も生まれている。設計を行う実務的な観点からは，当該効果の方がより重要と言える。

（準竪穴区画）

令第112条第12項及び第13項に規定する準竪穴区画は，階数が３で延べ面積が200㎡未満のもの等の小規模な建築物の竪穴部分を対象として，間仕切壁等で区画することを要求する規定である。

準竪穴区画の規定は建築物の全体について適用されることから，例えば，「竪穴部分への防火上の配慮が必要な病院の用途に供する３階建部分」と「竪穴部分への防火上の配慮が必要ではない住宅用途の２階建部分」が存在する建築物についても，これらの全体を一の建築物として，建築物全体に同一の規制が適用されることとなり，このような建築物の建築に係る負担が大きくなる。

したがって，令第112条第12項及び第13項については，火熱遮断壁等で区画された２以上の部分を別の建築物として取り扱うことを可能としている（同条第22項）。

（隔壁）

令第114条第３項の規定は，建築面積が300㎡超の建築物の小屋裏に準耐火構造の隔壁を設けることを義務付けつつ，以下の建築物（同項各号）については，当該隔壁の設置義務を免除している。

①　主要構造部を耐火構造とした建築物

②　内装を難燃材料とした建築物（令第115条第１項第７号）

③　自動消火設備及び排煙設備が設けられた建築物（令第115条第１項第７号）

④　避難上及び延焼防止上支障のない畜舎等

また，令第114条第４項の規定は，延べ面積200㎡超の建築物相互をつなぐ渡り廊下の小屋裏に隔壁を設置することを義務付けつつ，耐火建築物については当該隔壁の設置義務を免除している。

これらの規定は，隔壁の設置義務を免除する条件として主要構造部を耐火構造とした建築物が含まれていることから，火熱遮断壁等によって区画された部分相互に火災の影響が及ばないように措置した場合であって，区画された部分の一方が耐火構造であれば，当該部分は耐火建築物と同様の防火上の安全性を有すると認められることから，隔壁の設置義務が免除される建築物と同等の安全性が確保されていることとなる。

したがって，令第114条第３項及び第４項については，両項の内容を踏まえて，火熱遮断壁等で区画された部分をそれぞれ別の建築物とみなすこととしている（同条第６項）。

（防火壁・防火床）

令第113条第１項に規定する防火壁・防火床においては，別建築物みなしの効果はないが，性能的に防火壁・防火床よりも上位にある火熱遮断壁等を，防火壁・防火床として扱うことが可能となるみなし規定が置かれている。

以上の内容を踏まえて，火熱遮断壁等の設置による法令上の効果について，対象となる規定の一覧を次の表４―35に示す。

なお，区画された建築物を別棟とみなす規定については，従前より，避難規定上の別建築物みなし規定（令第117条第２項），排煙規定上の別建築物みなし規定（令第126条第２項）が存在するほか，消防法にも別防火対象物みなし規定（消防法施行令第８条）が設けられている。これらの規定は，それぞれ趣旨や要求の詳細が異なるため独立の位置づけであるが，延焼防止のための措置など共通の対策を求める部分もあるため，実務上は複数規定にすべて適合する対策を講じ，併用する場合も想定される。

表４−35　各規定における火熱遮断壁等の効果

		火熱遮断壁等の設置による法令上の効果	根拠規定
法第21条	第１項 第２項	・主要構造部の規定の適用が必要となるかどうかは高さや延べ面積等によって判断することとなるが，本条の規定により，火熱遮断壁等を設置した場合には区画ごとに別建築物とみなされるため，区画ごとの高さや延べ面積等によって判断することが可能となる。	第３項
法第27条	第１項・第２項 第３項	・主要構造部の規定の適用が必要となるかどうかは用途等によって判断することとなるが，本条の規定により，火熱遮断壁等を設置した場合には区画ごとに別建築物とみなされるため，区画ごとの用途等によって判断することが可能となる。	第４項
法第61条第１項		・主要構造部の規定の適用が必要となるかどうかは立地等によって判断することとなるが，本条の規定により，火熱遮断壁等を設置した場合には区画ごとに別建築物とみなされるため，区画ごとの立地等によって判断することが可能となる。	第２項
令第109条の２の２第１項		・層間変形角の規定の適用が必要となるかどうかは主要構造部の構造等によって判断することとなるが，火熱遮断壁等を設置した場合には区画ごとに別建築物とみなされるため，区画ごとの主要構造部の構造等によって判断することが可能となる。	第２項
令第112条	第１項	・第１項（面積区画）において，防火区画の設置が必要となるかどうかは床面積の合計等によって判断することとなるが，火熱遮断壁等を設置した場合には区画ごとに別建築物とみなされるため，区画ごとの床面積の合計等によって判断することが可能となる。	第22項
	第４項・第５項	・第４項・第５項（面積区画）に対する効果は第１項と同趣旨。 ・別建築物みなしの根拠規定を第22項に置かずに第４項に置いた理由は，両項の対象建築物が，火熱遮断壁等によって別建築物とみなす措置まで明記した法第21条・法第27条・法第61条そのものに限定されていることを踏まえたもの（条文上の整理のみ）。	第４項
	第11項〜第13項	・第11項（竪穴区画）又は第12項・第13項（準竪穴区画）において，防火区画の設置が必要となるかどうかは主要構造部の構造等によって判断することとなるが，火熱遮断壁等の設置を設置した場合には区画ごとに別建築物とみなされるため，区画ごとの主要構造部の構造等によって判断することが可能となる。	第22項
令第113条第１項		・性能的に防火壁・防火床よりも上位にある火熱遮断壁等を，第１項で設置を義務づけている防火壁・防火床として扱うことが可能となる。	第３項
令第114条第３項・第４項		・隔壁が必要となるかどうかは建築面積等によって判断することとなるが，火熱遮断壁等の設置を設置した場合には区画ごとに別建築物とみなされるため，区画ごとの建築面積等によって判断することが可能となる。	第６項

第７節　耐火性能検証

（耐火建築物の特定主要構造部に関する技術的基準）

令第108条の４　法第２条第９号の２イ⑵の政令で定める技術的基準は，特定主要構造部が，次の各号のいずれかに該当することとする。

一　特定主要構造部が，次のイ及びロ（外壁以外の特定主要構造部にあつては，イ）に掲げる基準に適合するものであることについて耐火性能検証法により確かめられたものであること。

イ　特定主要構造部ごとに当該建築物の屋内において発生が予測される火災による火熱が加えられた場合に，当該特定主要構造部が次に掲げる要件を満たしていること。

⑴　耐力壁である壁，柱，床，はり，屋根及び階段にあつては，当該建築物の自重及び積載荷重（第86条第２項ただし書の規定によつて特定行政庁が指定する多雪区域における建築物の特定主要構造部にあつては，自重，積載荷重及び積雪荷重。以下この条において同じ。）により，構造耐力上支障のある変形，溶融，破壊その他の損傷を生じないものであること。

⑵　壁及び床にあつては，当該壁及び床の加熱面以外の面（屋内に面するものに限る。）の温度が可燃物燃焼温度（当該面が面する室において，国土交通大臣が定める基準に従い，内装の仕上げを不燃材料ですることその他これに準ずる措置が講じられている場合にあつては，国土交通大臣が別に定める温度）以上に上昇しないものであること。

⑶　外壁及び屋根にあつては，屋外に火炎を出す原因となる亀裂その他の損傷を生じないものであること。

ロ　外壁が，当該建築物の周囲において発生する通常の火災による火熱が１時間（延焼のおそれのある部分以外の部分にあつては，30分間）加えられた場合に，次に掲げる要件を満たしていること。

⑴　耐力壁である外壁にあつては，当該外壁に当該建築物の自重及び積載荷重により，構造耐力上支障のある変形，溶融，破壊その他の損傷を生じないものであること。

⑵　外壁の当該加熱面以外の面（屋内に面するものに限る。）の温度が

可燃物燃焼温度（当該面が面する室において，国土交通大臣が定める基準に従い，内装の仕上げを不燃材料ですることその他これに準ずる措置が講じられている場合にあつては，国土交通大臣が別に定める温度）以上に上昇しないものであること。

二　前号イ及びロ（外壁以外の特定主要構造部にあつては，同号イ）に掲げる基準に適合するものとして国土交通大臣の認定を受けたものであること。

2　前項の「耐火性能検証法」とは，次に定めるところにより，当該建築物の特定主要構造部の耐火に関する性能を検証する方法をいう。

一　当該建築物の屋内において発生が予測される火災の継続時間を当該建築物の室ごとに次の式により計算すること。

$t_f = Qr / 60q_b$

（この式において，t_f，Qr及びq_bは，それぞれ次の数値を表すものとする。

t_f　当該室における火災の継続時間（単位　分）

Qr　当該室の用途及び床面積並びに当該室の壁，床及び天井（天井のない場合においては，屋根）の室内に面する部分の表面積及び当該部分に使用する建築材料の種類に応じて国土交通大臣が定める方法により算出した当該室内の可燃物の発熱量（単位　メガジュール）

q_b　当該室の用途及び床面積の合計並びに当該室の開口部の面積及び高さに応じて国土交通大臣が定める方法により算出した当該室内の可燃物の1秒間当たりの発熱量（単位　メガワット））

二　特定主要構造部ごとに，当該特定主要構造部が，当該建築物の屋内において発生が予測される火災による火熱が加えられた場合に，前項第1号イに掲げる要件に該当して耐えることができる加熱時間（以下この項において「屋内火災保有耐火時間」という。）を，当該特定主要構造部の構造方法，当該建築物の自重及び積載荷重並びに当該火熱による特定主要構造部の表面の温度の推移に応じて国土交通大臣が定める方法により求めること。

三　当該外壁が，当該建築物の周囲において発生する通常の火災時の火熱が加えられた場合に，前項第1号ロに掲げる要件に該当して耐えることができきる加熱時間（以下この項において「屋外火災保有耐火時間」という。）を，当該外壁の構造方法並びに当該建築物の自重及び積載荷重に応じて国土交通大臣が定める方法により求めること。

四　特定主要構造部ごとに，次のイ及びロ（外壁以外の特定主要構造部にあつては，イ）に該当するものであることを確かめること。

イ　各特定主要構造部の屋内火災保有耐火時間が，当該特定主要構造部が面する室について第１号に掲げる式によつて計算した火災の継続時間以上であること。

ロ　各外壁の屋外火災保有耐火時間が，１時間（延焼のおそれのある部分以外の部分にあつては，30分間）以上であること。

3　特定主要構造部が第１項第１号又は第２号に該当する建築物（次項に規定する建築物を除く。）に対する第112条第１項，第３項，第７項から第11項まで及び第16項から第21項まで，第114条第１項及び第２項，第117条第２項，第120条第１項，第２項及び第４項，第121条第２項，第122条第１項，第123条第１項及び第３項，第123条の２，第126条の２，第128条の４第１項及び第４項，第128条の５第１項及び第４項，第128条の７第１項，第129条第１項，第129条の２第１項，第129条の２の４第１項，第129条の13の２，第129条の13の３第３項及び第４項，第137条の14並びに第145条第１項第１号及び第２項の規定（次項において「耐火性能関係規定」という。）の適用については，当該建築物の部分で特定主要構造部であるものの構造は，耐火構造とみなす。

4　特定主要構造部が第１項第１号に該当する建築物（当該建築物の特定主要構造部である床又は壁（外壁を除く。）の開口部に設けられた防火設備が，当該防火設備に当該建築物の屋内において発生が予測される火災による火熱が加えられた場合に，当該加熱面以外の面に火炎を出さないものであることについて防火区画検証法により確かめられたものであるものに限る。）及び特定主要構造部が同項第２号に該当する建築物（当該建築物の特定主要構造部である床又は壁（外壁を除く。）の開口部に設けられた防火設備が，当該防火設備に当該建築物の屋内において発生が予測される火災による火熱が加えられた場合に，当該加熱面以外の面に火炎を出さないものとして国土交通大臣の認定を受けたものであるものに限る。）に対する第112条第１項，第７

項から第11項まで，第16項，第18項，第19項及び第21項，第122条第１項，第123条第１項及び第３項，第126条の２，第128条の５第１項及び第４項，第128条の７第１項，第129条の２の４第１項，第129条の13の２，第129条の13の３第３項並びに第137条の14の規定（以下この項において「防火区画等関係規定」という。）の適用については，これらの建築物の部分で特定主要構造部であるものの構造は耐火構造と，これらの防火設備の構造は第112条第１項に規定する特定防火設備とみなし，これらの建築物に対する防火区画等関係規定以外の耐火性能関係規定の適用については，これらの建築物の部分で特定主要構造部であるものの構造は耐火構造とみなす。

5　前項の「防火区画検証法」とは，次に定めるところにより，開口部に設けられる防火設備（以下この項において「開口部設備」という。）の火災時における遮炎に関する性能を検証する方法をいう。

一　開口部設備が設けられる開口部が面する室において発生が予測される火災の継続時間を第２項第１号に掲げる式により計算すること。

二　開口部設備ごとに，当該開口部設備が，当該建築物の屋内において発生が予測される火災による火熱が加えられた場合に，当該加熱面以外の面に火炎を出すことなく耐えることができる加熱時間（以下この項において「保有遮炎時間」という。）を，当該開口部設備の構造方法及び当該火熱による開口部設備の表面の温度の推移に応じて国土交通大臣が定める方法により求めること。

三　開口部設備ごとに，保有遮炎時間が第１号の規定によつて計算した火災の継続時間以上であることを確かめること。

（平12政211・追加，平12政312・平28政６・平30政255・令元政30・令元政181・一部改正，令５政280・旧第108条の３繰下・一部改正）

(1)　耐火性能検証の位置づけ

平成10年改正以前において，耐火建築物については，主要構造部を耐火構造とすることとし，耐火構造については，建築物の部位ごとに耐火時間を定め，この時間以上耐える構造のものを建設大臣（当時）があらかじめ指定するものとされていた（仕様規定）。これは，火災が終了するまで主要構造部が耐えられるようにするものであるが，これにより建築物の空間形状等の如何を問わず，標準的な火災の性状を前提に画一的に仕様を指定された耐火構造を使用することが義務づけられていたといえる。

一方で，必ずしもこうした仕様規定によらずとも，当該建築物の空間形状等に応じて火災の性状を予測し，当該火災の性状に応じて必要となる主要構造部の耐火性能を個別の建築計画について適切に評価することによって，主要構造部を耐火構造とした建築物と同等以上の安全性を有するか否かを確認する工学的手法（耐火設計法）が開発されたことから，平成10年改正に際しては，かかる手法によって通常の火災時の炎・火熱を前提に耐火性能が確認された主要構造部については，主要構造部を耐火構造としたものと同等に取り扱うことが適当であるという考えのもとに，耐火建築物の定義において，主要構造部の基準として火災が終了するまで耐える性能を有しているものを位置づけた（性能規定化）。

制度としては，法第２条第９号の２イ⑵を根拠規定として令第108条の４を定め，同条において求められる性能をより具体化した上で，これに対応した技術的基準として，所定の計算法によって耐火性能を確認することとされている。

なお，それ以前に，平成10年改正でいったん廃止された旧・法第38条の規定に基づく建設大臣の認定においても，耐火設計法により主要構造部の耐火性能が確かめられた建築物については，耐火建築物と同等の効力を有するものとして取り扱っていた。

⑵　耐火性能検証の内容（第１項）

法第２条第９号の２イ⑵においては，性能規定化された耐火構造にかかる性能（耐火性能）と同等という考え方のもとに，建築物の主要構造部が火災に耐えることについて，非損傷性・遮熱性・遮炎性が必要であることとし，「政令・告示に規定する検証法によって性能確認をした構造（第１号）」か，「独自の検証法によって性能確認をした上で国土交通大臣の認定を受ける構造（第２号）」のいずれかとすることを規定している。法令上は，第１号の検証法の名称を「耐火性能検証法」と規定し，第２号については特段の名称を与えていないが，便宜上，以下では，第１号の検証法を「告示型耐火性能検証法」と，第２号の検証法を「認定型耐火性能検証法」と呼称するものとした上で，両者の総称を「耐火性能検証法」とする。

また，屋内で発生する火災（第１号イ）と，屋外で発生する火災（第２号ロ）によって，想定する火災の規模や，検証を行うべき部分などが異なることから，区分して性能確認を行うこととされている。

表４―36　耐火性能検証法における要求性能と対象部分（第１項第１号）

想定する火災		要求性能			性能が要求される部分
規模	時間	建築物	部分	根拠	
建築物の屋内において発生が予測される火災	一定の継続時間	倒壊防止性	非損傷性	イ(1)	間仕切壁（耐力壁），外壁（耐力壁），柱，はり，床，屋根，階段
		延焼防止性（内→外）	遮炎性	イ(2)	外壁，屋根
		延焼防止性（内→内）	遮熱性	イ(3)	間仕切壁（耐力壁・非耐力壁），床
建築物の周囲の火災	１時間※	倒壊防止性	非損傷性		外壁（耐力壁）
		延焼防止性（外→内）	遮熱性		外壁（耐力壁・非耐力壁）

※「延焼のおそれのある部分」以外の部分は30分間

表４―37　各性能の検証内容

	検証すべき内容	備考
非損傷性	主要構造部に作用する力に対して，構造耐力上支障のある変形，溶融，破壊その他の損傷が生じないこと	主要構造部に作用する力については，火災と地震・強風が同時に作用しないとの考え方のもと，応力の計算においては平常時の荷重を考慮し，構造規定における長期に生ずる力の組み合わせによって作用する応力を計算
遮熱性	屋内面において，木材，布その他の通常の可燃物が燃焼しないこと	
遮炎性	屋外面に炎が達しないこと	一般に外壁及び屋根の屋外側には可燃物が接して置かれることは考えにくいため，外部への延焼要因となる炎の貫通のみを検証すればよい

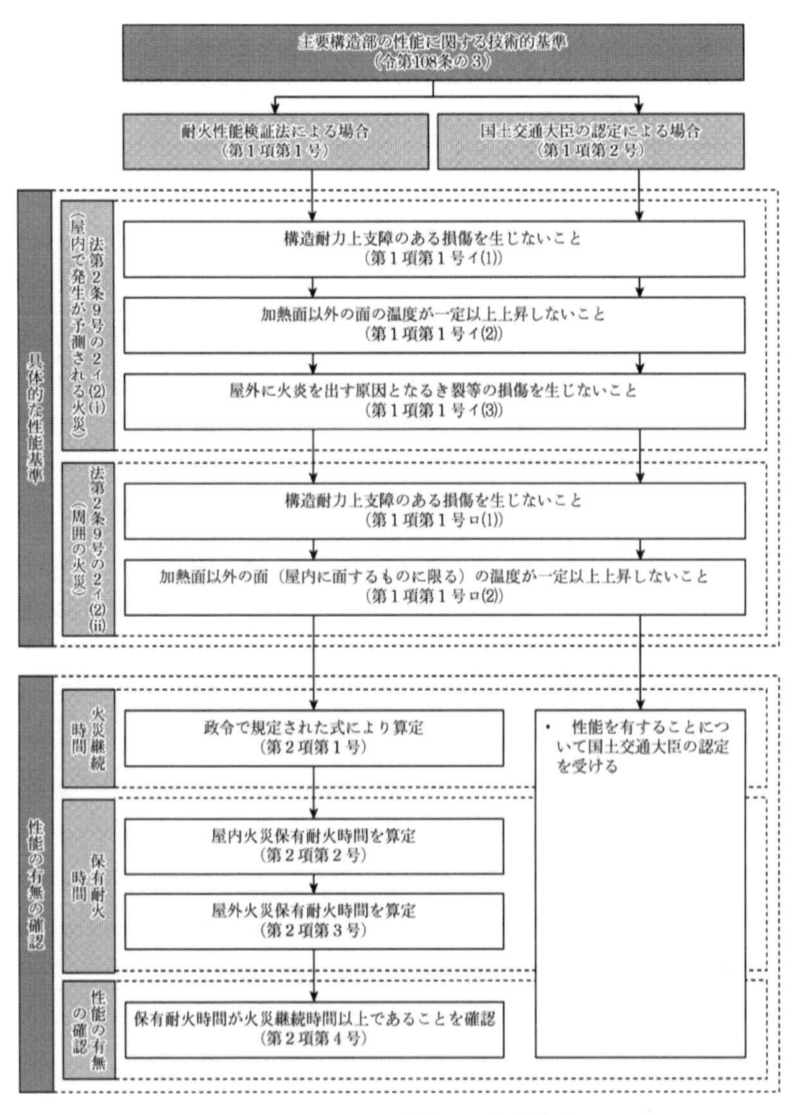

図４―10　耐火性能検証の全体構成

⑶　防火区画検証の内容（第４項）

区画に用いる防火設備については，屋内で発生した火災の建築物内部での延焼を防止するための性能が必要であるが，通常これらの開口部は通路として用いられる部分であり，開口部の近傍に可燃物などの物品が通路を閉塞するように置かれることは考えにくいため，開口部に設けられる防火設備に対しては炎の貫通を防止すること（遮炎性）のみが必要とされている。

防火区画検証についても，耐火性能検証と同様に，「政令・告示に規定する検証法によって性能確認をした構造（第４項）」か，「独自の検証法によって性能確認をした上で国土交通大臣の認定を受ける構造（第４項）」のいずれかとすることが規定されていることから，名称については，便宜上，前者の検証法を「告示型防火区画検証法」と，後者の検証法を「認定型防火区画検証法」とした上で，両者の総称を「防火区画検証法」とする。

⑷　耐火性能検証法及び防火区画検証法の基本的考え方

「屋内で発生する火災」又は「周囲で発生する火災」に対する耐火性能の有無を検証する方法については，主要構造部の表面の温度の推移に応じて当該火災に耐えることができる時間を計算し，これが火災の継続時間以上であることを確かめることにより主要構造部が必要な性能を有しているかどうかを評価することとされている。

【耐火性能検証法（非損傷性・遮熱性・遮炎性の検証）】
屋内火災：（主要構造部の屋内火災保有耐火時間）≧（火災継続時間）※1
屋外火災：（外壁の屋外火災保有耐火時間）≧１時間※2
※１　建築物の用途・規模などに応じて個別に算出した値
※２　屋外の一般的な火災を想定した固定値（延焼のおそれのある部分以外の部分は30分）

また，区画に用いる防火設備の場合については，同じ建築物における火災は同一の火災性状となるとの考え方のもと，主要構造部を対象とした耐火性能検証法と同じ火災性状予測のもとで検証を行うこととされている。

【防火区画検証法（遮炎性の検証）】
屋内火災：（開口部設備の保有遮炎時間）≧（火災継続時間）※
※　建築物の用途・規模などに応じて個別に算出した値

告示型耐火性能検証法・告示型防火区画検証法の場合は，比較的簡易にその基準適合性を判別できる検証方法を第2項及び第5項において定め，それを補足する細目を「耐火性能検証法に関する算出方法等を定める件」（H12建告第1433号。以下「耐火性能検証告示」という。）において定めている。

⑸　火災継続時間

第2項・第5項で定めた告示型耐火性能検証法・告示型防火区画検証法においては，建築物のそれぞれの室が火災室となることを想定した屋内火災をモデル化するため，室ごとに「火災継続時間t_f」を計算することとし，区画された空間に着目して，「可燃物からの発熱量Qr」を「発熱速度（単位時間当たりの発熱量）q_b」で除することによって計算することとしている（第2項第1号）。なお，式中の分母の「60」は，火災継続時間を「分表示」にするための係数である。

$$t_f = \frac{Qr}{60q_b}$$

①　室内の可燃物の発熱量（耐火性能検証告示第1）

発熱量については，建築物内の室ごとに，「室内の収納可燃物からの発熱量$q_l A_r$」，「室内の内装用建築材料からの発熱量$\Sigma q_f A_f d_f$」及び「全ての隣接室における『収納可燃物の発熱量$q_{la}A_{ra}$』と『内装用建築材料の発熱量$\Sigma q_{fa}A_{fa}d_{fa}$』に室間の壁等の状況に応じた熱侵入係数$f_a$を乗じることで得られる発熱量」を合計することによって計算することとしている。つまり，着目した室内の可燃物の総量と，隣接する室においても火災が発生していることを前提として，隣接室内の発熱量のうち，着目した室へ侵入する発熱量まで見込んでいることとなる。

収納可燃物については，室の用途ごとに一般的に想定される火災荷重（可燃物の密度を同等の発熱量となる木材で表したもの）をもとに定めた床面積1㎡当たりの発熱量に床面積を乗じることによって計算することができる。

内装用建築材料の発熱量については，使用される材料の部分ごとに単位量当たりの発熱量に使用される量を乗じて発熱量を計算し，それらを合計して計算することができる。

②　室内の可燃物の1秒間当たりの発熱量（耐火性能検証告示第2）

室内の可燃物の1秒間当たりの発熱量については，建築物内の各室ごとにその内部の可燃物の表面積と開口部の換気因子の比（χ：燃焼型支配因子）によって燃焼の性状が異なることから，燃焼型支配因子に応じて1秒間当たりの発熱量の計算式を定めている。一般に，χが小さい場合を「換気支配型燃焼」，χが大きい場合を「燃料支配型燃焼」という。

換気因子については，当該室の開口部の面積及び高さ並びに可燃物の表面積から計算する。なお，実際の火災における燃焼性状を考慮して，最小値を定めている。

可燃物の表面積については，室内の収納可燃物の表面積（計算式はこれまでの研究による。）と内装の可燃物の表面積（材料の種類ごとの影響度を考慮している。）を合計することによって計算することができる。

⑹　保有耐火時間・保有遮炎時間

主要構造部における防火上の性能の指標である「保有耐火時間」については屋内火災と屋外火災の別によって，開口部における防火上の性能の指標である「保有遮炎時間」については屋外火災を想定して，それぞれ下記のとおり位置づけられている。

①　「屋内火災保有耐火時間」は，空間内の可燃物が燃焼した場合の主要構造部の表面温度の推移に応じて，荷重が作用した状態で当該火災に対して主要構造部が各性能を保持できる時間であり，部材の種類・構造・寸法と「火災温度上昇係数 α」に応じて計算する（第２項第２号）。

②　「屋外火災保有耐火時間」については，建築物の周囲において火災が発生した場合に，荷重が作用した状態で当該火災に対して主要構造部が各性能を保持できる時間であり，部材の種類・構造・寸法に応じて計算する（第２項第３号）。

③　「保有遮炎時間」については，開口部が面する室内の可燃物が燃焼した場合の開口部設備の表面温度の推移に応じて，加熱面以外の面に火炎を出すことなく開口部設備が耐えることができる時間であり，防火設備の種類と「火災温度上昇係数 α」に応じて計算する（第５項第２号）。

「火災温度上昇係数 α」とは，室内の可燃物の一様な燃焼による室内温度の上昇の度合いを示す指標である。それぞれの室における，「１秒間当たりに可燃物の燃焼により供給される熱量（収納可燃物量）」と「区画部材（壁・床・天井）及び開口部からの熱の流出の影響」をもとに計算することができる。この場合において，「区画部材からの熱の流出」は，部材を構成する材料ごとに設定されている「熱慣性」に，その材料が使用されている部分の表面積を乗じて計算した数値の合計によって評価し，また「開口部からの熱の流出」は換気量に依存することから，開口部ごとに計算した開口因子をもとに評価することとしている。

「熱慣性」については，断熱性が高い構造の場合及び裏側の空気層の影響が大きくなる非常に薄い構造の場合に大きい性質を有しており，告示においては，代表的な材料には具体の数値を設定し，それ以外の材料については熱伝導率と密度と比熱の積の平方根で計算することとしている。

①　屋内火災保有耐火時間（耐火性能検証告示第3）

屋内火災保有耐火時間については，建築物の各部分ごとに必要な性能（非損傷性，遮熱性，遮炎性）が異なること及び各部材を構成する材料によって高温時の特性が異なることを考慮し，建築物の各部分（壁・柱・床・はり）と代表的な仕様（鉄筋コンクリート造・鉄骨造・木造）に応じて，保有耐火時間の計算方法を定めており，基本的な考え方は，表4―38のようになる。なお，屋根と階段については，代表的な仕様に応じた計算方法は準備されておらず，代わりに，後述する火災温度上昇係数と標準加熱曲線の比による計算方法が規定されている。

表4―38　建築物の部分ごと・仕様ごとの非損傷性・遮熱性の算出の考え方

建築物の部分		加熱による影響を考慮した計算方法の考え方	
	仕様	非損傷性	遮熱性
壁（耐力壁）	鉄筋コンクリート造	・受熱量によるコンクリートの熱劣化による耐力低下 ・部材温度上昇による耐力低下を考慮して時間を計算	コンクリートの熱伝導による裏面温度上昇を考慮して時間を計算
壁（非耐力壁）	鉄筋コンクリート造	—	コンクリートの熱伝導による裏面温度上昇を考慮して時間を計算
柱	鉄骨造	・受熱量による耐力低下 ・部材温度上昇による耐力低下を考慮して耐火時間を計算 ※耐火被覆の有無に応じて，近傍での可燃物の燃焼による急激な部材温度の上昇による影響の有無を考慮して火災温度上昇係数を計算 ※長柱座屈，局部座屈，柱に対するはりの熱膨張の影響等を考慮して限界温度を計算	—
	鉄筋コンクリート造	・受熱量によるコンクリートの熱劣化による耐力低下 ・部材温度上昇による耐力低下を考慮して耐火時間を計算	—
	木造	・部材の着火を考慮して耐火時間を計算 ※耐火被覆がないため近傍での可燃物の燃焼による急激な部材温度の上昇による影響を考慮して火災温度	—

		上昇係数を計算	
床	鉄筋コンクリート造	・受熱量によるコンクリートの熱劣化による耐力低下 ・部材温度上昇による耐力低下を考慮して時間を計算	コンクリートの熱伝導による裏面温度上昇を考慮して時間を計算
はり	鉄骨造	・受熱量による耐力低下 ・部材温度上昇による耐力低下を考慮して耐火時間を計算 ※耐火被覆の有無に応じて，近傍での可燃物の燃焼による急激な部材温度の上昇による影響の有無を考慮して火災温度上昇係数を計算 ※はり崩壊モードの形成，柱に対するはりの熱膨張の影響等を考慮して限界温度を計算	—
	鉄筋コンクリート造	・受熱量によるコンクリートの熱劣化による耐力低下 ・部材温度上昇による耐力低下を考慮して耐火時間を計算	—
	木造	・部材の着火を考慮して耐火時間を計算 ※耐火被覆がないため近傍での可燃物の燃焼による急激な部材温度の上昇による影響を考慮して火災温度上昇係数を計算	—

また，告示仕様や認定仕様に該当するものとして耐火構造であることが確かめられている部材を用いる場合については，火災温度上昇係数（室内の可燃物の一様な燃焼による室内温度の上昇の度合い）と標準加熱曲線の温度上昇係数の比を考慮して，その部材の仕様について告示又は認定で規定されている耐火時間を用いて保有耐火時間を計算できることとしている。

$$(\text{保有耐火時間}) = (\text{耐火時間}) \times \left(\frac{460}{\alpha}\right)^{\frac{3}{2}}$$

これは，告示仕様や認定仕様における「耐火時間」は，部材の温度上昇の要因となる火災が，「標準加熱曲線に従って成長する火災」と仮定した場合の性能確保時間であり，耐火性能検証法において「個別の室ごとにモデル化した火災（火災温度上昇係数αによって表現される。なお，標準火災の場合は$\alpha=460$）」に対する性能確保時間とは異なるため，その換算式として規定されているものである。

②　屋外火災保有耐火時間（耐火性能検証告示第４）

屋外火災保有耐火時間については，外壁のみが対象である。基本的な考え方は屋内火災保有耐火時間の場合とほぼ同様であるが，通常の火災による加熱が対象であるため，標準加熱曲線のみを考慮している点で屋内火災保有耐火時間の場合と異なっている。このため，告示仕様や認定仕様に該当するものとして耐火構造であることが確かめられている部材を用いる場合については，その部材の仕様について告示又は認定で規定されている耐火時間そのものを保有耐火時間として扱う（(保有耐火時間）＝（耐火時間)）こととしている。

③　保有遮炎時間（耐火性能検証告示第５）

保有遮炎時間については，両側からの加熱について性能が確かめられている防火戸（特定防火設備又は通常防火設備）について保有遮炎時間の計算方法を定めている。

これは，火災温度上昇係数と標準加熱曲線の温度上昇係数の比を考慮して，その防火設備の遮炎時間（特定防火設備の場合は60分，通常防火設備の場合は20分）を用いて保有遮炎時間を計算できることとしている。

⑺　認定型耐火性能検証法・認定型防火区画検証法（第１項第２号，第４項）

告示型耐火性能検証法以外の検証法を用いて屋内で発生する火災又は周囲で発生する火災に対する耐火性能の有無を検証する場合には，その検証方法としては火災時の火熱による影響を具体的に各部材に入力することにより詳細なモデル化を行ったり，耐火性能の算定において個別の部材の条件ごとに耐火性能試験を行ったりすること等が想定される。しかし，これらの方法の実施に当たっては高度な技術力が必要となることから，その検証方法の適用の妥当性や性能試験の実施の的確さ等について，専門家による技術的な評価が必要であり，このため，個別の建築計画ごとに国土交通大臣の認定を受けなければならないこととされている。

なお，告示型防火区画検証法以外の検証法を用いて開口部の性能を確かめる場合も同様である。

⑻　耐火性能検証・防火区画検証の効果（第３項，第４項）

建築基準法の法体系では，主要構造部の防火上の性能として，耐火構造や準耐火構造などの性能が規定された構造方法を前提として各規定が設けられている。このため，耐火性能検証法によって主要構造部が耐火構造の性能を有することが確かめられた場合は，法令上の取扱いの便宜上，当該建築物の主要構造部を耐火構造とみなすこととしている（第３項)。さらに，主要構造部だけでなく，防火区画についても，防火区画検証法によって防火設備が屋内での発生が予測される火災の延焼を防止する性能を有することが確かめられた場合は，主要構造部を耐火構造と，防火設備を特定防火設備とみなすこととしている（第４項)。これにより，耐火性能検証法や防火区画検証法によって性能確認された構造方法については，耐火構造や準耐火構造などを用いるべき規定や特定防火設備を用いるべき各規定において個別に記述することなく，採用することが可能となっている。

耐火構造のみなし規定の対象となる規定のことを「耐火性能関係規定」という。該当する規定は，各規定において必要とされる技術的基準として，耐火構造や準耐火構造とすることを要求している規定（例：防火区画の区画材となる準耐火構造の床・壁など）や，耐火構造や準耐火構造とすることで要求する技術的基準のレベルが変わる規定（例：直通階段の歩行距離の上限値など）である。

耐火性能関係規定については，条文の見かけ上，防火設備に関する規定であり主要構造部に関する規定としては定められていない規定（例：防火設備と内装仕上げの強化によって高層区画の面積を拡大する特例）も含まれているが，これは，当該防火設備が設けられる床・壁についても，主要構造部としての性能（非損傷性，遮熱性，遮炎性）が前提とされていることから，これらの規定についても耐火構造とみなす必要があるためである。

また，耐火構造と特定防火設備のみなし規定の対象となる規定のことを「防火区画等関係規定」という。名称は「防火区画等」とされているものの「等」には耐火構造が含まれていることから，包含関係としては，「耐火構造関係規定の部分集合」として「防火区画等関係規定」が位置づけられている。

防火区画等関係規定に該当する規定は，主要構造部に耐火構造や準耐火構造としての性能を求め，あわせて防火設備に特定防火設備や通常防火設備としての性能を求めている規定（例：大規模建築物の面積区画など）である。なお，主要構造部の性能とは関連付けられずに防火設備にのみ性能が求められる規定（例：防火壁・防火床の開口部の防火設備など）については，防火区画等関係規定に含まれていない。

なお，第4項の対象となる建築物は，耐火性能検証法によって主要構造部の性能を確認した建築物（第1項）のうち，防火区画検証法によって防火設備の性能を確認した建築物である。一方で，第3項の対象となる建築物は「耐火性能検証法によって主要構造部の性能を確認した建築物（第1項）のうち，第4項の対象建築物を除く」こととされているため，耐火性能検証法と防火区画検証法の両方を適用した建築物については，第3項による耐火構造のみなし効果が及ばない。したがって，第4項においては，「防火区画等関係規定に含まれている（重複している）耐火性能関係規定」だけでなく，「防火区画等関係規定以外の耐火性能関係規定」についても耐火構造とみなす必要があるため，規定の最後に「これらの建築物に対する・・・耐火構造とみなす」とする規定が追加されている。

表４―39　耐火性能検証・防火区画検証の効果

	第３項	第４項	
対象建築物	耐火設計し，区画設計しない建築物	耐火設計し，かつ，区画設計した建築物	
みなし対象部分	主要構造部	主要構造部 ＋防火設備	主要構造部
みなしが必要な規定	耐火性能関係規定	防火区画等関係規定	耐火性能関係規定のうち，防火区画等関係規定以外の規定
効果	耐火構造みなし	耐火構造みなし 特定防火設備みなし	耐火構造みなし

耐火性能関係規定
（主要構造部を耐火構造とみなす必要がある規定）

防火区画等関係規定
（主要構造部を耐火構造と防火設備を特定防火設備とみなす必要がある規定）

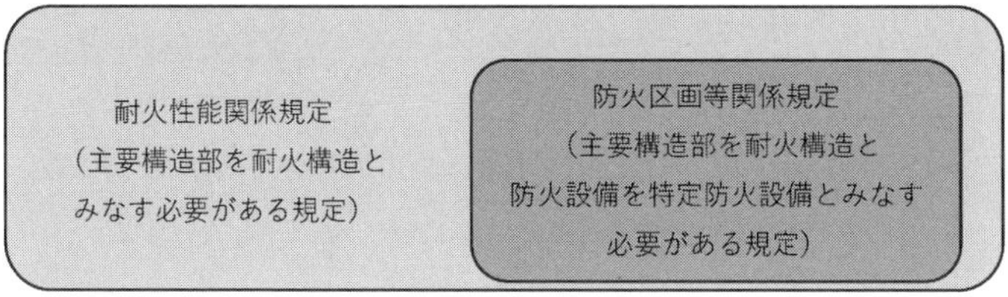

第8節　その他

第1項　準耐火構造の建築物の層間変形角

（主要構造部を準耐火構造とした建築物等の層間変形角）

令第109条の2の2　主要構造部を準耐火構造とした建築物（特定主要構造部を耐火構造とした建築物を含む。）及び第136条の2第1号ロ又は第2号ロに掲げる基準に適合する建築物の地上部分の層間変形角は，150分の1以内でなければならない。ただし，主要構造部が防火上有害な変形，亀裂その他の損傷を生じないことが計算又は実験によつて確かめられた場合においては，この限りでない。

（平5政170・全改，平12政211・旧第109条の2繰下・一部改正，平27政11・令元政30・令5政280・一部改正）

第1項

準耐火構造に用いられる防火被覆は，地震時に想定される変形により，防火上有害な変形・破壊・脱落等を生ずるおそれがあり，こうした場合，各部分において所要の防耐火性能を確保できなくなることから，主要構造部を準耐火構造とした建築物については，令第88条に規定する地震力による層間変形角が1／150rad以内でなければならないこととしている。

ただし，防火被覆の構造躯体への取り付け方法によっては，より大きな変形に対しても，防火上有害な変形・破壊・脱落等を生じないことが期待されるため，水平加力実験や耐火実験等あるいは計算により，安全性が確認できている場合には，これによることができることとしている。

なお，令第82条の2における層間変形角の規定は，構造耐力上の観点から適用するものであるが，令第109条の2の2における層間変形角の規定は，上記のように防火上の観点から設けられたものであり，その目的とするところが異なる基準である。したがって，主要構造部を準耐火構造とした建築物については，構造計算によって層間変形角の検証も必要な場合は，本条の規定に基づいて「1／150rad以内」とするだけでは十分ではなく，「1／200rad以内」にまで変位を抑える設計とする必要がある。ただし，令第82条の2の解説にもあるように，同条の適用に当たっては，変形能力の高い鉄骨造で人命への危害のおそれを生じない措置を生じている場合などには基準値が「１／120rad」まで緩和されるため，こうした場合には結果的に「１／150rad」が実質的な効果をもつこととなる。

２　建築物が第109条の８に規定する火熱遮断壁等で区画されている場合における当該火熱遮断壁等により分離された部分は，前項の規定の適用については，それぞれ別の建築物とみなす。
３　法第26条第２項に規定する特定部分（以下この項において「特定部分」という。）を有する建築物であつて，当該建築物の特定部分が同条第２項第１号（同号に規定する基準に係る部分を除く。）又は第２号に該当するものに係る第１項の規定の適用については，当該建築物の特定部分及び他の部分をそれぞれ別の建築物とみなす。

第２項・第３項

本条の適用対象は，主要構造部を準耐火構造とした建築物（特定主要構造部を耐火構造とした建築物を含む。），延焼防止建築物（令第136条の２第１号ロ）又は準延焼防止建築物（令第136条の２第２号ロ）であり，法第21条第１項等の規定によって強制的に主要構造部を防耐火構造とすることを要求されているかどうかによらず，実際に採用した主要構造部の構造（準耐火構造等であり，防火被覆の損傷防止の措置を要するかどうか）により規制の適用が決まる規制である。

したがって，強制的に防耐火構造の規定の適用を受ける建築物において火熱遮断壁等や防火壁を設置した場合に当該規定の適用上は別建築物とみなされる（例：法第21条第１項において特定準耐火構造が要求され，同条第３項において火熱遮断壁等を設置することで第１項の規定については別建築物とみなされる）こととは別に，本条において独自に別建築物みなしの規定を置くことで，自主的に建築物を火熱遮断壁等や防火壁で区画することで別建築物とみなすこととした場合（区画された部分間に火災の影響が及ばない場合）についても，別建築物とみなした部分について主要構造部等の部分があれば，それぞれに層間変形角の基準を適用することとしたものである。

第２項　煙突

（建築物に設ける煙突）

令第115条　建築物に設ける煙突は，次に定める構造としなければならない。
一　煙突の屋上突出部は，屋根面からの垂直距離を60センチメートル以上とすること。
二　煙突の高さは，その先端からの水平距離1メートル以内に建築物がある場合で，その建築物に軒がある場合においては，その建築物の軒から60センチメートル以上高くすること。
三　煙突は，次のイ又はロのいずれかに適合するものとすること。
イ　次に掲げる基準に適合するものであること。
(1)　煙突の小屋裏，天井裏，床裏等にある部分は，煙突の上又は周囲にたまるほこりを煙突内の廃ガスその他の生成物の熱により燃焼させないものとして国土交通大臣が定めた構造方法を用いるものとすること。
(2)　煙突は，建築物の部分である木材その他の可燃材料から15センチメートル以上離して設けること。ただし，厚さが10センチメートル以上の金属以外の不燃材料で造り，又は覆う部分その他当該可燃材料を煙突内の廃ガスその他の生成物の熱により燃焼させないものとして国土交通大臣が定めた構造方法を用いる部分は，この限りでない。
ロ　その周囲にある建築物の部分（小屋裏，天井裏，床裏等にある部分にあつては，煙突の上又は周囲にたまるほこりを含む。）を煙突内の廃ガスその他の生成物の熱により燃焼させないものとして，国土交通大臣の認定を受けたものであること。
四　壁付暖炉のれんが造，石造又はコンクリートブロック造の煙突（屋内にある部分に限る。）には，その内部に陶管の煙道を差し込み，又はセメントモルタルを塗ること。
五　壁付暖炉の煙突における煙道の屈曲が120度以内の場合においては，その屈曲部に掃除口を設けること。
六　煙突の廃ガスその他の生成物により，腐食又は腐朽のおそれのある部分には，腐食若しくは腐朽しにくい材料を用いるか，又は有効なさび止め若しくは防腐のための措置を講ずること。
七　ボイラーの煙突は，前各号に定めるもののほか，煙道接続口の中心から頂部までの高さがボイラーの燃料消費量（国土交通大臣が経済産業大臣の意見を聴いて定めるものとする。）に応じて国土交通大臣が定める基準に適合し，かつ，防火上必要があるものとして国土交通大臣が定めた構造方法を用いるものであること。

2　前項第1号から第3号までの規定は，廃ガスその他の生成物の温度が低いことその他の理由により防火上支障がないものとして国土交通大臣が定める基準に適合する場合においては，適用しない。

（昭31政185・昭34政344・昭55政196・平12政211・平12政312・平16政210・一部改正）

本条の規定は，令第20条の3第2項第1号イ⑸で定める「火を使用する設備又は器具」に設ける煙突についても適用される。

なお，本法における煙突とは，燃焼設備，器具に直結されるもののすべてを指摘しており，通常排気筒と称されているガス器具，白灯油器具に直結されているものをも含むことに留意する必要がある。

第1項第1号から第5号までは，煙突と建築物との取り合いの構造を，主として防火上と構造強度の面から規定したもので，第1号と第2号の規定は図4―5のとおりである。また，第3号については，煙突の周囲の部分の燃焼を防ぐための規定であり，イにおいて告示仕様である「煙突の上又は周囲にたまるほこりを煙突内の廃ガスその他の生成物の熱により燃焼させない煙突の小屋裏，天井裏，床裏等にある部分の構造方法を定める件（H16国交告第1168号）」の根拠が，ロにおいて認定仕様の根拠がそれぞれ示されている。

第6号は，煙突を構成するコンクリート等が廃ガスその他の生成物の熱や組成等によりひび割れ等を起こし，構造耐力上弱体化したりすることを防止するため，このような事故に対する配慮を促し，安全性の確保を図ることとしたものである。

第7号は，ボイラーの煙突について，煙道接続口の中心から頂部までの高さが燃焼消費量に応じて国土交通大臣の定める基準に適合し，国土交通大臣の定める防火上必要な構造としなければならない構造を規定している。この国土交通大臣の定める基準及び防火上必要な構造の基準は，「ボイラーの燃料消費量，煙道接続口の中心から頂部までの高さの基準等（S56建告第1112号）」に定められている。

第2項は，BF，FF式暖房機等で，廃ガスの温度が木材の着火温度（260℃）以下であり，かつ，煙突の先端付近に可燃物がないこと等防火上支障がないものとして国土交通大臣が定める条件に適合する煙突については，煙突の先端の屋根面からの高さ，煙突の軒からの距離と高さ及び金属性等の煙突と可燃材料との距離の規定を緩和しても差し支えないとして，これらの規定を適用しないこととしたものである。なお，この国土交通大臣が定める条件は「建築基準法施行令第115条第１項第１号から第３号までの規定を適用しないことにつき防火上支障がない煙突の基準を定める件（S56建告第1098号）」に定められている。

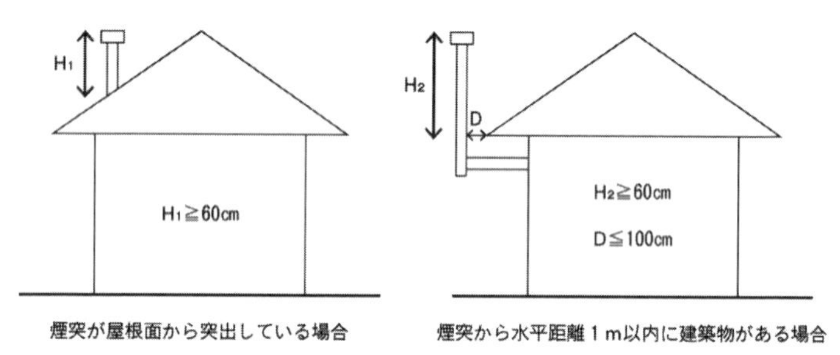

図４―11　煙突と建築物との関係

第5章　避難施設等

第1節　総　　則

防火の規定と同時に，火災が発生した時における避難の規定は，防火関係法規としては必要欠くべからざるものであり，防火の規定が，主として建築物を火災から保護することを目的としているのに対し，避難の規定は，人間を火災から保護することを目的としている。

ここでいう避難とは，建築物内にいる人間を安全に地上まで避難させることをいい，バルコニー，屋上広場，安全区画内に一時的に滞留させることは補助手段として位置づけられている。

また，避難計画を立てるに当たっては，火災という非常に危険な突発事故に遭遇した人間（青年だけでなく高齢者，子供や病人も存在）が異常心理状態のまま，迅速な避難行動をとらなければならないことを念頭におく必要がある。

建築基準法施行令における避難に関する規定は，主に令第5章「避難施設等」，令第5章の2「特殊建築物等の内装」，令第5章の3「避難上の安全の検証」によって構成されている。なお，広義には令第112条に規定する防火区画の規定も避難に関する規定であるといえるが，直接的には，防火区画は火災の延焼拡大の防止に関する技術的基準であり，法令上も令第4章「耐火構造，準耐火構造，防火構造，防火区画等」に分類されているため，本解説書においても第4章「防火」で説明することとしている。

また，法令の規定は安全な避難を実現させるための必要条件であって，十分条件とはならない。特に令第5章及び令第5章の2で規定するものは，建築計画的要素だけであり，そのほかの異常事態の感知，伝達及び警報等の情報伝達機構，スプリンクラー等の消火設備及び消防体制，防災管理者の任命等の防災的維持管理及び教育その他諸々の要素が必要であり，これらの要素を総合的，有機的に構成する防災計画が必要である。

また，防災対策は，建築計画上にとどまらず，適正な維持管理が行われてはじめて所期の目的が達成されるものであり，このためには設計者の計画意図を管理上十分反映させる必要がある。防災計画書は，設計者の計画意識を鮮明にするとともに，意図を伝達する手段としても有効であるので，作成することが望ましい。

なお，階段については，避難階段のほか一般の階段に関する規定として，令第２章第３節で規定しているため，本書第２章第７節の解説もあわせて参照されたい。

令第５章は６節に分かれ，第１節で円滑な避難が期待しがたい無窓の居室の定義を行い，第２節で建築物の廊下，避難階段及び出入口に関して避難上の規定を行い，第３節及び第４節で，避難しやすい環境をもたらす排煙設備及び非常用の照明装置を規定し，第５節で屋外からの救助等を行うための非常用の進入口の規定を行い，最後の第６節で敷地内の避難上及び消火上必要な通路等の基準を定めている。これらの規定の根拠条文は法第35条であるので，これらの規定の適用対象はすべての建築物ではなく，法第35条に規定する建築物の範囲内に限定されている。

令第５章の２は内装制限について定めたものである。これは，主要構造部が耐火構造であっても，その居室や廊下などの壁や天井に燃えやすい木材等を多量に使用すれば火災時には相当の火勢となり，特別な用途の建築物では避難上・消火上の危険性が高まることを考慮して設けられた規定である。根拠条文は法第35条の２であるため，これらの規定の適用対象は同条に規定する建築物に限られる。

令第５章の３は避難安全検証について定めたものである。これは令第５章及び令第５章の２とは異なり，建築物における避難に関する技術的基準を規定しているものではなく，個別の建築物における避難安全性能の検証方法について規定しているものである。避難安全性能が検証された場合には，避難に関する規定の一部が適用されない。

（特殊建築物等の避難及び消火に関する技術的基準）

法第35条　別表第１(い)欄(1)項から(4)項までに掲げる用途に供する特殊建築物，階数が３以上である建築物，政令で定める窓その他の開口部を有しない居室を有する建築物又は延べ面積（同一敷地内に２以上の建築物がある場合においては，その延べ面積の合計）が1,000平方メートルをこえる建築物については，廊下，階段，出入口その他の避難施設，消火栓（せん），スプリンクラー，貯水槽（そう）その他の消火設備，排煙設備，非常用の照明装置及び進入口並びに敷地内の避難上及び消火上必要な通路は，政令で定める技術的基準に従つて，避難上及び消火上支障がないようにしなければならない。

（昭34法156・昭45法109・一部改正）

本条は，建築物における避難上・消火上の安全性を確保するため，規制を受ける対象建築物と必要となる施設や設備を規定したものである。

対象建築物としては，用途，規模，構造の観点から，避難が困難となるものを規定している。ただし，政令で規定する施設・設備ごとに，更に対象を絞り込んでいるものもあるため，本条で示している範囲はあくまでも各施設・設備の規制対象の全体であることに留意する必要がある。

また，必要となる施設・設備については，「避難施設」「消火設備」「排煙設備」「非常用の照明装置」「非常用の進入口」「敷地内の避難上及び消火上必要な通路」が規定されている。政令では，これらを総称して「避難施設等」と位置づけ，第5章の各節においてそれぞれの技術的基準を定めている。ただし，このうち「消火設備」に関しては，現行制度では，政令における技術的基準は規定されていない（各避難施設等の規定の中で，消火設備の設置による代替措置を規定している場合はあるが，直接的に消火設備の設置を義務づける規定はない）。

なお，対象建築物の観点のうち，構造については，いわゆる「無窓居室」として対象が規定されているが，本条以外の規定においても「無窓居室」が規定されているため，他の規定も含めて，以下で解説する。

【無窓居室の概要】

昭和45年の改正前の本法においては，すべての居室に採光及び換気のための開口部を要求することにより，開口部の有するその他の機能も合わせて確保することを期待していた。しかし，人工環境技術と生活水準の向上により，開口部のもっていた種々の機能のそれぞれを充足する代替手段が開発されていた社会状況を踏まえて，昭和45年改正においては，開口部の種々の機能に応じた要求をすることに改められた。すなわち，通常時においては，「採光」，「換気」及び「人の出入」の3機能に，非常時においては，「非常時の採光」，「排煙」，「緊急脱出」の3機能に分類し，それぞれの規定を設けたのである。

表５－１　無窓の居室一覧表

（凡例　○…規制を受ける無窓居室　☆…設置が禁止されている無窓居室）

無窓居室の種別 ＼ 規制の対象		採光上の無窓居室 通常時	採光上の無窓居室 非常時	換気上の無窓居室	排煙上の無窓居室	救助上の無窓居室
		採光有効面積の割合※1		換気有効面積の割合※2	排煙有効面積の割合※3	避難上有効な構造の部分※4の面積
		＜１／10～１／５	＜１／20	＜１／20	＜１／50	下図の①・②のいずれにも該当しない寸法
法第28条	採光	☆				
	換気設備			○		
法第35条	直通階段（令第120条）	（※５）	○			
	排煙設備（令第126条の２）				○	
	非常用の照明装置（令第126条の４）	（※５）	○			
	非常用の進入口（令第126条の６）					☆
法第35条の２	内装制限				○	
法第35条の３	主要構造部の制限	（※５）	○			○

※１：令第20条で算定方法が規定されている「採光に有効な部分の面積」が，居室の床面積に占める割合

※２：「換気に有効な部分の面積」が，居室の床面積に占める割合

※３：開放できる部分（天井又は天井から下方80cm以内の距離にある部分に限る。）の面積が，居室の床面積に占める割合

※４：直接外気に接する避難上有効な構造のものに限る。

※５：「非常時」の基準値の方が「通常時」よりも厳しく，必然的に該当することとなるため，記号は記入していない。

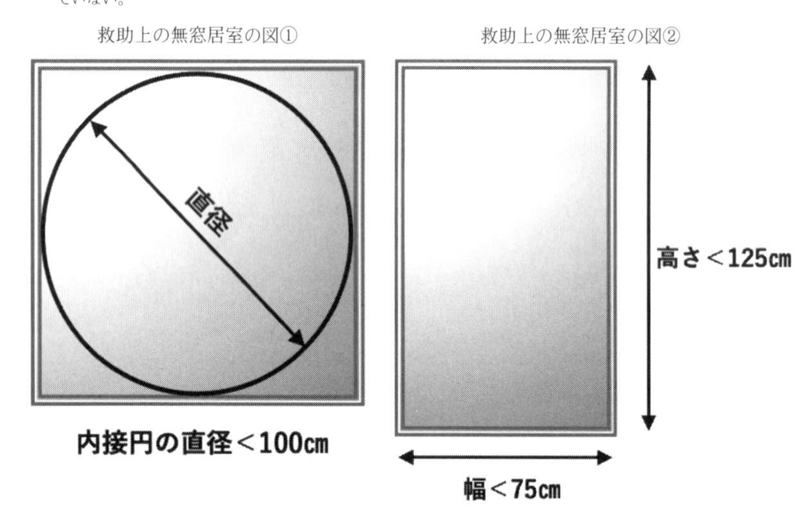

【避難施設等の規定の適用を受ける無窓居室（法第35条関係）】

（窓その他の開口部を有しない居室等）

令第116条の2　法第35条（法第87条第3項において準用する場合を含む。第127条において同じ。）の規定により政令で定める窓その他の開口部を有しない居室は，次の各号に該当する窓その他の開口部を有しない居室とする。

一　面積（第20条の規定より計算した採光に有効な部分の面積に限る。）の合計が，当該居室の床面積の20分の1以上のもの

二　開放できる部分（天井又は天井から下方80センチメートル以内の距離にある部分に限る。）の面積の合計が，当該居室の床面積の50分の1以上のもの

2　ふすま，障子その他随時開放することができるもので仕切られた2室は，前項の規定の適用については，1室とみなす。

（昭45政333・追加，昭55政196・平12政211・一部改正）

第1項は，第1号において非常時の採光が十分でない居室（非常時採光上の無窓居室）を，第2号において排煙機能が十分でない居室（排煙上の無窓居室）を，それぞれ定義している。開口部は，その位置と大きさ（床面積に対する割合）が問題となるが，非常時採光上の無窓居室とならないための開口部としては，その位置は自然採光の規定をそのまま準用し，その大きさは20分の1以上としている。排煙上の無窓居室とならないための開口部としては，その位置は，物理的な排煙効果を考慮して設置の位置を規定し，その大きさは50分の1以上としている。本項では，無窓居室に該当するかどうかの判定基準となる開口部の位置と大きさだけを規定しており，該当した場合に必要となる措置については，それぞれ他の規定（例：令第126条の2（排煙設備），令第126条の4（非常用の照明装置）等）において基準が定められている。

第2項では，用途上，形態上開放することを期待されている2室は，前項の適用について1室とみなしてよい旨を規定している。3室にわたる場合に，この趣旨を援用することはできない。

【内装制限の適用を受ける無窓居室（法第35条の2関係）】

（制限を受ける窓その他の開口部を有しない居室）

令第128条の3の2　法第35条の2（法第87条第3項において準用する場合を

含む。次条において同じ。）の規定により政令で定める窓その他の開口部を有しない居室は，次の各号のいずれかに該当するもの（天井の高さが６メートルを超えるものを除く。）とする。

一　床面積が50平方メートルを超える居室で窓その他の開口部の開放できる部分（天井又は天井から下方80センチメートル以内の距離にある部分に限る。）の面積の合計が，当該居室の床面積の50分の１未満のもの

二　法第28条第１項ただし書に規定する温湿度調整を必要とする作業を行う作業室その他用途上やむを得ない居室で同項本文の規定に適合しないもの

（昭45政333・追加，昭62政348・平12政211・一部改正）

法第35条の２で規定する「政令で定める窓その他の開口部を有しない居室」は，本条各号に掲げる条件のいずれか一方に該当するものである。なお，天井高が高いものについては，内装制限の趣旨であるフラッシュオーバーの発生要因となる天井面の爆発的燃焼が起こりにくいことから，天井の高さが６ｍを超えるものは除外されている。

第１号は，火災が発生した際，その火災により生じた煙を有効に排出することができる開口部を有していない居室で，かつ，作業している者が十分注意を払い切れない規模（50㎡を超える大きさ）のものである。

第２号は，住宅，学校，病院，診療所，寄宿舎，下宿等の居室で，温湿度調整を必要とする作業を行う作業室その他用途上やむを得ない居室で，法第28条本文に定められた採光上必要な開口部（令第19条第２項に規定された大きさ）を有しない居室である。

【主要構造部の制限の適用を受ける無窓居室（法第35条の３関係）】

（窓その他の開口部を有しない居室等）

令第111条　法第35条の３（法第87条第３項において準用する場合を含む。）の規定により政令で定める窓その他の開口部を有しない居室は，次の各号のいずれかに該当する窓その他の開口部を有しない居室（避難階又は避難階の直上階若しくは直下階の居室その他の居室であつて，当該居室の床面積，当該居室からの避難の用に供する廊下その他の通路の構造並びに消火設備，排煙設備，非常用の照明装置及び警報設備の設置の状況及び構造に関し避難上支障がないものとして国土交通大臣が定める基準に適合するものを除く。）とする。

一　面積（第20条の規定により計算した採光に有効な部分の面積に限る。）の合計が，当該居室の床面積の20分の1以上のもの
二　直接外気に接する避難上有効な構造のもので，かつ，その大きさが直径1メートル以上の円が内接することができるもの又はその幅及び高さが，それぞれ，75センチメートル以上及び1.2メートル以上のもの
2　ふすま，障子その他随時開放することができるもので仕切られた2室は，前項の規定の適用については，1室とみなす。

（昭45政333・全改，平12政211・令元政181・令5政34・一部改正）

建築物災害（主として火災）に対して，建築物内の人が安全に避難でき，又は外部からの援助を受けられるために必要とされる開口部を有しない居室（無窓居室）の構造が定められている。

この規制は，火災時に無窓居室からの避難や救助に時間を要することから，当該室が早期に倒壊することを防ぐことを念頭に設けられたものである。一方で，近年の戸建て住宅においては，音楽練習室やシアタールームのように，周辺への騒音防止や快適な視聴空間を確保する観点から窓を設けない居室を設置するニーズが高まっているものの，戸建て住宅規模では耐火構造で区画することが実質的に困難であるという課題も生じていた。こうした社会環境の変化や技術的知見の蓄積を踏まえて，平成30年改正においては，小規模なものであって，自動火災報知設備によって火災時に早期の避難が可能となる等の措置がなされている居室であれば，本条の無窓居室として取り扱わない特例が定められている。

第1項は，法第35条の3の規制対象となる無窓居室を定めており，第1号（非常時採光上の無窓居室）か第2号（救助上の無窓居室）のいずれかに該当するものを対象としている。

第1号は，建築物内の人が，建築物災害に遭遇した際，混乱せずに安全避難ができるためには，避難上必要最低限の天空光が必要とされる。そのための必要とされる開口部の大きさは，令第20条の規定により計算した採光上有効な部分の面積の合計が，その居室の床面積の20分の1以上ある場合である。この面積を有する開口部が確保されていない居室については，「非常時採光上の無窓居室」として規制対象となる。

なお，本号に規定する「非常時採光上の無窓居室」に該当する条件は，法第35条の規定に基づく避難施設等の義務が課せられる，令第116条の2第1項第1号に規定する条件と同一である。すなわち，本号に規定する居室に該当する場合は，令第

５章第２節（廊下，避難階段及び出入口），第４節（非常用の照明装置），第６節（敷地内の避難上及び消火上必要な通路等）の規制対象となる居室にも該当する可能性がある。

第２号は，その居室から脱出したり，外部から消防隊員が必要な装備をして容易に進入したりするために必要とされる開口部の大きさを規定している。その大きさは，直径１ｍ以上の円が内接できるものか，又は，その幅及び高さが，それぞれ，75㎝及び1.2ｍ以上のものである。なお，この開口部は，その用途上，外気に接し，かつ，避難上有効に開放できる構造でなければならない。この面積を有する開口部が確保されていない居室については，「救助上の無窓居室」として規制対象となる。

第１項本文の括弧書きは，平成30年改正によって追加された内容であり，形式的には第１号又は第２号に該当する居室であっても，「避難階の居室」，「避難階の直上階若しくは直下階の居室」などであることを前提に，以下の要素を考慮することで，火災発生時に無窓居室の在室者が安全に避難できることについて判断することが可能であることから，各要素に対応した事項を規定した「主要構造部を耐火構造等とすることを要しない避難上支障がない居室の基準を定める件（Ｒ２国交告第249号）」に適合するものであれば，無窓居室として扱われないものとしている。

告示の具体的な内容については，以下の表５－２において示している。告示の第１号においては，きわめて短い時間で避難が完了できる要件として，火災を覚知してからすぐに居室外に出られること（第１号イ）か，屋外への避難に要する時間を短くすること（第１号ロ・ハ）を定め，第２号においては，在室者が火災を早期に覚知することができる要件を定めている。これらの要件を満たす居室であれば，居室の壁や床を耐火構造とした居室と同等の安全性が確保されているとして，規制の対象となる無窓居室として扱われないこととなる。

表５－２　避難上支障がない無窓居室（Ｒ２告示第249号）

告示の号	要件	
第１号	就寝利用しない居室であって，以下のイ，ロ又はハのいずれかに該当するもの	
	イ	床面積30㎡以内の居室
	ロ	避難階の居室で，屋外出口までの距離が30ｍ以下のもの
	ハ	避難階の直上階又は直下階の居室で，屋外出口又は屋外避難階段の出入口までの距離が20ｍ以下のもの
第２号	自動火災報知設備を設置した建築物の居室であること	

第２項は，法第28条第４項と同趣旨である。

第２節　廊下，避難階段及び出入口

第１項　総則

（適用の範囲）

令第117条　この節の規定は，法別表第１(い)欄(1)項から(4)項までに掲げる用途に供する特殊建築物，階数が３以上である建築物，前条第１項第１号に該当する窓その他の開口部を有しない居室を有する階又は延べ面積が1,000平方メートルをこえる建築物に限り適用する。

２　次に掲げる建築物の部分は，この節の規定の適用については，それぞれ別の建築物とみなす。

一　建築物が開口部のない耐火構造の床又は壁で区画されている場合における当該床又は壁により分離された部分

二　建築物の２以上の部分の構造が通常の火災時において相互に火熱又は煙若しくはガスによる防火上有害な影響を及ぼさないものとして国土交通大臣が定めた構造方法を用いるものである場合における当該部分

（昭34政344・昭44政８・昭45政333・平28政６・令５政280・一部改正）

第１項の規定は，本節の規定を適用すべき範囲を定めたもので，火災時等に避難対策上の措置が適切にとられていなければ危険な状態になりうる建築物として，次の建築物が対象となっている。

①　特殊建築物（(1)項用途～(4)項用途）

②　階数が３以上の建築物

③　採光上・排煙上の無窓の居室を有する階

④　大規模建築物（延べ面積1,000㎡以上）

第２項の規定は，完全に区画された建築物についての規定で，区画ごとに各々別個に本節（廊下，避難階段及び出入口）の規定を適用することとしている。また，令和５年の政令改正により，同様の規定が第４節（非常用照明装置）及び第５章の２（特殊建築物等の内装）についても同様の扱いとすることとしている。

第２項　廊下

（廊下の幅）

令第119条　廊下の幅は，それぞれ次の表に掲げる数値以上としなければならない。

廊下の配置 廊下の用途	両側に居室がある廊下における場合 （単位　メートル）	その他の廊下における場合 （単位　メートル）
小学校，中学校，義務教育学校，高等学校又は中等教育学校における児童用又は生徒用のもの	2.3	1.8
病院における患者用のもの，共同住宅の住戸若しくは住室の床面積の合計が100平方メートルを超える階における共用のもの又は３室以下の専用のものを除き居室の床面積の合計が200平方メートル（地階にあつては，100平方メートル）を超える階におけるもの	1.6	1.2

（昭34政344・平10政351・平27政421・一部改正）

階段の幅と同様，廊下の幅は速やかな避難を実現する上で重要なファクターであるので，特に本条において学校，病院等について規定したものである。

病院は，床面積に無関係に患者が用いるものはすべてこの表の規定によるが，職員専用の廊下は，一般の建築物と同じ規定による。共同住宅は，住戸又は住室の床面積の合計が100㎡を超える階の共同廊下がこの表の規定によることとなっている。

居室の床面積の合計が200㎡（地下は100㎡）を超える階の廊下の幅は，その居室の用途のいかんにかかわらず本条の規定の適用を受けることとなっている。ただし，３室以下の室のための専用廊下は，特に本条の規定の適用を受けないものとして緩和している。

なお，中廊下部分と片廊下部分とは廊下の最低幅員が異なるので，両者が混在した階では，最低幅員により設計を行った場合，廊下に凹凸ができることになるが，極端な凹凸は，避難に際して滞留の原因となるので好ましくない。

第３項　避難階段

（直通階段の設置）

令第120条　建築物の避難階以外の階（地下街におけるものを除く。次条第１項において同じ。）においては，避難階又は地上に通ずる直通階段（傾斜路を含む。以下同じ。）を次の表の上欄に掲げる居室の種類の区分に応じ当該各居室からその１に至る歩行距離が同表の中欄又は下欄に掲げる場合の区分に応じそれぞれ同表の中欄又は下欄に掲げる数値以下となるように設けなければならない。

構造 居室の種類		主要構造部が準耐火構造である場合（特定主要構造部が耐火構造である場合を含む。）又は主要構造部が不燃材料で造られている場合 （単位　メートル）	その他の場合 （単位　メートル）
(1)	第116条の２第１項第１号に該当する窓その他の開口部を有しない居室（当該居室の床面積，当該居室からの避難の用に供する廊下その他の通路の構造並びに消火設備，排煙設備，非常用の照明装置及び警報設備の設置の状況及び構造に関し避難上支障がないものとして国土交通大臣が定	30	30

	める基準に適合するものを除く。）又は法別表第１(い)欄(4)項に掲げる用途に供する特殊建築物の主たる用途に供する居室		
(2)	法別表第１(い)欄(2)項に掲げる用途に供する特殊建築物の主たる用途に供する居室	50	30
(3)	(1)の項又は(2)の項に掲げる居室以外の居室	50	40

２　主要構造部が準耐火構造である建築物（特定主要構造部が耐火構造である建築物を含む。次条第２項及び第122条第１項において同じ。）又は主要構造部が不燃材料で造られている建築物の居室で，当該居室及びこれから地上に通ずる主たる廊下，階段その他の通路の壁（床面からの高さが1.2メートル以下の部分を除く。）及び天井（天井のない場合においては，屋根）の室内に面する部分（回り縁，窓台その他これらに類する部分を除く。）の仕上げを準不燃材料でしたものについては，前項の表の数値に10を加えた数値を同項の表の数値とする。ただし，15階以上の階の居室については，この限りでない。

３　15階以上の階の居室については，前項本文の規定に該当するものを除き，第１項の表の数値から10を減じた数値を同項の表の数値とする。

４　第１項の規定は，主要構造部を準耐火構造とした共同住宅（特定主要構造部を耐火構造とした共同住宅を含む。第123条の２において同じ。）の住戸でその階数が２又は３であり，かつ，出入口が１の階のみにあるものの当該出入口のある階以外の階については，その居室の各部分から避難階又は地上に通ずる直通階段の１に至る歩行距離が40メートル以下である場合においては，適用しない。

（昭31政185・昭34政344・昭39政４・昭44政８・昭45政333・平５政170・平12政211・令５政34・令５政280・一部改正）

建築基準法における避難は，人が安全に地上までたどり着くことを想定しているため，避難階（地上に直接通じている出入口のある階。通常の建築物であれば１階がこれに該当する。）以外の上層階や地階については，避難階又は地上に直接通じている直通階段を利用した避難経路を設定しなければならない。したがって，建築物の上層階又は地階では，その階に存する直通階段から各居室の最も遠い部分までの距離（歩行距離）が，ある程度短くないと非常の際，速やかに避難できないため，本条において直通階段の設置位置を規定し，当該直通階段を通じて屋外へ避難できるようにしている。なお，避難階にたどり着いてからの避難については，令第125条で階段から屋外への出口までの距離を規定している。

本条にいう「直通階段」とは，各階で次の階段まで容易に誤りなく行けるものを意図している。したがって，多少の曲折があるものであっても階段の順路が明らかなものは，これに該当するものと解される。しかし，階段の途中に防火区画が間に介在するものは，直通階段とはいえない。なお，避難の目的は人が地上に安全にたどり着くことであるため，避難階に直通する階段だけではなく，地上へ直接通ずるものも当然に直通階段として取り扱われる。

「避難階」とは，先にも述べたとおり通常は１階がこれに該当するが，敷地の高低差があって，直接２階からでも地上へ通ずる出入口がある場合には，これも避難階となる。なお，避難階の定義は令第13条第１号において「直接地上へ通ずる出入口のある階」として規定されている。

「歩行距離」とは，直通階段の最も近い降り口から，居室の最も遠い部分にいたるまでの距離で，廊下又は室内を通って，実際に歩いていける経路の最短の距離のことである。

第１項においては，建築物の主要構造部の構造や用途，当該居室が無窓居室か否かにより直通階段までの歩行距離を区分して制限している。また，地下街については適用を除外したが，これは別途，地下街における直通階段の設置基準を令第128条の３において規定しているためである。

第２項は，主要構造部を準耐火構造等とし，居室及びその避難経路の内装を不燃化した場合の歩行距離の緩和規定であり，第３項は，高層建築物の高層部分における歩行距離の強化規定である。

第４項の規定は，いわゆるメゾネット式共同住宅の住戸における出入口のある階以外の階を対象とした歩行距離の規定である。第１項の歩行距離は同一階におけるものであるが，メゾネット式共同住宅の住戸内の上階又は下階のうち，出入口のない階については同一階における歩行距離によって，直通階段の設置を規定することはできないので，特に第４項においてこれを別途規定したものである。本項において，メゾネット式共同住宅については，各階を便宜的に同一階にあるものとみなし，出入口のない階であっても，各居室から避難階又は直通階段までの距離が40m以下であれば避難上も差し支えないこととしている。

表５－３　直通階段（又は屋外への出口）に至る歩行距離（単位　m）

階の性格		(1) 避難階（居室の各部分からの距離（令第125条）			(2) (1)・(3)以外の階※2（令第120条）						(3) 地下街の階（令第128条の3）
主要構造部の構造		(イ) 準耐火構造又は不燃材料		(ロ) (イ)以外	(イ) 準耐火構造又は不燃材料				(ロ) (イ)以外		耐火構造
階の位置		原則として地上階			15階以上		15階未満		15階以上	15階未満	（地階）
内装準不燃の有無		有	無	※有無によらない	有	無	有	無	※有無によらない		有※4
歩行距離の上限	(1) 採光上の無窓の居室※1，百貨店，展示場等の売場，など	80	60	60	30	20	40	30	20	30	30
	(2) 病院，ホテル，共同住宅等の病室，客室，居室等	120	100	60	50	40	60	50	20 (40)※3	30 (40)※3	
	(3) (1)・(2)以外	120	100	80	50	40	60	50	30	40	

※１：避難上の支障がないものとするための措置（Ｒ５国交告第208号）を講じたものを除く。
※２：避難階であって階段から出口への距離を算定する場合を含む。
※３：かっこ内の数字は，メゾネット式共同住宅における出口のない階の場合。
※４：内装仕上げは不燃材料とし，その下地も不燃材料で造る。

（２以上の直通階段を設ける場合）

令第121条　建築物の避難階以外の階が次の各号のいずれかに該当する場合においては，その階から避難階又は地上に通ずる２以上の直通階段を設けなければならない。

一　劇場，映画館，演芸場，観覧場，公会堂又は集会場の用途に供する階で

その階に客席，集会室その他これらに類するものを有するもの
二　物品販売業を営む店舗（床面積の合計が1,500平方メートルを超えるものに限る。第122条第2項，第124条第1項及び第125条第3項において同じ。）の用途に供する階でその階に売場を有するもの
三　次に掲げる用途に供する階でその階に客席，客室その他これらに類するものを有するもの（5階以下の階で，その階の居室の床面積の合計が100平方メートルを超えず，かつ，その階に避難上有効なバルコニー，屋外通路その他これらに類するもの及びその階から避難階又は地上に通ずる直通階段で第123条第2項又は第3項の規定に適合するものが設けられているもの並びに避難階の直上階又は直下階である5階以下の階でその階の居室の床面積の合計が100平方メートルを超えないものを除く。）
イ　キャバレー，カフェー，ナイトクラブ又はバー
ロ　個室付浴場業その他客の性的好奇心に応じてその客に接触する役務を提供する営業を営む施設
ハ　ヌードスタジオその他これに類する興行場（劇場，映画館又は演芸場に該当するものを除く。）
ニ　専ら異性を同伴する客の休憩の用に供する施設
ホ　店舗型電話異性紹介営業その他これに類する営業を営む店舗
四　病院若しくは診療所の用途に供する階でその階における病室の床面積の合計又は児童福祉施設等の用途に供する階でその階における児童福祉施設等の主たる用途に供する居室の床面積の合計が，それぞれ50平方メートルを超えるもの
五　ホテル，旅館若しくは下宿の用途に供する階でその階における宿泊室の床面積の合計，共同住宅の用途に供する階でその階における居室の床面積の合計又は寄宿舎の用途に供する階でその階における寝室の床面積の合計が，それぞれ100平方メートルを超えるもの
六　前各号に掲げる階以外の階で次のイ又はロに該当するもの
イ　6階以上の階でその階に居室を有するもの（第1号から第4号までに掲げる用途に供する階以外の階で，その階の居室の床面積の合計が100平方メートルを超えず，かつ，その階に避難上有効なバルコニー，屋外通路その他これらに類するもの及びその階から避難階又は地上に通ずる直通階段で第123条第2項又は第3項の規定に適合するものが設けられ

ているものを除く。）

ロ　５階以下の階でその階における居室の床面積の合計が避難階の直上階にあつては200平方メートルを，その他の階にあつては100平方メートルを超えるもの

2　主要構造部が準耐火構造である建築物又は主要構造部が不燃材料で造られている建築物について前項の規定を適用する場合には，同項中「50平方メートル」とあるのは「100平方メートル」と，「100平方メートル」とあるのは「200平方メートル」と，「200平方メートル」とあるのは「400平方メートル」とする。

3　第１項の規定により避難階又は地上に通ずる２以上の直通階段を設ける場合において，居室の各部分から各直通階段に至る通常の歩行経路の全てに共通の重複区間があるときにおける当該重複区間の長さは，前条に規定する歩行距離の数値の２分の１をこえてはならない。ただし，居室の各部分から，当該重複区間を経由しないで，避難上有効なバルコニー，屋外通路その他これらに類するものに避難することができる場合は，この限りでない。

4　第１項（第４号及び第５号（第２項の規定が適用される場合にあつては，第４号）に係る部分に限る。）の規定は，階数が３以下で延べ面積が200平方メートル未満の建築物の避難階以外の階（以下この項において「特定階」という。）（階段の部分（当該部分からのみ人が出入りすることのできる便所，公衆電話所その他これらに類するものを含む。）と当該階段の部分以外の部分（直接外気に開放されている廊下，バルコニーその他これらに類する部分を除く。）とが間仕切壁若しくは次の各号に掲げる場合の区分に応じ当該各号に定める防火設備で第112条第19項第２号に規定する構造であるもので区画されている建築物又は同条第15項の国土交通大臣が定める建築物の特定階に限る。）については，適用しない。

一　特定階を第１項第４号に規定する用途（児童福祉施設等については入所する者の寝室があるものに限る。）に供する場合　法第２条第９号の２ロに規定する防火設備（当該特定階がある建築物の居室，倉庫その他これらに類する部分にスプリンクラー設備その他これに類するものを設けた場合にあつては，10分間防火設備）

二　特定階を児童福祉施設等（入所する者の寝室があるものを除く。）の用途又は第１項第５号に規定する用途に供する場合　戸（ふすま，障子その

他これらに類するものを除く。）

（昭31政185・昭34政344・昭44政8・昭45政333・昭48政242・平5政170・平12政211・平14政393・令元政181・令5政280・一部改正）

この規定は，2以上の直通階段を設けて2方向に避難路を確保することにより，火災時に一方が通行不能となった場合にも，他方へ避難できる道を残してより安全性を高めることを目的としたものであり，一般には「二方向避難」を確保するための規定として知られている。

第1項は，その階の用途・規模に応じて，2以上の直通階段を設けるべきことを規定している。短時間で円滑に避難することが困難と見込まれる建築物については，階段が一つだけの場合，その階段が使用不能になるまでに避難できない可能性が特に高いため，以下のように，用途・規模に起因する避難困難性に着目して規定の適用対象を定めている。

	階の特徴	具体の用途
第1号・第2号	不特定多数の在館者が高密度で利用する用途の階	劇場，集会場など 物品販売業を営む店舗
第3号	不特定の在館者が接待等の遊興に熱中し，かつ，小区画の個室構造又は騒音・低照度等の施設特性を有する用途の階	キャバレーなど
第4号	一定数以上の避難弱者が在館する用途の階	病院，児童福祉施設など
第5号	一定数以上の者が就寝のために用いる用途の階	ホテル，共同住宅など
第6号	高層階（6階以上の階）又は大面積の階（5階以下の階で一定以上の面積の階）	（用途に関わらない）

また，第1号の用途に供する階は原則として面積のいかんにかかわらず，第2号から第5号までの用途に供する階は，その用途に供する一定の居室の床面積の規模により，第6号は用途にかかわらず階と規模に応じて，それぞれ当該階から2以上の直通階段を設けなければならないこととしている。

なお，第3号においては，いわゆる風俗営業の用途を規制の対象としているが，従前は耐火建築物等の対象として法別表第1に掲げられている「キャバレー，カフェー，ナイトクラブ又はバー」のみが対象となっていたが，平成13年9月の新宿区歌舞伎町ビル火災により避難上の危険性が顕在化したことから，新たな形態の風俗営業施設（具体的には，ロ号はソープランド，ハ号はヌードスタジオ，ニ号はラブホテル，ホ号はテレクラなどを想定している。）についても避難困難性の高い用途として，平成15年から規制の対象に加えているところである。

第2項では，第1項の床面積の算定に関して，建築物の構造が準耐火性能を有するものであればこれらの規定を緩和することとしている。

第3項は，2以上の避難階段は互いに有効に配置すべきことを規定したもので，居室の各部分から，2つの階段に至る通常の歩行経路（一般には最短経路）が相互に重複する区間の長さを令第120条に規定する歩行距離の数値の2分の1以下となるように配置しなければならないこととしている。例えば，鉄筋コンクリート造の共同住宅の場合には，歩行距離が50mであるので，重複区間の長さは25m以下としなければならない。火災時に1つの階段への移動が困難となった場合でも，他方の階段を利用することができるように階段の配置を行うことが重要である。

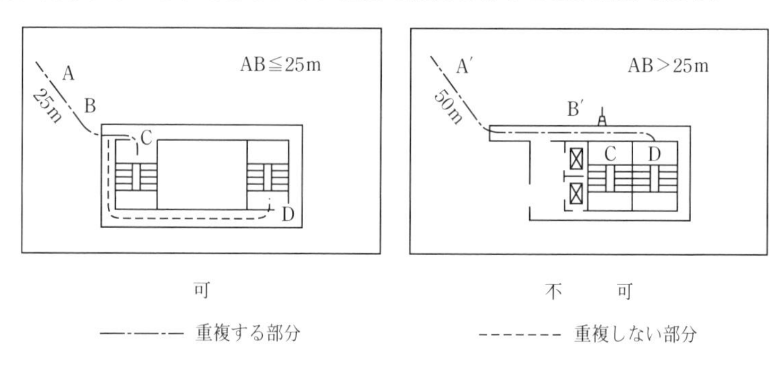

図5－1　二方向避難

第3項ただし書でいう「避難上有効なバルコニー」とは，居室内の人間を滞留しうるだけの規模，構造を有するもの又はそのバルコニーを経て他の避難階段へ安全に避難できるものをいう。例えば，共同住宅のようにバルコニー間に界壁がある場合であっても，その界壁が薄物の大平板などのように容易に破壊しうるものであれば，バルコニーを経由して他の避難階段へ避難できるものと考えられる。ただし，この場合，避難上の有効性を確保するために，界壁にステッカーなどでその旨を表示すること等の措置が必要である。

第4項は，第1項の特例である。第1項では，第4号の福祉・医療用途の利用者には年齢や疾病による身体的なハンディキャップがあること，第5号の就寝用途の利用者は就寝中の逃げ遅れのおそれがあることから，小規模なものであっても確実な避難が実現できるようにするため「二方向避難」が求められている。一方で，通常は階段が1つしか設置されていない戸建て住宅をこれらの用途に変更して活用しようとする場合，階段の増設が必須となってしまうことから，実態としてストック活用につながらないという課題が生じていた。

したがって，第1項の趣旨を踏まえた上で，一般的な戸建て住宅の規模を想定した「階数3以下・延べ面積200㎡未満の小規模建築物」に限っては，「火炎・煙を防ぐ扉付きの間仕切壁」を設けた階段を1箇所設置した場合には，2箇所以上の階段の設置義務の対象外とする特例が新たに定められた。なお，扉の性能は用途に応じて定められており，就寝利用する児童福祉施設等・診療所などについては「通常防火設備（スプリンクラー設備を設けた場合は10分防火設備）」，通所利用する児童福祉施設等・旅館・寄宿舎などについては「戸」を，それぞれ設けることとされている。

（屋外階段の構造）

令第121条の2　前2条の規定による直通階段で屋外に設けるものは，木造（準耐火構造のうち有効な防腐措置を講じたものを除く。）としてはならない。

（昭31政185・追加，平5政170・一部改正）

屋外階段が直通階段に使用されている場合，これが木造であれば耐火性能が十分でなく，また，腐朽したりして，非常の場合に危険なことがあるので，原則として木造を禁止している。ただし，これらの問題を解決するための措置として，木造であっても準耐火構造の階段で，有効な防腐措置を講じているものについては，当該規定の適用が除外される。なお，幅員等については，令第2章第3節「階段」の規定を参照されたい。

（避難階段の設置）

令第122条　建築物の5階以上の階（主要構造部が準耐火構造である建築物又は主要構造部が不燃材料で造られている建築物で5階以上の階の床面積の合計が100平方メートル以下である場合を除く。）又は地下2階以下の階（主要構造部が準耐火構造である建築物又は主要構造部が不燃材料で造られている建築物で地下2階以下の階の床面積の合計が100平方メートル以下である場合を除く。）に通ずる直通階段は次条の規定による避難階段又は特別避難階段とし，建築物の15階以上の階又は地下3階以下の階に通ずる直通階段は同条第3項の規定による特別避難階段としなければならない。ただし，特定主要構造部が耐火構造である建築物（階段室の部分，昇降機の昇降路の部分（当該昇降機の乗降のための乗降ロビーの部分を含む。）及び廊下その他の避難の用に供する部分で耐火構造の床若しくは壁又は特定防火設備で区画されたものを除く。）で床面積の合計100平方メートル（共同住宅の住戸にあつては，200平方メートル）以内ごとに耐火構造の床若しくは壁又は特定防火設備（直接外気に開放されている階段室に面する換気のための窓で開口面積が0.2平方メートル以下のものに設けられる法第２条第９号の２ロに規定する防火設備を含む。）で区画されている場合においては，この限りでない。

２　３階以上の階を物品販売業を営む店舗の用途に供する建築物にあつては，各階の売場及び屋上広場に通ずる２以上の直通階段を設け，これを次条の規定による避難階段又は特別避難階段としなければならない。

３　前項の直通階段で，５階以上の売場に通ずるものはその１以上を，15階以上の売場に通ずるものはその全てを次条第３項の規定による特別避難階段としなければならない。

（昭34政344・昭39政４・昭44政８・昭45政333・平５政170・平12政211・令５政280・一部改正）

規模の大きい建築物になると，単なる直通階段の設置だけでは避難上危険な場合もあり得るので，設置された直通階段の構造に特別の規制を加え，火災時においてもその階段には火炎や煙が入らず，したがって避難もスムーズに行われるようにする必要がある。

本条では，避難階段又は特別避難階段を設置すべき場合を規定し，次条で，避難階段及び特別避難階段の構造を規定している。なお，主要構造部を準耐火構造とし，かつ地階又は３階以上の階に居室を有する建築物に設ける直通階段については，原則として令第112条第11項（竪穴区画）の規定が適用される。

第１項

建築物の階に応じて，避難階段又は特別避難階段を設けることを規定したものである。建築物の規模に応じて，階段の要求性能に違いがあり，「５階以上の階又は地下２階以下の階」に通ずる直通階段は「避難階段」とすること，「15階以上の階又は地下３階以下の階」に通ずる直通階段は「特別避難階段」とすることが義務づけられている。

本文中のかっこ書とただし書は，避難階段・特別避難階段の除外規定である。

「本文中のかっこ書」においては，主要構造部が準耐火構造か不燃材料で造られている建築物で５階以上又は地下２階以下の階のそれぞれにおいて，それより上階又は下階の床面積の合計が100㎡以下と小さい場合の設置義務を除外している。また，「ただし書」においては，主要構造部が耐火構造である建築物で100㎡ごとに耐火構造の床・壁及び特定防火設備で区画されている場合の設置義務を除外している。なお，「ただし書中のかっこ書」において「避難の用に供する部分で耐火構造の床若しくは壁又は特定防火設備で区画されたもの」を除いているのは，階段室や廊下などの避難経路については，100㎡以下で小規模区画することが実態として困難である部分であることも踏まえて，当該部分そのものを適切に区画していれば，100㎡区画の対象としなくても良いとする趣旨である。

第２項・第３項

避難時の混乱のおそれの大きい３階建て以上の物品販売業を営む店舗における直通階段の設置と構造を強化するための規定である。他の用途については，令第120条（歩行距離の制限）や令第121条（二方向避難）を遵守することが求められているのに対して，大規模な物品販売業を営む店舗では，さらに「各階の売場及び屋上広場」に通ずる２箇所以上の直通階段の設置と，当該直通階段を避難階段又は特別避難階段とすることが要求されている（第２項）。これは，物品販売業を営む店舗では，売場に多く存在する避難者が利用するための階段であることと，屋上広場を一時的な避難場所として考えているためである。

また，５階以上の売場に設ける２箇所以上の直通階段については１箇所以上を「特別避難階段とすることを，15階以上の売場にも受ける２箇所以上の直通階段については全てを「特別避難階段」とする要求性能の引き上げも規定されている（第３項）。

なお，第２項は，物品販売業を営む店舗に対して屋上広場の設置を義務づけたものではなく，屋上広場があった場合の避難階段等との関係を規定したものである。

（避難階段及び特別避難階段の構造）

令第123条　屋内に設ける避難階段は，次に定める構造としなければならない。

一　階段室は，第４号の開口部，第５号の窓又は第６号の出入口の部分を除き，耐火構造の壁で囲むこと。

二　階段室の天井（天井のない場合にあつては，屋根。第３項第４号において同じ。）及び壁の室内に面する部分は，仕上げを不燃材料でし，かつ，その下地を不燃材料で造ること。

三　階段室には，窓その他の採光上有効な開口部又は予備電源を有する照明設備を設けること。

四　階段室の屋外に面する壁に設ける開口部（開口面積が各々１平方メートル以内で，法第２条第９号の２ロに規定する防火設備ではめごろし戸であるものが設けられたものを除く。）は，階段室以外の当該建築物の部分に設けた開口部並びに階段室以外の当該建築物の壁及び屋根（耐火構造の壁及び屋根を除く。）から90センチメートル以上の距離に設けること。ただし，第112条第16項ただし書に規定する場合は，この限りでない。

五　階段室の屋内に面する壁に窓を設ける場合においては，その面積は，各々１平方メートル以内とし，かつ，法第２条第９号の２ロに規定する防火設備ではめごろし戸であるものを設けること。

六　階段に通ずる出入口には，法第２条第９号の２ロに規定する防火設備で第112条第19項第２号に規定する構造であるものを設けること。この場合において，直接手で開くことができ，かつ，自動的に閉鎖する戸又は戸の部分は，避難の方向に開くことができるものとすること。

七　階段は，耐火構造とし，避難階まで直通すること。

２　屋外に設ける避難階段は，次に定める構造としなければならない。

一　階段は，その階段に通ずる出入口以外の開口部（開口面積が各々１平方メートル以内で，法第２条第９号の２ロに規定する防火設備ではめごろし戸であるものが設けられたものを除く。）から２メートル以上の距離に設けること。

二　屋内から階段に通ずる出入口には，前項第６号の防火設備を設けること。

三　階段は，耐火構造とし，地上まで直通すること。

３　特別避難階段は，次に定める構造としなければならない。

一　屋内と階段室とは，バルコニー又は付室を通じて連絡すること。

二　屋内と階段室とが付室を通じて連絡する場合においては，階段室又は付室の構造が，通常の火災時に生ずる煙が付室を通じて階段室に流入することを有効に防止できるものとして，国土交通大臣が定めた構造方法を用いるもの又は国土交通大臣の認定を受けたものであること。

三　階段室，バルコニー及び付室は，第6号の開口部，第8号の窓又は第10号の出入口の部分（第129条の13の3第3項に規定する非常用エレベーターの乗降ロビーの用に供するバルコニー又は付室にあつては，当該エレベーターの昇降路の出入口の部分を含む。）を除き，耐火構造の壁で囲むこと。

四　階段室及び付室の天井及び壁の室内に面する部分は，仕上げを不燃材料でし，かつ，その下地を不燃材料で造ること。

五　階段室には，付室に面する窓その他の採光上有効な開口部又は予備電源を有する照明設備を設けること。

六　階段室，バルコニー又は付室の屋外に面する壁に設ける開口部（開口面積が各々1平方メートル以内で，法第2条第9号の2ロに規定する防火設備ではめごろし戸であるものが設けられたものを除く。）は，階段室，バルコニー又は付室以外の当該建築物の部分に設けた開口部並びに階段室，バルコニー又は付室以外の当該建築物の部分の壁及び屋根（耐火構造の壁及び屋根を除く。）から90センチメートル以上の距離にある部分で，延焼のおそれのある部分以外の部分に設けること。ただし，第112条第16項ただし書に規定する場合は，この限りでない。

七　階段室には，バルコニー及び付室に面する部分以外に屋内に面して開口部を設けないこと。

八　階段室のバルコニー又は付室に面する部分に窓を設ける場合においては，はめごろし戸を設けること。

九　バルコニー及び付室には，階段室以外の屋内に面する壁に出入口以外の開口部を設けないこと。

十　屋内からバルコニー又は付室に通ずる出入口には第1項第6号の特定防火設備を，バルコニー又は付室から階段室に通ずる出入口には同号の防火設備を設けること。

十一　階段は，耐火構造とし，避難階まで直通すること。

十二　建築物の15階以上の階又は地下3階以下の階に通ずる特別避難階段の15階以上の各階又は地下3階以下の各階における階段室及びこれと屋内とを連絡するバルコニー又は付室の床面積（バルコニーで床面積がないものにあつては，床部分の面積）の合計は，当該階に設ける各居室の床面積に，法別表第1(い)欄(1)項又は(4)項に掲げる用途に供する居室にあつては

100分の８，その他の居室にあつては100分の３を乗じたものの合計以上とすること。

（昭34政344・昭39政４・昭44政８・昭45政333・昭48政242・平12政211・平12政312・平28政６・平30政255・令元政30・令元政181・一部改正）

第１項（屋内に設ける避難階段の構造）

第１号及び第２号においては，火煙の侵入又は火災の発生，延焼を防止するため，避難階段の階段室は耐火構造の壁で区画するとともに，床を除く室内の面は不燃材料で仕上げ，かつ，下地を不燃材料で造ることとしている。

第３号においては，階段室は避難の方向が明らかであって無用の混乱に陥らないような構造のものでなければならないため，採光について規定している。この場合，採光上有効な開口部とは，開口部の面積が階段室の面積の20分の１以上のものをいい，また，照明設備は令第126条の５と同じ性能のものとする（重複して設置する必要はない。）。

第４号から第６号までは，階段室の開口部からの火煙の侵入及び延焼の拡大を防止するという観点からのものであり，それぞれ令第112条（防火区画）の第16項・第17項（スパンドレル）及び第19項（遮煙性能を有する防火設備）の規定と同じ趣旨である。

第７号は，各階の避難者が確実に地上まで避難できるようにするため，階段そのものを火熱に耐えることができる構造とした上で，避難階までの直通性を確保することを求めるものである。なお，避難階については，令第13条第１号において「直接地上へ通ずる出入口のある階」としていることから，実質的には避難階段の出入口を地上に通ずるものとして設定しているのと同義である。

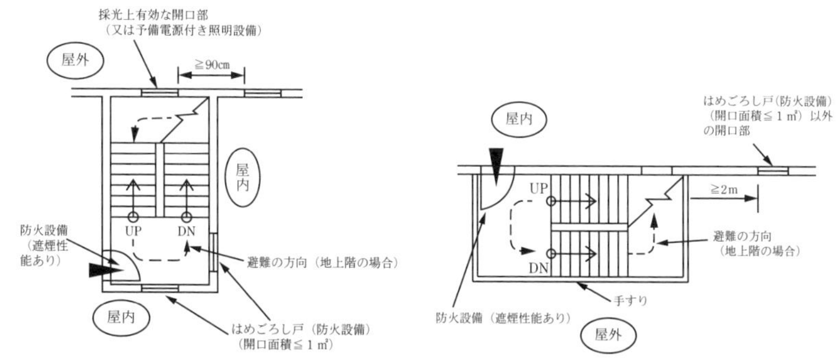

図５－２　屋内に設ける避難階段　　　図５－３　屋外に設ける避難階段

第２項（屋外に設ける避難階段の構造）

屋外の避難階段の場合，耐火構造の壁で区画されていないので，階段が各階の開口部に近接していると，直接火炎，煙が吹きつけ避難に支障をきたすおそれがある。こうしたことを防ぐため，第１号の規定により開口部からの距離を規定している。

また，第２号により屋内から階段に通ずる出入口に屋内に設ける避難階段と同様に遮煙性能を有する防火設備を設けることとしているが，本号は「屋内から階段に通ずる出入口」を対象とした基準であるため，片廊下型式の共同住宅などで廊下が外気に十分開放されている場合には，適用されないので，階段と廊下との境には防火設備を設けないでよい。

第３号の趣旨は，第１項第７号と同じである。ただし，本項は「屋外に設ける避難階段」であることから，階段の出入口については「避難階」ではなく直接「地上」を設定している。

第３項（特別避難階段の構造）

第１項に規定する屋内避難階段の構造に，バルコニー又は付室の構造と設置義務に関する規定を付加したものである。特別避難階段は，避難上最も重要な階段であるので，特に屋内と階段の間に緩衝地帯として「バルコニー」又は「付室（屋内と階段の両方の境も防火区画となっている。）」を設けることとして，火煙の侵入を防ぎ，階段室部分を安全性の高い区画とすることを意図している（第１号）。この「付室」については「外気に向かつて開くことができる窓」か「排煙設備」の設置を義務付ける仕様規定的な基準が定められていたが，平成28年の政令改正による性能規定化に伴って，第２号において「階段室又は付室の構造が，通常の火災時に生ずる煙が付室を通じて階段室に流入することを有効に防止できるもの」として，告示仕様又は認定仕様の構造方法によることが可能となっている（第２号）。告示仕様については，「特別避難階段の階段室又は付室の構造方法を定める件（H28国交告第696号）」において定められており，詳細は第３節において解説している。

第３号から第６号までの規定は，第１項第１号から第４号までの規定と同趣旨である。

第７号から第９号までの規定は，第１項第５号と同趣旨であるが，階段室の安全性をより高めるため，「階段室から直接に屋内と通じる窓の禁止」「出入口を除き，バルコニー・付室から屋内に通じる開口部の禁止」という厳しい開口部規制が求められている。

第10号の規定は，第１項第６号と同趣旨であるが，階段室の手前で性能の高い防火区画を形成するため，バルコニー・付室から屋内に通じる出入口には遮煙性能を有する特定防火設備の設置を求めている。

第11号の趣旨は，第１項第７号と同じである。

また，第12号の規定により，階段室及び付室等の床面積を一定規模以上確保することとされているので，これらの室に避難者が一時的に滞留することが可能となり，人の流れの調整弁としても役立つものである。本号の床面積基準の算定対象となる部分は，図中において斜線部で示した部分であり，いずれも避難者の一時的な安全を確保できる部分である。

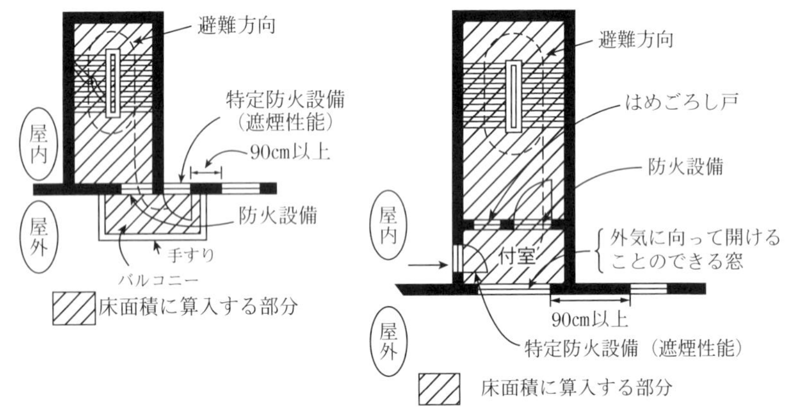

図５―４　特別避難階段（バルコニー）

図５―５　特別避難階段（外気開放窓のある付室）

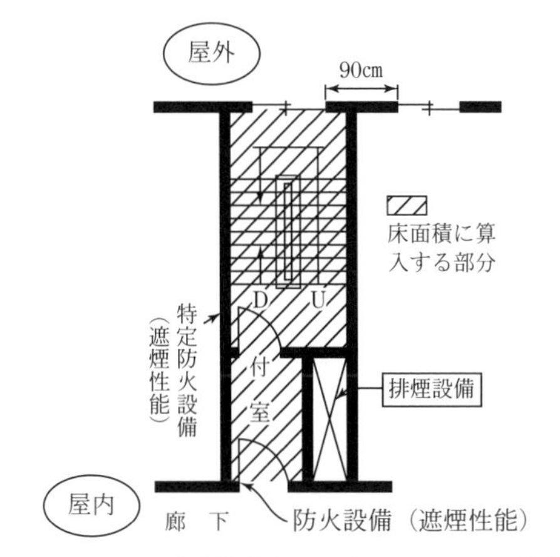

図5－6　特別避難階段（排煙設備のある付室）

なお，特別避難階段の付室は令第129条の13の3第3項に規定する非常用のエレベーターの乗降ロビーと兼用してもよいこととなっているが，確保すべき床面積は，両者の必要床面積の合計である。

（共同住宅の住戸の床面積の算定等）

令第123条の2　主要構造部を準耐火構造とした共同住宅の住戸でその階数が2又は3であり，かつ，出入口が1の階のみにあるものの当該出入口のある階以外の階は，その居室の各部分から避難階又は地上に通ずる直通階段の1に至る歩行距離が40メートル以下である場合においては，第119条，第121条第1項第5号及び第6号イ（これらの規定を同条第2項の規定により読み替える場合を含む。），第122条第1項並びに前条第3項第12号の規定の適用については，当該出入口のある階にあるものとみなす。

（昭44政8・追　加，昭48政242・平5政170・平12政211・平16政210・平28政6・令元政181・一部改正）

主要構造部を準耐火構造としたメゾネット型共同住宅の場合には，避難上の負荷が住戸の出入口のある階に集中するので，直通階段までの歩行距離の制限を強化する条件のもとに，避難施設等に関する規定が緩和されている。

すなわち，廊下の幅（令第119条），二方向避難（第121条第1項第5号【用途】・第6号イ【規模】），避難階段の設置（第122条第1項）及び特別避難階段の階段室等の床面積（第123条第３項第12号）に関する規制の適用を受けるかどうかの判定に当たっては，いずれも当該階の床面積の規模が基準とされているが，メゾネット型共同住宅の場合，「出入口のない階」はすべて「出入口のある階」にあるものとみなされる。これによって，「出入口のない階」には直通階段を設けなければならないという規制は緩和される（実態として「出入口のある階」への階段は設けられることが想定されるが，当該階段が地上や避難階に直通させる必要がない）。一方で，避難上の負荷が出入口のある１の階に集中することになるので，前述の避難階段等の規制の基準となる住戸の床面積の算定に当たっては，「出入口のない階の床面積」を「出入口のある階の床面積」に含まれるものとして合算した上で，これらの規定の適用を受けることになる。

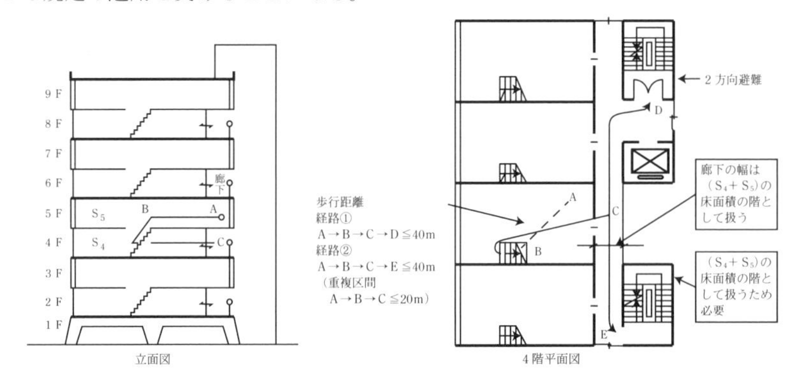

図５－７　メゾネット型の共同住宅

（物品販売業を営む店舗における避難階段等の幅）

令第124条　物品販売業を営む店舗の用途に供する建築物における避難階段，特別避難階段及びこれらに通ずる出入口の幅は，次の各号に定めるところによらなければならない。

一　各階における避難階段及び特別避難階段の幅の合計は，その直上階以上の階（地階にあつては，当該階以下の階）のうち床面積が最大の階における床面積100平方メートルにつき60センチメートルの割合で計算した数値以上とすること。

二　各階における避難階段及び特別避難階段に通ずる出入口の幅の合計は，各階ごとにその階の床面積100平方メートルにつき，地上階にあつては27

センチメートル，地階にあつては36センチメートルの割合で計算した数値以上とすること。

2　前項に規定する所要幅の計算に関しては，もつぱら１若しくは２の地上階から避難階若しくは地上に通ずる避難階段及び特別避難階段又はこれらに通ずる出入口については，その幅が1.5倍あるものとみなすことができる。

3　前２項の規定の適用に関しては，屋上広場は，階とみなす。

（昭34政344・昭45政333・昭55政196・一部改正）

不特定多数の者が利用する程度の高い物品販売業を営む店舗については，非常の際，各売場の人々を短時間に避難させることが必要であるので，令第２章第３節の階段の一般規定にかかわらず，特に本条において避難階段の幅員とそれに通ずる出入口の幅の規定を定めたものである。

各階の避難階段の幅の合計は，直上階以上の階（地階にあっては，当該階以下の階）の最大床面積によって算出することになる。これにより避難方向に階段幅が狭くなることはない。

第２項の規定は，地上階において，１つの階又は２つの階で専用する階段及びその出入口は，その避難する人員が限定されているため，その幅員は一般の場合の1.5倍あるとみなして，第１項の規定を適用することとしたものである。

第４項　出入口等

（客席からの出口の戸）

令第118条　劇場，映画館，演芸場，観覧場，公会堂又は集会場における客席からの出口の戸は，内開きとしてはならない。

（昭34政344・一部改正）

不特定多数の人間を収容するような劇場，映画館等においては，非常の際，群集が出口に向かって折り重なって逃げることとなり，その際，出口の戸が内開きであれば，出口で混乱を起こし，避難がスムーズにいかないこととなるので，これを禁止したものである。外開きはもちろんよいが，引き戸も認められる。なお，回転戸は内開きとして禁止されるが，これは多数の避難者が利用する場所に設けるには危険な戸である。

（屋外への出口）

令第125条　避難階においては，階段から屋外への出口の１に至る歩行距離は第120条に規定する数値以下と，居室（避難上有効な開口部を有するものを除く。）の各部分から屋外への出口の１に至る歩行距離は同条に規定する数値の２倍以下としなければならない。

２　劇場，映画館，演芸場，観覧場，公会堂又は集会場の客用に供する屋外への出口の戸は，内開きとしてはならない。

３　物品販売業を営む店舗の避難階に設ける屋外への出口の幅の合計は，床面積が最大の階における床面積100平方メートルにつき60センチメートルの割合で計算した数値以上としなければならない。

４　前条第３項の規定は，前項の場合に準用する。

（昭34政344・昭44政８・昭45政333・一部改正）

避難の際，各階段を通じて避難階へ群衆が降りてくるが，滞留を生じないためにはその避難階から屋外への避難がスムーズに行われる必要があるので，特に，避難階における歩行距離，屋外への出口の幅等が規定されている。

また，避難階にある居室からの歩行距離は，他の階の場合より緩和している。

（屋外への出口等の施錠装置の構造等）

令第125条の２　次の各号に掲げる出口に設ける戸の施錠装置は，当該建築物が法令の規定により人を拘禁する目的に供せられるものである場合を除き，屋内からかぎを用いることなく解錠できるものとし，かつ，当該戸の近くの見やすい場所にその解錠方法を表示しなければならない。

一　屋外に設ける避難階段に屋内から通ずる出口

二　避難階段から屋外に通ずる出口

三　前２号に掲げる出口以外の出口のうち，維持管理上常時鎖錠状態にある出口で，火災その他の非常の場合に避難の用に供すべきもの

２　前項に規定するもののほか，同項の施錠装置の構造及び解錠方法の表示の基準は，国土交通大臣が定める。

（昭45政333・追加，平12政312・一部改正）

避難経路に設けられた出入口の戸には，防犯上の理由から施錠されることが多く，鍵等の管理が他所で行われると，緊急時の避難に支障をきたすので，避難方向（内から外へ）への施錠は，鍵を用いなくとも行えるよう義務づけたものである。

また，不特定の人間でもその施錠方法が容易に理解しうるよう表示の規定を設けている。

なお，刑務所，拘置所，留置場等，人を拘禁することが構造上必要なものとして他法令において想定されているものについては，これらの規定は適用されない。

（屋上広場等）

令第126条　屋上広場又は２階以上の階にあるバルコニーその他これに類するものの周囲には，安全上必要な高さが1.1メートル以上の手すり壁，さく又は金網を設けなければならない。

２　建築物の５階以上の階を百貨店の売場の用途に供する場合においては，避難の用に供することができる屋上広場を設けなければならない。

（昭34政344・一部改正）

バルコニーその他これに類するものとは，開放廊下や開放踊場等を含む。また，屋上広場等における安全性を確保するという規定の趣旨から，手すり壁等については，少々の人数がもたれかかっても壊れない程度のものが必要である。

第２項の「避難の用に供することができる」とは，在館人数に応じて相当な面積を有し，かつ，下階が火災の場合も人命を保護するに十分であり，できれば一方の階段付近が火災の影響で利用できない場合でも，屋上広場を通じて他の階段から地上へ降りられることができるような二方向への避難ができるものを意味している。

第３節　排煙設備

火災時に建築物の天井，壁などや屋内可燃物から発生する煙やガスが避難行動を妨げ，一酸化炭素中毒などの死傷事故を引き起している例が多くみられ，火炎・延焼対策のみならず煙対策が人命の安全性にとって重要である。建築物の不燃化が進んでいる一方，暖冷房設備の普及と建具性能の向上に伴う建築物の気密性の高まりや，自然採光・換気に係る規定の緩和による無窓の居室の増加により，火災時の排煙性能は低下するため，これらの建築物に排煙設備を設置することを義務づけ，排煙性能の確保を図ることとしている。

本節では，令第５章第３節において規定する一般居室に対する排煙設備だけでなく，特別避難階段の付室等の排煙設備についても解説する。

１　排煙に関する規定

建築物においては，火災時に建築物の天井・壁などや屋内の可燃物から発生する煙・ガスを有効に屋外へと排出し，建築物内部の人を安全に避難させる必要があるため，建築物の用途・規模・部分に応じて，排煙設備を設置しなければならない。

排煙設備の設置基準・構造方法は下表のとおりである。

表５－４　排煙規定の概要

		根拠条文	構造方法
一般居室	特殊建築物（500㎡超）	令第126条の２第１項	・排煙窓 ・以下の①及び②を満たす排煙能力 ①120㎥/min以上 ②単位床面積当たり１㎥/min以上
	階数３以上・500㎡超の建築物		
	排煙上の無窓居室		
	1,000㎡超の建築物の200㎡超の居室		
付室等	特別避難階段の付室	令第123条第３項第１号	・排煙窓 ・４㎥/s（＝240㎥/min）以上の排煙能力　等
	非常用エレベーターの乗降ロビー	令第129条の13の３第３項第２号	・排煙窓 ・４㎥/s（＝240㎥/min）以上の排煙能力　等

２　排煙に係る規定の構成

本法における排煙の規定は，法制上，一般居室における排煙規定と，特別避難階段の付室及び非常用エレベーターの乗降ロビーにおける排煙規定の２種類に大別できる。構成の概要は以下のとおりである。

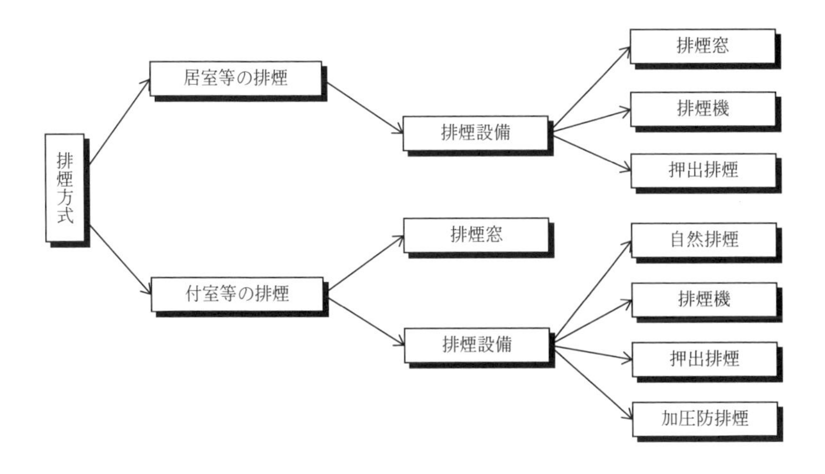

（設置）

令第126条の２　法別表第１(い)欄(1)項から(4)項までに掲げる用途に供する特殊建築物で延べ面積が500平方メートルを超えるもの，階数が３以上で延べ面積が500平方メートルを超える建築物（建築物の高さが31メートル以下の部分にある居室で，床面積100平方メートル以内ごとに，間仕切壁，天井面から50センチメートル以上下方に突出した垂れ壁その他これらと同等以上に煙の流動を妨げる効力のあるもので不燃材料で造り，又は覆われたもの（以下「防煙壁」という。）によつて区画されたものを除く。），第116条の２第１項第２号に該当する窓その他の開口部を有しない居室又は延べ面積が1,000平方メートルを超える建築物の居室で，その床面積が200平方メートルを超えるもの（建築物の高さが31メートル以下の部分にある居室で，床面積100平方メートル以内ごとに防煙壁で区画されたものを除く。）には，排煙設備を設けなければならない。ただし，次の各号のいずれかに該当する建築物又は建築物の部分については，この限りでない。

一　法別表第１(い)欄(2)項に掲げる用途に供する特殊建築物のうち，準耐火構造の床若しくは壁又は法第２条第９号の２ロに規定する防火設備で区画された部分で，その床面積が100平方メートル（共同住宅の住戸にあつては，200平方メートル）以内のもの

二　学校（幼保連携型認定こども園を除く。），体育館，ボーリング場，ス

キー場，スケート場，水泳場又はスポーツの練習場（以下「学校等」という。）
三　階段の部分，昇降機の昇降路の部分（当該昇降機の乗降のための乗降ロビーの部分を含む。）その他これらに類する建築物の部分
四　機械製作工場，不燃性の物品を保管する倉庫その他これらに類する用途に供する建築物で主要構造部が不燃材料で造られたものその他これらと同等以上に火災の発生のおそれの少ない構造のもの
五　火災が発生した場合に避難上支障のある高さまで煙又はガスの降下が生じない建築物の部分として，天井の高さ，壁及び天井の仕上げに用いる材料の種類等を考慮して国土交通大臣が定めるもの
２　次に掲げる建築物の部分は，この節の規定の適用については，それぞれ別の建築物とみなす。
一　建築物が開口部のない準耐火構造の床若しくは壁又は法第２条第９号の２ロに規定する防火設備でその構造が第112条第19項第１号イ及びロ並びに第２号ロに掲げる要件を満たすものとして，国土交通大臣が定めた構造方法を用いるもの若しくは国土交通大臣の認定を受けたもので区画されている場合における当該床若しくは壁又は防火設備により分離された部分
二　建築物の２以上の部分の構造が通常の火災時において相互に煙又はガスによる避難上有害な影響を及ぼさないものとして国土交通大臣が定めた構造方法を用いるものである場合における当該部分

（昭45政333・追加，昭48政242・昭62政348・平５政170・平12政211・平12政312・平17政246・平26政412・平30政255・令元政30・令元政181・令５政280・一部改正）

第１項

排煙設備を設置すべき建築物は，法第35条に規定する４要件のいずれかに該当するものであるが，この条の規定は，これらのうち具体的な対象建築物を以下の４種類に区分している。本項本文中のかっこ書は，居室全体は無窓の居室とはならないが，はり等で細かく防煙区画されている場合の緩和措置である。

①　⑴項用途から⑷項用途までに該当する特殊建築物で〔延べ面積＞500㎡〕のもの
②　〔階数≧３〕〔延べ面積＞500㎡〕の建築物

③　排煙上の無窓居室（排煙上有効な開口面積が床面積の１／50以下のもの）

④　〔延べ面積＞1,000㎡〕の建築物の居室で，〔床面積＞200㎡〕のもの

※②と④のみ，高さ31ｍ以下の部分にある居室で100㎡の防煙区画があれば，対象から外れる。

適用除外については，ただし書第１号から第５号までに規定している。

第１号及び第２号は用途・形態から排煙上支障がないものを規定している。第２号では「学校」から「幼保連携型認定こども園」を除いているが，これは当該用途が，「学校」に該当する「幼稚園」と「児童福祉施設等」に該当する「保育所」の機能を兼ね備えたものであることを踏まえて，「児童福祉施設等」として排煙設備の設置義務を課すこととしたことによる。

第３号は用途・形態から排煙が不適当であり，防火区画（竪穴区画）などにより遮煙すべきものを掲げている。これは，避難経路である階段室や，各階に煙を拡散させる経路となる昇降路に，負圧を発生させることで室内に煙を吸い込むおそれがある排煙機を設置することは不適当なためである。

第４号は火災発生のおそれが少ないものをそれぞれ列記したものである。工場などで原料や製品が可燃性であっても生産過程が金属パイプライン内で行われたものは第４号に該当する。

また，第５号においては，詳細な仕様に基づいて排煙設備が不要な建築物の部分を告示で定めることとしており，具体的には「排煙設備の設置を要しない火災が発生した場合に避難上支障のある高さまで煙又はガスの降下が生じない建築物の部分を定める件（H12建告第1436号）」で定めている。なお，この場合の「排煙設備の設置を要しない」とは，次条で規定するフル規格の排煙設備（以下「通常排煙設備」という。）が不要という意味であって，告示においても，実際には排煙設備の規定の一部を適用除外しているのみの場合がある。

表５－５　通常排煙設備が不要となる場合（H12建告第1436号の概要）

告示	措置の概要
第１号	常時開放式の排煙設備を設けた部分※1
第２号	天井高を３ｍ以上，内装仕上げを準不燃材料とし，通常排煙設備よりも排煙風量の大きな排煙機を設けた部分※2
第３号	天井高が３ｍ以上で，排煙口が床から2.1ｍ以上・天井高の１／２以上の高さに設けられた部分※3
第４号イ	小規模な長屋の住戸

<table>
<tr><td>第４号ロ</td><td colspan="2">警報設備を設けた小規模な建築物（特定配慮特殊建築物※4等を除く。）で屋外への出口等が設けられている部分</td></tr>
<tr><td>第４号ハ</td><td colspan="2">警報設備を設けた小規模な建築物（特定配慮特殊建築物※4を除く。）で，遮煙性能を有する10分間防火設備で区画された50㎡（天井高さ３ｍ以上の場合は100㎡）以内の部分で，屋外への出口等までの歩行距離が25ｍ以下である部分</td></tr>
<tr><td>第４号ニ</td><td colspan="2">通所型児童福祉施設等※5，博物館，美術館，図書館又は法別表第１い欄に掲げる用途以外の用途に供するもので，屋外への出口等までの距離が短い部分</td></tr>
<tr><td>第４号ホ</td><td colspan="2">危険物の貯蔵場等で，不燃性ガス消火設備等を設けた部分</td></tr>
<tr><td>第４号へ(1)</td><td rowspan="5">高さ31ｍ以下</td><td>内装仕上げを準不燃材料とし，開口部に通常防火設備等を設けた非居室</td></tr>
<tr><td>第４号へ(2)</td><td>100㎡以下で防煙区画された非居室</td></tr>
<tr><td>第４号へ(3)</td><td>50㎡（天井高さ３ｍ以上の場合は100㎡）以内で，準耐火構造の間仕切壁及び遮煙性能を有する通常防火設備で区画された居室（特定配慮特殊建築物の居室を除く。）</td></tr>
<tr><td>第４号へ(4)</td><td>内装仕上げを準不燃材料とし，100㎡以下で防火区画（準耐火構造の床・壁＋通常防火設備）された居室</td></tr>
<tr><td>第４号へ(5)</td><td>内装仕上げ及び下地を準不燃材料とした100㎡以下の居室</td></tr>
<tr><td>第４号ト</td><td>高さ31ｍ超</td><td>内装仕上げを準不燃材料とし，100㎡以下で防火区画（耐火構造の床・壁＋通常防火設備）された居室</td></tr>
</table>

※１：工場のベンチレーター等，常時開放されているものについては排煙口を開放する必要性がないため，通常排煙設備の規定のうち，常時閉鎖及び開放装置（排煙機を用いる場合を除く。）の規定が緩和されている（旧・Ｓ47建告第30号）。

※２：劇場，映画館，集会場，工場等は通常天井の高く比較的大規模な空間であり煙が上部に蓄煙され煙降下に時間がかかり，避難上時間的余裕が大きいため，用途上防煙区画することが困難な場合には，内装の不燃化等を図ることにより，通常排煙設備の規定のうち，たれ壁等の防煙壁による防煙区画面積の制限が緩和されている（旧・Ｓ47建告第31号）。

※３：劇場，工場等天井の高い建築物は，人の避難に有害な高さまで煙が降下する可能性が少ないため，通常排煙設備の規定のうち，天井から80㎝以内の部分に排煙口を設ける規定が緩和されている。（旧・Ｓ47建告第32号）。

※４　特定配慮特殊建築物とは，①別表第一（い）欄第（一）項に掲げる用途，②病院・診療所・児童福祉施設等の用途，③令第128条の４第１項第二号・第三号に掲げる用途に供する建築物をいう。

※５：老人デイサービスセンターなど，「入所する者の使用するもの」以外の児童福祉施設等。

※６　第４号ハ・第４号へ(3)については，スプリンクラー設備の設置又は内装の強化を行った場合，区画の防火設備の遮炎性能を緩和可能

第２項

本項は，煙に対して他の部分と完全に区画され，さらに避難上も独立して機能するような建築物の部分はそれぞれ独立の建築物とみなして排煙設備の規定が適用される旨規定したものであり（いわゆる２項区画），必ずしも一般的な緩和規定とは

いえない。しかし，既存部分に増築する場合で，それぞれの部分が独自の避難経路を備えており，安全上支障のないようなときには，２項区画することにより既存部分には排煙設備の規定は遡及適用されない。この「みなし規定」より，①区画されたそれぞれの部分において，独立した排煙性能の確実な確保を実現すると同時に，②排煙設備の設置義務や設置方法の判断に当たって，建築物全体の規模で判定されるなどの過剰の規制を課すことを回避するという効果がある。なお，各階で独立して２項区画された場合にあっても，それぞれの階の部分の階の算定については，通常の一棟の建築物における階の算定と同様であり，区画されているからといって，例えば，地上５階を地上１階，あるいは，階数１として扱うことにはならない。

具体的に排煙上の別棟となる建築物の部分（２項区画された部分）については，各号において規定されている。

第１号では，建築物としては一体であっても，物理的に煙・ガスの行き来が発生しない場合として，「開口部のない準耐火構造の床・壁」か「遮煙性能を有する防火設備」で隔てられた部分を規定している。

第２号では，建築物の一方の部分（図５―８：Ａ棟）で煙が発生しても，他方（図５―８：Ｂ棟）に煙が侵入しないようにするための措置（「通常の火災時において相互に煙又はガスによる避難上有害な影響を及ぼさない建築物の２以上の部分の構造方法を定める件（Ｒ２国交告第663号）」）が採用されているアトリウム（告示において「特定空間部分」と定義されている）の場合を規定している。これは，アトリウムを介して接続する建築物のように，各棟において発生する煙を十分に蓄積できるような空間で区画されている場合については，物理的な床・壁・防火設備による区画としては扱われないため，こうした「確実な安全性の確保（特定空間部分に煙・ガスが侵入して拡散すると排煙設備の効果が乏しくなる）」や「過剰な規制の回避（特定空間部分で避難に影響のない部分に煙・ガスが蓄積されるにも関わらず，排煙量の大きな排煙設備が必要となる）」という観点からは不十分であるという課題を回避するために規定されている内容である。なお，ここでいう「特定空間部分」とは，令第112条第３項（面積区画）の別棟みなしの条件となる「特定空間部分」と合致していることから，その詳細については本書第４章の解説も参照すること。

表５―６　排煙上の別棟として扱うアトリウム（Ｒ２国交告第663号の概要）

第１号	特定空間部分の構造（令第112条第３項に基づくＲ２国交告第522号の内容） ・火災の発生のおそれが少ない用途に供するものであること（着火防止）

	・内装仕上げが準不燃材料であること（着火防止） ・天井高が６ｍ以上であること（蓄煙） ・適切な排煙設備が設けられていること（排煙） ・適切な離隔距離が確保されていること（延焼防止）
第２号	特定空間部分に煙拡大の防止に有効な防煙区画が設けられていること （有効性を確認するための検証方法）

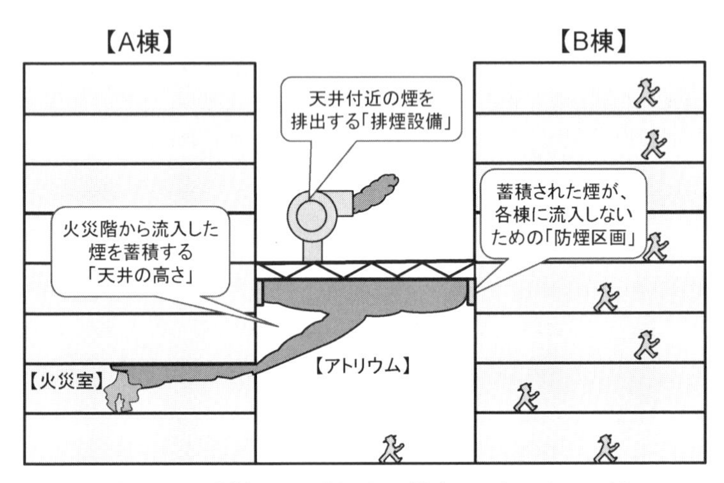

図５－８　別棟として扱われる場合のアトリウムの例

（構造）

令第126条の３　前条第１項の排煙設備は，次に定める構造としなければならない。

一　建築物をその床面積500平方メートル以内ごとに，防煙壁で区画すること。

二　排煙設備の排煙口，風道その他煙に接する部分は，不燃材料で造ること。

三　排煙口は，第１号の規定により区画された部分（以下「防煙区画部分」という。）のそれぞれについて，当該防煙区画部分の各部分から排煙口の１に至る水平距離が30メートル以下となるように，天井又は壁の上部（天井から80センチメートル（たけの最も短い防煙壁のたけが80センチメートルに満たないときは，その値）以内の距離にある部分をいう。）に設け，直接外気に接する場合を除き，排煙風道に直結すること。

四　排煙口には，手動開放装置を設けること。

五　前号の手動開放装置のうち手で操作する部分は，壁に設ける場合においては床面から80センチメートル以上1.5メートル以下の高さの位置に，天井から吊り下げて設ける場合においては床面からおおむね1.8メートルの高さの位置に設け，かつ，見やすい方法でその使用方法を表示すること。

六　排煙口には，第4号の手動開放装置若しくは煙感知器と連動する自動開放装置又は遠隔操作方式による開放装置により開放された場合を除き閉鎖状態を保持し，かつ，開放時に排煙に伴い生ずる気流により閉鎖されるおそれのない構造の戸その他これに類するものを設けること。

七　排煙風道は，第115条第1項第3号に定める構造とし，かつ，防煙壁を貫通する場合においては，当該風道と防煙壁とのすき間をモルタルその他の不燃材料で埋めること。

八　排煙口が防煙区画部分の床面積の50分の1以上の開口面積を有し，かつ，直接外気に接する場合を除き，排煙機を設けること。

九　前号の排煙機は，1の排煙口の開放に伴い自動的に作動し，かつ，1分間に，120立方メートル以上で，かつ，防煙区画部分の床面積1平方メートルにつき1立方メートル（2以上の防煙区画部分に係る排煙機にあつては，当該防煙区画部分のうち床面積の最大のものの床面積1平方メートルにつき2立方メートル）以上の空気を排出する能力を有するものとすること。

十　電源を必要とする排煙設備には，予備電源を設けること。

十一　法第34条第2項に規定する建築物又は各構えの床面積の合計が1,000平方メートルを超える地下街における排煙設備の制御及び作動状態の監視は，中央管理室において行うことができるものとすること。

十二　前各号に定めるもののほか，火災時に生ずる煙を有効に排出することができるものとして国土交通大臣が定めた構造方法を用いるものとすること。

2　前項の規定は，送風機を設けた排煙設備その他の特殊な構造の排煙設備で，通常の火災時に生ずる煙を有効に排出することができるものとして国土交通大臣が定めた構造方法を用いるものについては，適用しない。

（昭45政333・追加，平12政211・平12政312・平20政290・一部改正）

第１項

本項では，通常排煙設備の構造方法を規定している。以下では，各号において通常排煙設備として必要な技術的基準が掲げられている。

第１号

煙の拡散を防止するとともに，排煙を効率よく行うように防煙壁で区画すべきことを規定したもので，２階以上にわたる防煙区画は認められない。防煙壁は，接する天井面から下方50cm以上突出したものである。また，防煙壁の要件を備えたはり等で細かく区画されている場合でも，最も背の大きい防煙壁により区画された部分を防煙区画としてよい。防煙壁の背は，天井に段違いがある場合には，低い方の天井から算定する。しかし，木造間仕切壁や上方が50cm以上開放されたスクリーンで区画されていても，防煙上は別の区画とはみなされない。

防煙壁に出入口の自閉式扉がある場合には，自閉式扉は通常閉鎖状態にあるため防煙壁の背が小さくても防煙上は有効と考えられるためその部分の防煙壁の背は30cm以上とすることができる。

第２号

排煙口，風道等の防火性を規定したもので，鉄製の場合には板厚を1.5mm以上とする。

第３号

火煙は上昇気流にのり天井面に沿って拡大するので，排煙口はできるだけ高い位置に設ける旨規定したものである。また，１の防煙区画に火災初期に煙の流動を妨げる木造間仕切壁，はり等がある場合には，各部分ごとに均等に排煙口を設置すべきである。

第４号，第５号

排煙口の開放装置の規定であるが，感知器と連動する自動開放装置を設けた場合でも手動開放装置を設置しなければならない。手動開放装置とはもっぱら人力によって作動するものをさし，モーター等の動力源を用いるものは含まず，てこ，滑車等の使用は含まれる。

１の防煙区画に２以上の排煙口のある場合，１の排煙口の開放に伴い他が連動して開放されることは望ましいが，その場合にも各排煙口に手動開放装置が必要とされる。

第６号

排煙設備が火煙の伝搬経路とならないよう排煙口を非常時にのみ開放するよう規

定したものである。

第７号

排煙風道の構造を規定したものであり，排煙風道が防煙区画や防火区画を貫通する場合には防火ダンパーは不要であるが，空調用風道が防煙区画を貫通する場合は防火ダンパーを設けることが望ましい。なお，火災時には空調設備は作動を停止させることが必要である。

第８号，第９号

排煙容量を規定したものだが，自然排煙と機械排煙で規定が異なっている。自然排煙は，窓その他の開口部により排煙するもので，ガラリや回転窓の場合の開口面積は，その回転角度に応じて有効開放部分に基づき算定する。

自然排煙と機械排煙を同一防煙区画や垂れ壁で区画された２以上の防煙区画に併用することは，排煙上有効でないので許容されない。

第10号

排煙機の動力源として電気を用いた場合の予備電源の設置規定であるが，軽油等を用いた内燃機関を主たる動力源として予備に常用電源を用いたものにはこの規定が適用されない。

第11号

非常用昇降機の設置を要する高さ31ｍを超える建築物あるいは各構えの床面積の合計が1,000㎡を超える地下街は，その他の建築物に比べて災害時の危険性が高いので，これらの建築物に設置する排煙設備については中央管理室において，機器の制御及び作動状態を監視することができる構造としなければならない。

第12号

本号の規定に基づいて，細目基準として，「火災時に生ずる煙を有効に排出することができる排煙設備の構造方法を定める件（Ｓ45建告第1829号）」が定められている。この告示においては，排煙設備を作動させるための電気配線については他の電気配線から独立させかつ火熱等による障害を生じないよう防火措置を講ずること及び電源については30分間以上継続して排煙設備を作動させることができる予備電源を設けることが規定されており，排煙設備の作動を担保している。

第２項

本項は，第１項の規定にかかわらず，特殊な排煙設備の設置を認めるために規定されたものであり，国土交通大臣が告示で定めることとしている。

現行制度においては，「通常の火災時に生ずる煙を有効に排出することができる特殊な構造の排煙設備の構造方法を定める件（H12建告第1437号。以下「排煙告示」という。）」が規定されており，送風機を設けた排煙設備として，押出排煙方式が位置づけられている。

【押出排煙方式（令第126条の３第２項）】

⑴　押出排煙方式について

押出排煙方式とは，一般の排煙設備が「排煙機」によって火災時に当該室から煙を排出するものであるのに対し，「給気機」によって空気を送り込むことにより，当該室の煙を外部に向かって押し出して排出する構造方法である。この場合，給気機の性能は当該室の床面積によって給気量の最低基準が定められる。複数室を統合し，一室を給気専用の室として，他の室における排煙を行うことも可能である。この場合，給気機の性能は統合されている各室のうち，床面積が最大のものについて給気量の最低基準が定められる。

なお，押出排煙方式は，給気を行った室については煙を排出できるが，排出された煙が適切に屋外に排出されるようにするための慎重な設計が必要である。建築物全体の安全性を考慮に入れずに，各室ごとの安全性だけに着目して設計を行うと，排出された煙が建築物の内部で拡散することとなって，避難上の支障となる建築計画となるおそれもあることに留意すべきである。

⑵　押出排煙方式の構造方法

①　一室において押出排煙を行う排煙設備（排煙告示第１号）については，押出排煙の対象となる室の構造（床面積の制限，防火区画，他の室の排煙設備），排煙口の構造（位置，開口面積），給気口の構造（位置，給気風道の構造，送風機の能力）等について，一定の基準を満たす必要がある。その概要を図に示すと，以下のとおりとなる。

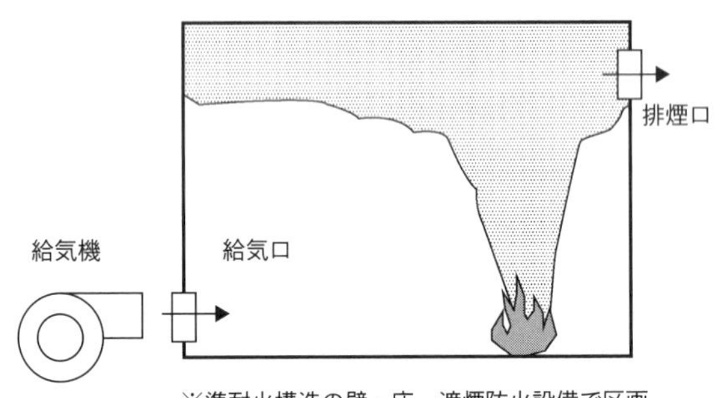

図５―９　押出排煙のイメージ（一室の場合）

②　統合された複数室において押出排煙を行う排煙設備（排煙告示第２号）については，押出排煙の対象となる部分の構造（防火区画，防煙区画，他の室の排煙設備），排煙口の構造（位置，開口面積），給気室の構造（給気口の位置，給気風道の構造，送風機の能力），給気室以外の室の構造（給気口の位置，給気室への連絡経路の構造）等について，一定の基準を満たす必要がある。その概要を図に示すと，以下のとおりとなる。

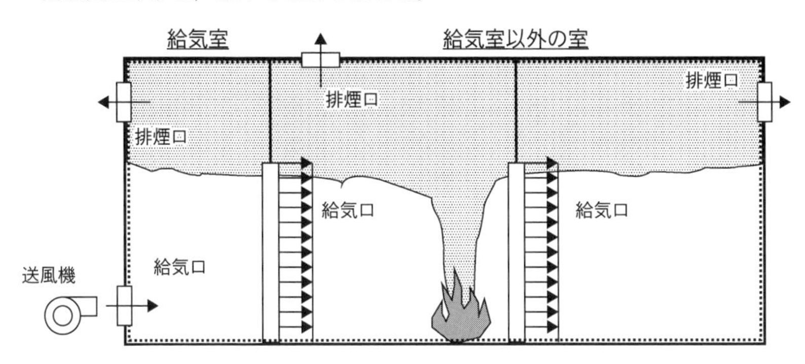

図５―10　押出排煙のイメージ（複数室の場合）

（避難階段及び特別避難階段の構造）
令第123条　屋内に設ける避難階段は，次に定める構造としなければならない。

一　階段室は，第４号の開口部，第５号の窓又は第６号の出入口の部分を除き，耐火構造の壁で囲むこと。

二　階段室の天井（天井のない場合にあつては，屋根。第３項第４号において同じ。）及び壁の室内に面する部分は，仕上げを不燃材料でし，かつ，その下地を不燃材料で造ること。

三　階段室には，窓その他の採光上有効な開口部又は予備電源を有する照明設備を設けること。

四　階段室の屋外に面する壁に設ける開口部（開口面積が各々１平方メートル以内で，法第２条第９号の２ロに規定する防火設備ではめごろし戸であるものが設けられたものを除く。）は，階段室以外の当該建築物の部分に設けた開口部並びに階段室以外の当該建築物の壁及び屋根（耐火構造の壁及び屋根を除く。）から90センチメートル以上の距離に設けること。ただし，第112条第16項ただし書に規定する場合は，この限りでない。

五　階段室の屋内に面する壁に窓を設ける場合においては，その面積は，各々１平方メートル以内とし，かつ，法第２条第９号の２ロに規定する防火設備ではめごろし戸であるものを設けること。

六　階段に通ずる出入口には，法第２条第９号の２ロに規定する防火設備で第112条第19項第２号に規定する構造であるものを設けること。この場合において，直接手で開くことができ，かつ，自動的に閉鎖する戸又は戸の部分は，避難の方向に開くことができるものとすること。

七　階段は，耐火構造とし，避難階まで直通すること。

２　屋外に設ける避難階段は，次に定める構造としなければならない。

一　階段は，その階段に通ずる出入口以外の開口部（開口面積が各々１平方メートル以内で，法第２条第９号の２ロに規定する防火設備ではめごろし戸であるものが設けられたものを除く。）から２メートル以上の距離に設けること。

二　屋内から階段に通ずる出入口には，前項第６号の防火設備を設けること。

三　階段は，耐火構造とし，地上まで直通すること。

３　特別避難階段は，次に定める構造としなければならない。

一　屋内と階段室とは，バルコニー又は付室を通じて連絡すること。

二　屋内と階段室とが付室を通じて連絡する場合においては，階段室又は付室の構造が，通常の火災時に生ずる煙が付室を通じて階段室に流入することを有効に防止できるものとして，国土交通大臣が定めた構造方法を用いるもの又は国土交通大臣の認定を受けたものであること。

三　階段室，バルコニー及び付室は，第６号の開口部，第８号の窓又は第10号の出入口の部分（第129条の13の３第３項に規定する非常用エレベーターの乗降ロビーの用に供するバルコニー又は付室にあつては，当該エレベーターの昇降路の出入口の部分を含む。）を除き，耐火構造の壁で囲むこと。

四　階段室及び付室の天井及び壁の室内に面する部分は，仕上げを不燃材料でし，かつ，その下地を不燃材料で造ること。

五　階段室には，付室に面する窓その他の採光上有効な開口部又は予備電源を有する照明設備を設けること。

六　階段室，バルコニー又は付室の屋外に面する壁に設ける開口部（開口面積が各々１平方メートル以内で，法第２条第９号の２ロに規定する防火設備ではめごろし戸であるものが設けられたものを除く。）は，階段室，バルコニー又は付室以外の当該建築物の部分に設けた開口部並びに階段室，バルコニー又は付室以外の当該建築物の部分の壁及び屋根（耐火構造の壁及び屋根を除く。）から90センチメートル以上の距離にある部分で，延焼のおそれのある部分以外の部分に設けること。ただし，第112条第16項ただし書に規定する場合は，この限りでない。

七　階段室には，バルコニー及び付室に面する部分以外に屋内に面して開口部を設けないこと。

八　階段室のバルコニー又は付室に面する部分に窓を設ける場合においては，はめごろし戸を設けること。

九　バルコニー及び付室には，階段室以外の屋内に面する壁に出入口以外の開口部を設けないこと。

十　屋内からバルコニー又は付室に通ずる出入口には第１項第６号の特定防火設備を，バルコニー又は付室から階段室に通ずる出入口には同号の防火設備を設けること。

十一　階段は，耐火構造とし，避難階まで直通すること。

十二　建築物の15階以上の階又は地下３階以下の階に通ずる特別避難階段の15階以上の各階又は地下３階以下の各階における階段室及びこれと屋内とを連絡するバルコニー又は付室の床面積（バルコニーで床面積がないものにあつては，床部分の面積）の合計は，当該階に設ける各居室の床面積に，法別表第１(い)欄(1)項又は(4)項に掲げる用途に供する居室にあつては100分の８，その他の居室にあつては100分の３を乗じたものの合計以上とすること。

（昭34政344・昭39政４・昭44政８・昭45政333・昭48政242・平12政211・平12政312・平28政６・平30政255・令元政30・令元政181・一部改正）

（非常用の昇降機の設置及び構造）

令第129条の13の３　法第34条第２項の規定による非常用の昇降機は，エレベーターとし，その設置及び構造は，第129条の４から第129条の10までの規定によるほか，この条に定めるところによらなければならない。

２　前項の非常用の昇降機であるエレベーター（以下「非常用エレベーター」という。）の数は，高さ31メートルを超える部分の床面積が最大の階における床面積に応じて，次の表に定める数以上とし，２以上の非常用エレベーターを設置する場合には，避難上及び消火上有効な間隔を保つて配置しなければならない。

高さ31メートルを超える部分の床面積が最大の階の床面積		非常用エレベーターの数
(1)	1,500平方メートル以下の場合	1
(2)	1,500平方メートルを超える場合	3,000平方メートル以内を増すごとに(1)の数に１を加えた数

３　乗降ロビーは，次に定める構造としなければならない。

一　各階（屋内と連絡する乗降ロビーを設けることが構造上著しく困難である階で次のイからホまでのいずれかに該当するもの及び避難階を除く。）において屋内と連絡すること。

イ　当該階及びその直上階（当該階が，地階である場合にあつては当該階及びその直下階，最上階又は地階の最下階である場合にあつては当該階）が次の(1)又は(2)のいずれかに該当し，かつ，当該階の直下階（当該階が地階である場合にあつては，その直上階）において乗降ロビーが設けられている階

(1)　階段室，昇降機その他の建築設備の機械室その他これらに類する用途に供する階

(2)　その主要構造部が不燃材料で造られた建築物その他これと同等以上に火災の発生のおそれの少ない構造の建築物の階で，機械製作工場，不燃性の物品を保管する倉庫その他これらに類する用途に供するもの

ロ　当該階以上の階の床面積の合計が500平方メートル以下の階

ハ　避難階の直上階又は直下階

ニ　その主要構造部が不燃材料で造られた建築物の地階（他の非常用エレベーターの乗降ロビーが設けられているものに限る。）で居室を有しないもの

ホ　当該階の床面積に応じ，次の表に定める数の他の非常用エレベーター

の乗降ロビーが屋内と連絡している階

当該階の床面積		当該階で乗降ロビーが屋内と連絡している他の非常用エレベーターの数
(1)	1,500平方メートル以下の場合	1
(2)	1,500平方メートルを超える場合	3,000平方メートル以内を増すごとに(1)の数に１を加えた数

二　バルコニーを設けること。

三　出入口（特別避難階段の階段室に通ずる出入口及び昇降路の出入口を除く。）には，第123条第１項第６号に規定する構造の特定防火設備を設けること。

四　窓若しくは排煙設備又は出入口を除き，耐火構造の床及び壁で囲むこと。

五　天井及び壁の室内に面する部分は，仕上げを不燃材料でし，かつ，その下地を不燃材料で造ること。

六　予備電源を有する照明設備を設けること。

七　床面積は，非常用エレベーター１基について10平方メートル以上とすること。

八　屋内消火栓，連結送水管の放水口，非常コンセント設備等の消火設備を設置できるものとすること。

九　乗降ロビーには，見やすい方法で，積載量及び最大定員のほか，非常用エレベーターである旨，避難階における避難経路その他避難上必要な事項を明示した標識を掲示し，かつ，非常の用に供している場合においてその旨を明示することができる表示灯その他これに類するものを設けること。

4　非常用エレベーターの昇降路は，非常用エレベーター２基以内ごとに，乗降ロビーに通ずる出入口及び機械室に通ずる主索，電線その他のものの周囲を除き，耐火構造の床及び壁で囲まなければならない。

5　避難階においては，非常用エレベーターの昇降路の出入口（第３項に規定する構造の乗降ロビーを設けた場合には，その出入口）から屋外への出口（道又は道に通ずる幅員４メートル以上の通路，空地その他これらに類するものに接している部分に限る。）の1に至る歩行距離は，30メートル以下としなければならない。

6　非常用エレベーターの籠及びその出入口の寸法並びに籠の積載量は，国土交通大臣の指定する日本産業規格に定める数値以上としなければならない。

7　非常用エレベーターには，籠を呼び戻す装置（各階の乗降ロビー及び非常用エレベーターの籠内に設けられた通常の制御装置の機能を停止させ，籠を避難階又はその直上階若しくは直下階に呼び戻す装置をいう。）を設け，かつ，当該装置の作動は，避難階又はその直上階若しくは直下階の乗降ロビー及び中央管理室において行うことができるものとしなければならない。

8　非常用エレベーターには，籠内と中央管理室とを連絡する電話装置を設けなければならない。

9　非常用エレベーターには，第129条の8第2項第2号及び第129条の10第3項第2号に掲げる装置の機能を停止させ，籠の戸を開いたまま籠を昇降させることができる装置を設けなければならない。

10　非常用エレベーターには，予備電源を設けなければならない。

11　非常用エレベーターの籠の定格速度は，60メートル以上としなければならない。

12　第2項から前項までの規定によるほか，非常用エレベーターの構造は，その機能を確保するために必要があるものとして国土交通大臣が定めた構造方法を用いるものとしなければならない。

13　第3項第2号の規定は，非常用エレベーターの昇降路又は乗降ロビーの構造が，通常の火災時に生ずる煙が乗降ロビーを通じて昇降路に流入することを有効に防止できるものとして，国土交通大臣が定めた構造方法を用いるもの又は国土交通大臣の認定を受けたものである場合においては，適用しない。

（昭45政333・追加，昭62政348・平12政211・平12政312・平20政290・平28政6・令元政44・一部改正）

1　付室・乗降ロビーにおける排煙について

特別避難階段の付室及び非常用エレベーターの乗降ロビー（以下「付室等」という。）における排煙方式は，「特別避難階段の階段室又は付室の構造方法を定める件（H28国交告第696号）」及び「非常用エレベーターの昇降路又は乗降ロビーの構造方法を定める件（H28国交告第697号）」において，それぞれ排煙窓及び排煙設備

（自然排煙方式・排煙機方式・押出排煙方式）に係る技術的基準を規定している。なお，付室と乗降ロビーは兼用されることも想定されるため，両告示の技術的な内容は全く同一（後者が前者を引用する内容となっている）のものである。

付室等は避難上及び消火上重要な区画であるため，火災時においては区画内部への煙の侵入を適切に防ぐ必要がある。本法においては，付室等における技術的基準として「排煙窓」又は「排煙設備」の設置が義務づけられており，特に排煙設備については，「自然排煙方式（スモークタワー方式）」，「排煙機方式」，「押出排煙方式」，「加圧防排煙方式」が規定されており，排煙窓と合わせると，全体では５通りの手法が準備されているところである。

表５－７　付室等の排煙方式（Ｈ28国交告第696号の概要）

排煙窓		「外気に向かって開くことのできる窓【第１号】」 煙の浮力のみを利用した排煙方式であり，風向きにより排煙効果が変動するため，煙制御の観点からは取扱いが困難であるものの，天井高が高く排煙口が高い位置に配置できる計画の場合，信頼性の高い排煙設備となる。 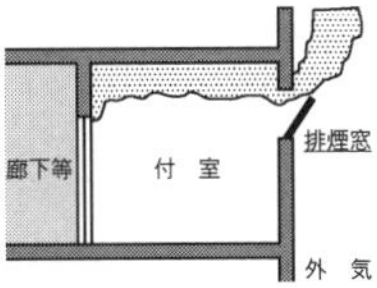 廊下等　付室　排煙窓　外気
排煙設備	自然排煙方式	「最上部を直接外気に開放する排煙風道（スモークタワー）【第２号】」 煙の浮力のみを利用した排煙方式（自然排煙方式）であり，室内外温度・風向きにより排煙効果が変動するが，風道の断面が大きく，排煙機がないため，火災温度が上がっても機能させることができる排煙設備である。 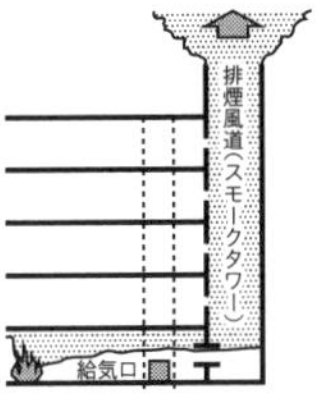 排煙風道（スモークタワー）　給気口
	排煙機方式	「排煙機【第３号】」 排煙機の機械力により，煙を強制的に屋外へ排出することができる排煙方式である。設計に際しては，排煙量に対する給気の確保，火災時における排煙風道・排煙機の安定的な作動性の確保などの検討項目も多いが，排煙量を計画的に確保・制御する観点からは有効な排煙設備である。 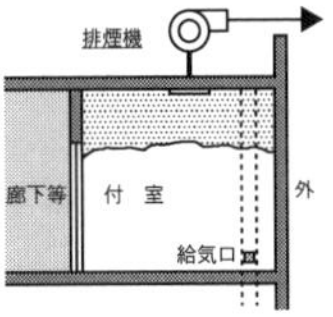 排煙機　廊下等　付室　外気　給気口
	押出排煙方式	「送風機を設けた排煙設備【第４号】」 送風機の機械力により，室内に給気を行うことで，煙を強制的に屋外へ排出することができる排煙方式（押出排煙方式）である。
	加圧防排	「付室等を加圧する排煙設備【第５号】」

	煙方式	避難上・消防活動上の重要拠点となる付室等を加圧し，当該部分への煙の流入を防ぐ方式（加圧防排煙方式）である。技術的には，「排煙」というよりも「防煙」に近いが，現行の法令上は「排煙」が義務づけられているため，制度上は「排煙設備」の一種と位置づけている。

2　加圧防排煙方式（Ｈ28国交告第696号第５号）

⑴　加圧防排煙方式について

加圧防排煙方式は，送風機によって新鮮空気を守るべき室内に送り込むことで，加圧室の圧力を高め，隣接室との間に気圧差を生じさせることによって煙によって汚染された空気が守るべき室内に侵入することを防止する排煙方式である。

構造方法としては，加圧室において圧力上昇を送風機によって制御するのみで，隣接室等には圧力の上昇を抑制するための空気逃しを設ければよい。

ただし，加圧室以外の室については，一般の排煙設備の規定（令第５章第３節）が適用されるため，排煙窓又は排煙機の設置が必要となる。

なお，この内容に関する解説としては，「加圧防排煙設計マニュアル」（監修：国土交通省国土技術政策総合研究所，独立行政法人建築研究所，編集：加圧防排煙設計マニュアル編集委員会）が詳しい。

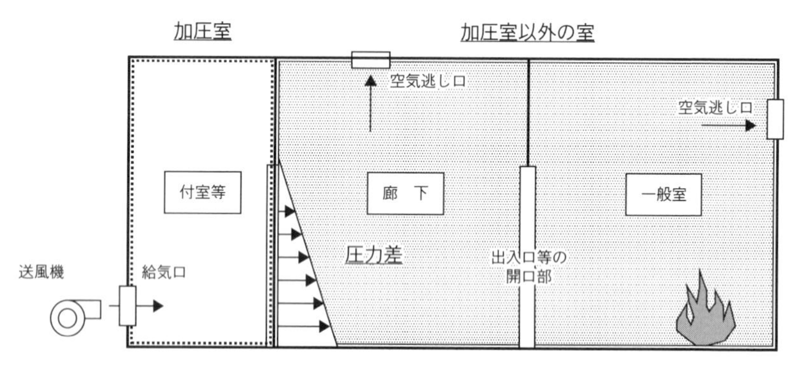

図５―11　加圧防排煙のイメージ

⑵　加圧防排煙方式の構造方法

加圧防排煙設備による排煙の考え方は，特別避難階段の付室や非常用エレベーターの乗降ロビーなど安全を確保するための室に対して機械による給気を行うことで当該室内部の圧力を上げ，当該室におけるすべての開口部からの煙侵入を防止することである。この際，当該室における排煙性能を評価するための指標としては，機械による給気風量が用いられることが多く，この場合，給気風量のうち遮煙の必要がない開口部から流出する空気量は，漏気量として見積もることとなる。

一方で，加圧防排煙方式の目標は，煙が侵入するおそれのある開口部において，煙の侵入を防止するための圧力差を形成することによって達成される。したがって，遮煙が必要となる開口部のみにおいて，必要圧力差が得られればよいこととなるため，当該室における排煙性能を評価するための指標として，特定の開口部を通過する空気の排出風速及び排出風量を用いることが可能である。

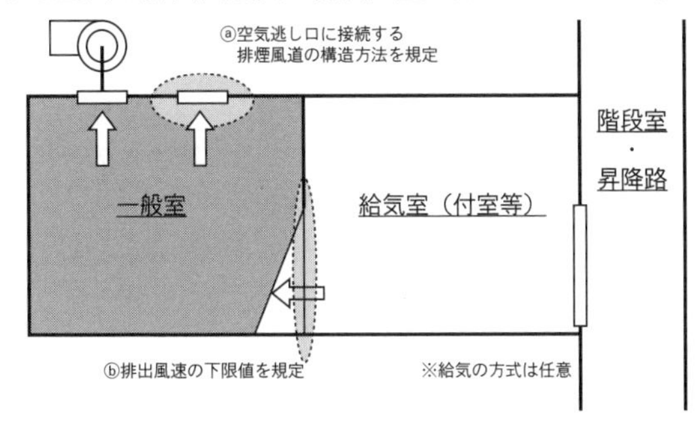

図５―12　加圧防排煙のイメージ

図中のⓐは火災時であっても脱落・損傷しない排煙風道の基準（一般室には，令第５章第３節の規定により排煙機が設けられている。），ⓑは給気室と隣接室の間における圧力差（排出風量・風速）の基準を定めたものである。

第４節　非常用の照明装置

災害時，特に火災時の停電が人々の安全避難に与える影響は極めて大きい。停電により，避難方向及び危険な場所の認識困難，避難速度の低下等が想定されるのみならず，心理的パニック状態等のため秩序的，段階的避難が困難になると考えられる。これらの防止が，非常用の照明装置を建築物に設置することの目的である。

（設置）

令第126条の４　法別表第１(い)欄(1)項から(4)項までに掲げる用途に供する特殊建築物の居室，階数が３以上で延べ面積が500平方メートルを超える建築物の居室，第116条の２第１項第１号に該当する窓その他の開口部を有しない居室又は延べ面積が1,000平方メートルを超える建築物の居室及びこれらの居室から地上に通ずる廊下，階段その他の通路（採光上有効に直接外気に開放された通路を除く。）並びにこれらに類する建築物の部分で照明装置の設置を通常要する部分には，非常用の照明装置を設けなければならない。ただし，次の各号のいずれかに該当する建築物又は建築物の部分については，この限りでない。

一　一戸建の住宅又は長屋若しくは共同住宅の住戸

二　病院の病室，下宿の宿泊室又は寄宿舎の寝室その他これらに類する居室

三　学校等

四　避難階又は避難階の直上階若しくは直下階の居室で避難上支障がないものその他これらに類するものとして国土交通大臣が定めるもの

２　第117条第２項各号に掲げる建築物の部分は，この節の規定の適用については，それぞれ別の建築物とみなす。

（昭45政333・追加，昭62政348・平12政211・平12政312・令５政280・一部改正）

本文で規定されている非常用の照明装置の設置が必要となる部分を区分して示すと，次のとおりである。

①　(1)項用途から(4)項用途に掲げる特殊建築物の居室

②　階数が３以上でかつ延べ面積が500㎡を超える建築物の居室

③　採光上の無窓居室（ただし，令第116条の２第１項第１号の場合に限る。）

④　延べ面積が1,000㎡を超える建築物の居室

⑤　①から④までの居室から地上に通ずる廊下，階段，ロビー等の通路（採光上有効に直接外気に開放された通路は除く。）

⑥　①から⑤に掲げたものに類する建築物の部分（例えば，通り抜け避難に用いられる室，ロビーに直接通ずる（居室以外の）部分等で照明設備を通常必要とするもの）

一方で，ただし書各号は，適用除外規定で，第１号及び第２号は，特定少数の者が小規模空間を占有する性質の建築物又は建築物の部分を，第３号は，避難上の支障が少ない学校等を，第４号は避難階やその上下階の居室等で，歩行距離が短く避難上の支障のないものを，それぞれ除外対象としたものである。

第３号に掲げる建築物（「学校等」は令第126条の２第１項第２号で定義されている）のうち体育館とは，体育施設としての用にのみ供するものを指し，舞台又は固定客席を有するものは，建築基準法上，集会場又は観覧場と解されるので，第３号には該当しないことは言うまでもない。

第４号については，対象部分を「非常用の照明装置を設けることを要しない避難階又は避難階の直上階若しくは直下階の居室で避難上支障がないものその他これらに類するものを定める件（建告第1411号）」において定めている。具体的には，採光上の無窓居室に該当しないもので屋外までの避難距離が短い部分（第１号）と，屋外までの避難経路には自然採光や非常用の照明装置が設けられている小規模な居室（第２号）が規定されている。特に第２号については，避難経路の照度が確保されていれば，居室そのものに照度が確保されていなかったとしても，居室内の避難距離が極めて短ければ，全体としての避難に支障はないことが実験によって確かめられたことによって追加された技術的基準である。

なお，本条中，「採光上有効に外気に直接開放された通路」とは，当該通路に設けられた開口部が，①ほぼ全体にわたって令第20条の例により算定された採光に有効な部分に該当し，かつ，②排煙上支障のない状態で（すなわち，垂れ壁等を有せず，風除けのためのスクリーンを含めて建具等を有せず，かつ，外壁の高さは腰高程度のもの等）外気に直接開放されているような通路，すなわち，いわゆる「開放片廊下」及び「開放階段」の如きものを意味するものである。

（構造）

令第126条の５　前条第１項の非常用の照明装置は，次の各号のいずれかに定める構造としなければならない。

一　次に定める構造とすること。

イ　照明は，直接照明とし，床面において１ルクス以上の照度を確保することができるものとすること。

ロ　照明器具の構造は，火災時において温度が上昇した場合であつても著しく光度が低下しないものとして国土交通大臣が定めた構造方法を用いるものとすること。

ハ　予備電源を設けること。

ニ　イからハまでに定めるもののほか，非常の場合の照明を確保するために必要があるものとして国土交通大臣が定めた構造方法を用いるものとすること。

二　火災時において，停電した場合に自動的に点灯し，かつ，避難するまでの間に，当該建築物の室内の温度が上昇した場合にあつても床面において１ルクス以上の照度を確保することができるものとして，国土交通大臣の認定を受けたものとすること。

（平12政211・全改，平12政312・令５政280・一部改正）

非常用の照明装置は，その性質上，非常時に確実かつ迅速に動作し，初期火災時の火熱に耐え，かつ，必要最低限の作業面照度（心理的安定性を与える等も含まれる。）を有するものでなければならない。本条及び本条に基づく「非常用の照明装置の構造方法を定める件（Ｓ45建告第1830号）」は，以上のような要件を満足するための構造基準を示したものである。

第１号イ

火災時に天井下面を伝わる煙の影響を防ぐため，照明方法は，直接照明に限ることとし，必要照度として，床面のあらゆる位置において水平面照度で１ルクス以上（蛍光灯類では，周囲の温度上昇（初期の煙伝搬温度である140℃程度の火熱）により，照度が半減することを想定し，通常時は２ルクス以上）を要することとしたものである。

非常用の照明装置の継続点灯時間は，30分間以上を前提としているため，照度は，30分間点灯後の電圧降下，電気配線の抵抗による電圧降下を見込むほか，通常の保守率による器具の汚れ等を十分考慮して，前述の照度を保持しうるものとしなければならない。

第１号ロ

照明器具の主要な部分の耐熱性を規定したものである。特に照明器具や照明カバー等の附属物の主要な部分については，難燃材料で造るか覆う必要がある。ここでいう「主要な部分」とは，照明を維持するために機構上欠くべからざる部分と解されるので，防水パッキング，銘板等軽微な部分を対象とする必要はないが，照明カバー，電球，内蔵蓄電池等，主体となるものは，難燃材料で造り，又は覆わなければならない。したがって，アクリルカバー等の可燃性材料の使用は原則として禁止される。

なお，非常用の照明器具が一般の照明器具に組み込まれているものにあっては，非常用の照明器具の部分と一般の照明器具の部分が不燃材料の隔壁で区画されている場合には非常用の照明器具が存する隔壁の内部が，区画されていない場合には，非常用光源の最大寸法を垂直に投影しその投影空間から水平距離５㎝離れた内側が，それぞれ非常用の照明器具として扱われている。

第１号ハ

予備電源としては，告示第３第２号により，「常用の電源が断たれた場合に自動的に切り替えられて接続され，かつ，常用の電源が復旧した場合に自動的に切り替えられて復帰するもの」で，自動充電装置又は時限充電装置を有し（開放型のものにあっては，さらに予備電源室への定置及び減液警報装置の設置が要求される。），かつ，30分間以上充電することなく継続点灯可能な蓄電池その他これに類するものと定められている。

なお，常用の電源として内蔵蓄電池を用いるものにあっては，予備電源として蓄電池を二重設置する必要はない（すなわち，１の内蔵蓄電池が，常用電源と予備電源を兼用しうるものと解される。）。

第１号ニ

本号の規定に基づき，細目基準として，告示が定められている。照明器具及び器具内の電源については耐熱性及び即時点灯性を有する構造でなければならない。電気配線及び電源については容易に一般の者に遮断されない構造とするとともに火炎により速断されないように十分な防火措置を講ずることとしている。また常用電源は，蓄電池又は交流低圧屋内幹線によるものとすることが定められている。

第２号

非常用の照明装置としての性能を定め，国土交通大臣による構造方法等の認定の根拠となる規定である。

第５節　非常用の進入口

この規定は，災害時において，公共消防による建築物内の人々の救出及び消火活動が円滑に行えるよう直接屋外から進入できる開口部を外壁面に設置するよう義務づけたものである。

（設置）

令第126条の６　建築物の高さ31メートル以下の部分にある３階以上の階（不燃性の物品の保管その他これと同等以上に火災の発生のおそれの少ない用途に供する階又は国土交通大臣が定める特別の理由により屋外からの進入を防止する必要がある階で，その直上階又は直下階から進入することができるものを除く。）には，非常用の進入口を設けなければならない。ただし，次の各号のいずれかに該当する場合においては，この限りでない。

一　第129条の13の３の規定に適合するエレベーターを設置している場合

二　道又は道に通ずる幅員４メートル以上の通路その他の空地に面する各階の外壁面に窓その他の開口部（直径１メートル以上の円が内接することができるもの又はその幅及び高さが，それぞれ，75センチメートル以上及び1.2メートル以上のもので，格子その他の屋外からの進入を妨げる構造を有しないものに限る。）を当該壁面の長さ10メートル以内ごとに設けている場合

三　吹抜きとなつている部分その他の一定の規模以上の空間で国土交通大臣が定めるものを確保し，当該空間から容易に各階に進入することができるよう，通路その他の部分であつて，当該空間との間に壁を有しないことその他の高い開放性を有するものとして，国土交通大臣が定めた構造方法を用いるもの又は国土交通大臣の認定を受けたものを設けている場合

（昭45政333・追加，平12政211・平12政312・平28政６・一部改正）

本条は，建築物のうち非常用の進入口を設ける部分を規定したものである。公共消防による通常の出入口以外からの進入を想定していることから，３階以上の階であって，一般的なはしご車の利用を想定した高さ31m以下の部分に設置を義務づけられている。一方で，本条には例外規定が多く，かつ，条文上はかっこ書きによる除外とただし書きによる例外をそれぞれ定めている。

本条に掲げる「非常用の進入口」とは，次条に定める構造要件に合致するものの

ことをいう。その上で，非常用の進入口の設置が不要となるのは，以下の場合である。なお，③〜⑤については，代替となる措置によって「非常用の進入口」を設けた場合と同等の進入経路が確保されていることを前提としたものであって，進入経路の確保が不要となっているわけではない点に留意が必要である。

表５—８　非常用の進入口が不要となる場合

	条件	規定の位置
①	火災の発生のおそれの少ない用途に供する階	本文のかっこ書
②	告示で定める特別な理由のある階	本文のかっこ書
③	非常用エレベーターを設置している場合	ただし書の第１号
④	代替進入口を設けている場合	ただし書の第２号
⑤	吹抜き等の進入経路がある場合	ただし書の第３号

①については，不燃性の物品の保管に代表されるように，階そのものにおいて火災の発生が想定されないような場合であって，直上階か直下階から階段などによる進入経路が確保されているのであれば，着目している階に直接屋外から進入するための開口部は不要とする趣旨である。

②については，①と基本的な考え方は一緒であるが，着目する階における開口部を不要とする理由が異なる。すなわち，「屋外からの進入を防止する必要がある特別の理由を定める件（H12建告第1438号）」において規定されているように，放射性物質や細菌を取り扱うなど進入口を設けることで周囲に著しい危害を及ぼすおそれがある場合や，留置所や美術品収蔵庫など進入口を設けることで保安や防犯などの目的を達成できない特別な用途に限って，開口部を不要としている。

③については，非常用の進入口と同じく，公共消防による進入経路として使用することが想定されている非常用エレベーターが設置されている場合については，外壁面からの直接の進入経路は役割が重複するために不要としているものである。なお，非常用エレベーターについては，一般的なはしご車等では対応できない「高さ31ｍ超の建築物」に設置が義務づけられているものであるため（法第34条第２項），ただし書第１号の効果により，「高さ31ｍ超の建築物における高さ31ｍ以下の部分」や「高さ31ｍ以下の建築物で任意設置している場合」については，非常用の進入口が不要となるものである。

④については，いわゆる代替進入口とされているもので，次条に規定するバルコニー付の非常用の進入口でなくとも，窓があれば非常時には屋外からの進入が可能

であることから，代替措置として認められているものである。しかしながら，非常用の進入口に比べると機能的に劣ることから，代替進入口については，より短い間隔で設けることが求められる。ただし，非常用の進入口については開口部同士の設置間隔を規定している（40m以下）のに対して，代替進入口については壁面の長さ10m以内ごとに１か所以上設ける配置規定（最大で20mの設置間隔）が規定されており，開口部の間隔を規定したものではない。

また，「格子その他の屋外から進入を妨げる構造」には，原則として網入ガラス等も含まれるが，延焼のおそれのある部分等で防火設備としなければならない場合にはやむをえない。ただし，この場合もはめ殺しとすることは避けるべきであろう。また，屋内部の施錠が火災時に自動で解錠されるもの，錠付近が容易に破壊され屋外から操作できるものは，次条第４号の場合と同様に使用が許される。

なお，同一階の外壁面に非常用の進入口と代替開口部を併置することは原則として望ましくないが，設置された部分の避難経路が異なる場合等には許容される。

⑤については，スタジアムのように，利用者の通行などの用に供する人工地盤を設けることで，外壁が道等に直接面しないため，非常用の進入口や代替進入口の要件に適合させることが困難な事案を想定した例外規定である。非常用エレベーターの設置によって進入口の設置を不要とすることも可能ではあるが，一方で，スタジアムの意匠上の特性として，グラウンド側は大きく開けている（そもそも壁がない）ことから，グラウンド内部に消防車両が進入することができれば，非常用エレベーターによらずとも，さまざま箇所から建築物の内部に侵入することが可能である。

こうした観点から，旧・法第38条に基づいて大臣認定を受けていた事例があったことを踏まえて，平成28年の政令改正により第３号を追加し，「吹抜きとなつている部分その他の一定の規模以上の空間で国土交通大臣が定めるもの」を対象として，当該空間から各階に進入することが可能な高い開放性を有する通路などを有する場合は，非常用の進入口の設置が不要とされた。具体の構造方法については，告示仕様と認定仕様のいずれかに適合することとされており，告示仕様については，対象となる空間と合わせて，「一定の規模以上の空間及び高い開放性を有する通路その他の部分の構造方法を定める件（H28国交告第786号）」において規定されている。

（構造）

令第126条の７　前条の非常用の進入口は，次の各号に定める構造としなければならない。

一　進入口は，道又は道に通ずる幅員４メートル以上の通路その他の空地に面する各階の外壁面に設けること。

二　進入口の間隔は，40メートル以下であること。

三　進入口の幅，高さ及び下端の床面からの高さが，それぞれ，75センチメートル以上，1.2メートル以上及び80センチメートル以下であること。

四　進入口は，外部から開放し，又は破壊して室内に進入できる構造とすること。

五　進入口には，奥行き１メートル以上，長さ４メートル以上のバルコニーを設けること。

六　進入口又はその近くに，外部から見やすい方法で赤色灯の標識を掲示し，及び非常用の進入口である旨を赤色で表示すること。

七　前各号に定めるもののほか，国土交通大臣が非常用の進入口としての機能を確保するために必要があると認めて定める基準に適合する構造とすること。

（昭45政333・追加，平12政312・一部改正）

本条は，進入口の構造を規定したもので，第１号では，進入口を設置する外壁面を指定したものである。建築物の四周の外壁面としなかったのは，消防車等が接車できない外壁面に進入口を設けても無意味となるからであり，道に面する外壁面か通路等に面する外壁面のいずれかである。なお，共同住宅は用途，形態等が特殊であり，原則として各住戸に進入できる場合には，妻壁等には非常用の進入口を設けなくてよい。

第２号は，非常用の進入口の配置を規定したもので，代替開口部の基準を示した前条第２号と異なり，非常用の進入口の間隔で規定している。基準間隔は，連結送水管２本を合わせた数値であり，端部の非常用の進入口から外壁線までは20ｍ以内とする。

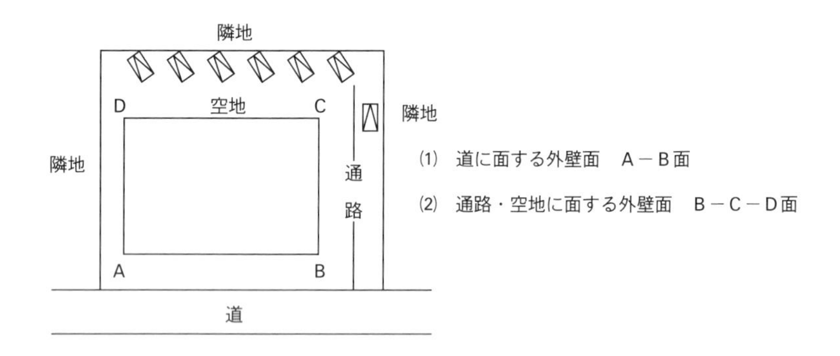

⑴　進入口又は代替開口部を設ける外壁面

A－B面又はB－C－D面

⑵　進入口等の配置（B－C－D面に設ける場合）

(ｲ)　進入口を設ける場合

(i)　B－C－D面の長さ≦40m

※余長が20m以下の場合は１ケ所でよい。

(ii)　B－C－D面の長さ＞40m

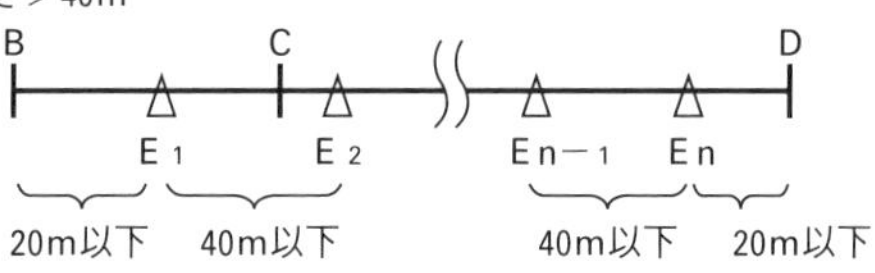

※　進入口相互の間隔を40m以下とし、端部の余長は20m以下とする。

(ﾛ)　代替開口部を設ける場合

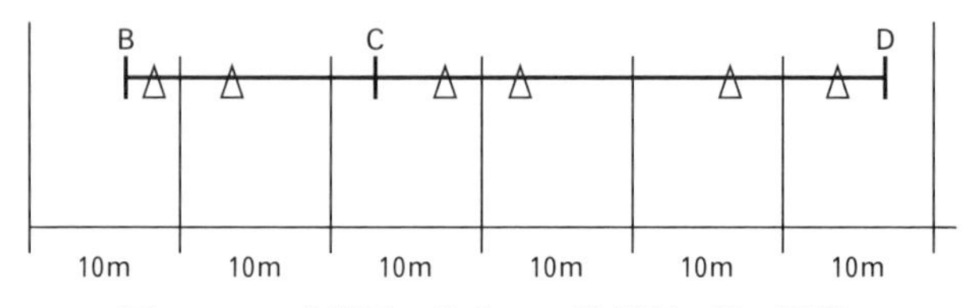

図５―13　非常用の進入口・代替開口部の配置

第３号は，非常用進入口の寸法を規定したもので，消防活動上必要なものである。

第４号は，外部から進入できるように外部から開放，破壊できる構造のものであることを規定している。

第５号は，進入口の前に設けるバルコニーの寸法を規定しており，消防活動上支障をきたすような側壁，垂れ壁等は設けてはならないとされている。

第６号では，外部から見やすい標識の設置を規定している。本号に定める必要な技術基準は，「非常用の進入口の機能を確保するために必要な構造の基準（Ｓ45建告第1831号）」によって定められている。この告示の第１号においては，非常用進入口又はその近くに常時点燈している構造である赤色燈を掲示することとしている。この際，常用電源としては自動充電装置又は時限充電装置を有する蓄電池とし，また，常用電源が断たれた場合には自動的に切り替えられて接続される予備電源を設けることなど常時点燈の確実性を担保している。また，明るさ，大きさ及び取り付け位置を定め夜間にも確実に認識できるようにしている。

また，同告示第２号においては，進入口に掲示する標識の規格（赤色反射塗料による一辺20cmの正三角形）を定めている。

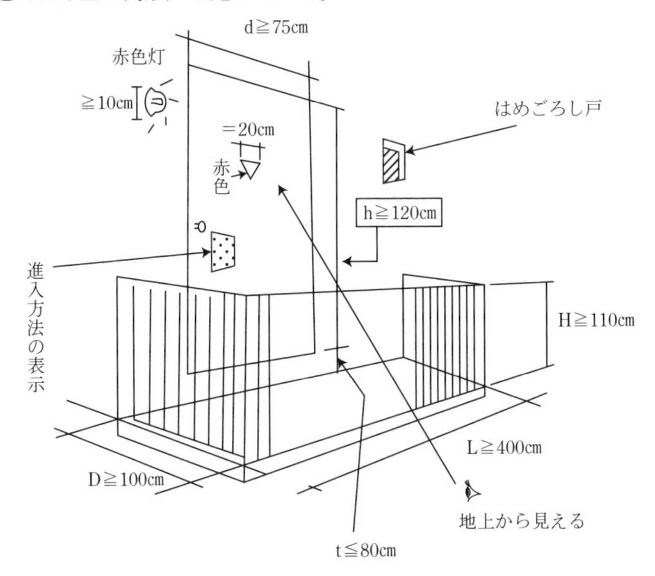

図５－14　非常用の進入口の構造

第６節　敷地内の避難上及び消火上必要な通路等

この節の規定は，敷地を単位とした敷地内の避難関係規定で，これにさらに地下街に関する避難関係規定を加えたものである。

（適用の範囲）
令第127条　この節の規定は，法第35条に掲げる建築物に適用する。

法第35条に掲げる建築物，すなわち，①不特定多数の者が利用する建築物等の特殊建築物，②階数３以上の建築物，③無窓居室を有する建築物，④延べ面積1,000㎡超の建築物であり，おおむね施行令第５章第１節の適用範囲と同様である。

（敷地内の通路）
令第128条　敷地内には，第123条第２項の屋外に設ける避難階段及び第125条第１項の出口から道又は公園，広場その他の空地に通ずる幅員が1.5メートル（階数が３以下で延べ面積が200平方メートル未満の建築物の敷地内にあつては，90センチメートル）以上の通路を設けなければならない。
（令元政181・一部改正）

本条の規定は，建築物の避難階段等から地上へ下りたあとの安全を確保し，あわせて避難をスムーズに行わせるための規定である。屋外の避難階段の地上部分や避難階における屋外への出口から，避難上有効な道等の空地までに至る通路の幅員を最小限1.5m確保したものである。避難上の有効性を確保する観点からは，連絡する出口の幅が1.5m以上の場合は，それと同等以上の幅とすることが望ましい。

一方で，戸建て住宅のような小規模な建築物は狭小敷地に立地するものが多く，敷地内通路も家族だけが利用することを想定した幅員の狭いものが多いことから，これらを福祉施設・旅館・飲食店等といった法第35条に該当する用途に転用しようとする場合，敷地内通路の拡幅が必要となるため，建築物や敷地の規模に比して負担が大きいという課題が生じていたことから，建築物の規模から想定される在館者数の避難行動を検証し，平成30年改正により，一般的な戸建て住宅の規模を想定した「階数３以下・延べ面積200㎡未満の小規模建築物」に限っては，敷地内通路の幅員を90cm以上確保すればよいこととされた。

（大規模な木造等の建築物の敷地内における通路）

令第128条の２　主要構造部の全部が木造の建築物（法第２条第９号の２イに掲げる基準に適合する建築物を除く。）でその延べ面積が1,000平方メートルを超える場合又は主要構造部の一部が木造の建築物でその延べ面積（主要構造部が耐火構造の部分を含む場合で，その部分とその他の部分とが耐火構造とした壁又は特定防火設備で区画されているときは，その部分の床面積を除く。以下この条において同じ。）が1,000平方メートルを超える場合においては，その周囲（道に接する部分を除く。）に幅員が３メートル以上の通路を設けなければならない。ただし，延べ面積が3,000平方メートル以下の場合における隣地境界線に接する部分の通路は，その幅員を1.5メートル以上とすることができる。

２　同一敷地内に２以上の建築物（耐火建築物，準耐火建築物及び延べ面積が1,000平方メートルを超えるものを除く。）がある場合で，その延べ面積の合計が1,000平方メートルを超えるときは，延べ面積の合計1,000平方メートル以内ごとの建築物に区画し，その周囲（道又は隣地境界線に接する部分を除く。）に幅員が３メートル以上の通路を設けなければならない。

３　耐火建築物又は準耐火建築物が延べ面積の合計1,000平方メートル以内ごとに区画された建築物を相互に防火上有効に遮つている場合においては，これらの建築物については，前項の規定は，適用しない。ただし，これらの建築物の延べ面積の合計が3,000平方メートルを超える場合においては，その延べ面積の合計3,000平方メートル以内ごとに，その周囲（道又は隣地境界線に接する部分を除く。）に幅員が３メートル以上の通路を設けなければならない。

４　前各項の規定にかかわらず，通路は，次の各号の規定に該当する渡り廊下を横切ることができる。ただし，通路が横切る部分における渡り廊下の開口の幅は2.5メートル以上，高さは３メートル以上としなければならない。

一　幅が３メートル以下であること。

二　通行又は運搬以外の用途に供しないこと。

５　前各項の規定による通路は，敷地の接する道まで達しなければならない。

（昭34政344・旧第129条繰上・一部改正，昭45政333・平５政170・平12政211・一部改正）

第１項

1棟の延べ面積が1,000㎡を超える木造の建築物について，避難時に安全に避難できるよう，その周囲に設けるべき避難通路の幅員を3mと規定したものである。

この場合，主要構造部を耐火構造とした部分で区画されている場合は，その部分の床面積を除外する。例えば，図5―15〔令第128条の2第1項説明図〕のハッチ部分の主要構造部が耐火構造（ただし，A及びBと接する部分の壁は耐火構造とする。なお，この壁に開口部がある場合は，その部分に特定防火設備を設ける必要がある。）である場合は，この部分は延べ面積に算入されない。

なお，隣地境界線に接する部分の通路は，隣地に必ずしも近接して大規模木造建築物がつくられるとは限らないので，特に，ただし書によって通路の幅員を1.5mまで緩和することとしている。

第2項

同一敷地内に，1棟の延べ面積が1,000㎡以下の木造の建築物が2棟以上ある場合には，それらを延べ面積の合計が1,000㎡以内ごとの群に区画し，その区画について，周囲に設けるべき通路の幅員を規定したものである。

この場合，耐火建築物等のほかに，延べ面積が1,000㎡を超える木造の建築物については，前項においてすでに規定してあるので，これを除外している（図5―15〔令第128条の2第2項説明図〕参照）。

第3項

第2項の木造建築物の群が，耐火建築物等で区画されている場合の緩和規定である。ただし，これらの木造建築物の群の延べ面積の合計が3,000㎡を超える場合には，大きな火災になることも考えられるので，3,000㎡以内ごとにその周囲に幅員3m以上の通路をとることを特に規定している（図5―15〔令第128条の2第3項説明図〕参照）。

第4項

本条に規定する敷地内通路は，渡り廊下を横切ることができるが，本項は，その要件を規定したものである。通路が渡り廊下を横切る部分（廊下の開口）の高さ（3m以上）及び幅（2.5m以上）は，消防自動車が通りうるように規定されたものである。また，渡り廊下は，通行，運搬のためのみにあるものであることを要し，便所，物置等をつけたり，洗面所の設備を設けたりしてはならない。

〔令第128条の２第１項説明図〕

凡　例

主要構造部が耐火構造の建築物

主要構造部の全部又は一部が木造の建築物

隣地境界線
通　路
1.5m以上
A
(800㎡)
3m以上
C
(80㎡)
B
(700㎡)
規定なし
道　路

〔令第128条の２第２項説明図〕

凡　例

耐火建築物又は準耐火建築物

耐火建築物、準耐火建築物以外の建築物

道　路
B (400㎡)
C (500㎡)
3m以上の通路
D
(600㎡)
A
(800㎡)
防火壁
(600㎡)
法第26条の規定による防火壁
1.5m以上
隣地境界線

〔令第128条の２第３項説明図〕

凡　例

耐火建築物又は準耐火建築物

耐火建築物、準耐火建築物以外の建築物

道　路
A (750㎡)
B (1000㎡)
C (700㎡)
D (100㎡)
通路（３m以上）
E (600㎡)
F (60㎡)
G (250㎡)
H (200㎡)
I (80㎡)
J (300㎡)
K (400㎡)
L (600㎡)

A＋B＋C≦3000㎡　　E＋F＋……＋K＋L≦3000㎡

図５―15　敷地内通路

第５項

第１項から第３項までに規定する通路は避難上，消火上，敷地の接する道まで達しなければその効果がないので，第５項によってその旨を規定している。したがって，１つの敷地が２つの敷地ではさまれている場合，第１項ただし書の規定によって２つの隣地境界線に接する部分の通路が1.5m以上とした場合であっても，木造建築物の周囲に３mの通路を要求されている場合には，この通路を道まで通じなければならないので，隣地境界線に接する部分の通路の１つは３m以上の幅員としなければならないこととなる（図５―16参照）。

なお，本項で規定している敷地内通路の幅員３mは，消防自動車が通りうる幅である。

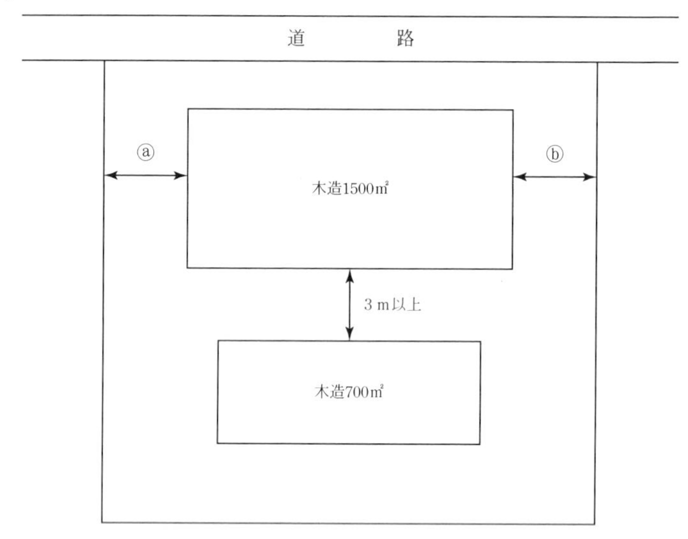

ⓐ及びⓑは各1.5m以上とし
かつ、どちらか一方を３m以上とする。

図５―16　敷地内通路と敷地に接する道の関係

第7節　地 下 街

（地下街）

令第128条の3　地下街の各構えは，次の各号に該当する地下道に2メートル以上接しなければならない。ただし，公衆便所，公衆電話所その他これらに類するものにあつては，その接する長さを2メートル未満とすることができる。

一　壁，柱，床，はり及び床版は，国土交通大臣が定める耐火に関する性能を有すること。

二　幅員5メートル以上，天井までの高さ3メートル以上で，かつ，段及び8分の1をこえる勾配の傾斜路を有しないこと。

三　天井及び壁の内面の仕上げを不燃材料でし，かつ，その下地を不燃材料で造つていること。

四　長さが60メートルをこえる地下道にあつては，避難上安全な地上に通ずる直通階段で第23条第1項の表の(2)に適合するものを各構えの接する部分からその1に至る歩行距離が30メートル以下となるように設けていること。

五　末端は，当該地下道の幅員以上の幅員の出入口で道に通ずること。ただし，その末端の出入口が2以上ある場合においては，それぞれの出入口の幅員の合計が当該地下道の幅員以上であること。

六　非常用の照明設備，排煙設備及び排水設備で国土交通大臣が定めた構造方法を用いるものを設けていること。

2　地下街の各構えが当該地下街の他の各構えに接する場合においては，当該各構えと当該他の各構えとを耐火構造の床若しくは壁又は特定防火設備で第112条第19項第2号に規定する構造であるもので区画しなければならない。

3　地下街の各構えは，地下道と耐火構造の床若しくは壁又は特定防火設備で第112条第19項第2号に規定する構造であるもので区画しなければならない。

4　地下街の各構えの居室の各部分から地下道（当該居室の各部分から直接地上へ通ずる通路を含む。）への出入口の1に至る歩行距離は，30メートル以下でなければならない。

５　第112条第７項から第11項まで，第14項，第16項，第17項及び第19項から第21項まで並びに第129条の２の４第１項第７号（第112条第20項に関する部分に限る。）の規定は，地下街の各構えについて準用する。この場合において，第112条第７項中「建築物の11階以上の部分で，各階の」とあるのは「地下街の各構えの部分で」と，同条第８項から第10項までの規定中「建築物」とあるのは「地下街の各構え」と，同条第11項中「主要構造部を準耐火構造とした建築物（特定主要構造部を耐火構造とした建築物を含む。）又は第136条の２第１号ロ若しくは第２号ロに掲げる基準に適合する建築物であつて，地階又は３階以上の階に居室を有するもの」とあるのは「地下街の各構え」と，「準耐火構造」とあるのは「耐火構造」と，同条第14項中「該当する建築物」とあるのは「規定する用途に供する地下街の各構え」と，同条第16項中「準耐火構造」とあるのは「耐火構造」と，同号中「１時間準耐火基準に適合する準耐火構造」とあるのは「耐火構造」と，「建築物」とあるのは「地下街の各構え」と読み替えるものとする。

６　地方公共団体は，他の工作物との関係その他周囲の状況により必要と認める場合においては，条例で，前各項に定める事項につき，これらの規定と異なる定めをすることができる。

（昭34政344・追　加，昭44政８・昭45政333・昭48政242・昭62政348・平５政170・平12政211・平12政312・平27政11・平30政255・令元政30・令元政181・令５政280・一部改正）

本条の立法経過における「地下街」の定義は，「一般公共の歩行の用に供される地下工作物内の道（これを地下道という。）に面して設けられる（地下工作物内の）店舗・事務所その他これに類するものの一団」である。したがって，地下工作物自体（地下道を含む。）は，建築物ではない。また，地上の建築物の場合のように，１区切りの敷地の形態も存在しないため，「一構え」という用語が用いられており，これは常識的に「一戸」といった程度に理解して差し支えないが，厳密には，「一構え］とは，「独立した使用が可能で，管理についての権原が一の部分」を指称する。

第１項においては，法第43条第１項に規定する建築物の敷地の接道義務と同じ手法で，建築物である地下街の設置を許容する前提として，その接する地下道の要件を規定しているものである。本条に適合する地下街については，法第43条第１項ただし書に該当するものとして取り扱って差し支えない。また，地上の建築物の接する道に相当する地下道が，地下に存する性質上，火災その他の災害時における危険性は極めて大きく，これに対応して厳しい安全措置を地下道に要求しているのが，第１項各号である。

第１号は，建築物に非ざる地下道について，構造部分の耐火性能をあらためて規定したものである。その内容は，建築物の主要構造部における一時間耐火の性能である（Ｓ44建告第1729号）。

第２号は，地下道の避難上必要な形態について定めてあり，ここにいう「段」には，通常その存在が明確に認識せしめる構造等を有する階段は含まれない。もっぱら，地下道の通行に当たって，転倒その他の事故をもたらす１段ないし数段のものを指している。

第３号においては，内装及びその下地を対象とした不燃材料の徹底した使用を，第４号においては，安全な地上へ直接通ずる階段（他の建築物の地階等を経由し，又は他の建築物の地上階を経由して安全な地上へ到るものを含まない。）への歩行距離の限度を規制し，さらに，第５号においては，地下道から地上へ通ずる部分の有効幅員を当該地下道の幅員（第２号の幅員の最低限度でなく，現実の幅員）以上を確保せしめることを，それぞれ定めている。

第６号においては，災害時における危険を軽減し，地上の道に準じた避難上の安全性能を付与する等の目的から，地下道に設けるべき非常用の照明設備，排煙設備及び排水設備について規定している（具体的基準については，「地下街の各構えの接する地下道に設ける非常用の照明設備，排煙設備及び排水設備の構造方法を定める件（Ｓ44建告第1730号）」参照）。

第２項から第５項までは，建築物である地下街自体に関する規制であるが，要するに「各構え」を独立の１の建築物とみなして，火災・煙の局限，避難措置を講じさせようとするものである。

なお，各構えの部分は建築物であるので，当然に，本法の安全上，防火上及び衛生上一般的に要求される技術的基準の適用の対象となる。特に換気，排煙，非常用照明，内装制限，防火区画，その他無窓の居室，地階等に関する規定への留意が肝要である。

第６項の規定は，地方公共団体が，それぞれの事情に基づき，条例により本条の制限の緩和又は強化を行うことを認めたものである。

第８節　内装制限

（特殊建築物等の内装）

法第35条の２　別表第１(い)欄に掲げる用途に供する特殊建築物，階数が３以上である建築物，政令で定める窓その他の開口部を有しない居室を有する建築物，延べ面積が1,000平方メートルをこえる建築物又は建築物の調理室，浴室その他の室でかまど，こんろその他火を使用する設備若しくは器具を設けたものは，政令で定めるものを除き，政令で定める技術的基準に従つて，その壁及び天井（天井のない場合においては，屋根）の室内に面する部分の仕上げを防火上支障がないようにしなければならない。

（昭34法156・追加，昭38法151・昭45法109・一部改正）

建築物の内装制限は，初期火災の拡大を遅延させ，火災の初期における安全避難を実現させるとともに，火災が拡大しても，煙の発生を少なくし，避難を妨げないようにするため設けられた規定である。

内装制限の主目的は，建築物内の人命の安全確保であるので，その制限の対象建築物は，人の安全避難の確保との関係で定められている。その条件は次の５つの場合に区分されている。１つの建築物が，この５つの場合の２以上の場合に該当する場合には，その該当する規定のうち，いずれか「厳」なる規制が適用されることになる。

①　特殊建築物（法別表第１(い)欄に掲げる用途に供するもの）

②　階数が３以上の建築物

③　令第128条の３の２に規定する無窓居室を有する建築物

④　延べ面積が1,000㎡を超える建築物

⑤　火気使用室（建築物の調理室，浴室その他の室で，かまど，こんろその他火を使用する設備又は器具を設けたもの）

また，内装制限の技術的基準は，令第129条に定められているが，その制限を受ける部分は，「壁及び天井（天井のない場合においては，屋根）の室内に面する部分」に限定されていて，床はその制限対象部分から除外されている。これは，初期火災の拡大は，出火後，燃焼に伴う上昇気流によって高温の熱が上方に吹き上げられ，その結果，壁上部及び天井部分の材料の熱分解が急激に進み，それを追って火災が上方に拡大することになるからである。火災の拡大は，このようにして発生し

て熱分解された可燃性ガスが室上部に蓄積され，それが一定の濃度及び一定の温度に達した場合に爆発的な燃焼現象（フラッシュオーバー）を呈するものである。

（制限を受けない特殊建築物等）

令第128条の４　法第35条の２の規定により政令で定める特殊建築物は，次に掲げるもの以外のものとする。

一　次の表に掲げる特殊建築物

構造＼用途		法第２条第９号の３イに該当する建築物（特定主要構造部を耐火構造とした建築物を含む。）であつて１時間準耐火基準に適合するもの	法第２条第９号の３イ又はロのいずれかに該当する建築物であつて１時間準耐火基準に適合しないもの	その他の建築物
(1)	法別表第１(い)欄(1)項に掲げる用途	客席の床面積の合計が400平方メートル以上のもの	客席の床面積の合計が100平方メートル以上のもの	客席の床面積の合計が100平方メートル以上のもの
(2)	法別表第１(い)欄(2)項に掲げる用途	当該用途に供する３階以上の部分の床面積の合計が300平方メートル以上のもの	当該用途に供する２階の部分（病院又は診療所については，その部分に患者の収容施設がある場合に限る。）の床面積の合計が300平方メートル以上のもの	当該用途に供する部分の床面積の合計が200平方メートル以上のもの
(3)	法別表第１(い)欄(4)項に掲げる用途	当該用途に供する３階以上の部分の床面積の合	当該用途に供する２階の部分の床面積の合計が	当該用途に供する部分の床面積の合計が200平

		計が1,000平方メートル以上のもの	500平方メートル以上のもの	方メートル以上のもの

二　自動車車庫又は自動車修理工場の用途に供する特殊建築物

三　地階又は地下工作物内に設ける居室その他これらに類する居室で法別表第１(い)欄(1)項，(2)項又は(4)項に掲げる用途に供するものを有する特殊建築物

2　法第35条の２の規定により政令で定める階数が３以上である建築物は，延べ面積が500平方メートルを超えるもの（学校等の用途に供するものを除く。）以外のものとする。

3　法第35条の２の規定により政令で定める延べ面積が1,000平方メートルを超える建築物は，階数が２で延べ面積が1,000平方メートルを超えるもの又は階数が１で延べ面積が3,000平方メートルを超えるもの（学校等の用途に供するものを除く。）以外のものとする。

4　法第35条の２の規定により政令で定める建築物の調理室，浴室その他の室でかまど，こんろその他火を使用する設備又は器具を設けたものは，階数が２以上の住宅（住宅で事務所，店舗その他これらに類する用途を兼ねるものを含む。以下この項において同じ。）の用途に供する建築物（特定主要構造部を耐火構造としたものを除く。）の最上階以外の階又は住宅の用途に供する建築物以外の建築物（特定主要構造部を耐火構造としたものを除く。）に存する調理室，浴室，乾燥室，ボイラー室，作業室その他の室でかまど，こんろ，ストーブ，炉，ボイラー，内燃機関その他火を使用する設備又は器具を設けたもの（次条第６項において「内装の制限を受ける調理室等」という。）以外のものとする。

（昭34政344・追　加，昭36政396・昭44政８・昭45政333・昭52政266・昭62政348・平５政170・平９政325・平11政５・平12政211・平27政11・平28政６・令元政30・令５政280・一部改正）

本条は，法第35条の２で「政令で定められるものを除き」という文言を受けているので，内装制限を受けないものを書かなければならないことになっている。しかし，内装制限を受けない建築物の種類をもれなく書き尽くすことは，法律技術的に不可能なことであるため，本条では，逆に，内装制限を受けるべき建築物を列挙

し，「それら以外のもの」と定義することによって，内装制限を受けない建築物を結果的に表現している。したがって，本条のうち，各項文末の「以外のもの」という文言を取り除いたものが，内装制限を受ける建築物である。

第１項は，法第35条の２の規定により定めた特殊建築物のうち，内装制限を受けないものを規定している。したがって，この項の第１号から第３号までに規定する特殊建築物が内装制限を受けるものである。なお，本条の規定は，用途変更を行う場合に準用される。

また，本項では，建築物の構造に応じて，内装制限の対象となる建築物の規模を定めており，主要構造部の強度順に，「第１グループ：耐火構造の場合か１時間以上の準耐火構造の場合（対象規模が大きなもの）」「第２グループ：１時間未満の準耐火構造かロ準耐の場合（対象規模が中程度のもの）」「第３グループ：それ以外の場合（対象規模が小さいもの）」で区分されている。したがって，同じ規模の建築物であっても，主要構造部の強度が高ければ，内装制限の適用を受けない場合が生じる。この場合，準耐火構造については，特定避難時間（法第27条第１項関係）や，通常火災終了時間（法第21条第１項関係）に応じて性能確保時間を決定する特定準耐火構造も含まれる。なお，準耐火構造の性能確保時間に関しては，第１グループには１時間以上であることが明記されている一方で，第２グループには下限値が書かれていないが，特定避難時間と通常火災終了時間の下限値は45分とすることがそれぞれの定義において規定されているため，第２グループについては，結果的に45分以上の性能確保時間が担保されていることとなる。

第２項は，階数が３以上で延べ面積は500㎡以下の建築物を適用除外とすることを規定している。したがって，階数が３以上で延べ面積が500㎡を超える建築物が内装制限の対象となる。

第３項は，延べ面積が1,000㎡を超える建築物のうち，適用除外となるものを規定している。したがって，階数が２で延べ面積が1,000㎡を超えるもの，階数が１で延べ面積が3,000㎡を超えるものが内装制限の対象となる。

なお，学校，体育館，スポーツ施設の用途に供する建築物は，一般に一定の管理体制下において，比較的短期間に避難が可能であるため，内装制限の適用除外となっている。用途の観点から規制対象を定めている第１項では，学校等を含む３項用途の全てが対象外とされており，規模の観点から規制対象を定めている第２項・第３項においては「学校等の用途に供するものを除く」とされている。この場合，「学校等」とは，令第126条の２において対象が定義されており，特に「学校」については学校教育法に規定されている学校（各種学校及び専修学校を含む。）とするが，それ以外のものは含まない。

第４項は，建築物の調理室又は浴室その他の室でかまど，こんろ，その他火を使用する設備又は器具を設けた室（いわゆる火気使用室）についての適用除外の規定である。この規定は，その用途が住宅である場合と，それ以外の用途に供する場合に区分して規定してある。なお，主要構造部を耐火構造とした建築物は，いずれの場合も内装制限の適用が除外されている。

住宅の場合には，階数が２以上で，最上階以外の階の火気使用室を，住宅以外の用途に供する建築物の場合には，すべての火気使用室を内装制限の対象とする。住宅の場合は，火気使用室は，当該部分が最上階にあって，上階への延焼を考慮しなくてよい場合を除いて，内装制限を図ることとしたものである。また，ここで「かまど，こんろ，その他火を使用する設備又は器具を設けた」という概念は，調理室，浴室，乾燥室，ボイラー室，作業室等本項における例示からも明らかなように，火を使用する設備又は器具の位置が特定されている場合に限らせているものであり，季節的に据え付けたり，持ち運んで利用する場所を変えたりするような場合は，含まないものとされている。ただし，暖炉等で季節的にしか使用しないものでも，その使用場所が特定しているような場合には，内装制限の対象として含まれることになる。

なお，煙突を設けた場合には，移動する機器，設備であるか定置的なものであるかを問わず，令第115条の適用を受ける。

（特殊建築物等の内装）

令第128条の５　前条第１項第１号に掲げる特殊建築物は，当該各用途に供する居室（法別表第１(い)欄(2)項に掲げる用途に供する特殊建築物が主要構造部を準耐火構造とした建築物（特定主要構造部を耐火構造とした建築物を含む。第４項において同じ。）である場合にあつては，当該用途に供する特殊建築物の部分で床面積の合計100平方メートル（共同住宅の住戸にあつては，200平方メートル）以内ごとに準耐火構造の床若しくは壁又は法第２条第９号の２ロに規定する防火設備で区画されている部分の居室を除く。）の壁（床面からの高さが1.2メートル以下の部分を除く。第４項において同じ。）及び天井（天井のない場合においては，屋根。以下この条において同じ。）の室内に面する部分（回り縁，窓台その他これらに類する部分を除く。以下この条において同じ。）の仕上げを第1号に掲げる仕上げと，当該各用途に供する居室から地上に通ずる主たる廊下，階段その他の通路の壁及び天井の室内に面する部分の仕上げを第2号に掲げる仕上げとしなければならない。

一　次のイ又はロに掲げる仕上げ

イ　難燃材料（3階以上の階に居室を有する建築物の当該各用途に供する居室の天井の室内に面する部分にあつては，準不燃材料）でしたもの

ロ　イに掲げる仕上げに準ずるものとして国土交通大臣が定める方法により国土交通大臣が定める材料の組合せによつてしたもの

二　次のイ又はロに掲げる仕上げ

イ　準不燃材料でしたもの

ロ　イに掲げる仕上げに準ずるものとして国土交通大臣が定める方法により国土交通大臣が定める材料の組合せによつてしたもの

2　前条第1項第2号に掲げる特殊建築物は，当該各用途に供する部分及びこれから地上に通ずる主たる通路の壁及び天井の室内に面する部分の仕上げを前項第2号に掲げる仕上げとしなければならない。

3　前条第1項第3号に掲げる特殊建築物は，同号に規定する居室及びこれから地上に通ずる主たる廊下，階段その他の通路の壁及び天井の室内に面する部分の仕上げを第1項第2号に掲げる仕上げとしなければならない。

4　階数が3以上で延べ面積が500平方メートルを超える建築物，階数が2で延べ面積が1,000平方メートルを超える建築物又は階数が1で延べ面積が3,000平方メートルを超える建築物（学校等の用途に供するものを除く。）は，居室（床面積の合計100平方メートル以内ごとに準耐火構造の床若しくは壁又は法第2条第9号の2ロに規定する防火設備で第112条第19項第2号に規定する構造であるもので区画され，かつ，法別表第1(い)欄に掲げる用途に供しない部分の居室で，主要構造部を準耐火構造とした建築物の高さが31メートル以下の部分にあるものを除く。）の壁及び天井の室内に面する部分の仕上げを次の各号のいずれかに掲げる仕上げと，居室から地上に通ずる主たる廊下，階段その他の通路の壁及び天井の室内に面する部分の仕上げを第1項第2号に掲げる仕上げとしなければならない。ただし，同表(い)欄(2)項に掲げる用途に供する特殊建築物の高さ31メートル以下の部分については，この限りでない。

一　難燃材料でしたもの
二　前号に掲げる仕上げに準ずるものとして国土交通大臣が定める方法により国土交通大臣が定める材料の組合せでしたもの

５　第128条の３の２に規定する居室を有する建築物は，当該居室及びこれから地上に通ずる主たる廊下，階段その他の通路の壁及び天井の室内に面する部分の仕上げを第１項第２号に掲げる仕上げとしなければならない。

６　内装の制限を受ける調理室等は，その壁及び天井の室内に面する部分の仕上げを第１項第２号に掲げる仕上げとしなければならない。

７　前各項の規定は，火災が発生した場合に避難上支障のある高さまで煙又はガスの降下が生じない建築物の部分として，床面積，天井の高さ並びに消火設備及び排煙設備の設置の状況及び構造を考慮して国土交通大臣が定めるものについては，適用しない。

（昭34政344・追加，昭36政396・昭39政４・昭44政８・昭45政333・昭48政242・昭62政348・平５政170・平12政211・平12政312・平27政11・一部改正，平28政６・旧第129条繰上・一部改正，平30政255・令元政30・令元政181・令５政280・一部改正）

１　内装制限の技術的基準

本条では，法第35条の２に基づき定める特殊建築物等の内装についての技術的基準の内容が定められており，各項は，内装制限を課せられる建築物の条件ごとに規定されているので，１つの建築物が本条の２以上の項に該当する場合の規定の適用は，適用条項のいずれか「厳」なる内容で規制されることになる。

第１項

特殊建築物の内装制限の技術的内容で，令第128条の４第１項第１号（⑴項用途，⑵項用途及び⑷項用途の建築物に対する規制）に定める条件に該当する特殊建築物の「居室」は「難燃材料又は同等仕上げ」と，「居室から地上に通ずる主たる廊下，階段その他の通路（以下「避難通路」という。」は「準不燃材料又は同等仕上げ」とすることを定めたものである（ただし，３階以上の階に居室を有する建築物の当該各用途に供する居室の天井については，避難通路と同様の準不燃材料とする必要がある。）。すなわち，居室から地上へと避難の方向に向かって安全性を増加させることとしている。また，床面から高さ1.2m以下の部分が内装制限から除外される場合の壁は居室の壁のみであって，より重要性の高い避難通路の壁の部分は内装制限の対象である。このことは，第４項の場合も同様である。

また，⑵項用途の準耐火構造による建築物で，100㎡以内ごとに準耐火構造の床・壁又は通常防火設備で区画された居室部分については，区画内の避難対象人員が限定されること等により内装制限の適用を除外している。さらに，共同住宅については，利用者が限定されており，また，各住戸が独立性の高い構造を有し，各住戸について直接廊下に通ずる避難経路が確保されていること等により，適用除外となる防火区画された床面積を200㎡以下としている。

第２項

自動車車庫又は自動車修理工場の用途に供する建築物の場合であるが，これらの用途は，いずれも出火の危険性が高く，かつ，火災荷重が大きいことから，「当該用途に供する部分」及び「これらから地上に通ずる主たる通路」いずれの部分の内装についても，「準不燃材料又は同等仕上げ」とするよう定められている。

第３項

建築物の地階又は地下工作物内における居室（地下街も含まれる。）その他これらに類する居室のうち，⑴項用途，⑵項用途又は⑷項用途の特殊建築物に限って課せられる規定である。これらの用途に供する特殊建築物は，不特定多数の人が利用又は就寝用途に供するもので，防火避難上特に配慮しなければならない必要性から，これらの用途で地階又は地下工作物内に設けられたもの等については，特に規制を強化している。すなわち，「居室」及び「避難通路」に対して，内装を「準不燃材料又は同等仕上げ」に限定して使用を認めることにしている。

なお，地下街については，令第128条の３第５項に基づき，令第112条の「高層区画」の規定が準用されており，地上11階以上の建築物と同様の安全性が要求されることになっている。そのため，規定の適用に当たっては，これらの規定のうち，いずれか「厳」なる規定が適用されることになる。

第４項

階数が３以上で延べ面積が500㎡を超える建築物，階数が２で延べ面積が1,000㎡を超える建築物又は階数が１で延べ面積が3,000㎡を超える建築物についての技術的基準を定めたものである。これらの建築物については，「居室」の内装は「難燃材料又は同等仕上げ（第１項とは異なり，３階以上であっても天井を準不燃材料とすることは求められない）」と，「避難通路」の内装は「準不燃材料又は同等仕上げ」とすることとしている。ただし，本文の「居室」のかっこ書に掲げる除外規定において，100㎡以内ごとに準耐火構造の床・壁又は遮煙性能を有する通常防火設備で区画され，かつ，法別表第１に掲げる用途（劇場・映画館等の不特定多数の人が利用する用途）以外の居室で，高さ31m以下の部分にあるものについては本項の適用が除外されている。これは，例えば事務所などの用途であれば，建築物の内部に不案内な避難対象人員は少ないこと，区画外に延焼する危険性が少ないことなどを踏まえた例外である。

本項ただし書によるの例外規定は，⑵項用途（病院，共同住宅等の就寝用途）に供する特殊建築物の高さ31m以下の部分について，建築物の高さ又は延べ面積の見地から制限をしているものであって，第１項の例外規定ではない。すなわち，このただし書により，⑵項用途に供する特殊建築物の高さ31m以下の部分については，本項による制限は行わないと規定しているものである。本条の場合，⑵項用途に供する建築物に対しては，第１項，第３項，第５項又は第６項にそれぞれ制限する規定が設けられているので，これらの規定による制限は依然課されることになる。

なお，本項の居室の壁については，第１項と同様，床面より高さ1.2m以下の部分は内装制限を受けない。

第５項

令第128条の３の２に規定する無窓居室における内装制限の技術的基準である。無窓居室は，火災によって発生した可燃性ガスの排出が有効に行われないこと等の理由から防火避難上の危険性が高いので，「無窓居室」及び「避難通路」の内装については「準不燃材料又は同等仕上げ」以外は使用してはならないと規定したものである。

第６項

火気使用室に対する内装制限の技術的基準である。火気使用室は，特に火炎，熱等におかされる危険性が高いことから，それらによって容易に着火し，火災となることがないよう，「火気使用室」の内装については「準不燃材料又は同等仕上げ」の使用を義務づけることとしている。

第７項

火災の発生時に壁や天井の内装に着火した場合，上方・水平方向に展開する火炎の性質から急速に出火室全体が火災となることや，人体に有害な煙・ガスによって避難が困難になることを想定して，急速な火災拡大の防止や煙・ガスの発生の抑制によって避難安全性を確保することを目的として，居室と避難経路の天井・壁の仕上げ材料を対象とした内装制限が定められている。また，この「急速な火災拡大の防止」を実現する手段としては，火炎を小規模なもので留めるためのスプリンクラー設備や，「煙・ガスの発生の抑制」を実現する手段としては，発生した煙・ガスを屋外に排出する排煙設備を設置するなどの代替手段もあることから，改正前の制度においても，スプリンクラー設備と排煙設備を設けた建築物の部分については内装制限が免除されることとされてきた。

一方で，内装制限を免除するための代替措置が「スプリンクラー設備と排煙設備の設置」に限定されており，その他の手段（煙・ガスを蓄積できる十分な天井高の確保など）が規定に含まれておらず，設計上の制約になっているという課題も認められた。

したがって，性能規定的に，「火災が発生した場合に避難上支障のある高さまで煙又はガスの降下が生じない建築物の部分」であれば内装制限を求めないものとして，目的を明確化して第7項が改正された。なお，具体的な「煙又はガスの降下が生じない建築物の部分」については，「壁及び天井の室内に面する部分の仕上げを防火上支障がないようにすることを要しない火災が発生した場合に避難上支障のある高さまで煙又はガスの降下が生じない建築物の部分を定める件（R2国交告第251号）」に規定する措置が採用されていればよいものとされている。

表5－9　内装制限が不要となる建築物の部分（R2国交告第251号の概要）

	対象となる用途	構造や設備などの措置の内容
第1号	以下の用途以外の用途 ・劇場等 ・病院，有床診療所 ・就寝型児童福祉施設等※1 ・自動車車庫，修理工場 ・地階にある特殊建築物※2	①床面積100㎡以内 ②天井高3m以上 ③以下の防火区画 ・間仕切壁　・遮煙性能を有する通常防火設備 ④以下に該当しない居室 ・無窓居室　・火気使用室
第2号	以下の用途以外の用途 ・劇場等 ・病院，有床診療所 ・就寝型児童福祉施設等※1 ・自動車車庫，修理工場 ・地階にある特殊建築物※2	①避難階又はその直上階 ②自動火災報知設備 ③屋外への出口 ④延べ面積500㎡以内 ⑤スプリンクラー設備等 ⑥以下に該当しない居室 ・無窓居室　・火気使用室
第3号	以下の用途以外の用途 ・特定配慮特殊建築物 （H12建告1436号に規定）	①警報設備を設置した小規模な建築物（階数2以下かつ500㎡以下） ②屋外への出口 ③スプリンクラー設備等

		④以下に該当しない居室 ・火気使用室
第４号	以下の用途以外の用途 ・自動車車庫，修理工場 ・地階にある特殊建築物※2	①天井の仕上げが準不燃材料 ②スプリンクラー設備等 ③以下に該当しない居室 ・無窓居室　・火気使用室
第５号	全ての用途	①スプリンクラー設備等 ②通常排煙設備

※１：「通所のみで利用されるもの」以外の児童福祉施設等
※２：⑴項用途，⑵項用途又は⑷項用途に供するもの

なお，大規模建築物等においては，消防法に基づきスプリンクラー設備，水噴霧消火設備，泡消火設備等の設置が義務づけられているので（消防法施行令第12条から第18条まで），これらの設備で自動式のもの（したがって，二酸化炭素，ハロゲン化物等の消火設備は原則として本項に該当しない。）を設けたものについては，それだけ防火上安全な条件が構成されていると考えられ，これらの建築物については，令第126条の３に規定する通常排煙設備を合わせて設ければ，告示第４号の規定により，内装制限は要しない。すなわち，内装制限は，火災の拡大を遅延させるため，使用する材料の「燃焼」及び「発煙」の抑制を行うことを目的としているので，消火設備と排煙設備を併置した場合は，内装制限を行う場合と同様の効果が期待されるからである。

表５―10　内装制限の構成と概要

根拠規定	対象建築物			制限の内容	
	用途	構造	規模	対象となる居室等	地上までの通路等
第１項	【法別表第１(い)(1)項】劇場，映画館，演芸場，観覧場，公会堂，集会場	耐火建築物	400㎡以上	難燃材料相当	準不燃材料相当
		準耐火建築物	100㎡以上		
		その他の建築物	100㎡以上		
	【法別表第１(い)(2)項】※1 病院，診療所，ホテル，旅館，下宿，共同住宅，寄宿舎，児童福祉施設等	耐火建築物	300㎡以上（３階以上）		
		準耐火建築物	300㎡以上（２階）		
		その他の建築物	200㎡以上		
	【法別表第１(い)(4)項】百貨店，マーケット，展示場，キャバレー，カフェー，ナイトクラブ，バー，ダンスホール，遊技場，公衆浴場，待合，料理店，飲食店，物品販売業を営む店舗	耐火建築物	1,000㎡以上（３階以上）		
		準耐火建築物	500㎡以上（２階）		
		その他の建築物	200㎡以上		
第２項	自動車車庫，自動車修理工場	―	―	準不燃材料相当	準不燃材料相当
第３項	地階又は地下工作物に設ける居室（第１項の用途に供するもの）	―	―	準不燃材料相当	準不燃材料相当
第４項	―※2 ※3 ※4	―	階数３以上・延べ面積500㎡以上	難燃材料相当	準不燃材料相当
		―	階数２・延べ面積1,000㎡以上		
		―	階数１・延べ面積3,000㎡以上		
第５項	内装制限上の無窓居室	―	―	準不燃材料相当	準不燃材料相当
第６項	火気使用室（住宅）	―	階数２以上・最上階以外の階	準不燃材料相当	準不燃材料相当
	火気使用室（住宅以外）	―	―	準不燃材料相当	準不燃材料相当

※１：耐火建築物又はイ準耐で，100㎡（共同住宅の場合は200㎡）以内ごとに準耐火構造の床・壁と防火設備で区画されている居室を除く。
※２：学校等の用途に供するものを除く。
※３：(2)項用途の建築物のうち，耐火建築物又はイ準耐で高さが31ｍ以下の部分で，100㎡（共同住宅の場合は200㎡）以内ごとに準耐火構造の床・壁と防火設備（遮煙性能）で区画されている居室を除く。
※４：(2)項用途の建築物で，高さ31ｍ以下の部分を除く。

２　内装制限で使用する仕上げ

⑴　難燃材料に準ずる仕上げ（Ｈ12建告第1439号）

①　告示の概要

本告示は，居室の内装制限について，室内の天井と壁を一律で難燃材料で仕上げることとされている場合について，煙が滞留する天井の不燃性能を向上させることで，壁の材料に木材等を用いることを可能とするものである。

②　適用対象

特殊建築物の居室（令第129条第１項），大規模建築物の居室（令第129条第４項）

③　防火措置

・天井は準不燃材料で仕上げること。

・壁は，木材，合板，構造用パネル，パーティクルボード又は繊維版（木材等）を使用することが可能。ただし，仕上げについては，表面に火炎伝搬を著しく助長するような溝を設けないことや取付方法による必要がある。

⑵　準不燃材料に準ずる仕上げ（Ｈ21国交告第225号）

①　告示の概要

本告示は，火気使用設備周辺とそれ以外の部分における着火リスクの違いに着目し，火気使用設備周辺については不燃材料による内装の強化や遮熱板の設置等の措置を要求する代わりに，それ以外の部分については木材や難燃材料による内装を許容するものとしている。具体的には，ログハウス等におけるストーブや暖炉などを設置している室について，室全体を石膏ボード等で覆うことなく，木材の風合いを活かした設計を行うことが可能となる。

②　適用対象

火気使用室のうち，表５―11に掲げる条件を満たす火気使用設備を設けたもの（令第129条第６項）が対象となる。また，本告示が制定された平成21年当時は，火気使用設備の種別による限定だけでなく，「一戸建ての住宅に設けられた室」という用途制限もあったがが，その後の運用状況も踏まえた告示改正により，令和２年12月からは，用途に関わらず，表５―12に掲げられた場合を除いた全ての室について，緩和措置の適用を受けることが可能となっている。

表５―11　特例の対象となる火気使用設備

	火気使用設備の条件
こんろ	・専ら調理のために用いるもの ・一口当たりの発熱量が4.2kW/s
ストーブ等	・飛び火による火災を防止する構造など，防火上支障のない構造 ・発熱量が18kW/s
壁付暖炉	・燃焼部分が壁面から室内側にないこと ・暖炉開口部の幅が100cm以内，高さが75cm以内のもの ・暖炉開口部が壁の出隅・入隅などの２面以上の壁面にわたり設置されることにより隔壁面にある可燃物燃焼部分が重複しないもの ・暖炉に開口部が複数ある場合は，各開口部により決まる可燃物燃焼部分が重複しないもの
いろり	・長幅が90cm以下のもの ・いろり上部に排煙のためのフード等が設置されず，室内に燃焼ガスが放出されるもの

※一般に「暖炉」や「いろり」と称されるものであっても，壁付暖炉でないものや，上部にフードを設けたいろりはストーブ等に含む。また，ストーブと称されるものでも，壁付暖炉に該当するものは壁付暖炉としての適用を受ける。

表５―12　特例の対象外となる室

適用対象外となる室	適用対象外の理由
施行令第128条の５第１項から第５項までの規定によって内装制限を受ける室	火気使用設備の有無ではなく，建築物の規模（階数・面積）に応じて，内装制限が求められている室であるため。（内装制限すべき理由が異なるため）
ホテル，旅館，飲食店等の厨房その他これらに類する室	告示でモデル化した一般的な調理器具よりも大型で発熱量の大きな調理器具が使用されることが想定されるため。

③　防火措置

・本告示については，火気使用設備の近傍を「可燃物燃焼部分」として定め，その部分に該当する壁・天井の内装や下地等については準不燃材料よりも強化した不燃性能を求めることとし，「可燃物燃焼部分以外の部分」については，制限を緩和することとしている。

・第４章第２節「用語の定義」の第３項で解説したように，不燃材料のうち，特に遮熱性の観点から性能の高いものとして，「特定不燃材料（H12建告第1400号の告示仕様の不燃材料のうち，アルミニウムとガラスを除いたもの）」を重点的に用いることを前提としている。

- 「可燃物燃焼部分」以外の部分に用いることができる材料は，難燃材料又は難燃材料同等仕上げとしてH12建告第1439号に規定する「木材等」である。以下の表では，特例の趣旨を踏まえて，これらを「木材等」と記述する。
- 「可燃物燃焼部分」については，火気使用設備の特性に応じて定めているが，その形状は三次元的で複雑なものである。この内容に関する解説としては，「住宅の内装防火設計マニュアル」（監修：独立行政法人建築研究所，編集：住宅の内装防火設計マニュアル編集委員会）が詳しい。

表５―13　可燃物燃焼部分の概要

		可燃物燃焼部分	それ以外の部分
こんろ	長期加熱の影響を受ける部分 （こんろの最近傍）	内装：特定不燃材料 下地・間柱：特定不燃材料	内装：木材等
	短期加熱の影響を受ける部分 （こんろの近傍）	【内装・下地ともに強化】 内装：特定不燃材料 下地・間柱：特定不燃材料 【内装のみ強化】 内装：12.5mmのせっこうボード等 下地・間柱：規制なし	
ストーブ等	遮熱板のない場合	内装：特定不燃材料 下地・間柱：特定不燃材料	内装：木材等
	遮熱板のある場合	内装：木材等 下地・間柱：規制なし	
壁付暖炉	遮熱板のない場合	内装：特定不燃材料 下地・間柱：特定不燃材料	内装：木材等
	遮熱板のある場合	内装：木材等 下地・間柱：規制なし	
いろり		内装：特定不燃材料 下地・間柱：特定不燃材料	内装：木材等※

※　いろりの周辺から一定以上の離隔距離がある部分については，同じ室内であっても，内装制限の適用対象外となる。

3　建築物における内装について

⑴　内装制限（義務づけ）

①　居室の内装制限

用途，規模，構造に応じて，避難時における在館者の安全性を確保するために必要な建築物については，「居室」と「避難通路」の内装を不燃材料等で仕上げることが求められる（令第128条の４，令第128条の５）。

②　避難・消防活動拠点の内装制限

「避難階段の階段室」「特別避難階段の階段室」「非常用エレベーターの乗降ロビー」については，避難上・消防活動上，重要な部分であることから，壁・天井の内装仕上げと下地には，不燃材料が要求される（令第123条第１項・第３項，令第129条の13の３第３項）。

⑵　任意の内装強化による制限の緩和

①　面積区画の制限緩和

体育館・工場や，区画された階段室やエレベーター昇降路等については，壁・天井の内装仕上げを準不燃材料とすることで，面積区画の制限が緩和される（令第112条第６項）。

②　高層区画の制限緩和

建築物の11階以上の部分について，壁・天井の内装仕上げと下地を準不燃材料とした場合は，高層区画の制限が緩和される（令第112条第８項・第９項）。

③　竪穴区画の制限緩和

吹抜けや階段の部分について，壁・天井の内装仕上げと下地を不燃材料とした場合は，竪穴区画の制限が緩和される（令第112条第11項）。

④　歩行距離の制限緩和

居室と地上に通ずる通路について，壁・天井の内装仕上げを準不燃材料とした場合は，歩行距離の制限が緩和される（令第120条第２項）。

⑤　排煙設備の設置基準の緩和

壁・天井の内装仕上げを準不燃材料とすることで，排煙設備の設置義務が外れる（令第126条の２第１項第５号，H12建告第1436号）。

⑥　火災の発生のおそれの少ない室の基準

「避難安全検証」を行うとき，避難通路，機械室，便所等の壁・天井の内装仕上げを準不燃材料とすることで，これらの室を検証上の「火災の発生のおそれの少ない室」として取り扱うことができる。

第９節　無窓居室に対する主要構造部規制

【耐火構造とすべき無窓居室】

（無窓の居室等の主要構造部）

法第35条の３　政令で定める窓その他の開口部を有しない居室は，その居室を区画する主要構造部を耐火構造とし，又は不燃材料で造らなければならない。ただし，別表第１(い)欄(1)項に掲げる用途に供するものについては，この限りでない。

（昭34法156・追加，昭45法109・一部改正）

一般に，無窓の居室は，避難（脱出），救助活動が困難であり，かつ，その居室以外の火災覚知も遅れがちであるので，その居室を区画する主要構造部の耐火性能又は防火性能を高めることを義務づけたものである。ただし，法別表第１(い)欄(1)項に掲げる映画館，劇場，集会場等については，法第27条に基づき，用途上から所要の構造制限は課しているので，本条による制限は除外することとしている。

なお，本条で規制する無窓の居室の要件は，令第111条に定められており，他の規定に基づく無窓居室と合わせて，本章第１節において解説しているため，そちらを参照されたい。

第10節　避難上の安全の検証

第１項　総則

１　避難安全検証の考え方

建築基準法における避難関係規定では，居室の各部分から階段までの歩行距離の上限を画一的に規定（避難距離の制限）する等の仕様規定（いわゆるルートA）が中心となっており，個々の建築物に即した避難計画上の配慮（例えば，居室と廊下とを区画することにより廊下が煙で汚染される時間を遅らせ，避難行動に十分な時間を確保すること）は評価されないこととなっている。

しかしながら，建築物の各居室の在館者数等の特性に応じて火災時の避難行動及び煙・ガスの拡大性状を予測し，避難経路の各部分における避難が終了するまで煙・ガスにより危険な状態とならないことを直接確認することができれば，避難安全性を確保するための仕様規定を必ずしも義務づける必要はなくなることとなる。

このため，個々の建築物の設計（各居室の在館者数，避難経路の配置，煙の制御方法等）に応じて，在館者の避難行動等を予測することにより火災時の避難安全性を確認する工学的手法により，避難安全性能を有していることが確認された建築物については，廊下，階段等の避難施設，排煙設備，内装等の各避難関係規定において仕様的に定められている技術的基準に適合するものと同等の避難安全性を有していることから，これらの仕様規定の一部を適用しないこととしている。

法令上は，令第５章の３における各条に規定されている「避難安全性能（令第128条の６第２項に規定する「区画避難安全性能」，令第129条第２項に規定する「階避難安全性能」及び令第129条の２第３項に規定する「全館避難安全性能」の総称）」を有している建築物について，避難関係規定は適用しないことが規定されている。また，これらの避難安全性能の有無については，政令及び告示によって定められている「避難安全検証法（いわゆるルートB）」か，個別に国土交通大臣の認定を受けること（いわゆるルートC）によって確かめることとされている。

なお，本節においては，「区画避難安全性能」・「階避難安全性能」・「全館避難安全性能」をそれぞれ検証する方法である「区画避難安全検証」・「階避難安全検証」・「全館避難安全検証」について順に解説するが，参考のために，各検証における対象・要求性能・検証方法の比較表を，節の末尾に表５－19として掲載している。

２　避難安全性能の内容

建築物に求められる避難安全性能については，性能検証を行う対象ごとに，それぞれ区画避難安全性能，階避難安全性能，全館避難安全性能を定めている。考え方としては，在館者が避難を終了するまでの間，避難上支障がある高さまで煙・ガスが降下しない性能として定義されているため，「避難行動」と「煙・ガスの動き」をそれぞれ予測し，両者を比較することで性能の有無を確認することとなる。

また，ルートＢの避難安全検証法においては，一般的な人間の身長をもとに「避難上支障がある高さ」を1.8mとした上で，避難安全性能を確認するための判定法として「時間判定法」と「高さ判定法」の２種類の手法が用意されている。

時間判定法とは，「在館者の避難終了時間：t」と，「発生した煙・ガスが1.8mまで降下する時間：t_s」をそれぞれ算出し，その上で「煙・ガスの降下前に在館者が避難できること」すなわち「$t<t_s$」となることを確かめる方法である。また，高さ判定法とは，「在館者の避難終了時の煙・ガスの高さ：Z」を算出し，その上で「在館者の避難が終了した時点での煙・ガスの降下レベルが1.8mに達していないこと」すなわち「$1.8<Z$」となることを確かめる方法である。

これらは，時間に着目するか高さに着目するかの違いであって本質的には同一であるが，煙・ガスの性状をモデル化するにあたり，「時間判定法」が煙・ガスが常に一定の速度（安全側で評価するため，火災の開始時点からトップスピード）で発生し続けるものとしているのに対し，「高さ判定法」は時間の経過に応じた煙・ガスの発生量の変化を反映するものとなっているため，より実態の火災に近いモデルであることから，より合理的な設計が可能となる。さらに，「高さ判定法」については全館避難安全検証法における煙性状の計算方法についても合理化がなされており，「時間判定法」では「煙・ガスが階段室又は竪穴部分を介してつながる上階（以下「階段室等」という。）に流入した時点」をもって避難の限界としているのに対して，「高さ判定法」では「煙・ガスが階段室等に流入した後，その空間内で煙・ガスが避難上支障のある高さまで降下した時点」をもって避難の限界として設定することができるようになっており，より実際の煙性状に近いモデルに対応した合理的な計算方法となっている。ただし，階段室等のうち「直通階段」については，竪穴形状による煙・ガスの伝搬経路としてだけではなく，直接的に在館者の安全性に関わる避難経路となる特性も有していることから，これまでと同様に「煙・ガスが階段室に侵入した時点」をもって避難限界として取り扱うこととされている。

なお，検証に当たっては，検証対象となる部分（区画・階・全館）のあらゆる場所で火災が発生し得るものと仮定し，各室における避難安全性能をチェックすることとなる。ただし，昇降機等の機械室，不燃性の物品を保管する室，廊下・階段等の通路や便所などについては，壁や天井の内装仕上げが準不燃材料となっている場合，「火災の発生のおそれの少ない室」と定められており（H12建告第1440号），性能検証においては火災室にならないものとして取り扱う。

3　避難安全検証により適用が除外される各規定の考え方

⑴　防火区画関係

①高層区画（令第112条第７項）

建築物の11階以上の階においては，一般的に現在の消防機関が有するはしご車により外部からの進入が困難な部分であり，消火・救助活動は非常用エレベーター，避難階段等を利用した建築物内部からの活動に限定される。このため，このような高層部分において火災が発生した場合に利用者の避難安全性を確保するためには，一般の階と比較してより火災の進展・拡大を抑制し，安全性を高める必要性が高く，また，地上まで避難するためにより多くの時間を要することから，「高層区画」が義務づけられている。

これらの規定では，消防活動上の制約があり，逃げ遅れが生じた場合に被害が増大する可能性の高い高層階における十分な避難安全性を確保するために火災の拡大を遅延させることを趣旨としている。

このため，建築物の利用者全員の避難安全性が確かめられた場合においては，消防隊による救助活動が行われない場合でも，逃げ遅れ等の可能性は小さく，高層区画によって期待される性能を満たしていると考えられるため，当該規定を適用しないこととしている。

②竪穴区画（令第112条第11項～第13項）

建築物において火災が発生すると，垂直方向に連続する空間である吹抜き等の部分に火災が拡大した場合，当該部分を経由して煙や火炎が拡大し，短時間に複数の階が危険な状態となることにより，在館者の避難に重大な支障を及ぼすことを防止するため，このような部分については「竪穴区画」が義務づけられている。

このため，火災が発生した場合にそれぞれの空間の煙による汚染の状況及び在館者の避難行動を予測することにより，火災時に在館者全員が安全に避難することができることが確認された建築物については，本規定を適用しないこととしている。

③異種用途区画（令第112条第18項）

建築物の部分で一定規模以上の特殊建築物の用途に供する部分については，火災が発生した場合において，不特定多数の者が利用する用途に供する部分に火災が拡大することを防止するため，「異種用途区画」が義務づけられている。

このため，これらの規定についても，当該建築物において火災が発生した場合に在館者全員が安全に避難できることが確かめられた建築物については，当該規定を適用しないこととしている。

⑵　避難施設等

①廊下・階段等（令第119条，令第120条，令第123条，令第124条，令第125条）

大規模であって火災時の避難行動に時間を要することが予想される建築物，不特定多数の者が利用し，火災が発生した場合に大きな被害が発生する可能性の高い建築物等を対象として廊下（令第119条），階段（令第120条，令第123条），屋外への出口（令第125条第１項）を一定の構造とするよう規定を設けている。

また，物品販売店舗については，可燃物量が多く，多数の者が利用するとともに，その構造上，廊下等の避難施設が設けられず，連続した空間が直接階段等に面して計画されることが多いこと，過去において大きな被害を出した火災の事例が多いこと等から，特に階段の幅，階段に通ずる出入口等についての制限を課している（令第124条，令第125条第３項）。

令第５章第２節に定めるこれらの規定のうち，避難安全検証により，現行規定によらない構造のものが設けられた場合の安全性が検証できる規定（歩行距離，廊下幅，階段への出入口幅，階段の幅，階段に通ずる出入口の防火設備等）については，避難安全検証により火災時の安全性が確かめられた場合には当該規定を適用しないこととしている。

②排煙設備（令第126条の２，令第126条の３）

不特定多数の者が利用する特殊建築物，大規模な建築物等，火災が発生した場合に避難に相当の時間を要するものについて，火災によって発生する煙・ガスを有効に排出することで，避難経路に煙・ガスが早期に充満することを防止し，避難安全性を確保するため，これらの建築物に対しては排煙設備の設置が義務づけられている（第５章第３節参照）。

このため，排煙設備の構造以外に，内装の仕上げ，廊下等の構造等を考慮して，火災が発生した場合に在館者が安全に避難することができることが確かめられた場合には，排煙設備に係る規定を適用しないこととしている。

⑶　内装制限（令第128条の５）

一定規模以上の特殊建築物，大規模な建築物，無窓の居室を有する建築物，火気使用室を有する建築物等については，居室及び廊下等の通路等についてその室内に面する部分の仕上げを不燃材料等ですることとしている。この規定は，建築物内部で火災が発生した場合に，早期に内装の仕上げに用いる材料が燃焼拡大することにより，火災が急速に拡大し，多量の煙，ガスが発生することを抑制し，避難上の安全性を確保するとともに，火気使用室等の火災の発生のおそれの高い室における出火の危険性を低減することにある。

これらの規定では，内装制限によって，火災が発生した場合に在館者が階段等の安全な空間に避難するまでの間，居室，避難経路等の空間が火炎又は多量の煙，ガスによって危険な状態になることを防止することとしている（第１項，第３項，第４項，第５項）。このため，排煙設備，廊下等の構造等を考慮して，火災が発生した場合に在館者が安全に避難することができることが確かめられた場合には，これらの規定が求めている避難安全性能を満足することから，これらの規定を適用しないこととしている。

一方，自動車車庫等の用途に供する建築物，火気使用室については，建築物内に多量の可燃物が集積する可能性や，火災の発生の危険性が特に高いことから，内装の仕上げを準不燃材料以上のものとすることにより，避難安全性を確保すると同時に出火の危険性を低減することを目的としている（第２項，第６項）。このため，これらの用途や火気使用室については，出火の危険性の低減など避難安全性の確保以外の目的が含まれた規定のため，第２項及び第６項は適用除外とはならない。

また，避難安全検証では，階段室内については，相当の防火対策がなされていることを前提として当該部分において火災が発生せず，外部からの煙が進入しない限り安全な空間であるとしているため，階段に係る部分については，適用除外の対象とはしないこととしている。

なお，第７項は，令第128条の５自体において，代替措置によって第１項から第６項までの制限を除外する規定であるため，避難安全検証の対象条文とはされていない。

4　まとめ

各避難安全検証は，検証対象となる建築物の部分の範囲が異なるため，適用除外できる規定も自ずから異なる。例えば，建築物全体の安全検証を行う「全館避難安全検証」の場合は，竪穴区画の規定の適用を除外できるが，特定の階のみの安全検証を行う「階避難安全検証」や階の一部のみの安全検証を行う「区画避難安全検証」では，除外できない。

各避難安全検証と，それぞれについて適用除外できる規定の対応関係については，本節の末尾に表５－20として掲載している。

第２項　避難安全検証の単位

（別の建築物とみなすことができる部分）
令第128条の６　第117条第２項各号に掲げる建築物の部分は，この章の規定の適用については，それぞれ別の建築物とみなす。

（令５政280・追加）

避難安全検証の単位は「区画部分」「階」「建築物」となっているが，令第117条第２項の規定により令第５章第２節（廊下，避難階段及び出入口）の規定の適用について別棟扱いされる場合において，避難安全検証を行おうとする場合，別棟扱いする場合の一部分のみについて仕様規定の適用を除外しようとする場合であっても，建築物の「区画部分の全体」「階の全体」「建築物の全体」について避難安全性能を検証する必要がある。

本条は，検証の範囲を合理的なものとするための規定であり，１の建築物であっても，「ある部分」で発生した火熱又は煙・ガスが「他の部分」に影響を及ぼさない状態であれば，「ある部分」について避難安全検証を行う際に，「他の部分」は検証の対象外として扱って差し支えないこととなる。また，「ある部分」と「他の部分」が火熱や煙・ガスの影響を及ぼし合うことがないのに，「ある部分」の避難安全検証を行う際に，「他の部分」を見込んで検証を行うことは適切ではないことから，本条は，いわゆる「できる規定」ではなく，強制的に「別建築物みなし」が適用されることとなっている。

こうした「別建築物みなし」の考え方は，令第117条第２項の規定によって令第５章第２節（廊下，避難階段及び出入口）の規定が「ある部分」と「他の部分」で別々に適用することとしている趣旨と同様であり，具体的な条件についても同項と同様に，同項第各号に規定する「建築物が開口部のない耐火構造の床又は壁で区画されている場合（火熱や煙・ガスだけでなく人も行き来ができない状態）」や，「相互に火熱又は煙若しくはガスによる防火上有害な影響を及ぼさないものとして国土交通大臣が定めた構造方法を用いるものである場合」について，区画されたそれぞれの部分を別の建築物とみなすこととされている。

なお，避難安全性能は，避難終了までの時間に煙・ガスが避難上支障のある高さ（約1.8m）まで降下しないことを確かめることによって検証されるものであり，「別建築物みなし」が可能な部分は相互に火災の影響を及ぼさない部分として規定されているため，建築物の一部である「ある部分」のみの検証により当該部分の仕様規定の適用を除外しても，「他の部分」における安全性に影響を与えない。

第３項　区画避難安全検証

（避難上の安全の検証を行う区画部分に対する基準の適用）

令第128条の７　居室その他の建築物の部分で，準耐火構造の床若しくは壁又は法第２条第９号の２ロに規定する防火設備で第112条第19項第２号に規定する構造であるもので区画されたもの（２以上の階にわたつて区画されたものを除く。以下この条において「区画部分」という。）のうち，当該区画部分が区画避難安全性能を有するものであることについて，区画避難安全検証法により確かめられたもの（主要構造部が準耐火構造である建築物（特定主要構造部が耐火構造である建築物を含む。次条第１項において同じ。）又は主要構造部が不燃材料で造られた建築物の区画部分に限る。）又は国土交通大臣の認定を受けたものについては，第126条の２，第126条の３及び第128条の５（第２項，第６項及び第７項並びに階段に係る部分を除く。）の規定は，適用しない。

２　前項の「区画避難安全性能」とは，当該区画部分のいずれの室（火災の発生のおそれの少ないものとして国土交通大臣が定める室を除く。以下この章において「火災室」という。）で火災が発生した場合においても，当該区画部分に存する者（当該区画部分を通らなければ避難することができない者を含む。次項第１号ニにおいて「区画部分に存する者」という。）の全てが当該区画部分から当該区画部分以外の部分等（次の各号に掲げる当該区画部分がある階の区分に応じ，当該各号に定める場所をいう。以下この条において同じ。）までの避難を終了するまでの間，当該区画部分の各居室及び各居室から当該区画部分以外の部分等に通ずる主たる廊下その他の建築物の部分において，避難上支障がある高さまで煙又はガスが降下しないものであることとする。

一　避難階以外の階　当該区画部分以外の部分であつて，直通階段（避難階又は地上に通ずるものに限る。次条において同じ。）に通ずるもの

二　避難階　地上又は地上に通ずる当該区画部分以外の部分

３　第１項の「区画避難安全検証法」とは，次の各号のいずれかに掲げる方法をいう。

一　次に定めるところにより，火災発生時において当該区画部分からの避難が安全に行われることを当該区画部分からの避難に要する時間に基づき検証する方法

イ　当該区画部分の各居室ごとに，当該居室に存する者（当該居室を通らなければ避難することができない者を含む。）の全てが当該居室において火災が発生してから当該居室からの避難を終了するまでに要する時間を，当該居室及び当該居室を通らなければ避難することができない建築物の部分（以下このイにおいて「当該居室等」という。）の用途及び床面積の合計，当該居室等の各部分から当該居室の出口（当該居室から当該区画部分以外の部分等に通ずる主たる廊下その他の通路に通ずる出口に限る。）の１に至る歩行距離，当該区画部分の各室の用途及び床面積並びに当該区画部分の各室の出口（当該居室の出口及びこれに通ずる出口に限る。）の幅に応じて国土交通大臣が定める方法により計算すること。

ロ　当該区画部分の各居室ごとに，当該居室において発生した火災により生じた煙又はガスが避難上支障のある高さまで降下するために要する時間を，当該居室の用途，床面積及び天井の高さ，当該居室に設ける排煙設備の構造並びに当該居室の壁及び天井の仕上げに用いる材料の種類に応じて国土交通大臣が定める方法により計算すること。

ハ　当該区画部分の各居室についてイの規定によつて計算した時間が，ロの規定によつて計算した時間を超えないことを確かめること。

ニ　当該区画部分の各火災室ごとに，区画部分に存する者の全てが当該火災室で火災が発生してから当該区画部分からの避難を終了するまでに要する時間を，当該区画部分の各室及び当該区画部分を通らなければ避難することができない建築物の部分（以下このニにおいて「当該区画部分の各室等」という。）の用途及び床面積，当該区画部分の各室等の各部分から当該区画部分以外の部分等への出口の１に至る歩行距離並びに当該区画部分の各室等の出口（当該区画部分以外の部分等に通ずる出口及びこれに通ずるものに限る。）の幅に応じて国土交通大臣が定める方法により計算すること。

ホ　当該区画部分の各火災室ごとに，当該火災室において発生した火災により生じた煙又はガスが，当該区画部分の各居室（当該火災室を除

く。）及び当該居室から当該区画部分以外の部分等に通ずる主たる廊下その他の建築物の部分において避難上支障のある高さまで降下するために要する時間を，当該区画部分の各室の用途，床面積及び天井の高さ，各室の壁及びこれに設ける開口部の構造，各室に設ける排煙設備の構造並びに各室の壁及び天井の仕上げに用いる材料の種類に応じて国土交通大臣が定める方法により計算すること。

へ　当該区画部分の各火災室についてニの規定によつて計算した時間が，ホの規定によつて計算した時間を超えないことを確かめること。

二　次に定めるところにより，火災発生時において当該区画部分からの避難が安全に行われることを火災により生じた煙又はガスの高さに基づき検証する方法

イ　当該区画部分の各居室ごとに，前号イの規定によつて計算した時間が経過した時における当該居室において発生した火災により生じた煙又はガスの高さを，当該居室の用途，床面積及び天井の高さ，当該居室に設ける消火設備及び排煙設備の構造並びに当該居室の壁及び天井の仕上げに用いる材料の種類に応じて国土交通大臣が定める方法により計算すること。

ロ　当該区画部分の各居室についてイの規定によつて計算した高さが，避難上支障のある高さとして国土交通大臣が定める高さを下回らないことを確かめること。

ハ　当該区画部分の各火災室ごとに，前号ニの規定によつて計算した時間が経過した時における当該火災室において発生した火災により生じた煙又はガスの当該区画部分の各居室（当該火災室を除く。）及び当該居室から当該区画部分以外の部分等に通ずる主たる廊下その他の建築物の部分における高さを，当該区画部分の各室の用途，床面積及び天井の高さ，各室の壁及びこれに設ける開口部の構造，各室に設ける消火設備及び排煙設備の構造並びに各室の壁及び天井の仕上げに用いる材料の種類に応じて国土交通大臣が定める方法により計算すること。

ニ　当該区画部分の各火災室についてハの規定によつて計算した高さが，避難上支障のある高さとして国土交通大臣が定める高さを下回らないことを確かめること。

（令元政181・追加，令５政280・旧第128条の６繰下・一部改正）

1　区画避難安全検証の対象となる部分（第１項）【ルートＢ・Ｃ共通】

区画避難安全検証は，「居室その他の建築物の部分」を対象としている。この際，検証を行いたい部分については，「準耐火構造の床・壁」と「遮煙性能を有する通常防火設備」によって他の部分から区画されていることが条件とされており，こうして区画された部分のことを「区画部分」と定義している。なお，区画部分の設定に当たっては，「２以上の階」にわたることは許容されていない。

また，ルートＢによる場合は「主要構造部が準耐火構造であるか又は不燃材料で造られた建築物」であることが追加の条件とされているが，ルートＣの場合はこの制約がない。これは，木造建築物は一般的に，出火室の急激な燃焼により廊下や階段等の避難施設に早期に延焼して通行自体が困難となるおそれがあるため，ルートＢでは主要構造部が早期に燃焼しない建築物であることを条件としているが，建築物に応じて個々に検証を行うルートＣについては，①居室から屋外へ一定時間内に直接避難ができる状態など，避難を終了するまで避難経路が通行可能な状態にあることを確認できる場合があること，②煙降下時間を個々の建築物に応じた高度な手法で算出することにより，煙降下時間が避難時間を超えることを確認できる場合があることがあることから，主要構造部に関する追加条件が課されていない。

2　区画避難安全検証を行うことによる効果（第１項）【ルートＢ・Ｃ共通】

区画避難安全検証により避難安全性が確かめられた場合には，現行の避難関係規定のうち，区画部分の避難安全性能だけでは安全性の検証ができない規定（避難安全性の確保以外に消防活動の支援等の観点から規制が設けられている規定，階避難や全館避難の場合の避難安全性の確保を目的として規制を行っている規定等）を除いた規定について適用しないこととしている。具体の規定については，本節末尾の整理表を参照すること。

3　区画避難安全性能の定義（第２項）【ルートＢ・Ｃ共通】

「区画避難安全性能」とは，検証の対象となる区画部分にいる在館者が，安全区画に避難するまでの間，避難上支障がある高さまで煙・ガスが降下しないことである。整理すると，下表の通りとなる。

表５―14　区画避難安全性能を検証する場合の前提条件

検証の対象者	区画部分に存する全ての者 （当該区画部分を通らなければ避難することができない者を含む。）
火災室	区画部分の全ての室 （火災の発生のおそれの少ない室を除く。）

避難終了地点	避難階以外の場合：区画部分以外の部分であって，直通階段に通ずる部分 避難階の場合：地上又は地上に通ずる区画部分以外の部分
検証すべき部分	区画部分の各居室 区画部分の各居室から避難終了地点に通ずる主たる廊下その他の建築物の部分

4　区画避難安全検証法の内容（第３項）【ルートＢのみ】

第１号で「時間判定法」，第２号で「高さ判定法」を規定しており，それぞれの検証の流れは下表のとおりである。それぞれの避難時間，煙・ガスの降下時間，煙・ガスの高さの計算方法については，時間判定法の場合は「区画部分からの避難に要する時間に基づく区画避難安全検証法に関する算出方法等を定める件（Ｒ２国交告第509号）」，高さ判定法の場合は「火災により生じた煙又はガスの高さに基づく区画避難安全検証法に関する算出方法等を定める件（Ｒ３国交告第474号）」において規定されている。

表５—15　区画避難安全検証の概要（政令で規定している骨子）

政令		検証の対象	政令の内容
第1号	イ	各居室	居室からの「避難時間」の計算
	ロ		居室における「煙降下時間」の計算
	ハ		居室において「避難時間＜煙効果時間」となることの確認
	ニ	区画部分全体（火災室ごとに検証）	区画部分からの「避難時間」の計算
	ホ		区画部分における「煙降下時間」の計算
	ヘ		区画部分において「避難時間＜煙効果時間」となることの確認
第2号	イ	各居室	居室からの避難時間の終了時点における「煙高さ」の計算
	ロ		居室において「煙高さ＞1.8m」となることの確認
	ハ	区画部分全体（火災室ごとに検証）	区画部分からの避難時間の終了時点における「煙高さ」の計算
	ニ		区画部分において「煙高さ＞1.8m」となることの確認

基本的な考え方としては，「①火災が発生した居室内の在館者が安全に避難できるかどうかのチェック」を行い，さらに「②区画部分のいずれの室で火災が発生した場合であっても，区画内の在館者が安全に避難できるかどうかのチェック」を行うという手順で行う。①については時間判定法の場合は第１号イ～ハに，高さ判定法の場合は第２号イ・ロにそれぞれ相当し，②については時間判定法の場合は第１号ニ～ヘに，高さ判定法の場合は第２号ハ・ニにそれぞれ相当する。

検証対象となる区画部分において，全ての居室について①のチェックを行い，さらに区画部分の全ての室が火災室になり得るものとして②のチェックを行うことで，当該区画部分における避難安全性能が確保できることとなるのが，ルートＢの考え方である。

第４項　階避難安全検証

（避難上の安全の検証を行う建築物の階に対する基準の適用）

令第129条　建築物の階（物品販売業を営む店舗の用途に供する建築物にあつては，屋上広場を含む。以下この条及び次条第４項において同じ。）のうち，当該階が階避難安全性能を有するものであることについて，階避難安全検証法により確かめられたもの（主要構造部が準耐火構造である建築物又は主要構造部が不燃材料で造られた建築物の階に限る。）又は国土交通大臣の認定を受けたものについては，第119条，第120条，第123条第３項第１号，第２号，第10号（屋内からバルコニー又は付室に通ずる出入口に係る部分に限る。）及び第12号，第124条第１項第２号，第126条の２，第126条の３並びに第128条の５（第２項，第６項及び第７項並びに階段に係る部分を除く。）の規定は，適用しない。

２　前項の「階避難安全性能」とは，当該階のいずれの火災室で火災が発生した場合においても，当該階に存する者（当該階を通らなければ避難することができない者を含む。次項第１号ニにおいて「階に存する者」という。）の全てが当該階から直通階段の１までの避難（避難階にあつては，地上までの避難）を終了するまでの間，当該階の各居室及び各居室から直通階段（避難階にあつては，地上。以下この条において同じ。）に通ずる主たる廊下その他の建築物の部分において，避難上支障がある高さまで煙又はガスが降下しないものであることとする。

３　第１項の「階避難安全検証法」とは，次の各号のいずれかに掲げる方法をいう。

一　次に定めるところにより，火災発生時において当該建築物の階からの避難が安全に行われることを当該階からの避難に要する時間に基づき検証する方法

イ　当該階の各居室ごとに，当該居室に存する者（当該居室を通らなければ避難することができない者を含む。）の全てが当該居室において火災が発生してから当該居室からの避難を終了するまでに要する時間を，当

該居室及び当該居室を通らなければ避難することができない建築物の部分（以下このイにおいて「当該居室等」という。）の用途及び床面積の合計，当該居室等の各部分から当該居室の出口（当該居室から直通階段に通ずる主たる廊下その他の通路に通ずる出口に限る。）の１に至る歩行距離，当該階の各室の用途及び床面積並びに当該階の各室の出口（当該居室の出口及びこれに通ずるものに限る。）の幅に応じて国土交通大臣が定める方法により計算すること。

ロ　当該階の各居室ごとに，当該居室において発生した火災により生じた煙又はガスが避難上支障のある高さまで降下するために要する時間を，当該居室の用途，床面積及び天井の高さ，当該居室に設ける排煙設備の構造並びに当該居室の壁及び天井の仕上げに用いる材料の種類に応じて国土交通大臣が定める方法により計算すること。

ハ　当該階の各居室についてイの規定によつて計算した時間が，ロの規定によつて計算した時間を超えないことを確かめること。

ニ　当該階の各火災室ごとに，階に存する者の全てが当該火災室で火災が発生してから当該階からの避難を終了するまでに要する時間を，当該階の各室及び当該階を通らなければ避難することができない建築物の部分（以下このニにおいて「当該階の各室等」という。）の用途及び床面積，当該階の各室等の各部分から直通階段への出口の１に至る歩行距離並びに当該階の各室等の出口（直通階段に通ずる出口及びこれに通ずるものに限る。）の幅に応じて国土交通大臣が定める方法により計算すること。

ホ　当該階の各火災室ごとに，当該火災室において発生した火災により生じた煙又はガスが，当該階の各居室（当該火災室を除く。）及び当該居室から直通階段に通ずる主たる廊下その他の建築物の部分において避難上支障のある高さまで降下するために要する時間を，当該階の各室の用途，床面積及び天井の高さ，各室の壁及びこれに設ける開口部の構造，各室に設ける排煙設備の構造並びに各室の壁及び天井の仕上げに用いる材料の種類に応じて国土交通大臣が定める方法により計算すること。

ヘ　当該階の各火災室についてニの規定によつて計算した時間が，ホの規定によつて計算した時間を超えないことを確かめること。

二　次に定めるところにより，火災発生時において当該建築物の階からの避難が安全に行われることを火災により生じた煙又はガスの高さに基づき検証する方法

イ　当該階の各居室ごとに，前号イの規定によつて計算した時間が経過した時における当該居室において発生した火災により生じた煙又はガスの高さを，当該居室の用途，床面積及び天井の高さ，当該居室に設ける消火設備及び排煙設備の構造並びに当該居室の壁及び天井の仕上げに用いる材料の種類に応じて国土交通大臣が定める方法により計算すること。

ロ　当該階の各居室についてイの規定によつて計算した高さが，避難上支障のある高さとして国土交通大臣が定める高さを下回らないことを確かめること。

ハ　当該階の各火災室ごとに，前号ニの規定によつて計算した時間が経過した時における当該火災室において発生した火災により生じた煙又はガスの当該階の各居室（当該火災室を除く。）及び当該居室から直通階段に通ずる主たる廊下その他の建築物の部分における高さを，当該階の各室の用途，床面積及び天井の高さ，各室の壁及びこれに設ける開口部の構造，各室に設ける消火設備及び排煙設備の構造並びに各室の壁及び天井の仕上げに用いる材料の種類に応じて国土交通大臣が定める方法により計算すること。

ニ　当該階の各火災室についてハの規定によつて計算した高さが，避難上支障のある高さとして国土交通大臣が定める高さを下回らないことを確かめること。

（平12政211・追加，平12政312・平27政11・一部改正，平28政６・旧第129条の２繰上・一部改正，令元政30・令元政181・令５政280・一部改正）

１　階避難安全検証の対象となる部分（第１項）【ルートＢ・Ｃ共通】

階避難安全検証は，「階」を対象としている。区画避難安全検証と同様の理由から，ルートＢによる場合は「主要構造部が準耐火構造であるか又は不燃材料で造られた建築物」であることが追加の条件とされているが，ルートＣの場合はこの制約がない。

２　階避難安全検証を行うことによる効果（第１項）【ルートＢ・Ｃ共通】

階避難安全検証により避難安全性が確かめられた場合には，現行の避難関係規定のうち，階の避難安全性能だけでは安全性の検証ができない規定（避難安全性の確保以外に消防活動の支援等の観点から規制が設けられている規定及び全館避難の場合の避難安全性の確保を目的として規制を行っている規定等）を除いた規定について適用しないこととしている。具体の規定については，本節末尾の整理表を参照すること。

3　階避難安全性能の定義（第２項）【ルートＢ・Ｃ共通】

「階避難安全性能」とは，検証の対象となる階にいる在館者が，安全区画である直通階段や地上に避難するまでの間，避難上支障がある高さまで煙・ガスが降下しないことである。整理すると，下表の通りとなる。

表５—16　階避難安全性能を検証する場合の前提条件

検証の対象者	階に存する全ての者 （当該階を通らなければ避難することができない者を含む。）
火災室	階の全ての室 （火災の発生のおそれの少ない室を除く。）
避難終了地点	避難階以外の場合：直通階段 避難階の場合：地上
検証すべき部分	階の各居室 階の各居室から避難終了地点に通ずる主たる廊下その他の建築物の部分

4　階避難安全検証法の内容（第３項）【ルートＢのみ】

第１号で「時間判定法」，第２号で「高さ判定法」を規定しており，それぞれの検証の流れは下表のとおりである。それぞれの避難時間，煙・ガスの降下時間，煙・ガスの高さの計算方法については，時間判定法の場合は「階からの避難に要する時間に基づく階避難安全検証法に関する算出方法等を定める件（Ｒ２国交告第510号）」，高さ判定法の場合は「火災により生じた煙又はガスの高さに基づく階避難安全検証法に関する算出方法等を定める件（Ｒ３国交告第475号）」において規定されている。

表５—17　階避難安全検証の概要（政令で規定している骨子）

政令		検証の対象	政令の内容
第1号	イ	各居室	居室からの「避難時間」の計算
	ロ		居室における「煙降下時間」の計算
	ハ		居室において「避難時間<煙効果時間」となることの確認
	ニ	階全体 （火災室ごとに検証）	対象階からの「避難時間」の計算
	ホ		対象階における「煙降下時間」の計算
	ヘ		対象階において「避難時間<煙効果時間」となることの確認
第2号	イ	各居室	居室からの避難時間の終了時点における「煙高さ」の計算
	ロ		居室において「煙高さ>1.8m」となることの確認
	ハ	階全体 （火災室ごとに検証）	対象階からの避難時間の終了時点における「煙高さ」の計算
	ニ		対象階において「煙高さ>1.8m」となることの確認

基本的な考え方としては，「①火災が発生した居室内の在館者が安全に避難できるかどうかのチェック」を行い，さらに「②対象階のいずれの室で火災が発生した場合であっても，対象階の在館者が安全に避難できるかどうかのチェック」を行うという手順で行う。①については時間判定法の場合は第１号イ～ハに，高さ判定法の場合は第２号イ・ロにそれぞれ相当し，②については時間判定法の場合は第１号ニ～ヘに，高さ判定法の場合は第２号ハ・ニにそれぞれ相当する。

検証対象となる階において，全ての居室について①のチェックを行い，さらに階における全ての室が火災室になり得るものとして②のチェックを行うことで，当該階における避難安全性能が確保できることとなるのが，ルートＢの考え方である。

階の居室ごとに行う避難安全性の検証は，火災が発生した室と避難検証を行うべき室が一致している場合についての検証であり，また，当該階全体について行う避難安全性の検証は，火災が発生した室と避難検証を行うべき室等が異なっている場合についての検証である。当該階の避難安全性については，当該階で発生が予測されるすべての火災について，その階にいる避難対象者の避難安全性が確保されている必要があるため，火災が発生した室と避難検証を行う室等のすべての組合せについて検証を行う必要がある。このため，階避難安全検証法では，「階の各居室」及び「当該階全体」の両方について避難安全性を検証することとしている。

第５項　全館避難安全検証

（避難上の安全の検証を行う建築物に対する基準の適用）

令第129条の２　建築物のうち，当該建築物が全館避難安全性能を有するものであることについて，全館避難安全検証法により確かめられたもの（主要構造部が準耐火構造であるもの（特定主要構造部が耐火構造であるものを含む。）又は主要構造部が不燃材料で造られたものに限る。）又は国土交通大臣の認定を受けたもの（次項において「全館避難安全性能確認建築物」という。）については，第112条第７項，第11項から第13項まで及び第18項，第119条，第120条，第123条第１項第１号及び第６号，第２項第２号並びに第３項第１号から第３号まで，第10号及び第12号，第124条第１項，第125条第１項及び第３項，第126条の２，第126条の３並びに第128条の５（第２項，第６項及び第７項並びに階段に係る部分を除く。）の規定は，適用しない。

2　全館避難安全性能確認建築物の屋内に設ける避難階段に対する第123条第1項第7号の規定の適用については，同号中「避難階」とあるのは，「避難階又は屋上広場その他これに類するもの（屋外に設ける避難階段が接続しているものに限る。）」とする。

3　第1項の「全館避難安全性能」とは，当該建築物のいずれの火災室で火災が発生した場合においても，当該建築物に存する者（次項第1号ロにおいて「在館者」という。）の全てが当該建築物から地上までの避難を終了するまでの間，当該建築物の各居室及び各居室から地上に通ずる主たる廊下，階段その他の建築物の部分において，避難上支障がある高さまで煙又はガスが降下しないものであることとする。

4　第1項の「全館避難安全検証法」とは，次の各号のいずれかに掲げる方法をいう。

一　次に定めるところにより，火災発生時において当該建築物からの避難が安全に行われることを当該建築物からの避難に要する時間に基づき検証する方法

イ　各階が，前条第2項に規定する階避難安全性能を有するものであることについて，同条第3項第1号に定めるところにより確かめること。

ロ　当該建築物の各階における各火災室ごとに，在館者の全てが，当該火災室で火災が発生してから当該建築物からの避難を終了するまでに要する時間を，当該建築物の各室の用途及び床面積，当該建築物の各室の各部分から地上への出口の1に至る歩行距離並びに当該建築物の各室の出口（地上に通ずる出口及びこれに通ずるものに限る。）の幅に応じて国土交通大臣が定める方法により計算すること。

ハ　当該建築物の各階における各火災室ごとに，当該火災室において発生した火災により生じた煙又はガスが，階段の部分又は当該階の直上階以上の階の1に流入するために要する時間を，当該階の各室の用途，床面積及び天井の高さ，各室の壁及びこれに設ける開口部の構造，各室に設ける排煙設備の構造並びに各室の壁及び天井の仕上げに用いる材料の種類並びに当該階の階段の部分を区画する壁及びこれに設ける開口部の構造に応じて国土交通大臣が定める方法により計算すること。

ニ　当該建築物の各階における各火災室についてロの規定によつて計算した時間が，ハの規定によつて計算した時間を超えないことを確かめること。

二　次に定めるところにより，火災発生時において当該建築物からの避難が安全に行われることを火災により生じた煙又はガスの高さに基づき検証する方法

イ　各階が，前条第2項に規定する階避難安全性能を有するものであることについて，同条第3項第2号に定めるところにより確かめること。

ロ　当該建築物の各階における各火災室ごとに，前号ロの規定によつて計算した時間が経過した時における当該火災室において発生した火災により生じた煙又はガスの階段の部分及び当該階の直上階以上の各階における高さを，当該階の各室の用途，床面積及び天井の高さ，各室の壁及びこれに設ける開口部の構造，各室に設ける消火設備及び排煙設備の構造並びに各室の壁及び天井の仕上げに用いる材料の種類並びに当該階の階段の部分を区画する壁及びこれに設ける開口部の構造に応じて国土交通大臣が定める方法により計算すること。

ハ　当該建築物の各階における各火災室についてロの規定によつて計算した高さが，避難上支障のある高さとして国土交通大臣が定める高さを下回らないことを確かめること。

（平12政211・追加，平12政312・平27政11・一部改正，平28政６・旧第129条の２の２繰上・一部改正，平30政255・令元政30・令元政181・令５政280・一部改正）

１　全館避難安全検証の対象となる部分（第１項）【ルートＢ・Ｃ共通】

全館避難安全検証は，「建築物」を対象としている。区画避難安全検証・階避難安全検証と同様の理由から，ルートＢによる場合は「主要構造部が準耐火構造であるか又は不燃材料で造られた建築物」であることが追加の条件とされているが，ルートＣの場合はこの制約がない。

２　全館避難安全検証を行うことによる効果（第１項）【ルートＢ・Ｃ共通】

全館避難安全検証により避難安全性が確かめられた場合には，現行の避難関係規定のうち，避難安全検証法又は国土交通大臣の認定によって安全性の検証ができない規定（避難安全性の確保以外に消防活動の支援等の観点から規制が設けられている規定等）を除いた規定について適用しないこととしている。具体の規定については，本節末尾の整理表を参照すること。

３　避難階段の直通性に関する取扱い（第２項）【ルートＢ・Ｃ共通】

避難の困難性が高い階（５階以上の一定の階等）に通ずる直通階段については，その安全性を確保するため，令第122条の設置義務規定に基づき，令第123条の規定に基づく構造に適合した避難階段とすることとされている。また，同条において，屋内に設ける避難階段については「避難階まで」，屋外に設ける避難階段については「地上まで」直通することとされており，途中で「屋上広場等を経由すること」を認めていない。これは，屋上広場等に出た際に次の階段への視認性が確保されず途中で迷うこととなったり，その場で滞留が生じたりするなどして，避難時間が増加し安全を確保できない（煙にまかれる）可能性があるためである。

一方，全館避難安全検証は，直通階段の歩行距離に応じて避難時間を算出し，煙にまかれないことを確認するものであるため，屋上広場等を経由する場合であっても，その場合の避難時間が算出できれば，安全性の検証が可能である。しかし，避難安全検証の規定が導入された平成12年改正当時は，当該避難時間の算出方法が確立していなかったため，避難安全検証においても，直通階段が屋上広場等を経由することを認めないこととしていた。

平成28年の政令改正においては，屋内階段から屋外階段に連結している場合について，屋上広場等における視認性や滞留状況を踏まえ，避難時間を算出することが可能となったため，避難安全検証を行った場合に限り，直通階段が屋上広場や人工地盤を経由する場合を認めることとした。すなわち，本項を新設することにより，全館避難安全検証により検証された建築物の屋内に設ける避難階段については，令第123条第２項の避難階段の構造規定を読み替え，階段の接続先を「地上」に限ることなく，「屋上広場その他これに類するもの（屋外に設ける避難階段が接続しているものに限る。）」であってもよいこととしている。これにより，全館避難安全検証を行う場合に限っては，「屋内避難階段」→「屋上広場・人工地盤」→「屋外避難階段」という避難経路を設定した建築計画を実現することが可能となった（図５—17）。

なお，15階以上の場合に設置が義務付けられる「特別避難階段」については（令第122条），もともと「屋外階段」の概念がなく，付室又はバルコニーを設置した「屋内階段」とする必要があるため（令第123条第３項），屋上広場を介した避難経路は許容されていない。

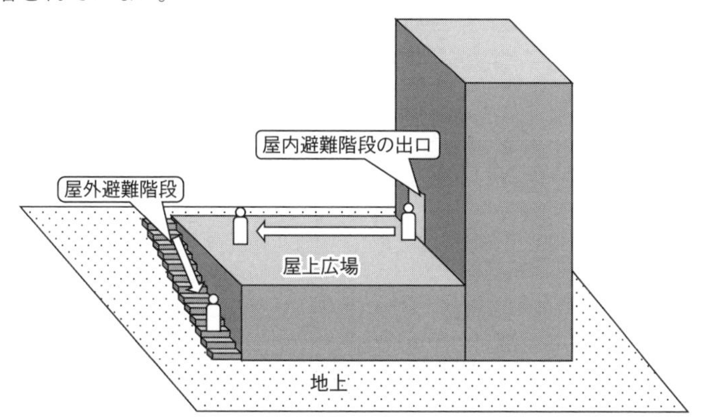

図５—17　屋上広場等を介した避難階段の設置

4　全館避難安全性能の定義（第３項）【ルートＢ・Ｃ共通】

「全館避難安全性能」とは，検証の対象となる建築物の在館者が，地上に避難するまでの間，避難上支障がある高さまで煙・ガスが降下しないことである。整理すると，下表の通りとなる。

表５—18　全館避難安全性能を検証する場合の前提条件

検証の対象者	建築物に存する全ての者
火災室	全ての室 （火災の発生のおそれの少ない室を除く。）
避難終了地点	地上
検証すべき部分	建築物の各居室 建築物の各居室から地上に通ずる主たる廊下，階段その他の建築物の部分

5　全館避難安全検証法の内容（第４項）【ルートＢのみ】

第１号で「時間判定法」，第２号で「高さ判定法」を規定しており，それぞれの検証の流れは下表のとおりである。それぞれの避難時間，煙・ガスの降下時間，煙・ガスの高さの計算方法については，時間判定法の場合は「建築物からの避難に要する時間に基づく全館避難安全検証法に関する算出方法等を定める件（Ｒ２国交告第511号）」，高さ判定法の場合は「火災により生じた煙又はガスの高さに基づく全館避難安全検証法に関する算出方法等を定める件（Ｒ３国交告第476号）」において規定されている。

表５—19　全館避難安全検証の概要（政令で規定している骨子）

政令		検証の対象	政令の内容
第1号	イ	各階	各階における階避難安全性能の確認（時間判定法に限る）
	ロ	建築物全体 （火災階ごとに検証）	建築物からの「避難時間」の計算
	ハ		「階段の部分」又は「火災階の上階」への「煙流入時間」の計算
	ニ		対象階において「避難時間<煙流入時間」となることの確認
第2号	イ	各階	各階における階避難安全性能の確認（高さ判定法に限る）
	ロ	建築物全体 （火災階ごとに検証）	建築物からの避難時間の終了時点における「階段の部分」又は「火災階より上の階」での「煙高さ」の計算
	ハ		対象階において「煙高さ>1.8m」となることの確認

基本的な考え方としては，「①階避難安全検証法によって各階の在館者が安全に避難できるかどうかのチェック」を行い，さらに「②いずれの階で火災が発生した場合であっても，在館者が安全に避難できるかどうかのチェック」を行うという手順で行う。①については時間判定法の場合は第１号イ，高さ判定法の場合は第２号イに相当し，②については時間判定法の場合は第１号ロ～ニ，高さ判定法の場合は第２号ロ・ハに相当する。

検証対象となる建築物において，全ての階について①のチェックを行い，さらに全ての階が火災階になり得るものとして②のチェックを行うことで，当該階における避難安全性能が確保できることとなるのが，ルートＢの考え方である。②については，時間判定法では，階段の部分等への煙が流入した時点で性能がないものとして扱うことになっているのに対し，高さ判定法では，階段の部分等に煙が流入しても，避難上支障のある高さ（1.8m）まで煙が降下していなければ性能があるものとして扱うという点で違いがある。

建築物の各階ごとの避難安全性の検証は，各階で発生した火災に対して当該階にいる避難対象者の避難安全性が確保されているかどうかの検証であり，また，当該建築物全体について行う避難安全性の検証は，ある階で発生した火災に対して当該階以外の階にいる避難対象者までを含めた避難安全性が確保されているかどうかの検証である。当該建築物の避難安全性については，当該建築物で発生が予測されるすべての火災について，その建築物にいる避難対象者の避難安全性が確保されている必要があるため，火災が発生した室のある階の避難安全性とその火災に対する建築物全体の避難安全性のすべての組合せについて検証を行う必要がある。このため，全館避難安全検証法では，各階及び建築物全体の両方について避難安全性を検証することとしている。なお，全館避難安全検証法では，全ての階について階避難安全検証法を行うことが前提となるが，この際，検証法のモデルを一貫したものとして扱う必要があることから，判定の手法として時間判定法と高さ判定法を混在して利用することはできない。

階避難安全検証法（出火室避難パート【令第129条第３項第１号イ・ロ・ハ】）の解説

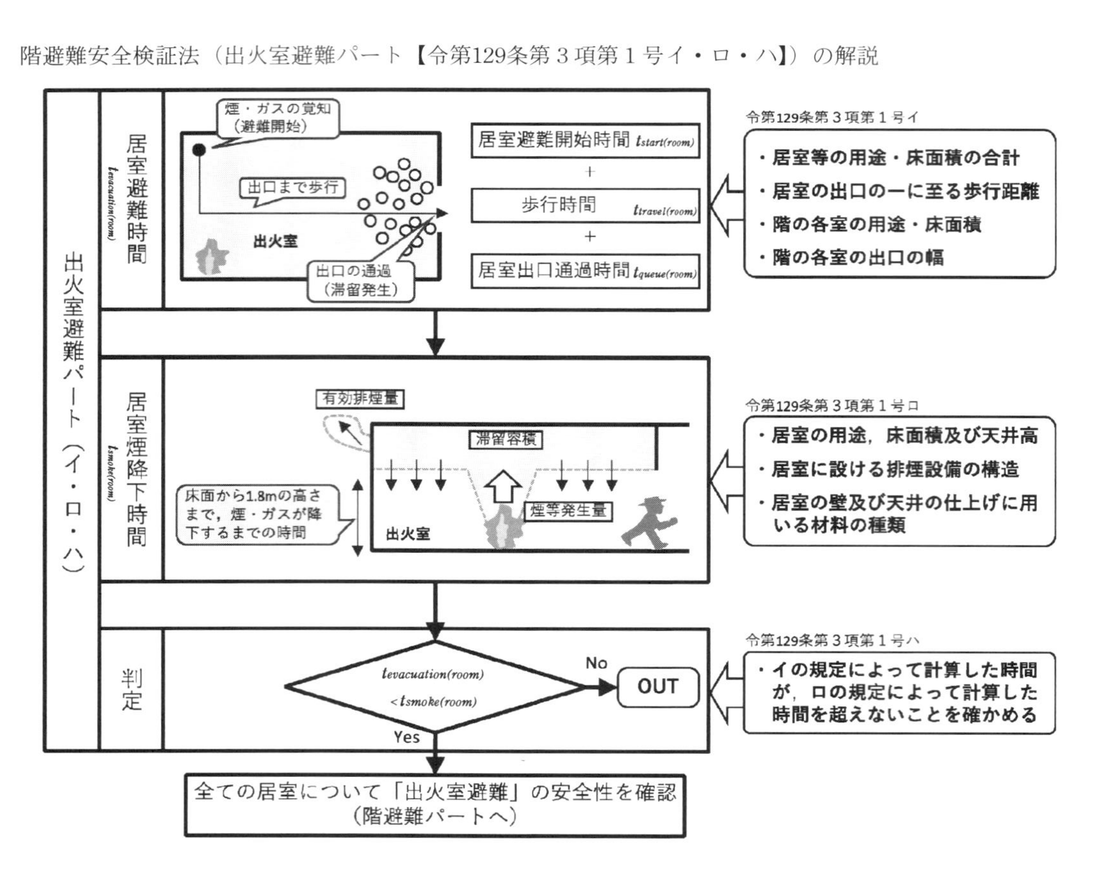

	各時間	算出に必要な事項	考え方
R2国交告第510号・第1号	居室避難開始時間（イ）	火災室の床面積	火災覚知の契機となる煙・ガスの拡大時間を算出するため
	歩行時間（ロ）	歩行距離	出火室の規模に応じた歩行距離の違いを反映
		歩行速度	在室者（用途に応じた属性）や歩行部分（階段移動の有無）に応じた歩行速度の違いを反映
	居室出口通過時間（ハ）	在館者人数	人数（用途に応じた在館者密度）に応じた滞留状況を反映
		有効流動係数	出口の状況（幅，収容可能人数）に応じた滞留状況を反映
		有効出口幅	火災成長率（用途に応じた可燃物の発熱量，内装材料の種類）に応じて利用できなくなる出口があることを反映

	各時間	算出に必要な事項	考え方
R2国交告第510号・第2号	居室煙降下時間	火災室の煙・ガスの滞留容積	煙・ガスが避難上支障のある高さ（1.8m）まで降下するまでの，天井付近において煙・ガスが滞留できる容積（火災室の床面積・天井高から算出）を算出するため
		煙等発生量	火災成長率（用途に応じた可燃物の発熱量，内装材料の種類），火災室の床面積・天井高に応じた，煙・ガスの発生量の変化を反映するため
		有効排煙量	垂れ壁による防煙区画の状況（区画面積，垂れ壁の長さ等），排煙設備の状況（排煙機の能力，排煙口・給気口の開口面積等）に応じた，排煙量の変化を反映するため

図５—18　階避難安全性能の検証の流れ①

階避難安全検証法（階避難パート【令第129条第3項第1号ニ・ホ・ヘ】）の解説

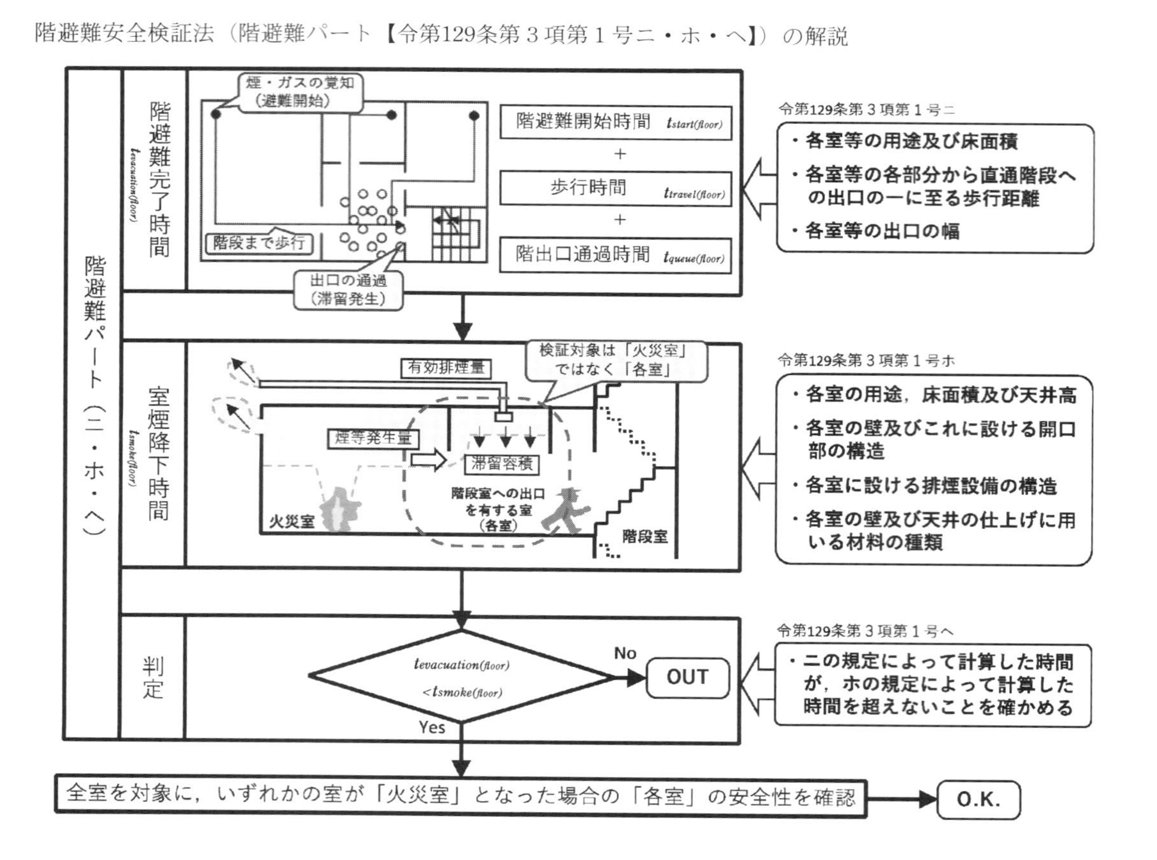

	各時間	算出に必要な事項	考え方
R2国交告第510号・第3号	階避難開始時間（イ）	各室等の床面積	火災覚知の契機となる煙・ガスの拡大時間を算出するため
		階の各室等の用途	在館者の属性に応じた，火災覚知の遅れを反映
	歩行時間（ロ）	歩行距離	階の規模に応じた歩行距離の違いを反映
		歩行速度	在室者（用途に応じた属性）や歩行部分（階段移動の有無）に応じた歩行速度の違いを反映
	階出口通過時間（ハ）	在館者人数	人数（用途に応じた在館者密度）に応じた滞留状況を反映
		有効流動係数	出口の状況（幅，収容可能人数）に応じた滞留状況を反映
		有効出口幅	火災成長率（用途に応じた可燃物の発熱量，内装材料の種類）に応じて利用できなくなる出口があることを反映

	各時間	算出に必要な事項	考え方
R2国交告第510号・第4号	室煙降下時間	各室の煙・ガスの滞留容積	煙・ガスが避難上支障のある高さ（1.8m等）まで降下するまで，天井付近において煙・ガスが滞留できる容積（室の床面積・天井高から算出）を反映
		煙等発生量	火　　災　　室：火災成長率（用途に応じた可燃物の発熱量，内装材料の種類），室の床面積・天井高 火災室以外の室：火災室からの煙・ガスの流入経路となる区画壁開口部の遮煙性能・開口面積
		有効排煙量	垂れ壁による防煙区画の状況（区画面積，垂れ壁の長さ等），排煙設備の状況（排煙機の能力，排煙口・給気口の開口面積等）に応じた，排煙量の変化を反映

図５―19　階避難安全性能の検証の流れ②

全館避難安全検証法【令第129条の２第４項第１号】の解説

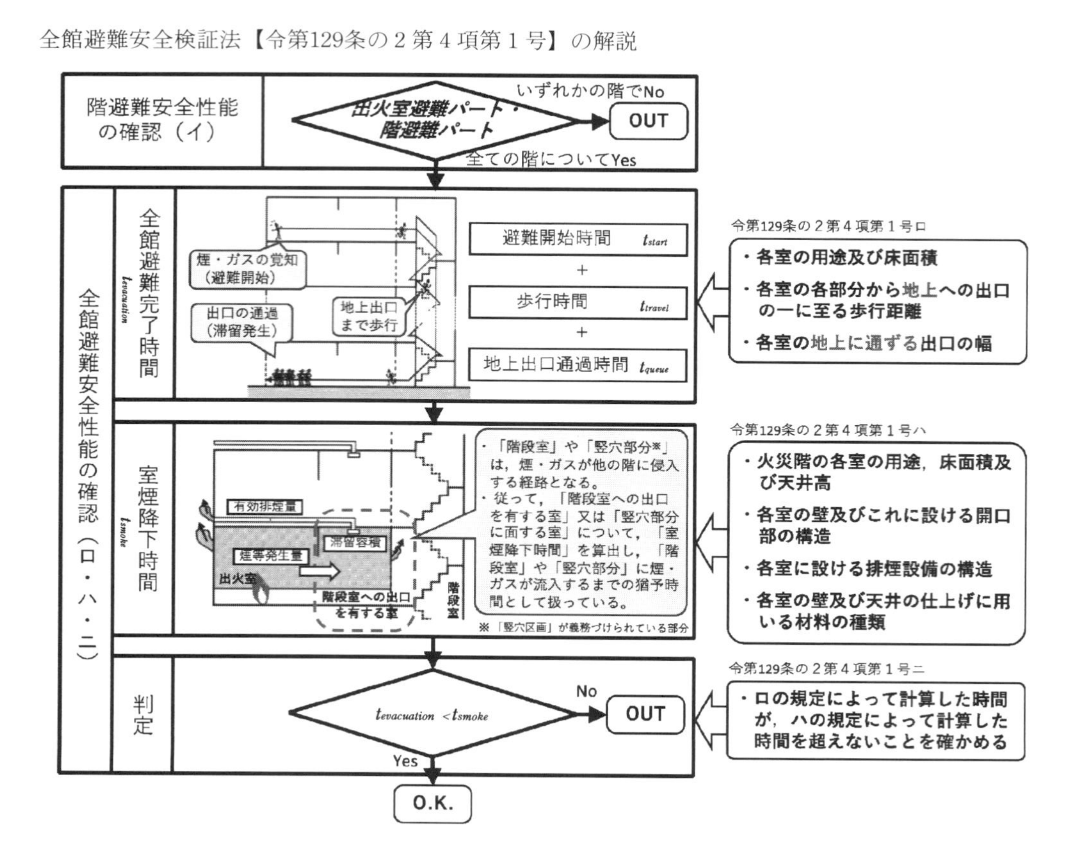

	各時間	算出に必要な事項	考え方
R2国交告第511号・第１号	避難開始時間（イ）	出火階の床面積	火災覚知の契機となる煙・ガスの拡大時間を算出するため
		建築物の用途	在館者の属性に応じた，火災覚知の遅れを反映
	歩行時間（ロ）	歩行距離	建築物の規模に応じた歩行距離の違いを反映
		歩行速度	在館者（用途に応じた属性）や歩行部分（階段移動の有無）に応じた歩行速度の違いを反映
	地上出口通過時間（ハ）	在館者人数	人数（用途に応じた在館者密度）に応じた滞留状況を反映
		有効流動係数	出口の状況（幅，収容可能人数）に応じた滞留状況を反映
		有効出口幅	火災成長率（用途に応じた可燃物の発熱量，内装材料の種類）に応じて利用できなくなる出口があることを反映

	各時間	算出に必要な事項	考え方
R2国交告第511号・第２号	室煙降下時間	煙・ガスの滞留容積	煙・ガスが「階段の部分」や「竪穴部分」に流入するまで，室の上部において煙・ガスが滞留できる容積（室の床面積・天井高・開口部の上端高さから算出）を反映
		煙等発生量	火　　災　　室：火災成長率（用途に応じた可燃物の発熱量，内装材料の種類），室の床面積・天井高 火災室以外の室：火災室からの煙・ガスの流入経路となる区画壁開口部の遮煙性能・開口面積
		有効排煙量	垂れ壁による防煙区画の状況（区画面積，垂れ壁の長さ等），排煙設備の状況（排煙機の能力，排煙口・給気口の開口面積等）に応じた，排煙量の変化を反映

図５―20　全館避難安全性能の検証の流れ

表5－20　各避難安全検証の比較

種類			区画避難安全検証（第128条の6）		階避難安全検証（第129条）		全館避難安全検証（第129条の2）	
対象			区画部分※1　第1項		建築物の階　第1項		建築物全体　第1項	
要求性能			「区画避難安全性能」　第2項		「階避難安全性能」　第2項		「全館避難安全性能」　第3項	
	出火室		区画部分のいずれかの室※2		階のいずれかの室※2		建築物のいずれかの室※2	
	避難者		区画部分に存する者※3のすべて		階に存する者※3のすべて		建築物に存する者のすべて	
	避難先		避難階以外の階	当該区画部分以外の部分であつて，直通階段※4に通ずるもの	避難階以外の階	直通階段※4	地上	
			避難階	地上又は地上に通ずる当該区画部分以外の部分	避難階	地上		
	検証部分		①区画部分の各居室 ②避難先に通ずる廊下その他の建築物の部分		①階の各居室 ②避難先に通ずる廊下その他の建築物の部分		①建築物の各居室 ②地上に通ずる廊下，階段その他の建築物の部分	
検証方法			避難上支障がある高さまで煙又はガスが降下しないことの確認（「政令・告示による避難安全検証法」又は「国土交通大臣の認定」）					
	政令・告示による避難安全検証法	時間判定法	【煙降下時間＞避難完了時間】　第3項第1号 煙降下時間：煙・ガスが，「検証部分」において，避難上支障のある高さ※5まで降下するために要する時間 避難時間：「避難先」までの移動に要する時間		【煙降下時間＞避難完了時間】　第3項第1号 煙降下時間：煙・ガスが，「検証部分」において，避難上支障のある高さ※5まで降下するために要する時間 避難時間：「避難先」までの移動に要する時間		【煙流入時間＞避難完了時間】　第4項第1号 煙流入時間：煙・ガスが，「階段の部分又は火災階の直上階以上の階」に流入するために要する時間 避難時間：地上までの移動に要する時間	
			イ・ロ・ハ	各出火室からの避難（①に相当）	イ・ロ・ハ	各出火室からの避難（①に相当）	イ	各階の階避難安全検証（①に相当）
			ニ・ホ・ヘ	区画部分からの避難（②に相当）	ニ・ホ・ヘ	階からの避難（②に相当）	ロ・ハ・ニ	建築物からの避難（②に相当）
		高さ判定法	【避難時煙高さ＞基準煙高さ】　第3項第2号 避難時煙高さ：「避難完了時間」経過時点での，「検証部分」における煙高さ 基準煙高さ：避難上支障のある煙高さ※5		【避難時煙高さ＞基準煙高さ】　第3項第2号 避難時煙高さ：「避難完了時間」経過時点での，「検証部分」における煙高さ 基準煙高さ：避難上支障のある煙高さ※5		【避難時煙高さ＞基準煙高さ】 避難時煙高さ：「避難完了時間」経過時点での，「階段の部分又は火災階の直上階以上の各階」における煙高さ 基準煙高さ：避難上支障のある煙高さ※5	
			イ・ロ	出火室からの避難（①に相当）	イ・ロ	出火室からの避難（①に相当）	イ	各階について階避難安全検証
			ハ・ニ	区画部分からの避難（②に相当）	ハ・ニ	階からの避難（②に相当）	ロ・ハ	建築物からの避難
	大臣認定							

※1：「準耐火構造の床・壁」又は「遮煙性能を有する両面20分防火設備」で区画された部分。ただし，2以上の複数階にわたる部分は除く。
※2：火災の発生のおそれの少ない室を除く。
※3：その部分を通らなければ避難することができない者を含む。
※4：避難階又は地上に通ずる直通階段に限る。
※5：一般的な人の身長を想定した1.8m

表５—21　避難安全検証によって適用除外される規定

条項番号		規定の内容	避難安全検証によって適用除外できる規定		
			区画	階	全館
令第112条（防火区画）	第１・４・５項	面積区画			
	第７項	高層区画			○
	第11項	竪穴区画			○
	第12・13項	準竪穴区画			○
	第16・17項	スパンドレル			
	第18項	異種用途区画			○
令第114条		界壁・間仕切壁・隔壁			
令第118条		客席出口の戸			
令第119条		廊下の幅		○	○
令第120条		直通階段（歩行距離）		○	○
令第121条		二方向避難			
令第121条の２		屋外階段の構造			
令第122条		避難階段の設置			
令第123条第１項（屋内避難階段）	第１号	階段室の区画			○
	第２～５号	階段室の構造			
	第６号	出入口の構造			○
	第７号	階段の直通性・耐火性			
令第123条第２項（屋外避難階段）	第１号	階段の構造			
	第２号	出入口の構造			○
	第３号	階段の直通性・耐火性			
令第123条第３項（特別避難階段）	第１号	バルコニー・付室の設置		○	○
	第２号	階段室・付室の煙流入防止		○	○
	第３号	階段室・付室の区画			○
	第４～９号	階段室・付室の構造			
	第10号	出入口の構造		○※1	○
	第11号	階段の直通性・耐火性			
	第12号	バルコニー・付室の床面積		○	○

令第124条第1項（店舗）	第1号	店舗階段の幅			○
	第2号	店舗階段の出入口の幅		○	○
令第125条（屋外出口）	第1項	屋外出口（歩行距離）			○
	第2項	屋外出口の戸			
	第3項	店舗の屋外出口の幅			○
令第125条の2		屋外出口の施錠装置			
令第126条（屋上広場）	第1項	屋上広場等の手すり壁			
	第2項	屋上広場の設置			
令第126条の2・第126条の3		排煙設備	○	○	○
令第126条の4・第126条の5		非常用の照明装置			
令第126条の6・第126条の7		非常用の進入口			
令第128条		敷地内通路			
令第128条の2		木造建築物の敷地内通路			
令第128条の3		地下街			
令第128条の5（内装制限）	第1項	内装制限（特殊建築物）	○※2	○※2	○※2
	第2項	内装制限（自動車車庫等）			
	第3項	内装制限（地階）	○※2	○※2	○※2
	第4項	内装制限（大規模建築物）	○※2	○※2	○※2
	第5項	内装制限（無窓居室）	○※2	○※2	○※2
	第6項	内装制限（火気使用室）			

※1：屋内からバルコニー又は付室に通ずる出入口に係る部分に限って，規定の適用を除外できる。
※2：検証を行った場合であっても，「階段に係る部分」のみは，規定の適用を受ける。

第６章　建築設備

第１節　手続の準用等

（建築設備への準用）

法第87条の４　政令で指定する昇降機その他の建築設備を第６条第１項第１号から第３号までに掲げる建築物に設ける場合においては，同項（第87条第１項において準用する場合を含む。）の規定による確認又は第18条第２項（第87条第１項において準用する場合を含む。）の規定による通知を要する場合を除き，第６条（第３項，第５項及び第６項を除く。），第６条の２（第３項を除く。），第６条の４（第１項第１号及び第２号の建築物に係る部分に限る。），第７条から第７条の４まで，第７条の５（第６条の４第１項第１号及び第２号の建築物に係る部分に限る。），第７条の６，第18条（第４項から第13項まで及び第25項を除く。）及び第89条から第90条の３までの規定を準用する。この場合において，第６条第４項中「同項第１号から第３号までに係るものにあつてはその受理した日から35日以内に，同項第４号に係るものにあつてはその受理した日から７日以内に」とあるのは，「その受理した日から７日以内に」と読み替えるものとする。

（昭34法156・追加，昭51法83・昭53法38・昭58法44・昭59法47・平10法100・平11法87・平18法92・平26法54・一部改正，平30法67・旧第87条の２繰下・一部改正）

令第146条第１項により指定された建築設備を，法第６条第１項第１号から第３号に該当する特殊建築物や大規模建築物に設置する場合には，建築物そのものに関する確認申請や計画通知を行う場合を除き，建築確認（法第６条，第６条の２），完了検査（法第７条，第７条の２），中間検査（法第７条の３，第７条の４），検査済証交付前の使用制限（法第７条の６），確認審査等の特例（法第６条の４，法第７条の５），国等の建築物に係る確認審査等（法第18条），工事現場における確認表示・危害防止等（法第89条，第90条，第90条の２，第90条の３）に関する規定が準用される。また，確認の際の審査期限については，確認申請書を受理した日から７日以内とされている。

（確認等を要する建築設備）

令第146条　法第87条の4（法第88条第1項及び第2項において準用する場合を含む。）の規定により政令で指定する建築設備は，次に掲げるものとする。

一　エレベーター及びエスカレーター

二　小荷物専用昇降機（昇降路の出し入れ口の下端が当該出し入れ口が設けられる室の床面より高いことその他の理由により人が危害を受けるおそれのある事故が発生するおそれの少ないものとして国土交通大臣が定めるものを除く。）

三　法第12条第3項の規定により特定行政庁が指定する建築設備（屎尿浄化槽及び合併処理浄化槽を除く。）

2　第7章の8の規定は，前項各号に掲げる建築設備について準用する。

（昭34政344・追加，昭55政273・昭62政348・平5政170・平11政5・平11政352・平12政211・平13政42・平17政192・平28政6・令元政30・一部改正）

第1項

法第87条の4の適用を受け，建築確認等の義務の対象となる建築設備を指定したものである。

第1号は，エレベーター（非常用エレベーターを含む。）及びエスカレーターのすべてを，第2号は，小荷物専用昇降機を，第3号は，法第12条第3項の規定により定期検査を行う対象として特定行政庁が指定するものを対象としている。第2号においては，人が危害を受けるおそれのある事故が発生するおそれの少ないものとしてH28国交告第239号により「昇降路の全ての出し入れ口の下端が当該出し入れ口が設けられる室の床面よりも50センチメートル以上高いもの」（飲食店等において料理等を運搬するようないわゆるテーブルタイプのもの）を定め，これを建築確認等の義務の対象となる「小荷物専用昇降機」から除外している。なお，こうしたものについても，必要に応じ第3号により特定行政庁が指定することができる。

なお，屎尿浄化槽及び合併処理浄化槽については，例外的に特定行政庁の指定対象から除いているが，これは，浄化槽法第5条の規定に基づき，都道府県知事（保健所を設置する市にあっては市長）を経由して特定行政庁への届出が必要であるので，二重手続を避けるため，法第87条の4の規定に基づく確認の対象から除いているものである（第3号）。ただし，この除外規定は，法第12条第3項の規定による定期検査の対象からも除外する意味ではないため，検査対象とすることは可能である。

第２項

本項においては，令第７章の８「工事現場の危害の防止」において掲げる規定についても，建築設備において準用することを定めている。建築設備は，建築物の一部であるので「建築物」に関する規定はそのまま適用されるが，建築設備の設置等の工事は，令第136条の２の20でいう「建築工事等」に該当しない場合があるので，その準用関係を明らかにしたものである。

第2節　建築設備の構造強度

令第129条の2の3　法第20条第1項第1号，第2号イ，第3号イ及び第4号イの政令で定める技術的基準のうち建築設備に係るものは，次のとおりとする。

一　建築物に設ける第129条の3第1項第1号又は第2号に掲げる昇降機にあつては，第129条の4及び第129条の5（これらの規定を第129条の12第2項において準用する場合を含む。），第129条の6第1号，第129条の8第1項並びに第129条の12第1項第6号の規定（第129条の3第2項第1号に掲げる昇降機にあつては，第129条の6第1号の規定を除く。）に適合すること。

二　建築物に設ける昇降機以外の建築設備にあつては，構造耐力上安全なものとして国土交通大臣が定めた構造方法を用いること。

三　法第20条第1項第1号から第3号までに掲げる建築物に設ける屋上から突出する水槽，煙突その他これらに類するものにあつては，国土交通大臣が定める基準に従つた構造計算により風圧並びに地震その他の震動及び衝撃に対して構造耐力上安全であることを確かめること。

（平19政49・全改，平25政217・平27政11・一部改正，令元政30・旧第129条の2の4繰上・一部改正）

平成10年改正以前，建築設備の安全上必要な構造方法に関する技術的基準については，当時の法第36条の委任を受けた施行令の規定において，それぞれ個別に定めていた。従来の条文では，例えば，煙突のように，個別にすべての性能をまとめて仕様を定めているため，構造強度の規定なのか，断熱性の規定なのかが判然としないようになっていた。

このため，平成10年改正以降，建築設備の耐震強度について，必要な性能を考慮しつつ整理を行っている。

第1号

建築物に設けるエレベーター・エスカレーターにあっては，かごが昇降するなど動きを伴い，他の建築設備とは構造的に異質のものであることから，通常の構造強度の計算とは異なる検証を行う必要があるため，別途，個別に詳細な規定を定めている。

第２号

昇降機を除く建築設備の構造強度に関する例示仕様については，H12建告第1388号「建築設備の構造耐力上安全な構造方法を定める件」において次のとおり定めている。

第１　建築設備，支持構造部及び緊結金物で腐食又は腐朽のおそれがあるものには，有効なさび止め・防腐措置を講ずること。

第２　屋上から突出する水槽，煙突，冷却塔等は「支持構造部又は建築物の構造耐力上主要な部分」に，支持構造部は「建築物の構造耐力上主要な部分」に，それぞれ緊結すること。

第３　煙突の構造強度に係る規定であり，次の２つの内容を規定している。

一　煙突の屋上突出部は，れんが造，石造，コンクリートブロック造又は無筋コンクリート造の場合は，鉄製の支枠を設けたものを除き，90cm以下とすること。

二　煙突は，鉄筋コンクリート造の場合は，鉄筋のかぶり厚さを５cm以上とし，無筋コンクリート造，れんが造，石造又はコンクリートブロック造の場合は厚さを25cm以上のものとすること。

第４　建築物の配管設備に関する規定であり，次の４つの内容を規定している。

一　風圧，水圧，地震等の震動及び衝撃に対して安全上支障のない構造とすること。

二　建築物の部分を貫通して配管する場合においては，配管スリーブ等有効な管の損傷防止のための措置を講ずること。

三　管の伸縮等により損傷が生ずるおそれがある場合において，伸縮継手又は可撓（とう）継手等損傷防止のための措置を講ずること。

四　管を支持し，又は固定する場合においては，つり金物又は防振ゴム等により地震等の震動及び衝撃の緩和のための措置を講ずること。

第５　給湯設備の転倒防止措置に関する規定であり，第１の規定のほか，風圧，水圧，地震等の震動及び衝撃に対して安全上支障のない構造とすることを定めている。具体的には，給湯設備や支持構造部等の質量の総和が15kgを超える場合，給湯設備を建築物の部分等に緊結すること，又は，給湯設備又は支持構造部の建築物の部分等への取付け部分について当該部分に生ずる力に対し安全上支障のないことを確認することを定めている。

第３号

建築設備のうち，屋上から突出するものは，地震時に大きく振られたり，暴風時等に大きな風荷重を受けたりするため，建築物の個々の状況に応じた構造耐力の検証が必要とされる。

また，屋内に設置するものと異なり，脱落した場合には，単に設備の機能が保全されないのみではなく，周辺に大きな被害をもたらすおそれもある。

したがって，特殊建築物や大規模建築物等において屋上から突出する水槽や煙突等については，H12建告第1389号において構造計算の基準を定め，当該基準によって安全性を確かめることを本号で義務づけている。

第３節　給水，排水その他の配管設備

（給水，排水その他の配管設備の設置及び構造）

令第129条の２の４　建築物に設ける給水，排水その他の配管設備の設置及び構造は，次に定めるところによらなければならない。

一　コンクリートへの埋設等により腐食するおそれのある部分には，その材質に応じ有効な腐食防止のための措置を講ずること。

二　構造耐力上主要な部分を貫通して配管する場合においては，建築物の構造耐力上支障を生じないようにすること。

三　第129条の３第１項第１号又は第３号に掲げる昇降機の昇降路内に設けないこと。ただし，地震時においても昇降機の籠（人又は物を乗せ昇降する部分をいう。以下同じ。）の昇降，籠及び出入口の戸の開閉その他の昇降機の機能並びに配管設備の機能に支障が生じないものとして，国土交通大臣が定めた構造方法を用いるもの及び国土交通大臣の認定を受けたものは，この限りでない。

四　圧力タンク及び給湯設備には，有効な安全装置を設けること。

五　水質，温度その他の特性に応じて安全上，防火上及び衛生上支障のない構造とすること。

六　地階を除く階数が３以上である建築物，地階に居室を有する建築物又は延べ面積が3,000平方メートルを超える建築物に設ける換気，暖房又は冷房の設備の風道及びダストシュート，メールシュート，リネンシュートその他これらに類するもの（屋外に面する部分その他防火上支障がないものとして国土交通大臣が定める部分を除く。）は，不燃材料で造ること。

七　給水管，配電管その他の管が，第112条第20項の準耐火構造の防火区画，第113条第１項の防火壁若しくは防火床，第114条第１項の界壁，同条第２項の間仕切壁又は同条第３項若しくは第４項の隔壁（ハにおいて「防火区画等」という。）を貫通する場合においては，これらの管の構造は，次のイからハまでのいずれかに適合するものとすること。ただし，１時間準耐火基準に適合する準耐火構造の床若しくは壁又は特定防火設備で建築物の他の部分と区画されたパイプシャフト，パイプダクトその他これらに類するものの中にある部分については，この限りでない。

イ　給水管，配電管その他の管の貫通する部分及び当該貫通する部分からそれぞれ両側に1メートル以内の距離にある部分を不燃材料で造ること。

ロ　給水管，配電管その他の管の外径が，当該管の用途，材質その他の事項に応じて国土交通大臣が定める数値未満であること。

ハ　防火区画等を貫通する管に通常の火災による火熱が加えられた場合に，加熱開始後20分間（第112条第1項若しくは第4項から第6項まで，同条第7項（同条第8項の規定により床面積の合計200平方メートル以内ごとに区画する場合又は同条第9項の規定により床面積の合計500平方メートル以内ごとに区画する場合に限る。），同条第10項（同条第8項の規定により床面積の合計200平方メートル以内ごとに区画する場合又は同条第9項の規定により床面積の合計500平方メートル以内ごとに区画する場合に限る。）若しくは同条第18項の規定による準耐火構造の床若しくは壁又は第113条第1項の防火壁若しくは防火床にあつては1時間，第114条第1項の界壁，同条第2項の間仕切壁又は同条第3項若しくは第4項の隔壁にあつては45分間）防火区画等の加熱側の反対側に火炎を出す原因となる亀裂その他の損傷を生じないものとして，国土交通大臣の認定を受けたものであること。

八　3階以上の階を共同住宅の用途に供する建築物の住戸に設けるガスの配管設備は，国土交通大臣が安全を確保するために必要があると認めて定める基準によること。

2　建築物に設ける飲料水の配管設備（水道法第3条第9項に規定する給水装置に該当する配管設備を除く。）の設置及び構造は，前項の規定によるほか，次に定めるところによらなければならない。

一　飲料水の配管設備（これと給水系統を同じくする配管設備を含む。以下この項において同じ。）とその他の配管設備とは，直接連結させないこと。

二　水槽，流しその他水を入れ，又は受ける設備に給水する飲料水の配管設備の水栓の開口部にあつては，これらの設備のあふれ面と水栓の開口部との垂直距離を適当に保つことその他の有効な水の逆流防止のための措置を講ずること。

三　飲料水の配管設備の構造は，次に掲げる基準に適合するものとして，国土交通大臣が定めた構造方法を用いるもの又は国土交通大臣の認定を受けたものであること。

イ　当該配管設備から漏水しないものであること。

ロ　当該配管設備から溶出する物質によつて汚染されないものであること。

四　給水管の凍結による破壊のおそれのある部分には，有効な防凍のための措置を講ずること。

五　給水タンク及び貯水タンクは，ほこりその他衛生上有害なものが入らない構造とし，金属性のものにあつては，衛生上支障のないように有効なさび止めのための措置を講ずること。

六　前各号に定めるもののほか，安全上及び衛生上支障のないものとして国土交通大臣が定めた構造方法を用いるものであること。

3　建築物に設ける排水のための配管設備の設置及び構造は，第１項の規定によるほか，次に定めるところによらなければならない。

一　排出すべき雨水又は汚水の量及び水質に応じ有効な容量，傾斜及び材質を有すること。

二　配管設備には，排水トラップ，通気管等を設置する等衛生上必要な措置を講ずること。

三　配管設備の末端は，公共下水道，都市下水路その他の排水施設に排水上有効に連結すること。

四　汚水に接する部分は，不浸透質の耐水材料で造ること。

五　前各号に定めるもののほか，安全上及び衛生上支障のないものとして国土交通大臣が定めた構造方法を用いるものであること。

（昭33政283・追加，昭34政344・昭39政４・昭44政８・昭45政333・昭53政123・昭55政196・一部改正，昭62政348・旧第129条の２繰下，平５政170・平11政５・一部改正，平12政211・旧第129条の２の２繰下・一部改正，平12政312・平17政192・平27政11・平30政255・一部改正，令元政30・旧第129条の２の５繰上・一部改正，令元政181・一部改正）

第１項

第１項は，建築物に設けられる給水，排水，ガス，電気の配管，冷暖房の風道，ダストシュート等の配管設備全般に対して適用される規定である。

「建築物に設ける」とは，建築物と一体となって機能を発揮するよう設けることをいう。なお，建築設備はシステムとして機能を発揮するため，これら配管設備は必ずしも建築物の内部に設けられるものには限定されない。

なお，建築基準法令の適用については敷地単位での判断が原則であり，建築設備についても同様であるが，敷地，道路をまたいで接続する構成となっている建築設備については，その構成に即した適用対象とする必要がある（集合排水処理施設，共用の給水設備等）。

第1号

かつてコンクリートに埋設した鉛管の腐食が多くみられたことから，コンクリートへの埋設等による腐食を防止する措置を講ずべきことを規定している。この条文では，コンクリートや土中への埋設や結露等，腐食の原因となる様々な事象と配管の材質に応じて，有効な腐食防止措置を講ずることを要求している。なお，ここでいう「腐食」とは，物理的，化学的，生物化学的劣化を包含しており，広義である。

第2号

建築物の梁，耐力壁，スラブ，柱，基礎等，構造耐力上主要な部分を貫通して配管する場合に，建築物の構造耐力に支障を生じさせないことを要求している。構造耐力上の支障を生じないようにするためには，補強筋の配置，補強スリーブの設置等により，貫通孔に対する応力集中を防止する必要がある。

第3号

エレベーター及び小荷物専用昇降機の昇降路内には，原則として，配管設備を設けてはならない旨，規定している。これは，配管設備が昇降路内に設けられた場合，エレベーターの籠，ロープ等と機械的に干渉して不具合が発生することのみならず，電気的ノイズによる誤動作，設備からの漏水事故等によってエレベーターや配管設備の機能に支障が生じ，事故の原因となり得るためである。

一方で，地震時等においても昇降機の機能と配管の機能に支障を生じない配管設備の構造方法を用いる場合については，例外的に昇降路内への設置が可能である。ただし，これは，H17国交告第570号で国土交通大臣が定める構造方法か，個別に国土交通大臣の認定を受けた構造方法に限られる。なお，当該告示においては，エレベーターの昇降路に設置できる配管設備を次のとおり規定している。

①　昇降機に必要な配管設備（動力用・操作用の電線管，油圧エレベーターの圧

力配管等，エレベーターそれ自体に必要なもの）

② 光ファイバー

③ 光ファイバーケーブル（電気導体を組み込んだものを除く。）

ただし，②及び③については，難燃材料で造り，又は覆い，昇降機の点検を行う者の見やすい場所に当該配管設備の種類を表示することとされている。

第４号

圧力タンクを設ける場合や，圧力タンクの有無にかかわらず給湯設備を設ける場合には，通常，これらの設備が大気圧と比較してかなり高い圧力で使用されることを想定し，これらの爆裂等による危険を防止するため，安全対策を要求したものである。「圧力タンク」とは，いわゆる圧力容器を意味し，圧力タンク給水方式における圧力タンク，ボイラー，空気圧制御装置のエアタンク等をいう。また，「有効な安全装置」とは，当該設備において使用する流体の圧力，温度等に応じて，関係者の身体の安全を図ると同時に，設備の保護を図るに足る装置をいい，逃し弁，圧力調整装置，減圧水槽等がこれに該当する。

第５号

風道，給排水配管，冷温水管，蒸気管その他の配管設備において，当該配管設備内を流動する流体の特性（pH，粘性，密度等の水質や温度等）に応じて，配管設備の損傷，腐食等に起因する人命被害，火災，建築物損傷その他安全上，防火上及び衛生上有害な事態の防止措置を要求しているものである。

第６号

換気・暖房・冷房の風道，ダクトスペース，メールシュート，リネンシュート等は，火熱にあって容易に破損，溶融して穴の開く構造であった場合，当該風道等を経由して火災が拡大するおそれがあるため，次の①から③までに掲げる比較的規模の大きい建築物では，当該風道等の屋内に面する部分を不燃材料で造る必要がある。

① 地階を除く階数が３以上である建築物

② 地階に居室を有する建築物

③ 延べ面積が3,000㎡を超える建築物

なお，屋内に面する部分であっても，防火上支障のない部分については不燃材料で造らなくてもよい（H12建告第1412号）。

第７号

給排水管，配電管，温水管，蒸気管等の各種管類が，面積区画・竪穴区画・スパ

ンドレル等の防火区画を構成する準耐火構造等の壁・床等（令第112条第20項），防火壁又は防火床（令第113条第１項），界壁・間仕切壁・隔壁（令第114条）を貫通する場合には，次の①から③までに掲げるいずれかの措置をとることが求められる。なお，区画されたパイプシャフトやダクトスペースの中にある部分については，規制の対象とならない。これは，準耐火構造等の壁等を貫通する各種管類が，火災時に容易に変形・脱落して延焼の経路となることを防止することを目的としているものである。

① 貫通する部分から両側１ｍの範囲を不燃材料で造ること
② 配管の用途・材料・肉厚・覆いの有無，貫通する区画の防耐火性能に応じて，当該配管の外径が基準値以下であること（具体の基準値はH12建告第1422号において定められている。）
③ 区画貫通部分について，火熱による非損傷性を有するものとして国土交通大臣の認定を受けた構造方法であること

表６－１　各種配管に求められる措置

給水管等の用途	覆いの有無	材質	肉厚	給水管等の外径 給水管等が貫通する床，壁，柱又ははり等の構造区分			
				防火構造	30分耐火構造	１時間耐火構造	２時間耐火構造
給水管		難燃材料又は硬質塩化ビニル	5.5mm以上	90mm	90mm	90mm	90mm
			6.6mm以上	115mm	115mm	115mm	90mm
配電管		難燃材料又は硬質塩化ビニル	5.5mm以上	90mm	90mm	90mm	90mm
排水管及び排水管に附属する通気管	覆いのない場合	難燃材料又は硬質塩化ビニル	4.1mm以上	61mm	61mm	61mm	61mm
			5.5mm以上	90mm	90mm	90mm	61mm
			6.6mm以上	115mm	115mm	90mm	61mm
	厚さ0.5mm以上の鉄板で覆われている場合	難燃材料又は硬質塩化ビニル	5.5mm以上	90mm	90mm	90mm	90mm
			6.6mm以上	115mm	115mm	115mm	90mm
			7.0mm以上	141mm	141mm	115mm	90mm

1　この表において，30分耐火構造，１時間耐火構造及び２時間耐火構造とは，通常の

火災時の加熱にそれぞれ30分，１時間及び２時間耐える性能を有する構造をいう。
２　給水管等が貫通する令第112条第16項ただし書の場合における同項ただし書のひさし，床，袖壁その他これらに類するものは，30分耐火構造とみなす。
３　内部に電線等を挿入していない予備配管にあっては，当該管の先端を密閉してあること。

第８号

本号は，ガスの漏洩による事故の対策を図るため，３階以上の階を共同住宅の用途に供する建築物の住戸に設けるガスの配管設備について，国土交通大臣が定める基準（Ｓ56建告第1099号）に従わなければならない旨を規定している。

第２項

第２項では，建築物に設ける飲料水の配管設備について規定している。

水道法（昭和32年法律第177号）第３条第９項に規定する「給水装置」とは，「需要者に水を供給するために水道事業者の施設した配水管から分岐して設けられた給水管及びこれに直結する給水用具」とされている。本項において規制対象とする「建築物に設ける飲料水の配管設備」とは，水道法の「給水装置」を除く設備を対象としており，一般には受水槽以降の給水設備がこれに該当する。これは，具体的には，受水槽，給水ポンプ，揚水管，高置水槽，給水管等が該当する。なお，これらの「給水の配管設備」については，本項の規定だけでなく，第１項の規定も併せて適用される。

第１号

いわゆるクロスコネクションの禁止を目的とした規定である。クロスコネクションとは，飲料水系統や給湯系統とその他の系統が，配管，装置等によって直接接続されることをいう。例えば，一つの建築物の中における給水系統として，飲料水系統と排水再利用系統の２系統が設けられている場合に，飲料水系統の給水タンクと排水再利用系統の給水タンクを接続することは明らかにクロスコネクションに該当するため，禁止される。

本規定は，飲料水の汚染防止を目的とするものであり，飲料水の配管設備と他の配管設備との接続を禁止することにより，常に清潔な状態で使用しなければならない飲料水系統のタンク，配管，器具等が汚水や汚染された物質の中に埋没したり，他の系統からの汚水の逆流等によって汚染されたりすることを防止しようとするものである。「給水系統を同じくする配管設備」とは，一つの水源を共有する一連の配管設備を意味しており，例えば，一つの給水タンク等から飲料水，給湯，便所の洗浄水，消火用水，掃除用水，ボイラー，冷却等の補給水等，各種用途の水が供給される場合にあっては，これらの配管設備は「給水系統を同じくする」ことになる。

また，ある飲料水の給水系統から他のタンクに水を供給して，当該タンクより何らかの用途の水を供給するというシステムが構成されていれば，当該タンク以降は別個の給水系統となる。もし，この給水系統が飲料水の供給を目的とするものであれば，当然ながら飲料水の配管設備としての規制が課せられることとなる。

飲料水用の貯水タンクと，消火用の貯水タンクを別個にした場合に，飲料水用の高置タンクと，消火用の高置タンクを配管で接続すると，クロスコネクションとなるため，このような接続は許されない。

「その他の配管設備」とは，「飲料水の配管設備」以外の配管設備を総称し，排水管をはじめ雑用水系統の給水管，排水再利用水系統の配管，冷温水系統の配管等がこれに該当する。また，「直接連結させないこと」とは，単に流体力学的に間接的であることを要求しているのではなく，水の逆流を防止するに足る措置が講じられていることも要求している。

第2号

本号は，「水を入れ，又は受ける設備」からの逆流防止による飲料水の汚染防止を目的とするものである。「水を入れる設備」とは，各種水槽，浴槽，プール，池等，長時間にわたって水を滞留するもの，「水を受ける設備」とは，台所流し，洗面器，掃除用流し等水を貯留し得る設備をいう。これらの配管設備においては，適切な逆流防止措置を講じないと，飲料水系統へ汚染された水が逆流し，飲料水を汚染することとなる。本号の規定においては，逆サイホン作用によって，これら設備にたまった水が飲料水の配管設備に吸引されることを防止するため，有効な逆流防止措置の例示として「あふれ面と水栓の開口部との垂直距離を適当に保つ」すなわち「吐水口空間の確保」を例示している。このとき「水栓の開口部」とは，蛇口の開口部だけでなく，弁操作によって水の供給を行う配管の開口部も含まれる。

逆流防止の方法としては，上記の吐水口空間の確保のほか，バキュームブレーカー等による機械的措置が想定される。また，吐水空間の距離については，（公社）空気調和・衛生工学会が規定しているSHASE S206給排水衛生設備規準・同解説等が参考になる。

なお，飲料水用の貯水タンクや，給水タンク等に給水する場合のみ，タンク内に吐水口空間を設けてもよいが，適切な吐水口空間を保持することで，万一タンク内の水が汚染された場合であっても，それが上流側の給水管に逆流しないようにしなければならない。

また，バキュームブレーカーを取り付けるべき器具・装置としては，大小便器の洗浄弁，洗浄用タンクのボールタップ，ハンドシャワー・ビデ・散水栓，ホース接続口水栓，電気洗濯機，食器洗浄器，芝生用スプリンクラー等が挙げられる。

第３号

本号は，飲料水の配管設備に関する基本的な要求性能（同号イ・ロ）を掲げ，これに適合することを要求している。この要求性能を満足する具体の仕様については，H12建告第1390号において規定されている。また，この要求性能を満足する配管設備として，個別に国土交通大臣が認定した構造方法を用いることも可能である。

第４号

本号は，主として冬季における水の凍結による配管設備の破壊を防止することを目的とするものである。「凍結による破壊」とは，水が凍結する際の体積膨張による配管設備の破壊をいい，一度の凍結で破壊されなくても，これが繰り返されることによる破壊も含まれている。

「有効な防凍のための措置」とは，断熱材による適切な防凍被覆のほか，凍結深度以下に埋設すること，水抜きのための措置を講ずる等の措置である。

なお，本号の規定は飲料水の配管設備としての給水管を対象としているが，一般の給水配管についても防凍の措置を考慮するのが適当である。

第５号

本号においては，給水タンク，貯水タンクの構造に関する規定であり，飲料水の汚染を防止するため，ほこりその他衛生上有害なものの侵入防止（密閉構造），有効なさび止めの実施を要求している。

「給水タンク」とは，高置水槽，中間水槽，圧力給水タンク等をいい，「貯水タンク」とは，受水槽をいう。本号は主として給水タンク等の空間的要件を定めたものと考えることができ，端的に密閉構造であることを要求したものといえる。なお，給水タンク及び貯水タンクの材質については，第３号の規定を受けることとなるが，特に金属製のものについては，本号の規定に基づき防錆処理が要求される。

「ほこりその他衛生上有害なもの」としては，ほこりのほか，汚水，汚物，害虫，ねずみ，汚染ガス等が対象となる。

第６号

前各号のほか，必要に応じ，国土交通大臣が適宜，技術的基準を付加し得ることを規定したものであり，この規定に基づき，S50建告第1597号が規定されている。

この告示では，飲料水の配管設備の構造として，次のような事項が規定されている。

・給水管の構造（ウォータハンマーの防止，分岐箇所への止水弁の設置等）

・給水タンク及び貯水タンクの構造（6面点検，汚染防止対策等）

第3項

第3項では，建築物に設ける排水設備の構造について規定している。

「建築物に設ける排水のための配管設備」とは，単に排水配管のみを意味するのではなく，その機能を発揮するのに必要な構成要素すべて（汚水槽，汚水ポンプ等）を総合したシステムを意味する。なお，「排水のための配管設備」については，本項の規定だけでなく，第1項の規定も併せて適用される。

第1号

本号は，排水のための配管設備に要求される機能的・構造的要件を規定したものである。ここでいう「汚水」とは，建築物において発生する雨水以外の排水を総称し，具体的には屎尿を始め，厨房，浴室等からの雑排水，設備機器類からの排出水を含むものである。

「有効な容量，傾斜」とは，排出すべき汚水の量に応じた口径と，適切な傾斜を併せて要求したものである。これらについては，（公社）空気調和・衛生工学会が規定している技術的規準等（SHASE S206等）が参考となる。

また，病院，研究所等の特殊な化学薬品を取り扱う建築物においては，使用する配管材料の性質が，排水のための配管設備の機能保全上，きわめて重要な要素となることから，「汚水等の水質」に応じた「有効な材質」を要求している。ここでいう水質は，単に化学的成分のみならず，温度や密度，粘性等の物理的特性も含むので，容量，傾斜についても，水質に応じた構造とする必要がある。

第2号

本号は，排水のための配管設備が，システムとして機能を発揮する上で必要となる衛生上の措置を要求したものである。排水のための配管設備においては，有効に排水できることだけでなく，排水管を通じた臭気，汚染ガス，害虫等の侵入・拡散を防止するための衛生上の措置が必要である。本規定においては，衛生上の措置の例示として排水トラップ，封水保護のための通気管を示しているが，これらの具体的構成については，（公社）空気調和・衛生工学会が規定している技術的規準等（SHASE S206等）が参考となる。

第３号

排水のための配管設備の末端は，たれ流しとせず，公共下水道，都市下水路などの排水施設に連結すべきことを規定したものである。「排水施設」の例示としては，明示されている「公共下水道」と「都市下水路」のほか，各種用水路，道路側溝，ためます等が考えられるが，これらによる場合，定常的かつ安定して排水施設としての機能が確保できるものである必要がある。

また，本号における「排水上有効」とは，排出先の受入れ容量が十分であることも含むものである。

特に，ためます（浸透ます）については，有効な吸込能力，吸込容量がなければ，かえって不衛生な状態となるので，注意を要する。

なお，雨水系統については，敷地内地下浸透とする地域が増加しているため，敷地内における汚水・雨水系統の排水方法については，あらかじめ確認しておく必要がある。

第４号

排水のための配管設備のうち，汚水に接する部分の材質を不浸透質の耐水材料とすることを要求しており，抱水性の材料，素焼きの土管，木材の使用等は認められない。

第５号

前項第６号と同様，前各号のほか，国土交通大臣が適宜，技術的基準を付加しうることを規定したものであり，この規定に基づき，Ｓ50建告第1597号が規定されている。

この告示では，排水のための配管設備の構造として，次のような事項が規定されている。

・間接排水（冷蔵庫，滅菌器等の機器の排水管）
・雨水排水立て管との兼用・連結の禁止
・排水槽の構造（防臭，通気装置の設置）
・通気管，排水トラップ，阻集器の設置・構造
・排水再利用配管設備の構造（他の配管設備との兼用禁止，誤飲・誤用の禁止，塩素消毒等）

第4節　換気設備

（換気設備）

令第129条の2の5　建築物（換気設備を設けるべき調理室等を除く。以下この条において同じ。）に設ける自然換気設備は，次に定める構造としなければならない。

一　換気上有効な給気口及び排気筒を有すること。

二　給気口は，居室の天井の高さの2分の1以下の高さの位置に設け，常時外気に開放された構造とすること。

三　排気口（排気筒の居室に面する開口部をいう。以下この項において同じ。）は，給気口より高い位置に設け，常時開放された構造とし，かつ，排気筒の立上り部分に直結すること。

四　排気筒は，排気上有効な立上り部分を有し，その頂部は，外気の流れによつて排気が妨げられない構造とし，かつ，直接外気に開放すること。

五　排気筒には，その頂部及び排気口を除き，開口部を設けないこと。

六　給気口及び排気口並びに排気筒の頂部には，雨水の浸入又はねずみ，虫，ほこりその他衛生上有害なものの侵入を防ぐための設備を設けること。

2　建築物に設ける機械換気設備は，次に定める構造としなければならない。

一　換気上有効な給気機及び排気機，換気上有効な給気機及び排気口又は換気上有効な給気口及び排気機を有すること。

二　給気口及び排気口の位置及び構造は，当該居室内の人が通常活動することが想定される空間における空気の分布を均等にし，かつ，著しく局部的な空気の流れを生じないようにすること。

三　給気機の外気取入口並びに直接外気に開放された給気口及び排気口には，雨水の浸入又はねずみ，虫，ほこりその他衛生上有害なものの侵入を防ぐための設備を設けること。

四　直接外気に開放された給気口又は排気口に換気扇を設ける場合には，外気の流れによつて著しく換気能力が低下しない構造とすること。

五　風道は，空気を汚染するおそれのない材料で造ること。

3　建築物に設ける中央管理方式の空気調和設備の構造は，前項の規定によるほか，居室における次の表の中欄に掲げる事項がそれぞれおおむね同表の下欄に掲げる基準に適合するように空気を浄化し，その温度，湿度又は流量を調節して供給（排出を含む。）をすることができる性能を有し，かつ，安全上，防火上及び衛生上支障がないものとして国土交通大臣が定めた構造方法を用いるものとしなければならない。

(1)	浮遊粉じんの量	空気1立方メートルにつき0.15ミリグラム以下であること。
(2)	一酸化炭素の含有率	100万分の6以下であること。
(3)	炭酸ガスの含有率	100万分の1,000以下であること。
(4)	温度	1　18度以上28度以下であること。 2　居室における温度を外気の温度より低くする場合は，その差を著しくしないものであること。
(5)	相対湿度	40パーセント以上70パーセント以下であること。
(6)	気流	1秒間につき0.5メートル以下であること。

（昭45政333・追加，昭62政348・旧第129条の2の2繰下，平12政211・旧第129条の2の3繰下・一部改正，平12政312・一部改正，令元政30・旧第129条の2の6繰上，令5政34・一部改正）

本条は，義務設置，任意設置のいかんにかかわらず，換気設備を設けるべき調理室等（令第20条の3第2項参照），すなわち「火気使用室」に設ける換気設備以外のすべての換気設備が満足しなければならない構造要件を規定したものである。

本条においては，「自然換気設備」，「機械換気設備」及び「中央管理方式の空気調和設備」のそれぞれについて具体的に規定しているが，各種方式の換気設備を同一空間において併用する場合（「異種換気」という。）であっても，これらの換気設備が「換気上有効」であることが求められることはいうまでもない。しかし，「異種換気」における換気の有効性に関する検討は技術的に難しいため，十分な検討のうえ，「換気上有効」であることを立証できる場合を除き異種換気を行うことは望ましくない。

なお，本条に規定する換気設備に関する構造要件は，居室に限らず，廊下，ロビー等の通行部分や倉庫等に設置される換気設備についても規制が及ぶことになる。

第1項（自然換気設備）

第1項は，自然換気設備について規定し，建築物に設ける自然換気設備の一般的かつ基本的な構造基準が与えられており，任意に設置された場合においても本規定は適用される。

ただし，これらの規定は，換気設備を設けるべき調理室等である火気使用室に設けられる換気設備には適用されない。

第1号

自然換気設備は，給気口と排気筒により構成される換気システムを定義づけたものと解される。すなわち，空気は給気口から室を通って排気口及び排気筒を経て，屋外に抜けていくものと考えられている。したがって，いわゆる換気用小窓やガラリ付建具など，単なる給気口と排気口の組み合わせなどは，自然換気設備の概念には該当せず，単なる開口部とみなされる。これは，単なる開口部の組み合わせでは，換気力が小さく，また，外気の流れの影響を受けやすく換気量が予測し難いためである。

第2号

給気口の高さの範囲を定めている。自然換気設備は，温度差による換気によるものであるから，給気口の位置は低い方がよく，天井高さの2分の1以下にあることを要求している。

給気口は数個に分散させてもよく，天井高さの2分の1以下の範囲の開口がすべて給気口として働くものとみなされる。

なお，常時外気に開放された構造とは，蓋をしない構造のものをいう。

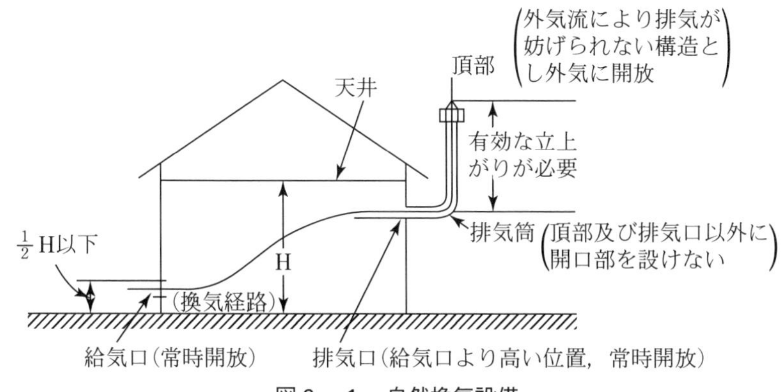

図6－1　自然換気設備

第3号

排気口の位置の範囲を定めている。室温が外気温よりも高い無風の条件で，給気口から排気口に至る換気経路を確保するためには，排気口が給気口より高い位置にあることが必要なことから定められたものである。

ただし，本法の規定上，具体的には規定していないが，設計に当たっては，汚染空気は概して天井付近に滞留しやすく，これを効果的に排出するためにも，さらに，換気力をできるだけ大きく維持するためにも排気口はできるだけ天井付近に設けるのが望ましい。また，排気口の近辺に他の開口を設けないようにする必要がある。すなわち，その開口から給気されて排気筒から抜けるような短絡経路があれば，居室で必要な換気量が確保できないし，室内で一様な換気が確保し難いからである。

第4号

排気筒の吸引効果を確保するために必要な事項を定めたものである。排気筒の頂部は外気の流れによって空気を吸引排気できるような形式のものが望ましく，逆に内部に吹き込むようなものであってはならない。また，外風の作用については，その頂部の位置が重要であり，換気力の逆作用を避けるため，一般に排気筒頂部を屋根より上へ立ち上げることが有効である。

第5号

排気筒の途中に開口部があっては，換気量が減ずるのでこれを禁止したものである。

第6号

外部に面する換気用開口部の構造について衛生上の見地から規定したものである。給気口，排気口，排気筒の頂部等から衛生上有害なねずみや害虫等が入らないようにすることを要求しており，そのため，網等をはることが必要である。ただし，換気量が減少するような配置や構造にならないよう注意しなければならない。また，網等をはる場合，衛生上その清掃も容易なものとしておく必要がある。

第２項（機械換気設備）

第２項では，機械換気設備について規定しており，機械力を用いて居室の換気を行う方法についてその構造的要件を規定したものである。前項に規定されている自然換気設備が，風力，室内外温度差及び気体の拡散性という自然現象に期待しているのに比較すれば，機械換気設備はより確実な換気機能を期待できる方法といえる。

本項の規定は建築設備の一つとして，火気使用室に設けるものを除き，任意に設置された場合と，ホルムアルデヒド対策として設置義務のある場合とを含めて建築物に設けられる機械換気設備について，その構造を定めたものである。

本法においては，換気設備に限らず，給排水設備，冷暖房設備，一般用エレベーター等の各種建築設備について，設置義務がなく，任意に設けられたものであっても，建築物に設けられること自体が，日常の安全衛生のほかに，構造強度上，防火避難上においても極めて大きな影響を与えるとの観点から，一定の制約を課すことにより建築物全体としての安全性が損なわれないようにしている。

また，令第20条の２第１号ロの規定がもっぱら居室に設けるべき換気設備を対象としているのに対して，本項においては，「建築物」に設けるものとして，居室に限らず，便所，浴室，倉庫等あらゆる部分に設けられる機械換気設備を対象としていることに留意する必要がある。

任意に設置される換気設備については，法令上換気量の規定はない。このため，この場合の換気量は具体の設計上の判断により行うこととなる。この場合，一般の換気技術の手法等を十分に検討しつつ，最適な換気設備を設置するように心掛けなければならない。近年，居室の冷暖房は一般化しており，居室に冷暖房設備を設置した場合は窓等の開放による換気が行われることは到底期待できない。このため，窓を開放せずに利用される場合はこれを前提に，省エネルギーに配慮しながら，空調設備や全熱交換器等を有する換気設備等の設計を行うことが適当と考えられる。

第１号

機械換気設備のうち，本法において，衛生的な換気を確保することができるシステムとして３種類を示している。

すなわち，機械換気設備の採用に当たっては，

①　給気機＋排気機（第一種機械換気）

②　給気機＋排気口（第二種機械換気）

③　給気口＋排気機（第三種機械換気）

のうち，いずれかのシステムによるべきこととし，給気機又は排気機のみで，これに対応する排気口や給気口のないシステムでは機械換気とは見なさないこととしている。

「給気機」とは，清浄な外気の導入のために設けられる送気装置であって，一般には，各種の送風機が用いられる。また「排気機」とは，室内の汚染空気を屋外に排出するために設けられる送気装置であって，給気機と同じく，送風機が用いられる。

「換気上有効な」とは，例えば，給気機，排気機についていえば，システムが有効な換気能力を有するために必要な送風能力，各種摩擦損失に抗して給排気しうるための圧力，さらには，送風機の羽根を駆動するための電動機出力等が充足されることであり，また，給気口，排気口についていえば，当該部分を通過する風量に応じて，必要な断面積を有し，かつ，不要な摩擦抵抗を生じないような構造であること等であり，一連のシステムとして，慎重な配慮がされていなければならないことを要求している。

ここで上述の各システムについて，概略を紹介しておく。

①は，「外気の導入」と「汚染空気の排出」を，ともに送風機を用いて強制的に行うこととなるため，両送風機のバランスさえ適切であれば，他の二者に比して，最も確実な換気が期待できる。一般にこのシステムは「第一種機械換気」と呼ばれている。

②のシステムは，「外気の導入のみ」を送風機により強制的に行う，いわゆる押し込み型の換気方法であって，室内の汚染空気は，導入外気により攪拌されつつ，排気口より屋外へ押し出されるのである。このシステムは，「第二種機械換気」といわれる。

③のシステムは，②とは逆に，「汚染空気の排出のみ」を送風機により強制的に行う，いわゆる吸引型の換気方法であって，清浄な外気は，給気口を経由して，室内外の圧力差に応じて吸入されることとなる。これは一般に「第三種機械換気」という。

これらのシステムは，それぞれ一長一短を有しており，それぞれの特性に応じて適切に使い分けることが，最適な換気システムの確保につながるので，大いに留意する必要がある。

第2号

機械換気設備の給気口及び排気口について規定している。

「給気口」及び「排気口」については，必ずしも直接外気に接しているもののみを対象としているのではなく，給気機から風道を経由して居室に清浄な外気を供給する場合の当該居室に設置された給気口や，風道を経由して排気機により居室の汚染空気を排出する場合の当該居室にある排気口も規制の対象である。

「当該居室内の人が通常活動することが想定される空間」とは明示的に居住域を規定している場合を除き，室全体をさし，本規定では，この空間の空気の分布が均等になるように，清浄な導入外気がこの空間の隅々まで一様に行きわたるようにすることを求めている。

また「著しく局部的な空気の流れを生じないように」とは，給気口から排気口への流動経路の短絡や，居住域に直接空気の流れが不快感を与えること等を生じないように措置することを求めているのである。以上の要件を，給気口又は排気口の配置上又は構造上の措置により，充足すべきことを規定している。

第3号

外部に面する換気用開口部の構造について衛生上の見地から規定したものである。

「給気機の外気取り入れ口」は，直接外気と接しており，しかも，給気機の吸引力により，ともすれば，衛生上有害なものの吸引を伴いやすい。

また，「直接外気に開放された給気口及び排気口」のうち，給気口については，外気の流入とともに各種の有害物を吸引するおそれがあり，排気口についても汚染空気の流出のため，通常は外部に向かう気流しか通過しないが，排気機を用いて強制的に排出を行うのではない限り，建築物外部の風向きや風速によっては，気流の向きが逆になることも十分予想される。また，衛生上有害なねずみや害虫の類については，少々の気流の抵抗があっても侵入することは十分可能である。

雨水の流入の防止という外部開口に対する雨仕舞の措置は，建築技術上の極めて平易な常識であるが，本号では，雨仕舞のみならず，衛生上有害なねずみや害虫の類に対しては網等の設置等により対処し，さらに必要に応じて，ほこりその他の極めて微細な物質に対する空気濾過器，有害ガスに対する化学的空気処理装置の類の設置等を適切に措置しなければならないことを義務づけたものである。

第4号

「直接外気に開放された給気口又は排気口に換気扇を設ける場合」とは，給気口に関しては，第一種又は第二種機械換気の場合に相当し，排気口に関しては，第一種又は第三種機械換気の場合に相当する。

換気扇は，構造上一般的に発生させる圧力はそれほど高くなく，また圧力を高くしようとすると騒音が大きくなるので，室内外の圧力差の変動に対して敏感に反応し，換気能力に相当の変動を生ずるものである。このようなところから，本号においては，そのおそれが大きい場合は，設置位置の検討も含めて適切な措置を講ずべきことを規定している。

第5号

本号は，風道の材質について規定している。ここでいう「汚染するおそれのない」とは，使用する材料そのものが明らかに汚染性である場合（材質の化学変化により浮遊粉塵等を生じるような材料）と，経年変化に伴って徐々に汚染性を呈してくる場合のいずれをも排除する趣旨であることに留意すべきである。

また，「造る」とは，単に空気に接する表面を覆うということではなく，下地も含めてすべて，所要の性能を有する材料で構成するとの意味である。

第3項（中央管理方式の空気調和設備）

中央管理方式の空気調和設備の法的定義は，令第20条の2第1号ロにおいて，「空気を浄化し，その温度，湿度及び流量を調節して供給（排出を含む。）をすることができる設備」とされている。すなわち，「中央管理方式の空気調和設備」とは，本質的には機械換気設備の一つとして把握されるものであって，冷凍機，ボイラー等の熱源機器，冷却水ポンプ，冷温水ポンプ等の搬送機器，空気調和機，空気浄化装置，給気及び排気用の送風機並びに制御機器等，空気調和を行うために必要な設備すべてを含むシステムをいい，建築物の用途に応じて各種の空調システムがある。令第20条の2第2号の規定により，中央管理方式の空気調和設備は，これらの制御及び作動状況の監視を中央管理室（管理事務所，守衛所など，常時当該建築物を管理する者が勤務する場所であって，避難階かその直上階若しくは直下階に設けたもの）において行うことができるものであることとされている。この場合，中央管理室において中央管理できるものであることは必須であるが，それに加えて，中央管理室以外の室でも中央管理することを妨げるものではない。

本項は，中央管理方式の空気調和設備の構造を規定したもので，浮遊粉塵の量，一酸化炭素や炭酸ガスの含有率に適合するように空気を浄化し，温度，相対湿度，気流を調整して供給，排出できる性能を有するとともに，安全上，防火上，衛生上支障がない構造方法として，国土交通大臣が定めた構造方法（S45建告第1832号）によるものであることを求めている。また，第2項に規定されている機械換気設備の構造基準にも適合したものでなければならない。

なお，浮遊粉塵，一酸化炭素，炭酸ガス，温度，相対湿度，気流についての水準は，中央管理方式の空気調和設備を居室の利用者が個々に操作できないため，利用者の生命・健康の保護を図る観点から定められている。これまで，一酸化炭素への長期曝露による感覚運動能力の変化や認知能力への影響等との関連，冬季における室内温度と高齢者の血圧上昇との関連等の健康被害が報告され，WHO（世界保健機構）における「室内空気質に関するガイドライン」の見直し（平成22年）及び「住宅と健康のガイドライン」の公表（平成30年）のほか，「建築物衛生管理に関する検討会」（厚生労働省主催）を踏まえた建築物環境衛生管理基準の見直し（令和3年），国土交通省による建築基準法における室内空気質に関連する基準の見直しについての影響確認や学識者へのヒアリング（令和4年）等により必要な知見が得られた。これらの項目の水準は，こうした健康被害防止の観点や最新のWHO等の国際的な基準が反映されたものである。

第５節　冷却塔設備

（冷却塔設備）

令第129条の２の６　地階を除く階数が11以上である建築物の屋上に設ける冷房のための冷却塔設備の設置及び構造は，次の各号のいずれかに掲げるものとしなければならない。

一　主要な部分を不燃材料で造るか，又は防火上支障がないものとして国土交通大臣が定めた構造方法を用いるものとすること。

二　冷却塔の構造に応じ，建築物の他の部分までの距離を国土交通大臣が定める距離以上としたものとすること。

三　冷却塔設備の内部が燃焼した場合においても建築物の他の部分を国土交通大臣が定める温度以上に上昇させないものとして国土交通大臣の認定を受けたものとすること。

（昭39政４・追加，昭45政333・旧第129条の２の２繰下，昭62政348・旧第129条の２の３繰下，平12政211・旧第129条の２の４繰下・一部改正，平12政312・一部改正，令元政30・旧第129条の２の７繰上）

本条は，地階を除く階数が11以上である建築物の屋上に設ける冷房のための冷却塔設備について，冷却塔設備の防火上支障がない構造方法，冷却塔と建築物の他の部分までの距離，冷却塔設備の内部が燃焼した場合においても建築物の他の部分を一定温度以上に上昇させないことを規定したものである。その具体的内容は，国土交通大臣の定める基準（Ｓ40建告第3411号）に委ねられている。冷却塔設備の内部が燃焼した場合においても建築物の他の部分を一定温度以上に上昇させない構造とする場合には，国土交通大臣の認定を必要とする。

その他一般的な構造方法，すなわち，さび止め・防腐措置，支持構造部を構造耐力上主要な部分への緊結，構造耐力の検証等については，令129条の２の３を参照すること。

第６節　昇降機

（昇降機）

法第34条　建築物に設ける昇降機は，安全な構造で，かつ，その昇降路の周壁及び開口部は，防火上支障がない構造でなければならない。

2　高さ31メートルをこえる建築物（政令で定めるものを除く。）には，非常用の昇降機を設けなければならない。

（昭34法156・昭45法109・一部改正）

第１項

建築基準法における昇降機とは，「一定の昇降路，経路その他これに類する部分を介して，動力を用いて人又は物を，建築物若しくはその他の工作物のある階又はある部分から他の階又は他の部分へ移動・運搬するための設備」をいい，このうち，建築物に設けられるもの，すなわち本法でいう建築設備に該当するものが本条の適用対象とされている。したがって，次に掲げるような施設は，昇降機に該当しない。

①　工場，作業場等の生産設備又は搬送（荷役）設備として専らそれらの過程の一部に組み込まれる設備で，人が搬器への物品の搬出，搬入に直接介入せずに使用され，かつ，人が乗り込んだ状態で運転されるおそれのない構造となっているもの（図６－２参照）。

②　機械式駐車場（自転車の駐車の用に供するものを含む。），立体自動車倉庫等の物品の保管のための施設（当該施設に搬入された物品等が自動的に搬出位置に搬送される構造となっているものに限る。）の一部を構成するもので，人が乗り込んだ状態で運転されるおそれのない構造となっているもの（図６－３参照）。

③　舞台装置であるせり上げ装置

なお，労働安全衛生法でいう簡易リフトであっても，建築物に設ける場合にあっては，かごの大きさにより小荷物専用昇降機又はエレベーターとして建築基準法の適用を受ける。

また，①～③の昇降機に該当しない施設についても，安全装置，防火戸その他各部の構造については，法の昇降機の規定に準じて設けることが望ましい。

昇降機の構造上の安全性及び昇降路の防火構造等については，本条及び法第36条の規定に基づいて，令第5章の4第2節に具体的な規定が定められている。

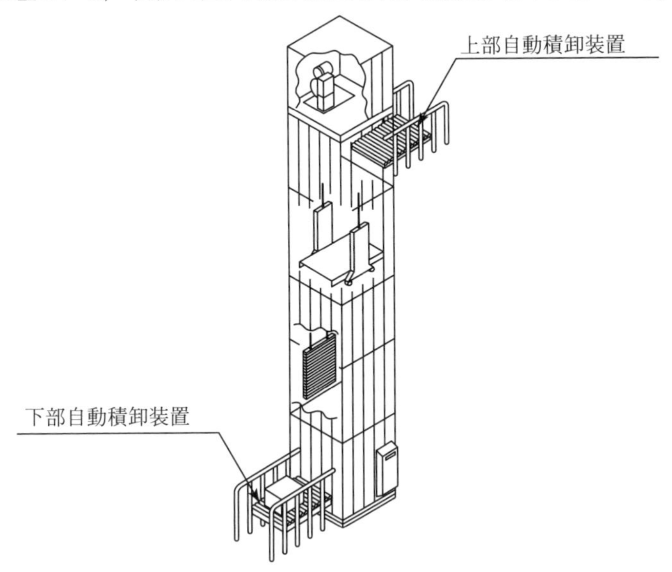

国土交通省住宅局建築指導課監修，（一財）日本建築設備・昇降機センター，（一社）日本エレベーター協会編集『昇降機技術基準の解説2016年版』（平成28年）

図6－2　昇降機に該当しない搬送設備の例

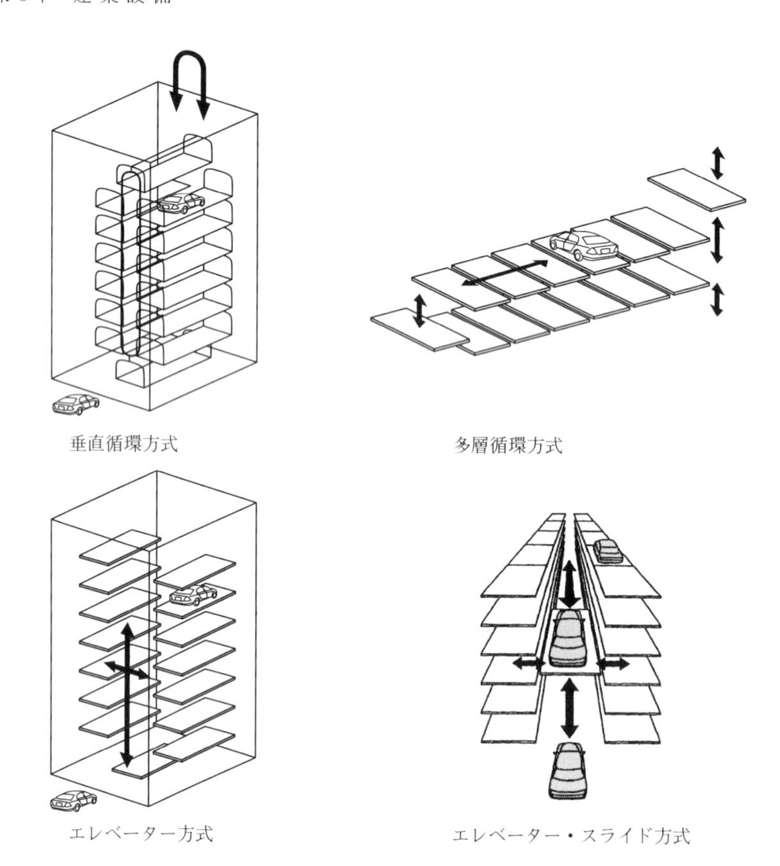

国土交通省住宅局建築指導課監修，（一財）日本建築設備・昇降機センター，（一社）日本エレベーター協会編集『昇降機技術基準の解説2016年版』（平成28年）

図6－3　昇降機に該当しない機械式駐車場の例

（適用の範囲）

令第129条の3　この節の規定は，建築物に設ける次に掲げる昇降機に適用する。

一　人又は人及び物を運搬する昇降機（次号に掲げるものを除く。）並びに物を運搬するための昇降機でかごの水平投影面積が1平方メートルを超え，又は天井の高さが1.2メートルを超えるもの（以下「エレベーター」という。）

二　エスカレーター
三　物を運搬するための昇降機で，かごの水平投影面積が1平方メートル以下で，かつ，天井の高さが1.2メートル以下のもの（以下「小荷物専用昇降機」という。）
2　前項の規定にかかわらず，次の各号に掲げる昇降機については，それぞれ当該各号に掲げる規定は，適用しない。
一　特殊な構造又は使用形態のエレベーターで国土交通大臣が定めた構造方法を用いるもの　第129条の6，第129条の7，第129条の8第2項第2号，第129条の9，第129条の10第3項及び第4項並びに第129条の13の3の規定
二　特殊な構造又は使用形態のエスカレーターで国土交通大臣が定めた構造方法を用いるもの　第129条の12第1項の規定
三　特殊な構造又は使用形態の小荷物専用昇降機で国土交通大臣が定めた構造方法を用いるもの　第129条の13の規定

（平12政211・全改，平12政312・平17政192・平20政290・一部改正）

第1項

本節の適用範囲を建築物に設ける昇降機に限定する旨を規定した上で，昇降機をエレベーター，エスカレーター及び小荷物専用昇降機の三つに分類し，それぞれを各号で定義している。

なお，建築物に設けるもののほか，乗用エレベーター又はエスカレーターで観光のためのもの（一般交通の用に供されるものを除く。）があるが，これらは準用工作物として建築基準法が適用される（法第88条及び令第138条第2項参照）。

第1号

エレベーターは，動力によって運転され，「人又は人及び物をかごで運搬するもの」並びに「物を運搬するための昇降機でかごの水平投影面積が1㎡を超え，又は天井の高さが1.2mを超えるもの」をいう。

また，労働安全衛生法では，かごの床面積1㎡以下又は天井高さ1.2m以下のいずれか一方のみに該当するものは簡易リフトと規定しているが，その両方の条件を満たすもの以外は，建築基準法ではエレベーターとして扱われる。

ここで，エレベーターには次の各種用途のものがある。

①　乗用エレベーター

乗用エレベーターは専ら人の運搬を主目的とするものである。

②　人荷共用エレベーター

人荷共用エレベーターは人及び荷物を運搬することを目的とするものである。法令上の取扱いは乗用エレベーターと全く同じであるが，必要に応じ，積載荷重を令第129条の5第2項に規定する積載荷重より大きく設定する場合がある。

③　寝台用エレベーター

寝台用エレベーターは病院，養護施設等において，寝台やストレッチャーに乗せたままの患者を運搬することを主目的とするものである。寝台及びストレッチャーは，かご内で占める面積が大きい割に荷重が小さいため，かごの積載荷重が乗用エレベーターより緩和されている。このため，多数の見舞客や外来患者等の利用者が集中するおそれのある大規模な病院等では，乗用エレベーターを併設するなど，使用状況に適した設置とする必要がある。

④　荷物用エレベーター

荷物用エレベーターは専ら荷物を運搬することを目的とするもので，荷扱者又は運転者以外の人の利用は禁止されている。したがって，一般利用者が利用する場合は，乗用エレベーターを併設するか又は人荷共用エレベーターとして計画しなければならない。

⑤　自動車運搬用エレベーター

自動車運搬用エレベーターは専ら駐車場に設置され，自動車を運搬することを目的とするもので，自動車の運転手又はエレベーターの運転者以外の人及び荷物運搬の利用は禁止されている。貨物を搭載した貨物自動車やフォークリフトなどを運搬する場合は，自動車運搬用エレベーターとはみなされず，荷物用エレベーターとして計画しなければならない。したがって，自動車運搬用エレベーターは，駐車場，自動車修理工場又は常設のショールームのある階以外の階には出入口を設けることはできない。

このほか，特殊な構造又は使用形態のエレベーターとして，段差解消機やいす式階段昇降機等があり，H12建告第1413号によりこれらの構造基準が示されている。

第2号

エスカレーターは，「動力によって運転され，人を運搬する連続階段又は歩道状のもの」をいう。したがって，連続階段状のいわゆるエスカレーターのほか，動く歩道も含まれる。

第3号

小荷物専用昇降機は，エレベーターに近似した構造のものであるが，人が乗らずに専ら小さな荷物を運搬するもので，かご内では運転操作することができない構造で，本号で規定された大きさ以下のものである。

また，労働安全衛生法では，かごの床面積1㎡以下，天井高さ1.2m以下のいずれか一方のみに該当するものは簡易リフトと規定しているが，その両方の条件を満たすものに限り，建築基準法では小荷物専用昇降機として扱われる。

第2項

特殊な構造又は使用形態のエレベーター，エスカレーター及び小荷物専用昇降機について，別途，国土交通大臣が定めた構造方法（H12建告第1413号）を用いるものについては，本節の規定の一部を適用除外としている。

第1号

特殊な構造又は使用形態のエレベーターとしては，H12建告第1413号において以下のものが規定されている。

① かごの天井部に救出用の開口部を設けないエレベーター（天井救出口のないエレベーター）

② 昇降路の壁又は囲いの一部を有しないエレベーター（オープンタイプエレベーター）

③ 機械室を有しないエレベーター（機械室なしエレベーター）

④ 昇降行程が7m以下の乗用エレベーター及び寝台用エレベーター（昇降行程の短いエレベーター）

⑤ かごの定格速度が240m/min以上の乗用エレベーター及び寝台用エレベーター（定格速度の速いエレベーター）

⑥ かごが住戸内のみを昇降するエレベーターで，かごの床面積が1.3㎡以下のもの（ホームエレベーター）

⑦ 自動車運搬用エレベーターで，かごの壁又は囲い，天井及び出入口の戸の全部又は一部を有しないもの（かごの戸，天井等のない自動車用エレベーター）

⑧ ヘリコプターの発着の用に供される屋上に突出して停止するエレベーターで，屋上部分の昇降路の囲いの全部又は一部を有しないもの（ヘリポート用エレベーター）

⑨ 車いすに座ったまま使用するエレベーターで，かごの定格速度が15m/min以下で，かつ，その床面積が2.25㎡以下のものであって，昇降行程が4m以下のもの又は階段及び傾斜路に沿って昇降するもの（段差解消機）

⑩　階段及び傾斜路に沿って一人の者がいすに座った状態で昇降するエレベーターで，定格速度が９m/min以下のもの（いす式階段昇降機）

第２号

特殊な構造又は使用形態のエスカレーターとしては，H12建告第1413号において以下のものが規定されている。

①　勾配が30度を超えるエスカレーター

②　踏段の幅が1.1mを超えるエスカレーター（広幅動く歩道）

③　速度が途中で変化するエスカレーター（可変速式動く歩道）

第３号

特殊な構造又は使用形態の小荷物専用昇降機については，現在のところ，「国土交通大臣が定めた構造方法」の具体の規定が定められていないため，すべて令第129条の13の規定に基づくこととなる。

（エレベーターの構造上主要な部分）

令第129条の４　エレベーターのかご及びかごを支え，又は吊る構造上主要な部分（以下この条において「主要な支持部分」という。）の構造は，次の各号のいずれかに適合するものとしなければならない。

一　設置時及び使用時のかご及び主要な支持部分の構造が，次に掲げる基準に適合するものとして，通常の使用状態における摩損及び疲労破壊を考慮して国土交通大臣が定めた構造方法を用いるものであること。

イ　かごの昇降によつて摩損又は疲労破壊を生ずるおそれのある部分以外の部分は，通常の昇降時の衝撃及び安全装置が作動した場合の衝撃により損傷を生じないこと。

ロ　かごの昇降によつて摩損又は疲労破壊を生ずるおそれのある部分については，通常の使用状態において，通常の昇降時の衝撃及び安全装置が作動した場合の衝撃によりかごの落下をもたらすような損傷が生じないこと。

二　かごを主索で吊るエレベーター，油圧エレベーターその他国土交通大臣が定めるエレベーターにあつては，設置時及び使用時のかご及び主要な支持部分の構造が，通常の使用状態における摩損及び疲労破壊を考慮したエレベーター強度検証法により，前号イ及びロに掲げる基準に適合するものであることについて確かめられたものであること。

三　設置時及び使用時のかご及び主要な支持部分の構造が，それぞれ第1号イ及びロに掲げる基準に適合することについて，通常の使用状態における摩損又は疲労破壊を考慮して行う国土交通大臣の認定を受けたものであること。

2　前項の「エレベーター強度検証法」とは，次に定めるところにより，エレベーターの設置時及び使用時のかご及び主要な支持部分の強度を検証する方法をいう。

一　次条に規定する荷重によつて主要な支持部分並びにかごの床版及び枠（以下この条において「主要な支持部分等」という。）に生ずる力を計算すること。

二　前号の主要な支持部分等の断面に生ずる常時及び安全装置の作動時の各応力度を次の表に掲げる式によつて計算すること。

荷重について想定する状態	式
常時	$G_1+\alpha_1(G_2+P)$
安全装置の作動時	$G_1+\alpha_2(G_2+P)$

この表において，G_1，G_2及びPはそれぞれ次の力を，α_1及びα_2はそれぞれ次の数値を表すものとする。

G_1　次条第1項に規定する固定荷重のうち昇降する部分以外の部分に係るものによつて生ずる力

G_2　次条第1項に規定する固定荷重のうち昇降する部分に係るものによつて生ずる力

P　次条第2項に規定する積載荷重によつて生ずる力

α_1　通常の昇降時に昇降する部分に生ずる加速度を考慮して国土交通大臣が定める数値

α_2　安全装置が作動した場合に昇降する部分に生ずる加速度を考慮して国土交通大臣が定める数値

三　前号の規定によつて計算した常時及び安全装置の作動時の各応力度が，それぞれ主要な支持部分等の材料の破壊強度を安全率（エレベーターの設置時及び使用時の別に応じて，主要な支持部分等の材料の摩損又は疲労破壊による強度の低下を考慮して国土交通大臣が定めた数値をいう。）で除して求めた許容応力度を超えないことを確かめること。

四　次項第2号に基づき設けられる独立してかごを支え，又は吊（つ）ることができる部分について，その1がないものとして第1号及び第2号に定めるところにより計算した各応力度が，当該部分の材料の破壊強度を限界安全率（エレベーターの設置時及び使用時の別に応じて，当該部分にかごの落下をもたらすような損傷が生じないように材料の摩損又は疲労破壊による強度の低下を考慮して国土交通大臣が定めた数値をいう。）で除して求めた限界の許容応力度を超えないことを確かめること。

3　前2項に定めるもののほか，エレベーターのかご及び主要な支持部分の構造は，次に掲げる基準に適合するものとしなければならない。

一　エレベーターのかご及び主要な支持部分のうち，腐食又は腐朽のおそれのあるものにあつては，腐食若しくは腐朽しにくい材料を用いるか，又は有効なさび止め若しくは防腐のための措置を講じたものであること。

二　主要な支持部分のうち，摩損又は疲労破壊を生ずるおそれのあるものにあつては，2以上の部分で構成され，かつ，それぞれが独立してかごを支え，又は吊(つ)ることができるものであること。

三　滑節構造とした接合部にあつては，地震その他の震動によつて外れるおそれがないものとして国土交通大臣が定めた構造方法を用いるものであること。

四　滑車を使用してかごを吊(つ)るエレベーターにあつては，地震その他の震動によつて索が滑車から外れるおそれがないものとして国土交通大臣が定めた構造方法を用いるものであること。

五　釣合おもりを用いるエレベーターにあつては，地震その他の震動によつて釣合おもりが脱落するおそれがないものとして国土交通大臣が定めた構造方法を用いるものであること。

六　国土交通大臣が定める基準に従つた構造計算により地震その他の震動に対して構造耐力上安全であることが確かめられたものであること。

七　屋外に設けるエレベーターで昇降路の壁の全部又は一部を有しないものにあつては，国土交通大臣が定める基準に従つた構造計算により風圧に対して構造耐力上安全であることが確かめられたものであること。

（平12政211・全改，平12政312・平20政290・平25政217・一部改正）

本条より第129条の10まではエレベーターの各部の構造に関する規定である。エレベーターの一般的な構造の例は図6－4に示す。

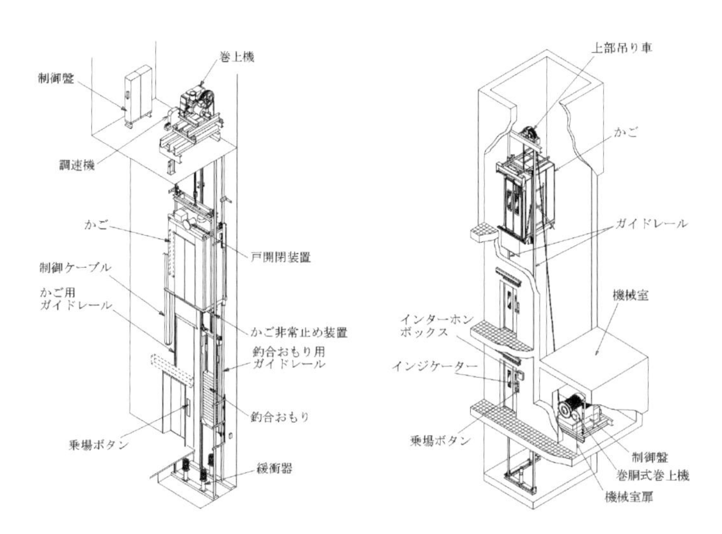

（左）トラクション式（かごと釣合おもりとを主索でつなぎ，駆動装置の駆動用綱車と主索間の摩擦力で駆動する構造のエレベーター）
（右）巻胴式（かごに主索の一端をつなぎ，駆動装置の駆動用巻胴で主索を巻き取り駆動する構造のエレベーター）
国土交通省住宅局建築指導課監修，（一財）日本建築設備・昇降機センター，（一社）日本エレベーター協会編集『昇降機技術基準の解説2016年版』（平成28年）を一部改変

図6－4　ロープ式エレベーターの構造の一例

第1項

かごを主索又はくさりで吊り又は支えるエレベーターの構造上主要な部分（主要な支持部分），並びにかごの床版及び枠の性能基準及びその強度検証方法を定めている。

「主要な支持部分」とは，ロープ式エレベーターでは主索，主索の端部，支持はり（一般に「マシンビーム」と呼ばれる。），レール，直接油圧式エレベーターではプランジャー（パンタグラフ式エレベーターではパンタグラフのアーム，ピンを含む。），間接油圧式エレベーターではプランジャー，主索，主索の端部，頂部綱車用のはり（一般に「オーバーヘッドビーム」と呼ばれる。）レール等が該当する。

かご及び主要な支持部分の構造は，第1号に規定する国土交通大臣が定めた構造方法によるもの，第2号に規定するエレベーター強度検証法によるもの，第3号に規定する国土交通大臣の認定によるもののいずれかとしなければならないとしているが，現在のところ，第1号の「国土交通大臣が定めた構造方法」の具体の規定がないため，すべてのエレベーターのかご及び主要な支持部分の構造は，第2号又は第3号のいずれかの規定によることとなる。

第1号

本号イに規定する「摩損又は疲労破壊を生ずるおそれのある部分以外の部分」は，かご枠，かごの床版，マシンビーム等の一般に交換が想定されていない部分をいう。これらは，通常の昇降時や安全装置が作動した時の衝撃で損傷が生じてはならない。

本号ロに規定する「摩損又は疲労破壊を生ずるおそれのある部分」は，主索及び主索の端部（又はくさり及びくさりの端部）をいう。これらは，日常の昇降により安全上支障のない程度の摩損等はやむを得ないものの，通常の昇降時や安全装置が作動した時の衝撃でかごが落下するような損傷は生じてはならない。

なお，イ及びロに掲げる基準に適合する「国土交通大臣が定めた構造方法」については，現在のところ，具体の規定が定められていない。

第2号

かご及び主要な支持部分の構造が，第1号のイ及びロに掲げる基準に適合するものであることについて，エレベーター強度検証法により確かめられたものであることとしている。エレベーター強度検証法の具体の方法は，第2項において規定している。

なお，本号の対象となるエレベーターは，かごを主索で吊るエレベーター，油圧エレベーターのほか，H12建告第1414号に規定するかごをくさりで吊るエレベーターである。

第3号

かご及び主要な支持部分の構造が，第1号のイ及びロに掲げる基準に適合するものであることについて，国土交通大臣により認定を受けたものであることとしている。

なお，第2号の強度検証法では検証が困難な構造方法を用いるエレベーターが本号の対象となる。

第2項

第1項第2号のエレベーター強度検証法に関して定めたものである。

第1号

主要な支持部分並びにかご枠及びかごの床版（以下「主要な支持部分等」という。）に生ずる力を算定することを求めている。なお，固定荷重及び積載荷重は次条による。

第2号

本号は，各部材の応力度の計算を規定したものである。

表中の式は，応力度を計算するために考慮すべき荷重を設定する式である。昇降する部分以外の固定荷重G_1（静荷重：マシンビーム等を介して建築の躯体に固定して取り付けられる機器等の自重による荷重），昇降する部分の固定荷重G_2（動荷重：かご，釣合おもり等の自重）及び積載荷重Pのうち，G_2及びPは通常の昇降時の加減速度による荷重の割り増しα_1及び安全装置が作動した場合のエレベーターの急停止時の減速度による荷重の割り増しα_2を考慮しなければならない。なお，α_1及びα_2は，H12建告第1414号による。

第3号

主要な支持部分等に使用する材料の破壊強度をH12建告第1414号に規定する安全率で除した値をその材料の許容応力度とし，第2号で算出した各応力度が，それぞれの材料の許容応力度を超えないことを定めている。

この場合，摩損及び疲労破壊の生ずるおそれのない部材では，設置時と使用時を分ける必要はないが，摩損及び疲労破壊の生ずるおそれのある部材では，設置時と使用時に分け，それぞれに対応する安全率により検討することが必要である。

第4号

第1項第1号ロにおいて，摩損又は疲労破壊が生ずるおそれのある部分，すなわち主索及び主索の端部は，通常の昇降時や安全装置が作動した時の衝撃でかごが落下するような損傷が生じてはならないとされており，また，第3項第2号において，2本以上の主索でかごを吊ることとされている。

本号は，かごを吊っている2以上の主索及び主索の端部（又はくさり及びくさりの端部）のうち一つがないものとしても，かごが落下しないことを定めているものである（限界安全率）。設置時及び使用時の限界安全率は，H12建告第1414号に規定されている。

第3項

第1項及び第2項に定めるもののほか，エレベーターのかご及び主要な支持部分に必要な基準を定めたものである。

第1号

温泉地など腐食性のガスが発生する場所や，湿度の高い場所など，エレベーターの設置環境に応じ，腐食又は腐朽対策を講ずることを規定したものである。

第2号

本号は，2本以上の主索（又はくさり，以下「主索等」という。）でかごを吊ることを規定したものである。また，2本の主索等のうち，1本が破断した場合であっても，他の1本でかごを吊ることができることを規定している。

第3号

地震などの震動によって，かご及び釣合おもりの案内装置（ガイドシューなど）がガイドレールから外れることを防止することを規定したものである。具体の構造方法については，H20国交告第1494号に規定されている。

第4号

地震などの震動によって，主索が綱車又は巻胴から外れることを防止することを規定したものである。具体の構造方法については，H20国交告第1498号に規定されている。

第5号

地震その他の震動により，釣合おもりが脱落することを防止することを規定したものである。具体の構造方法については，H25国交告第1048号に規定されている。

第6号

地震その他の震動によりエレベーターの主要な支持部分に破損や損壊等が生じないことを構造計算によって確認することを規定したものである。構造計算の基準は，H25国交告第1047号に規定されている。

第7号

建築物の外壁に沿って，周壁の一部がない昇降路に設けるエレベーターでは，かご，レールなどの昇降路内のエレベーター機器等は，風圧に対する安全性を確認する必要がある。構造計算の基準はH12建告第1414号に規定されている。

（エレベーターの荷重）

令第129条の5　エレベーターの各部の固定荷重は，当該エレベーターの実況に応じて計算しなければならない。

2　エレベーターのかごの積載荷重は，当該エレベーターの実況に応じて定めなければならない。ただし，かごの種類に応じて，次の表に定める数値（用途が特殊なエレベーターで国土交通大臣が定めるものにあつては，当該用途に応じて国土交通大臣が定める数値）を下回つてはならない。

<table>
<tr><th colspan="2">かごの種類</th><th>積載荷重（単位　ニュートン）</th></tr>
<tr><td rowspan="3">乗用エレベーター（人荷共用エレベーターを含み，寝台用エレベーターを除く。以下この節において同じ。）のかご</td><td>床面積が1.5平方メートル以下のもの</td><td>床面積1平方メートルにつき3,600として計算した数値</td></tr>
<tr><td>床面積が1.5平方メートルを超え3平方メートル以下のもの</td><td>床面積の1.5平方メートルを超える面積に対して1平方メートルにつき4,900として計算した数値に5,400を加えた数値</td></tr>
<tr><td>床面積が3平方メートルを超えるもの</td><td>床面積の3平方メートルを超える面積に対して1平方メートルにつき5,900として計算した数値に13,000を加えた数値</td></tr>
<tr><td colspan="2">乗用エレベーター以外のエレベーターのかご</td><td>床面積1平方メートルにつき2,500（自動車運搬用エレベーターにあっては，1,500）として計算した数値</td></tr>
</table>

（平12政211・追加，平12政312・一部改正）

本条は，エレベーターのかご及び主要な支持部分の強度検証を行う場合に使用する固定荷重及び積載荷重の設定方法を規定している。

第1項

固定荷重は，エレベーターを構成する駆動装置，支持はり（マシンビーム），主索，かご枠，かご室，床版，かごの付属機器，釣合おもり，釣合ロープ，釣合ロープ用張り車，移動ケーブル等のそれぞれの荷重をいう。

第2項

積載荷重は，かごに乗り込む利用者，荷物，自動車等の荷重をいう。

かごの積載荷重はエレベーターの用途ごとに本項で定められた計算方法により求められる値を下回ってはならない。エレベーターの用途に応じた考え方は次の①～④による。

①　乗用エレベーター（人荷共用エレベーターを含む）

人荷用エレベーターについては，人が通常利用するため乗用エレベーターと同じ考え方で算出する。

②　寝台用エレベーター

実況に応じた積載荷重は，寝台，ストレッチャー等を用いることで比較的軽く見込まれることも想定されるが，床面積1㎡あたり2,500Nとして計算した数値を下回ってはならない。病院等で寝台を使用しない利用者のみが通常利用することが想定されるエレベーターは，寝台用エレベーターではなく，①の乗用エレベーターとして計算する。

③　荷物用エレベーター

実況に応じた積載荷重は，想定する荷物により比較的軽く見込まれることも想定されるが，床面積1㎡あたり2,500Nとして計算した数値を下回ってはならない。

④　自動車運搬用エレベーター

実況に応じた積載荷重は，想定する自動車により比較的軽く見込まれることも想定されるが，床面積1㎡あたり1,500Nとして計算した数値を下回ってはならない。

なお，積載荷重の計算に用いる床面積には，かご内に設ける付属品（手すり，いす等）の突出部の面積も含める必要がある。

特殊な用途に用いられるエレベーターの積載荷重は，H12建告第1415号に定められている。

（エレベーターのかごの構造）

令第129条の6　エレベーターのかごは，次に定める構造としなければならない。

一　各部は，かご内の人又は物による衝撃に対して安全なものとして国土交通大臣が定めた構造方法を用いるものとすること。

二　構造上軽微な部分を除き，難燃材料で造り，又は覆うこと。ただし，地階又は3階以上の階に居室を有さない建築物に設けるエレベーターのかごその他防火上支障のないものとして国土交通大臣が定めるエレベーターのかごにあつては，この限りでない。

三　かご内の人又は物が釣合おもり，昇降路の壁その他のかご外の物に触れるおそれのないものとして国土交通大臣が定める基準に適合する壁又は囲い及び出入口の戸を設けること。

四　非常の場合においてかご内の人を安全にかご外に救出することができる開口部をかごの天井部に設けること。

五　用途及び積載量（キログラムで表した重量とする。以下同じ。）並びに乗用エレベーター及び寝台用エレベーターにあつては最大定員（積載荷重を前条第2項の表に定める数値とし，重力加速度を9.8メートル毎秒毎秒と，１人当たりの体重を65キログラムとして計算した定員をいう。第129条の13の３第３項第９号において同じ。）を明示した標識をかご内の見やすい場所に掲示すること。

（昭33政283・追加，昭34政344・昭45政333・一部改正，平12政211・旧第129条の５繰下・一部改正，平12政312・平20政290・一部改正）

本条は，エレベーターのかごの構造を定めたものである。

第１号

かごの壁，囲いその他の部分に用いる材料は，十分な強度を有するとともに，その取り付けが十分強固であることが要求され，かご内の人や物による衝撃に十分耐えられるように造らなければならないことを規定している。具体の構造方法については，H20国交告第1455号に規定されている。

第２号

防火上の観点から，かごは構造上軽微な部分（操作盤，表示装置，連絡装置，放送設備，照明器具，換気冷暖房装置等）を除き，難燃材料（準不燃材料及び不燃材料も含む。）で造るか，又は覆わなければならないことを規定している。ここで，「難燃材料で造る」とは，当該部分に難燃材料そのものを用いて造ることであり，「覆う」とは，造られたもの，すなわちかごの表面を難燃材料で覆うことである。

なお，本号の適用除外となるエレベーターは，H12建告第1416号に定められている。

第３号

かごの壁又は囲い及び出入口の戸は，安全を確保するために，かご内の人又は物が，釣合おもり，昇降路等のかごの外のものに触れない構造とすることを規定している。

具体の構造方法については，H20国交告第1455号に規定されている。

第４号

故障，停電等非常の場合，かご内の人を救出するためにかごの出入口の戸以外に，かご天井救出口を設けなければならない旨を規定している。その大きさは人の救出に支障のない程度の大きさにすることが必要である（最小幅0.4m，かつ，面積が0.2㎡以上とするのが一般的である。）。

また，救出はかごの外から行うことから，この救出口のふたはかご内からは開けられず，かごの外からは工具等を用いずに容易に開けられる構造とすべきであり，この救出口が開いているときはエレベーターの運転を不能とするスイッチを設ける必要がある。

第5号

エレベーターの用途により積載荷重が異なり，用途以外の使用による危険を防止するため，用途と積載量を併せて明示しなければならない。それらを明示する標識は，かご内の見やすい場所に掲示しなければならない。荷物用及び自動車用にあっては，荷扱者及び運転者に注意を与えるため，乗場にもその表示をすることが望ましい。

乗用エレベーター（人荷共用エレベーターを含む。）及び寝台用エレベーターでは，エレベーターの利用者に乗りうる人数の限度をよく知らせるため，前記標識を掲示するほか積載量を定員に換算して同様に明示する必要がある。

（エレベーターの昇降路の構造）

令第129条の7　エレベーターの昇降路は，次に定める構造としなければならない。

一　昇降路外の人又は物が籠又は釣合おもりに触れるおそれのないものとして国土交通大臣が定める基準に適合する壁又は囲い及び出入口（非常口を含む。以下この節において同じ。）の戸を設けること。

二　構造上軽微な部分を除き，昇降路の壁又は囲い及び出入口の戸は，難燃材料で造り，又は覆うこと。ただし，地階又は3階以上の階に居室を有さない建築物に設けるエレベーターの昇降路その他防火上支障のないものとして国土交通大臣が定めるエレベーターの昇降路にあつては，この限りでない。

三　昇降路の出入口の戸には，籠がその戸の位置に停止していない場合において昇降路外の人又は物の昇降路内への落下を防止することができるものとして国土交通大臣が定める基準に適合する施錠装置を設けること。

四　出入口の床先と籠の床先との水平距離は，4センチメートル以下とし，乗用エレベーター及び寝台用エレベーターにあつては，籠の床先と昇降路壁との水平距離は，12.5センチメートル以下とすること。

五　昇降路内には，次のいずれかに該当するものを除き，突出物を設けないこと。

イ　レールブラケット又は横架材であつて，次に掲げる基準に適合するも

の
⑴　地震時において主索その他の索が触れた場合においても，籠の昇降，籠の出入口の戸の開閉その他のエレベーターの機能に支障が生じないよう金網，鉄板その他これらに類するものが設置されていること。
⑵　⑴に掲げるもののほか，国土交通大臣の定める措置が講じられていること。
ロ　第129条の2の4第1項第3号ただし書の配管設備で同条の規定に適合するもの
ハ　イ又はロに掲げるもののほか，係合装置その他のエレベーターの構造上昇降路内に設けることがやむを得ないものであつて，地震時においても主索，電線その他のものの機能に支障が生じないように必要な措置が講じられたもの

（昭33政283・追加，昭45政333・昭55政196・一部改正，平12政211・旧第129条の6繰下・一部改正，平12政312・平17政192・平20政290・令元政30・一部改正）

本条は，昇降路の構造を定めたものである。

第1号

昇降路外の人又は物が，昇降路内を移動する籠又は釣合おもりに触れたり，昇降路内に落下したりしないよう周囲には強固な壁又は囲いを設け，かつ，出入口には必ず戸を設けることを規定したものである。非常口は，昇降路に設置する非常着床用出入口や昇降路救出口等の非常時に使用する出入口すべてを指す。

構造方法の詳細はH20国交告第1454号に規定されている。

第2号

昇降路が上下方向の延焼経路とならないようにすること，また，昇降路そのものを外部の火災から保護することにより昇降機装置等の安全を図るために設けられた規定であり，昇降路の壁又は囲い及び出入口の戸は，構造上軽微な部分（電線類，乗場インジケーター，乗場ボタン，乗場戸の先端の緩衝ゴム等）を除き，難燃材料（準不燃材料及び不燃材料も含む。）で造るか，又は覆わなければならないことを規定している。

なお，本号の適用除外となるエレベーターが，H12建告第1416号に定められてい

る。

昇降路を防火区画する必要がある場合には，令第112条の関係規定に適合したものとすること。

第3号

昇降路の出入口の戸は，籠が着床していないときは，かぎを用いなければ昇降路外から解錠することができない施錠装置を設けなければならない。

構造方法の詳細はH20国交告第1447号に規定されている。

第4号

エレベーターの出入口部分において人がつまずいたり，物が昇降路内に落ち込むことを防ぐため，出入口の床先とかごの床先とのすき間の幅を4㎝以下と規定するとともに，乗用，寝台用エレベーターにあっては，籠が停電，故障等により出入口と離れた位置に停止した場合に，利用者が籠の戸を開け昇降路に転落することを防ぐため，かごの床先と昇降路壁との幅を12.5㎝以下と規定している。

籠の床先と昇降路壁とのすき間が12.5㎝を超える場合は，出入口の有効幅に約10㎝（片側約5㎝）を加えた幅で，金属製の板等の保護面を設け，この保護面とかごの床先とのすき間を12.5㎝以下とすることが必要である（図6―5）。

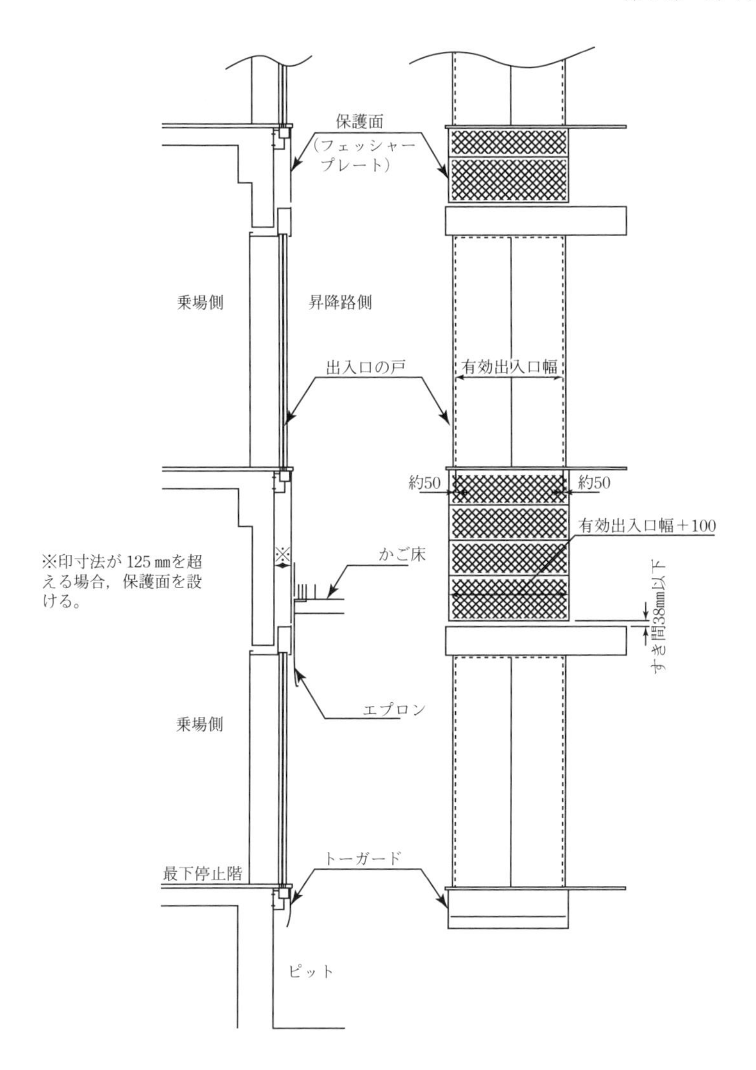

国土交通省住宅局建築指導課監修，（一財）日本建築設備・昇降機センター，（一社）日本エレベーター協会編集『昇降機技術基準の解説2016年版』（平成28年）

図6－5　昇降路保護面の例（フェッシャープレート）

第5号

主索，調速機ロープ，釣合ロープ（又は釣合くさり），移動ケーブル等が地震により揺動し，昇降路内の突出物に引っ掛かり，エレベーターの運行に支障を生ずることがないよう，昇降路内には，次の①から③のものを除き，突出物を設けないようにしなければならないことを規定したものである。

① レールブラケット又は横架材で，金網，鉄板等による保護や，H20国交告第1495号に定める鉄線，鋼線又は鋼索等による保護がなされたもの

② H17国交告第570号の規定に適合する配管設備又は国土交通大臣の認定を受けた配管設備

③ 係合装置やスイッチ類等の，やむを得ず昇降路内に設けるもので，プロテクターによる保護等により，地震時においても主索等の機能に支障がないようひっかかり防止措置されたもの（図6－6）

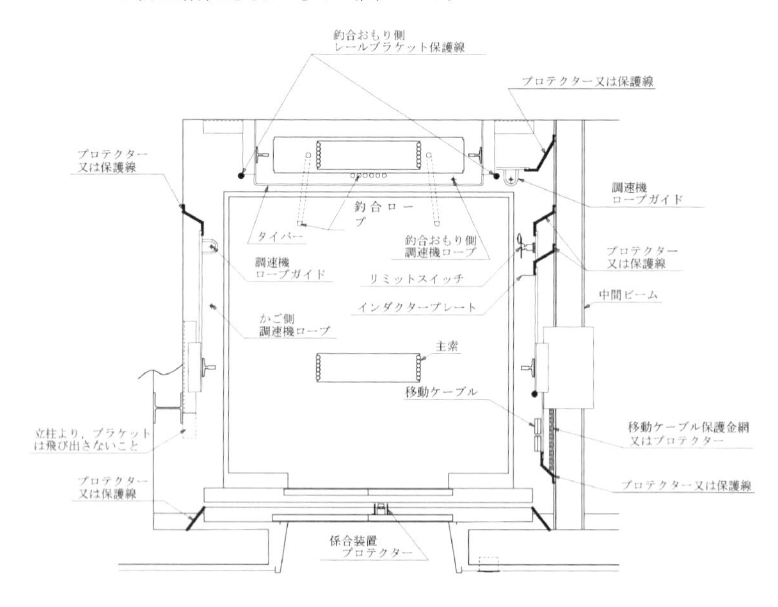

国土交通省住宅局建築指導課監修，（一財）日本建築設備・昇降機センター，（一社）日本エレベーター協会編集『昇降機耐震設計・施工指針　2016年版』（平成28年）より転載

図6－6　昇降路内機器突出物に対する保護措置例

（エレベーターの駆動装置及び制御器）

令第129条の8　エレベーターの駆動装置及び制御器は，地震その他の震動によつて転倒し又は移動するおそれがないものとして国土交通大臣が定める方法により設置しなければならない。

2　エレベーターの制御器の構造は，次に掲げる基準に適合するものとして，国土交通大臣が定めた構造方法を用いるもの又は国土交通大臣の認定を受けたものとしなければならない。

一　荷重の変動によりかごの停止位置が著しく移動しないこととするものであること。

二　かご及び昇降路のすべての出入口の戸が閉じた後，かごを昇降させるものであること。

三　エレベーターの保守点検を安全に行うために必要な制御ができるものであること。

（平12政211・追加，平12政312・平20政290・一部改正）

本条はエレベーターの駆動装置及び制御器の設置方法並びに制御器の構造方法を定めたものである。

ロープ式エレベーターの駆動装置とは，駆動電動機，減速機，綱車，制動装置（ブレーキ）及びそれぞれの付属品で構成された装置であり，トラクション式エレベーター及び巻胴式エレベーターでは巻上機ともいう。また，油圧エレベーターでは，油圧パワーユニット（ポンプ，流量制御弁，逆止弁，安全弁，油タンク及び主電動機を主たる構成要素とするユニット）をいう。

また，制御器とは，受電盤，制御盤，群管理盤，信号盤，電力変換装置，階床選択機等で，かごの運転（階床間の走行・減速・床合わせ，保守運転等），かご停止中のかご位置の保持，戸の開閉等を指令する装置である。

第1項

本規定は，エレベーターの駆動装置及び制御器が，地震その他の震動によって転倒又は移動しないように，床又は壁等の構造体に堅固に取り付けることを規定している。

機器の固定方法や固定部品の強度評価基準等，設置方法の詳細は，H21国交告第703号に規定されている。

また，油圧エレベーターは，油圧ジャッキ（シリンダー及びプランジャーを組み合わせたもの）や圧力配管についても，地震その他の震動により損傷を受けないよう適切な措置を講ずる必要がある。

駆動装置や制御器がかごや釣合おもりに搭載されている方式のエレベーター（例：段差解消機，いす式階段昇降機）は，かごや釣合おもりに固定された状態で，地震等の震動や運転時の衝撃等に対して転倒又は移動のないようにしなければならない。

第2項

ロープ式エレベーター，油圧式エレベーター等の制御器の機能は，かごの運転，かご停止中のかご位置の保持，戸の開閉等を指令することであり，具体的な構造方法は，H12建告第1429号に規定されている。この告示によらないエレベーターの制御器の構造方法は，すべて法第68条の26による国土交通大臣の認定を受けることとなる。

第1号

利用者の乗降時や荷物の積み下ろし時にかごが移動すると危険なので，かご停止時のかご位置保持装置（ロープ式エレベーターのブレーキ，油圧エレベーターの逆止弁が該当）の設置を義務づけ，その保持能力を規定している。

第2号

かご及び昇降路のすべての出入口の戸が閉じた後でなければ，かごの運転回路が動作しないよう，ドアスイッチを設けなければならない。このドアスイッチは，昇降路の乗場出入口がない階に設ける昇降路救出口の戸にも必要である。ただし，自動床合わせ方式（かごと当該階の床面との絶対位置を検知する装置を設け，ドアが開いている状態で製造者が定める値以上に降下（又は上昇）した場合に，再床合わせを行う方式）のエレベーターで，各乗場の敷居及びかごの敷居の下につま先保護板を設けていれば，床合わせ時に，その床合わせ範囲内（概ね±75㎜以内）で乗場及びかごの戸は開動作をしても差し支えない。

第3号

かごが不用意に動き出す，あるいは操作設備の故障で止まらなくなった場合に備え，かご内及びかご上において動力を切ることができる停止スイッチを設けることを定めている。かご上に設ける理由は，昇降路内機器の点検作業やかご天井救出口を活用した救出作業を想定しているためである。

これらのスイッチは，自動復帰せず，誤用，いたずら等の防止措置を施すことが望ましい。

（エレベーターの機械室）

令第129条の９　エレベーターの機械室は，次に定める構造としなければならない。

一　床面積は，昇降路の水平投影面積の２倍以上とすること。ただし，機械の配置及び管理に支障がない場合においては，この限りでない。

二　床面から天井又ははりの下端までの垂直距離は，かごの定格速度（積載荷重を作用させて上昇する場合の毎分の最高速度をいう。以下この節において同じ。）に応じて，次の表に定める数値以上とすること。

定格速度	垂直距離 （単位　メートル）
60メートル以下の場合	2.0
60メートルをこえ，150メートル以下の場合	2.2
150メートルをこえ，210メートル以下の場合	2.5
210メートルをこえる場合	2.8

三　換気上有効な開口部又は換気設備を設けること。

四　出入口の幅及び高さは，それぞれ，70センチメートル以上及び1.8メートル以上とし，施錠装置を有する鋼製の戸を設けること。

五　機械室に通ずる階段のけあげ及び踏面は，それぞれ，23センチメートル以下及び15センチメートル以上とし，かつ，当該階段の両側に側壁又はこれに代わるものがない場合においては，手すりを設けること。

（昭33政283・追加，昭45政333・一部改正，平12政211・旧第129条の８繰下・一部改正）

本条は，エレベーターの機械室の構造を定めたものである。機械室とは，巻上機，制御盤，調速機等のエレベーターの運行をつかさどる機器を配置した室をいう。近年主流となっている機械室のないエレベーターの構造は，Ｈ12建告第1413号第１第３号に規定されている。

第１号

機械の適正な配置及び保守管理を図るため，エレベーターの機械室の床面積を原則として昇降路の水平投影面積の２倍以上とすることを規定したものである。ここで，昇降路の水平投影面積は，昇降路の有効面積（図６―７斜線部分）とする。

ただし，自動車用エレベーター，寝台用エレベーターといった積載荷重に対してかごが大きいものの場合，複数台のエレベーターを同一機械室内の機器で運転する場合等，機器の配置スペースに余裕があり，機器の配置及び管理に支障がない場合には，床面積は必ずしも昇降路の面積の2倍なくともよい。

なお，「機械の配置及び管理に支障がない」とは，機器の設置，運転，維持保全作業，必要な部品の交換，検査及び非常時の対応が適切に行えることである。

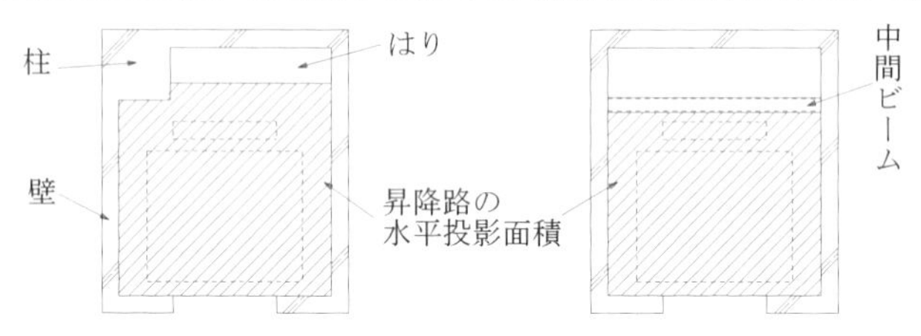

国土交通省住宅局建築指導課監修，（一財）日本建築設備・昇降機センター，（一社）日本エレベーター協会編集『昇降機技術基準の解説2016年版』（平成28年）

図6－7　昇降路の水平投影面積

第2号

機械室に設置されるエレベーターの巻上機，制御盤等の機器については，一般に定格速度が大きくなると，これらの機器の寸法が大きくなる。機器の保全や据付け，交換時等の作業を考慮し，床面から天井又ははりの下端までの垂直距離は，本号の表に定める数値以上にしなければならない。

第3号

機械室は，電動機，抵抗器等の発熱により室温が高くなり，機器の機能，寿命に影響するだけでなく，夏期には特に作業環境上，保守や検査にも支障を生ずるおそれがあるため，換気上有効な開口部又は換気装置を設けることとしている。これら開口部又は換気装置は，室温を40℃以下に保持できるよう機器の発熱量に見合ったものとすることが望ましい。適当な換気窓，ガラリ等が設けられない場合や，これらによる自然換気では不十分な場合には，機械室には強制換気装置又は空調装置を設けなければならない。

第4号

機械室の出入口は，保守用具を携えた保守員の出入りに支障がないよう，また機器等の搬出・搬入に十分な大きさを確保するため，幅70cm以上，高さ1.8m以上にしなければならない。また，維持管理，延焼防止，雨水浸入防止等を考慮して，関係者以外の者が出入りしないよう施錠できる鋼製の戸を設けなければならない。

なお，エレベーターの機械室は，本号の趣旨に鑑み，他の装置（空調機器，給排水機器，電気設備等）の機械室との共用やエレベーターに直接関係のない物品の保管のための室として使用したり，他の部屋への通路として使用すること等は想定していない。やむを得ず他の装置の機械室，設備に至る通路として一部を使用する場合には，エレベーターに関係ない者が機器に触れるおそれのないよう離隔する必要がある。また，他の装置の機械室等を経由してエレベーター機械室に至る場合には，出入口同様，幅70cm以上高さ1.8m以上の通路を確保する。

第5号

機械室に通ずる階段は，保守点検や定期検査等，維持管理のためしばしば用いられるもので，保守員等に安全な傾斜階段が必要なため，階段のけあげは23cm以下，踏面は15cm以上とし，階段の両側には側壁又はこれに代わるものか，これらに代わる手すりを設けなければならない。したがって，垂直タラップを用いて機械室へ行くことは認められない。なお，機械室への通路にクーリングタワーなどの横走り配管などがある場合は，乗越え階段を設ける必要がある。

（エレベーターの安全装置）

令第129条の10　エレベーターには，制動装置を設けなければならない。

2　前項のエレベーターの制動装置の構造は，次に掲げる基準に適合するものとして，国土交通大臣が定めた構造方法を用いるもの又は国土交通大臣の認定を受けたものとしなければならない。

一　かごが昇降路の頂部又は底部に衝突するおそれがある場合に，自動的かつ段階的に作動し，これにより，かごに生ずる垂直方向の加速度が9.8メートル毎秒毎秒を，水平方向の加速度が5.0メートル毎秒毎秒を超えることなく安全にかごを制止させることができるものであること。

二　保守点検をかごの上に人が乗り行うエレベーターにあつては，点検を行う者が昇降路の頂部とかごの間に挟まれることのないよう自動的にかごを制止させることができるものであること。

3　エレベーターには，前項に定める制動装置のほか，次に掲げる安全装置を設けなければならない。

一　次に掲げる場合に自動的にかごを制止する装置

イ　駆動装置又は制御器に故障が生じ，かごの停止位置が著しく移動した

場合
ロ　駆動装置又は制御器に故障が生じ，かご及び昇降路のすべての出入口の戸が閉じる前にかごが昇降した場合
二　地震その他の衝撃により生じた国土交通大臣が定める加速度を検知し，自動的に，かごを昇降路の出入口の戸の位置に停止させ，かつ，当該かごの出入口の戸及び昇降路の出入口の戸を開き，又はかご内の人がこれらの戸を開くことができることとする装置
三　停電等の非常の場合においてかご内からかご外に連絡することができる装置
四　乗用エレベーター又は寝台用エレベーターにあつては，次に掲げる安全装置
イ　積載荷重に1.1を乗じて得た数値を超えた荷重が作用した場合において警報を発し，かつ，出入口の戸の閉鎖を自動的に制止する装置
ロ　停電の場合においても，床面で１ルクス以上の照度を確保することができる照明装置
4　前項第１号及び第２号に掲げる装置の構造は，それぞれ，その機能を確保することができるものとして，国土交通大臣が定めた構造方法を用いるもの又は国土交通大臣の認定を受けたものとしなければならない。
（平12政211・追加，平12政312・平20政290・一部改正）

本条は，エレベーターの安全装置の設置義務を定めたものである。

第１項

ここでいう制動装置とは，正常運転状態を逸脱したときにかごを制動・停止させる装置をいい，代表的なものとして次の①から⑤に掲げるものがある。

① 動力が切れた場合，ドアスイッチが開いた場合，戸開走行保護装置（第３項第一号の解説参照。）が働いた場合等に作動するブレーキ
② かごの速度を検知し，異常な過速のときに動力を切り，ブレーキや非常止め装置を作動させる調速機
③ 主索が切断したとき等，異常な過速のときにレールを把持してかごを止める非常止め装置
④ かごが終端階を行き過ぎた場合に，かごが昇降路の頂部又は底部に衝突しないうちにかごを停止させるリミットスイッチ

⑤　かご又は釣合おもりが，何らかの原因で最下階を行き過ぎて昇降路の底部に衝突した場合に，衝撃を和らげるための緩衝器（バッファー）

第2項

制動装置の構造は，以下の第1号及び第2号に適合するものとして，H12建告第1423号で定められた構造によるか，又は法第68条の26による国土交通大臣の認定を受けたものによる。

第1号

かごを昇降路の頂部や底部に衝突することなく，安全に減速・停止させるため，制動装置は，自動的かつ段階的に作動して，かごを規定の減速度以下の減速度で停止させるものであることを規定している。

具体には，H12建告第1423号により，第1において，かごを主索でつり，その主索を綱車又は巻胴で動かすエレベーターについて，制動装置構造方法の類型と頂部すき間及びピットの深さが同規定に掲げる基準に該当すること等とした上で，第2において，制動装置の構造方法は，調速機，ブレーキ，非常止め装置，リミットスイッチ，緩衝器等の安全装置を設けた構造とすることとしている。このうち，調速機，非常止め装置，緩衝器の一般的な構造については，それぞれJIS A4304―2016，JIS A4305―2016，JIS A4306―2016に規定されている。なお，H12建告第1423号第2に定められているこれらの装置は機械的に動作するものを想定しており，プログラムで制御するものは，法第68条の26による国土交通大臣の認定を必要とする。

また，垂直方向だけでなく水平方向の減速度も定めているのは，斜行エレベーターのような移動方向が垂直方向だけではないエレベーターを想定しているためである。これらに求められる制動装置は他のエレベーターと同様にH12建告第1423号に定めた構造方法を用いるものとする又は大臣認定を必要とする。

第2号

第1号は，通常運転時のかご内の利用者の安全確保を目的として定めたものであるが，本号は，かご上の保守員等の保護を目的としたものである。かご上に乗って保守作業を行う場合に，保守員がかごと昇降路の頂部の間に挟まれる懸念があるため，頂部すき間を1.2m以上確保した位置でかごを停止させるリミットスイッチ（頂部安全距離確保スイッチ）を設けることとしている。

第3項

第2項の制動装置のほかに，エレベーターの運転上必要な安全装置を規定している。

第1号

本号では，「駆動装置及び制御器に故障が生じ，意図せずかごの位置が著しく移動した場合，又はかご及び昇降路の戸が全て閉じる前に，意図せずかごが昇降した場合にかごを制止させる装置」(戸開走行保護装置，Unintended Car Movement Protectionを略して「UCMP」ともいう。）を義務づけている。

戸開走行保護装置とは，通常の運転制御から独立した戸開走行を検知する装置によって，待機型二重系ブレーキ又は常時作動型二重系ブレーキを作動させ，戸開状態でかごの移動があった場合でも，重大事故に至らないよう所定の距離内にかごを安全に制止させ，利用者の挟まれ及び転落を防止する装置である。なお，油圧エレベーターの場合は，待機型二重系ブレーキ又は常時作動型二重系ブレーキを逆止弁と読み替える。

戸開走行保護装置の機器構成は，「二重系ブレーキ」のほか，挟まれ防止等のために通常の運転制御から独立した「特定距離感知装置」，通常の運転制御とは独立した構成の制御装置として確実に作動するための「戸開走行保護装置回路」を組み合わせたものが一般的である。具体の構造は，第4項の規定によるが，現在のところ告示が定められていないため，すべて法第68条の26による国土交通大臣の認定を受けたものとする必要がある。

第2号

本項では，地震時等に，感知器により鉛直方向又は水平方向に生じた所定の加速度を検知し，地震時管制運転により早期にエレベーターを最寄り階に停止させ，利用者の安全を図り，かつ機器の損傷を防止し，エレベーターを早期復旧させることを定めている。

求められる装置（地震時管制運転装置）の構造方法は，第4項の規定に基づくH20国交告第1536号に定められている。具体には，建築物の基礎に鉛直方向又は水平方向に生ずる0.1m／s^{2}以上3.0m／s^2（震度5強を想定）以下のP波（初期微動）とS波（主要動）の加速度を検知し，かごが昇降している場合にあっては，加速度の検知後10秒以内に，自動的に，最も短い昇降距離で，かごを昇降路の出入口の戸の位置に停止させ，かつ，かごの出入口の戸及び昇降路の出入口の戸を開く（又はかご内の人がこれらの戸を開く）ことができるものであることや，停電時の対策として自家発電源又はバッテリー等の予備電源を設けること等を求めている。H20国交告第1536号によらない場合は，第4項の規定に基づき，法第68条の26による国土交通大臣の認定を受ける必要がある。

第3号

非常の場合にかご内から外部へ連絡するための連絡装置が必要である。このため，電話機，インターホン又は警報ベル等を備え，停電の場合でもかご内の人とかご外部の人との連絡を確保できるようにしなければならない。外部連絡装置が管理人等が常駐していない管理人室又は住戸に設置されている場合は，他の外部連絡装置を共用部にも設置する等の対応を行う必要がある。

第4号

乗用エレベーター又は寝台用エレベーターは，不特定多数の人が利用するので，特に①，②の安全装置を付加することを定めたものである。

① 積載荷重を著しく超えると，予期しないかごの降下等による事故の原因にもなるため，積載荷重の110％を超えた荷重が作用した場合に，超過荷重が解消されるまでブザーや表示灯等で警告するとともに，出入口の戸の閉鎖を自動的に制止してかごの昇降を妨げる過荷重検知装置を設けなければならない。特に，寝台用エレベーターでは，定員に対してかご寸法が大きく，定員以上の人が乗り込むおそれがあり，事故防止に極めて重要である。

② かご内照明装置が断たれた場合，利用者の安全のため，また第3号による外部との連絡装置が操作できるよう，かご内の照明は直ちに停電灯に切り替えられなければならない。停電灯は，かごの床面において1ルクス以上の照度を確保することができるものでなくてはならない。またその照度を30分以上確保できるものとすることが望ましい。

第4項

第3項第1号及び第2号に掲げる装置の構造方法を，国土交通大臣が定めたものとするか，又は法第68条の26による国土交通大臣の認定を受けたものとすることを定めている。第3項第2号の地震時管制運転装置については国土交通大臣が定めたものがあるが（H20国交告等1536号），第3項第1号の戸開走行保護装置については，現在のところ告示が定められていないため，すべて国土交通大臣の認定を受けたものとする必要がある。

（適用の除外）

令第129条の11　第129条の7第4号，第129条の8第2項第2号又は前条第3項第1号から第3号までの規定は，乗用エレベーター及び寝台用エレベーター以外のエレベーターのうち，それぞれ昇降路，制御器又は安全装置について安全上支障がないものとして国土交通大臣が定めた構造方法を用いるものについては，適用しない。

（平25政217・全改）

乗用エレベーター（人荷用エレベーターを含む。）及び寝台用エレベーター以外のエレベーターのうち，安全上支障のない構造方法を用いるものについては，安全装置等の規定の一部を適用除外とするものである。

安全上支障がない構造方法は，昇降路，制御器，安全装置毎に告示において定められ，具体には，物を運搬する昇降機でかご内に人が出入りすることのできないことを明示した標識が掲示されたものであること等が規定されている。

各告示と，適用除外となる政令の規定との対応関係は次表のとおりである。

	安全上支障のない構造方法	適用除外となる政令の規定	
			規定内容
昇降路	H25国交告第1050号	令第129条の7第4号	出入口の床先とかごの床先の水平距離
制御器	H25国交告第1051号	令第129条の8第2項第2号	ドアスイッチ
安全装置	H25国交告第1052号	令第129条の10第3項第1号	戸開走行保護装置
		令第129条の10第3項第2号	地震時管制運転装置
		令第129条の10第3項第3号	外部連絡装置

（エスカレーターの構造）

令第129条の12　エスカレーターは，次に定める構造としなければならない。

一　国土交通大臣が定めるところにより，通常の使用状態において人又は物が挟まれ，又は障害物に衝突することがないようにすること。

二　勾配は，30度以下とすること。

三　踏段（人を乗せて昇降する部分をいう。以下同じ。）の両側に手すりを設け，手すりの上端部が踏段と同一方向に同一速度で連動するようにすること。

四　踏段の幅は，1.1メートル以下とし，踏段の端から当該踏段の端の側にある手すりの上端部の中心までの水平距離は，25センチメートル以下とすること。

五　踏段の定格速度は，50メートル以下の範囲内において，エスカレーターの勾配に応じ国土交通大臣が定める毎分の速度以下とすること。

六　地震その他の震動によつて脱落するおそれがないものとして，国土交通大臣が定めた構造方法を用いるもの又は国土交通大臣の認定を受けたものとすること。

2　建築物に設けるエスカレーターについては，第129条の4（第3項第5号から第7号までを除く。）及び第129条の5第1項の規定を準用する。この場合において，次の表の上欄に掲げる規定中同表の中欄に掲げる字句は，それぞれ同表の下欄に掲げる字句に読み替えるものとする。

第129条の4の見出し，同条第1項各号列記以外の部分，第2項及び第3項並びに第129条の5の見出し及び同条第1項	エレベーター	エスカレーター
第129条の4	かご	踏段
第129条の4第1項第2号	主索で吊るエレベーター，油圧エレベーターその他国土交通大臣が定めるエレベーター	くさりで吊るエスカレーターその他国土交通大臣が定めるエスカレーター
第129条の4第1項第2号及び第2項	エレベーター強度検証法	エスカレーター強度検証法
第129条の4第2項第1号	次条	次条第1項及び第129条の12第3項
第129条の4第2項第2号	次条第2項に規定する積載荷重	第129条の12第3項に規定する積載荷重

3　エスカレーターの踏段の積載荷重は，次の式によつて計算した数値以上としなければならない。

P＝2,600A

（この式において，P及びAは，それぞれ次の数値を表すものとする。

P　エスカレーターの積載荷重（単位　ニュートン）

A　エスカレーターの踏段面の水平投影面積（単位　平方メートル））

4　エスカレーターには，制動装置及び昇降口において踏段の昇降を停止させることができる装置を設けなければならない。

5　前項の制動装置の構造は，動力が切れた場合，駆動装置に故障が生じた場合，人又は物が挟まれた場合その他の人が危害を受け又は物が損傷するおそれがある場合に自動的に作動し，踏段に生ずる進行方向の加速度が1.25メートル毎秒毎秒を超えることなく安全に踏段を制止させることができるものとして，国土交通大臣が定めた構造方法を用いるもの又は国土交通大臣の認定を受けたものとしなければならない。

（昭33政283・追加，昭34政344・昭55政196・一部改正，平12政211・旧第129条の11繰下・一部改正，平12政312・平20政290・平25政217・一部改正）

本条は，エスカレーター（動く歩道を含む。）の構造を定めたものである。ここでいうエスカレーターは，専ら人を運搬する連続階段状のもの（一般に「エスカレーター」と呼ばれるもの。）のほか，歩道状のもの（一般に「動く歩道」と呼ばれるもの。）を含む総称である。また，「特殊な構造又は使用形態のエスカレーター」として，H12建告第1413号第2に「勾配が30度を超えるエスカレーター」，「踏段の幅が1.1mを超えるエスカレーター」，「速度が途中で変化するエスカレーター」の構造について定めている。

第1項第1号

踏段（エスカレーターの場合には踏段というが，動く歩道の場合は段差がないため，一般に踏板という。）側部とスカートガード，踏段と踏段等各部分間のすき間は，人や物がはさまれることのないように十分狭くし，また，天井やはり，他のエスカレーターの下面等との交差部には，利用者の頭や手があたったり，はさまれたりしないように，適切な保護板を設けることを規定したものである。

構造方法の詳細はH12建告第1417号第1第1号から第3号までに規定されている。

なお，通常の使用状態とは，一般的には製造者が定める使用方法に沿った利用を想定しているが，そのときの社会の状況によって変わり得ることに留意すべきである。注意喚起等運用上のソフト対策によって防ぐことが困難なものは，例えば，三角保護版の設置のように，ハード対策を講じることとなる。

第2号

急停止・昇降時のショックによる転倒その他の危険を考慮し，勾配は30度以下と定められている。なお，特殊な構造又は使用形態のエスカレーターの構造方法を定めたH12建告第1413号第2第1号により，勾配は，揚程や速度等一定の条件のもとに35度以下とすることができる。

なお,動く歩道の勾配は,H12建告1417号第２により45m／s以下の条件のもと,15度以下とされている。

第３号

踏段の両側には，利用者がつかまることができるよう手すり（欄干）を設け，かつ，欄干の上端部（ハンドレール）は，踏段と同一方向に同一速度で連動しなければならない。また，容易に伸びたり切断したりしない構造のものとする必要がある。

第４号

エスカレーターの踏段の幅は1.1m以下とし，踏段の側端からハンドレールの中心までの水平距離は，利用者の手がハンドレールに容易に届くよう片側で25cm以下としなければならない(図６－８)。なお，動く歩道の踏段の幅は，H12建告第1413号第２第２号により1.1mを超えることができるが，勾配を４度以下，隣接踏段間の段差を４mm以下とし，踏板の幅は1.6m以下，ハンドレール中心間の水平距離は踏板幅＋0.5m以下としなければならない。

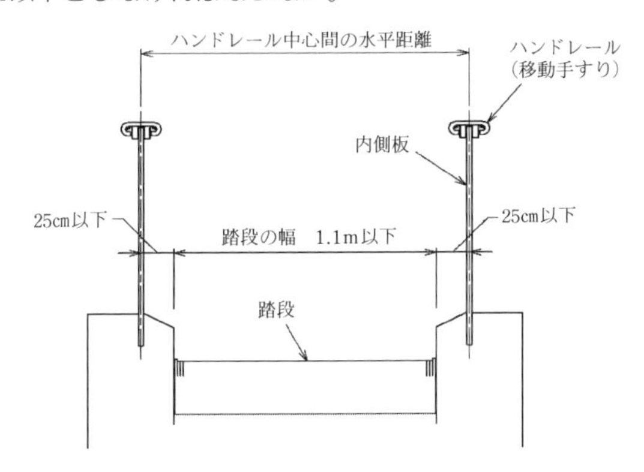

国土交通省住宅局建築指導課監修，（一財）日本建築設備・昇降機センター，（一社）日本エレベーター協会編集『昇降機技術基準の解説2016年版』（平成28年）

図６－８　ハンドレール中心間の水平距離

第５号

エスカレーターの定格速度（踏段に何も乗せない状態で上昇するときの速度をいう。）は，50m/min以下と規定されており，この範囲内で，H12建告第1417号第２において，勾配に応じた定格速度が規定されている。また，特殊な構造又は使用形態のエスカレーターとして，勾配が30度を超えるものについては，H12建告第1413

号第2第1号において30m/min，かつ，揚程が6m以下と規定されている。

第6号

大規模地震時等において，エスカレーター本体が脱落しない構造とすることを規定し，具体にはH25国交告第1046号に定められている。同告示の規定によらない場合は，国土交通大臣の認定を受けなければならない。

第2項

本項は，エスカレーターの構造上主要な部分の構造要件や強度検証法を，エレベーターに関する令第129条の4（第3項第5号から第7号までを除く。）及び令第129条の5第1項の規定を読み替えて適用するとしたものである。

第3項

エスカレーターの主要な支持部分等である踏段又はベルト，踏段を支持するトラス又ははり，踏段を駆動しているくさり（ベルト式の動く歩道にあってはベルト）の強度検証法において用いる積載荷重を規定したものである。

第4項

エスカレーター（動く歩道を含む。）には，第5項による制動装置及び乗降口でエスカレーターを停止させることができる装置（非常停止ボタン）を設けなければならない。非常停止ボタンは，エスカレーターの両端部の乗降口に，設置場所が分かるようにして設ける必要がある。

第5項

エスカレーターの動力が切れた場合，駆動装置に故障が生じた場合，人や物が挟まれたり損傷を受ける恐れがある場合に作動し，エスカレーターを停止させる制動装置を設けなければならない。

制動装置は，安全装置が作用した場合や駆動装置の故障を検出した場合に，踏段の運転を制止させる機能を有する制動機（ブレーキ）により構成され，制止状態となった場合は，停電又は主開閉器の遮断等があっても制止状態を維持していなければならない。

この制動装置が作動した場合，踏段をその進行方向の減速度が$1.25m/s^2$以下（初速30m/minから減速した場合の停止距離0.1m以上に相当）で停止させなければならない。

構造方法の詳細はH12建告第1424号に規定されている。なお，同告示の規定によらない場合は，国土交通大臣の認定を受けなければならない。

（小荷物専用昇降機の構造）

令第129条の13　小荷物専用昇降機は，次に定める構造としなければならない。

一　昇降路には昇降路外の人又は物がかご又は釣合おもりに触れるおそれのないものとして国土交通大臣が定める基準に適合する壁又は囲い及び出し入れ口の戸を設けること。

二　昇降路の壁又は囲い及び出し入れ口の戸は，難燃材料で造り，又は覆うこと。ただし，地階又は3階以上の階に居室を有さない建築物に設ける小荷物専用昇降機の昇降路その他防火上支障のないものとして国土交通大臣が定める小荷物専用昇降機の昇降路にあつては，この限りでない。

三　昇降路のすべての出し入れ口の戸が閉じた後，かごを昇降させるものであること。

四　昇降路の出し入れ口の戸には，かごがその戸の位置に停止していない場合においては，かぎを用いなければ外から開くことができない装置を設けること。ただし，当該出し入れ口の下端が当該出し入れ口が設けられる室の床面より高い場合においては，この限りでない。

（昭33政283・追加，平12政211・旧第129条の12繰下・一部改正，平12政312・平20政290・一部改正）

本条は，小荷物専用昇降機の構造を定めたものである。

第1号

荷扱い者等の安全確保の観点から，エレベーターと同様に昇降路の構造について規定したものである。

構造方法の詳細はH20国交告第1446号に規定されている。

第2号

エレベーターと同様に，昇降路の壁又は囲い及び出し入れ口について規定したものである。小荷物専用昇降機の昇降路の壁又は囲い及び出し入れ口の戸は，難燃材料（不燃材料及び準不燃材料を含む。）で造るか，又は覆わなければならない。

なお，本号の適用除外となる小荷物専用昇降機が，H12建告第1416号に定められている。

昇降路を防火区画する必要がある場合には，令第112条の関係規定に適合したものとすること。

第3号

すべての出し入れ口の戸が閉じた後でなければかごの運転ができない装置，すなわちドアスイッチを設けなければならない。

第4号

小荷物専用昇降機は，専ら小さい荷物を運ぶ昇降機であり，エレベーターに比べて安全装置などの規定が大幅に緩和されているので，絶対に人がかごに乗り込んだり昇降路内に入ることのないようにしなければならない。

本号は，かごがその階に停止していない場合に，出し入れ口の戸を開いて人が昇降路内に入ったり，転落したりすることがないよう，出し入れ口の戸に施錠装置を設けなければならないことを規定している。ただし，テーブルタイプの小荷物専用昇降機については，当該出し入れ口の下端が当該出し入れ口が設けられる室の床面より高く，人が誤って昇降路に入り込むおそれが少ないことから，必ずしも施錠装置を設けなくてもよいとしている。

第７節　非常用の昇降機

（昇降機）

法第34条　建築物に設ける昇降機は，安全な構造で，かつ，その昇降路の周壁及び開口部は，防火上支障がない構造でなければならない。

２　高さ31メートルをこえる建築物（政令で定めるものを除く。）には，非常用の昇降機を設けなければならない。

（昭34法156・昭45法109・一部改正）

高層建築物において，災害が発生した場合，防火，避難，消火，救出等の対策は，中低層建築物と比較し，困難の度合いが高いところから，建築基準法では防火区画（令第112条参照），特別避難階段等特別の措置を加重している。

その一つとして，消火，救出面については，高層部分は特に外部からの進入を期待することは一般的には極めて困難であること，また，高層部分に対する一般的な消防活動にも一定の限界があることなどから，本項においては，令第129条の13の２に該当するものを除き，高さ31ｍを超える建築物には非常用の昇降機の設置義務を課している。

（非常用の昇降機の設置を要しない建築物）

令第129条の13の２　法第34条第２項の規定により政令で定める建築物は，次の各号のいずれかに該当するものとする。

一　高さ31メートルを超える部分を階段室，昇降機その他の建築設備の機械室，装飾塔，物見塔，屋窓その他これらに類する用途に供する建築物

二　高さ31メートルを超える部分の各階の床面積の合計が500平方メートル以下の建築物

三　高さ31メートルを超える部分の階数が４以下の特定主要構造部を耐火構造とした建築物で，当該部分が床面積の合計100平方メートル以内ごとに耐火構造の床若しくは壁又は特定防火設備でその構造が第112条第19項第１号イ，ロ及びニに掲げる要件を満たすものとして，国土交通大臣が定めた構造方法を用いるもの又は国土交通大臣の認定を受けたもの（廊下に面する窓で開口面積が１平方メートル以内のものに設けられる法第２条第９号の２ロに規定する防火設備を含む。）で区画されているもの

四　高さ31メートルを超える部分を機械製作工場，不燃性の物品を保管する倉庫その他これらに類する用途に供する建築物で主要構造部が不燃材料で造られたものその他これと同等以上に火災の発生のおそれの少ない構造のもの

（昭45政333・追加，昭48政242・平12政211・平12政312・平17政246・平30政255・令元政30・令元政181・令5政280・一部改正）

本条は，法第34条第2項の規定により，非常用の昇降機を設けなくてもよい建築物を規定したものである。すなわち，高さが31mを超える建築物でも，第1号から第4号のいずれかに該当すれば，非常用の昇降機の設置義務はない。

なお，高さ31mを超える部分の解釈は，ある階において地盤面（令第2条第2項）から測った31mのラインが当該階の途中（当該階とその上階の中間よりも下）にある場合，当該階は31mを超える部分に含まれる（図6－9左図）。また31mラインが当該階とその上階の中間よりも上にある場合は，当該階は31mを超える部分に含まない（図6－9右図）。

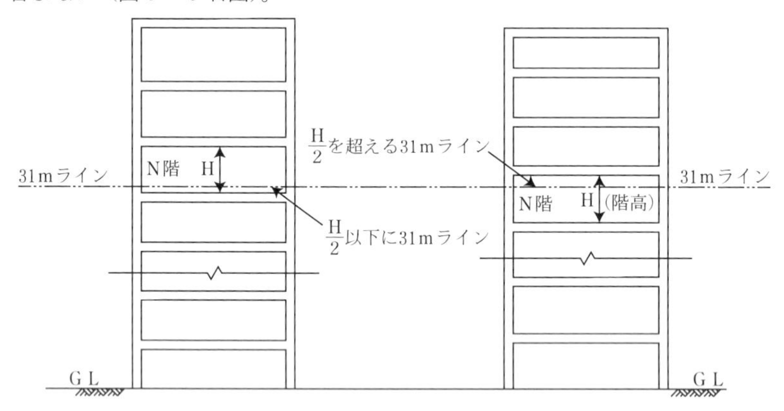

国土交通省住宅局建築指導課監修，（一財）日本建築設備・昇降機センター，（一社）日本エレベーター協会編集『昇降機技術基準の解説2016年版』（平成28年）より転載

図6－9　31mを超える階の説明図

第1号

高さ31mを超える部分を，本号に規定されているような用途に供する建築物においては，これらの用途に供する部分は，通常，人がおらず，また，火災発生の可能性も少ないと考えられる。

第２号

高さ31ｍを超える部分の床面積（令第２条第１項第３号）の合計が500㎡以下のものである。

第３号

高さ31ｍを超える部分が４階以下で，主要構造部を耐火構造とした建築物であって100㎡以内ごとに防火区画されており，延焼防止が期待できるものである。

第４号

主要構造部が不燃材料で造られた機械製作工場，不燃性の物品を保管する倉庫等は，火災の発生・延焼のおそれが少ないとみなされており，高さ31ｍを超える部分をこれらの用途に使用する場合は，非常用の昇降機の設置は不要としている。

（非常用の昇降機の設置及び構造）

令第129条の13の３　法第34条第２項の規定による非常用の昇降機は，エレベーターとし，その設置及び構造は，第129条の４から第129条の10までの規定によるほか，この条に定めるところによらなければならない。

２　前項の非常用の昇降機であるエレベーター（以下「非常用エレベーター」という。）の数は，高さ31メートルを超える部分の床面積が最大の階における床面積に応じて，次の表に定める数以上とし，２以上の非常用エレベーターを設置する場合には，避難上及び消火上有効な間隔を保つて配置しなければならない。

高さ31メートルを超える部分の床面積が最大の階の床面積		非常用エレベーターの数
(1)	1,500平方メートル以下の場合	1
(2)	1,500平方メートルを超える場合	3,000平方メートル以内を増すごとに(1)の数に１を加えた数

３　乗降ロビーは，次に定める構造としなければならない。

一　各階（屋内と連絡する乗降ロビーを設けることが構造上著しく困難である階で次のイからホまでのいずれかに該当するもの及び避難階を除く。）において屋内と連絡すること。

イ　当該階及びその直上階（当該階が，地階である場合にあつては当該階及びその直下階，最上階又は地階の最下階である場合にあつては当該階）が次の(1)又は(2)のいずれかに該当し，かつ，当該階の直下階（当該

階が地階である場合にあつては，その直上階）において乗降ロビーが設けられている階

(1)　階段室，昇降機その他の建築設備の機械室その他これらに類する用途に供する階

(2)　その主要構造部が不燃材料で造られた建築物その他これと同等以上に火災の発生のおそれの少ない構造の建築物の階で，機械製作工場，不燃性の物品を保管する倉庫その他これらに類する用途に供するもの

ロ　当該階以上の階の床面積の合計が500平方メートル以下の階

ハ　避難階の直上階又は直下階

ニ　その主要構造部が不燃材料で造られた建築物の地階（他の非常用エレベーターの乗降ロビーが設けられているものに限る。）で居室を有しないもの

ホ　当該階の床面積に応じ，次の表に定める数の他の非常用エレベーターの乗降ロビーが屋内と連絡している階

当該階の床面積		当該階で乗降ロビーが屋内と連絡している他の非常用エレベーターの数
(1)	1,500平方メートル以下の場合	1
(2)	1,500平方メートルを超える場合	3,000平方メートル以内を増すごとに(1)の数に1を加えた数

二　バルコニーを設けること。

三　出入口（特別避難階段の階段室に通ずる出入口及び昇降路の出入口を除く。）には，第123条第1項第6号に規定する構造の特定防火設備を設けること。

四　窓若しくは排煙設備又は出入口を除き，耐火構造の床及び壁で囲むこと。

五　天井及び壁の室内に面する部分は，仕上げを不燃材料でし，かつ，その下地を不燃材料で造ること。

六　予備電源を有する照明設備を設けること。

七　床面積は，非常用エレベーター1基について10平方メートル以上とすること。

八　屋内消火栓，連結送水管の放水口，非常コンセント設備等の消火設備を

設置できるものとすること。

九　乗降ロビーには，見やすい方法で，積載量及び最大定員のほか，非常用エレベーターである旨，避難階における避難経路その他避難上必要な事項を明示した標識を掲示し，かつ，非常の用に供している場合においてその旨を明示することができる表示灯その他これに類するものを設けること。

4　非常用エレベーターの昇降路は，非常用エレベーター2基以内ごとに，乗降ロビーに通ずる出入口及び機械室に通ずる主索，電線その他のものの周囲を除き，耐火構造の床及び壁で囲まなければならない。

5　避難階においては，非常用エレベーターの昇降路の出入口（第3項に規定する構造の乗降ロビーを設けた場合には，その出入口）から屋外への出口（道又は道に通ずる幅員4メートル以上の通路，空地その他これらに類するものに接している部分に限る。）の1に至る歩行距離は，30メートル以下としなければならない。

6　非常用エレベーターの籠及びその出入口の寸法並びに籠の積載量は，国土交通大臣の指定する日本産業規格に定める数値以上としなければならない。

7　非常用エレベーターには，籠を呼び戻す装置（各階の乗降ロビー及び非常用エレベーターの籠内に設けられた通常の制御装置の機能を停止させ，籠を避難階又はその直上階若しくは直下階に呼び戻す装置をいう。）を設け，かつ，当該装置の作動は，避難階又はその直上階若しくは直下階の乗降ロビー及び中央管理室において行うことができるものとしなければならない。

8　非常用エレベーターには，籠内と中央管理室とを連絡する電話装置を設けなければならない。

9　非常用エレベーターには，第129条の8第2項第2号及び第129条の10第3項第2号に掲げる装置の機能を停止させ，籠の戸を開いたまま籠を昇降させることができる装置を設けなければならない。

10　非常用エレベーターには，予備電源を設けなければならない。

11　非常用エレベーターの籠の定格速度は，60メートル以上としなければならない。

12　第2項から前項までの規定によるほか，非常用エレベーターの構造は，その機能を確保するために必要があるものとして国土交通大臣が定めた構造方法を用いるものとしなければならない。

13　第3項第2号の規定は，非常用エレベーターの昇降路又は乗降ロビーの構造が，通常の火災時に生ずる煙が乗降ロビーを通じて昇降路に流入することを有効に防止できるものとして，国土交通大臣が定めた構造方法を用いるもの又は国土交通大臣の認定を受けたものである場合においては，適用しない。

（昭45政333・追 加，昭62政348・平12政211・平12政312・平20政290・平28政6・令元政44・一部改正）

本条に，高さ31mを超える部分の床面積に応じた非常用エレベーターの所用台数，乗降ロビー及びエレベーターの構造，性能等が規定されている。

第1項

非常用の昇降機をエレベーターに限定したものである。非常用エレベーターは，火災の際に主として消防隊の消火活動，救出作業等に使用されるだけでなく，平常時には乗用又は人荷共用として通常の用途で使用されるので，その構造は非常用としての特殊な構造（第3項以降の各項）を要求されるほか，一般の乗用エレベーターと同じ規定が適用される。すなわち，令第129条の4から第129条の10までとその関連告示の規定の適用を受ける。

第2項

消火活動範囲は床面積が大きいほど増加するので，高さ31mを超える部分で最も面積の大きい階の床面積を基準に，非常用エレベーター所要台数を規定したものである。

なお，設置した2以上の非常用エレベーターが同時に使用不能とならないよう，また，消火不能な部分が生じないよう避難上，消火上有効な間隔を保って配置しなければならない。一般には，令第112条に規定する面積区画内にそれぞれ設けられていれば，有効な間隔を保ったものとみなされる。

ただし，2以上の非常用エレベーターを設けなければならない場合で，高さ31mを超える部分の階の階別の床面積に大きな相異がある場合には，非常用エレベーターの配置は「有効な間隔を保った配置」と階別の床面積に応じ総合的に判断する必要がある。

第3項

消火・救出活動の基地となる乗降ロビーの構造を規定したものである。

第1号

非常用エレベーターが消火活動，避難活動に有効に使用できるためには，すべての階に停止することが望ましく，その乗降ロビーは，各階（避難階を除く。）において屋内と連絡することが必要である。

屋内と連絡する乗降ロビーを設けることが構造上困難で，本号のイからホのいずれかに該当する階には，非常用エレベーターの停止及びその乗降ロビーの設置義務はない。

イ　本号イ⑴又は⑵の用途に使用される階は，火気が少なく，かつ，万が一の避難時でも滞留する人が少ない。このため，これらの階には非常用エレベーターを停止させる必要性は低い。

一方，消火活動や避難者等の救出活動は，一般的に火災階の直下階（地下階の場合は直上階）に前進基地をつくり，可能な限りこの前進基地から行われる。このため，当該階だけでなく前進基地をつくる階も本号イ⑴又は⑵の用途等で非常用エレベーターの停止の必要性の低い階である場合で，当該階に非常用エレベーターの乗降ロビーを設けることが免除される。

当該階の直上階（地下階の場合は直下階）の用途が本号イ⑴又は⑵以外の場合は，その階の消火活動，救出活動に当該階が前進基地とされるので，当該階にも非常用エレベーターの乗降ロビーを設けることが必要である。

ロ　当該階及び当該階より上の階の床面積の合計が500㎡以下の場合は，上階への延焼のおそれが少なく，避難上の負荷も比較的少ないので，当該階を含む500㎡以下の床面積を構成する上階に非常用エレベーターの乗降ロビーを設けなくてもよい。

ハ　避難階及びその直上階又は直下階では，地上から容易に消火活動が行えるため，非常用エレベーターに乗降ロビーを設けなくてもよい。

ニ　本条第２項の規定により，高さ31ｍを超える部分の床面積に応じて，複数台の非常用エレベーターを必要とする建物でも，その主要構造部が不燃材料で造られ，地下階に居室が設けられていなければ，当該地下階には，１台の非常用エレベーターの乗降ロビーが設けられていればよい。

ホ　床面積が小さい階があり，その階に本条第２項の規定による台数の非常用エレベーターの乗降ロビーを設けることが著しく困難な場合は，当該階にはその階の面積に応じた台数の非常用エレベーターが停止すればよい。

第２号

乗降ロビーに煙が充満して安全区画としての機能，消火活動等を阻害することを防止するため，乗降ロビーにはバルコニーを設けなければならない。ただし，第13

項の規定を満足する場合には，バルコニーを設けなくてもよい。

第3号

非常用エレベーターの乗降ロビーの特別避難階段の階段室に通ずる出入口及び昇降路の出入口（すなわち非常用エレベーターの乗り場出入口）以外の出入口には，令第123条第1項第6号の規定に適合する特定防火設備を設けなければならない。

第4号

非常用エレベーターの乗降ロビーは，安全区画としての性能を有しなければならないので，周辺の火熱，煙による影響を最小限とするため，窓又は出入口を除き耐火構造の床及び壁で囲わなければならない。

第5号

非常用エレベーターの乗降ロビーは，延焼による火災を防ぐため，その室内に面する仕上げ材，下地材とも不燃材料としなければならない。

第6号

火災時に停電が発生した場合にも支障なく消火活動を行うことができるよう，非常用エレベーターの乗降ロビーには予備電源を有する照明設備を設けなければならない。

第7号

非常用エレベーターの主目的である消火活動，救出活動のため，非常用エレベーターの乗降ロビーの最低限の面積を規定している。形状はできるだけ正方形に近いものが望ましく，消火機器等の搬入に支障がないように短辺でも2.5m以上は確保する必要がある。

第8号

非常用エレベーターの乗降ロビーの壁面には，通常，屋内消火栓，連結送水管の放水口，非常用コンセント設備等の消火設備を収納するボックスが設置されるので，予めこれらの収納スペースを確保しておく必要がある。

第9号

非常用エレベーターの各階の乗降ロビーには，消防隊の消火活動，救出活動の便宜上，非常用エレベーターである旨の標識及び積載量，最大定員を，また，消防隊の避難及び救出された人の建物外への避難の便宜のため，避難階における避難経路等を表示することが要求されている。

また，消火活動に使用している間は乗場の呼びに応答しないので，非常用として使用中である旨を表示することが必要である。

第4項

昇降路近辺の火災によって非常用エレベーターの運転が阻害されないように，非常用エレベーターの昇降路は2基以内ごとに耐火構造の床及び壁で区画しなければならない。ただし，乗降ロビーに通ずる出入口（すなわち昇降路出入口），機械室に通ずる主索，電線等の周囲のように区画することが不可能な部分は除かれる。また，昇降路に通ずる機械室も2基以内ごとに前述の区画をしなければならない。なお，非常用エレベーターと隣接して設置される一般エレベーターの昇降路，機械室は，非常用エレベーターの昇降路，機械室と耐火構造の壁で区画しなければならない。

第5項

非常用エレベーターとして使用する時は寸秒を争うため，非常用エレベーターは，建築物の外部から進入した消防隊の活用に至便な位置に配置する必要がある。したがって，非常用エレベーターは屋外の出入口の少なくとも1か所から30m以内の距離に配置し，屋外の出入口は消火機材の搬入に支障のないよう，道又は道に準ずる4m以上の通路に接するよう定められている。

第6項

非常用エレベーターの籠及び出入口の寸法並びに籠の積載量は，国土交通大臣の指定する日本工業規格に定める数値以上であることが必要で，S46建告第112号に規定されたJIS　A4301（エレベーターのかご及び昇降路の寸法）—1983中，E—17—COに関する部分と定められている。この規格は表6—2に掲げるとおりである。

表6—2　非常用エレベーターの主要寸法

積載量	1,150kg以上
定員	17名以上
かごの寸法	間口　1,800mm以上　奥行　1,500mm以上 天井高さ　2,300mm以上
有効出入口寸法	有効幅　1,000mm以上　高さ2,100mm以上

国土交通省住宅局建築指導課監修，（一財）日本建築設備・昇降機センター，（一社）日本エレベーター協会編集『昇降機技術基準の解説2016年版』（平成28年）より転載

E—17—COの籠の大きさは，高発泡消火器と消防2小隊を運ぶことのできる最小寸法であることから，籠の間口，奥行き，天井高さ，有効出入口の各寸法及び積載量はすべてE—17—COの数値以上としなければならない。なお，出入口の形式

は両引き戸，片引き戸のいずれでもよく，また２以上の出入口を有するものでもよい。

第７項

非常用エレベーターは，非常用エレベーターとして使用する必要が生じた場合に，避難階又はその直上階若しくは直下階の消防隊などの進入口のある階で，消防隊の到着後直ちに使用できるようにしておく必要がある。

このため，建築物の中央管理室及び消防隊などの進入口のある避難階又はその直上階若しくは直下階の乗降ロビーに，籠を避難階又はその直上階若しくは直下階に呼び戻す装置を取り付け，作動できるようにしなければならない。ここでいう中央管理室とは，令第20条の２第２号にあるとおり「管理事務所，守衛所その他常時当該建築物を管理する者が勤務する場所で，避難階又はその直上階若しくは直下階に設けたもの」である。

この籠呼び戻し装置が作動した場合，非常用エレベーターはすべての籠呼び，乗場呼びを無効にして，進入口のある階に戻り，戸開状態で待機する。

第８項

消火活動，救出活動の円滑化を図るため，消防隊は中央管理室との連絡を密にする必要があるので，籠内には籠と中央管理室との間で通話のできる電話装置を設ける旨を規定したものである。この連絡用電話装置はインターホンでもよく，機械室とも通話ができるものが望ましい。さらにこの連絡用電話装置の回線は，他のエレベーターの連絡用電話装置の系統と独立した専用とする必要がある。

第９項

非常用エレベーターは，通常の使用状態では乗用又は人荷共用エレベーターであり，令第129条の８第２項第２号の規定により，かご及び昇降路のすべての出入口の戸が閉じた後，かごを昇降させるものとなっている。また，令第129条の10第３項第２号の規定により，地震時管制運転装置が設けられることとなる。

一方，非常時には，消火活動のため放水した水によりドア機構に不具合が生じて乗場の戸が完全に閉じずエレベーターが昇降できなくなることが想定される。また，地震時管制運転装置によりエレベーターが停止し，消防隊の活動に支障が生じることが想定される。

このため，非常時において，消防隊の判断により，ドアスイッチの機能を無効にし，地震時管制運転装置の機能を停止させ，籠の戸を開いたまま籠を昇降することを可能とする機能（二次消防運転）を備えることを義務づけている。ただし，地震について，3.0m／s^2（H20国交告第1536号記載の上限値，震度５強を想定）の加速度を検知した場合には，機器に被害が出ている可能性があるため，二次消防運転よりも地震時管制運転を優先させることが望ましい。

第10項

火災が発生すると保安上の理由による常用の電源の遮断や火災による建築物内での停電発生があるので，非常用エレベーターの電源として，予備電源を備えることを義務づけている。この予備電源は一般にエンジン駆動の交流発電機が使用されており，予備電源の容量は，全非常用エレベーターが全負荷上昇運転するときに必要とする電力を60分間以上連続して供給できるものであることが要求される。

なお，電気配線は，排煙設備における電気配線（Ｓ45建告第1829号）と同等のものとすべきである。

第11項

非常用エレベーターは，法第34条第２項によって高さが31ｍ以上の建築物に設置されるものであるから，その昇降行程は必然的に31ｍ以上となる。また，消火活動は特に緊急を要するものであるから，避難階から火災階にできるだけ早く到着できることが望まれる。本項の趣旨は，60ｍの高さの建物を前提とし，「避難階から最上階に約１分程度の時間で到着できる速度」として，60ｍ/min以上と規定したものである。この趣旨を勘案して，非常用エレベーターの速度は建物の高さに応じて選定する必要がある。

第12項

第２項から前項までの規定によるほか，非常用エレベーターの機能を確保するために，かご及び乗場戸を不燃材で造らなければならないことがＨ12建告第1428号で規定されている。

第13項

第３項第２号の規定において乗降ロビーにはバルコニーを設けなければならないとされているが，本項により，非常用エレベーターの昇降路又は乗降ロビーの構造方法が，Ｈ28国交告第697号に適合する場合，又は国土交通大臣の認定を受けたものである場合は，バルコニーを設けなくてもよい。

第8節　電気設備

（電気設備）

法第32条　建築物の電気設備は，法律又はこれに基く命令の規定で電気工作物に係る建築物の安全及び防火に関するものの定める工法によつて設けなければならない。

本条にいう電気工作物に係る建築物の安全及び防火に関する法律又はこれに基づく命令とは，およそ電気を用いる建築設備に関して建築物の安全及び防火のために設けられている法令（条例を含む。）のすべてをいう。したがって，建築基準法における排煙設備，非常用の照明装置・進入口（表示灯），昇降機，予備電源，防火区画・防火戸等の開閉装置，避難施設，地下道の非常用設備などに関して定められている電気設備に関する規定のみならず，配管設備に対する令第129条の2の4の規定，防火区画の防火措置に関する令第112条第20項・第21項，防火壁の防火措置に関する令第113条第2項，界壁等の防火措置に関する令第114条第5項の規定等は，すべて本条にいう法律又はこれに基づく命令の範囲に属する。また，消防法における消防用設備等においても電気設備に関する多くの規定があるが，これらについても同様である。

一般的な電気工作物に関する基準としては，電気事業法に基づく「電気設備に関する技術基準を定める省令（平成9年通商産業省令第52号）」とその解説がある。この省令は，そもそも電気設備の設置義務に関する規定を有しておらず，設置する場合に適用される構造基準である。

建築基準法及び消防法においては，設置義務に係る基準及びその構造基準を規定しており，さらに建築基準法においては，そのほかにも，一般的な構造基準を定めている。

第９節　避雷設備

（避雷設備）

法第33条　高さ20メートルをこえる建築物には，有効に避雷設備を設けなければならない。ただし，周囲の状況によつて安全上支障がない場合においては，この限りでない。

（昭34法156・一部改正）

（設置）

令第129条の14　法第33条の規定による避雷設備は，建築物の高さ20メートルをこえる部分を雷撃から保護するように設けなければならない。

（昭34政344・追加）

（構造）

令第129条の15　前条の避雷設備の構造は，次に掲げる基準に適合するものとしなければならない。

一　雷撃によつて生ずる電流を建築物に被害を及ぼすことなく安全に地中に流すことができるものとして，国土交通大臣が定めた構造方法を用いるもの又は国土交通大臣の認定を受けたものであること。

二　避雷設備の雨水等により腐食のおそれのある部分にあつては，腐食しにくい材料を用いるか，又は有効な腐食防止のための措置を講じたものであること。

（昭34政344・追加，昭45政333・昭55政196・平12政211・平12政312・一部改正）

避雷設備とは，雷撃によって生ずる火災，破損又は人畜への傷害を防止することを目的とするものの総称である。

法第33条の規定による避雷設備の設置義務は，高さ20mを超える建築物であるが，設置の方法は，令第129条の14の規定により，高さ20mを超える部分を雷撃から保護することをもって足り，高さ20m未満の部分を保護範囲に含める必要はない（階段室，昇降機塔その他の屋上部分についても，高さに算入される。令第２条第１項第６号ロ参照）。

避雷設備の構造については，国土交通大臣の指定する構造方法として，H12建告第1425号に規定されており，具体には，JIS A4201（建築物等の雷保護）―2003に規定する外部雷保護システムに適合するものとしなければならない。また当該告示の改正附則においては，改正前のJIS A4201（建築物等の避雷設備（避雷針））—1992も採用することができるよう措置されている。なお，この2つの規格は，避雷に対する考え方や仕様が異なるため，避雷設備としてJIS A4201—2003又はJIS A4201—1992のいずれかに適合する必要がある。例えば，保護角ではJIS　A4201—2003にのみ適合し，接地極ではJIS A4201—1992にのみ適合するということは認められない。

逐条解説　建築基準法　改訂版（上）

令和６年９月30日　第１刷発行

編　著　　逐条解説建築基準法編集委員会

発　行　　株式会社　ぎょうせい

〒136-8575　東京都江東区新木場1-18-11
URL:https://gyosei.jp

フリーコール　0120-953-431
ぎょうせい　お問い合わせ　検索　https://gyosei.jp/inquiry/

〈検印省略〉

印刷　ぎょうせいデジタル㈱

ISBN978-4-324-11411-7
(5108950-00-000)
〔略号：逐条建築（改訂）〕